国家出版基金项目
NATIONAL PUBLICATION FOUNDATION

"十四五"时期国家重点出版物出版专项规划项目

中国黄河文化大典

古近代部分

黄河治理（近代部分）三

《中国黄河文化大典》编委会 编

中国水利水电出版社
www.waterpub.com.cn
·北京·

图书在版编目（CIP）数据

中国黄河文化大典. 古近代部分. 黄河治理. 近代部分. 三 / 《中国黄河文化大典》编委会编. -- 北京 : 中国水利水电出版社, 2023.11
ISBN 978-7-5226-1956-9

Ⅰ. ①中… Ⅱ. ①中… Ⅲ. ①黄河流域－文化史②黄河－河道整治－史料－近代 Ⅳ. ①K29②TV882.1

中国国家版本馆CIP数据核字(2023)第217549号

项目负责人：营幼峰　王厚军　陈玉秋
选 题 策 划：马爱梅　宋建娜　戴甫青

审图号：GS（2023）3843号

书　　名	中国黄河文化大典（古近代部分） ZHONGGUO HUANG HE WENHUA DADIAN（GU－JINDAI BUFEN）
卷　　名	黄河治理（近代部分）三 HUANG HE ZHILI（JINDAI BUFEN）SAN
作　　者	《中国黄河文化大典》编委会　编
出版发行	中国水利水电出版社 （北京市海淀区玉渊潭南路1号D座　100038） 网址：www.waterpub.com.cn E-mail：sales@mwr.gov.cn 电话：(010) 68545888（营销中心）
经　　售	北京科水图书销售有限公司 电话：(010) 68545874、63202643 全国各地新华书店和相关出版物销售网点
排　　版	中国水利水电出版社微机排版中心
印　　刷	涿州市星河印刷有限公司
规　　格	184mm×260mm　16开本　60.75印张　830千字　6插页
版　　次	2023年11月第1版　2023年11月第1次印刷
印　　数	001—800册
定　　价	**485.00**元

《中国黄河文化大典》
编 委 会

《中国黄河文化大典》编委会办公室

《中国黄河文化大典》学术顾问及专家委员会

序　一

5000 多年前，中华大地形成了裴李岗文化、仰韶文化、良渚文化、红山文化、马家窑文化、大汶口文化、龙山文化等众多的文明雏形，考古学家形象地比喻为满天星斗。但最终能延续并发展成为中华文明主体的都集中在黄河中下游地区，绝不是偶然的。

黄河中下游绝大部分属于黄土高原和黄土冲积平原，地形平坦，土壤疏松，大多为稀树草原地貌，是对早期农业开发极其有利的条件。在尚未拥有金属农具的条件下，先民用简单的石器、木器就能完成开垦荒地、平整土地、松土、播种、覆土、除草、排水、收获。

黄土高原和黄土冲积的平原地处北温带，总体上适合人类的生活、生产和生存。5000 年前，这一带的气候正经历一个温暖期，3000 年前后有过一个短暂的寒冷期，然后又重新进入温暖期，直到公元前 1 世纪才转入持续的寒冷。因此在 5000 多年前，这一带气候温暖，降水充沛，农作物能获得更多热量和水分，物种丰富，成为当时东亚大陆最适宜的成片农业区。

这片土地是当时北半球面积最大的宜农土地，足以满足不断扩大的农业生产和持续增长的人口的需要。在这片土地中间，没有太大的地理障碍，函谷关、太行山以东更是连成一片的大平原。黄河及其支流、独立入海的河流、与河流相通的湖泊，形成天然的水上交通网。交通便利，人流、物流和行政管理的成本较低。这样的地理环境，使一些杰出人物萌发统一的理念，逐步形成大一统观念，由政治家付诸实行。这一片土地成为大一统观念的实践和基础，“中国”的概念由此产生，并逐步扩大到整个中国。

中华文明的起源和早期发展阶段，呈现出多元格局，并在长期交流互动中相互促进、取长补短、兼收并蓄，最终融汇凝聚出以二里头文化为代表的文明核心，开启了夏商周三代文明。黄河文明是早期中华文明的核心和基础，黄河中下游地区是中华文明的摇篮，黄河是中华民族的母亲河。

中国历史上的统一时期，政治中心都在黄河流域（包括历史时期黄河改道形成的流域）。宋代以前，全国的经济中心和大多数区域经济中心都处于黄河流域。春秋战国时的黄河流域是当时文化最发达的地区。儒家学说的创始人孔子是鲁国陬邑（今山东曲阜）人。他曾周游列国，晚年回到家乡，致力于儒家典籍的整理和教学；他的众多学生主要来自鲁、卫、齐、宋等国；他的主要传承人孟子、曾子等也都在这一带。齐鲁地区是儒家文化的中心。春秋战国时百家争鸣，几种主要学派的创始人和主要传播地区也集中在黄河流域。墨子（墨翟），道家学派的创始人老子，道家学派代表人物杨朱、宋钘、尹文、田骈、庄子，从道家分化出来的法家慎到，战国中期产生的黄老学派，法家商鞅，荀子（荀况），法家韩非等，以及其他各家的代表人物，都不出黄河流域的范围。

秦汉时代，黄河中游已是名副其实的全国性政治中心，其影响还远及亚洲腹地。黄河下游是全国的经济中心，是最主要的农业区、手工业区和商业区。黄河流域的优势地位由于政治中心的存在而更加强。两汉时期见于记载的各类知识分子、各种书籍、各个学派、私家教授、官方选拔的博士和孝廉等的分布，绝大多数跨黄河流域。“关东出相，关西出将”的说法反映了当时人才分布高度集中的实际状况。

从公元589年隋朝统一至755年安史之乱爆发，黄河流域又经历一个繁荣时期。隋唐先后在长安和洛阳建都，关中平原和伊洛平原再次成为全国的政治中心。唐朝的开疆拓土和富裕强盛还使长安的影响远及西亚、朝鲜、日本，成为当时世界上最大最繁荣的城市。尽管长江流域和其他地区已有了很大的发展，但黄河流域在农业、手工业、商业以及国家财政收入中还占着更多的份额。唐朝这一阶段的诗人和进士主要分布在黄河流域，显示出文化重心所在。

从河源到出海口，亿万中华各族人民在黄河流域生活，生产，生存。他们或农，或牧，或工，或商，或狩，或采；或住通都大邑，或居茅屋土房，或凿窑洞，或栖帐篷，或依山傍水，或逐水草而居。他们的方言、饮食、服饰、民居、婚丧节庆、崇拜信仰，形成丰富多彩的地域文化。

总之，中华文明的源头就是黄河文明，就是中华民族的先人在黄河流域创造的；中华民族最早的生活方式、生产方式、行为规范、审美情趣、礼乐仪式、伦理道德、价值观念、意识形态、思想流派、文学艺术、崇拜信仰，都是在黄河流域形成的，或者是以黄河流域所形成的为主体，为规范，然后才传播到其他地区。

黄河，不愧为中华民族的魂。

大量历史事实足以证明，黄河曾经哺育了华夏民族的主体，曾经哺育了中华民族的大部分先民。她的儿女子孙遍布于中华大地，并已走向世界各地。

夏朝的建立和长期存在形成了由各个部族融合成的夏人，又称诸夏。在商、周时代，人口的主体是夏、诸夏，他们被美誉为华夏（华的本义是花，象征美丽、高尚、伟大），以后常被简称为夏或华。华夏聚居于黄河流域，通过周朝的分封和迁移，扩散到更大的地域范围，并不断融合残留的戎、狄、蛮、夷人口。到秦始皇统一六国时，长城之内的黄河流域，非华夏族都已被融合在华夏之中。

秦汉期间，华夏人口从中原迁入河套地区、阴山南麓、河西走廊、长江两岸、巴蜀岭南、辽东朝鲜。在两汉之际、东汉末年至三国期间、西晋永嘉之乱后至南北朝后期、安史之乱至唐朝末年、靖康之乱至宋元之际，一次次大规模的人口南迁使华夏人口遍布于南方各地。一部分人口主动或被动迁入匈奴、乌桓、鲜卑、高句丽、突厥、吐蕃、南诏、回鹘、契丹、渤海、党项、女真、蒙古、满族的聚居区，在与这些民族融合的同时，传播了华夏的制度、礼仪、文化、技艺、习俗、器物，扩大了中华文明的影响范围，促进了中华民族大家庭的逐渐形成。到了近代，成百万上千万的内地移民闯关东，走西口，渡台湾，迁新疆，开发和巩固了祖国的边疆。至20世纪初，从黄河流域迁出的人口与他们的后裔，已经遍布中国大地。

在向各地输出移民的同时，黄河流域也在大量吸收其他地区的移民，特别是来自周边地区的非华夏移民。匈奴、东瓯、闽越、乌桓、鲜卑、西域诸族、昭武九姓、突厥、粟特、吐谷浑、吐蕃、党项、高句丽、百济、契丹、奚、女真、蒙古等先后迁入黄河流域，这些民族的整体或大部分人口在这里融合于中华民族的主体之中。

尽管今天全国各地的汉族人口并非都来自黄河流域，在南方一些地区和边疆地区其实是世代土生土长的人口占了多数，但绝大多数汉族家族，甚至一些少数民族家族都将中原视为祖先的根基所在。显然他们所认同的不仅是血统之根，更是文化之根，而这个根就在黄河之滨、黄河流域。

黄河，不愧为中华民族的根。

黄河流域有世界上黄土覆盖面积最大、覆盖最厚的黄土高原，本身植被稀少，经农业开发和人为破坏，加剧了水土流失。黄河中游降水往往集中在夏秋之际，在局部时间和地点会将大量泥沙冲入黄河，使河水含沙量达到世界之最。泥沙淤积在下游河床，形成高于两岸地表的“悬河”，一遇洪水就泛滥成灾，决溢改道。黄河成为世界大河中改道最频繁、波及范围最大的河流。

这条哺育了中华民族的母亲河，也曾经使她的儿女子孙历经磨难，黄河的安危历来是国运民瘼所系。“海晏河清”“黄河清，圣人出”，是从帝王到庶民的千古期盼；但面对现实，多少人不得不发出“俟河之清，人寿几何”的浩叹。大禹治水的成果奠定了华夏立国的根基，历代治黄的成功保障了中华民族的繁衍。从《尚书·禹贡》到历代《河渠志》、各地的水利志，从《水经注》到《水道提纲》，从贾让的“治河三策”到潘季驯的“束水攻沙”，从“导河积石”到《河源纪略》，从金匮石室的秘籍档案到野老村夫的私人记录，历代治黄留下皇皇经典和浩如烟海的史料。

黄河作为一条饱经忧患的河，凝聚了中华民族的苦难和与苦难的奋争。“黄河宁，天下平。”历朝历代都将治理黄河作为兴邦安民的大事。特别是1946年以来，中国共产党领导人民开展了波澜壮阔的治黄实践，取得了举世瞩目的伟大成就。黄河文化经久不息、历久弥新，是中华文明的重要组成部分，是中华民族的根和魂。习近平总书记强调，要深入挖掘黄河文化蕴涵的时代价值，讲好“黄河故事”，延续历史文脉，坚定文化自信，为实现中华民族伟大复兴的中国梦凝聚精神力量。

水利部领导有鉴于此，成立以党组书记、部长李国英为主任的编纂委员会，组织专家学者、水利部门领导和专业人士编纂《中国黄河文化大典》，举凡河流与人类文明之关系，黄河文明与其他河流文明之异同，黄河及其流域之自然地理和人文地理，黄河何以为中华民族之魂与根，黄河文化之内涵、外延、特色和变迁，历代治黄之实录、经验和教训，新中国治黄之巨大成就与未来展望，黄河流域生态保护和高质量发展的理念与实践，黄河文化之传播与弘扬，史籍文献、档案资料、旧典新篇、巨著零札，无不广搜博引，严选精编。

盛世修典，功在千秋。我忝为编纂委员会学术顾问，得参与其事，躬逢其盛，曷其幸哉！是为序。

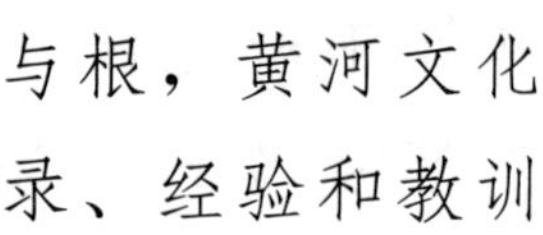

2021年10月

序　二

黄河流域文明源远流长，首先表达为中国新石器时代的仰韶文化（公元前5000年—前3000年）、大汶口文化（公元前4300年—前2400年）、龙山文化（公元前2400年—前1900年）。至于中国水利文明的开始，则是妇孺皆知的距今4000年前的大禹治水的传说。有人说当时的大暴雨是全球性的，因为一些民族的神话传说都流露出一些痕迹。大禹治水主要发生于黄河流域，在中华民族形成过程中是有着强大凝聚力的伟大事件。黄河流域也在此后几千年间成为中华民族政治、经济、文化的重心地带。

文化是民族的血脉，是人民的精神家园。在我国5000年文明发展历程中，各族人民共同创造出源远流长、博大精深的中华文化。它凝聚着中华民族自强不息的精神追求，为中华民族的发展提供了强大的精神支撑。回顾历史为的是着眼于未来。人类文明发展史证明，先进的文化筑就国家强盛之基。从文艺复兴的历史来看，它曾开创人文主义的思想解放运动。当年一些思想家挣脱欧洲中世纪宗教神权的精神枷锁和封建君主专制，在古希腊和古罗马的优秀思想中寻求智慧，从而开创了欧洲社会发展的新纪元，促成了18世纪末由英国开始又很快传播到欧洲的第一次工业革命，成为人类思想史辉煌的一页。然而以优胜劣汰为指针的西方文化，在以“大同世界”“天下为公”为目标的中华传统文化面前，却难掩其不足。当年辜鸿铭就曾当面责备翻译《天演论》的严复说，“自严复译出《天演论》，国人只知物竞天择，而不知有公理，于是兵连祸结”，直指只讲自由竞争的西方价值观的缺憾。真正的大国强国，不仅取决于它的经济和军事实力，也取决于它的精神文化的感召力。历史经验提示，文化是社会政治、经济、技术发展的原动力。在前人的基础上，我们应该探寻优秀传统文化的时代内涵和新的发展理念，走出一条新的道路。如今编纂的《中国黄河文化大典》系统总结黄河流域的文化演进，是水利部党组落实习近平总书记关于黄河流域生态保护和高质量发展讲话精神的重要部署，是保护、传承、弘扬黄河文化的重大出版工程，是服务于当代水利实践的重要文化建设。

如何理解前人沉淀在众多文化典籍中的古老智慧，青蒿素的发现就是有说服力的例证。从 20 世纪 60 年代开始，由屠呦呦领衔的研究者从众多古代医药书中筛选出有研究前景的几种治疗疟疾的中药。从大约 1900 年前晋代葛洪著《肘后备急方》记载的“绞汁”获得灵感，发现青蒿素，获得诺贝尔奖。后来又从其他典籍和民间验方中发现黄花蒿等几种高效抗疟药物，进一步打开传统医学研究服务当代的成功之路。

在前沿科学创新中也不乏传统文化的身影。2001 年数学家吴文俊指出，他发现并因此获得国家最高科学技术奖的“几何定理证明的机械化问题，从思维到方法，至少在宋元时代就有蛛丝马迹可寻”。他在《东方数学的使命》中再次强调，现代计算机数学和我国古代数学算法的思维方式相一致，“从这个意义上讲，我们最古老的数学，也是计算机时代最适合、最现代化的数学”。既然现代基础科学尚可以从传统文化的继承中推陈出新，在经验性很强的以大自然为背景的科学领域，尤其要进行综合研究。

科学发展史说明，在古代文明中，科学是一个统一的体系。直至15世纪下半叶，在文艺复兴运动推动下，科学才逐渐分化为自然科学与人文科学两大部类，而每一部类又逐渐分化为各门学科。正是由于学科的分解才有力地促进了科学的深入发展，生产力大为提高。在科学不断分化的同时，近百年来科学的融合也在悄然兴起。自然科学内部的有关学科之间加强了交叉联系，进而自然科学也开始注重与历史、管理等社会科学的相互渗透。尤其是像水科学这样以大自然为背景的科学领域，边界条件十分复杂，还不可能分析一切自然界的影响因素，何况其间还加入了人类大规模改造自然所产生的对水环境的影响。而水科学与历史的交叉研究恰恰在构建一个包括人类活动在内的自然界的统一景象，并由此在增进对自然的理解方面显现出自己的优势。

例如，以往的防洪方针主要是控制自然态洪水。水利规划就是根据算水账来进行工程布置，认为控制了洪水也就控制了灾害。但多年来的实践却未能尽如人意，灾害损失大幅度提高，主要江河都发生了不利于防洪的变化。但这些防洪形势的不利变化并非由于水利工程不足，也不是自然洪水显著变异所致，而主要是社会无序发展所产生的负面效果。然而直到20世纪末，世界各国都仍将水灾只称作自然灾害，其实2000年前汉代贾让“治水上策”早就强调：水灾与过度的社会开发有关。自此之后，在2000年的治河史上，当出现单纯运用工程防洪走投无路时，几乎无例外地提出了人类发展要主动适应洪水客观规律的类似见解。世界各主要国家在20世纪中叶以来所普遍推行的工程与非工程相结合的防洪措施的精神实质也相类似。由此我们在自然科学和社会科学交叉研究的基础上，通过历史模型方法提出："灾害具有自然属性和社会属性，双重属性全面概括了灾害的本质属性，缺一不成其为灾害。"灾害双重属性不是防灾减灾政策制定的依据，也不是工程与非工程减灾措施的另一种表达方式，而是对灾害本质属性的哲学概括。在双重属性当中，二者缺一就不能构成灾害。没有人类活动，就算天崩地裂也无所谓灾害。水利部原部长汪恕诚在2003年发表署名文章，认为"灾害双重属性进一步阐明了灾害的本质属性，这是一种哲学思维方面的进步，也是中国政府在1998年长江发生大洪水后对洪水问题进行深刻思考得出的结论"。他还进一步指出：这些基础理论成果在2002年修订的《中华人民共和国水法》中得到了体现。古代治水思想研究为当代防洪减灾方针提供了有益借鉴。

在高科技时代，为什么还能够从传统哲学中寻求借鉴？古代生产力低下，自然力对人类社会处于支配地位，人们不得不怀着敬畏的心情，更多地关心和记录自然变异对人类社会的影响，注重天文、地理与人事之间的综合思考。虽然前人对自然规律的认识不及今人深刻，但这种综合思考的原始自然观和世界观，反映的却是和现代相似的客观事实。可见，科学与人文的分割，曾经妨碍了我们的视野。"灾害双重属性"的提出是在许多水利及相关历史典籍的整理中，在1991年淮河、长江和太湖大水灾的实地调查中得到的启示，继而将视野扩展至世界防洪减灾现实，终于有所感悟。

近年来，基于传统水利典籍的搜集整理，在水科学和水文化上做出重要贡献的还有许多。例如中国大运河申请世界文化遗产的基础论证；世界灌溉工程遗产的研究与申报；水利风景区规划；古代水利典籍汇编；以及向社会推介12位历史治水名人，无不借重于传统水利及文化典籍的学习和研究。从事这些工作的心得，是期待更广泛、更系统地搜罗宏富的系统文献。如今《中国黄河文化大典》率先启动，邀约部内精英和社会贤达共襄盛举，汇编流域内水科学水文化典籍，规模巨大，蔚为大观。此外还安排有和黄河治水文化有关的专题研究。在流域范围里产出如此大体量系统的文献整理和研究成果，彰显出组织者促进水科学与水文化融合的深邃思考。

被喻为“中华民族的摇篮”的黄河，既造就了广大的华北平原，提供了民族生存和发展的基础环境，又是一条“善淤、善决、善徙”的多灾多难的河流。2000多年来，它曾北夺海河，自天津入渤海；又南夺淮河，从云梯关入黄海。它在华北平原上往复摆动，频繁决溢，对面积达25万平方千米的国家腹心经济区构成重大的威胁。黄河之所以如此不安定，主要是由于河水挟带的大量泥沙淤积在下游，将河床年复一年抬升的缘故。以往黄河每年从中游带下约16亿吨泥沙，除12亿吨可以直接输送入海外，其余4亿吨堆积在下游河床里。下游河床越淤越高，形成高于两岸地平面的“悬河”。黄河也因此成为“中国之忧患”。黄河下游地区历来是国家的重要经济区，因而历代王朝都把治理黄河，减轻黄河洪水灾害，作为国家的大政方针。

黄河的根本出路何在，是古往今来人们关注的重大宏观研究课题。今天的宏观研究应不同于古代。为了科学地制定黄河防洪战略，对于它的高含沙量以及由此带来的种种后果和问题，都应有准确科学的答案。也就是说，宏观研究必须以一系列的微观研究做基础。因此，为了把黄河治理纳入科学的轨道，为防止和减轻黄河水灾，基础科研亟待加强。近百年来曾经用过模型方法，试图求得解决之道。在模型运用上首先是物理模型和数学模型，这是运用最多的两种方法。加上上面提到的历史模型，三种模型都有着共同的特点，即无论哪种模型，都是中介物。模型方法都是通过对中介物的研究来认识原型。区别则在于它们模拟原型的方法和形态各有不同。近百年间通过对黄河下游的水沙调节，谋求防洪安澜的努力，就曾结合我国古代治河经验，开展了以上三种模型方法的试验。

黄河上第一次物理模型试验，是在20世纪30年代进行的，那是由李仪祉先生推动，委托德国水工模型实验创始人恩格斯教授主持，在瓦痕湖试验场开展，共进行了两次。第二次试验采用平面比尺1∶165，垂直向比尺1∶110的变态模型，河床质采用从国内带去的黄土。验证试验肯定了明代治河专家潘季驯“束水攻沙”理论和他所设计的系统堤防。然而限于当时的条件，模型比尺小，悬移质模拟困难，因而只得出了定性结论，没有取得定量成果。

在20世纪60年代，也曾直接依据历史文献说明黄河下游河床演变规律，首见于钱宁和周文浩所著《黄河下游河床演变》。这是国内研究黄河泥沙和河床演变的力作。在该书绪论中，作者就详细说明：“研究河床演变不可能离开河道的历史背景……这些丰富的历史遗产使我们有条件重温河道的历史演变过程”，历史治水文献“是造床科学中一份最宝贵的历史遗产”。他们还在该书的许多章节中大段引用历代先贤治理河道状况和水力输沙的创造性见解，如欧阳修、苏辙、万恭、潘季驯、陈潢等一众先贤的认识。而在写到黄河游荡性河段特性时，还记录了沿河群众“一弯变，弯弯变”和“一枝动，百枝摇”的民谚，生动地说明了由于险工挑溜角度的改变，或滩岸河势变化，河床左右摆动会向下游传播的游荡性河道特征。可见，汇编整理治黄历史典籍和民间谚语等智慧，对于了解和研究黄河科技和文化，对于社会可持续发展有重要的意义。

当然，历史研究能再现实在的历史过程，但历史与现实只具有一定程度的相似性。历史研究不可能穷尽对研究对象的所有认识，并且主要在宏观问题上具有显著的优势。黄河含沙量居于世界诸大河之冠，带来了黄河治理的复杂性。1949 年后，我们曾对黄河下游防洪做了许多工作，主要依靠堤防和险工，取得 50 年无决口的历史纪录；也曾在中游河道建设系列水库滞蓄洪水和泥沙，并提出黄河水沙同是宝贵资源的新理念。但黄河安定的最终出路何在，仍是国家关注的重大课题。直到 21 世纪初，开始了旷古未有且极具魄力的黄河下游河道治理的全新探索，相较于模型研究，它是在 1∶1 的黄河下游原型上的“模型”实验。于是，调水调沙应运而生。其主要目标是，在黄河下游河道堤防现状下，运用现代化高新技术以及万家寨、三门峡、小浪底等水库对水沙的调配，使黄河进入健康发展阶段。

调水调沙试验在 2002 年开展，通过水库调蓄泄放，形成人造洪峰，加大了对下游河床的冲刷。20 年来黄河调水调沙取得的成果是：黄河主槽不断萎缩的状况得到初步遏制；下游河道主槽平均降低2.6米，主河槽过流能力（水不上滩流量）由2002年汛前的1800立方米每秒，提升到2021年汛前的5000立方米每秒左右。调水调沙以来，黄河累计入海总沙量达28.8亿吨，防洪减淤效果明显。得益于调水调沙，黄河下游河道沿线以及河口三角洲生态状况好转，取得了显著的社会效益，在适应自然规律的基础上，助推了黄河的健康发展。调水调沙实践将成为科学技术史上的重要篇章。

如今，社会以前所未有的速度在前进，物质层面的新技术新产品令人炫目且极具诱惑，科学技术也因此走上圣殿，被公认为社会发展的动力。而孕育科学发展原动力的文化，却一度被冷落。然而看似柔软的文化，却是人类社会持续发展的内在动力，对传统文化的重新整理研究，也应成为科学创新的源泉之一，为科学带来灵感和想象力。可见，科学的发展非但不应该排斥文化，相反，提炼文化中的历史经验和信息，并与之相融合，正是科学所要完成的重要课题。为了大力加强黄河水文化建设，为水利科学发展提供精神营养，我们期待着《中国黄河文化大典》的早日问世。

周魁一

2021年11月

编 纂 说 明

《中国黄河文化大典》全面记录了我国历代黄河治理的辉煌成就，系统展现了历代黄河治理的理论与实践，传承了经典典籍中蕴含的思想观念、人文精神和道德规范。《中国黄河文化大典》是胸怀国之大者、保护传承弘扬黄河文化的具体体现，是坚定文化自信、延续历史文脉的重大出版工程，对中华优秀传统文化创造性转化、创新性发展意义重大。

《中国黄河文化大典》编纂出版原则是：句读合理，标点正确，校雠细致，校勘有据。

一、为方便阅读，将底本的繁体竖排改为简体横排，原文中表示前后关系的“如左”“如右”等予以保留，实际表达的含义为“如下”“如上”，只在每个编纂单元首次出现时统一注释说明。

二、底本中的异体字、俗字等原则上改为简体字，不出校。“粘”“爬”等用字因字词的义项发生变化，虽然已经不适用于现在的字词义项，但仍保持原貌不予修改，只在每个编纂单元首次出现时统一注释说明。

三、原文中的数字用法仍依底本不改；人名、地名易生歧义者，不予简化；底本中的双行小字注释改为单行小字注释。

四、对原文献分段，逐句加标点，标点遵循 GB/T

15834—2011《标点符号用法》。

五、文献正文以及文中引文部分，除校改明显错误外，一般不作不同版本的校注。对原文献进行校勘，凡有可能影响理解的文字差异和讹误（脱、衍、倒、误）都标出并改正。如有必要再以校勘记进行说明，校勘记置于页下，文中校码紧附于原文附近。正文改字在正文中标注增删符号，拟删文字用圆括号标记，正确文字用六角括号标记，如把拟删的“下”改成“卜”，格式为“（下）〔卜〕”。

六、对于史实记载过于简略，明显谬误之处，以及古代水利技术专有术语、专业管理机构、工程专有名称及名词等，进行必要的简单注释。

七、每个编纂单元前，有文献整理人撰写的“整理说明”，其主要内容包括文献的时代背景，作者简介及其主要学术成就，文献的基本内容、特点和价值，文献的创作、成书情况和社会影响，整理所依据的版本及其他需要说明的问题。

八、每分册前设有“前言”，其主要内容包括本分册涵盖的典籍内容、文献价值、出版意义和版本特色，本分册典籍入选原则以及与编纂有关的需要特别说明的情况等。

九、为保持文献历史原貌，本次整理不对插图进行技术处理。

《中国黄河文化大典》的编纂出版得到了水利行业及社会各界的广泛关注和大力支持，中共中央宣传部、中央政策研究室、文化和旅游部、中国科学院、中国社会科学院、中国工程院、清华大学、北京大学、复旦大学等部门及单位给予了大力支持，不少院士、专家、学者担任编委会及专家委员会委员，指导编纂工作。本书的点校专家、审稿专家、编纂工作组织者亦付出了巨大努力，在此诚表谢意。

由于工程浩大、编校繁难，编纂过程中难免存在疏漏，欢迎广大读者、专家批评指正。

《中国黄河文化大典》编委会办公室

《中国黄河文化大典》

黄河治理（近代部分）三

主　　编　牛建强

副 主 编　营幼峰　蒋　超

参编人员　武　强　吴朋飞　肖启荣　蒋　超
牛震宇　武明军

审稿专家（以姓氏笔画为序）
李云鹏　张俊峰　耿　涛　海天相
廖　果　翟家瑞

前　言

收入本辑的黄河文献均属于近代黄河治理的范畴。包括五种：陈汝珍主纂《豫河三志》，徐世光著《濮阳河上记》，高士蔼著《泾渠志稿》，张含英著《治河论丛》，成甫隆著《黄河治本论初稿》。中国进至近代阶段，特别是进入民国时期，由于王朝政治的结束，加上留学欧美风气的盛行和与西方科技的接触，对黄河治理理念和技术产生了重要影响。因此，这些近代化的意识自然会体现在上述五部著作之中。在五部文献的前面，整理者对文献的形成颠末、内容价值皆做了详细介绍，我也就不冗赘了。只从我个人的角度和理解，对这几部文献做一简要解读，或有助于对其价值的深入认识。

陈汝珍主纂的《豫河三志》成书于民国 20 年（1931 年）底。它是河南河务局先前编纂的《豫河志》和《豫河续志》的延续，故称《三志》。首部志书是当时尚称河南河防局（民国 8 年改为河务局）局长吴筼孙（字詠湘）主纂的，民国 8 年（1919 年）成书。所收治河成案止于清代。河南河务局局长陈善同（字雨人）的《续志》，系为补吴志缺陷而作，民国 14 年（1925 年）秋成书。不仅增补了吴志所缺少的清之前的内容，还收入了自民国初迄民国 13 年的治河公文。[1]《豫河三志》在承继陈善同《续志》体例的基础上，将内容从民国 14 年续写至民国 20

[1] 见李留文、赵长贵、吴明军《〈豫河续志〉整理说明》，《中国水利史典（二期工程）·黄河卷三》，中国水利水电出版社，2020 年，第 3－4 页。

年，和前两志一起珠联绳贯，为通贯性河南治黄史特别是民国前20年治黄史的研究提供了重要资料。《豫河三志》尤为强调治河的近代性，真实地反映了民国时期的治河实践。

徐世光（字友梅）著《濮阳河上记》，记录民国4年（1915年）督办直隶濮阳（今归河南）刁城集双合岭黄河决口堵筑事。咸丰五年（1855年），黄河改道北徙，河道逼至濮阳南境，官府修筑金堤、百姓构建民埝加以预防。民国2年（1913年）7月，民埝决口，大水北倾。次年伏、秋汛后，口门增大，宽达885丈，愈发不可收拾。民国3年（1914年）11月18日，时任北洋政府大总统袁世凯委任徐世光督办此事。该年12月1日，徐氏接到关防。民国4年（1915年）正月末，土地解冻，妥备物料兴工，到6月底实现合龙。共费银洋321万两，较537万两的预估节约了不少。书中载道，曾用电报“传达工情”；为赶工期，夜间占埽时使用照明效果较好的“水月电灯”。[1] 这些便利皆是近代化成果所赐。

高士蔼（字锡三）著《泾渠志稿》，是他在躬亲考察基础上编纂的渠志。据载，高士蔼“敦朴笃实”，饶有智谋，利用水流激转水轮从事纺织。民国12年（1923年）秋，水利专家、时任陕西水利分局局长的李仪祉，兴复龙洞渠水利，委高氏以监修身份，多得他的鼎力相助。[2] 自战国时秦国命郑国凿修泾渠以来二千余年，关中多食其利，因此它自然进入到了高士蔼的视野。高氏公务之余踏勘泾渠百余次，“上下考察，相其地形，询诸乡

---

[1] 徐世光：《濮阳河上记》丙编《器用·电报·电灯》，《中国水利史典·黄河卷三》，中国水利水电出版社，2015年，第450页。

[2] 李仪祉：《泾渠志稿序》，高士蔼：《泾渠志稿》卷首，《中国水利史典（二期工程）·黄河卷三》，中国水利水电出版社，2020年，第629页。

老”，“搜辑各书，订讹去误”，纠正了明代碑版和旧志中的错误记载，用半年时间编成此书。[1]高氏躬历亲验的做法，充分契合求真务实的近代科学精神，应是所处时代熏陶的结果。

水利史家张含英（字华甫）著《治河论丛》，是他有关黄河治理所撰论文的结集。整理者对他的代表性论文所蕴含的主要思想做了特别揭示，可以作为张含英治河理念形成过程和特点认识的指南。特别是其提出的中下游统筹治理的思想、在陕县（今属三门峡）和孟津间建水库调节的主张，思想光芒依然生辉，有的已经成为事实。

成甫隆著《黄河治本论初稿》，序时为民国 33 年（1944 年）。成氏家乡山西临县，属于黄土丘陵区。平时干旱异常，若遇大雨，顺着土坡倾泻，田地、道路和宅基多被侵蚀。干旱缺水和水土流失是他内心深处的隐忧，也刺激着他萌生治水念头。成氏并不具备水利及其相关专业知识。所处地方偏僻荒凉，难以买到书籍。如他所说，甚至还未经过写作训练。[2]他不甘心这种命运的捉弄，设法创造条件进行治水思考。不管提出意见最终是否可行，但其坚韧求索的愿望和精神足以令人动容。他设法购买了《陕西省水利概况》、德国水利工程师恩格斯的《治导黄河试验报告汇编》和四五本《水利月刊》等资料[3]；在治河方略的探讨中，也触及了美国工程师费礼门裁弯取直、束水攻沙的主张和恩格斯固定中水位河槽的先行意见[4]，说明他还是力图

---

❶ 高士蔼：《自序》，高士蔼：《泾渠志稿》卷首，《中国水利史典（二期工程）·黄河卷三》，中国水利水电出版社，2020 年，第 630 页。

❷ 成甫隆：《黄河治本论初稿》序，《中国水利史典（二期工程）·黄河卷二》，中国水利水电出版社，2020 年，第 874－875 页、第 877 页。

❸ 成甫隆：《黄河治本论初稿》后记，第 939 页。

❹ 见成甫隆《黄河治本论初稿》第 3 章第 4 节，第 901－902 页。

站在当时研究领域的前沿的。他的山沟筑坝主张，虽有拦蓄洪水之意，但主要还是用于淤田目的。

参与此辑黄河文献整理的六位学者，既有年逾古稀的长者，又有脱颖而出的新锐。薪火相传，世代相续。希望年轻一代坚守初心，在黄河文献整理和文化研究上多出成绩，出好成绩。整理过程中的亥豕之误、句读之讹，或为不免，恳请贤达不吝匡正。

2023 年 11 月 22 日

目　　录

豫河三志

陈汝珍 等 编纂
武强 吴朋飞 整理

整理说明

《豫河三志》，陈汝珍等编纂。陈汝珍，陈善同族孙，1930年接任河南省河务总局局长，次年组织戴湄川等28人编纂《豫河三志》，数月成书，1932年出版。《豫河三志》继承了之前《豫河志》（吴筼孙等编纂）、《豫河续志》（陈善同等编纂）两志的体例，除序、例、目及卷首列图、卷末列表外，共12卷，包括职官二卷、工程六卷、财政一卷、附录三卷，所收资料自民国14年（1925年）起至民国20年（1931年）6月止。

《豫河三志》包括了《图》12幅，内有《黄河平剖面图》《陕州黄河水位涨落曲线图》《陕县黄河流量比率曲线图》等，并用蓝、黑、红、黄四色套版，反映现代水文、测量技术在黄河上的应用；《职官》记编制、规程、条例、简章；《工程》记修防、杂工（包括地形测量、水文测验）、料石、造林、交通、电话、汽车道、轻便铁轨、水利、吸水机、虹吸管、闸工等条目；《财政》罗列行政费、工程款以及清理财务案；《附录》有机构变革、工程、料物、工款、用人、计划、公牍、选著等条目；《表》共48张，有职官、工程、财政等方面内容。

三部《豫河志》重点搜集现代水利科技资料，刊载了许多现代科技测绘的黄河截面图、水位流量图、工程图等。民国时期编修的三部《豫河志》，基本都是分门别类的史料堆砌，当时的编纂者虽多数“未习河事”，但“终日钻研图籍，披寻档册”，汇集了上溯《禹贡》，下至民国20年之间珍贵的黄河史料，是研究河南境内黄河变迁和治理的重要资料。

《豫河三志》编纂者陈慰儒，原名陈汝珍，字慰儒，后以字行。1895年出生于河南信阳，自幼随亲人来到开封。1912年考入河南留学欧美预备学校。1918年公派到美国留学。1922年毕业于美国伊利诺伊大学土木建筑工程系后，1922年至1923年在美国纽约州公路局任工程师。1924年回国后至1927年间任中国华洋义赈总会河南省分会工程师。1927年至1930年任河南省建设厅技正（工程师）、科长，并兼任中州大学教授（1927—1933年）和河南省公路局长（1929—1930年）。1930年至1935年任河南省河务总局局长，负责黄河、沁河修防工程。1931年冬组织编纂《豫河三志》，1932年出版。1931年11月，撰写《整理豫河方案》出版，书中拟定治理豫省黄河方案。1935年1月，陪同国际联盟派遣来华的荷、英、意、法四国水利专家到开封视察黄河水性及埽垛工程。1935年2月受黄委会秘书长张含英之命参与编制《黄土河流预备试验和黄土沉淀试验计划大纲》，以备在中国第一个水工试验所正式成立之后率先进行试验工作。1935年至1937年任全国经济委员会水利处工程科长。1937年至1939年任黄河水利委员会西安河防处处长兼河南省修防处主任，在此期间曾力阻南京国民政府在花园口掘口。1940年至1942年任经济部水利设计测量队总队长。1942年至1944年任黄委会西安河防处处长兼河南省修防处主任。1945年至1949年任黄委会黄河工程总局顾问，期间1946年4月，作为国民政府代表之一，就黄河回归故道的时间、程式及有关事项，在开封参与了与中共代表团的谈判。1947年至1952年在河南大学水利系兼任教授。1952 年全国高等院校调整，调入开封黄河水利职业技术学院，教授水利工程施工、施工组织与计划等课程。1965 年退休，1968 年病逝于开封。

本单元由武强、吴朋飞整理，若有不当之处，敬请批评指正。

整理者

目 录

《豫河三志》序

治水古有专官，神尧命禹，继鲧而兴。河难治也，得一治河之才尤难。清代设督道，岁拨帑金千万，重其事，专其职，且豫其财若是。民国二十年来，无岁无兵，长官亦因时势为转移，河务适丁其厄，节节淤垫，处处失修，废弛败坏，事之不专，财之不豫，历史殆无其比。豫境处黄河下游，横贯省域，奔流到海，一千余里，经过十有余县，受害之烈，辄为郑州，河流至此，随沙泛漫，两岸距离达二三十里，沙多而水性之冲刷纡曲，略无定位，深者倾斜，水力偏激，流近堤岸，坐湾顶冲，即成巨险，势使然也。清代河决三十九，豫占二十有四，无一不出于郑。征之历代河决，郑亦独多，民国以来，仅于十八年中牟下汛二堡决口险工一见，殆有天幸。自余抢护例工，借旧有料石浥注，不免捉襟，遑言兴利？河务之费财本无定额，故其积弊亦独深，为世诟病久矣！清代河臣称职，自陈恪勤、栗恭勤、靳文襄三数人外，殊难屈指。处今日，谈河务，仍不外重职守、豫财源二事。自十九年改组河务局，职责所在，局员尚能尽心应付，如培补堤身、填垫浪窝、抛石厢埽、筑坝修闸，百数十起，曲突徙薪，无焦烂之功，而实惠颇沾吾民，未可与坐论者一二数也。豫地平衍始于郑，治之亦莫先于郑，水无所束则泛，性有所激则决，宽欲使其不泛，急欲使其不溃。郑之河患所由多也，是知豫河首重堤防，而次疏泄，郑又堤防之最先者。值此财源枯竭，料石费繁，其重又在造林，稳固堤身即以兴利，其与料石之收效旦夕，不能恃为永久之谋者，利自不侔。近年废堤补柳，已具成绩。今宜于郑州以下泛滥宽缓之处，缩紧堤身，束水刷沙，勿令任性纡回纵弛，以定河身，且化淤淀为沃壤，垦植之甚大。沁流性缓，就现有闸坝以次兴工，时其启闭，今已渐收其利，视从前旱则赤地，涝则泽国，豫民只见水之为害，并不见其利者，已稍有间。是防河与兴利，为今日治河者兼筹并顾之善策，未可视为缓图也。取河产之利以防河，自为谋而不专恃人，若电话、汽车、轻便铁道、杂木果林、开垦垫淤，在在皆可辟之利源，视昔之专于消费者，其变迁日增进化，更重之以事权，如沿河之开封、中牟、陈留、荥泽、武陟、封丘、孟县、原武、温县、沁阳、博爱诸县，遇有河工事件，不与合作出力者，得由河员举劾之，河患其庶有豸。今不必侈言豫、冀、鲁三省统治通力合作之大，导淮暨海河工程同举之盛，但在豫言豫，于《三志》之修一方之书，粗为来者述其梗概，俾了然于六年来黄、沁之故实，工作之程序，局员之建议，有所综揽而择取焉。

中华民国二十一年元月，吉安刘峙序

《豫河三志》序

禹平水土之后，吾国言治水者，首称河、淮。然自河流南徙，夺淮入海，害及运道，历代河臣如潘季驯、靳辅诸人，率致力于南河，所著《河防一览》《治河方略》及安澜、回澜《(记)〔纪〕要》等书，亦皆详南河而略于豫。民国八年，吴君(泳)〔詠〕湘莅豫长河务，乃搜集档册，综事隶物，始有《豫河志》之作，嗣陈君雨人继之作《豫河续志》，自是领茇防者，稍有轨范之可循。惟笃守旧章，偏重消极，只知防水之患，未能兴水之利。越十九年冬，豫局奠定，维时陈君汝珍长理豫河，任职以来，对于整理计划与设施，无不本学理以征诸实际，擘画期月，渐著成效，慨然有纂修《豫河三志》之举。廷休深知水利、河防有关于国计民生者至巨，遂极赞其议，且促早观厥成。未几，以书见示，并嘱为之序，以弁简端。盥诵至再，因是编距前两志历年未久，故仍仿向例，所有章则、文书、簿籍足资河工考镜者，悉载无遗，复博采成规，参以新法，举凡造林、交通、水利、财政诸端，罔不详为序列。虽一图一字之微，亦皆参互考订，以冀有当，于实施治河之书叹观止矣！尝谓事豫则立，患防未然，黄河发源昆仑，经青海、甘肃，出河套，以达秦晋，东折而注龙门，有群山为之约束，水势疾而不纵，故顾亭林氏曰：孟津以西，禹迹具存，言尚无变异也。迨出龙门，入豫境，无高山大陵之限制，川原平旷，潎洌直下，势如高屋建瓴，一泄千里。广武以东，地势平衍，益以黄壤，随风流布，颇称难治。计有清一代二百数十年间，豫境河决多至二十四次，昏垫之祸，亦云烈矣！近世测验、建筑之术日精，人多主张治理豫河，宜悉以科学方法行之者，善诚善矣，然兹事体大，统筹全局，国府曾议及之，自有待于异日。在豫言豫，考自厉行石工后四十年来，幸无漫溢之患者，因由砖石坝垛足资捍御一时，亦由河身较宽，尚能容纳水流。年来军事迭兴，省库支绌，河防经费与职权逐渐减缩，坐令要政不修，可胜浩叹。况郑中各段河流变迁，或大溜冲刷，或逼近堤岸，每届伏秋，各汛险象环生，曲突徙薪，宜绸缪于未雨。是则欲知豫河迁流沿革之往迹与经营补救之良规，害去利兴，为民造福，此志之有裨于河防，其功又岂在禹下哉！

中华民国二十一年元月，贵州张廷休序于河南省政府

《豫河三志》序

吾国河工纪载，以黄河为最详，盖自瓠子肇决，河事纷纭，沟洫有“志”，河渠有“书”，舍黄河外几无可言，历汉迄今，罔不然也。其他私家著述，汗牛充栋，莫可胜纪。而河之为患，震惊全球，故欧美人士调查之纪录、之著述，亦无虑数十种。然古籍多深奥难明，旁论鲜统系可稽；异邦文字，尤苦东鳞西爪，无全豹之可窥。曩游大梁，陈君慰儒方任水利工程师，承以《豫河续志》见示，于豫省黄河之变迁兴革已考征详至，然于近年来之考察设施则犹未及矣。兹陈君复任河务局长，以科学方法革新河政，如设电话以报汛，设水站以观测，其他工程设施不一而已，乃以六七年之经验纂修《豫河三志》，纲举目张，有条不紊。噫！黄河之害于豫、于鲁，而鲁居下游，近年为灾虽频，范围尚狭。豫省黄河不驯之状较鲁省为更甚，徒以防范得力，数十年来尚鲜崩溃，万一有失，则夺颍、涡，乱淮、泗，浸淫数省，其祸烈于在鲁省者奚止数倍。居安思危，虎尾薄冰，常觉凛然，民国以来，丧乱频仍，治河之功莫之暇及，然其急切则较甚于任何事也。吾望陈君本其志策勉行之，以为国家生民福。

民国二十一年三月，李协序于西安

《豫河三志》序

民国十九年八月，余从孙汝珍长豫河。既莅任，履勘南北堤工，批导窾郤[1]，修补残废，群工用命，大洪顺流。又默察历来河患多误于汛递之不灵也，考察之不先也，石料运输之不便也，于是架设工用长途电话，设置水文观测站、水标站，购置测量仪器，组织水文测量队，推广沿河汽车道，铺设轻便铁轨，凡所规画，宏纤毕悉。次年夏，霪雨两阅月，豫境淮、沙、浉、颍、汝、洪诸河纷纷以漫决告，被灾者五十余县，独临黄地方屹然千里，无昏垫之恐。虽冲要各工濒危者数，而卒以防闲有素，化险为夷，则信乎有其事者必有其功，天人之相资有如此也。顾吾思之，凡百政务以有事为功，独治河以无事为功，故孟子曰："禹之行水，行其所无事也。"然所谓无事者，以言水性云尔。若夫行水之任，其事盖较凡百政务有独难者何？则隙伏于至微，患生于仓卒，举数十州县人民、土地，而决安危存没于呼吸间，非苟为论议可以塞责也。自事后观之，第见河流顺轨，莫不疑行水果无所事事，而不知当局兢兢业业，经营惨淡，实有不容没者。今日化有事为无事，人也，非天也。说曰："以为易而其难者至矣，以为难而其易者至矣。"天下事

[1] 批导窾郤　一般作"批郤导窾"。

类然，岂独豫河也哉？今汝珍任内，豫河两次安澜矣！距余续修《豫河志》之日又六七年，章制数变，应付愈艰，而念前者之不可忘，后人之不可无所考，爰有《豫河三志》之作。志成，请余为之序，故赘数语于此。昔子思有言：“其父析薪，其子勿克负荷，是为不肖。”孔子闻之，喜曰：“吾无忧矣！世不废业，其克昌乎！”吾家自先祖资政公守荆州，修万城大堤，巩固江防，荆人崇祀名宦，歌诵至今。余前待罪豫河数年，幸免陨越，实秉承祖训为多，今汝珍又承乏于此，或于世不废业之义，万有一当乎！请举以为汝珍勖。

中华民国二十一年元月，信阳陈善同

《豫河三志》序

豫河之有志，所以述往事为来者鉴也，然必历年久而成绩多，其事之可纪者，虑或湮没无闻，而后搜罗旧典，胪列要工，勒为成书，以备后人之考察。前河务局长吴詠湘先生暨家雨人叔祖有《豫河志》《续志》之作，胥是义也。汝珍承乏茭防，愧无建树，距《续志》告成之日仅六七年，幸叨天功，河流顺轨，前经数任亦无大工发生，蹈袭故常，相安无事，何亟亟以修志为？惟数年来政变迭乘，法制屡易，本局一切组织已非昔日旧观。建设家复力谋革新，正未知迁流所极。即今在豫言豫，尚无出位之嫌，踵前人之志而三修之，其事亦乌容缓。重以职责所在，勘察必亲，目击心危，有不能已于言者。窃维治河急务，首重堤防；修防要工，端资料石，此二者固尽人知之，乃近年沿河堤坝破坏不堪，随时补苴，仅足弥缝罅漏，而各段之危险实多，料石则购备无几，每年抢险，率向邻汛挪移，而各工之存储几罄。凡兹困难之点，亦尽人皆知之，然知之而卒无以济之者，一由于工款之支绌也。近年预算常额，为数无多，又不能按期发给，平时皆挖肉以补疮，临事更束手而无策。一由于职权之缩小也，前清河务设官，既崇且备，民国肇造，改设河防专局，缩减已多。近年官制屡更，每降愈下，秩卑而责重，事剧而权轻。关于河务行政，因各县之考成未定，斯沿河之呼应不灵，此尤其困难者也。猥以不才，膺兹艰巨，非敢谋一身之权利，实欲策两河之安全。是以躬犯难关，力图进步，防患兴利，并顾兼筹，年来交通设备粗具规模，其他造林、设闸、测量诸事亦皆次第举行，或于豫河前途不无小补。爰引前两《志》例，纂辑本局成案及最近各方之建议、论著，汇为《三志》，以备考查。至全河之统一计划，中央业经筹议，不日见诸实施，以最新之工程，谋根本之建设，行见群力共济，百废具修，河患永除，水利斯溥，是又非独豫人之幸福已也。

中华民国二十一年元月，信阳陈汝珍序

凡例

一、本志继信阳陈前局长雨人《续志》而作，凡载《续志》者概不赘叙。自民国十四年起，迄二十年六月底止，所定章则及工程、财政，悉依《续志》体例，分类录编。间有六月以后迄属稿时发生重要之件亦择要及之。

一、本志分职官、工程、财政、附录与卷首之图及卷末之表，共六门。职官以志章则之编制、考核；工程以志修防、杂工、料石等项，其造林、交通、水利亦均属之，缘此后河工除害尤须兴利，不仅致力于防守也；财政以志政费、工款、杂款收入、河产等项，并附财产杂案，俾阅者易知本局财政表里；附录以志公牍、选著，凡本局有案而尚待举办者列入公牍，选著则以最近治河名著应用科学方法者节要录入，用备取则。

一、本志所分各门，叙事依编年体，按事之前后为序。惟附录门之公牍，虽未分目标明，而内分一、二、三、四等项，每项仍按年月之先后编次，与他门各自稍异。

一、本志之图仍列为卷首。因近日科学进步，黄河水位涨落及河流含沙量等正从事测勘，图式随时改良，非一成而不变者，预为单行张本，与《续志》用意从同。

一、本志各表除标明二十年六月系现编者外，余表均自各原卷内录入者汇为卷末，分职官、工程、财政三门，各于本门原文后附注声明见某表之几，俾便检阅。惟工程门杂工、造林二目，间有表式极简，附原文后，不在此例。

一、本志系数月成书，仅绘图节案，简陋殊多，举凡河道源流与夫历代治河之陈迹，《续志》沿革、治绩二门，征引綦详，兹未敢踵事增华，仅依《万城堤续志》先例，凡原志所已备者概不复及，阅者谅之。

一、此次编纂本志，任纂修者光山戴湄川、商城黄岘芝、林伯襄，协修者韩学明、王继昌、吴景平、黎吉甫、田嘉润、林新武、涂缵襄、吴毓英、石磐、宁祥瑞、张子祥、汪绍香，绘图者郑耀西、孙镕，校勘者金志伊、郭伟，缮写者李瑞祯、贾树藩、夏清秀、钱裕懋、熊海义、王汉杰、赵连璧、王炳堃、林庆年，例得备书。

图第一

文以纪事，图以状形，是文与图乃分任其功，而合成其用者也。本志之图凡十二，黄河为经，沁河纬之，举凡黄流历代变迁与夫黄、沁两河之现势、工事及纵切面之广狭、坡度，各绘以图，而黄河水位涨落暨含沙量等，又均以图示之；他如交通之电话路线，水利之吸水机闸口，凡有案可稽者，莫不有图可索焉，俾后之治河者知险设防，因势利导。尺幅间具全部形势，是图之为用殆更重于文之纪事乎？抑尤进者，亘古河患每由于水势暴涨，而水势暴涨实由于天行无常，欲预防而苦无善策。近日科学昌明，测量进化，凡一地带之寒燠燥湿，与河流之水位涨落极有密切关系，积久测验，经数年或数十年之循环往复，而天行之公式定焉。本志六、七两图，即基此意。惟值测量初步施工，仅得全豹之一斑，踵而成之，尚俟异日。

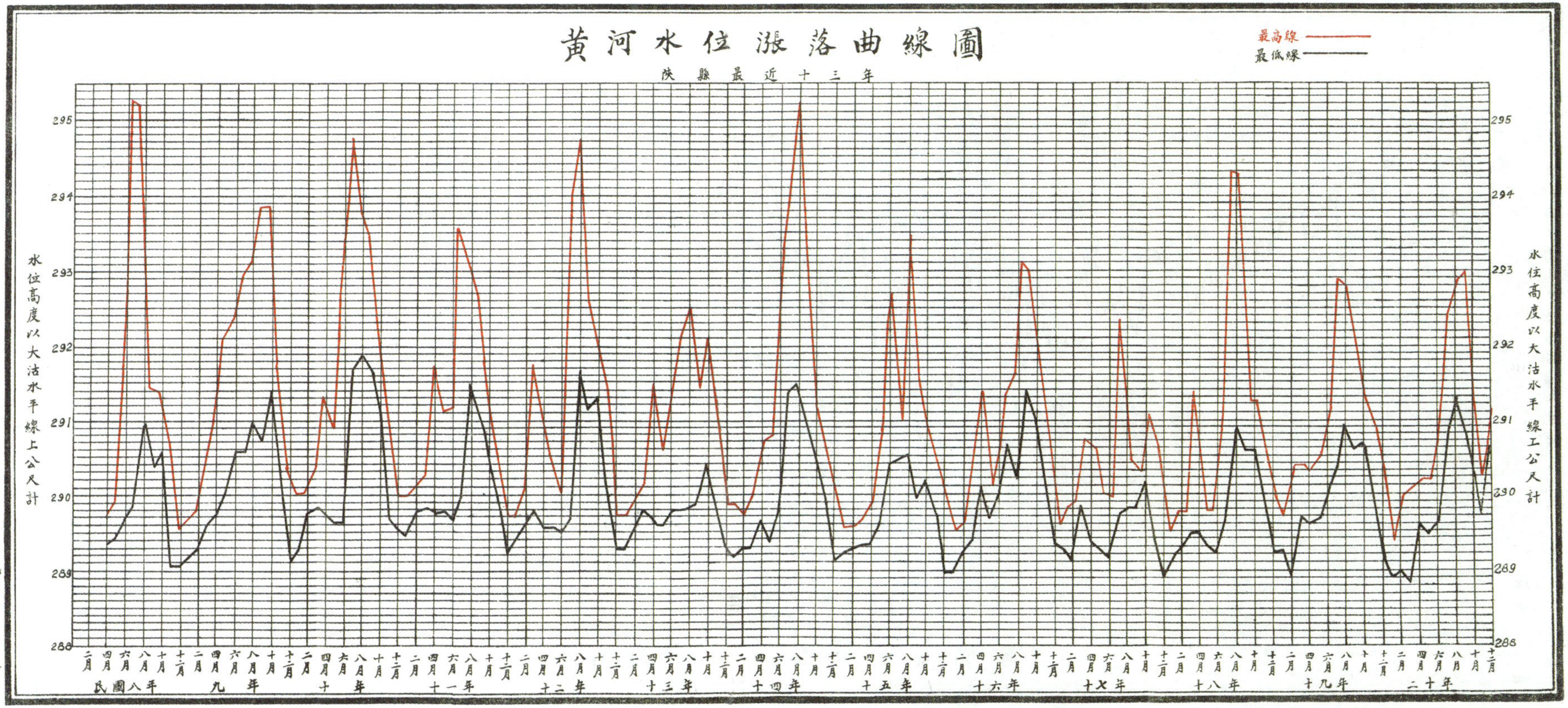

河南河務局民國二十年製

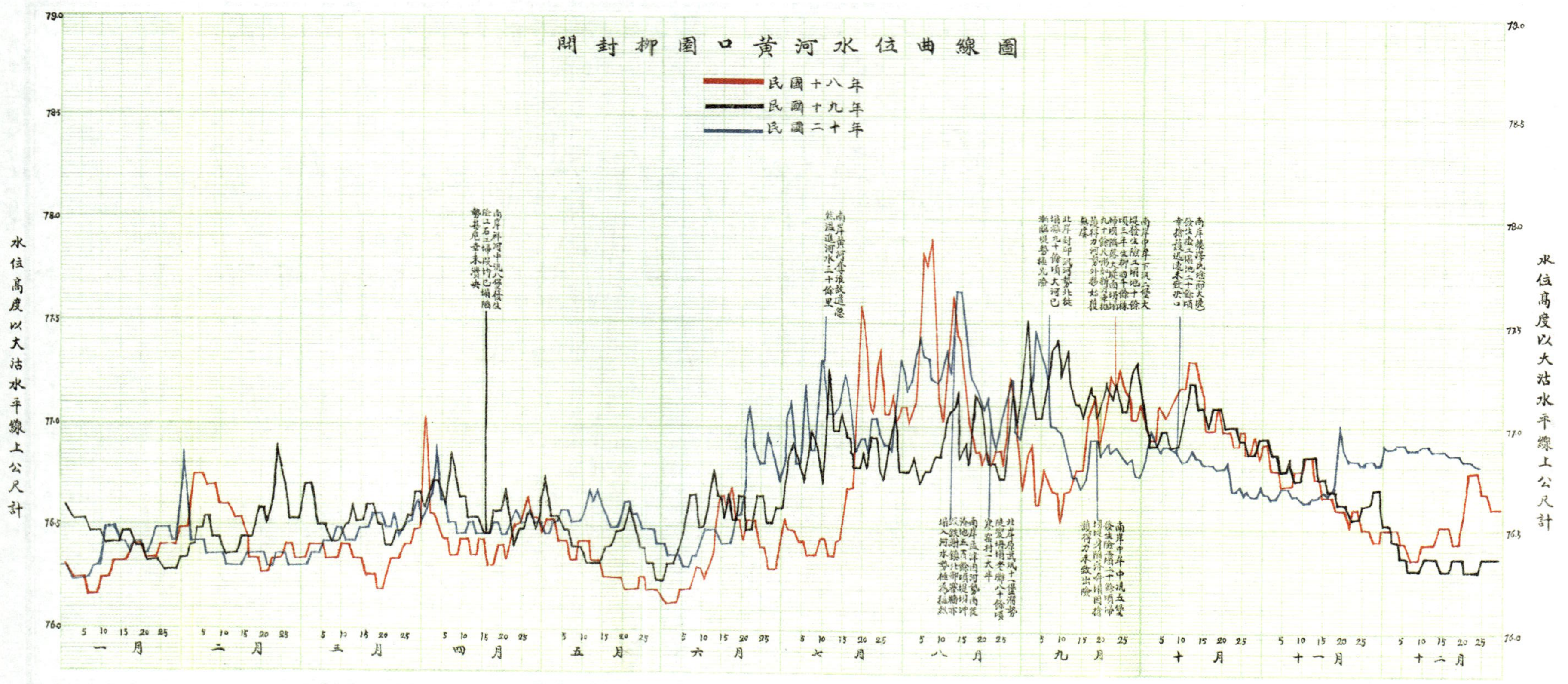
開封柳園口黃河水位曲線圖
民國十八年
民國十九年
民國二十年
水位高度以大沽水平線上公尺計
79.0
78.5
78.0
77.5
77.0
76.5
76.0
一月
二月
三月
四月
五月
六月
七月
八月
九月
十月
十一月
十二月

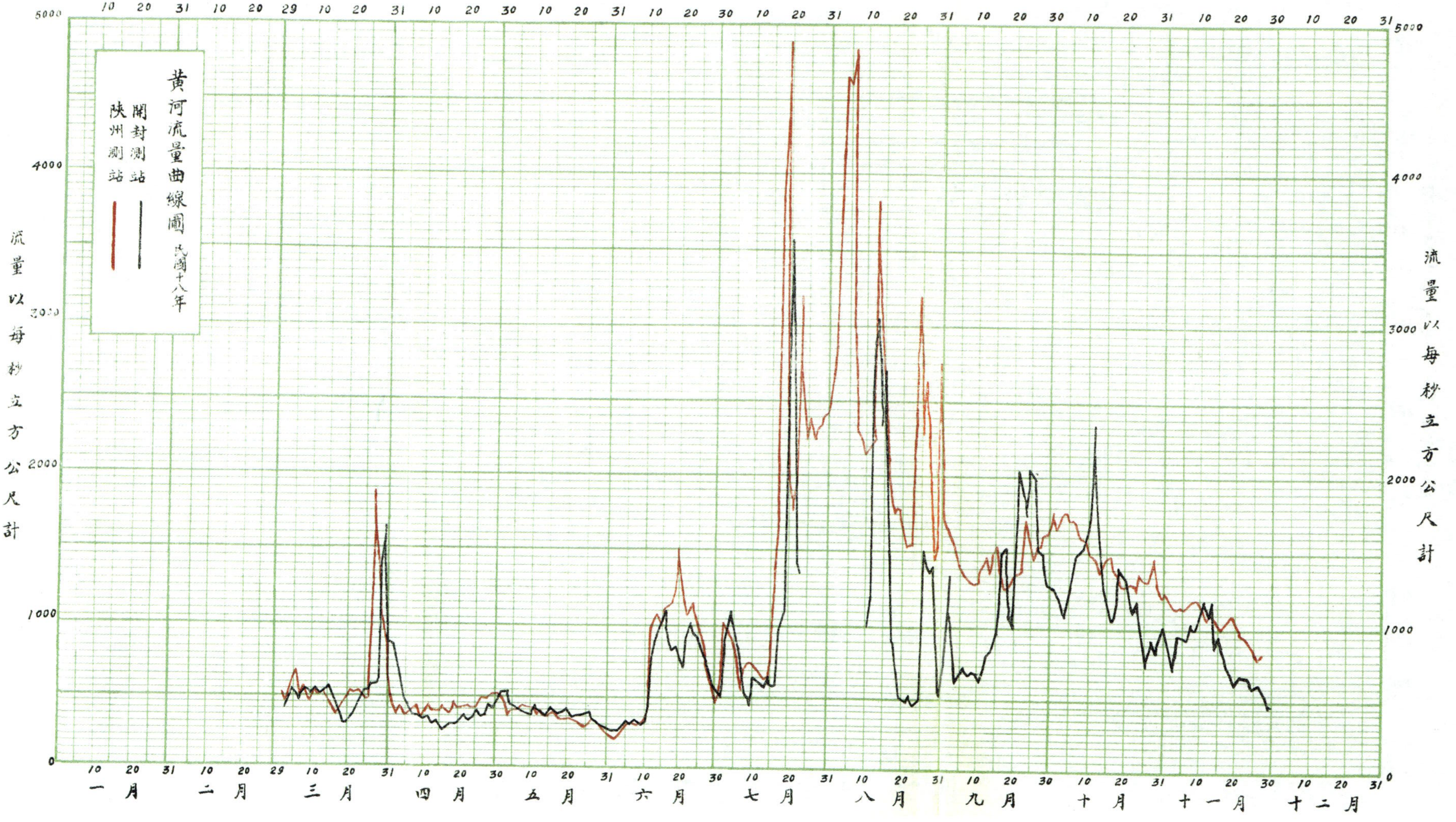
黄河流量曲線圖 民國十八年
開封測站
陝州測站
流量以每秒立方公尺計
一月
二月
三月
四月
五月
六月
七月
八月
九月
十月
十一月
十二月

陝縣黃河流量比率曲線圖

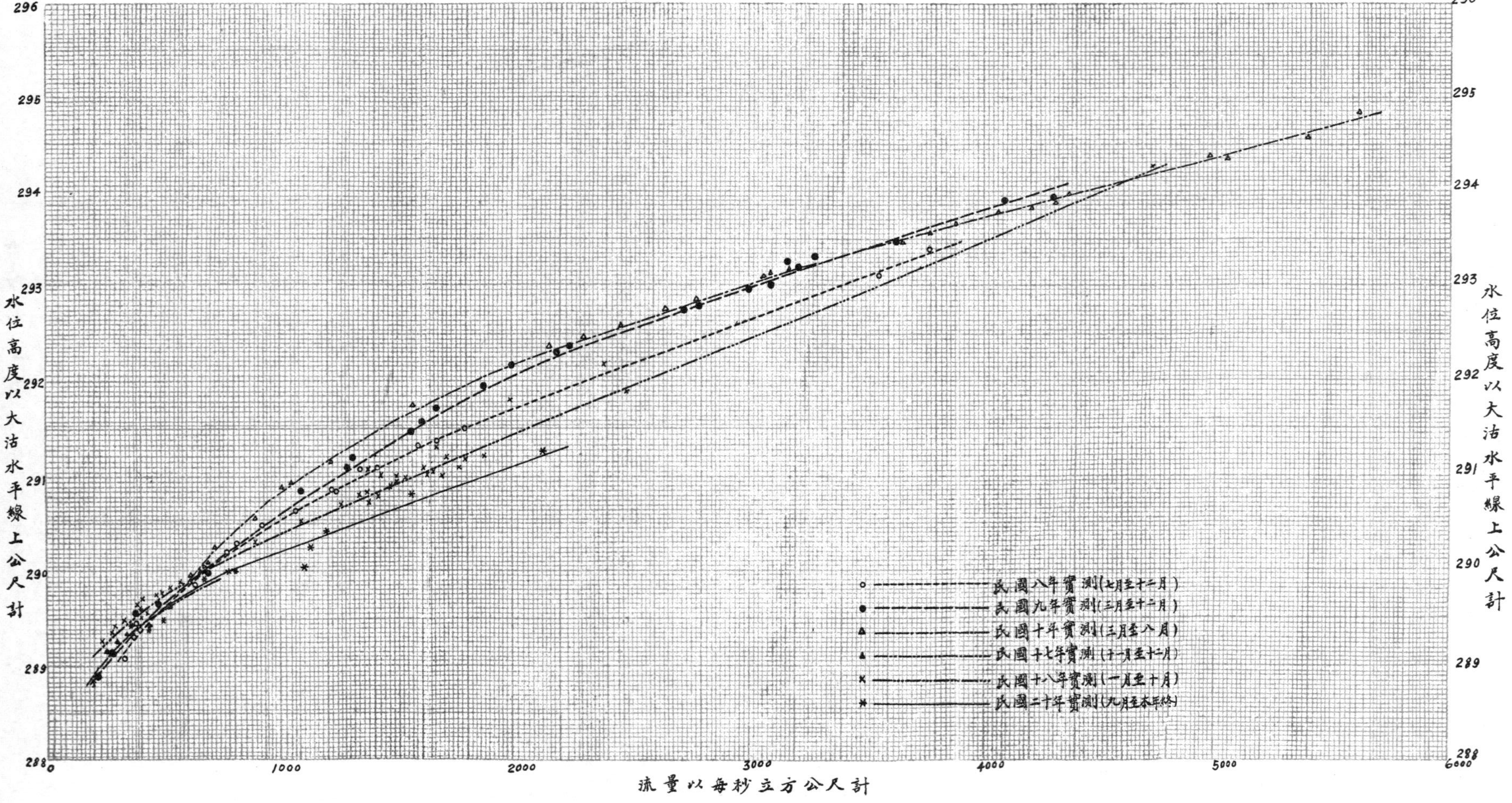

吸水機安設位置圖

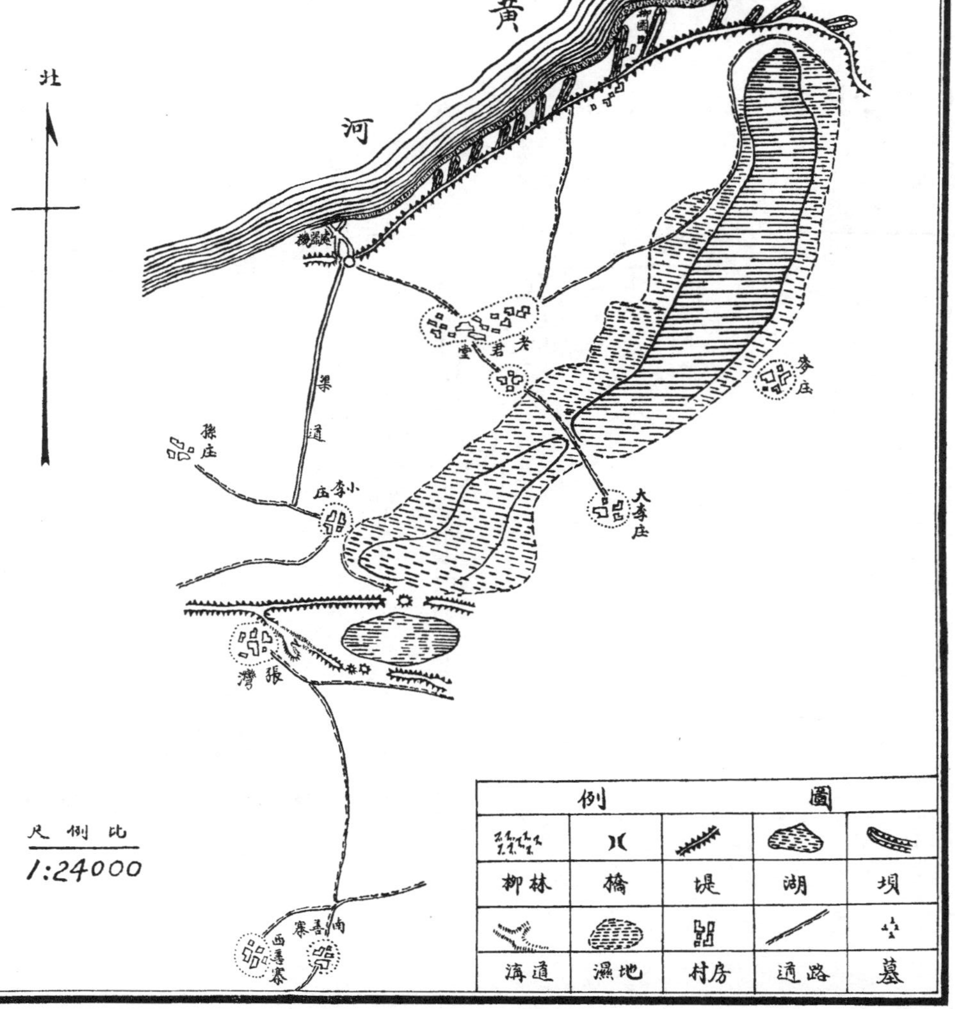

說明

一、安設吸水機於柳園口西端南河南岸土壩首地方吸引黃河水灌田

二、吸水機灌田區域在大堤西南東南老君堂孫莊一帶圓約可灌田四千餘頃

三、由設吸水機蓄水池處挖幹渠引水過堤以便灌溉擬於試機後續行辦理

四、新挖蓄水池及壩首上所拋之護沿石及挖壩首為設吸水機地面用南北長三丈五尺寬三尺深一丈一尺其蓄水池長七尺面寬二丈二尺底寬二尺深一丈四尺共挖一百七十方又挖壩首土方設吸水機處長三丈五尺寬三丈挖一百二十方兩共挖土二百九十方需八百工加之修理土壩拋石用磚砌蓄水池約共計需三千五百工

五、引擎與地軸相距一丈七尺地軸與磅浦相距五尺磅浦距河邊六尺磅浦高水面五尺

六、置引擎下面五尺見方深五尺用洋灰土石子三合灌入以求地面堅固

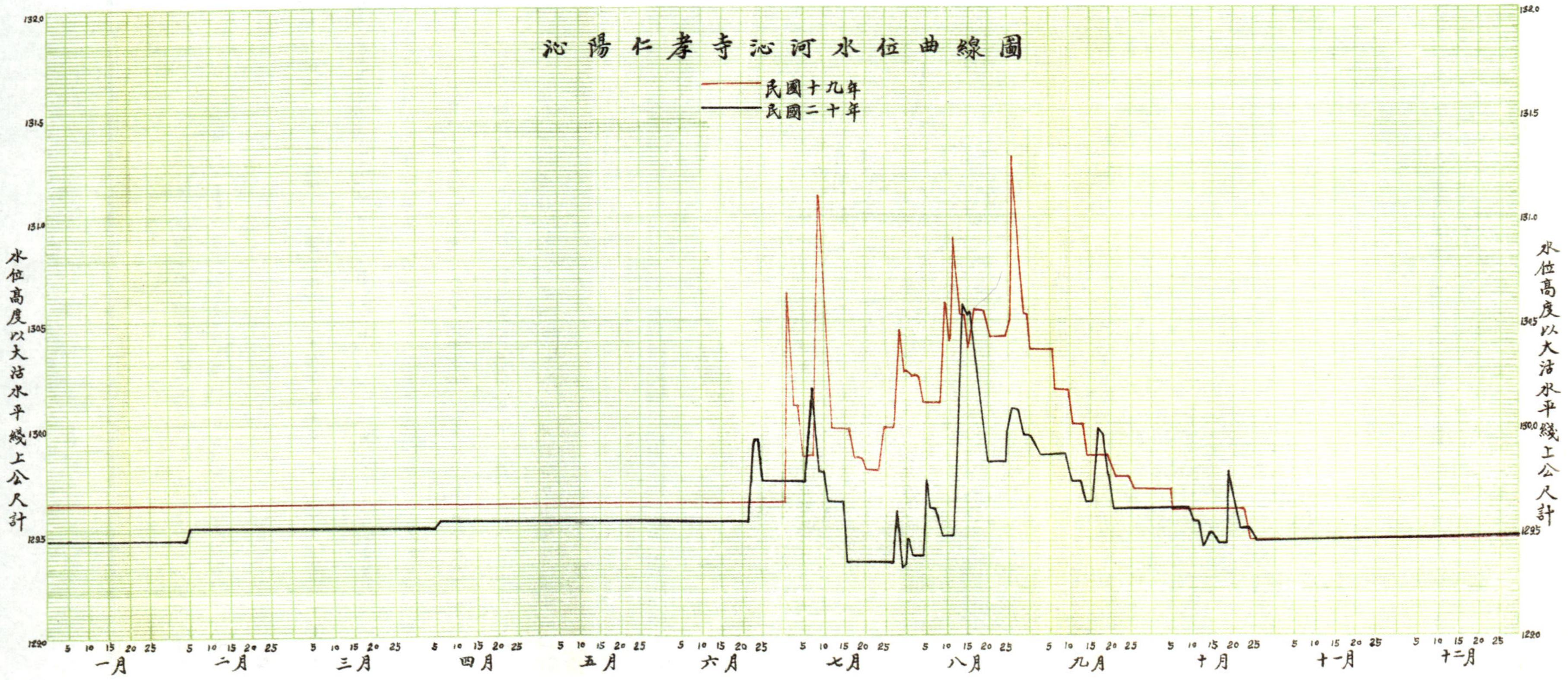
沁陽仁孝寺沁河水位曲線圖
民國十九年
民國二十年
水位高度以大沽水平綫上公尺計
132.0
131.5
131.0
130.5
130.0
129.5
129.0
一月
二月
三月
四月
五月
六月
七月
八月
九月
十月
十一月
十二月

卷一　职官第二之一　兵夫附

古者设官分职，每因时代之进化而滋繁，上溯洪荒，即已云鸟纪官，灿然史策。然孔氏删书，断自唐虞，《舜典》命官，以伯禹作司空，职司水土，序列五官之首，是治水古有专官，历代亦因之勿废。黄河水患，在豫省为最烈，有清一代，设官防之綦备。改革后，限于经费，迭有裁并，《续志》考其沿革，胪其治绩，可谓详已。迄今又阅数年，适值政局变迁，军事翻覆，司茭防者亦随之累易其制，队汛兵额，裁革尤多，关于职掌之划分，防区之厘定，诸凡改进，屡易旧观。兹自十五年《续志》告成以后，所有河务职官之编制与考核方案摘要编录，兵夫附之。至附设之平民学校，虽非工程教育，而纯属本局职员兼任其事，因以类及，附列如后。

编制

民国十六年六月，河务局长张祥鹤呈省政府：窃维改革之始，推陈出新，所有公牍往还，自非按照公文程式明订办法，不足以明统系。局长莅差伊始，对于民政厅以外之各厅，究应采用呈文，抑用公函之处，理合具文呈请核夺示遵。奉指令：

查民政厅为直辖该局上级官署，嗣后该局应行公文程式，对于该厅用呈，其他各厅仍用公函。除令各厅知照外，仰即遵照。

按：河务局长一职本系简任，直辖于本省最高行政长官，对于各厅向皆平行。自张局长祥鹤到任，因与民政厅长鹿钟麟有旧属关系，行文用呈。又奉省政府指令，规定民政厅为直辖上级官署，此后遂沿为例。至十八年九月，改组整理黄河委员会时始复旧式，不属民政厅管辖。

十六年十月，河务局长张祥鹤呈民政厅：窃查豫局改革政治，因以刷新职局，旧有编制及各项章则，或因今昔不同，已不适用，或以职称冗杂，名实不符，自非参酌现在情形，分别改订，不足以资遵守。局长莅任以来，经数月之考查，关于总分各局暨各队汛、各科处事务之繁简、成绩之优劣、俸薪役食之等差、名义职责之比照，以及编制之应损应益、经费之应减应增，参较昔今，斟酌至当，列为表式，订为规程。所有经费，按诸从前预算既不超过，而支配详明，将来办事手续，亦无紊乱不清之弊。理合缮送《改订暂行规程》三份，《编制经费一览表》三纸，《总分局队汛员名经费总表》一纸，呈请核准备案，拟自十月份起照表施行，以期规划便利，合并陈明。奉指令：查改订各项规程，大致尚属妥协，所有编制经费各表，既据叙明，按诸从前预算并不超过，应准备案。

改订河南河务总局暂行规程

第一章　总纲

第一条　河南河务总局直隶于河南民政厅，主管河南省境内之黄、沁两河工段修守事宜。

第二条　黄、沁两河沿岸各河务分局，直隶于河务总局，督同该管工巡队，管理所辖各汛内修守事宜及工储料物。

第三条　黄、沁两河工巡队直隶于河务分局，管理所辖汛段内一切工程事宜。

第四条　河务总局因石方为工程所必需，巩县又为产石之区，故附设购石处于巩县，专司购运石方事宜。

第二章　职权

第五条　总局设局长一员，总理黄、沁两河河务，并监督各分局、各工巡队及所属各职员。

第六条　总局置左[1]列各科处：

一、总务科掌管本局文书、印信、庶务，暨内外部职员、兵夫之任免、升降、调补及考核功过、兴革利弊等事，及其他不属于各科处之事务。

二、技术科掌管黄、沁两河堤埝坝埽一切工程，及稽核各分局料物石方、水势涨落暨测绘等事。

三、会计科掌管本局预算、决算及各项经费之出纳，并稽核各局队处之会计等事。

四、堤柳管理处掌管黄、沁两河沿堤柳株之培植保护、调查报告，及取材生利等事宜。

第七条　总务、技术、会计等科各置科长一员，堤柳管理处置主任一员，均承局长之指挥，主管各该科处一切事务。

第八条　各科处按事务之繁简，置科员、办事员各若干员，承该管科长、主任之指示，办理该管事务。

第九条　总务科置有收发文卷、庶务、校对、监印等股，会计科置有收支股，均以科员、办事员掌管之。

第十条　除各科处事务责成科员、办事员办理外，另置查工员三员，专司查验黄、沁两河工程，置差遣员四员，专司提

---

[1] 左　原书为繁体竖排，“左”即“下”。余同。

款、查案及其他公干。

第十一条　各科股之外，设有书记处，置书记长一员，书记十员，专司誊缮文件及制画表册等事，遇事由书记长督率支配。

第三章　程序

第十二条　凡外来文件，由传达处接收，转送收发股摘由登簿，送呈局长批示办法，加盖木戳，分配各科处遵批办理。其有事属两科以上者，则依原文内主要事项，决定主办之科，其次则为会办。

第十三条　各科处收到文件，由科长或主任分配各科员或办事员办理，急要者先办，次要者次之。

第十四条　科员或办事员承办文稿，须先署名、盖章，次由科长或主任覆核、署名、盖章，然后登簿，送局长判行。事涉两科以上者，则依次用会知簿送致会办之科，署名、盖章手续完毕，再由主办之科登簿送行。

第十五条　稿件由局长判行后，发交书记长指挥书记随时缮清，缮毕加盖名戳，送校对股校对，加盖名戳，送监印股钤印毕，送局长署名盖章，署盖毕，发交收发股填日登簿封发，发毕将原稿交文卷股，编号归档。

第四章　办公及休假

第十六条　办公时刻分夏秋与冬春两种，但遇有特别事件，或事务不能中止，得随时延长。

一、夏秋上午以八点至十二点为率，下午以一点至五点为率。

二、冬春上午以九点至十二点为率，下午以一点至四点为率。

第十七条　本局设有考勤簿，各职员每日到公，须按规定时刻亲笔画到，一届应行到公时间，即呈局长核阅。

第十八条　本局以星期、令节、国庆、国耻及其他正式纪念等日为休假期，但值日人员不在休假之列。

第十九条　科员以下各职员，因事或病请假，须呈条说明理由，自选代理职务之人，载明条内，送由科长核转局长，听候批示。至科长请假，则径呈局长核示。职员请假奖惩办法另订之。

第五章　保存文卷

第二十条　本局一切文卷，派科员或办事员管理之。

第二十一条　收发股封发文件后，将原稿录由登簿，并记明附件数目，送交文卷股。须就原簿上盖有章戳，以为收到之证，收到后随即编入档册，分别归档，以免积久讹误。

第二十二条　局长暨各科处调卷，须以便条为凭，阅毕送还时，须将原条退回涂销。

第二十三条　无论何项文卷，非得局长许可，不得私自抄出或给人阅看，各职员对于未发表事件，尤不得稍有泄漏，或私自告知于利害关系人。

第六章　稽核经费

第二十四条　每月十五日以前，庶务股应将上月分收支各款，开具清单，连同账簿送呈局长核阅。至河工全体款项，每月管收除存数目，则由收支股开单呈核。

第二十五条　每月发放薪饷，庶务股须立有专簿，交受款人亲自签收盖章，以资印证。至目兵、勤务工食，亦须立有专簿，于发放时令其亲收画押，以便稽考。贴用印花手续，由庶务股负责办理。

第二十六条　各科需用办公物，须开单送由该管科长或主任查核盖章，交由庶务股核发，但价值过巨者，须先由局长核准。

第七章　附则

第二十七条　本规程系参酌旧章，准照现状，暂行厘定，俾资遵守。如有未尽事宜，得呈请修改之。

第二十八条　本规程自呈奉民政厅核准之日施行。

改订河南黄、沁两河各分局暂行规程

第一条　各分局各置局长一员，受河务总局局长之指挥监督，管理所辖各工段内存储款项、料物、石方，并督同工巡队长，指挥本管汛长官兵，办理汛地以内一切修守事宜。

第二条　各分局置列二股：

一、事务股掌管文书、印信、会计、庶务等事，及不属于技术股之一切事项。

二、技术股掌管辖汛内各项工程及料物石方等事。

第三条　事务股置事务员一人，技术股置技术员一人，均受分局长之指挥，主办各该股一切事项。

第四条　各工段储备料石，每年由总局派定垛数、方数，俟购石处采运石方到工，即行督饬人夫坚实堆储。至正杂各料，每届应办之期，由总局发给款项，由分局照章购买，依式堆储，均由分局长负责办理。

第五条　四汛期内，遇有应做工程，由各分局长估计需用料石土方数目，呈请总局核定，一经奉准，立即督同工巡队切实兴筑。如系工程紧急，准其一面酌量抢修，一面飞报总局。

第六条　承修埽坝土石等项工程，倘有减料偷工情弊，及用省不尽适宜之处，除将该管分局长撤职，勒令赔偿外，工巡队长及汛长等亦酌予惩处。

第七条　工程发生，如系关联两分局者，应会商办理，不得互相推诿，有所争执。如有意见不同之处，须陈明总局裁夺办理。其因工程紧要，难以擅离者，则分具意见书，飞呈总局听候示遵。

第八条　各分局所辖汛段内河水涨落及工程情形，在伏汛内按五日列表，呈报总局一次，余则每十日呈报一次。若涨水达一尺以上，则无论风雨、黑夜，均须立即飞报。在凌汛期内，并须将封河、开河情形，就表上填注明晰，年终造具本年暨前三年河水涨落比较表，以便统计。

第九条　各分局长、技术员、事务员等，均应常川驻工，不得擅离职守。

第十条　各分局长应将本月分旧存、新购、正杂料物数目，及用存运到碎石暨堆积土牛各方数，缮具四柱清折，于次月五日以前呈报总局，以备查考。

第十一条　各分局长应于每年年终，将所属事务员、技术员、队长、汛官、雇员、书记等办事成绩，出具考语，呈由总局查明给奖。其有办公不力或舞弊营私者，得随时呈请派委澈查，分别惩办。

第十二条　各分局对于所属工巡队工作、训练及一切应办事宜，须按照工巡队办事规程，认真监督，勤加点验，不得稍事诿徇，其工巡队办事规程另订之。

第十三条　本规程系参照旧章，准酌现状，暂行规定。如有未尽事宜，得随时呈请修改之。

第十四条　本规程自呈奉民政厅核准之日施行。

改订河南黄河沿岸工巡队暂行规程

第一条　黄河沿岸各分局所辖地段内，设有工巡队一队，专司修守工段及防护事宜。

其组织如左：

队长一员；

汛长一员至三员；

汛官一员至四员；

队兵因工段之险夷、长短各有不同，故兵队人数亦多寡不一。

第二条　队长对于各该管工程训练暨一切应办事宜，应受该管分局长之指挥、监督。

第三条　凡四汛期内，遇有应修工程，完全由队长指挥各该汛官兵，分投厢抛。如情形紧急，本管队兵不敷分布，准调用邻汛队兵协助之。如邻汛队兵均有工作，势难兼顾，即报由分局长呈明总局，调用邻局队兵协助之。如邻局亦有工作，则由分局长一面雇集民夫，一面飞报总局派员监视，但不在必要时，仍须呈明后，始准雇夫。

第四条　各该管汛内正杂料厂，由队长体察情形，责成汛长督饬队兵，分别昼夜轮流值管，并于每月五日以前，将派定轮值队兵，造具地点、姓名清册，呈由分局查核，转报总局备案。

第五条　大堤发见水沟、浪窝及埠道残缺、鼠穴獾洞，均由各该汛官兵随时填垫坚实，不得稍有玩延。

第六条　冬季植柳时，由队长督率各汛长、官兵等，依照植柳章程，切实遵行，并须勤加灌溉，以期成活。其植柳章程及奖惩办法另定之。

第七条　每年霜清后，由队长商承分局长，酌量该管情形，设立训练所，传集队兵轮流训练，其办法由分局长拟订，呈报总局备案。

第八条　各汛队兵除工作训练时间外，仍按名堆集土牛，以备工用。其堆集土牛办法，由总局拟定饬遵。

第九条　各汛队兵每日工作情形，由队长将地点、时间及积土数目、队兵姓名，按十日列表，呈由分局转报总局一次，以备查考。

第十条　队长及所属员弁，除专管河务修守事宜外，不得搀越工程范围以外事务。

第十一条　承修埽坝、土石等项工程，倘查有减料偷工情弊，及用省未尽适宜之处，该队长及本汛汛长、汛官共同负其责任。

第十二条　队长、汛长、汛官等均应常川驻工，不得擅离汛地。队兵非遇特别事故，不得请假，假期内须倩人替代。逾限不归，即行开除。

第十三条　各汛队兵遇有死亡、斥革等缺额，应立时另募补充，不得借延。其新补之兵，由该队长取具姓名、年岁、籍贯及箕斗册结，呈由分局转请总局派员点验，仍将所属队兵按月造具花名清册，呈由分局转报总局，以备不时查验。

第十四条　各队长于每年年终，应将所管汛长、汛官等办事成绩，出具考语，呈由分局转呈总局核办。

第十五条　汛长、汛官如有办公不力，或舞弊营私，经该管队长查明属实，即呈明分局转请总局复查明确，分别记过撤惩。

第十六条　汛长应随时考核官兵勤惰，呈请本管分局长暨队长分别赏罚。

第十七条　汛官应随时考核队兵勤惰，请汛长核办。

第十八条　各队财政事项，应遵照河务局所编预算数目，按月由队长直接赴总局请领发放，并按现行审计、会计各章程，造具决算书、粘据簿，呈总局查核。

第十九条　本规程系参照旧章暂行规定，如有未尽事宜，得呈请修改之。

附《编制经费表》四种，见财政表之一至四。

十八年二月，民政厅训令：案奉河南省政府训令，转奉国民政府第六一号训令，内开：查国民政府《黄河水利委员会组织条例》业经制定，明令公布，亟应通饬施行。除分令外，合行抄发原条文，令仰知照，并通饬所属一体知照等因。奉此，除呈复并通令外，合行抄发原条例，令饬该厅即便饬属知照等因。奉此，合行抄发原条例，令仰该局即便知照。

按：此项组织条例，与十六年二月奉河南省长训令转发《督办黄河工程事宜公署章程》，均系统筹全河划一组织，因时局关系，未经实行，所有章程条例分存在卷，本志从略。

十八年九月，省政府训令：案据民政厅长李树春提议案称，查黄河自入豫境，奔流到海，波涛汪洋，为患已久，堤防稍有疏虞，泛滥极属可虑。且古来治河一事，国家莫不视为要政，只因治河机关组织未臻完备，以致每遇险工，一筹莫展，茭防不免有溃决之患。兹值建设时期，导淮已有导淮委员会之组织，而治河问题亦宜积极研究，策筹万全。前奉中央颁布《黄河水利委员会组织条例》，正在参照实施间，旋以时局关系，因而中止。今秋雨泽过多，河流暴涨，各段工程均关重要，拟请组织整理黄河委员会，借资随时研究修防办法，以利河工之进行。该会委员长拟请以何其慎担任，规定为义务职，并拟就《整理黄河委员会组织条例》是否有当，提请公决施行，附拟条例一件等情。据此，当经发交法令编审委员会审核修正，提交政务会议议决修正案通过，除登报公布并分行外，合行抄发原条例，令仰该局即便知照。十九年二月，又奉省政府训令：案奉行政院第四五五六号训令，内开，案查前据该省政府呈报成立河南整理黄河委员会，并附组织条例等情到院，当经令交内政部核议具复，并指令知照各在案。兹据内政部呈复称，遵查关于修治黄河事宜，已奉国民政府明令，设立黄河水利委员会统治全流，并准该会已设有筹备处。是沿河各省对于境内黄河局部修治问题，似应暂维原状，俟该会成立，统筹办理，以免歧异。即如原呈所称，今秋雨泽过多，工程重要，有设会先行整理之必要，亦应在不抵触中央法令范围内，定为暂行办法，较为妥适。拟将原条例酌改为《河南整理黄河委员会暂行条例》，并详核原案各条，亦有应行修改之处，均经分别酌为删改，理合将审查意见暨修正暂行条例缮具清本，备文呈请鉴核施行等情前来。查该部审议各节，均甚中肯，修改各条亦尚妥适，除指令外，合行抄发该部审查意见及修正暂行条例清本，令仰该省政府遵照修改，另呈察核，此令等因。计抄发内政部审查意见及修正暂行条例清本一件到府。查此案前据委员兼民政厅厅长李树春提议，拟就《河南整理黄河委员会组织条例》，请公决施行等情，当经明令公布暨通令知照在案。兹奉前因，除呈复并明令公布暨分行外，合行抄发各附件，令仰该会即便知照。

河南整理黄河委员会暂行条例

第一条　河南省政府为整理本省境内黄河及其支流，设立黄河整理委员会。

第二条　本会掌管本省境内黄河测量、疏浚及一切兴利防患、筹款施工，于不抵触中央法令范围内，实施整理计划。

第三条　但关涉他省利害时，应先协商专案呈准河务局归并本会，其原有经费，由本会支领之。

第四条　本会施行职务时，各该地军政机关有协助保护之责。

第五条　本会设委员长一人，委员若干人，均由省政府派充之，概系名誉职。

第六条　本会设秘书二人，及总务、工务、财务三处，每处设处长一人，股长、干事各若干人。关于工程事项，得设工程师、工务员若干人，直隶于工务处。

前项秘书及处长，由委员长遴选，呈请省政府加委。余由委员长聘任或委任之。

第七条　秘书办理机要文件，及招集开会各项事务。

第八条　总务处掌管编译、收发、保管、统计、任免、纪录，及其他不属于各处事务。

第九条　工务处掌管关于设计、绘图、调查、测量、疏浚、修筑，及其他一切工程事项。

第十条　财务处掌管关于会计、庶务、预算、决算，及其他一切财务事项。

第十一条　本会得聘任国内外工程专家为顾问。

第十二条　本会得酌用雇员，其额数由委员长定之。

第十三条　本会每来复开常会一次，于必要时得招集临时会。

第十四条　本会议决案之执行及处理会内事务，以委员长名义行之。

第十五条　本会议事规程及各处办事细则另定之。

第十六条　本条例如有未尽事宜，得随时呈准修正之。

第十七条　本条例自呈准公布之日施行。

十八年十月，整理黄河委员会委员长何其慎呈省政府：案查河务局业经奉令归并该局，原有附设之十一分局，顾名思义，已无存在之可能，且官阶较崇，积习颇深，岁糜公款八万余元，成绩毫无，形同虚设。现在各该分局长明达事理者，亦纷纷呈请将分局废除，属会为实事求是计，自应澈底改革，仰副钧座整理之至意。兹经属会委员临时会议议决，所有黄、沁十一分局一律裁撤，改组工务队十一队，每队官兵一百零九员名，应发薪公饷项等费，即以裁撤十一分局之经费开支，如有盈余，以补工料之不足。一变更间，化无用为有用，官无废事，款不虚糜，庶几积弊一清，整理成效可以实现。所有裁撤十一分局，改组工务队各缘由，是否有当，理合检同预算表暨章程，备文呈请钧府鉴核施行。再，各队官兵共一千一百九十九员名，实以黄、沁两河，汛段共长八百余里，所有工务久经废弛，非多数队兵急难补救。嗣后酌察工务情形，随时核减，所余经费尽数购办工料，合并陈明。十一月，奉指令：呈件均悉。准如所请，除检同原送预算表及章程，令饬财政厅知照外，仰将该项预算表及章程，各再缮送一份备查为要。

河南整理黄河委员会改组工务队暂行章程

第一条　黄、沁两河沿岸各前分局所辖地段内，各设工务队一队，队长一员，受本会之指挥监督，督同工务员暨汛长指挥本管汛兵，办理汛地内一切修守，并管理所辖工段内存储款项、料石暨催缴捐租各事宜。其组织如左：

队长一员；

工务员一员；

会计兼书记一员；

汛长二员；

司书四员；

汛目八名；

副目八名；

汛兵八十名。

第二条　各队所辖汛段内河水涨落及工程情形，在伏、秋两汛内，按五日列表呈报一次，余则十日呈报一次。若遇水涨一尺以上者，则无论风雨黑夜，立即飞报。凌汛期内，并将封河、开河情形，随表填注明晰。年终造具本年暨前三年河水涨落比较表，以便统计。

第三条　凡四汛期内，遇有应修工程，完全由队长督同工务员、汛长，指挥汛兵分投厢抛。如情形紧急，本管队兵不敷分布，准调邻队汛兵协助之。如邻队汛兵均有工作，势难兼顾，由队长雇集民夫，一面飞报本会派员监视。但不在必要时，仍须呈明后，始准雇夫。

第四条　各该管汛段内正杂料厂，由队长体察情形，责成汛长督饬汛兵，分别昼夜，轮流值管，并于每月五日以前，将派定轮值汛兵，造具地点、姓名清册，呈报本会备查。

第五条　大堤发见水沟浪窝及堡道残缺、鼠穴獾洞，均由各该汛兵随时填垫坚实，不得稍有玩延。

第六条　堤柳、杂树及造林场之保护，应由该队长督饬汛兵，共负全责。

第七条　冬季植柳时，由队长督令各该汛兵，按照每兵一名，种柳三十株，指定地点，如式栽种。栽齐后，并将上年所种柳株成活数目，一并由该队长呈报本会委员复查。但种柳时，各株距离不得在一丈以内，并须勤加灌溉，如成活不及六成以上，责令如数补栽。

第八条　各队汛兵除训练时间外，仍按名堆集土牛、编柳条筐，以备工用。其堆集土牛等办法，由本会拟定饬遵。

第九条　队长暨所属职员、汛兵，除专管河务职守事宜外，不得搀越职守以外事务。

第十条　承修埽坝土石等项工程，倘查有减料偷工情弊，及用省未尽适宜之处，该队长及工务员、汛长等共同负责。

第十一条　队长及以下各职员，一律常川驻防，不得擅离汛地。汛兵非遇特别事故，不得请假，假期内须倩人代替，逾限不归，即行开除。

第十二条　各队汛兵遇有死亡、斥革等缺额，随时呈报，由本会募补，不得借延。其新补之兵，由该队长取具姓名、年岁、籍贯及箕斗册结呈报本会，派员点验，仍将所属汛兵按月造具花名清册，呈报本会，以备抽查。

第十三条　各队所属职员，如有办公不力，或舞弊营私，经该管队长查明属实，即呈报本会复查明确，分别记过撤惩。

第十四条　汛长应随时考核目兵勤惰，呈请本管队长，分别赏罚。

第十五条　各队设立训练所，由各队长分别传集汛兵，切实训练。其训练规则另定之。

第十六条　汛目应随时考核汛兵勤惰，请汛长核办。

第十七条　各队财政事项，应遵照本会所编预算数目，按月由队长直接赴本会请领发放，并按现行审计、会计各章程，造具预算书、请款凭单，并造具决算书、粘据簿，分别呈报本会查核。

第十八条　本章程如有未尽事宜，得随时修正之。

第十九条　本章程自呈准之日施行。

附：《十一工务队编制预算表》，见财政表之五。

十八年十一月，整理黄河委员会训令各工务队：案查裁撤十一分局，改组工务队十一队，业经本会拟具预算表暨章程，呈经河南省政府核准，并令行在案。所有各工务队分驻地点，亟应预为规画，以资防守而便工作。兹由本会制就工务队分驻地点表十一份，除分令外，合行检发一份，令仰该队长遵照办理。

附：《工务队分驻地点表》，见职官表之一。

十九年四月，河务局长于廷鉴奉省政府训令：查黄河工程关系重要，稍一不慎，动酿巨患。上年河水泛溢，屡出险工，虽幸获安全，已属万分徼幸。推原其故，皆由整理黄河委员会筑室道谋，不负职责。兹为防患未然起见，仍改为河南河务局，委任局长负责办理，所有整理黄河委员会即行取消，各项章则由新任局长迅速妥拟，呈候核定施行。是月，呈省政府：遵查前河务局自民国八年改组后，以迄黄河委员会成立，一切名称编制，大致均无甚变更，胶柱鼓瑟，阻碍时虞。现值豫局革新，奉令改组，自应酌察工程状况，审度财政情形，兼筹并顾，事关沿河各县生命财产，既不敢稍事扩张，亦未便因噎废食。兹经督同各职员悉心讨论，折中厘定，务期事不偏废，款不虚糜，用副钧府整理河政、维护人民之至意。现已拟具暂行组织法，并《管辖统系表》，暨《全年经费工款支配总表》《总局经费支配表》《黄、沁两河各分局经费支配表》《支付预算书》各一份，一并呈送钧府鉴核，伏乞令示祗遵。五月，又奉省政府训令：案查前据该局呈送总分各局组织法，及预算书册表等件到府。当令民、财两厅会核在案。旋据财政厅复称：奉令，查案关改组局务，事体重大，拟请由钧府派员主席，定期招集职厅及民厅，前赴钧府会同审查，以昭慎重而期迅速。谨将令发书册等件附送核收，以便届时会核等情。当经招集会议议决，除指令呈暨缴件均悉外，当于本月十八日，在本府招集该厅长及民政厅长集议议决，原拟秘书三人裁一留二，分为一、二等，一等秘书月支二百五十元，二等秘书月支二百元，造林专员改为技正，视科长低一级支薪，服装费每人单制服二身，每身二元，每人白布裤褂一身，每身二元，棉制服连大氅每身九元，每人服装费共十五元。本主席复加查核，尚属可行，除分行外，合行发还原件，令仰该局遵照另行修正，缮呈备查为要。是月，呈省政府：遵已饬科，按照集议议决各节，将发还原附件修正，理合各缮一样二份，呈送钧府，伏乞鉴核备查，并转发财政厅存案。六月，奉省政府指令：据呈修正组织法、各项支配表、预算书等件均悉，案经会议议决，准予备案，除检同原件各一份，令行财政厅知照外，仰即知照。

河南河务局暨所属各分局暂行组织法

第一条　本局直隶属于河南省政府，主管本省内黄、沁两河修防工程暨水利建设，并督饬沿河各县，协助办理河道一切事宜。

第二条　本局设简任局长一员，综理全局事宜，并指挥监督所属各分局应办事宜。

第三条　本局设左列各科：

总务科；

工程科；

财政科。

第四条　总务科掌管如左：

一、关于一切机要及会议记录事项。

一、关于本局文件传观事项。

一、关于撰拟、收发文件，及编存档案事项。

一、关于典守印信及纪录职员进退事项。

一、关于缮写文件及交际、庶务事项。

一、关于不属其他各科一切事项。

第五条　工程科掌管如左：

一、关于工程设计、实施，及视察保管工料、水志各事项。

一、关于土地测量、流量测量、水准测量及绘算各事项。

一、关于吸水机、虹吸管、轻便铁道及载重汽车之筹设，及其他灌溉运输各事项。

一、关于堤柳及培护堤工各事项。

第六条　财政科掌管如左：

一、关于登记收支账簿事项。

一、关于编造审查预算、决算事项。

一、关于稽核及覆核各种收支账款事项。

一、关于调查所属各机关会计及检查收支事项。

一、关于编制统计及报告事项。

一、关于领发经费工款事项。

一、关于河产一切杂收、杂支事项。

第七条　本局设荐任秘书二人，职掌局长指办事项。

第八条　本局设荐任科长三人，承局长之命，分掌各科事宜。

第九条　本局设荐任采料专员、督察长及技正各一人，承局长之命，分别掌管购置料石及造林设施，与督察黄、沁两河各项工程事宜。

第十条　本局设科员、技士、办事员、督察员各若干人，由局长任免之，承局长、科长、督察长之命，分掌各项应办事宜。

第十一条　本局为传递文报及各科服务，得雇用队兵、勤务各若干人。

第十二条　本局于黄、沁两河，酌设上南、下南、上北、下北、东沁、西沁六分局，各置荐任分局长一人，督工员、技术员、事务员、书记、汛长、汛目、汛兵各若干人，其办事规程另定之。

第十三条　本局及分局经费、工款，呈请省政府核定，令饬省库支付之。

第十四条　本局办事细则另定之。

第十五条　本组织法如有未尽事宜，得随时呈请省政府修正之。

第十六条　本组织法自呈请省政府核准之日施行。

附：《管辖统系表》，见职官表之二。全年经费工款支配总表、总局经费支配表、分局经费支配表，见财政表之六至八。

十九年五月，河务局长训令各工务队长：照得各队汛兵之设，原为专司修防，各汛工程情形既不相同，原有兵额自当量为增减。兹经本局按照各汛现在之河势情形、工程夷险，酌定黄、沁两河共留兵额六百名，计应裁汛兵二百八十名。将来河势如有变迁，再当另行规定，以重河务。除令委前往裁留外，为此令仰该队长会同该委员，切实考察，按照本局规定表列数目，由本月二十一日分别去留，并造册呈报备案。嗣后该队出有兵额，应于被裁汛兵中以次拔补，该被裁汛兵如有愿充军队者，即于册内注明，可由本局呈送总指挥部挑选入伍，并仰切实谕知。

附：《拟定裁留黄、沁两河各汛兵额表》，见职官表之四。

十九年五月，河务局长训令各工务队长：案查本局此次奉令改组，先自裁兵入手，业将黄、沁两河各汛应裁应留兵额，切实规定，分别列表，通令遵照实行在案。兹续将各汛正目一体裁撤，副目酌量裁留，限自五月二十五日为实行裁留期。除分令外，为此令仰该队长即便遵照，按颁发表列所属各汛正副目名额，依限分别裁留，并造册呈报备查。

附：《拟定裁留黄、沁两河各汛正副目名额表》，见职官表之三。

十九年五月，河务局长呈省政府：窃查职局此次奉令改组，应设各分局，前因呈送组织章则、预算各案，未奉指令，暂缓成立。在此过渡时间，所有规定各分局应负河工责任，仍系沿用旧有各工务队维持进行，月余以来，未及变更。近经局务会议，各职员佥以节近大汛，堤防益险，深恐施行一切护修计画，各队长难胜厥任，且原呈组织章则及预算，业经钧府招集民、财两厅会议修正发还，饬令遵照呈复在案。厅设分局，似未便再事延缓，致贻疏虞。兹拟自六月一日起，将各分局一律成立，即日实行新编组织章则及预算，以重河防而专责成。除俟分局成立，另案呈报外，理合先期呈请鉴核，准予备案，并令行财政厅遵照，实为公便。六月，奉指令：呈悉。准予备案，除令财政厅知照外，仰即知照。

十九年六月，河务局长委令徐以赓等：案查本局此次奉令成立，业将拟定组织法并经费支配、统系各表呈奉省政府，令召集民、财两厅会议，议决修正核准在案。所有河工附属机关之编制，系就原有各工务队，改设黄河南北两岸四分局，东西沁两分局，共六分局，管辖二十一汛。目下大汛将临，工程吃紧，章则、预算既经奉令核准，自应分别派委，限期到任，用策进行。除分令外，为此令仰该员即便遵照，限六月十五日一律成立，务将交代案内经管之工段料物、关防、器具、文卷、地亩、树株、苗圃暨一切款项，逐细点收清晰，分别造具清册，呈报查核，并将到任日期先行呈报备查。又训令各工务队长，就原有各工务队改设黄河两岸四分局、东西沁两分局，至工务队长即改为督工员，直接隶属分局。仰该队长即便遵照，将经管关防、文卷、器具、料物、地亩、苗圃、树株暨一切款项，分别造册，俟该管分局长到任点交接收，并将移交情形呈报备查。

附：《所属各分局汛统系表》，见职官表之五。《所属各分局月支经费表》，见财政表之九。

十九年八月，河务局长呈省政府：查职局所属西沁分局，原设督工员二员，汛长一员，业经列入预算书，呈准在案。惟查西沁分局所辖工段，南岸西自覆背村起，东至西张纪村止，计工长一万四千二百四十丈；北岸西自窑头村起，东至张武村止，计工长一万三千七百七十丈。且南岸之王曲、北孔村、天师庙、仁孝寺、仲贤、龙涧、亢村、寻村等处，北岸之范村、解住、水北关、留村、蒋村、孝敬、西王贺、西良仕等处，均属顶冲，似此工段绵长，险工叠见，仅设汛长一员，设遇伏秋大汛，河水陡涨，险象环生，诚恐办理难周，有顾此失彼之虞。兹为便利河防起见，拟将西沁分局裁撤督工员一员，添设汛长一员、司书一员，以固沁防而免疏虞。理合备文呈请钧府鉴核，准予备案，实为公便。再，西沁分局添设汛长一员，月薪四十元，司书一员，月薪十四元，该汛办公费六元，共计六十元。

即以裁撤督工员之原薪分别开支，不另请款，合并陈明。是月，奉指令：应予照准。除令财政厅知照外，仰即遵照办理可也。

十九年八月，河务局长训令下南分局：查此次河工改组，各分局管辖汛段较前为广，然其汛地之名称，率皆因所在地之县名而定。惟该分局所属下南上、中、下三汛，殊无此项依据，且管辖权既经扩大，若仍沿用旧名，恐与事实不符，亟应改定，以正名称。兹查各该汛地为旧日祥符县领域，且归前祥河厅统治，因将下南上、中、下三汛定名曰祥河上汛、祥河中汛、祥河下汛，除将钤记另行颁发暨分行外，合行令仰该分局长即便遵照。

十九年十一月，河务局长陈汝珍呈省政府：窃维治水之官与治民之官，均为保护民生而设，职虽攸分，事本一体，必联合一气，方能收指臂之效。是以有清定制，沿河各县兼管河工，且设县丞、主簿专职，均受考成于管河督道，在职员司任事之责既均，同舟之念自切，相助为理，而事无不济。民元以后，河务官职迭有变更，旧制荡然，滨河地方官吏对于河务，因无明文规定，率多膜视，政权既分两途，精神难期一贯，势实使然，无可为讳。

查豫河绵亘，辖境千有余里，各分局汛兵仅六百名，而护柳、看料、查渡，在在需人，其能从事修防填垫水沟浪窝者，不过三百人耳。在平时已属不敷分配，一遇伏秋大汛，湍流骇浪，汹涌立至，河道变迁，即在指顾呼吸之顷，环视河干，汛兵寥寥，既无抢险实力，欲招集民夫，又以事权莫属，人非素习，亦感呼应不灵。值此危急之际，尤非沿河地方官协助办理，鲜有不败事者。是以历代河官，一切河防事宜，皆责成地方官兼管，以免推诿掣肘之弊，典册俱在，堪资考镜。且现在导淮委员会为利便导淮事务进行起见，于凡属淮系流域之各县，县长均委为导淮委员会协助委员，矧沿河各县河工民社，尤为息息相关，应皆有协助责任，以期办事便利。局长职司河务，审古酌今，欲为变通之方，以为安澜之计，拟请援例，将沿河设分局地方各该县长，委为分局会办，即由各该县长就沿堤十里以内地方，按户招集民夫，组织防汛队，每年冬春农之时，由分局派员督同各该村长，带领民夫修堤植树，工作二十日，其他徭役一律免除，着为定例，以资练习而均劳逸，既不动支款项，并可巩固河防，且对于工程既已习之有素，即遇有险工发生，该防汛队就近抢险，瞬息可以立集，防堵自易为力。况河流险夷，为沿河居民生命财产所关，欲求己身之安全，应有相当之义务，且每年工作二十日，并不为多，且减免其他差徭，更属轻而易举。至其他筹办运输、催缴租捐以及河产、堤柳、料物、电线、渡口、汽车路之保护，各该县长皆与有责，自当实力奉行，用顾考成。似此办法，与前代沿河各县兼管河工之规定，意旨相合，印、河各官既有团结之精神，闾阎群黎胥免昏垫之灾患，裨益河防，良非浅鲜。如蒙允准，即由局长分别委任，并另定招集民夫组织防汛队办法，呈候核定施行，将来仍照《河工人员奖惩条例》，考查各该县长办理河工成绩，分别呈请奖惩，以资策励而专责成。所有拟将沿河各县县长，援例委为各分局会办缘由，是否有当，理合呈请钧府鉴核示遵，实为公便。十二月，奉省政府指令：呈悉。所请援例委沿河各该县长为会办一节，业经提出第八次委员会议决，议分局长及会办由该总局呈请省府加委在案，合行录案，令仰知照。是月，本局呈送沿河各县长应委各分局会办名单，请予加委。旋奉省政府令，发开封、中牟、陈留、荥泽、武陟、封丘、孟县、原武、阳武、温县、沁阳、博爱，沿河各县长委状到局，分别照发。

十九年十二月，河务局长呈省政府：查职局前拟援例将沿河设分局地方，各该县县长委为分局会办，呈奉政府指令，并拟具应委会办姓名清单，呈请加委各在案。际此冬令农之时，正当修堤、植树之会，所有各县民工防汛队，亟应提前办理，以便工作而固河防。兹由职局根据原案，拟具《沿河各县民工防汛队组织条例》，以为将来实施之标准。理合将前项条例，备文呈请钧府鉴核示遵。二十年一月，奉指令：呈暨条例均悉。仰候令行民、建两厅核议具覆，再行饬遵。是月，复奉省政府训令：前据该局呈送拟具《沿河各县民工防汛队组织条例》，请鉴核示遵等情。当经饬令民、建两厅核议，并指令在案。兹据该两厅会衔呈复，会查所拟《民工防汛队组织条例》，尚属妥协等情到府。除指令呈悉，既经会核认为妥协，自应准予备案外，合行令仰该局即便遵照。

河南河务局拟定沿河各县民工防汛队组织条例

第一条　民工防汛队为辅助汛兵，巩固堤防而设，由沿河各分局局长会同各分局会办，就沿堤十里以内有财产及永佃权之住户，年在二十岁以上、四十五岁以下之壮丁组织之。

第二条　每汛设民工防汛队一队，每队队兵名额，按该汛段长短，距堤十里以内村庄人口之多寡比例计算之。但各分局局长、会办，得就该汛工程情形，视事实上之需要，酌量增加之。

第三条　各分局局长、会办选派队兵，应以各汛段内住户人丁平均分配为原则，但有财产而无壮丁者，亦应出资雇募。

第四条　每民工防汛队一队，置队长一人，每队兵二十名，置汛目一人，队长由各汛汛长兼充，汛目由各村村长或熟悉工程之壮丁充之。

第五条　凡一汛工段属两县辖境者，由分局局长会同各会办组织之。

第六条　民工防汛队应受各分局局长、会办暨督工员之监督指挥。

第七条　民工防汛队每年冬春农，辅助汛兵修堤植树，工作二十日，由本局令饬各分局局长及会办，于霜降后春分前，分别定期招集，由队长指挥工作。

第八条　民工防汛队每日工作时间，由各分局局长及会办按照距堤远近酌定之。

第九条　民工防汛队应用工作器具，除各汛原有外，如有必须添购者，由各队呈由各分局转请添购。

第十条　民工防汛队旗帜、徽章，由本局制定颁发，以资查考。

第十一条　民工防汛队目兵得免一切差徭，以均劳逸。

第十二条　各汛汛兵遇有缺额，应先就民工防汛队队兵挑补，无人应募时，改招民夫补充之。

第十三条　民工防汛队目兵工作勤惰，由各该队长切实考核，呈经各分局局长核转本局，给以名誉奖励，或酌加工作之惩罚。

第十四条　民工防汛队官兵系义务职，概不支给薪饷。

第十五条　大汛期内，遇有险工发生，得随时体察情形，不分汛段，酌调他段防汛队协助之。但须照雇用民夫向例，给予津贴，以示体恤。

第十六条　民工防汛队成立后，由各分局局长会同各会办，造册呈报本局备案。但各住户财产、人丁如有变更时，仍须随时报查。

第十七条　本条例如有未尽事宜，得随时呈请省政府修正之。

第十八条　本条例自呈请省政府核准后施行。

二十年二月，河务局长呈省政府：案据东沁分局长郑有瑾呈称，窃查沁河挟丹而行，工程吃重，全在下游，东沁近接黄河，往往势成倒灌，其情形尤较西沁为急，两岸工长百数十里，村庄栉比，埽坝林立，修防稍为失慎，不惟上干严谴，抑且横遭物议。前年两局职员人数较多，每遇工务紧急，办理尚形竭蹶，此次改组分局，原定督工员二人，其余查汛员裁汰极多，以今例昔，实际上固已难易悬殊。惟彼时因下南发生特别工程，用人甚急，咸议将东沁之督工员添设下南一人，此项规定本属一时权宜之计，自此以还，分局进行一切，因局员不敷分遣，诸凡困难，常以专司文牍之事务员、书记、司书等内外调用，借资襄理。伏查分局平日工务之繁，需人之急，原不亚于下南，一遇大汛，河水暴涨，惊涛骇浪，两岸势成隔绝，而拍岸盈堤，尺寸无非巨险，尤非各有负责经营，足资领导之人，难资防守。西沁南、北两岸，各设汛长分理工务，即根上述理由，分局情同一致，原无轻重之分。兹值冬春之交，整理诸端事务，在在需人，刻下下南险工已日就平稳，调盈剂虚，钧局有因时裁制之权，分局长职责所关，思维至再，不敢始终缄默，致于工务前途有所贻误。为此备文具陈，伏乞局长俯念分局办公为难情形，即将原定督工员二人照旧恢复，抑或仿照西沁办法，南、北两岸各设汛长一人，俾资督率而维进行。是否有当，伏候酌裁示遵等情。据此，查西沁分局裁撤督工员一员，添设汛长一员，月薪四十元，司书一员，月薪十四元，汛内办公费六元，共计六十元，即以被裁之督工员原薪六十元分别开支，前经于局长呈准在案。该分局长以所辖沁河两岸堤段绵长，工程紧急，汛长一人难资防守，所拟仿照西沁办法，裁撤督工员一员，添设汛长、司书各一员，分设两汛，事属可行，除指令外，理合备文呈请钧府鉴核，准予备案，实为公便。是月，奉指令：准予备案。

二十年三月，河务局长呈省政府：窃奉钧府训令第一五六号，拟定直属各机关，并开、郑两市公安局及各县县长俸给，经会议通过，饬自本年三月起，在原有经费内均匀支配，表内未列各职员，仍由各机关自行酌定，计抄发表一份等因。奉此，自应遵照办理。惟查表列河务总局局长为荐任一级，是与各县县长同为荐任之官，按之事实，诸多窒碍，谨为钧府陈之。河工关系地方民生至为密切，以前河务官吏体制较崇，地方官胥受考成。民国以来，河南河务总局局长曾一度定为荐任，未几即仍复为简任，虽冯氏主豫，有改隶民政厅之举，但局长仍为简任，诚以河务行政有赖地方协助者甚夥，必须总局能以直接督饬办理，始克收指臂相使之效，官阶减等，则遇事不便指挥，一也。河工紧急事件，往往在呼吸俄顷之间，应变临机，则狂澜可挽，辗转迟延，则昏垫立至。是以河工架设长途电话、修理汽车路，以期消息灵通，运输便利，藉备一发千钧之用，尤须官民合作，星夜抢护，乃克有济，若总局因权限问题，必待呈候钧府转饬各县照办，则往返需时，诚有坐误事机之虑，二也。总局所属各分局均系荐任，阶级与各县县长处对等地位，实寓有便于接洽之意，况沿河各县县长现均兼任为分局会办，应与各分局同受总局节制监督，以一事权，今总局长尚为荐任，各分局局长仍照原等，则干枝隶属无分，不照原等，则与各县县长官阶悬殊，实际上既有发生枝节之虞，即就官制而言，亦涉等威淆凌之嫌，三也。河工为技术事务，所用职员多系国内外专门人才，应支俸给，非稍予从优，不易罗致，一涉迁就，势必滥竽塞责，影响河务尤非浅鲜，四也。总之，河防事宜为内务行政之大端，治河即以卫民，职虽攸分，事则一体，与其他技术机关并无地方责任者不同。且查山东河务总局局长，现为简任二级，豫鲁毗连，境界相望，总局局长既系同一职责，相形之下，似不宜过于轩轾，致启地方轻视之心，而生呼应不灵之弊。局长在官言官，绝不敢计较权利，谋及个人，尤不敢避免嫌疑，致碍公务。上溯往例，近鉴邻疆，再四筹度，为统一事权，便利推行起见，拟请俯予援例，将河南河务总局局长仍定为简任职，照初级叙起，以期稍示区别，俾便进行。所属各职员，亦由职局酌予另行规定，总期与原定经费有减无增，庶于撙节财政之中，仍不失实事求是之意，双方兼顾，似无逾此。是否有当，理合呈请鉴核示遵。四月，奉指令：呈悉。案经提交本府第四十一次委员会议议决缓议，纪录在案。仰即知照。

卷二　职官第二之二

考核

民国十八年十二月，整理黄河委员会委员长何其慎训令十一工务队：查本会各工务队汛兵，关系河防极为重要，必须有合法之训练与工作，方能收圆满之效果。兹由本会制就各工务队训练暨工作简章，以资遵守。除分令外，合行检发简章一份，令仰该队长查收，遵照办理，勿忽。

河南整理黄河委员会各工务队汛兵训练暨工作简章

第一章　总则

第一条　本简章以教导汛兵明了操练暨河形水势，并一切修守抢护之法为宗旨。

第二条　各工务队各就队部范围内，酌设讲堂、操场，为训练汛兵之用。

第三条　各工务队队长应按照本会颁发之日课表，督同各职员，以三民主义队汛须知暨兵式拳术各操，训练所属汛兵，并时为爱国雪耻、勤俭卫生各项演讲。

第四条　在训练时间之汛兵，除紧急工程须协同抢护外，不准缺课。

第五条　汛兵经训练一个月后，呈由本会派员监视考验成绩。

第二章　规律

第六条　各工务队汛兵，须遵守左列规律：

一、服从命令。

二、禁绝嗜好。

三、忠实和平。

四、操守廉洁。

五、服装整齐。

六、工作勤敏。

第七条　各工务队汛兵，奉长官命令办理公务时，除遵守前条规律外，须注意左列条款：

一、看守河水志桩，须亲身前往核实登记，按时具报，不得有含混捏造涨落数目，或倩人代替情事。

二、看守堤柳，须不时查验，对于新种柳株尤宜加意保管或报请灌溉，不得任其枯萎。其河势变迁，塌损树株，亦须实报。

三、看守料厂，须认真驻厂，不时巡查，黑夜、大风，尤须注意。

四、看守堤坝，须勤加查勘，遇有冲刷蛰卸，或水沟浪窝及鼠穴獾洞，即时报明，不得迟缓。

五、填垫水沟浪窝，须夯硪坚实，不得棚架虚松，致易复冲。

六、抢办工程，须拚命向前，不得推诿懒惰，致误机宜。对于工用器具，须加意爱护，不得随意损坏。

七、对于捕获盗柳、盗料人犯，即时送队，呈报本会核办，不得有需索卖放或虐待情事。

八、送达文件，不得迟延错误。

九、对于长官，无论室中、路遇，须敬谨致礼，表示服从精神，不得有傲慢情事。

第三章　奖惩

第八条　工务队汛兵，服务奋勉，学习劝敏，著有成绩者，由各队队长察核情节，呈报本会核准，予以左列奖励：

一、晋级。

二、记功。

三、嘉奖。

第九条　工务队汛兵，服务懈弛，不守规律者，由各队队长察酌情节，呈报本会核准，予以左列惩处：

一、革除。

二、记过。

三、申斥。

第十条　每记功一次，得折给奖金五角；记过一次，得折罚金五角。

第十一条　一月内记功三次者，得保晋级；记过三次者，得革除之。但功过准予抵销。

第十二条　汛兵因公殒命，或致重大伤害者，呈由本会酌量抚恤。其应受之惩处，涉及刑事范围者，送交法院办理。

第四章　附则

第十三条　本简章如有未尽事宜，得呈由本会修正之。

第十四条　本简章自各工务队奉到之日施行。

按：十六年十二月，河务局长张祥鹤曾通令黄河九分局，筹办队兵工程训练所，限十七年一月一日成立。嗣据下南等七分局会呈筹办困难情形，恳祈改归省办，以免纷歧，惟中牟、武原二分局呈报遵章设立。及十七年一月，关局长树人接任，此事遂无形搁置。是年八月，张局长文炜任内本局议案，以队兵训练所由各队长负责办理，其功课以技能、武术、常识为主要通行在案。旋据下南、上南、下北、孟温四分局先后呈报成立，亦属有名无实，本《志》故未采录。

十九年七月，河务局长于廷鉴呈省政府：窃维治水之官与治民之官不同，赏罚黜陟之典规定亦异。是以有清定制，如《工部则例》及《处分事例》等书，规画极为详尽。民国肇兴十有九载，豫省河务官制迭有变更，若援引已往之成法，以治现在之河务，诚恐窒碍良多，势不得不按近今之情形，参考民国制定之法规，另定专条，作为豫省奖惩条例。是否有当，理合照缮一份，备文呈请钧府鉴核示遵。九月四日，奉指令：呈暨条例均悉。当交政务会议议决，推楚、凌两委员审查，经饬由秘书处分函，会同审查在案。旋据秘书处接准复函，并附修正条例前来，复经交会议决，照修正案通过。除公布并令民政厅知照外，合行抄发修正条例，仰即遵照施行可也。

河南河务局河工人员暂行奖惩条例

第一条　河工人员之奖惩，在未奉中央法令规定以前，暂依本条例行之。

第二条　奖励分为六种，如左：

一、提升。

二、加俸。

三、奖励。

四、记大功。

五、记功。

六、嘉奖。

第三条　惩戒分为六种，如左：

一、免职。

二、降级。

三、减俸。

四、记大过。

五、记过。

六、申诫。

第四条　河工人员有左列劳绩之一者，酌于提升或加俸：

一、抢办险工，获庆安澜者。

二、堵筑决口，迅速合龙者。

三、三届安澜，著有特殊成绩者。

四、督率汛兵，迅赴事机，奋不顾身者。

第五条　河工人员有左列劳绩之一者，酌给奖牌或记大功：

一、三汛期内预测河势变迁，事前防御得力，堤防不致溃决者。

二、承修堤埝工程，确系工坚料实，并逾保固年限，仍为稳固者。

三、革除河工积弊者。

四、沿河植树，成活在八成以上者。

第六条　河工人员有左列劳绩之一者，酌予记功或嘉奖：

一、三汛安澜，著有劳绩者。

二、整理堤工，填筑坚实，雨后无水沟浪窝，赖以消弭隐患者。

三、协助抢堵出力者。

四、修筑确系工坚料实者。

五、承办各项工程，确能慎工节帑，毫无糜费者。

六、沿河植树，成活在六成以上者。

第七条　河工人员有左列情事之一者，酌予免职或降级：

一、故意破坏完固堤工，希图兴修得奖得利，查有实据者。

二、汛期内主管官不驻工督率抢堵，以致出险者。

三、承办工程偷工减料，查明属实者。

四、侵蚀工款，查有实据者。

五、购置料物，虚报价格，或以少报多，查有实据者。

六、克扣汛兵饷项，或名额不足者。

七、抢险时防守人员畏缩不前，及不听长官指挥者。

八、纵容员兵扰民，经人告发，查明属实者。

第八条　河工人员有左列情事之一者，酌予减俸或记大过：

一、汛期内堤埝冲溃，延不呈报，以致贻误要工者。

二、汛期内遇有冲刷水沟浪窝，不能立时填垫，或工作敷衍者。

三、工存料石保护不力，致被窃、被焚或损坏者。

四、主管工程人员汛期怠于巡视，不能预防，以致此修彼溃，多耗工款者。

五、管闸人员启闭失时，以致发生险工者。

六、厢抛埽坝工程草率，一遇漫溜冲刷，即见蛰卸者。

七、承办工程逾期尚未报竣，或工竣延不即报者。

八、所属员兵舞弊，事前失于觉察者。

九、私擅用工款者。

第九条　河工人员有左列情事之一者，酌予记过或申诫：

一、呈报不实或不呈报，希图规避处分或邀奖者。

二、玩忽功令，延不遵办者。

三、植柳成活不及五成者。

四、成活柳杂各树，看护不力，被人窃伐者。

五、官有堡房失于修葺者。

六、沿堤居民毁坏堤岸，不加禁止者。

第十条　凡受本条例之奖惩者，应由河务局按期呈报省政府查核备案。

第十一条　凡奖惩各条所未列举而事实相等者，由河务局查实后，报由省政府核定，分别酌予同等之奖励或惩戒。

第十二条　有协助河工责任之地方官吏，襄办急工，不误夫料，或协防不力，以致出险者，得由河务局呈请省政府，依本条例第二、第三两条之规定，分别奖惩。

第十三条　功过准予互相抵销，如记功过至三次者，准抵记大功或记大过一次；如记大功三次并未记过者，酌予提升或加俸；如记大过三次无功可抵者，酌予免职。但有特别情形，得令暂行留任或留工效力。

第十四条　加减薪俸期为一月以上、一年以下，数目为月俸十分之一以上、三分之一以下。

第十五条　奖牌以银质制之，名为“河务奖牌”，其式样另定之。

第十六条　凡受本条例之惩戒，其涉及刑事范围者，并送由法院办理。

第十七条　第七条第三、四、五、六各项，第八条第三项，除免职或减俸外，仍责令赔修或追缴及赔偿。

第十八条　受第七条之惩戒，因公留任或留工效力者，非有特殊劳绩，经撤销处分后，不得恢复原职。

第十九条　本条例如有未尽事宜，得随时呈请修正之。

第二十条　本条例自公布之日施行。

十九年八月，河务局长训令黄沁六分局：查各汛长驻扎地点向有定所，近年以来，以河势工程屡有变迁，上移下就，在所难免。兹为明了各汛长最近住址，借便策应起见，特制定各汛长驻扎地点及管辖工段调查表式样一纸，随令颁发，仰即照填具报为要。

附：所属各分局呈报各汛长驻扎地点及管辖工段调查表，见职官表之六。

附设平民学校

民国十七年十月，河务局长张祥鹤呈民政厅：案奉省政府训令，据教育厅呈称：案查开封地处省会，居民甚多，亟应多设平民学校，使人人皆有读书识字机会。职厅业先自设平民学校六处，但城区地面广阔，必须各机关群策群力，次第举办，一般民众始均能入校读书。为此仰恳钧府通令各厅署、局所、银行、工厂及各公团等，分别在原机关内办一平民学校，限期成立。如是则平民所受利益，当非浅鲜等情。据此，除指令准予通令外，合行令仰该局，即便于局内筹设一平民学校，限期成立，俾民众得有读书机会，是为至要，此令等因。自应遵照办理，惟开办是项学校，关于修缮校舍、整备校具、购置教具等项，在在需钱，值此财源枯竭之时，筹办殊非易易。兹查职局旧存前清河工案卷，堆集盈屋，率皆陈腐不堪应用，而旧存损坏木器家具，亦尚可以取材，为修缮改制之用。现拟废物利用，将民元以前旧卷一律变卖，作为开办经费，俾便早日开学。除出贴招生广告，并将职局所拟简章函送教育厅，暨呈报省政府备案外，理合将所拟简章随文呈送，仰祈鉴核。至变卖民元以前旧卷，以作开办经费之处，是否可行，并乞核夺示遵。奉指令：呈及附件均悉。所拟平民学校简章，尚属妥协，既据分呈，仍候省政府暨教育厅核示。惟变卖旧卷，事关重大，该局究存有若干，有无档册可考，须先详细查明，呈候核夺。

河南河务局附设平民学校简章

一、宗旨　以救济失学平民，灌输粗浅学识为宗旨。

二、学额　暂以三十名为限，俟报名入学后，再按年齿之大小，分别幼年班与中年班而教授之。

三、资格　年龄在八岁以上、四十五岁以下，肢体健全，确无嗜好、暗疾者。

四、课程　平民千字课、三民主义大纲、算术、先珠算、后笔算。常识、习字、操练。

五、期限　六个月毕业。

六、款项　分开办费、经常费二种。

甲、开办费如修缮房舍，就河务局寄宿舍，余屋略加修理。整理家具、桌凳、讲台、粉板之属，以河务局旧损坏家具饬工改造，不敷则择要添购，购置物品等由河务局设法筹措。

乙、经常费如书籍、课本、笔墨、纸张、灯油、茶水、煤炭、役食等，由教育厅于教育专款内按月拨给。

七、员役　校内应置人员如左：

校长一员，总理一切校务。

庶务一员，办理一切庶务。

教员五员，分担各项课程。

夫役二名，服洒扫使唤之役。

八、待遇　教职各员，由河务局职员中遴选资格相当者，分别担任，不支薪水。

学生入校，概不收取何项费用。

夫役，每名月给工食洋六元。

九、校址　老官街四十六号，河务局寄宿舍内。

十一月，河务局长呈民政厅：窃查职局前奉令创设平民学校一案，当因款项无着，呈请变卖民元以前旧卷，作为开办该项经费在案。旋奉指令，将存卷数目，并有无档册可考，详查呈核等因。当即饬科遵办，除将重要卷宗提存局内，借资考镜外，理合将应行变卖各旧卷，抄录事由五本，呈请鉴核，借备查考。可否准予变卖，以作开办经费之处，仍候批示祗遵。奉指令：呈册均悉。查册列应行变卖卷宗，虽均系民元以前旧卷，然必须确系无关紧要，方可变价，庶与废物利用之意不相背谬。如与河务历史上有关系者，仍应保存，以资查考。究竟来册所列各卷，应否一律变卖，仰候派本厅科员马双庆前往该局，会同详细查明，呈候核定可也。原册五本发还。

十二月，河务局长张祥鹤、委员马双庆会呈民政厅：窃科员双庆前奉钧谕，以河务局呈请变卖该局接收之民元以前旧卷，如有关河务历史者，仍应保存，饬即会同该局详细查明，呈复核定等因。遵于十二月三日驰赴河务局，局长祥鹤已奉指令前因，当即同诣旧卷存储室，逐一详查，至十二月九日依次查竣。除内有各厅岁报河图卷五宗，河北道河图卷一宗，贾鲁河修堤及疏浚卷各一宗，《内黄县志》初稿一本，堆集土牛及柳株卷三宗，查与河务历史上不无关系，业经检出饬科保存外，其余各卷破坏腐烂，不堪检阅，且亦无关重要，似应援废物利用之例，悉数变卖。复查是项旧卷数为二百四十包，计重三千一百余斤，每斤按一百五十文计价，约共售钱四百六十余千，合洋百元有奇。理合将查竣此案情形及变价数目，据实会呈，敬乞鉴核示遵。奉指令：应保存各卷，仰仍妥为保管，其不堪检阅各卷，准予变价，充作平民学校经费。

按：是项平民学校，总局一面开办，一面转行十一分局、三造林场、购石处等，均应遵令办理。旋据各分局、场、处等先后呈报成立，计共设学校十五处。其总局附设一校，于十六年十月开学，六个月毕业。十七年四月第二期招生，即改为附设小学校，至二十年七月四年级十名毕业，二年级十七名给予修业证书，即于是月停办。其他各分局等附设之学校，只报开学，并无结果。兹将各校校址、开办年月、学生名额另表列之，见职官表之十二。

卷三　工程第三之一

治水之官，以工程为其主要任务，水之治与不治，恒视工之良与不良，是故神禹以亮工熙绩，郑国以水工得名，工程之所关重矣哉！惟晚近以来，治河重在防害，案牍山积，议论云兴，率皆以谨守堤防、增庳培薄为能事，前《志》所载工程之事略备，现距续修书成仅逾数岁，安常习故，幸无特别险工发生，而一切循例工程，如修防、杂工及购运料石等事，不无可纪之实，兼以科学大进，艺术日新，司河务者亦加意讲求，对于造林、交通、水利诸端，凡足以辅工程之不及，而促其进步者，靡不逐渐扩充，趋向于防害而兼兴利之目的。河工事业，前途正未可量，因举近年工程之大要，且已见诸实施者，分别门类，辑录成篇，以供参考。

修防

历代谈河防者，不外修、守二字。惟水之冲刷靡常，必能修而后能守，近年军事聿兴，经费积欠无着，以言修防已苦力有不逮，而工料又为急需所动用，绝少存储，纵欲随地补苴，勉维现状，盖亦戛戛乎其难哉！夷考历年档案，惟修复中牟之大小缺口一役，为最大工程，其余皆因各汛发生险工，随时抢护，用款无多，而收效亦仅黄、沁两河之防务暂保安全，未始非天幸也。爰就其事之先后，按年编次，或一事而工作逾年，则取衔接之义，而统纪其本末焉。

民国十六年十月，河务局长张祥鹤呈民政厅：查下南分局中汛九堡，河势里卧，存滩屡塌，水势逼近堤根，情形异常吃紧。前据该分局长呈报到局，当据折呈明，一面派员携款迅赴该工，会同相机办理在案。嗣查该堡河势已成坐湾，天然坝适当大溜顶冲，情形尤为吃重，当饬赶紧雇夫搬运近石，先行抛护，历时两旬，始克抛办完竣。现河势已稍外移，情形勉臻稳定。除令该分局长仍督率队汛周密巡防，并俟购石处运石到工，再行酌添生石垛数个，以期有备无虞外，所有抛护下南分局中汛九堡天然坝石工完竣缘由，理合具文呈请鉴核。奉指令：据呈已悉。仰候购石处运到新石，即行酌添生石垛数个，预备不时之需，慎勿以河势渐臻稳定，稍涉疏虞，是为至要。

按：十七年四月，据下南分局呈报，天然坝身护石塌卸三丈有余，动用碎石加抛稳固等情，当由本局分呈省政府、民政厅备案，并购运轻便铁轨发交分局，以备搬运石方之用。

十七年六月，河务局长张文炜呈民政厅：窃查豫河两岸，历年失修，残缺工段，所在皆是。若非体察情形，预谋布置安全，瞬届大汛，奚可有恃勿恐！局长到局以来，除督饬各分局培修堤身，填垫浪窝，修堤四十余处，加抛石十九处，厢埽三十段，筑坝一道外，查最吃重者为下南分局，密迩省垣，水位高出开封地面两丈左右，俯仰咫尺，不啻高屋建瓴之势。现该处中汛九堡天然坝护石无根，又值大溜顶冲，其上首河势南圈，汇塌已近堤根，形势异常危急。兹于四月十三日天然坝被溜刷卸，当经局长率同官兵努力加抛，暂告稳固，曾经呈报钧厅察核在案。际此伏汛瞬交，水源益旺，亟应设法筹备，妥慎修筑，决不敢稍涉懈忽，致负我钧宪慎重工防之至意。兹据该处工程状况，博咨通筹，力求严实，核定天然坝加抛二丈六尺长，二丈五尺深，出水高三尺，计需碎石一千一百方，天然坝上首添生石垛三个，同长一丈，同宽一丈五尺，同高出水三尺，各需碎石三百方，两共需石二千方。查该处系属新工，本无存石，早经催购趱运，每船缺款少，未能源源运到，若按需用石方数目完全购运，约须费洋两万四千元。际此财政困难，势难筹措，拟由中汛十一堡就近用轻便铁轨移运碎石一千方，再由阳封分局背工处所运石一千方，计水程来往二十里，装三百四十船，每船价洋二元一角，计算约需洋七百一十四元之谱。即由局长前往督饬官兵，按照计画依次移石修筑，定本月五号兴工，俟修筑告一段落，即行呈报，一面分行购石处，添购碎石五百方运工，以资接济，总期工款兼顾，毋误毋糜。其次如中牟分局中汛四堡、下汛二堡，南傍深潭，北临大溜，护堤坝垛多经被溜刷蛰，势甚岌岌；郑中分局上汛十堡、五堡、四堡顺堤各坝，护石蛰卸，下汛二堡埽段卑朽，该处河势南移，又成坐湾；上南分局上汛头堡，荥泽十一、二堡坝垛林立，节节吃紧；东沁分局地居铁桥上游，时虑水势壅阻，均须妥筹移运，次第修筑，陆续安置铁道移运，以济工需。所有此次下南运石兴工日期及办法，理合绘具图折，呈请鉴核。奉指令：现值伏汛瞬临，河源益旺，仰即按照计画，依次移石修筑，巩固堤防为要。七月，据下南分局呈报，中汛九堡天然坝护石冲塌，当由十堡运石抛护，并将新生石垛挨次修筑。又据呈，拟在新筑三个石垛下首添筑护滩石崖三处，总局指令克日赶办，计自六月十五日开工，八月二十五日完竣，共用工方碎石一千余方，由分局开折呈请核销，总局据情转呈省政府暨民政厅备案。

十七年八月，河务局长张文炜呈民政厅：案奉省政府训令第四九一四号节开，以据考城县长周鹏年呈报，筹款补修河堤，自兴工日起截至工竣日止，共用洋二百三十七元零四分，请鉴核备案等情，令即查明具报，以凭饬遵等因。奉此，查该县此次补修工段，南起袁寨，北至娄寨，长约六里，毗连兰、考两县辖境，该段工程纯系民埝，向归地方自修，不在河务官堤工段之内，前已据该县修理蒇事，报由职局察明在案。正拟具覆，适奉前因，遵即令饬陈兰分局长邵金盘，就近前往该工澈底查明，兹据该员呈同前情，委系民众自行担修，并已修筑坚实，如购用土方、席麻、挞堤壕等项，共支钱一千零六十六千六百八十二文，按市价四五折，合洋二百三十七元零四分，核与原报数目均尚相符，并无虚糜等情到局。查民八成案，该县民埝失修，伏汛期内溃决成灾，当由该地绅民请由河务局赈济款洋千元，余仍由地方自行募修，而该县长引为殷鉴，尚能于职责以内，应办要务，先事筹备，努力工作，且无贻误，诚不无微劳足录，按照国民政府颁发《官吏奖惩暂行条例》第五条第五项之规定，尚属相合，应请钧厅给予记功一次，以示奖劝而资观感。理合绘具图考，备文呈报，伏乞鉴核转呈考察。

按：此案先据考城县长分呈到局，当经令饬陈兰分局查报，旋据呈覆该堤南至兰属袁寨，北至曹属黄河官堤，计长九百九十五丈有奇，中间漩涡不大，已由民夫修补，于六月二十八日动工，七月七日工竣。工料用款尚属相符，惟查该堤情形，因民国八年伏汛，河水由东坝头以北漫溢东流，正淹考城以西之田。当由该县绅民赴省请求赈济，经省公署及河务局各拨钱款，以工代赈，款不敷用，由县自募自修，此堤告成，不过有益考民，堤西均属兰封之地，遇雨积水数尺，是以兰民虽不能阻其兴工，亦不愿助等情。故此次补修工程，仅系南起袁寨、北抵娄寨一段，长约六里而止。

十七年九月，下南分局局长王郾呈河务局：现查河势仍复上提，九堡新筑石垛以上、八堡以下，存滩日见坍塌，拟在此处添筑护滩石垛三个，请饬添运碎石一千方。本局指令先尽就近存石移用，并饬购石处添运碎石二百方。十二月，复据该局呈报，原拟新筑石垛三个，因运到石方不敷应用，先筑石垛二个、石崖一段，兹已工竣，共用工方碎石二百二十五方四分一厘，开折送请核销前来。本局指令准予备案。

十八年九月，西沁分局局长孙佐呈河务局：窃查西沁南岸孔村、尚香两工，上段未临河，堤身均形卑薄，本年入秋以后，因河势剧变，孔村工闸口迤上倏成顶冲，刷塌堤坦二十丈余，尚香工上段存滩尽塌，水逼堤根，情形均极危迫，幸立时分别抢护，勉保无虞。目下节逾白露，河势虽逐见消落，惟该两工河势迄未外移，体察情形，仍关紧要，为慎重工防起见，亟应乘时估办善后，借资捍御。兹经率同汛长、技术员等前赴各工逐一查勘，酌量估计，拟就孔村工上段顶冲处所抛石崖一段，并将该段卑窄堤身计长二十七丈，加宽帮厚，俾期巩固。至尚香工临河工段长五十余丈，新生埽坝费款不赀，现值工帑奇艰，办理匪易，惟该工堤身久形卑矮，残缺堤身一段计长一百一十一丈，培高加厚，经撙节估计，连同孔村上段堤工，两共需土三千八百零八方七分五厘。又孔村工抛护崖一段，需用圆石二百方。目下粮价腾贵，土工价值倍逾往年，现估每土一方价洋五角，路远每丈加钱十文，硪每方一角五分，按诸近状，实为必不可少之数，计培修土工二段，共需洋三千三百零九元三角七分。又南岸马坡工顶冲大溜，前被冲失第四埽，因无存料，迄未补还，业经呈明，并归秋后估办。兹估补还第四埽一段，计需秸料八垛以上，各工均系最关紧要，为目前必不可少之图。理合缮具估册，备文呈请鉴核，如蒙俯准，伏恳派员复估，以昭翔实，实为公便。十月，据验收委员蒲祖华会呈：遵于本月十七日驰抵西沁，会同分局长佐，前赴孔村、马坡、仲贤、西良仕等处，验明抢办埽坝暨护石等工，均尚一律坚实，动用料石及支款数目亦属相符，委无浮滥情弊。至孔村、马坡、尚香三处，估办善后土工暨厢抛埽段护崖，亦经切实查勘，原估土方丈尺及应需料石各数，亦均详实。按诸各该工情形，已属最低限度，核计所需料石土方价款约共五千六百余元，此就目下农时而言，若延至来春，或不免稍有出入。伏查沁河水势，现虽稍落，惟孔村、尚香二处，河势仍未外移，该两工系属新险，且堤身卑薄逾常，为慎重防御起见，自有即予估修之必要，惟需款綦巨，设因时局影响，筹发或有困难，亦惟有暂图缓展，一面仍当相机防守，冀无他虞。所有遵令验明抢险暨估办善后各工缘由，理合具文呈报，仰祈鉴核示遵。

按：该分局所请估办善后工程，既以需款甚巨，暂缓其委员验收之孔村、马坡、仲贤、西良仕等处工程，共支洋一千五百一十八元三角一分，连同上月抢厢仁孝寺、仲贤工埽段堆土夫价洋七十二元，统由领存岁修款内动支，计共抢厢坝工一道、埽工八段、抛护石二处、悬龙尾埽二十段。

十八年九月，整理黄河委员会委员长何其慎呈省政府：案据中牟分局长刘廷宾呈报，中牟下汛二、三堡顺坝一带，河势南圈，存滩汇塌，已近堤根，请予派员携款监视办理。当饬工务处人员分途勘查，确系工程迫切，急须抢护，现在料、石两缺，请饬财政厅迅予拨款，以济工需。尚未奉到指令，复据中牟分局呈报九月二十日下午，河势忽又上提，大溜直冲顺坝，该坝上首新抛之石汇塌七丈余长，全露土芯，上首新生头、二埽前亦着回溜，头埽上角蛰与水平，二埽形蛰二尺，顺坝下首空档长二十余丈，正在汇塌，存滩仅有四、五、六丈不等，新生之埽上首亦在汇塌。分局督饬队汛察看情形吃紧，更兼土质松沙，遂连夜传集两汛队兵，加觅人夫，动用新购秸料加厢形蛰之埽，一面〔搬运〕❶ 工存旧石抛护顺坝及新埽上首石垛。惟工程浩大，兵力薄弱，正在农忙，人夫难觅，再四思维，深恐贻误要工，关系甚重，遂赶速函知中牟县长，催派沿堤居民帮工，一面邀同前中牟县清乡副局长杨蒲霖，带同地保亲赴各村劝导，各该村民亦知利害，均能踊跃帮工。截至九月二十二日，将形蛰新埽二段各加厢二坯，计用新秸料三千六百六十九束，所用绳缆奇均系分局购存之旧杂料，一俟工竣，再行点验开报。查顺坝塌卸极关重要，倘前端一经汇塌，难资抛护，则顺坝以下节节着河，险工段落更长，必须将顺坝赶为加抛接长，方能得力。刻正搬运远石抛护，并觅赵口渡船，移运中汛头、二堡之石，顺坝以下现塌之二十余丈，如离堤较远，亦须添抛石垛。新生埽段顺坝上首新埽迤西，现有三丈已塌至堤根，大河南圈，正在汇塌，倘上面再见塌卸，亦必须生埽抛石。值此秋水迅利，淘底搜根，河势已经坐湾，一时难望外移，必得多备料石，方足以资卫护。查工存旧石，搬运维艰，缓不济急，仍祈速电购石处，多备船只，赶运碎石一千方，以顾要工而免危险。再，新料前后虽已购一万九千余束，而杂料亦须添购，方能厢用，

---

❶ 据文意加。

现已派人购办，俟办到若干再行领价。除一面仍督饬兵夫民众认真抢护外，所有九月二十日至二十二日抢办险工情形，并速运碎石，添购杂料各缘由，理合呈请鉴核示遵。本会指令：呈悉。仰仍督率官兵民夫分投抢护，勿任稍疏，应需石方已飞电购石委员星夜趱运矣。十月又据中牟分局呈称：工程浩大，兵力单薄，更兼农忙，人夫难觅。一面函知中牟县催派民夫帮工，一面邀同前中牟县清乡副局长杨沛霖，带同地保亲赴各村劝导，民夫始能踊跃帮工。查顺坝塌卸极关重要，倘前端一经汇塌，难资挑护，则顺坝以下节节着河，险工更长，河已坐湾，难望外移，遂赶抛顺坝并生埽添垛。九月二十三日，河更加重埽，则随厢随蛰，坝垛随抛随塌，人夫虽多，然对于河务工作均未熟悉，遂飞调郑中队兵，借用杂料，设法抢护，不料堤工纯沙，一经着河，坍塌不已，风雨黑夜，料石不跟，人力难施。至九月二十四日，大堤塌去宽处仅剩数尺，已属万分危急。中牟县白县长廷瑄亦亲履督工，并截收山东石船赶为抛护，然杯水车薪，于事无济，幸蒙委员长驾临，妥筹计画，指示机宜，筹备巨款，调集各队饬运杂料，并购办秸料、石料、麻袋、器具，汽车装运，以期迅速，又安设电话，可使消息灵便，各队长又拚命抢护，初用麻袋装土护沿，又用秸料厢埽以及护石，始获转危为安。复同白县长筹商，多派民夫帮筑，现在堤工业经筑竣，民夫令其回去种麦，免误农时。各汛队兵正在积土，拟俟险工处水落出滩，仍将塌缺旧堤湾处照样补还，再于前面抛石卫护。目前河势仍系南圈，大溜较顺，除将用存工料另行呈报外，所有目前河势暨经过修守情形，据实呈报，仰祈鉴核。再，顺坝迤东至三堡营房后一带，大河距堤甚近，情形亦极可虑，必须预储料石，或先抛石垛数道，方免河至堤根，措手不及，合并陈明。是月，奉省政府训令：据工程师李公甫呈报，遵查中牟险工，拟具堵险及预防办法，估需工料价目，请令行酌采办理一案。饬即审核具覆，以凭察夺。本委员会呈覆：遵查中牟下汛二堡，险要堤工共长七十丈有奇，前被河啮去堤身，宽由三丈至八丈不等，虽当时就沿堤以内帮宽培厚，无非勉救目前，而临河方面空档太大，河势一涨，势必引溜入袖，仍有险工可虑。查李工程师拟具堵险及预防作法，委系当务之急，勘估麻袋、秸料、土方等项，经委员长详加核算，大致相合，即令稍有出入，或由邻工旧储设法补助，惟土方工价一项，原预算内列五千元，价目相差过巨，按土一方计重七千斤，险工附近纯沙，取土远在一里之外，每二人抬运以百斤计算，每日往返七十次，约取十三千五百斤，按每方七千斤核计，应需四工，外加开挖三工，共七工，一万方土工计该七万工，每工以三角合价，应需二万一千元，硪夫按五方土一工，计二千工，边按硪夫五分之一计四百工，共二千四百工，每工以五角合价，需洋一千二百元，连土方在内，共该二万二千二百元，险工及预防两项，共需款数目当在九万元左右。以上遵核各项，实为目前必需之数。现值财力艰窘，自应工款兼顾，万不敢稍事草率，略涉浮滥，除抢险工程正在加紧赶办，完竣另案呈报外，所有遵令审核中牟险工及预防两项预算，并增加土工缘由，理合备文呈复，伏乞转饬财政厅速予拨付九万元，俾得早日兴工，以维防务。奉指令：已据情令财政厅核复矣。

十九年七月，河务局长于廷鉴呈省政府：案查中牟下汛二堡缺口险工，自去年发生，因工款无着，久未修筑。局长受任之始，勘察所及，历将筹款办法暨拟修工程呈奉钧府，核示祇遵在案。现大汛已届，河水涨落无定，如不赶将缺口补还，一旦洪流猝发，遗误于此次军事，暨沿河民生何堪设想？惟以豫省河患，自郑工合龙之后，四十余年均邀天幸，勉庆安澜，久安忘危，相习恬嬉，不惟修筑领袖物色维艰，即从事厢修埽工土夫人等，有经验者率多年老龙钟，其少壮者多未谙练工程，是以监修人选暨工夫招募，在在均费周章，多方罗致，始将各部分组织就绪，计该办事处内分监修暨副监修及监硪、弹压、稽查、会计、庶务、文牍、记录等职，所有服务员司，均在职局暨职属各分局内人员调充，择定于本月二十一日上午九句钟动工。惟查缺口幅员约有五百方丈，所未漫决者，仅堤南坦坡数尺之地，工程繁巨，无异合龙。盛暑动工，河工创例，局长学识谫陋，能力绵薄，诚恐筹画未周，设计失当，致负委任，拟请于动工日期，伏乞钧座莅工指导，以昭隆重，俾在工员弁兵夫咸知感奋，于最短期间，将应办工程一气呵成，不特两河人民之庥，亦吾豫前方武装同志之福也。旋奉指令：届时亲往监视，仰即知照。

是月，呈省政府：窃查前据下南分局长李缵曾呈，以中牟下汛二堡险工处下首三堡一带，河势南圈，估修土垛四个，挑沟护石等情，当由职局查核情形，以该分局长所称各节，中牟下汛三堡头道坝齿两空档间四十余丈，比较尤为吃紧。曾为省工节费起见，指令于该处择要先为各筑一垛，其余空档，俟河流汇到，加抛护崖石工，以资抵御，并经呈奉钧府指令，转饬赶速修筑，以资护堤而重河防各在案。兹复据该分局长呈称：覆查该处水势圈流，现值大汛时期，一旦河水暴涨，抛厢抢护工程异常紧急，仍须修筑土垛四个，外面挑沟抛石，始克得力等情。据此，局长覆查该分局长呈拟各节，当属老成之见，似于大汛河防裨益良多，除指令照准并饬督工兴修，认真办理外，理合具文呈请钧府鉴核，准予备案。又，呈报此项工程于八月二十四日竣工，奉指令：除备查外，仰候验收可也。

八月，又呈省政府：窃维中牟下汛二堡险工所留缺口，为全河最险工段，前经民、建两厅长会勘，呈请于临河一面修筑石崖一道，崖内填土修还堤身，并将需用工料数目，估报奉准在案。此种办法系从根本解决，最为完善，本应照此进行，以重河务，惟原估该缺口一修一守，需石一万余方，现值船只缺乏，此项石方一时未能输送到工，而伏汛已临，河水来源日旺，一遇盛涨，则奔腾大溜直逼堤前，该处堤形已成入袖之势，前委员会新筑后戗纯系沙质，修守均无把握，筹度再四，民、建两厅长原估办法，既以石不应手，未能实施工作，为目前救急之计，惟有仿照合龙大工办法，改用柴底上加土方补还堤身，外抛石垛及护崖石工，借资抵御，所需石方拟用轻便铁道挪运该汛头堡存石，移缓就急，一面催趱石船赶速起运，陆续抛护，以期完成原定计画。爰于七月二十一日举行兴工典礼，并经呈报在案，是日棨戟遥临，训示周至，曾特派员暨民、建各厅长，宋警备司令均莅工参加，详为指导，在工员兵人等莫不欢忻鼓舞，踊跃从公，连日以来，仰邀福庇，河水迄未大涨，柴底行将告成，此后工程进行，当更循顺。除俟工竣，将所用料石、土方暨加设电话、修理汽车、添购轻便铁道、配置零件以及临时杂支、委员薪津、运输一切等费，核实报销外，所有此次大汛期内，为迅赴事机起见，匆匆兴工缘由，理合具文呈请鉴核备案。奉指令：呈悉。该所有支出款项，仰俟工竣，核实具报为要。

是月，又呈省政府：窃查中牟下汛二堡大缺口处，上年生工原因，系由下首顺水大坝回溜过猛，冲刷堤身，致成巨险。

兹修该处缺口，局长详查该处情形，因地因势，拟就该塌卸之老坝原形，改修人字护石土坝，以资抵御，盖该处居上下大小两缺口之间，人字坝既可以抵御上下回溜，实足为新修两缺口新工之屏障。又下首小缺口处以下，距新修头道土垛尚嫌稍远，未免空疏，查该处原抛有护滩石方少许，但恐难资防护，兹拟原有护滩石处，加修人字护石土坝一个，俾以防护新工而抵回溜。所有拟于上年大小两缺口下首添改修筑护石人字坝各缘由，理合具文呈请鉴核备案。再，该坝所需工料，统于原估补还缺口款内撙节匀配开支，不另请款，合并声明。奉指令：呈悉。除备案外，仰即遵照妥慎修筑，以固茭防。

是月，又呈省政府：窃查职局修筑中牟下汛二堡上年缺口险工，于大缺口下首小缺口处，原估计用石一千九百方，现因石方缺乏，运石船只一时不能到工，刻值伏汛时期，河水涨落无定，设使洪流暴涨，该小缺口处危险万状。局长为因应缓急起见，拟于该处就原有埽段暂为加铺土方，修筑坚实，外面加抛护石，以顾目睫，一俟运石到工，仍按原定计画加石修筑，以期永久。所有修筑小缺口因石方不便，拟定暂时办法，俟后完成原定计画各缘由，理合具文呈请鉴核备案。奉指令：准如所拟办理。

是月，又呈省政府：窃查修筑中牟险工，前经民、建两厅会勘，计画于缺口下首头道坝齿上、下两空档四十余丈内，各修筑土垛二个，曾经先后修筑并呈报在案。兹查第二道坝齿下首空档，长亦四十余丈，现在溜势逐渐南移，诚恐大河里卧，势必冲刷堤身，殊堪危虑。拟再于该处添筑土垛一个，即日兴工，挑沟护石，以资抵御。至所需工款，即由民、建两厅计画所估工款项下撙节开支，不另请款，一俟工竣，即为实报实销。

所有拟在中牟下汛三堡，于民、建两厅原计画外添筑土垛一个，并不另行请款缘由，理合具文呈请鉴核备案。奉指令：呈悉。除备案外，仰于工竣后，据实呈报，以凭察夺。

是年九月三日，呈省政府，分报大缺口下首两人字坝及小缺口工竣。先后奉指令候验收。又，呈报九月八日举行竣工典礼，请省政府主席莅视，并分送各机关修筑中牟险工影片。是月二十二日，呈省政府：案查职局修筑中牟下汛二、三堡大小缺口各工程，曾将完工日期先后呈奉指令，并蒙钧座偕同民、建两厅亲诣验收在案。现已督饬所属，赶将一切支付各款逐条核算，计大缺口及护崖石垛二座，一切工料杂支共洋一万六千六百一十五元九角二分九厘，小缺口及添修人字坝两座，护石土垛一座，砖龙沟二道，土龙沟一道，并修补办公处等工程，共支洋一千五百五十五元六角零二厘，二共洋一万八千一百七十一元五角三分一厘。理合编具支出计算书对照表及单据粘存簿，备文呈送钧府鉴核备案，并恳转饬财政厅核销，实为公便。奉指令：呈暨附件均悉。仰候令行财政厅核办具覆，附件转。

按：于局长卸任后，呈省政府补造中牟大小缺口工程计算书表，于十九年十一月奉省政府训令：据财政厅呈覆，该局修筑中牟下汛工程，共洋一万八千一百七十一元五角二分一厘，详核数目，尚属相符。

十九年七月，河务局长呈省政府：案据下北分局局长徐以赓呈报，开封汛十五堡一带河势侧注，第三道石坝暨第五道石坝均见蛰卸，该堡料、石两缺，请早筹备，以防将来而备急需等情到局。当经指令察酌情形，量为抛护，复派职局督察长孟广瀛驰往查勘。兹据该督察长折呈，开封汛河势，自十四堡以下，一派北圈，溜势甚劲，直至十六堡二坝方折向东南而去，十五堡第三道石坝上跨角，日前被溜冲刷，塌有两丈长，第五道石坝坝头，塌有一丈余，刻下水落，溜势上提，第五坝已见轻松，第三坝最为吃重；该堡料石缺乏，堤北地势低于水面一丈三四尺，堤工又极废弛，若不亟筹备料物，加意修防，转恐酿成巨险；再该堡头、二坝之间，空档长二十五丈，宜防坐湾，四、五、六坝中间旧埽六段，淤闭有年，一旦河流逼至，朽断不能支，似应购料数垛，以备抢厢等情。据此，查开封十五堡旧工新生，情形可虑，亟应赶为筹备，以免临事竭蹶。除令饬该分局速购秸料十垛，并估运开陈北汛存石，察度情形，随时抛厢，免生巨险外，理合将下北分局开封汛十五堡河势侧注暨筹备工料情形，具文呈请鉴核，俯赐备案。奉指令：照准。

八月，又据下北分局呈报：窃以职属开封汛十五堡一带，大溜顶冲，三道石坝上五道石坝前坦微显蛰卸，曾经先后呈报，并经钧局派员履勘，令饬收买秸料，以资修防各在案。查秸料一项，现值新陈不接，收买不易，开厂迄今，茎束未购，若俟新秸登场，又恐缓难济急，拟将开陈北汛可缓工内存石，移运六百方，抛三存三，以救目前而防将来，业经分局长暨该汛周汛长面陈钧座，准予如拟办理。遵即招工估运，一再核估，每方运脚至少需洋二元三角五分，以六百方计算，共需洋一千四百一十元，惟启运存石三百方，每五成垛又需洋二角，查有向例，不能减少，以三百方计算，共需洋六十元，故运抛运存共需洋一千四百七十元，已于月之三日开工办理。际此开工伊始，需款浩繁，前领秸料价洋二百元，现将用尽，拟再请领三百元，以应急需。至于每段埽坝抛石及存石各若干方，分晰列表附呈，所有估运石方、开工日期暨请领款项各情形，理合一并呈请钧局鉴核备案。本局指令：呈暨报告表印领均悉。该分局拟移运开陈北汛存石六百方，分别半抛半存，所需运脚堆垛工价查核数目尚属相符，应准备案。至拟请续领洋三百元，已如数发交来员携回矣，仰即知照。

附：《开封北汛抛存石方报告一览表》，见工程表之七。

十九年七月，河务局长寒日代电省政府：顷据西沁分局长孙佐蒸日代电报称，北岸西王贺工原系顺溜，本日河势突见上提，大溜汇注该工第三石坝，顿成顶冲，该坝原抛护石寥寥，根基又未坚实，现经大溜趋刷，势亟堪危，且自该坝迤上旧有埽坝，失修有年，均成残废，设河势续再上提，必难恃以抵御。该工堤质纯沙，又值料石两竭，防守异常困难，兹除督饬员汛相度缓急，设法抢办，一面商请沁阳县飞饬拨款接济，并将办理情形随时具报外，谨先电呈等情。查西王贺为西沁要工，旧有石坝三道，埽工三十三段，年来工款支绌，寸茎片石皆未存储，一旦溜势顶冲，急购料石已嫌其晚，若再延迟，后患何堪设想？该分局工款，前准财政厅由沁阳县拨付一万元，博爱县拨付一万元，迄今尚未据报拨到，工情紧迫，焦灼万分，拟恳钧府电饬该县迅速照拨，以资救济而保要工。除令该分局长设法抢办，勿稍疏忽外，谨电驰闻。旋据西沁分局呈称北岸西王贺工河势变迁，第三道石坝被溜冲塌，所有督饬迅速抢护情形，业经驰报在案。兹据西沁汛报称：该坝坝头抢做裹头埽一段计长四丈，宽一丈，临时砍用沿堤柳稍，昼夜厢办，业于本月十八日完竣，计动用苇绳二十条，木八十二根。现在河水稍落，该坝已见稳定，除仍督饬员汛妥慎防护外，所有抢办西王贺第三坝工竣日期及动用绳数目，理合列折呈报。又据西沁分局世日代电称：查北岸孝敬工，自民国十四年夏秋抢险以后，河势即见外移，已成背工，原有埽工八段淤闭有年，尽成残废，讵本日河势陡变，顶冲该工西首，存滩尽塌，现在溜刷堤根，已逾十丈，因土质纯沙，抵御无力，堤身岌岌可危，已飞饬赶挂龙尾，暂资掩护，一面察看情形，续图抢办。又西王贺工河势继续上提，大溜直冲第二坝与第三坝间，刷塌堤身二十五丈，势尤紧迫，设不赶筹抢护，必致演成十四年夏秋景象。虽拨到工款无多，但为慎重堤防起见，不能不放手办理。已饬员汛赶速收购秸料，将该工第二坝以下汇塌废埽六段，先行抢还，至目下各工修守事宜倍形繁忙，仅恃兵力已难分配，所有抢险工程，拟临时雇夫协助，以期迅捷而免延误。除将抢办情形续再呈报外，谨先电陈。八月，据西沁分局呈：查孝敬工上首，现经挂柳二十五株，设无盛涨，一时暂可抵御。西王贺工第二、第三坝间，溜势外移，幸日来河水见消，堤身未致续塌，现正放价赶收秸料，俾将原有埽工六段一律抢还，以免意外。至第三坝坝前仍迎大溜，新生裹头埽根基未实，设不用石抛护，一遇盛涨，将有蛰失之虞。兹与员汛等筹商，以东王贺工河势尚缓，该工存有原石二十五方，不妨移缓就急，全数运用。拟乘比日河水稍落，抛办较易，已饬多雇民夫趱速搬运，以便着手抛护。除将办理情形续再呈报外，所有雇夫运石，抛护西王贺第三坝情形，暨孝敬工悬挂龙尾，动用绳数目，理合列折具文呈报，仰祈鉴核。本局指令：呈折均悉。据报东王贺工河势尚缓，拟将该工旧存原石，雇夫移运西王贺第三坝前，用以抛护，事属可行。至孝敬工悬挂龙尾、动用绳暨销除成柳数目，应准分别备案。又据西沁分局呈报，该工自开始以来，业逾二旬，因秸料新陈不接，收购困难，且其间又经盛涨数次，新生埽段屡厢屡蛰，费时费工，倍逾寻常，幸兵夫努力不懈，已于本月二十四日，将抢厢第十八至二十三新旧埽六段暨加抛第三坝前护石一道，一律完竣，目下该工河势仍形上提，幸第二土坝前溜势尚缓，暂可支持，拟从缓办理。除督饬员汛认真巡防，并随时相机守护外，所有抢西王贺险工完竣，暨动用料石、土工、绳及支款各数目，理合分列清折，具文呈报，仰祈鉴核。当经本局派员验收，准予核销。

十九年八月，考城县政府呈河务局：窃查职县旧城，自乾隆四十六年被河水冲没，次年改建新城于堌阳，即今县治，西厄黄河，地势洼下，于县西八里许马牧村筑南北新堤一道，南连兰封大堤，北接曹县大堤，光绪二十七年六月被水冲决，堤东各村尽成泽国，县城被水包围，几与垣齐，城外各庄村舍漂没，人民淹毙无算。自此以后，对于新堤逐年增高培厚，未受河患。本年四月战事突起，驻军依堤挖沟，借资防御，加以连日以来大雨倾盆，新堤土质疏散，举凡可虑，当即亲赴该堤，逐段勘验，水冲浪窝大小计一百七十余处，际兹秋汛吃紧，自应及时修补，以防水患。但财务局库空如洗，无款可拨，兹向职县各富户先行借款洋五百元，委派第一区区长汪燕卿为督修西堤委员，委建设局长张承先为监修西堤专员，开工后，由县长随时前往监督指挥，以昭慎重而求实在。除俟工竣后，实行用款若干，再行另文呈报外，所有借款修补新堤，预防水患情形，理合具文呈报钧局鉴核示遵。再，职县与曹县大堤接壤处倾圮情形，事同一律，已由县长咨请同时修补，期收互助之效，合并声明。旋奉省政府令饬查核具覆，经本局呈覆省政府：查此案前据该县长分呈到局，当经卷查，该县堤工向系民修，并不在职局管辖之内，惟该县邻近战区，堤防重要既由当地筹修，自应遴员监查，以昭慎重而免糜误。至该县长于军务繁重之际，尚能顾及河防，借款修筑，（询）〔洵〕属顾全大局，关心民瘼，为不可多得之良吏。正拟呈请钧府备案，一俟工竣验收，果能工坚料实，款未虚糜，自应优予奖叙，以示鼓励。除饬下南分局转饬陈兰汛就近前往监修，并指令该县长妥速修理具报，以凭详核转呈外，所有核拟办法，谨先具覆。

十九年八月，河务局长呈省政府：据下南分局长李缵曾呈称，该管陈兰汛十二堡人字坝暨二坝、三坝，原距河百十余丈，二十年来大河未曾到沿，于七月三十日河流陡变，水势南圈，嫩滩日见塌卸，截至八月一日，人字坝距河仅有数丈，三坝刻已着河。查人字坝与三坝距离百丈，人字坝上首有石垛二个，下首至二坝中空有石垛四个，二坝至三坝中空有石垛二个，人字坝存条砖一百五十方，三坝存条砖二十方，共计存条砖一百七十方，再查十六堡至二十一堡各冲有水沟浪窝十余处，如何抛护填修，请核示等情到局。查该堡背工有年，料石久未购办，仅余碎砖寥寥，终难济用。目前河势南移，防御无资，设使工情趋重，则储备空虚，不无噬脐可虑。除饬将塌卸嫩滩暨被冲沟窝，尽旧存砖方分别妥速修护，不任稍涉疏虞，一面察酌情形，赶筹接济，以资防守外，所有陈兰汛河势南圈，并工程紧要情形，理合具文驰报，伏乞鉴核查考。旋据下南分局呈报：八月十七日大溜趋注三坝，将该坝头塌卸二尺有余，当即督饬汛兵，赶将工存条砖动用加抛，以资抵御，刻下河水渐缓，溜势北移，计共抛用条砖二十方，理合呈报鉴核存查。又据该局〔呈报〕[1]，九月十二日，该堡河水上提，形势和缓，现已停止抛护，动用人字坝工存条砖八方，第四方面军在该处修理马路一道，计用该坝工存条砖三方五分四厘，理合具文呈请鉴核存查，均经本局指令准予备案。

---

[1] 据文意加。

十九年九月，上北分局呈河务局：据温县汛汛长呈称，温汛三四堡大堤卑矮，每遇河水盛涨，距堤顶只有四寸余高，若遇大风，水借风势，自必漫顶，若不加高培厚，危险莫测。今为救急办法，由堤上加修子埝一道，经前汛长卫景平估修六百余丈，动工兴修，呈报在案。除前估修六百丈之外，其余仍有三百七十三丈一尺，堤身矮薄，仍得加筑子埝，始能与孟汛堤头联接一气，以免河水盛涨过顶，漫溢之弊等语。据此，分局长窃查孟汛堤头高出温汛大堤约有二尺，今加筑子埝，以期联接，始能防堵漫溢之患。前估六百余丈，今又加修长三百余丈，底宽五尺，高一尺五寸，统共新修子埝一千零三十三丈有奇，饬令务各努力工作，赶速成功，俟完全工竣后，再行呈报。谨将加修子埝动工情形具文呈报。又该分局呈报所修子埝，共长一千零九十五丈，顶宽三尺，底宽五尺，高一尺五寸，于九月二十日一律工竣，经本局指令准予备案。

十九年十月，下北分局呈河务局：据开封北汛汛长呈报，十月二十一日，河势变迁，大溜侧注，职汛十六堡第一石坝坝后护石，竟被塌卸长一丈二尺、高四尺，又上首堤根被回溜水刷卸长二丈、高二尺余，呈请核办前来。分局长随即亲往查验，委系该汛十五堡第六石坝顶冲之水下移，所称塌卸各节均属实情。窃查方今正在秋汛，水力未减，塌卸之处诚属堪虞，拟就该坝后存石估抛三十方，以资防护等情。当即委派测绘员宋尊礼前往会同徐分局长以赓，驰赴开封北汛十六堡一带，详细勘验。旋据委员呈称：第一石坝护石塌卸及回溜水刷卸上首堤根各丈尺数目，均与原呈相符，惟现在河势变迁，大溜提至十五堡第三石坝、十六堡第一石坝左右，水势已缓，当与徐分局长一再复估，十六堡存石五百三十六方六分八厘，均距该坝较远，于十五堡存石三百五十五方中，就近动用十五方，足以抵御，无须多抛，以资撙节。已于月之二十七日动工，二十八日抛护完竣，理合绘具略图，呈报钧局鉴核。再查该汛十五堡原存石三百五十五方，除此次抛护十六堡第一石坝，动用十五方外，实存三百四十方，合并声明。

杂工

国家凡百建设，于正式工作之范围外，必有相辅而行者，始克维持于不敝，匪特河工为然，而治河工程之繁重为尤甚。《续志》所辑杂工程类列举古今成法，以备参考而资利用，意至善也。惟其制因时而改进，或试用而鲜功，为后之治河者所不取。际兹科学发达，工程家之设备日新，有非已往河防之陈迹所能限者。即本《志》修防一门，亦不过就河务范围近年堤坝埽坡修守之事，择要编录。其在常年预算以外，而与正式工程有关之各种设施，方日新而月异，正未可以忽视也，因择其尤著者，列为杂工。

民国十五年十二月，河务局长陈善同呈省公署：案据东沁分局长郑有呈称，窃查武陟东关政济桥，原为便利地方往来行人而设，向由分局独自承修，每年共领桥工经费洋四百一十六元六角六分七厘。近年物价腾贵，应需工料等费，动需五六百元方能济事，以致年年亏累，矧本年夏间河水陡涨，桥木被冲，购办木料较往年为多，河身又较往年为阔，兹经撙节兴修，于夏历十月二十日工竣，计建桥十二空，用钱二千零八十七千六百八十文。按市价三千五百文折合洋五百九十六元四角八分，除领到经费洋四百一十六元六角六分七厘，计不敷洋一百七十九元八角一分三厘。查十三、十四两年修桥，不敷之款尚有五百八十八元八角五分五厘，曾蒙宪台恩加体恤，饬由武陟县设法筹补，奈因地方公款时形支绌，事后要求，而该县以身处局外，漠不关心，虽经交涉再三，迄无效果。兹连本年所亏之款，共计不敷洋七百六十八元六角六分八厘，如此巨款，均由分局长独自挪借商号，延欠至今，况来年再修桥工，长此赔累，情何以堪？因思桥工原属地方行政性质，分局权力有限，办理又种种为难，若徒责成分局年年赔垫，殊觉偏枯太甚。拟恳宪台转呈省长立案，嗣后办理桥工，饬由武陟县协助修搭，如有不敷，准由工款项下设法补助。如此则责任所关，该县自不能任意推脱，分局亦不至独受其累等情。据此，查武陟沁河政济桥岁修经费，年定九四库平银三百两，合洋四百一十六元六角六分七厘，此桥向系夏拆冬修，从前归武陟沁工公所承领修搭，自沁工设局改归官办后，每年由东沁分局领款承修，以资利涉，历经办理在案。在昔规定此项预算，彼时人工料物价目均廉，故无论如何，承办者尚不致感受困难。近年以来，工料等费什倍于前，以昔额定之款，办理今日桥工，当然不敷应用。前、昨两年据该分局长呈报，桥工落成，赔累太多，恳请设法维持到局。职局以案关预算，既不能临时呈请追加，又无其他余款堪以补助，不得已令饬就近妥商县署，于地方公款内设法筹拨，俾资弥补，并先后函商武陟县知事去后。兹据前情，是该县以事不关切，两年之中并未就地筹拨分文，今年该分局承修此项桥工，又垫支一百七十余元之多，据称年年赔累，偏枯太甚，亦自系实在情形。伏思此项政济桥经费，虽列入河工预算，其修桥性质，为利涉行人起见，仍系行政范围，在当地官绅，均负有辅助维持责任，目下预算案内之款既属不敷，自应由地方协款补助，以昭公允。该县知事何得以不在权限以内，漠不关心？除指令外，理合据情转陈，伏乞令饬武陟县知事遵照。嗣后东沁分局每年办理此项桥工，应由该县协助修搭，预算额定经费如有不敷，准由地方公款项下设法补助，以免赔累，并恳钧署立案，永垂久远。旋奉省公署指令：此项桥工为利涉行人起见，如预算额定经费不敷，自应由地方公款协助，仰候令饬该县遵照办理。

按：政济桥工自此次呈准由地方协助后，嗣于十七年十月，据东沁分局呈称查政济桥前年因额定经费不敷修桥之用，呈蒙由地方负责，改归本县公款局经理等语。是该桥工每年冬季修搭，改归本县负责，东沁分局仍按额定经费代领转发，不敷之数，统由地方补助矣。

二十年三月，河务局长陈汝珍通令黄沁六分局长：照得獾鼠栖身土层之内，挞洞穿穴，均足以损坏堤坝，而獾为尤甚。若不分别搜捕，其害不可胜言。兹为慎工、卫民起见，特规定捕獾一只赏洋一元，以资奖励而固堤防。除通令外，合行令仰该分局长，即便转饬所属一体知照。

二十年七月，河务局长呈省政府：窃查水文测量为治河之基本工作，在今科学昌明时代，实为中外工程学家所公认。诚以沿河雨量之大小、水位之涨落、流量之迟速、含沙之多寡，以及河床变迁、天气概况、与夫蒸发量，等等，皆为治河者应行研究之资料，必须一一测验靡遗，始能确定标准，实施规画，否则向空凿壁，势必徒劳无功。且黄河水文之变化，较任何河流皆为激剧，则根本治理，自当以测量水文为一切设计之先决问题。惟水文测量为有时间性的工作，与其他测量可以随时完成者不同，其精密测验之记载，非经悠久之岁月，不足以资参考而副实用，尤非预为筹画，即时进行，无以备将来施治之依据。兹为实事求是，免误要工起见，拟即在潼关、阌乡、灵宝、陕县、孟津、巩县、汜水、武陟等处，择定适宜地点，设置水文观测站九处，并组织流量队一队，实行办理水文测量事宜，以为治河计画之基础。所需款项，即由本局经常预算额定工款项下动支，是否有当，理合拟具水文观测站经常费预算、设备预算暨流量测量队经常费预算各一份，备文呈请钧府鉴核，俯准备案。八月，奉省政府指令：查该局拟设水文观测站，为治河计画之基础，尚属切要。所列经常、临时各费，亦均核实，既据声明由经常工款项下开支，不另请款，应准照办。

按：此项测量仪器，经本局派采料专员赴上海择要购办，于是年八月间转运到汴，由采料专员点收，并造具购办测量仪器数量、价格清册，呈报本局查核，均属相符。

兹将清册删繁录要，附列于后。

河南河务局购办测量仪器数量价格清册

名　称	种类	数量	单　价	共　价	备考
经纬仪	德国式	一架	一八五〇元〇〇〇	一八五〇元〇〇〇	
水平仪	丫式	一架	七二〇·〇〇〇	七二〇·〇〇〇	
水平尺	四米达	二个	五四·〇〇〇	一〇八·〇〇〇	
流速计	普来氏	一架	八五〇·〇〇〇	八五〇·〇〇〇	
平板仪	美国式	一架	六五〇·〇〇〇	六五〇·〇〇〇	
布卷尺	三十米达	四盒	一四·〇〇〇	五六·〇〇〇	
丁字尺	三十寸	六个	三·一一〇〇	一九·二〇〇	
胶质三角板	一尺二	三付	二·二〇〇	六·六〇〇	
胶质三角板	六寸	三付	〇·八〇〇	二·四〇〇	
胶质分度器	六寸	三个	一·二〇〇	三·六〇〇	

续表

名　称	种类	数量	单　价	共　价	备考
三角尺	米达牙边	六个	五・二〇〇	三一・二〇〇	
绘图器	小合	三付	六・〇〇〇	一八・〇〇〇	
直线墨嘴		六支	二・四〇〇	一四・四〇〇	
绘图硬纸	五十码	二卷	六〇・〇〇〇	一二〇・〇〇〇	
蓝印图纸		二卷	三・四〇〇	六・八〇〇	
描图布		一卷	五八・〇〇〇	五八・〇〇〇	
横断描图纸		一卷	四・八〇〇	四・八〇〇	
软硬橡皮		两打	二・二〇〇 二・六〇〇	四・八〇〇	
铅笔		四打	三・〇〇〇	一二・〇〇〇	
画图笔尖		二打	一・二〇〇	二・四〇〇	
铁盒颜色		二盒	〇・七〇〇	一・四〇〇	
明角三角板	一尺二	一付	二・五一四	二・五一四	
明角三角板	八寸	一付	一・三九五	一・三九五	
明角三角板	六寸	一付	〇・九〇〇	〇・九〇〇	
明角半圆分度器		四个	〇・九八一	三・九二四	
德制绘图器	大盒	一付	三三・四八〇	三三・四八〇	
德制绘图器	小盒	三付	七・六六八	二三・〇〇四	
直线钢笔		六个	二・〇八八	一二・五二八	
蓝晒纸		一卷	三・二四〇	三・二四〇	
德蓝晒纸		一卷	四・四六四	四・四六四	
绘图腊布		一卷	五〇・二二〇	五〇・二二〇	
牙边三棱尺		一支	六・二八二	六・二八二	
铁盒颜色		三盒	二・五八三	七・七四九	
锡管颜色		四盒	〇・五四〇	二・一六〇	
橡皮		四打	三・〇六九	一二・二七六	

续表

名　称	种类	数量	单　价	共　价	备考
绘图铅笔		六打	三·〇六九	一八·四一四	
手持水平望远镜	＃641	一个	六三·〇〇〇	六三·〇〇〇	
卷尺	＃506	二个	一六·〇五〇	三二·一〇〇	
手持照像器	德国造	全套		一四七·七二〇	
绘图纸		三卷	六·六七〇	二〇·〇一〇	
玻璃纸		一卷	一〇·一八〇	一〇·一八〇	
晒蓝纸		五卷	二·八一九	一四·一〇〇	
断面玻璃纸		一卷	六·四〇〇	六·四〇〇	
巴氏绘图钢笔		一支	七·五七〇	七·五七〇	
绘图仪器	箭式	一盒	三四·〇四〇	三四·〇四〇	
三棱尺		一根	五·六四〇	五·六四〇	
三棱尺	巴式	一根	七·三六〇	七·三六〇	
三角板	六十度	一块	二·二〇〇	二·二〇〇	
假象牙三角板	四十五度	一块	三·〇三〇	三·〇三〇	
假象牙曲线规	1860－4	一块	一·三一〇	一·三一〇	
假象牙曲线规	1860－13	一块	一·二四〇	一·二四〇	
假象牙曲线板	1860－20	一块	一·八六〇	一·八六〇	
假象牙曲线板	1860－24	一块	一·五一〇	一·五一〇	
假象牙曲线板	1860－27	一块	二·四一〇	二·四一〇	
镶边丁字尺	1887－36	一个	七·二二〇	七·二二〇	
镶边丁字尺	1887－42	一个	八·三二〇	八·三二〇	
平面测积器	4240	一根	八六·四五〇	八六·四五〇	
擦图钢板		二块	〇·八二五	一·六五〇	
钢尺	十五米达	一盘	一二·九三〇	一二·九三〇	
钢尺	三十米达	一盘	二二·二一〇	二二·二一〇	
半圆形分度器		一个	〇·九六〇	〇·九六〇	
手水准	陆克氏	一架	一四·六五〇	一四·六五〇	

附载本局拟定各种测量规则。

雨量观测及记载规则附表式

一、雨量器之构造

雨量器之构造分四部：一、承雨盖；二、承雨管；三、外[1]圆筒；四、量雨尺。

一、承雨盖　承雨盖形如漏斗，借以承雨，用洋铁制成，直径八英吋，用铜镶边，使形体不致变易，影响雨量之结果，盖之底口甚小，以免雨量管中之雨水蒸发。

二、承雨管　承雨管用钢制成，高二十英寸，直径二·五三英寸，管之面积为承雨盖面积十分之一，雨水自承雨盖入于管中。

三、大圆筒　大圆筒亦为洋铁制，上支承雨盖，下设小圆圈，以固定承雨管之位置。

四、量雨尺　量雨尺用木制成，刻划至公厘为止。比较平常小十分之一。

二、雨量器之设置

一、雨量器须置于空旷平坦之地，须距离墙垣或其他建筑物至少等于该项物体之高，否则斜雨受其障蔽，不能完全入于雨量器之中。

二、雨量器不可置于树叶之下，以免障蔽雨量。

三、雨量器宜于地平面上，不宜置于高处，盖高处风大，器中所受雨量常较置地平面上为少也。

四、雨量器须常保持其垂直位置，各部须配置得当，俾承雨盖可在水平位置。

五、雨量器之四围须维以木桩或砖石，使不得动摇，即有暴风或受冲动，亦不致倾覆。

---

[1] 外　当为“大”，见下文。

六、雨量器中须常视察有无存积沙土或渗漏现象，苟有积土，应即除去；苟有渗漏，应即修理。

七、无论何时，不得将雨量器取入室内或覆盖之。

八、雨量器设定之后，切勿轻于移动，若万不得已必须移动时，应在记载表上详细注明新旧位置之关系。

三、观测记载法

一、雨量之记载，以公厘为单位，记至十分之一公厘为止。

二、每次雨止后，随即将量雨尺垂直徐徐插入承雨管中，候达管底，然后取出察其水痕，量雨尺上每格为一公厘，不及一公厘者为公毫，可用目力估计之。

水痕在尺上四公厘处，记如4.0，点后之圈不可缺。

水痕在尺上一公分三公厘四公毫处，记如13.4。

水痕在尺上三十公分处，记如300.0，点后之圈不可缺。

余可类推。小数点须格外注意，凡尺上最小格之数，记在点前。

三、降雨日期以每日上午九时为分界，不必以夜半为分界。例如十八日上午九时至十九日上午九时，其间所降之雨量均记于前一日内即十八日。

四、降雨起讫之时刻详细注明，每日以二十四小时计。例如：

（一）十八日上午十时至下午九时即二十一时，在十八日行内记如10：00至21：00。

（二）十八日上午十时半至十九日上午九时，在十八日行内记如10：30至次日0：00。

（三）十九日上午五时二十分至八时十分，仍在十八日行内记如次日5：20至8：10。

十八日上午九时至十时四十分，又下午一时至次日八时半，在十八日行内记如｛9：00至10：40｝｛13：00至次日8：30｝。

十八日上午十一时至下午二时二十分，又次日七时半至九时，在十八日行内记如｛11：00至14：20｝｛次日7：30至9：00｝。

十九日上午九时以后之雨量，则记在十九日行内，余类推。

五、如一日之内降雨不止一次者，须将每次雨量及时间分别记载，不得仅记一日间之总雨量及总时间。

六、如连日降雨，则于每日上午九时量雨一次，不得数日并记。

七、每日上午九时均须测量一次，以防夜间下雨未及觉察者，量有雨当作一日之雨量。

八、雨量每次量定以后，即须随手倾去，以便下次受雨。

九、倘遇大雨，承雨管或满而有溢出在外筒者，则候承雨管中雨水量定倾去后，再将外筒雨水倾入承雨管，如法量之，而记其总数。

十、降雨或雪不易量出者，记零（○）于降雨量行中，并记降雨起讫时间。

十一、降雪时，须将承雨盖及承雨管取去，仅留外筒为承雪之具。雪止后用已如容量热水注入外筒内，使筒中之雪溶化为水，然后扣去所加热水之量，如法量之。尚有一法，可择积雪厚薄均匀之地面上，将外筒倒置入雪中划起，筒中之雪溶化为水，如法量之。前法在风大时不适用，后法则须雪止立即为之，略经溶化即不准确。

十二、雪量除将雪水之深记载雨量项下外，应将雪之深度，在雪项下注明。

十三、记载表须填明年月、雨量站之地名及观测者之姓名。

十四、降雨率为降雨时间除雨量所得每小时降雨若干公厘，记入降雨率项下。

十五、天气项下，应注明天气之阴、晴、云、雾等情形。

十六、温度项下，注明室外空气日夜之最高、最低温度及平均温度。约为上午八时与下午八时二次温度之平均数。

十七、备注项下，注明其他一切紧要记载，及最大降雨率与最大降雨率之降雨时间。

十八、记载表每月一张，须填具二份，一份寄交本局，一份留站，以备正稿遗失，可再誊抄。

十九、记载表右上边之编号字，由本局指定之。

二十、每月之第一天，须将上月之雨量记载表寄交本局。

蒸发量观测及记载规则附表式一

一、蒸发器分三部分：

第一部为蒸发皿，系洋铁制圆盆一个，直径六十四公分，高二十公分，于其中心立一高公分之铁条，其上端尖锐，作为水面高低之标准。

第二部为量筒，系一洋铁制之圆形直筒，高二十公分，直径四·五公分，一量筒之水注入蒸发皿中，其深适为一公厘。

第三部为套盆，系洋铁制之圆盆一个，直径八十四公分，高二十公分，其中置一木制之十字架，将蒸发皿置十字架上，蒸发皿与套盆之间满盛以水，使蒸发皿底部及周围不致直接受地面之热。

二、蒸发器宜与雨量器设在同一空旷平坦地方，切忌置于狭窄之天井内或树荫之下，必须终日能受到日光晒照，其上无论晴天或雨天，均不可加盖。

三、蒸发量每日上午九时观测一次。

四、蒸发量日期以每日上午九时为分界，不必以夜半为分界。如十二日上午九时至十三日上午九时二十四小时内之蒸发量，应于十三日上午九时量得之记入表中十二日行内，换言之，即每日上午九时以前之蒸发量，应记于前一日之行内。

五、蒸发量以公厘为单位，小数只记一位，记至十分之一公厘为止。

六、将蒸发器设置妥当后，在上午九时注水入蒸发皿之中，套盆内亦须加水使满。使水面与铁条尖端齐平，至次日上午九时，水面因蒸发之故，必降至尖端之下，下雨时情形不同。此时用量筒满盛清水，注入蒸发皿中，加至水面仍与铁条尖端齐平为止。凡加水一量筒而齐平，则蒸发量为一公厘，加水十量筒而齐平，则蒸发量为十公厘，故只须记清所加之筒数及最后一筒之另数，量筒内面画为十格，每格表明十分之一公厘。即得蒸发量矣。举例如下：

三量筒又四小格　蒸发量为 3.4 公厘

十一量筒又七小格　蒸发量为 11.7 公厘

九量筒　蒸发量为 9.0 公厘点后之圈不可缺。

九小格　蒸发量为 0.9 公厘点前之圈不可缺。

记载时须注意小数点之位置，凡所加整个量筒之数，记在小数点之前。末后不满一量筒之另数，则记在小数点之后。

凡在天雨测量时，如水面仍在铁条尖端之下，应将所加水量之公厘数加以降雨量之公厘数，作为蒸发量。若水面已高出铁条尖端，则用量筒挹出水若干筒，使水面仍与尖端相齐，此挹出水量之公厘数，从降雨量之公厘数减去之，即为蒸发量。如雨势过大，应随时预先用量筒挹去若干筒记明筒数，以免溢出皿外，如在夜间则须于临睡时挹去之，挹至与铁条尖端齐平，记明筒数。此项预先挹去水量之筒数，必须于翌日上午九时观测时，所挹去筒数一并相加，计算所得几次挹去之总水量，由降雨量中减去之，即得蒸发量。依照上述三种方法，可列成三公式如下：

蒸发量公厘＝注入水量公厘 ……………………… （1）晴天

蒸发量公厘＝两量公厘＋注入水量公厘 ………… （2）雨天（量时水面未过铁条尖端）

蒸发量公厘＝两量公厘－挹出水量公厘 ………… （3）雨天（量时水面已过铁条尖端）

七、蒸发量记载表中，应兼记雨量、气温及天气概况。如阴、晴、雨、雪、大风、结冰，等等。

八、蒸发器不可有渗漏之处，宜随时审察之。

九、蒸发器中之水终日暴露，极易污浊，故须每隔旬日更换清水一次。

十、每月一日，将前月之记载表邮寄本局，各记载员并须留底，以备邮寄或有遗失可以补寄。

水位观测细则附表式二

甲、器具之保护

一、水标面上积有泥垢，须随时刷去。

二、大水时，有漂流物顺水而下，最易损坏标桩，须预为防备。

三、标尺松动时，须即修妥，若不能自已修理时，可函报本局派员修理。

四、记载员不得擅移水标地位，如遇不得已之情形，得设立临时水标，但水标读数必须另纸缮写，俟本局派员测定临时之水标高度后，再将该项记载计算清楚，补送到局。

五、记载员须遵本局之指示，时常校对水标高度，如察有变动，应即修妥或报告本局。

六、记载员向本局具领之时钟及寒暑表等，遇有遗失、损坏，须照价赔偿，但时钟行走不灵，得径交钟表店修理，以其发票向本局领修理费。各分局均自有时钟，不在此例。

乙、阅读与记载

一、阅读时间，在平常水势，霜降以后立夏以前每日寅刻阅读一次，立夏以后每日寅时及酉时各读一次，夏至以后每日于寅、午、酉阅读三次。惟水势涨落靡定时，则须时常阅读。至其阅读次数之繁简，则以本局预为规定之逐次水面差数为准。

二、水标上未有稳水框者，遇水浪波动时，须取其平均数。

三、本局水标分划法，以各寸字上下二黑划之上边为各寸之起讫，至寸数之标记，只须视水面所及之寸所注何字，即记载该字可也。

四、记载表上右上角之编字，由本局指定之。

五、表中第一行填写国历日期。

六、表中第二、三、四行水标读数，须记尺、寸、分、厘四位，又尺数之后，必加一小数点，例如：

三尺〇五分五厘＝3.055

三寸六分＝0.360

六分＝0.060

六厘＝0.006

七、表中第五行、第六行，不必填写。

八、表中第七行，绘入本局天气标准符号，一日中天气屡更时，则顺次并绘之。例如：[，· ◦]即表示初晴后阴旋又晴朗之意。

九、表中第八行，须并记本日之低温与高温，截至摄半度为止。例如 18.0 22.5 即表示今日温度最低时为十八度，最高时为二十二度半也。

十、第九行与第十行，须填入本局标准风向与风力号码，例如 3 5 7 4 2 8 即表示：

初为东北来之强风，

继为正东来之轻风，

继为东南来之柔风。

十一、第十一行，备注。可记表中未列之事。

十二、每逢一日、十一日、二十一日，须将前十日之记载，摘录于水标站明信片，邮寄本局之水位记载表，则于满月后另行誊写一份，留站备考，将正份封入信函，邮寄本局。下南分局仍照旧每日报告。

十三、记载员干练诚恳者加薪，倘有擅离职守、私托他人及废弛职务、谬造报告者，一经察出，除斥革外，并须严重处罚。

测验含沙量方法附表式三

一、采取水样

于河之平直段内，选一横断面，而于断面之中泓及近于边岸处，先测其水深，再于一、水面；二、二分之一水深；三、近于水底各处，采取水样三瓶，全横断面共取九瓶，盛于特备之玻璃瓶内，严密封固，勿令蒸发。

二、试验方法

将采得之水样震荡均匀，倾注刻度杯内，一百立方公分。置于静处，俟其沉淀，观测泥沙之数量化为水量之百分数，将各水样含沙量平均，即为横断面平均含沙量。

三、水样器之构造及用法

水样器之构造，如图所示，A 为洋铁筒，下端封闭，上端有口，口旁有二竖杆，架一横梁，筒内亦有横梁，中有孔，活塞杆 B 通过二孔可以任意上下，全器以螺丝铗于竹竿上，持以入水。至目的地后，用人力将活塞拉开，俟水流入，再将水样器由水中提出，将水样注入玻璃瓶内封固之，以防蒸发。

四、测验之次数

含沙之轻重，系于流速之大小及水位之涨落，故于水位变迁之时，均须观测，每月至少须测验二次。

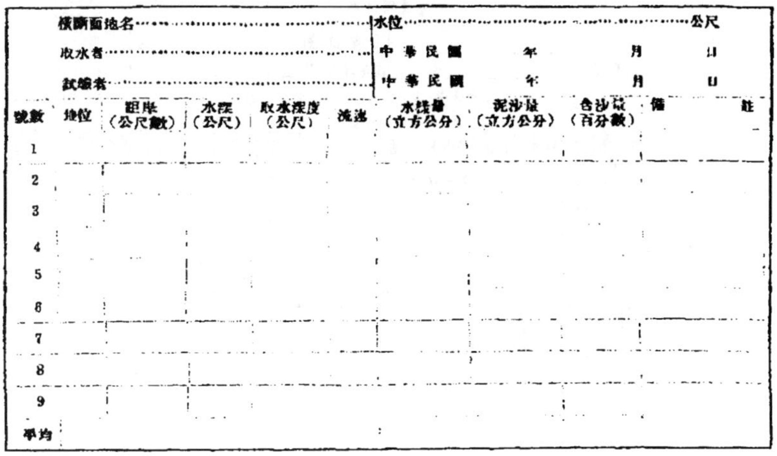

橫斷面地名…………　水位…………公尺

取水者…………　中華民國　年　月　日

試驗者…………　中華民國　年　月　日

號數	地位	距岸（公尺數）	水深（公尺）	取水深度（公尺）	流速	水樣量（立方公分）	泥沙量（立方公分）	含沙量（百分數）	備註
1									
2									
3									
4									
5									
6									
7									
8									
9									
平均									

五、记载之格式

（一）记载表上第一行，记水瓶之号数。

（二）第二行，记取水之地位，如“近东或南岸”“中泓”“近西或北岸”等字，左右之定法，以人面顺水流之方向，左手边为左岸，右手边为右岸。

（三）第三行，记距离河岸之远近，如中泓距岸过远，不便测量时，可注明大概形势。

（四）第四行，水深，记取水处水面至河底之深度。

（五）第五行，取水深度，如水深五公尺，在二分之一处取水，深为二公尺半也。

（六）第六行，记流速，如无法观测，可记水流之形势。

（七）第七行，记水样之容量，即水与泥沙之容量。一百立方公分。

（八）第八行，记泥沙之容量。立方公分数。

（九）第九行，记含沙之百分数。

（十）第十行，备注，记表中未列事项。

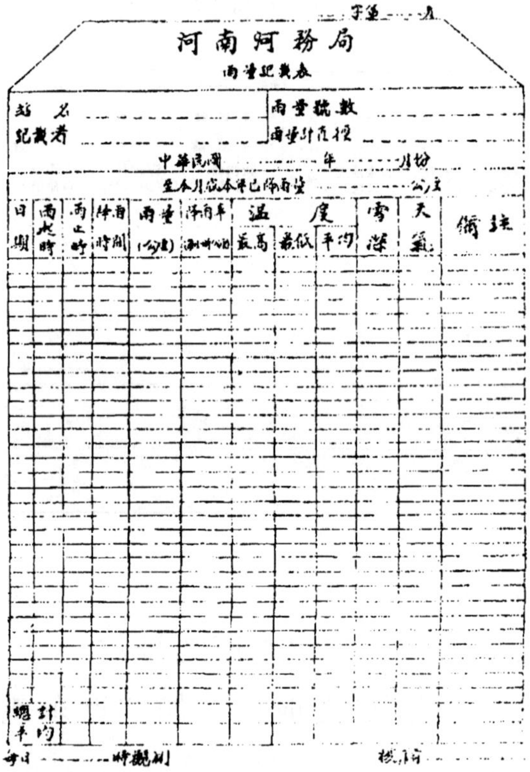

河南河务局

雨量记载表

站名　　　　雨量号数

记载者　　　　[illegible]

中华民国　　年　　月份

[illegible]　　公厘

日期	雨起时	雨止时	降雨时间	雨量（公厘）	降雨率	温度 最高	最低	平均	雪深	天气	备注
总计 平均											

——字第——号

河南河務局

蒸發量記載表

站名——　蒸發皿面積——
記載者——　蒸發皿中水深——

中華民國——年——月份

至本月底止本年已蒸發——公厘

日期	雨量（公厘）	注入水量（公厘）	吸出水量（公厘）	蒸發量（公厘）	氣溫			天氣概況	備註
					最高	最低	平均		
總計									
平均									

每日——時觀測　核算者——

豫河三志　卷三　工程　表式二　表式三　三〇

開明印刷局印

——字第——号

河南河務局

水位記載表

河名——　水標站地名——
記載者——　水標站號數——

中華民國——年——月份

水標零點高度

日期	水標讀數（公尺）			每日平均（公尺）	改正水位（公尺）	天氣	溫度	風向	風力	備註
	寅	午	酉							

核算者——

卷四　工程第三之二

料石

从来治河之要务，首重工程，而工程之实施，端资料石。此固尽人而知之矣。自黎襄勤、栗恭勤两公创议减除秸料，改修砖石各工，后人踵而行之，收效甚远，至今犹蒙其利。常年修守所需秸料，逐件减少，惟石方一项，用款较巨，近以经费支绌，购运既属寥寥，而各工存石又为邻汛移用殆尽，一有意外险工，势将束手，诚河务之隐忧也。幸购石处裁撤以后，所有购运、验收统以工方计算，无抬价冒销之弊。秸料虽仍由分局自收，须待派员点验，杂料则一以正料为准，亦无架空捏报之虑。款虽不备，而尚少虚糜，物虽不丰，而皆归实用，于工程上或不无小补云。

十五年十一月，河务局长陈善同呈省公署：案据下南分局长王鄘、中牟分局长康昌第、郑中分局长孟广瀛、上南分局长李缵曾、下北分局长沈炳成等呈称，窃查购料向章，每料一垛，计长六丈，宽一丈五尺，檐高一丈，脊高五尺，折高一丈二尺五寸，计重三万五千斤，每垛料价京平银五十五两七二，合洋七十六元三角八分九厘，向于霜清后，由总局按照各分局工程繁简、存料多寡，酌量派办。去岁料价增高，豫钞跌落，曾经呈准省长暂为尽款购买，不意本年料价昂贵益甚，较之去岁愈形困难，而推究其日见增加之原因，一由于产地之日少，一由于用途之日多。所谓产地日少者，缘沿河地亩多系沙淤，种植花生最为相宜，近年花生价贵，其利倍蓰于高粱，故历来出产秸料之地，大半改种花生，物少为贵，此料价加增之原因一也。所谓用途日多者，缘沿河一带出碱极多，熬碱燃料均用秫秸，兼以年来建筑繁兴，烧造砖瓦之窑户添设多处，烧用秸料亦复不少，又铁路交通时有阻碍，运煤甚难，购买匪易，向来烧煤供爨之家，亦多用秸料作薪，此料价加增之原因二也。至本年旸雨愆期，始而亢旱，继而病涝，高粱收成极形歉薄，此又二者之外，关于天时之一原因也。以上三因，均为购办秸料之绝大阻力。兹值购料之期，当密派妥人，分赴沿河地方切实调查，计秸料一斤约需钱二十余文，按以例定斤重，则每垛需钱七百余千，以现时市价每元三千七百文，合洋需洋二百元有奇。若照现时料价，以每垛例价洋数，核计除堆垛杂费外，仅能购料一万余斤，约计三垛之价方可购一垛之料。然此犹就目下情形而言也，倘设厂以后，洋价陡落，料价再涨，则更无从着手矣！且豫省本年百物腾贵，尽人皆知，不独秸料为然，即杂料亦异常难办，其情形殆与正料无异。分局长等再四筹商，殊无善法，究应如何办理之处，理合据实呈请示遵等情。据此，伏查《内务部全国河务会议汇编》内载前河南河务局长会员吴篑荪提议材料取缔案，拟请嗣后采购秸料，仍照豫河定章，每垛以三万五千斤为准，高宽丈尺悉仍其旧，而于价值则视年岁之丰歉，定数目之多寡，每年于新料登场时，遴派委员分投澈查，随时核实定价，呈报转咨备案。当经开会讨论，多数可决，报告成立公布在案。兹据前情，职局长遂即遴派妥员，驰赴沿河村庄详细调查。据称本年秸料缺乏，价值极昂各节，核与该分局等所呈大致相同，自应援照议案核实定价，以资进行。惟现价与例价悬殊过巨，若照该分局等所称购一垛之料，即需三垛之价，遽行规定，于公家未免过形亏损。兹经反复筹思，惟有折中核定，庶可借资补救。查职局料价预算，每年三万零五百五十六元，计购正料四百垛，现拟仍照预算额定洋数，减购一半，改为购料二百垛，计合两垛之价购料一垛，丈尺斤重悉仍旧章。查例定价额，以当时银价核算，每斤仅合钱二三文，今虽洋价略高，而料价则增至十倍，购办困难，实非虚语。故近年以来，各分局购料，往往视为畏途，若本年则更无法措办。兹职局所拟办法，则公家虽不免无形之影响，而承办者实已极形拮据矣！再，沁工购料，向例每垛一万斤，价钱四十五千文，现亦感受困难，与黄河情形相同，迭据报告到局。今黄河秸料既经筹拟办法，如蒙核准，沁河自应照办。至杂料为正料附属，事同一律，若正料办法规定，亦宜随同办理。以上所陈，盖系削足适履，万不得已之计画，是否可行，职局长未敢擅专，理合据实陈明，伏乞钧署俯赐鉴察，转咨部院核夺示遵。

十六年一月，奉省公署训令：案准内务部咨开，准咨据河务局呈称，豫省比年秸料缺乏，价值极昂，拟定折中办法，仍照每年预算三万零五百五十六元，减购正料一半，改为二百垛，丈尺斤重悉仍旧章，沁河亦援照办理各等因前来。查原咨所称该省料价倍涨，拟具减购办法，复核尚属实情，应准暂由部备案。嗣后岁收丰稔，料价低落，仍应由该局按照向章办理，用昭核实。相应咨行查照，转饬遵照办理等因。准此，合行令仰该局即便遵照办理。

十六年四月，河务局长任文斌呈省公署：案据购石处处长邵金盘呈，据石厂代表白敬亭、船户代表刘鸿钧禀称，案自前清以来，河工需石即由巩县、偃师两县采办，彼时粮价甚廉，每斗不过数百文，人工亦贱，每工不过数十文，其他一切器具等件及零星开支，所费无几。是以所定石价银两、水脚钱文适得其平，厂船各户均踊跃从公，各厂积石极多，运石之船约四百余家。民国以来，百物昂贵，一切开支较前增加数倍，而石价、水脚迄未增加，厂船各户赔累不堪，石厂相继倒闭者数十家，船户改业者四分之三，前虽呈准加添石价水脚，究竟增加之数甚微，实不足以维持商民，所以自增加钱文以后，石厂之倒闭、船户之改业，仍相继不绝，此处长所亲见者。十四年终，厂船各户赔累难支，曾向陈局长前联名禀请歇业，当蒙处长谕令暂行开运，静候增加钱文。十五年七月，又向河务局吴委员前呈请加价，屡屡要求，均成画饼。现在生活程度较二年前更高数倍，倘不设法补救，厂船各户大有停顿之势，河务前途何堪设想？因而公同会议，恳请将为难情形转呈局长，务乞格外体恤，于现在石价、水脚之外，从优增加，俾厂船各户均被膏泽，不惟商民感德，而河务亦大有裨益等情。据此，处长复查该代表等所称，自系实在情形，拟请于现在石价、水脚之外增加若干，以资维持等情，并附呈《石价水脚加价表》一纸到局。窃查购石处购办石方，近年以来迭因物价昂贵，感受困难。民国十二、十三年间，据该处长先后呈请，曾经呈准石价每山方增加银一两五钱，水脚每斤增加制钱一分五厘，令饬遵照在案。本年生活程度较前益高数倍，该处长所陈各节，自系实在情形，兼以去岁运石无多，工次存石寥寥，各分局翘盼石方如旱望雨，又本年度应办秸料，始因款项无出，继以地方不靖，茎束未购，工程防护专赖石方，若不力予维持，俾得妥筹购运，河务前途关系实非浅鲜。兹据前情，爰查照该处长所呈表内请加数目，酌为核定，自本年启运之日起，石方价每一山方于原价外拟增银一两，运赴黄河各工，水脚每斤于原价外增加制钱三分，运赴东、西沁分局，水脚每斤于原价外增加制钱二分，即在职局预算石方价内通融挹注，并不另请追加。除一面咨财政厅，将欠拨石方价速行拨付，以便启运，并令购石处督饬厂船各户，遵照核实装运外，理合据情转呈，伏乞钧署俯念工需重要，商情困难，准如所请，并恳转咨内务部暨审计院查核备案。奉省公署指令：呈表均悉。所拟增加石价、水脚，既系体恤商艰，又在该局石方价内通融挹注，并不另请追加，自应照准。除转咨内务部暨审计院查核备案外，仰即知照。

附：《增加石价水脚数目表》，见工程表之二。

十六年十月，河务局长张祥鹤呈民政厅：案据购石处处长赵邦霖呈，据船户代表刘鸿钧、孙春生禀称，窃船户等前以生活程度日高，曾经具禀恳请转呈加添水脚，以资维持，当蒙呈准在案。兹因近日粮米价格，较春季又贵数倍，每运石一船，所得水脚实难给养，船户等尽系穷民，依船为生，但能糊口，讵甘坐困？恳请格外体恤，水脚一项从优加添，俾资维持等情，并附呈《水脚加价表》一纸到局。据此，复查购石处装运石方，近年以来，迭因物价昂贵，咸受困难。民国十二、十三年间暨本年春季，据该前处长先后呈请，曾经呈准石船运赴黄河各工水脚，每斤增加一分五厘递至三分，令饬遵照在案。近日生活逐渐加增，较春季益高数倍，该处长所陈各节，自系实在情形，兼以本年度运石无多，陆续工用，所存寥寥，各分局盼石如霖，又因库款支绌，应办秸料，茎束未购，工程防护专赖石方，若不力予维持，俾得妥筹启运，河务前途关系实非浅鲜。兹据前情，查照该处长所呈表内请加数目，按水程远近，酌加水脚多寡，自本年启运之日起，运赴黄河各工水脚，每斤于原价外按次递加制钱，由五厘起至一分二厘止，即在职局预算石方价内通融挹注，并不另请追加。除令购石处督饬各船户遵照核实装运外，理合据情转呈，伏乞钧厅俯念工需重要，商情困难，准如所请，并请察核备案。十一月，奉民政厅指令：呈表均悉。所请加添水脚，以维商民，表列拟加数目为数无多，且仍在预算石方价内通融挹注，并不追加，用意甚是，应予照准，仰即转饬遵照办理。

附：《运石水脚加价数目表》，见工程表之三。

十七年七月，河务局长张文炜呈民政厅：案据购石处处长刘纯智呈称，窃查职处自设立至今，历有年所，购运碎石领支方价水脚，向以银本位计算，方价系用汴平合库折合银元，水脚则按每斤制钱价目，以千六百文合汴平银一两，由汴而库，由库而银币，其中辗转折合，非特手续过烦，且易发生错误。现为便利收支款目计，拟请将职处呈领石方价银及转发水脚石方价，均直接以银元计算，俾厂船各户易于了解而求适当等情。又据该处长呈据船民代表卫明甫、孙志干等禀称，民等依船为业，目下粮物昂贵，生计维艰，请重增运石水脚，以纾民困。查所禀系属实情，兹拟定加增水脚数目，连同原定水脚暨石方价银折合银币数目，分别列表呈请核示等情。据此，查河工经费出入款目，自民国以来早已改用银元在案，惟购石处折合石方价水脚，历前任以厂船各户习惯相沿，恐改章于购运或有困难，故未予变更，现值革新之时，自应将不良旧习删除，以合经济要素。至运石水脚，前虽经历任局长一再呈准加增有案，但人民生活程度随时代为转移，现物价益高，原定船户水脚当然不敷开支，似不得不准其酌予通融，俾资补助。惟查该处长此次呈请加价数目，未免过多，兹由本局逐细核减，另行规定，南岸各分局每斤水脚，由现洋一毫递加至六毫，北岸各分局每斤水脚，由现洋八丝递加至五毫，系按照路程之远近，酌定运费之多寡，折衷至当，于公私双方兼顾，无畸轻畸重之虞。此项加增数目，拟仍在职局预算石方价内通融挹注，并不另请追加，除指令外，理合将购石处呈请改折银元、加增水脚各缘由据情转呈，并缮呈《石方价水脚表》三纸，伏乞俯赐转呈省政府核示遵行。八月，奉民政厅训令：案查前据该局呈拟加增石方价水脚，当即转呈省政府核示。兹奉指令内开：呈表均悉。据称，河务局购石加增水脚，仍在预算石方价内通融挹注，并不另请追加，事属可行，应予照准，仰即转饬遵照。此令。表存等因，合行令仰该局即便知照。

附：《石价水脚折合银币表》暨《增加水脚银币表》共三种，见工程表之四至六。

按：十九年十二月，陈局长任内规定各分局《购运工方石价水脚数目一览表》存案，即系按此次奉令核准《石价水脚改折银币表》数目编制，并说明自十九年呈准石方水脚每方加价一元，即照表内列数递加，其呈准加价之文见后。

十七年八月，河务局长呈民政厅：案查各工碎石，向例由购石处购运，由分局觅夫堆储，其堆石夫工每工堆石一方，例价银洋一角七分，堆石一垛计合三十方，重量二十一万斤，计需三十工，共工洋五元一角。每届石船到工，即行觅夫成垛，以重工储，历经办理在案。惟近年来物价昂贵，劳工生活程度与日俱增，仍按例价每工洋一角七分，照市价仅易钱七百五十文，实属难资糊口，以致每逢觅夫，咸皆裹足不前。此种困难情形，迭据各分局一再请求有案，复经局长亲履各工，就地考查，委系实情，拟请每工于例价外增加三分，计合洋二角，以示体恤而维生活。此项动支，仍由石方价内通融挹注，不另追加，所有堆石夫工加价缘由，是否可行，理合呈请鉴核。奉指令：应予照准，除转呈省政府备案外，仰即知照。

十八年九月，整理黄河委员会委员长何其慎通令各分局：查河防建设，物料为重，而物料大宗，石方为先。前此购石处购运石方，弊窦丛生，除拟定购运规则，另令行知外，兹为便于考查计，限定运石船只以一山方为一垛，各分局于石船运到时，按垛称量斤数，随时呈报，再由本会派员重行称量，以昭翔实。如有亏短，该管分局长应负赔偿之责，其与原报斤数悬殊过巨者，并治以诈欺之罪。合亟令行，仰即遵照勿忽。

十九年五月，河务局长于廷鉴通令十工务队：照得工存料石，为修防根本所寄，购储动用，在在与工程有关，必挈领以提纲，斯有条而不紊。本局改组伊始，于料石之购储动用，亟宜规定办法，以资遵守。嗣后，各该队购置正杂料物暨收到石方，其设厂封厂日期堆储地点以及厢抛工作之兴工完竣动用料石数目，均应正式呈报备案。本局长不时巡查各工，遇有指示工作，亦应一面兴办，一面补具呈文，以完手续。至各项紧要工程，自应随办随报，免致延误，其他可缓之工，仍当先行呈报，候令遵办，以期工归实际，款不虚糜。除分行外，合行令仰该队长即便遵照。

十九年七月，河务局长通令各分局：照得工存料物，杂料与正料并重，不容歧视。乃近查各工务队料石表，只报正料，不报杂料，甚至有动用数月，延未列报者。长此以往，不惟有碍于统计，且无以考查盈绌，猝遇重要工程设计即无把握，殊非慎重河防之道。现值各分局改组，凡事均宜刷新，除分令外，合亟令仰该分局长切实遵照，迅将六月份工存杂料补报来局，以凭查核。嗣后务须随同料石表按月呈报，不得任意间隔，致干令催。至报告表式宽长尺度，统以料石表为准，合并饬遵。

十九年七月，河务局长呈省政府：窃维河工厢埽动用正杂料物，自前清东河总督许公振祎奏请改章，定每正料一垛，准支杂料银十二两五钱，夫工银十二两五钱，每岁各料办齐，由各厅员按照所办正料垛数备文领款，应办杂料即于春间制备，夫工银两则暂行存储，均待厢埽时动用，其有赢余或不足之处，统由厅员自为挹注，迹近包办，故每报厢作完竣，仅声明用正料若干垛，而不报正料坯头暨杂料夫工详细数目。民国二年，设立河防局，改各厅为分局，此等办法一仍其旧。逮民国八年，改组河务局，始将夫工裁去，而杂料一项则始终未动，所改者不过杂料银两十二两五钱，合成洋数十七元有奇而已。当定章之初，物价低微，复值国库充裕之际，所定价值不无稍宽，而各厅员更未能将所用数目详实具报，人言啧啧，咸谓河工为弊薮者，实由于此。职局长谬膺重寄，忝司宣防，受事以来，即以扫除积弊、讲求实事为职志，故购办秸料，首先派员监视坚实堆垛，将来预备杂料，亦由职局监制，交各分局领用。至动用办法，兹经一再研求，规定《黄、沁两河动用正杂料简章》，并附应用杂料名称数目，凡有厢作，逐件列报，尽扫从前包办陋习，务使一缆一不得妄用，以符实事求是之义。除通令各分局遵照外，理合具文呈请鉴核，俯赐备案。奉指令：准予备案。

黄、沁两河厢埽动用正杂料简章

一、正料堆垛，黄工按照本局此次规定，每垛长三丈，宽一丈五尺，檐高一丈，脊高一丈五尺，计合料五十六单长又二分五厘。沁工正料堆垛，仍照向例办理，其计算单长法，依黄工计算法类推。

二、动用正料，应以单长计算，如某埽须厢料几坯，即按照埽段丈尺计需单长若干，但每单长普通以用料五十束为度，如有特别情形，至多亦不得过六十束，以示限制。

三、正料每束之重量，以十斤左右为度。如每束不足八斤者，每单长束数当酌量增加，以免承办人员赔累。

四、动用杂料，应按路计算，如某埽厢几坯，每坯用杂料几路，共用杂料数目暨名称，须按照本简章附条办理。

五、动用正杂料，均应详报原存数目及实用数目，并动用后实存数目，以便稽核。

六、动用正杂料，均应据实呈报，不得丝毫浮冒，倘有用少报多情弊，一经查出或被告发，查实后严加惩处。

七、本简章如有未尽事宜，得随时量为修正增减，并呈请备案。

附：应用杂料名称数目

一、平安春厢埽用单骑马，每路缆一条，明暗橛各一根，骑马一付，如埽眉前栽或有猫洞，须打牙橛。

二、蛰厢埽用双头骑马，每路缆二条，明橛二根，暗橛三根。

三、紧要河势大蛰厢埽用骑马羊蹄抓，每路绳二条，明橛二根，暗橛三根。

四、河势顶冲埽往前游用双头人橛，每路缆四条，明橛四根，暗橛四根。

五、埽段上下跨角墩蛰用五虎橛，每副缆六条，明橛五根，暗橛八根。

六、埽段半截墩蛰或埽肚过水用七星橛，每副缆八条，明橛八根，肚橛四根，暗橛七根。

七、还生新埽水深不过一丈者，用滚头骑马托缆厢。如埽长五丈，用托弦缆三条，底钩缆四条，明橛四根，肚橛四根，钩缆橛四根，骑马十付，绳十条，明橛十根，暗橛十根，箍头绳十条。如埽长过五丈，所用之绳缆奇橛，按五尺档递加，水深三四尺者，不用滚头骑马。

八、还生新埽水深二三丈者，用托缆船厢，应用绳缆奇橛同上。

九、河势紧要水深三四丈者，须扎枕丁厢，计橛长五丈用大穿心缆四条，底缆八条，核桃麻绳八条麻绳十四条，明橛十根，肚橛八根，钩缆橛四根，第二坯即丁厢，第三、四等坯即跟厢。

十九年七月，河务局长呈省政府：案查河工秸料向章，每垛丈尺例为长六丈，宽一丈五尺，檐高一丈，脊高一丈五尺，重三万五千斤，额价九四库平银五十五两，外加杂料及堆垛夫工银若干。此种办法，自前清以迄民国，相沿数百年未予变更。近年来生活程度日高，百物昂贵，秸料额价不敷购置之用，曾于民国十四年，经前河务局长陈善同呈请尽钱收买，期符事实，蒙前河南省长岳批准施行，并改订料垛丈尺为长四丈，宽一丈，檐高一丈，脊高一丈五尺，重量一万五千斤，通令各分局遵照，历经办理在案。惟查所定丈尺宽度不足，垛身单弱，稍遇暴风即形歪斜，甚至倾倒，秸料飞扬，损失不赀，且有长逾一丈之秫秸，堆垛时必须折尖方能整齐，既费手续，又不经济，窒碍实多。职局长到任以来，考察所及，饬属将堆垛秸料丈尺稍事变通，每垛改为长三丈，宽一丈五尺，檐高一丈，脊高一丈五尺，认真称收，坚实堆垛，严禁架井空虚恶习，每垛平均重量约二万二千斤，试行数月，尚属便利，亟宜定为准则，永资遵守，用副钧府整饬河工实事求是之至意。所有拟订料垛丈尺各缘由，是否有当，理合据实详陈，仰祈鉴核示遵。奉指令：呈悉。据称料垛改定丈尺办法，既行数月，尚属便利，自宜着为定例，永资法守，仰即遵照。

十九年七月，河务局长呈省政府：窃查河工修防材料，其主要者厥惟石方、秸料二种，其次即杂料。杂料维何？即厢埽所用之绳缆、橛木、骑马等项是也。历来采购之法不一，而办理未能核实，往往流弊滋多，前清河工人员，以办料贻人口实者，不一而足。职局长荬防忝任，时凛冰渊，兹经博访周咨，详加考核，敢将历办沿革暨酌拟整顿办法，为钧府缕陈之。

一、石方。在前清时，巩县向设有石方局，派员专司其事，凡购运石船到工，仍由该局自收自堆，其中不实不尽，弊窦层生。迨民国二年，河防局成立，将石方局改为购石处，承办者仅司购运，而石船到工，堆收全责诸分局，买者不收，收者不买，双方牵制，积弊尽祛。然不明真象者，至今尚啧有烦言，或办理仍有未尽完善之处，兹已由职局另行规定招商投标包运办法，巩县不设固定机关，既可节省帑金，亦可以廓清积弊。

一、秸料。在前清时，库帑充盈，河工每年派办秸料，南北两岸各厅，动辄数百垛，少亦百余垛。彼时价值低廉，经办人员均视为利薮，架井空虚已成为一种惯例。民国以来，购料实事求是，此弊业已革除。虽秸料仍归分局自办，然例价依旧，物值日高，核诸规定重量，势难强以丰足。于是愿谨者视为畏途，动求少购；狡黠者有所借口，转资取利。现拟由职局派员会同分局购买，核实报销，事先则调查市值，布告周知，临时则切实称收，按斤给价，一洗向日喝车估价之旧习，不但无架井空虚之弊，按垛合价，亦较从前低廉甚多，既不误公，亦不病民。施行试办数月，已见成效。

一、杂料。在前清时，向系包办性质，每秸料一垛，随发杂料价九四库平银十二两五钱，合洋十七元有奇。在分局希图报销杂料款项，不问工上需要与否，往往尽款购买，民国以来相沿未改，各分局所存之橛绳等件，大抵系接收前任移交之物，糟朽不适用者颇多，且频年百物昂贵，以原价购置，实已有不敷之虑，实在购买新料者甚少。现斟酌需要数目，临时派员采办，发交分局保管，在工员可无赔累之虞，而公家亦可收节省之效。

以上所陈，盖因河工岁出款项，以材料为大宗，整顿之方，惟有一一公开。兹拟嗣后对于采办物料，要以投标为原则，现在购运石方业经布告标办，在投标未成立之前，因工程至急，先行派员购买。惟秸料一项，因存秸者多系沿堤乡农零星来售，按诸习惯，一时尚难更张。至杂料需款，为数较微，拟均暂行由局派员采购，总期力求核实，款不虚縻，以冀无负钧府慎工节帑之意。所有酌拟整顿采购料石暂行办法，是否有当，理合分缮清折，呈请鉴核示遵。奉指令：呈折均悉。所拟采办石方、秸料、杂料三项办法，尚属可行，惟对于派员购买，仍须随时慎选为要。

十九年七月，河务局长呈省政府：窃查职局购办石方，拟采招商投标办法，以示公开而昭核实。前曾布告及迭次展期，旋又改定七月一日开标，并经呈请钧府派员监视在案。乃昨届期，无人购领标纸，推厥原故，一因时局不靖，河道多阻，各军征扣船只，石船缺乏。而其主要原因，实以此次规定石价、水脚，事先未经呈准，不敢擅自增加，是以仍照向日例价标示。查河工石价、水脚向沿前清例价，民国以来虽经迭次加增，而为数甚微，最后于十七年规定制钱改折银元，巩县运汴每石一斤，水脚洋一厘九毫四丝五忽，每工方计七千斤，合洋一十二元六角一分五厘，每万斤仅合十九元有奇。而物值继涨增高，有加无已，现在巩商运煤至汴，每万斤须船价二十七八元之谱，以彼例此，无惑乎船户之裹足不前也。不宁惟是，且向来船户购买船只，多借官府之力代为封号，并先贷借船价，零星扣还，频年财政困难，完全雇用民船，自不能与商运大相悬殊。目前各工盼石，如大旱之望云雨，若不量予增加，借以维持船户生计，则关系河工前途实非浅鲜，拟请将石价暂仍旧贯，船运水脚每工方酌加洋一元，俾得踊跃趱运，此项加价仍由预算额定石方价内支配，不另请领。职局长为工需重要，商情困苦起见，理合具呈，仰祈钧府核示祗遵。奉指令：案经交会议决照准，仰即遵照办理可也。

卷五　工程第三之三

造林上

河堤种柳，由来旧矣。然职防河者，鲜能先务急之，盖小其事也。民国十三年八月，河务局始有《植柳简章》之规定，稍稍加意矣。十四年后，造林与国计民生之关系，世人知者渐多，提倡于上，宣传于下，林事颇兴焉。而沿堤种树，为巩固茭防之根本办法，亦遂为治河者所知觉，且大利所在，类能言之。由是数年以来，河务局对于林务，计划则求其周，职责则求其专，考察则求其详，文告之繁多，几居河工案牍中一大部分，其视之如此其重也，十年成效必有可观者，不然得毋知之言之而未尽实行，或行之而未尽善乎？兹录其文、纪其事于篇，以备将来欲求河上林业之成败因果者，得所考证焉。

民国十五年四月，河务局长陈善同以下南、下北、陈兰、郑中、中牟、阳封、上南、武原、孟温、东沁、西沁各分局，先后呈送十四年新栽成活及旧存各柳株数目册折请查验，委令沈庚善、李云第前往会同各该分局长，分别点查明确，是否与原报数目相符，其有原册未列旧存株数者，亦一律查明补报。五月，委员沈庚善、李云第，种柳总管理员谢光祖，黄、沁各分局长王鄘等，先后会呈，查验黄、沁各分局新旧柳株与原报数目尚属相符，本局指令各该分局督饬队汛弁兵，妥慎看守保护。

十月，河务局长训令黄、沁各分局：查沿堤植柳，保卫工防，关系重要，前经订立专章饬办在案。现在种植时间为期已近，本局察看情形，派定各分局应种新柳株数暨购秧费数目，以便及时栽种，仰即遵照会同总管理员，督饬分局专员及队汛长弁等，率同汛兵相度合宜地点，如法栽种，限于夏历正月底止一律种齐，呈候验收。应领秧费即备具文领来局领回，以备购办。如或栽不足数，及有侵蚀秧费情事，一经查出，定行分别惩办。至沿堤应积土牛，亦即趁此工暇，责成汛兵循例堆积，列表呈报。

下南　六万六千株　购秧费二百五十元

中牟　二万八千株　一百一十元

郑中　二万六千株　一百元

上南　三万三千四百株　一百三十元

陈兰　二万二千四百株　九十元

武原　九万二千株　二百八十元

阳封　六万五千二百株　二百六十元

下北　四万株　一百四十元

东沁　四万株　一百四十元

西沁　一万八千株　六十元

十六年二月，黄沁十一分局先后呈报新栽暨旧存柳株数目。附表见工程表之十。

九月，河务局长张祥鹤呈奉民政厅，令准设立堤柳管理处。

河南河务局堤柳管理处简章

第一章　总纲

第一条　堤柳管理处以提倡保安森林、巩固堤防、保护埽坝为宗旨。

第二条　堤柳管理处对于柳株栽培、保护暨调查报告各事宜，秉承局长，督率属员，指挥各队汛弁兵等认真办理，实行工作。

第三条　堤柳管理处对于每年种柳地点，得秉承局长，督率属员，会同各分局，预于种柳一月前规定之。

第二章　职权

第四条　堤柳管理处置主任一员，技术员三员，事务员一员，夫役二人。

第五条　主任由局长遴委本局职员具有专门学识及素谙种植法者充任之，其职权与科长等，承局长之命，管理黄、沁两河沿堤种柳事宜。

第六条　技术员由主任遴选具有专门学识及素谙种植法者，呈请局长委任之，承主任之命，助理黄、沁两河沿堤种柳事宜。

第七条　事务员由主任遴选具有专门学识并长于文书者，呈请局长委任之，承主任之命，办理公牍一切事宜。

第八条　各队汛长等依主任之指导，会同技术员，统率所属弁兵等，掌管柳株栽植、保护及取材一切事宜。

第九条　各分局长于种柳时期，帮同管理处办理种柳一切事宜。

第十条　主任于种柳时期，须赴工巡查，技术员须常川驻工，以便会同各队汛长，督饬各弁兵等实行工作。除此时期，各技术员每月仍须赴工，切实巡查，以资考核。

第三章　种法地点

第十一条　种柳之法，以高柳、低柳、卧柳、编柳、栅柳、深柳、漫柳、墙柳等八种为限，如有不适种柳地点者，得以他种杂树代之。其详细种植法，由管理处另行编制。

第十二条　种柳地点，以黄、沁各堤层、堤坦、堤根与柳荫、埽坝及顶冲坐湾等处为度，其某处应植某柳，另详种植法。

第四章　种期株数

第十三条　自每年夏历十月起，至次年正月底止，为种柳期。

第十四条　种柳株数，得依《河南河务局沿堤种柳简章》第十条之规定暂行之。

第五章　调查报告

第十五条　每年春季种柳完竣后，由各技术员会局督队，核实填表，于清明后十日呈报总局覆核备查，其表式另定之。

第十六条　每年秋后，由各技术员会局督队，详细调查原有枯死实存各数目，核实填表，于霜清前五日呈报总局覆核备查，其表式另定之。

第六章　保护取材

第十七条　每年春季，由总局饬令沿河各县出示保护，责由各该处地保切实负责。

第十八条　黄、沁两河所有新旧柳株，统由各队汛弁兵等昼夜巡视，负担保护完全责任。

第十九条　每年冬季，由各技术员调查柳株大小、地势缓急，报由总局派员会同各分局酌量取材，变价备用。

第二十条　每年取材变价，若为数较多，除扣留处用经费外，得专款存储，以备将来办理险工及河务银行之用，其银行简章另订之。

第二十一条　柳株完成后，得酌设取材厂，专管堤柳取材事宜，其办事细则另订之。

第七章　柳秧

第二十二条　各分局柳秧，得就原有者采取之。

第二十三条　各分局柳秧，如原有不敷栽植时，得呈请总局酌发购秧费若干元，由各队长领回，实报实销，并造具购秧支出计算书，呈报总局复核备查。

第八章　经费

第二十四条　主任薪水月支一百元，技术员三员，各月支五十元，事务员一员，月支五十元，夫役二名，各月支八元，旅费月支五十元，共计月需三百六十六元。其他办公杂支等费，概由总局庶务处支领，不另请款。

第二十五条　购秧费依《河南河务局沿堤种柳简章》第十二条规定二千一百二十元之数暂行之。

第二十六条　经费及购秧费每年共需洋六千五百一十二元，其款即在工款节存项下动支，一俟柳株成材，可以采取变价时，再为陆续减领，迨至变价收入足敷开支时，即将局发经费完全停止。如收入再有盈余，便陆续归还原款，倘林木发达，原款还清后仍有盈余，得依本简章第二十条之规定处理之。

第九章　奖惩

第二十七条　所有各分局队暨管理处每年种柳，按照成绩优劣，分别奖叙、撤差、记过、斥革，以示劝惩。

一、成活在八成以上者，由总局各记大功一次。如是成绩三年相同者，俟三届安澜，分别酌保。

二、成活在七成者，由总局各记功一次。

三、成活在六成者，无奖惩。

四、成活在五成者，由总局各记过一次。

五、成活在四成者，由总局各记大过一次。

六、成活在三成以下者，由总局分别轻重，酌予罚薪或撤差，经管队兵即行斥革。

第二十八条　各队汛长弁兵等，对于种柳如有怠惰及不服从各技术员指导与营私舞弊者，得依本简章第二十七条第六项之规定处分之。

第二十九条　本处职员如有办事不力，或染有不正当嗜好，致误要公者，得依本简章第二十七条第六项之规定处分之。

第三十条　各分局长对于种柳，如有违抗及阻挠者，得依本简章第二十七条第六项之规定处分之。

第十章　附则

第三十一条　本简章如有未尽事宜，得随时呈请修正之。

第三十二条　本简章自呈准省政府后通令施行。

河南河务局堤柳管理处办事细则

第一条　本处主任对于黄、沁两河柳株之培植与保护、调查及采伐，并应兴应革诸事，秉承局长，督率属员，专责办理。

第二条　本处设技术员三员，一管黄河北岸所属各分局种柳事宜，一管黄河南岸所属各分局种柳事宜，一管沁河两岸所属分局种柳事宜。

第三条　本处设事务员一员，专在处内办理文牍一切事宜。

第四条　技术员掌管事项如左：

一、关于柳株培植法之编制事宜。

二、关于柳秧之检定及培植事宜。

三、关于地势土质及气候测验事宜。

四、关于益害动植物之调查事宜。

五、关于柳木生长状况及材积调查事宜。

六、关于柳材用途及市价调查事宜。

七、关于病害及天灾之防治事宜。

八、关于柳株之保护事宜。

第五条　各技术员于种柳时期，须常川驻工，来往巡视，对于各队汛弁兵等须详为指导。除此时期，每月仍须赴工巡查一次，以资考核。

第六条　各技术员于每月巡查后，所有经过情形，须缮具清折报告本处。

第七条　先将堤坦、堤唇、堤根等处栽植完竣后，再行栽植其他各地。

第八条　每年种柳一月前，划定地点时，其中某处应植某柳，统由各技术员会同各分局指定，不得擅行栽植。

第九条　本细则如有未尽事宜，得随时呈请修正之。

第十条　本细则自呈准省政府后施行之。

九月，河务局长以堤柳管理处业经成立，现已植柳期近，所有各分局柳株实存数目暨本年度植柳地点与秧苗多寡，亟应按章调查，以资进行，因依照《堤柳管理处办事细则》第二条之规定，委令技术员张建熙专管下北、阳封、武原、孟温，李若恒专管上南、郑中、中牟、下南，宁祥瑞专管陈兰、东沁、西沁等分局种柳事宜，携带柳株及《秧苗调查表》驰赴工次，会同各分局暨队汛长弁，遵照表式分别查填，并将本年植柳地点先行划定，会报查考，同时，训令各分局遵照。十月，黄沁十一分局先后呈报本年植树地点，指令俟届植树期间，会同技术员督饬队汛长弁认真栽种。

十一月，河务局长呈民政厅，以堤柳管理处经费无着，请将该处归并本局总务科兼办，柳政仍旧进行。同月奉指令：既据称管理处虽经裁并，而与柳政前途并无阻碍，应准如拟办理。

十七年二月，河务局长张文炜训令临黄、沁两河各县长：虞衡设职，首推林政，斧斤以时，尤重材木。足征伊古建国，靡不注重森林，诚以森林之利，举凡调和气候、涵养水源及风沙捍止、公众卫生种种，已难枚举。而国家之岁入、人民之生计、茭防之捍卫，直接仰赖于森林者，关系尤为密切。近来水旱天灾，连年迭见，推究由来，树艺未兴，是其主因，正宜及时提倡，推广种植，以资补救，此项提倡关系林政前途，极为重要，节奉省政府令饬遵办在案。现届植树节近，除令行各分局遵照办理外，合亟令仰该县长届期躬率员属，前往该管河堤两旁官滩旷地，手植良木，以资提倡，并通饬所属各机关、各团体一律遵办，总期植树普及，以溥林利而厚民生，是为至要。仍仰先期筹备妥协，会同该境河务分局就近接洽，酌定地点，以免临时措施失当，同时训令黄、沁两河各分局，就沿堤官滩旷地，指定一段，以备沿河各该县届时前来种树。

三月，河务局长函河南全省森林办事处：沁河上游五龙口以上各山脉，面积广大，土质佳良，请令饬各关系县份及林务局详细调查，提前造林，以澹水灾而利河防。同月，准函覆，令行沁阳、博爱、济源、武陟等县县长，立即遵照督饬林务局迅为调查，限于四月五日以前一律造林，以重河务。

三月，省政府训令：本月十二日为先总理逝世纪念，除举行大会以志哀悼外，应同时营造中山纪念林，饬即遵照办理。同月呈覆：已遵办。

三月，河务局长训令黄、沁各分局：案奉省政府令，以奉总司令佳电，新乡曹县长认真种树，着记大功一案，饬转行知照。又奉省令，查植树造林，节经令饬办理在案，兹奉总司令歌电令开，种植树木，关系极重，迭经三令五申，想已次第奉行。现值春季，务须切实办理，免误时机。兹特重申植树重要之意义，以资警惕。

一、森林于国计民生至有裨益，其重要实不亚于五谷杂粮，万不可以其对于吾人生命无直接关系，而稍存忽视。要知水旱灾害之多寡，殆可以森林之盛衰为转移，森林盛则灾害少，反之水旱频仍，为害至重，如民九、民十四之直、鲁、豫旱灾，及历年来黄河两岸之水灾，乃其明征。倘此时能惩前救后，广为植树，扩大苗圃则数年或数十年后，此等灾害必可减轻，或竟至全无，此诚百年大计，决不可忽也。

二、吾人所住房屋及一切建设，均非树木不可。我国森林向不讲求，树木甚形缺少，童山濯濯，触目皆是，有所建立，非材料缺乏，即劣不堪用，每多仰给外人，大批现金因之外溢，事之可耻，孰甚于此。

三、我国各地铁路急待整设，需用木料更难数计，倘不及早种树，以便将来之需，势必一一购自外国，其损失之大，尤属不堪设想。

四、自袁世凯规定植树节以来，每逢春季，全国各公署均有植树之举，但毫无成绩可言。推其原因，实因上令下行，均系虚应故事，未能脚踏实地，实事求是，临时开一会、摄一影，略植数株，以为点缀，一年植树之举，尽于是矣。我革命政府应提起革命精神，扫除一切掩耳盗铃之积习，必如何培植方易生长，必如何保护始能存在，均应一一妥筹周到，次第施行，则成绩自能斐然可观。如未种以前，不善为筹划，既种以后，不妥加保护，则叶未成阴已就枯萎，此徒劳民财而已。

上述情形，皆显而易见，务望切实办理，能多为人民种一株树，即多为人民谋一分福利，此实目前切要之图，切不容怠忽者也。自令到之日起，即大办起来，已办者再为扩充，未办者火速大办，每机关各能种一万株树更好，并将所有种树情形及保护办法，随时报告为要等因。奉此，除电复并分行外，合行令仰该局即便遵照，并将办理情形及营造中山纪念林情形，详细具报查考各等因。奉此，查植树造林，关系国计民生至为重大，利益宏溥，尤难殚述，对于治河方面，更属不可稍缓之图，允宜积极种植，借收十年树木之效。本局长莅任以来，即殷殷以提倡森林为职志，节经令饬续栽柳株及筹办苗圃各在案。兹奉前因，除呈报并分令外，合亟令仰该分局长遵照总司令佳、歌等电，以曹县长为模范，及时栽种，多多益善，最少限度每分局须超过一万株以上，杂树、苗圃应根据前令，最小限筹办三亩，愈多愈好，以资比较。事关森林要政、治河大计，务须督饬队汛切实办理，并将遵办情形随时具报，以凭转呈。

三月，河务局长呈省政府：窃职局前奉钧府训令，案查本府前以开封城厢公私隙地植树一节，亟应分区担任，以专责成。业经分令建设厅、森林办事处、开封市政筹备处、省会公安局会同核议办法去后，旋据呈送各种表册办法前来。当由本府招集会议，分别发给，饬即遵办各在案。惟事关种树要政，深恐未能周知，致误时期，合再检发各项表册办法，令催办理，以免遗误。除分行并饬森林办事处，将所需树秧筹备分发，以便栽植外，仍仰该局设法采购，尽量栽植，多多益善，以为民众倡导，借收十年树木之效，是为至要。此令。计发《开封城厢官有隙地分区植树调查表》《简明表暨植树办法》各一份等因。奉此，职局遵于三月九日按分担区域开始植树，至十七日下午次第栽竣，既植之后，由职局派人不时巡查，并函请警察协同保护，用副钧府注重林政之至意。

三月，河南全省森林办事处函送委员王维嵩《调查黄河两岸官地计划造林清折》请查照。同月，令饬黄沁各分局参照办理。

计划造林清折

此次调查地段，系由开封城北老君堂而西至邙山根止，堤长约一百四十余里，两旁柳荫官地，据沿堤河工人员报称宽窄不等，有宽十丈者，有宽八丈者，亦有宽五丈或六丈者。兹将调查概况分为三段，列述于后。

第一段，由开封城北老君堂即现在柳园口起，西至辛寨，约长五十里，堤身甚整齐，堤北柳荫官地均植有柳树，惟皆枯老，已失固堤效力，且过于稀疏，并有大段毫无一株者。堤南柳荫官地，即枯老柳树亦不多见矣，每十里中不过数十株而已，均宜密为栽植，以固堤防。其土质则由老君堂起，经马庄、回回寨，西至兰城岗，略带细砂，再西至东漳，土质颇佳，栽植杨、柳、榆、楝均属相宜，由东漳而西至辛寨，虽系流性砂地，然砂层尚浅，栽植柳树较为安全，共计此段长约五十里，两旁柳荫官地平均皆以宽八丈计算，面积共为二千四百亩，植树方式宜为正三角形，株间距离定为一丈，约可栽植十六万六千三百二十株。

附注：有枯老柳树存在地段，系于其空处补植，方式恐不能十分规则。

第二段，由辛寨西至设桥，亦长约五十里，堤北紧临黄河，且有数处堤外重复筑堤，两旁柳荫地土质均好，植有柳树，且较第一段略稠，中间由辛寨西约十里处起，西至杨桥口，新插柳杆亦不少。总之，此段略再补植即可，大约每里堤两旁补植以一千五百株计算，共需栽植七万五千株，树种以杨、柳、榆、楝为佳。

第三段，由设桥而西，越五本庄、花园口、荥泽口至邙山根，长约四十里，两旁柳荫地均系良好土质，惟中间有一段长约十余里，略带流砂，原植柳树甚稀，堤北有数处紧临黄河，除此以外，统须密为补植。树种宜植柳，因此段堤防甚紧，栽植柳树成活易而收效速故也，平均每里补植以二千株计算，共需栽植八万株。

总之，堤两旁柳荫官地，土质均尚良好，栽植任何树种皆可成活。惟为避除风害且速收固堤效力计，仍以插植柳杆为最相宜。其有枯老柳树存在地段，应俟新植林木成活满三年后，再将枯老者伐去，庶于堤防工事，方称安全也。

三月，河务局长呈省政府民政厅：窃局长昨于三月十八日驰抵新乡，奉总座面谕，以植树为巩固堤防治河根本计画，河务局应添设造林处，自成立之日起，在五个月内办齐五百五十亩之苗圃，育成二百四十七万株之树苗，所需经费由预算外请领等因。遵即当时拟具大致办法并需款约数，呈蒙总座批准在案。查原拟办法系定为十一分局各设一处，共技术员十一员，连公杂费在内，每月暂定维持费五百八十元，又开办费及每年育苗费均总数一千零十二元。返局后详加讨论，为亟图苗圃便利起见，在原定用费范围之内，对于人员编制略为增减，兹经拟定造林处共分三场，每场增设场长一员，三场共三员，技术员共六员，较原定技术员减去五员，其月支总数仍旧。刻已分别派委，赴应设造林场各处查勘河工地亩，一俟勘竣，即行开办。谨将拟订《造林处暂行简章》暨编制经费、维持费、开办费、育苗费等一览表，一并呈送立案，伏祈俯赐提出议案核准，并转财政厅查照，先将开办费拨发，以便着手进行。再此案俟奉准指令后，当即检缮简章、一览表各一份，备函径送财政厅。四月，奉指令：准照办，并令饬财政厅发给经费。

河南河务局造林处暂行简章

第一条　本造林处以提倡保安森林、巩固沿河堤基、实现治河之根本计划为宗旨。

第二条　本处设处长一员，场长三员，技术员六员。处长由局长自兼，余由局长委任之。勤务六人，工人六十人。

第三条　工人不敷分配时，得由场长呈请总局，令饬各分局责令每汛抽调队兵五人或十人联合工作。

第四条　本处共设造林场三处。

第五条　处内职员所掌之事项如左：

一、处长承局长之命，总理处内一切事宜。

一、场长承处长之命，总理场内一切事宜。

一、技术员承场长之命，督率工人负担技术方面，办理来往公牍及会计庶务等一切事宜。

第六条　本处每月经费暂定五百八十元，由总局按月领发，各项预算数列左：

一、场长三员，每员月支九十元，共二百七十元。技术员六员，每员月支五十元，共三百元。以上共支五百七十元，计实支维持费洋一百八十元。

二、勤务六名，工人六十名，每名月支五元，共支洋三百三十元。

三、办公费及杂费，总局二十元，每场四十元，三场费一百二十元，以上共计一百四十元，减半数目实支洋七十元。

第七条　一、第一年开办费定为一千零十二元。

二、嗣后每年育苗费定为一千零十二元。

第八条　本处林场面积暂定五百五十亩，每场各二百亩上下，育苗总数为二百四十七万株，自成立之日起，分五个月办竣。

第九条　本简章自呈准备案之日施行，细则另定之。

三月，河务局长训令武原、东沁分局长：查本局长前奉总司令面谕，速鬻五百五十亩地之苗圃，以为黄、沁沿岸根本种树之基础等因。并经民政厅电饬沿河各县，对于河工柳荫地、庙地、废堤地、滩地，一律保护，不得任人侵占在案。兹查该分局所辖嘉应观、莲花池之庙地，土质多属肥沃，面积亦较广大，可称为天然之造林区域，业经本局委任葛清泉为该处造林场场长，前往查勘。除令武陟县关于该处河工庙地妥为保护外，仰该分局长即便遵照，一俟葛场长到时，帮同调查所有造林地亩，由该分局长与葛场长会商办理。事关要公，毋稍违延，并将办理情形速行会呈本局，以凭核办。

四月，河务局长训令黄沁十一分局：案奉省政府通令，植树造林，关系至重，业经先后通令依期种植，并颁发保护办法各在案。惟查各机关种植以后，妥为保护、勤加灌溉者固属不少，而漫不经心、任其枯萎者亦所在多是，长此以往，深恐只具提倡森林之名，而无提倡之实，以致虚耗国帑，无裨公家，徒劳种植，何益民生？为此重申前令，仰各该机关对于所种树木，务期培养于先，灌溉于后，使之一律成活，将来蔚然成林，生气勃勃，裨益国计良非浅鲜，务各凛遵毋违，切切此令等因。奉此，自应遵办，除通令外，合亟令仰该分局长遵照，督饬所属队汛长弁、河兵人等，对于所种树木切实保护，勤加灌溉，毋任枯萎，同时传知本局各职员遵照，对于本局在城厢所种树木，同负保护灌溉之责。

四月，河务局长训令黄沁十一分局长：查本局长前奉令开办林场，当经拟具简章，编制预算，呈准省政府议决施行在案。除委任宁祥瑞为第一造林场场长，方刚为第二造林场场长，葛清泉为第三造林场场长，前赴各该分局，按照勘定地点赶速开办并分令外，查造林之事需工甚巨，值此草创时期，场务尤属殷繁，全凭少数工人，殊不足以完成造林之使命，合亟令仰该分局长转饬所属队汛一体知照，凡场内之凿井、整地、修畦、播种及灌溉、保护各事项，务须协同林场认真办理，养成合作习惯，提起互助精神，勿得借故推诿，致落人后。

四月，河务局长函河南全省森林办事处：以奉令创办造林场三处，需用树种楸条，请转饬卫辉营林局，汲、滑、封丘等十五县林务局，充分拨给，以便插种。同月，准函覆：前奉省政府令，业经转饬省立林业试验场及第一、第四两营林局，遵照拨给。兹准大函，即令各县林务局遵办。

四月，第一造林场长宁祥瑞函报近日工作情形：

一、招募工人情形。此处穷人，除充当佃农及雇农外，大半以做硝盐为营业，每月每人可换洋七八元或十余元，场内工资每名月仅五元，相形之下，所差甚多，故雇工一层颇感困难。前禀谓已招八人，实际到场作工者只有六人，其余二人已声明不干。近两日虽间有应募者，然验看之时，确知其不能吃苦耐劳，回忆日前局宪面谕，谓林场设备须因陋就简，用人一节宁缺勿滥，祥瑞未敢或忘，是以不能招募油滑之工人也。

二、工作情形。新招工人六名，自四月十日起开始工作，至本日下午七点止，计种杂树二千条株，占地九亩有奇，地之周围移植枣树七百余株，一以划清公私地界，一以充当将来之刺墙，并将槐、楝之圃基约四亩之谱区划整齐，按梯田式作畦，预计再迟三日，即可竣工。

附注：广佑寺之地，系废堤一道，中间突起，两边倾斜，非采用梯田式不能灌溉，故整地之时，费工最巨。

三、对于目下造林场之管见。造林要素，首重灌溉，职场离村甚远，地段绵长，纵欲借水，亦属不易。前日倩工巡队掘一土井，出水极少，无济于事。若用砖甃起，据技术员之调查，每甃一井，除人力及砖不计外，应需物品与井匠工资至少需洋数十元。值此财政竭蹶之时，实际上恐难办到，然苗圃种上以后，专凭降雨，必致失败，可断言也。兴念及此，焦灼莫名，愚见与其务大而荒，终成画饼，不如于经济人工之可能范围内，播种之后，无论如何总要设法灌溉，并不限定多少，庶不致徒劳无功也。

四月，河务局长呈省政府：窃局长前奉总司令面谕，令赴黄河堤岸种柳，遵于二月二十二日，率领职局职员兵夫四十员名，驰抵下南分局中汛六堡，调同该分局队兵一百名，协力栽植，并通令各分局除例案本年已栽之七万七千零四十七株外，再继续努力栽种。嗣又奉钧府第一五二零及第一五二一号通令，饬即遵照总司令佳、歌两电，以新乡曹县长为模范，积极种树，多多益善各等因。遵复令饬各分局积极种植，限每分局最少须栽种一万株以上去后。兹据各该分局长呈报栽竣前来，计下南分局栽一万三千五百株，郑中分局栽两万一千株，中牟分局栽两万一千七百八十株，武原分局栽二万四千八百株，下北分局栽一万三千六百株，陈兰分局栽一万三千一百三十株，上南分局栽一万六千株，阳封分局栽两万四千三百一十八株，孟温分局栽一万零六百五十株，西沁分局栽一万一千株，东沁分局栽两万一千一百八十株，连同职局在下南中汛六堡所栽之七千六百四十六株，及奉钧府训令，在开封城厢官有地所栽之八百一十九株，统计栽柳十九万九千四百二十三株。现值植树佳节，局长复亲在柳园口督率官兵栽植榆树一千五百株、低柳五百株，复令各分局继续栽植，总计春季职局栽齐之树为二十万一千四百二十三株。除令饬对于已种树株妥为保护、勤加灌溉，勿任枯萎外，谨将遵令栽植树株数目呈核。

四月，第三造林场场长葛清泉呈：窃场长清泉奉令开办造林，所有就职日期，业经备文呈报在案。连日以来，会同分局长朱学轼、郑有迭次磋商，拟定育苗地点，分为三区：一、嘉应观，二、莲花池，三、武荥汛遥堤六堡至十堡。查嘉应观、莲花池两处，庙产尚有纠葛，日前曾经恳请转呈省政府令行武陟县知照，以便进行，此项公文尚未奉到，现就武荥汛遥堤六堡至十堡先行着手。场长清泉亲往查勘，该处大场内外官地约计一顷有余，土地极为肥沃，距沟水亦复较近，最为育苗适宜之区。当即招雇工人二十余名，并由分局长学轼拨给汛兵廿名，于月之七日，在该处办理中耕打畦一切手续，所有籽种亦经采购数石，拟定先种楝籽廿亩，中国槐十亩，其余之地亩已饬工人赶速耕犁完好，一俟不日榆籽成熟，即行下种。至于应用之一切工具，均关紧要，除汛兵所用铁锨等件均令自行携带，其新招工人兹经购买铁钯十柄，铁锨十张，木刮十把，辘轳两架，以资工作。此外应用物件，如有不敷，再由邻近居民借用，以为节省经费之计。除俟播种完竣，随时造具亩数清册，另为呈报外，所有会议开办情形，理合备文呈报，并附购办种籽暨购置器具价目清单，仰祈宪鉴查考。同月，指令：仰会同努力进行，务期绿荫满目，用副省政府提倡林政、巩固河防之至意。至购买籽种、器具等用款，俟第一、第二两场呈报到局，再行汇核。

四月，第三造林场长葛清泉呈：案奉训令，以筹设苗圃应用之树种楸条，准森林办事处函覆，业经转饬卫辉营林局，汲、滑、封丘等十五县林务局充分拨给，以便插种等因。奉此，场长当即分赴查询。因本年各县奉令插条，取材极多，非特卫辉营林局楸条缺乏，即邻近之武陟、获嘉、温、孟等县，亦各种树苗，均被当地人民取用，不敷分布，兼之时令已迟，插条一事断难成活，且运费浩巨，款项维艰，似不如就近采集种籽，赶办苗圃，火速播种，庶树籽早种一日，即萌芽早生一日，较之插条当为有益。故近日以来，场长与技术员郭仁督率工兵人等，专在武荥汛之第九堡并力兴作，所有整理打畦、播种籽粒，均必以身作则，计种成苗圃二大段四小段，共地三十七亩，垒庄西头计地十六亩五分，种榆籽十三亩五分，楝籽一亩五分，槐籽一亩，柏籽五分，垒庄东头计地九亩，二铺营村南头计地四亩五分，樊庄西头计地三亩，樊庄南头计地二亩，樊庄东头计地二亩，均种榆籽，一律于本日竣事。其二大段四围垒筑边墙，以防人畜践踏，继续工作，务臻完备。场长并一面多收榆籽，预备更向他处种植，此近日办理之情形也。至于其他地段，皆有佃户种植麦苗，现距成熟之期不远，若必尽令铲除，亦恐办理非易。究竟如何之处，伏乞酌核示遵。同月，指令：查核办法尚属完善，仰即督率工兵人等，努力进行。至已种麦苗之地亩，俟成熟后，再行收回办理。

四月，第二造林场长方刚呈送《苗圃施业计划书》。同月，指令：核阅所拟各种计划，尚属周详。惟引水一层，须有详密测量具体办法，挖沟之面宽、底深，应用人工若干，款项若干，以及有无他种窒碍，均应计划妥当，最好先行掘井数眼，以资灌溉，较为便利易行。仰即切实查勘情形，相机妥为办理。

第二造林场苗圃施业计划

第一项　育苗宗旨

本场设立苗圃，以养成多数良好苗木，供给本场造林为宗旨。

第二项　择定办公处及苗圃地基

甲、办公处

本场暂择下南上汛斜庙村村南关帝庙为办公处，以斜庙作工人寄宿舍。

乙、苗圃坐落形状及亩数

苗圃坐落于下南上汛河堤之阳斜庙附近，宽约十丈，长沿堤约十余里，计地两顷四十余亩，恰位于本场造林之中段，北靠大堤，地势稍倾斜，异日苗木之搬运，雨水之排除，均甚适宜。

第三项　测量及制图

甲、测量

圃地形状狭长而湾曲，不利于机械测量法，拟用简单之目步测量法测量，共周围及内部计算其确实面积。

乙、制图

测量之后，用千分之一缩尺制详图数张，除木场存留一张备查外，余者分呈总局及第一、三两林场各一张，以备存查。

第四项　苗圃之整理

甲、区划

苗圃依天然形势，划分西、东、中三段，西段计地九十亩，东段七十余亩，两段地势倾斜较甚，不易整平，拟作移植苗圃，中段八十余亩，地势较平，整理较易，播种苗圃划分之。

乙、策路

查苗圃地形狭而长，故拟在中央顺筑干路一条，以备将来搬运苗木之用，再于干路两侧，横筑支路多条，与干路成十字形，以便行走而免践踏苗木。

丙、修门

苗圃中间北面堤上傍邻大道，拟于此处修一大门，上写“河务总局第二造林场苗圃”及年月，以示表明而志纪念。内部各区分界处，各修一小门，上题“播种第几区”“移植第几区”等字样，以示醒目而便区别。

丁、开掘阴沟

圃地北靠大堤，南邻民田，两边地势均高，故于苗圃两侧，各掘深四尺、宽三尺阴沟一道，以便排水，而防夏秋大雨淹死苗秧。

戊、周围筑墙

苗圃周围应筑围栅，以防各种危害，其种类甚多。兹以节省经费起见，暂筑低土墙一周，以防外来之种种侵害。

己、整地

圃地因邻大堤，形势倾斜，且多凸凹，现正督工挖高填低，俾使地平坦，以利作业而便灌溉。

庚、施肥筑畦

圃地整平之后，统施底肥一次，深耕一遍，然后依次筑畦，施行播种插条分根。

第五项　树种之选择

本圃育苗，原以造护堤林，以固堤防为目的，故采购树种，宜择易于采购且根部发达之树种为适宜，盖易采购之种其价必低，而根部发达者固结土砂之力必大，如是择种，费款少而成功大。

第六项　种植方法

本场苗圃因开办期晚，种籽采购不易，兹为节省种籽起见，故今春所播各种，除榆籽撒播外，余者均暂取点播及条播。

第七项　灌溉

甲、引水

苗圃之南一里许有溏窝一个，拟挖沟一道，引水入圃，约可灌溉八十余亩，尚称便利。但挖沟必须经过民田，当同该地主榷商办法，或买或换均可，窃想革命时期经费支绌，换田较为易行。

乙、凿井

本圃东段虽有井一眼，但甚浅小，口径仅四尺许，不堪使用，故尚有一顷六十余亩无法灌溉拟。将原有小井阔大之外，再掘新井十二眼，以符灌溉之用。

第八项　附记

本圃施业计划大略如上，至实施时若有不适当之处，得随时酌量变更之。

四月，黄沁十一分局先后呈报植树数目。

附表见工程表之十一。

五月，第二造林场长方刚呈：奉指令，所拟引水一层，须计划妥当等因，遵即分段详细测量该地高于水面度数，计测南段长四十丈，平均高度约四尺，若掘面宽五尺、底宽三尺、深五尺之沟，每工能挖五尺，可上水一尺深，计需工八十个；中段长七十丈，平均高度约三尺半，亦挖与南段同深之沟，可上水一尺半，计需工一百四十个；北段长二十五丈，平均高度约六尺，掘面宽八尺、底宽三尺、深八尺之沟，每工能掘三尺，则可上水二尺，计需工八十四个，三段总计长一百三十五丈，共需人工三百个之谱，若调拨队兵二十名，约经半月即可竣事。再所需费用甚属寥寥，仅于南头路下修一小桥，北头圃内筑一井筒，约需工料洋二十余元。至所经压民田，业同地主议定，情愿互换，并无窒碍情事。是否有当，理合呈请鉴核施行。同月，指令：准予备案，仰按照拟定各节切实进行。

五月，第二造林场长方刚呈送十七年四月作业情形报告书，指令：准备案。

报告书

一、苗圃地点系在下南上汛大堤之阳斜庙附近等处。

二、土质查该地土质沙黏参半，灌罢或雨后一二日，速着工人锄掘，以防干裂。

三、修路查苗圃地形狭而长，前计画书内呈明有案。拟在中央筑修干路一条，横筑支路多条，与干路成十字形，由斜庙为起点，往西筑成，宽九尺、长二百四十丈，及支道二十四条，业已告竣。

四、整地苗圃北界接连大堤，地势倾斜，凸凹不平，不便筑畦，故督促工人挖高垫低，使之平坦。现已平妥三十四亩，畦亦筑就。

五、筑畦条撒插点，兼施不易，面积广大，灌溉尤难。兹谋便利起见，特按地分区，按区作畦，长约八步，宽足三尺，畦成之后，再行深掘，务使土质疏松，易于碎匀，复用铁耙耘平，以便播种。

六、播种查楝子外带肉质，槐荚含胶，腐化不易，发芽较迟，须先浸水数日，肉胶脱去，再行播种，发芽甚快。楝与槐系条播，刺槐亦然。现在刺槐与槐因接近小井，每天灌溉，均已齐出，惟种楝较多，无水灌溉，间有萌芽，尚未出齐。

七、掘沟引水前已呈报有案，计分南、中、北三段，共长一百三十五丈，现在业已挖成一百一十五丈，底面泉水约有五寸之深，俟完成后，将塘坑水引入，约有一尺余深之水，其余二十丈，三二日内即可告竣。

八、修筑土围查苗圃接近庄村，应筑围墙，以防各动物之侵害。现在苗圃南面业已筑成土围一百八十余丈，刻下工人正在继续修筑，然围墙之利，一则能御外来之害，再则官民地界分明，无论如何，不得越墙侵占官地。

九、排水沟查苗圃北邻大堤，南邻土岗，地势甚为洼下。据土人云，每值夏季，大雨倾盆，大堤与岗上之雨水滚下，均集斯地，故令工人在围墙之外，掘宽二尺半、深三尺之沟，预备潦时排水，以免淹毁苗木之虞。现已掘成一百七十丈，掘出之土翻到内面，即成土围。

五月，河务局长电各分局长、各造林场长、各工程队长：刻榆钱成熟期近，务必努力采集，相机播种，勿误时会。并将搜集种植情形，每星期呈报一次，以资比较。同月，各分局长、各场长先后呈报遵办情形。指令：准备案。

五月，河务局长训令第一造林场长张龄九：以该场土壤纯系沙质，地面倾斜，育苗不宜，饬即会同东沁、武原两分局长，于莲花池、嘉应观两处，查勘适宜地点，将该场移置。

五月，第三造林场长葛清泉呈：窃场长前奉面谕，以育苗一事，用水为急，饬即赶速凿井，以资灌溉，并经场长面禀，利用各处破坏庙宇砖石及变卖木料等项，借作工资，仰蒙俯纳场长回武后，当即协同技术员详细调查，按照各育苗区之大小，暂定嘉应观拟凿井五孔，莲花池凿井二孔，武荥汛凿井二孔，共凿井九孔。查各该处土质纯系流沙，非用砖石圈筑，不堪使用，且此等工务，非专门匠作不能施工，除砖石而外，估计每井一孔应需工价二百千文，此凿井之情形也。至该项物料，惟查嘉应观庙西破房六间，行宫后破房三间，委系废弃无用，所有拆下砖石及变卖物料，尚不敷一半之用，其余房屋均未便遽言拆毁，自非另筹的款不可，恳请鉴核设法另拨款项，以资进行。再者，查武荥汛三堡至十一堡，共育苗木九十亩之谱，其中已发芽者十之七八，除已呈报三十七亩外，并继续播种五十三亩。现在天气亢旱，每日督率工兵灌溉，以期全活。至莲花池育苗事宜，令技术员郭仁常川住该处办理，而嘉应观内外空地，亦赶速播种，其办理情形再行呈报。同月，指令：所拟办法尚属妥协，至采售物料，以作工资一层，事关庙产，仰另案呈报。

六月，河务局长呈省政府：窃局长前奉谕，饬令职局创设造林处，当经拟具简章，呈准议决照办在案。兹再将开办后之经过情形，缕晰陈之。查职局造林处共分林场三处，开办时以河工地亩均未收回，苦无相当地点，又以育苗期迫，不能迟延，因暂将第一场设在封丘汛，开办后，先于地之四至围植枣树六百余株，又在场内种植杂树八亩有奇，播种槐、楝、榆钱等共十六亩，第一该场地基系废堤一道，地势高燥，地段绵长，场内既无井泉，近旁亦无河渠。当经饬令该场长挖掘土井，稍助灌溉，不意连掘五处，均以土质膨松，随时坍塌，水分缺乏，以致所育苗木难以成活。继又查出博爱县迤西有职局庙工所属之柳庄地亩，四周有天然水渠，可以利用灌田，遂于六月一日将第一场移至博爱县柳庄地内，面积堪以育苗，约有二百亩，拟一面清丈，一面育苗。此第一造林场经过之情形也。第二场设在下南上汛，纯系靠近堤根之柳荫地，面积二百四十亩，该场苗圃地内旧有砖井一眼，惟井桶甚小，出水无多，灌溉亦感困难，该场西边有塘坑一个，距场一百三十五丈，尚可挖沟引水，业由该场加紧工作，将沟挖成，预算可灌田一顷之谱。目下种上四十余亩，以后拟随浇随种，用期安全，其余一百四十亩，拟继续开凿新井，以资灌溉。此第二造林场经过之情形也。第三场设在武陟县嘉应观及莲花池地内，总面积为二百余亩，因该项地亩几经周折，始行收回，种植稍迟。现在一面凿井，一面筑畦，所有靠近白马泉一带，已种植榆钱九十余亩。此第三造林场经过之情形也。正拟呈报间，忽接各林场报称，上月三十一日午后，黄风蔽天，沙土弥地，将所育幼苗埋没大半，新种树木亦多半将新芽打落。又育苗雇工开办费一项，原定一千零十二元，迄今两月之久，数次始领到七百元，维持费每月五百八十元，至今未领到一文，遂致作业雇工不能充分办理。惟际此革命时代，必须打破种种困难，努力进行，成败利钝，在所不计，除继续督饬赶办外，所有各林场开办经过情形，理合具文陈述，仰乞鉴核。同月，奉指令：已派员驰赴各林场分别查考。

六月，第三造林场场长葛清泉呈：凿井须另筹的款，指令据称育苗一事，以用水为第一急务，所见极是。该场长拟将新凿之井砌以砖石，用期巩固，事属可行。惟刻下国家多难，财政竭蹶，已达极点，另筹的款，殊难办到。仰即由该嘉应观新收麦租项下，酌拨若干，撙节开支，实报实销，并赶速办理，是为至要。

六月，河务局长训令各分局、各造林场：案查本局长前以桃杏成熟，曾经电知各该分局长场长，督饬队汛工兵尽力搜集，以备播种在案。自发电之日起，屈指计之，为时已逾两旬，各分局场搜集桃杏种实，想亦不在少数，现在虽非播种桃杏之适当时期，然亦不可不先作试验，以资提倡而觇究竟。兹特编制《桃杏育苗法》，随令发去，俾资参考，但因气候、土质之不同，人事之难齐，不妨斟酌情形，略事变通。又查各分局场前以暴风为灾，所育嫩苗多有被风连根拔起者，正宜利用旧圃地基，补种桃杏，以免荒废而资倡试。除分令外，合行令仰遵照，督饬队汛工兵人等依法播种，勤加灌溉，并将播种数目及工作情形，随时依照苗圃表式具报备查。

桃杏育苗法

一、选种。宜选择种实饱满、色泽鲜明，且具有香气者。

二、浸种。种实选好，先将外面硬壳剥去，然后浸之于人尿中，以促其发芽。浸种时间，通常以两昼夜为度，天气温暖，可斟酌情形缩短之。

三、整地。播种前应先行深耕一次，能以人工翻掘之更好，翻掘深度以一尺为准。

四、筑畦。苗圃内应筑成畦子，以便灌溉，但未筑畦以前，须将圃内干支各路修理整齐，畦之宽度，以三尺至三尺五寸为宜，长度不定。

五、播种。宜采用点播法，未播之前，宜先灌溉一两次，以防底土之干燥，每畦可播三行，行间距离八寸至一尺，苗间距离六寸至八寸，播种后之覆土，以一寸至一寸五分为度。

六、灌溉。每日早八点钟以前，及下午六点钟以后，应各行灌溉一次，以防水分之缺乏。

七、保护。苗圃四周应设置围栅或土墙，以防家畜及野禽等之危害，并宜时常注意除草及杀虫等工作。

注意播种时期，以春季或冬季为最适当。夏秋播种，纵然发芽，恐一经霜雪，易致枯死，以嫩芽弱根，不能抵抗寒气也。

七月，河务局长训令博爱县长：顷据第一造林场长张龄九报称，窃场长奉令在博爱县柳庄辟地育苗，苗圃内所需水量，系挑引附近河渠之水，惟查职场四周全系民地，农人为自利起见，往往发生扣水及截流情事，以致已育苗木未能充分发育，屡次交涉，终归无效，恳请饬县制止，并令该县出示保护树苗，以维林政等情前来。查造林育苗，系河防之根本计划，亦即本局之惟一使命，将来苗木育成，护堤有资，受其赐者亦惟农人为最多，该柳庄附近居民不识此意，竟将公共之水扣留自私，殊属不合，该县长有助理河防之责，对于上项情事，应即剀切布告，严加取缔。至林场内所育苗木，尤须出示保护，以防危害。除谕令该场长勤密防范外，合亟令仰该县长遵照办理，并将遵办情形具报备查。

七月，河务局长训令黄沁十一分局：查沿堤造林，以调查林地为种植以前之主要工作，本局造林事业举办以来，各堤埝坝之面积未曾调查，统计既无定数，预算即乏标准，究竟各该分局已种树木共占面积若干亩，待种植者共计若干亩，将来黄、沁两岸共可植树若干株，必须详细调查，列表呈报，再经本局审核以后，始能作通盘之计划，定施业之方针。兹制就各堤埝坝面积调查表式，发交各该分局转饬队汛，照式填列完竣后，再由各该分局汇集整理，纠正有无错误，统一其样式，另辟总说明一栏，以补叙其缺漏，表尾仍须分局长及技术员署名盖章，以示郑重而明责任。除分行外，仰即遵照办理，限文到一月以内具报核夺。八月，各分局先后呈报堤坝面积表。

八月，河务局长呈省政府：案奉训令，以据省道办事处处长吴山拟具《治河管见书》，主张沿河多种树木，借障风沙，饬即会同森林办事处详细核议具复，并抄发该管见书一件。旋复奉令关于十七年冬季迄翌春造林，饬令商同森林办事处妥为办理，以免临时致误，并发本年冬季迄翌春造林办法一份各等因。奉此，查植树以障风沙，有益河防，本非浅鲜，而书内所称于黄河两岸三十里内，酌量土质，普种各种树木一节，所见更为远大。因查前人治河之大防，有坝有堤，大堤之外有越堤、缕堤，其外为遥堤，宽二十余里或十余里不等，层层相接，重重保障，如防御线然，纵有水患，尚可补救。民国成立以来，军阀盘据，竭泽而渔，所有沿岸堤工，除大堤以外，几全数变卖于民人之手，河工之藩篱尽撤，洪水之危机四伏。今欲普种森林，以防水害，除两岸柳荫地由职局尽量种植外，其余如数年前官产处标卖之河工老堤及遥堤、废堤等，由少数富人以贱价取得者，拟请钧府通令沿河各县，会同分局查明某堤段归某人承买，限令于本年冬季一律由原地主栽种树木，否则酌予惩罚，盖其地高，不耐亢旱，殊不宜于农作物，而一经耕耨，土质疏松，尘随风起，又足损坏堤工。若改种农作物为种树，收利较溥，仍归原主，无害私家，十年之后蔚然成林，借作河防之屏藩，庶于堤防、民生，两有裨益。至沿河大堤等处之归职局管辖者，拟就目下经济之可能范围中，规定计划次第推广种植城厢之处，应依照森林办事处所划定之区域，分担栽植。除届时再为呈报外，所有奉令核议沿河种树办法，理合具覆，连同职局《十七年冬季种柳计划书》，一并呈送鉴核示遵。同月，奉指令：所拟计划尚无不合，应准照办。至沿河老堤、遥堤、废堤勒令地主造林，以作河防屏藩，尤为切要，仰由该局通令沿河各县，一体遵办可也。冬季造林经费，至多准支洋三千元，除令行财政厅照拨外，仰即知照。计划书存。

河南河务局十七年冬季种柳计划书

一、预定种植总数。五十万株。

二、关于柳秧之采取。所需各种柳秧，除就地取材外，不足时，向沿河居民采购之。

三、多种低柳。查栽种高柳需款甚巨，成活亦难，本年冬季，拟多种低柳，以资节省而期安全。

四、种柳地点。种植各种柳株之地点，须依堤工之险夷而定，兹特分述如次：

（一）高柳。宜于大堤两坦种植之。

（二）低柳。宜于坝身两腋及堤根等处种植之。

（三）卧柳。宜于淤滩及埽侧、埽尾等处种植之。

（四）栅柳。宜于顶冲、坐湾及水溜所趋之地种植之。

五、株间距离。高柳以一丈为准，低柳以五尺为准，卧柳以四尺为准，栅柳以一尺为准。

六、行间距离。高柳以丈二尺为准，栅柳以三尺为准，低柳、卧柳采取正方形植树方式与株间距离同。

七、人工。除由队兵担任种植外，事前拟呈请省政府通令各县，利用农拨派民夫帮助种植，作业时由队兵指导，以资划一。

八、经费。分秧费及津贴民夫伙食两项。

（一）秧费。每株最低价格以大洋二分计算，五十万株共需洋一万元，除就地取材约计五分之四，其必须采购之秧费约五分之一，为二千元。拟呈请省政府拨发，实报实销。

（二）民夫伙食费。每分局按五十人计算，十一分局共需民夫五百五十人，每人每日由公家津贴伙食洋一角，共需洋五十五元，一个月竣事，需洋一千六百五十元。此项经费，拟呈请省政府补助，实报实销。

九、种植时期。以十一月及十二月两个全月，为冬季种柳之固定时期。

十、保护。除由队兵等勤慎看守外，并饬沿河各县妥为保护。

十一、凡河工老堤、遥堤、废堤，曾为官产处变卖者，由县政府河务分局派员指导，勒令种树。

十二、此计划书批准后，遵照办理。

九月，河务局长训令十一分局三造林场：查苗圃工作，灌溉之外，以除草为最要，草之为物，其生活之要素与林木相同，发育之时期，以初秋为最盛，若听其发荣滋长，势必遮盖日光，阻滞空气，侵夺水分及养料，以妨害林木之生成。据最近学者之研究，杂草之根生有一种物质，对于树根为有毒之作用，其为害林木之程度，比较上述各项为尤高。吾人为保护苗木，计划将苗间杂草与害虫、害鸟视同一律，芟夷蕴崇，无使滋蔓，苗圃前途庶几有安全之望。又查臭椿及槐、楝等树木种子，业已渐次成熟，务须及时多量采集，汰弱留强，以为播种之预备。除分令外，合亟令仰遵照办理，并将除草情形及采种数目，限文到十日内呈报备查。

九月，河务局长呈省政府：案查职局前奉钧府训令，饬即核议沿河种树办法，当经遵令议覆，并拟具《冬季种柳计划书》，呈请示遵。旋奉指令：准照办在案。兹特拟订《沿河废堤造林简章》，呈请鉴核。十月，奉指令：照准，并印发计划书及简章，通令沿河各县长遵照办理。

河南河务局沿河废堤造林简章

第一条　河工废堤造林，以防止风沙、巩固堤防、保障沿河民众之生命财产为宗旨。

第二条　凡前经官产处变卖之河工地亩，及一切遥堤、废堤，由河务分局会同县政府派员清丈之。

第三条　凡人民承买之文契，与实地丈量数目相符者，由河务分局会同县政府，张贴布告，劝令种树，说明高亢地段，五谷难收，种树利益优于种植农作物。

第四条　凡遥堤、废堤，如有未经官产处拍卖者，或已经拍卖而实地多于文契者，如原契为五亩，实地六亩之类，此项地段经河务分局会同县政府查明呈报后，由河务局收回，招佃种树。

第五条　植树共分二期，本年十一月至十二月为第一期，次年二月至四月为第二期。

第六条　树木种类，以长四尺、径寸半之柳杆为最宜，如当地有杂树种秧，亦可广为栽植。

第七条　凡在废堤上种树，其地段能占该堤全部分之一段者，无论地段长短，四至及堤顶至少须各种一行，呈日字或曰字形，中间仍可树艺五谷。若地段在废堤之顶或一面者，须于地之四至各种一行，呈口字形，递年增种，渐成密林。在河工地亩内种树者，树木株数愈多愈善。

第八条　植树时之株间距离，无论废堤或河工地亩，均以五尺为准，河工地亩之行间距离，柳树以一丈为准，杂树以六尺为准。

第九条　各地主于栽植前数日，须先将坑掘成，以助土壤之风化。坑之大小，以径一尺五寸、深三尺为度。

第十条　凡持有契约之地主，种树后所得之利益仍归原主，种植时所需树秧，亦由各该地主自行筹备。

第十一条　种植后，除由各地主认真看守，并勤加灌溉外，同时再由河务分局会同县政府出示保护之。

第十二条　沿河各县长与河务分局长，在每植树期内，因劝谕之勤惰、种植之多寡，呈报河务总局分别列表比较，酌量情形，转省政府奖惩之。

第十三条　各地主有故意不遵本简章种树者，由县政府惩办之，但有特别情形者，准其声叙理由。

第十四条　各地主所种树木，其未成活者，次年须补栽之。

第十五条　凡各地主有热心种树，造成林场，其成绩最优者，由河务分局、县政府查明，会呈河务总局转呈省政府予以奖励，以资提倡。

第十六条　本简章如有未尽事宜，得随时呈准修正之。

第十七条　本简章自省政府批准之日施行。

九月，河务局长训令各分局、各造林场及购石处：查总司令于最近期间宣布三大要政：一兴水利，二修道路，三种树木。局长有鉴于此，因于九月二十六日召集各分局处场长、各工巡队汛长官及本局职员，在局内中山俱乐部会议，先从种树方面切实做起，所有种树时应注意之事项，随时由局长提议，经大众详细讨论，付之表决。兹将会议记录刷印多份，随文发去，仰即遵照办理。

河南河务总分各局队汛处场职员会议记录

一、种树总数。以五十万株为最少限度，愈多愈好。

二、种树种类。（一）以低柳为宜，因易成活。（二）材料佳者，种成高柳。（三）其他杂树。最近采取冬季易成活者，如小叶杨等，设法购买之，但栽时务须着实捣固，用期成活。

三、地点。（一）堤两坦。（二）堤根。（三）堤口。（四）坝根。（五）坝口。（六）坝上。（七）未租出之地段。（八）地边等处。先就堤根多种，种时当靠里些，以免防害邻地，各造林场尤应注意。

四、时间。冬季种树，自树叶落完之日起种两个月，至地中大冻之日止，约在十二月及次年一月。

五、补栽。原地树株如损伤或枯死时，必须按地填补，以免旷废。

六、行间株间距离。高柳一丈，低柳五尺。

七、柳杆之标准。（一）高柳须高八尺栽深三尺，中段以一寸五分之直径为最小限度。（二）低柳须高三尺半栽深三尺，露出地面者须用土全埋之，中段直径以一寸为最小限度。

八、取材时，先就坐地柳取用，不足时由高头柳选用，再不足时向邻近乡村购买之。

九、每人应栽株数。每人每日除阴雨及采运秧苗外，可栽十株，各分局目兵共七百三十人，可栽四十三万八千株，加入官佐局夫，可栽五十万株。

十、种树人之分配。（一）各队汛以一棚为一组，即十人。（二）官佐除监督指导外，并须加入种树组。（三）各组所种之地点，须记载之，以便考查成绩。

十一、交涉秧苗，各分局场调查附近营林局或县苗圃，有堪移种者，由总局函商移植，并派科长与建设厅造林总局接洽，指定某局场拨苗若干，并拨何种苗。

十二、栽种器具。（一）铁铣，补充十分之三，即十人一把。（二）大砍刀，补充十分之一，即十人一把，并呈请动用工款购置之。

十三、种树奖惩。（一）本年所种之树，至来年霜清之日，由总局派员考查，成活六成以上者酌予奖励，不及六成者酌予惩处。（二）规定数目能超过半倍者加以奖励，不足者惩罚之。

十四、造林场种树，照各分局办法施行之。

十五、孟温、东西沁分局种树，除补栽外，可咨会邻近分局，觅取地点种植之。

十六、栽树时，由局长、分局长、购石处长及各造林场长督催监视之。

十七、种植后，须派队兵等轮流看守，切实保护。

十八、各分局自奉到会议记录之日起，应预先按照分派株数，调查秧苗及地点是否两相敷用；其或有余与不足时，可向邻近分局接洽通融，呈报备查，总以栽种株数超过定额为标准。

十八年一月，黄、沁各分局，各林场先后呈报植树数目。

附表见工程表之十二。

二月，省政府训令河务局：着将造林场归并河务局办理，经费不另开支。

二月，省政府训令：案奉冯总司令感电开，查豫、陕、甘、鲁、宁、青六省区，黄河横贯其间，只以疏治无方，辄为闾阎之害。现在黄河水利委员会业经成立，凡关于黄河利弊，亟应悉心研究，力谋兴革。首要之图，莫先于沿河两岸多种树株，既可增加雨量，复可巩固堤防。刻在金陵大学购就树苗七万株，拟豫省分配三万株，陕、鲁各分配两万株，设法装运，及时栽种。甘、宁、青三省交通不便，运输维艰，此种树秧恐不相宜，应由地方选购，广为栽种。惟此事关系重要，种植及保护方法，应派何人负责办理，均须筹定妥善办法，总期多种为妙，全活为上。再，年前电令各省创办大规模之苗圃，即为黄河植树之准备，应如何扩充培植，尤须格外注意为要，并盼复等因。奉此，除电复外，合行令仰该局即便遵照，负责办理，一俟树秧运到，务须赶速栽种，妥为保护，以期成活而固河防，并转饬各林场认真育苗，以备应用。

二月十八日，河务局长张文炜呈冯总司令：窃局长奉钧座面谕，饬查明河工苗圃种类数目具报等因。遵查职局十七年份所办苗圃共设三处：第一处在博爱县柳庄，育成之苗为四十四万二千株；第二处在开封县斜庙，育成之苗为二十八万九千三百零六株；第三处在武陟县嘉应观，育成之苗为三十八万五千五百株，共计一百一十一万六千八百零六株。除督饬就近各工段，选择堪移栽者尽量移栽外，谨将各苗圃种类数目列表，呈请鉴核查考。

河工苗圃种类数目表

	种　类	数　目
柳庄苗圃	榆	四〇五 〇〇〇
	楝	二〇 〇〇〇
	槐	八 〇〇〇
	桑	九 〇〇〇
合计四十四万二千株		
斜庙苗圃	刺槐	一 九九二
	楝	一九四 五一〇
	桑	五 五〇四
	榆	八七 三〇〇
合计二十八万九千三百零六株		
嘉应观苗圃	榆	七六 〇〇〇
	桑	五三 〇〇〇
	槐	二五 五〇〇
	楝	一八五 〇〇〇
	刺槐	六 〇〇〇
	椿	四〇 〇〇〇
合计三十八万五千五百株		
总计一百一十一万六千八百零六株		

二月，第二造林场长方刚呈报，该场造林保护需人，拟组设森林警察，请由当地社村长担任队长、分队长负责办理。同月，指令：据称该场造林区域宽广，照应难周，拟组设森林警察，请由永四社社长高鉴等出而担任队长、分队长负责办理，系为保护森林起见，事属可行。惟该社长等对于此项纯粹义务，能否乐予赞助，仰即召集讨论，取得同意后，径由该场长分别聘任可也。再查该场吸水机之设，一方面固利用造林，一方面在兴办水利，不过民情守旧，对于此项人力抗御天灾利益，恐不免多所怀疑。此次该场长于召集各该社村长会议之时，可将社会进化、人定胜天道理详为剖陈，倩其广为宣传，以期引起民众机器灌田信仰，并将将来民众灌田办法，付之共同讨论，条拟具复本局，以便采择施行，并将机器房附近酌添房舍，以便工人及看守机器者之用，拟定图式，具报核办为要。

四月，河务局长电各分局长、各工巡队长、各汛长弁、各场长：刻榆钱成熟期近，务必努力搜集，相机播种，勿误时会。总使旷堤、旷坝种植成林，所谓黄金树安乐土者，均视各同志率领河兵之努力工作也。并将搜集种植情形，每星期具报一次，以观厥成而资比较。

五月，各分局、各林场先后呈报植树数目。

附表见工程表之十三。

八月，河务局长周致祥训令西沁、下南、武原分局第一、第二、第三造林场：案查本局各造林场，于本年二月已奉省令裁并在案。当以适值育苗造林时期，在场员役工作纷繁，林政成绩攸关，未便骤行更张，故归并一案，迄未实行。现查各场苗木，育植已有规模，亟应筹备归并，用符原案。兹经通盘筹划，规定办法，自本年八月份起实行归并，为此令仰该分局长、场长，即便遵照本局规定办法，克期交收清楚，至此后进行事宜，应由接管分局长依照拟定办法妥慎办理，仍俟交收完竣，将办理情形会报备查。同月，训令郑中、中牟、上南、陈兰、阳封、孟温、下北、东沁各分局，一律遵照办理。

造林场归并办法十三条

一、自本年八月起，各造林场应即遵照省令实行归并，兹酌定第一造林场归并西沁，第二造林场归并下南，第三造林场归并武原。

二、上列各造林场及河务分局，于奉到归并令文后，应由各场长将钤记、卷宗、家俱、器皿及苗木株数，分造册表，点交各该分局长接收，会呈备案。

三、各造林场之钤记及场长衔戳，应由接收之分局呈报总局销毁之。

四、归并后，各造林场之职员、工人，应即各归本缺，照旧供职，无缺者应由接收之各分局设法录用或遣散，呈报备案。

五、为维持林政起见，归并之后，应由接收之各该分局，遴委各该局内职员一人兼充管理员，督率队兵继续工作。

六、在林场工作之员兵，每月除应领本人维持费外，管理员津贴洋四元，队兵津贴洋一元，办公费四元。

七、关于黄、沁两河林务事宜，得设林务专员，由总局就本局职员内，指派长于林政者一人兼充之。除造林时酌发旅费外，不支薪水，办理关于林政上文件及督促指导等一切事宜。

八、关于第六、七两条之津贴、公费、旅费等，另由本局改定各局队兵扣发顶补项下支付之，改定各局队兵顶补缺额之数如左：

（一）郑中队兵五名，月支原饷七折洋共二四元五〇〇。

（二）中牟队兵五名，月支原饷七折洋共二四元五〇〇。

（三）上南队兵四名，月支原饷七折洋共一九元六〇〇。

（四）陈兰队兵四名，月支原饷七折洋共一九元六〇〇。

（五）阳封队兵四名，月支原饷七折洋共一九元六〇〇。

（六）孟温队兵四名，月支原饷七折洋共一九元六〇〇。

（七）下北队兵三名，月支原饷七折洋共一四元七〇〇。

（八）东沁队兵三名，月支原饷七折洋共一四元七〇〇。

前列八项，系将扣发各分局队顶补缺额之原案，改议为扣发各分局队兵顶补缺额之案，计队兵共三十二名，月共饷洋一百五十六元八角，如发全饷时，应按全饷扣发。

九、在造林场工作之队兵名额，特酌定之如左。

甲、四、五、六、七、八、九等月份，每场每月五名。

乙、十、十一、十二、一、二、三等月份，每场每月九名。

丙、工作忙时，应由各该分局酌量加派队兵，不给津贴，前列一、二两项，由各该分局饬各该工巡队，选派优秀队兵前往工作。

十、各造林场之津、公各费，应由各该接收之分局，按月造具预算、决算，呈报备案。

十一、本办法第八条顶补扣发之数，除按定第六、第七、第九各条发给津贴、公费、旅费等外，所余之款，如数拨作冬季造林之用。

十二、本办法如有未尽事宜，得随时修正之。

十三、本办法自十八年九月一日施行。

八月，河务局长周致祥呈民政厅：窃维种树为治河要政，造林亦富国先声。近年以来，国民政府对于林政异常注重，迭经通令推广种植，以树实业之基。故现在各机关凡管辖区域内，如有宽绰地点，莫不植林，以勤培养而壮观瞻。诚以十年树木，取材甚富，收效甚宏也。局长此次勘工，行经两岸，河堤八百余里，目见柳荫地亩，栽植者已复不少，惟尚有遥堤废坝、古庙荒祠以及厅营旧日之衙署，地甚多，似不宜任其废弃，大可广栽林木，救济河工。曾于八月十三日，呈报查勘河势工程文内，将大致情形陈请钧鉴在案。查河工向来种树选秧，仅在柳株，近年虽设场造林，添种杂树，大都不外榆、槐、楝树数种，而果实嘉卉，仍多略焉未植，且场只三处，规模尚狭，旷土颇多，职司其事者，既非尽系林业专门人才，又无固定常年经费，是以自开办至今，成绩尚少。考种树之效，不在目前而在日后。先总理语录有云："植树于全河流域倾斜之地，以防河流之漂卸土壤，用费虽巨，亦何所惜？盖所谓一劳永逸，暂费永获也。"局长爰本此意，拟就职局技术科内，组织一林务股添委主任、股员、办事员各一人，分局则各添林务员一人，遴选林业专科毕业人才，及具有造林学识经验者，分别任用，俾专司其事，以重责成，并按照官等表委任等级比例六成给薪，计每月应共支五百四十元。又每年购置秧苗及调查旅费，约共需三千元，亦拟分月请领。值此财政奇绌之时，方减政之不暇，本不应再请增加预算，惟职局规定预算各款，均指有用途，毫无腾挪余地，为固工防而辟利源计，势不得不呈请追加，此款拟请即由财政厅暂行按月照发，以资举办。就目前论，固系仰给于公家，然为河工延揽造林人才，即系开发将来无穷利薮，拟一面查勘河堤老柳无再发育能力者，先行估价变售，以作调查旅费杂支等项，为数当已不赀；一面补种新柳，预计十年之后，佳木葱茏，取材益丰，获利更厚，其数必较财政厅陆续拨助之款，超过倍蓰，届时款有着落，自无须取给于公家。似此变通办理，积极进行，庶几河务前途尚可借资整理。所有拟请暂行增加预算，于职局技术科内添设林务股，以推广种树，救济河工缘由，是否有当，理合将酌拟简章并编经费一览表各一份，备文呈请鉴核，伏乞钧厅俯赐转请省政府提出政务会议公决，令饬财政应准予追加十八年度预算，按月拨发，以重树政而济河防。

河南河务局组织林务股暂行章程

第一条　林务股直隶于技术科，由下列职员组织之：

一、主任一人。

二、股员一人。

三、办事员一人。

第二条　各分局各设林务员一员，直隶于各分局，并受林务股之指导。

第三条　有左列之资格者，得充主任：

国内外大学校林业系或农专校林本科毕业，办理林务在一年以上，熟谙公牍，兼具有河工方面之经验者。

第四条　有左列之资格者，得充股员：

林本科或林业讲习所及专修科毕业，办理林务在三年以上，兼熟谙公牍者。

第五条　有左列之资格者得，充办事员及林务员：

各种林务学校毕业，或办理林务在五年以上，兼有河工方面之经验者。

第六条　林务股职员之官等阶级如左：

一、主任委任第五级。

二、股员委任第六级。

三、办事、林务员委任第七级。

第七条　林务股及各分局林务员职掌之事务如左：

一、关于林务方面之文书撰拟及宣传等事项。

二、关于育苗造林之设计、制图等事项。

三、关于林木之栽种、培护及采伐利用等事项。

四、关于林务之调查报告等事项。

五、关于林务之统计事项。

六、其他林务之一切事项。

第八条　每年春、冬两季造林以前，召集各分局开春冬季林务会议。

第九条　遇必要时，得召集各分局开林务临时会议。

第十条　林务股施行细则及各种会议规程另定之。

第十一条　本章程自呈准公布之日施行。

河南河务局林务股编制经费一览表

职务	等级	额数	预算十成每年支数	薪俸月支敷共应支数	各级职员每员支数	支六成月支数共应支数	备考
主任	委任五级	一	一〇〇元	一〇〇元	六〇元	六〇元	
股员	委任六级	一	八〇	八〇	四八	四八	
办事员	委任七级	一	六〇	六〇	三六	三六	
林务员	委任七级	一	六〇	六六〇	三六	三九六	计上南、下南、郑中、中牟、武原、陈兰、孟温、阳封、下北、西沁、东沁十一分局各一员，月支洋如上数
合计		一四		九〇〇		五四〇	
说明	除上列表内规定职员薪俸外，另拟有购买种子秧苗费，年支洋三千元，分月请领，计每月应领洋二百五十元，未列表内，统共月支七百九十元，合并声明						

按：此呈上后不久，民政厅改组，故指令未下。

十月，西沁分局长孙佐、下南分局长王鄘、武原分局长朱学轼先后呈报接收第一、第二、第三造林场情形。指令：准，备案。

十月，河南整理黄河委员会委员长何其慎训令黄沁十一分局：查年来旱潦频仍，新植柳杂等树培养失宜，以致多未成活，且柳荫滩地及树坝脚尚多荒芜，殊为可惜。刻下将届冬令，正宜乘时选地，以备明春继续栽种，仰即督饬技术员沿堤调查所有地面积、土壤性质，适宜柳种暨他种树木约需株数，并就地购取数目之多寡，依所列表式，限文到十日内填齐，迅速具报，以凭查核分配栽种。

十月，河南整理黄河委员会训令黄沁十一分局：查各局柳株暨杂树月报表，仅载树种株数，至于树身粗细、生长强弱、枯腐情形，多未据实登记，无从查考，且比年来新植柳杂各树，每经干枯，生机毫无，或已拔去靡踪，而仍按月填报，似此虚朦，尤属非是。兹为实事求是而便考核起见，特令发制定表式，仰于文到之日，迅即饬属将该管堤段所有各种树木，分段调查，详细测验，不得稍涉含糊，并依照所颁测树尺寸图式，仿制若干份，分发负责测验官兵，按照新列表式逐月填齐呈报，以昭核实。测树尺寸图式暨树木月报表式随发。

十一月，河南整理黄河委员会以时届霜清，以后所有黄、沁两河沿岸及造林场并新设地点，亟应分别查勘，以便明春种植，令委高立德、张季龙等前往详细调查，呈报核办。

十一月，委员高立德等以调查黄、沁两河堤岸造林情形，业经完竣，拟具黄、沁河堤营造保安林整个计划，呈请鉴核施行。十二月，指令：察核调查情形均极明晰，所拟计划亦甚周详，应候分别施行。

黄沁河堤营造保安林计划书

《建国方略》载：黄河之水，实中国数千年愁苦之所寄，水决堤溃，数百万生灵，数千万财产，为之破弃净尽，故一劳永逸之计，不可不立，用费虽巨，亦何所惜？此全国人民应有之担负也。浚深河口，整理堤防，建筑石坝，仅防灾工事之半而已，他半工事，则植林于全河流域倾斜之地，以防河流之漂卸土壤是也。是治河之道，植林异常重要，往昔河堤两旁皆留有官地，名曰柳荫，亦寓植树之意也。惟无地盘筹画，不能按年进行，仅有片段的作业，又何济于事哉？今者整理黄河，我委员长谋深虑远，拟造固堤林，谨就全河之实在情况，作整个计画如下。

本计画共分二段，首述造林之纲要，次言其详细办法。

甲、造林纲要

一、豫境黄河及沁河两岸造林，拟于五年内完成之。

二、固堤林所采取之树种，拟以柳、榆为大宗，其他次之。

三、河堤造林法，拟以插木、植树两法为主，播种次之。

四、冬季水势平稳，河堤造林之人工，拟尽先着工务队兵充当，不足时另雇短工。

五、采取树秧，除就河岸现有之母树选择外，另行购买。

六、在两沁及黄河南北岸总设林务机关，实施造林，并管理一切林务。

七、队兵对于林务，须完全听林务机关之指挥，以便操作。

八、林务机关办事处设前河务分局内，由河上流至下流，不必固定上段，造完后移至下段。

九、林务机关住在某局，即应用某局家具，不需多数开办费。

十、苗圃育苗事项，仅粗放的经营，不必按照陈规多所糜费。

十一、林木保护，队兵负完全责任，不必另觅林警。

十二、堤林除用以固堤外，并可得相当利益，以增收入。

十三、在河堤上可附带修筑汽车道，以便修堤运料，工余则载客运货，以广收益。沁岸为交通孔道，附办汽车，得利尤速，可以之补助造林经费，故堤顶不能完全植树。

十四、黄河及两沁全堤，共有植树地三万一千四百四十余亩，共可植树七百四十七万四千五百六十二株。

十五、将固堤林木造齐，共计仅需洋二万余元。

十六、八年之后，平均每株每年所产木材，价格以五分洋计，共计每年可得洋三十七万三千七百余元，其基本木产价格尚不在内。

乙、详细办法

一、黄河及两沁固堤林，既拟于五年内造成，则河堤之面积、栽植树木株数以及需用人工款项等，须有预算。兹分述之。

（一）河堤可植树地面积。

沁河约三千六百亩。

附计算法。沁河堤长南北共约七万二千丈，堤坦宽度两岸外坡平均三丈、里坡平均五尺，合计三丈五尺。惟该坦原有树木，约占全坦面积三分之一，公有林、私有林合计。故其宽度以三丈计算，计堤坦可植树地面积约三千六百亩。至于堤顶，因拟作汽车道，故其面积不计。

黄河南岸约一万二千五百四十四亩。

附计算法。黄河南岸堤长，上南分局堤八千三百六十二丈九尺，郑中分局堤六千六百二十丈零三尺，中牟分局堤七千一百三十二丈八尺，下南分局堤一万六千五百一十三丈，陈兰分局堤五千六百三十三丈。共四万四千二百七十三丈，堤宽各处不等，宽者十余丈，狭者四五丈，平均以六丈为标准，堤高亦各地互异，高处二三丈，低处七八尺，堤北部皆较低于南部，平均以一丈为标准。

堤顶面积。共计四千四百二十七亩三分，其中除去道路面积宽三丈。二千二百一十三亩余，可植树地约有二千二百一十三亩余。

堤坦面积。堤高平均既以一丈计，则堤坦面宽当以二丈算，据调查所得，黄河堤高与堤坦宽多为一二之比。故合计左右两坦，宽可四丈，约计面积二千九百五十一亩五分三厘。

柳荫地面积。查大堤两旁柳荫地，皆宽十丈，惟有临黄河者有被村庄占去者，有已植柳者，平均每旁以五丈计，约有地面积七千三百七十八亩八分三厘。

以上三项合计，全堤可植树地面积一万二千五百四十四亩余。

黄河北岸约一万五千亩。

附计算法。北岸河堤计长三百四十五里。

下北分局、阳封分局及武原分局之原武、武荥两汛，共计堤长二百三十一里。堤及堤坦高低宽狭不一，至其柳荫地，堤南宽十丈，堤北宽五丈，堤顶平均宽五丈，计地三千四百六十五亩。柳荫地堤北宽五丈，计地三千四百六十五亩，堤南柳荫地宽十丈，计地六千九百三十亩，堤南坦平均宽一丈五尺，计地一千零三十九亩五分，堤北坦平均宽五丈，计地三千四百六十五亩，以上共计地一千八百三十六亩四分。

武陟汛及孟温汛，共计堤长一百一十四里，武陟汛堤长三十四里零十六丈，堤顶平均宽五丈，计地五百一十一亩，北堤坦平均宽四丈，计地四百零九亩，南堤坦平均宽一丈五尺，计地一百五十三亩四分，温县汛堤长三十九里，堤顶平均宽三丈，计地三百四十亩，堤北坦平均宽七尺五寸，计地八十七亩，堤南坦平均宽七尺五寸，计地八十七亩。孟县汛堤长四十一里，堤顶平均宽五丈，计地六百一十五亩，堤南坦平均宽一丈，计地一百二十三亩，堤北坦平均宽一丈，计地一百二十三亩，以上共计地二千四百四十八亩。

以上黄河北岸，总共计地二万零八百一十二亩。

全堤道路宽二丈，共占地二千零七十亩，原有树木及村庄河流等项，约共占地三千七百四十二亩，除去道路、树木、村庄、河流占地外，可造林地计一万五千亩。

（二）栽植树木株数以每距离五尺植树一株计算，沁河两岸可植八十六万四千株，黄河南岸可植三百零一万零五百六十三株，黄河北岸可植三百六十万株。

共计三处可植七百四十七万四千五百六十三株。

（三）需用人工每人每日以植树二十五株计算，沁河全堤植树约需工三万四千五百六十个，黄河南岸全堤植树约需工一十二万零四百二十二个，黄河北岸全堤植树约需工一十四万四千个。

共计三处约需工二十九万八千九百八十二个。

（四）每年作业之预算就以上计算所得，全堤共可植树七百四十七万余株，今拟定五年内将全堤林木造完，则每年应植树一百四十九万四千九百一十二株，惟以现有堤林未加整理，其所产之苗木不敷应用，倘专凭购买则所费不赀，故拟初、二年少栽，后三年加多。

第一年作业计画

作业植树四十九万八千三百零四株，本堤可产苗木三十万株，须另购苗木十九万八千三百零四株。

费用购买苗木十九万余株，每株以二分计算，需洋三千九百六十六元。购买林具镐一百把，每把八角，约需洋八十元；钢锹五百柄，每柄一元，计洋五百元；铁椎一百个，计洋一百元；斧头一百柄，计洋五十元；水桶二百付，每付二元五角，计洋五百元。约需洋一千二百三十元。购买自行车四个，约需洋二百四十元。共约需洋五千四百三十六元。

人工第一年植树约需工一万九千九百三十二个，而工务队在冬季三个月中，除留相当之人夫外，约可抽调八百人工作，共可抵工七万二千个。是以工务队植树，不惟不必雇人，且可剩工五万余个，此剩余之工，以之修理树木。

第二年作业计画

植树株数与第一年同，但第一年所植之树，因天灾人害，不无伤损，必须于本年补栽。而本堤可供给之苗木，亦不若第一年之多，基此二因，故购买苗木费须增，惟费用与第一年略同，除以购买林具费移作购买苗木外，增加无几，人工之剩余者，仍修理树木，并补栽第一年损伤之树木。

第三年作业计画

作业植树二百一十五万九千三百一十七株。

费用届时柳林经整理者，其新发枝条已满三年生，加以苗圃幼树亦多量培出，故苗木完全足用，无需苗木费。

人工第三年植树及补栽第二年所损伤树木，需工八万七千三百七十二个，而工务队仅可抵工七万二千个，尚须外雇工一万五千三百七十二个，每工以三角计，需洋四千六百一十一元。

第四年、第五年作业计画，与第三年同。

二、营造河堤保安林之期限与面积既有定数，而营造之法则及队兵之操作等规定如下。

（一）固堤林营造法。河堤造林法拟分为三种，第一、在冬季施行插木，选择二三年生之柳枝，粗径一二寸者，截成二尺五寸至三尺之插穗，即短枝干。于堤地掘二尺五寸至三尺之穴植之，即普遍所谓之低柳是也。至栽植高柳，非于特别湿润地不行。第二、在春季栽植树秧，就苗圃内育成之树秧，或由外处购买树秧栽植之。第三、施行取播法，即树木种籽，随需随采而种之。择适宜树埋播于堤之斜坡上。然无论行何种造林法，务于亢旱时勤加灌溉，意在使其必成，否则今年枯死，明年完全补栽，所费更属不赀也。

（二）工人之支配与训练。工人分长工、短工，短工则临时雇用，首、二年不用。长工以工务队充之，因造林亦堤工之一种也。惟该队皆散处各汛，造林时使其就近操作，各自为政，则害多利少，不如于各汛酌留队兵巡守，余者调至一处工作，待冬春造林完竣，则各归原处。至行取播造林，可就近为之。

各队队长、汛长、汛官，对于筑堤修埽虽饶有经验，对于林业诸多隔膜，宜加以训练，使其指挥工作。

此外，林务机关由工务队中拔选林工，宜有固定性；往昔皆不重林务，队兵皆以堤工为主，倘无固定者，临时有周转不灵之弊。况造林技能亦非熟悉不可，果平素无固定之人，则冬季大队工作时，领工亦异常困难，拟拨固定工人五十名。

三、造林后连带引起之问题，即保护、修整、利用是也。

（一）保护保护责任，由工务队长、汛长、队兵分段负责，其保护得力者，酌给奖赏，损失过大者惩罚之。

（二）修整插植矮柳萌芽后，皆横生枝节，不加修剪则灌木丛生，乔林难期。须于插木生成后二年加以修剪，其职务由附近队兵担任，不足时佐以相当之短工。

（三）利用河堤造林之目的，固在固堤非以图利也，然有应当利用者，如老柳已届枯死之年龄，须砍伐之，即壮柳施行头木伐，使其发生柳椽，亦无碍于护堤。如是一举两得，利莫大焉，其利益之概算如下。

现有林木加以整理可得之利益。现在成柳，据各分局报告共七万余株，姑以六万株计算，其中枯老者多不过一万株，健壮者可五万余株，老柳每株以二元计，可得二万元，壮柳施行头木伐以育柳椽，则第一年砍伐之树冠即树之枝梢。作薪炭材出售，每株平均以三角计，可得一万五千元。黄河南北岸薪炭之价格，每斤铜元一二枚。以后此五万余株之壮柳，每株每年生长之木材量以二角估价，每年可得洋一万元。

将来林木可得之利益。柳林生成后，七八年即可施行头木伐，共计沿河可植新柳七百四十七万四千五百六十三株，粗放计之，八年后每柳每年所产之木材量，其价格以洋五分计，因八年后尚有三年生之树木，故价格从低。每年可得洋三十七万三千七百余元。以上所计，皆就树木每年生长之木材量算其基本之木材，并不加以砍伐，倘一并算入，其数更巨。夫每年有三十余万元之收入，以之筑堤治河，不无小补。

四、关于管理林业，非有林务机关不能迅速进行，故山东对于河堤营造保安林，闻早即设置监督处，而吾豫亦于民国十六年革命军到豫时，设立堤柳管理处，嗣又分设三林场，此皆应乎需要，不得不然也。惟分设机关则事权不一，亦非计之得者，斟情度势，应设河堤林务管理处，隶属于整理黄河委员会，而总管河堤林务。其办法如下。

（一）河堤林务管理处之组织。河堤林务管理处设处长一人，技术主任一人，技术员四人，事务员一人，书记二人，督工勤务若干人。由工人内提用。

（二）办事节略。沁河、黄河南岸、黄河北岸，每处驻技术员一人，分掌其所在地之林务。管理处设于全河适宜地点，随造林之工作而迁移。

（三）附设苗圃。苗圃地址，在沁河者拟设两处：一、仍用已往柳园之苗圃地积扩充为四百亩，因该处原有委员会地四百亩，土质甚佳，且近于水，可节省人工。二、在木栾店大王庙后有河地九十亩，距河既近，工作亦便。在黄河南岸者，旧地址土质尚佳，地系长形，不甚适宜，拟仍在该处更换民田。在黄河北岸者，仍旧苗圃，工人每处十余名，即以前所言之固定工人充之。

五、黄河、两沁固堤林造成后，循河而上，求治本之法。移此林务机关而造林于与河有关系之各山间。届时固堤林已能生利，苗圃之苗木亦能充分接济，再拚命造林，阻止山水暴发，黄、沁两河之水患，当可因之减少矣。

六、沁河所经过之区域，为沁阳、武陟等处，其他物产丰富，如药材、草纸之类，每年输出甚多，倘就堤作为汽车道，以达黄河北岸，则货物运往汴南及徐州者，当不取道于新乡矣。况以堤作道，不费人工，只须有车即可畅行，是亦附带之重要事项也。

十二月，河南整理黄河委员会训令各工务队：案据委员高立德等呈报调查黄、沁两河造林情形完竣，并送计画书到会，查该书内列各队本年应植树数，核与该队原报估栽数目甚形悬殊，现际积极整理之时，造林为治河先务，尤应奋力进行，岂宜稍存偷惰，且各队兵额业已视前扩增，工力既充，前估更难适用。仰该队长等迅即遵照，督同工务员汛长等，将所辖工段内应栽树木暨地亩面积数目，翔实确查，依照前颁表式，于文到一星期内充分估报。总之，本年冬季植树数目柳杂并计，至少须超过上年派额二分之一以上，以期蔚兴林政，是为至要。又训令各工务队：查《造林计画书》内列“固堤林营造法”一则，对于取材种植诸法，简赅易明，亟应通令颁行，共资取法。兹抄发固堤林营造法一纸，仰即转饬员汛一体遵照，所有本年栽种柳杂各树，其植材播种诸法，确遵办理，期收实效。

十二月，黄、沁各工务队呈送《柳株杂树苗圃报告表》。指令：准备案。

十二月，整理黄河委员会以沿河树木之种类数目及成活枯槁实在状况，向未切实考查，全凭局队空文报告，作为成绩，殊非整饬工防之道。特制定树木调查表，令委干事姜文彬、关澧钧、丁兆福，查汛员贾瑞恒分赴各队，会同队汛将经管段落内之柳杂各种树株，按照表式分别查明呈报，以作统计之预备。又以河工堤坝年久失修，倒塌残缺，比比皆是，亟应分别培修，以固工防。饬即一并沿堤查勘，督饬队兵认真培修，毋稍敷衍，并将办理情形随时具报。

十二月，河南整理黄河委员会委令造林专员高韵生、技术员张季龙分赴河堤，督饬各工务队按照原定造林办法迅速进行，倘工务队有因循不力情事，具报严惩。

十二月，整理黄河委员会训令各工务队：据造林专员高韵生以河堤林务急待整理，拟具民国十九年春季河堤造林进行步骤，呈核尚合，饬遵照办理。

民国十九年春季河堤造林进行步骤

一、责令工务队，尽于一个月内，将矮柳插植完竣。

二、矮柳插竣，即开始确实调查老柳壮柳之株数及所在地点。

三、柳株调查后，即酌量砍伐利用之。

四、择苗圃内可定植之苗木尽量栽植，可移之苗木移植之。

五、修剪已往栽植之幼柳，使向上生长。

六、苗圃内分别下种，以育苗木。

七、造林所用之器具，最小限度每队需先置铁锨二十柄，铁镐十柄，斧头十柄。

卷六　工程第三之四

造林下

十九年一月，河南整理黄河委员会令发《植柳简法》及《造林须知》等刊物，饬各工务队长遵照指导所属，依法造林。

植柳简法

本年植柳预备分低柳、卧柳二种，栽法如下。

低柳栽植法

一、选制树栽子，先自母树上择二三年生的嫩柳条，粗径一寸大的，用斧头砍下来。然后再削成长三尺的插穗，断口处要使他成斜形，仿佛马耳似的才好，因为断口斜开便于吸收养分。柳栽子既已制好，即分别粗细，每百株或五十株束成一捆，那选制树栽子的手续就算完了。

二、掘穴栽树，插植低柳的法子本来有两种。第一在土质疏松的地方，将柳栽子直接插入地内。第二在土质坚硬的地方，因恐直接插柳，损伤树皮，所以要掘穴，穴深普通二尺五寸，穴既刨妥，就把树栽子置入，用土填平，并且还要用镐将土十分镇压，使无空隙。这一层十分关紧，树木之成活与否，全在此举。如是柳栽子覆土二尺五寸，露出地表五寸，吸收水分的面积大，蒸发水分的面积小，自然容易成活。

三、低柳栽妥后，还有两种手术应当举行，第一要把低柳上端的破口处，用泥糊一下，以防止水分的蒸发。第二待解冻后，要把各树穴另外镇压一遍，使它没有丝毫空。照以上各种方法造林，树木死伤的机会很少，但是吾们为预备不虞计，在植柳两旁的柳荫地内，要掘土井几眼，以备天气过旱时，加以灌溉。

卧柳栽植法

一、选制种栽子，插植卧柳的树栽子，顶好是那低柳发生出来的嫩枝条，老树冠上生出的枝子不大管用。粗如巨指，高六尺至八尺大，把它砍下来束成小捆子。

二、掘沟植树，植卧柳的地址，要在砂堤上，它的穴是长形，在砂地上掘成宽六七寸、深三尺至四尺的长沟，所掘的土，在沟北部置四分之一，在沟南部置四分之三，然后将柳束一捆一捆的密排到沟内，使它的下端抵住沟的南侧，上部斜在沟的北沿边上，再自沟南沿填土。如是，柳的下部卧于沟底，中部靠着沟的北侧竖立，上部露出地面，覆土以坚实无空为佳，务须十分镇压。

三、此项卧柳多植于堤形不全的砂丘地，不能只栽一行，宜每距七八尺远栽植一行。照这样作法，堤虽无形，不久即随着柳树的生长高起来了。

一月，造林专员高部生、技术员张季龙呈：案奉钧会委令，驰赴河堤督饬各工务队，按照原定造林办法，迅速进行等因。职等遵即于五日驰赴第一队，该队已植柳一千七百五十五株，现正藏冰，无暇植树，须到本月二十四五日方能栽植。惟届时为期过晚，遂拟由第二、第六、第七三队，各拨二十人协助植柳。七日，抵第三队，该队尚未植柳，正在选取树秧。八日，抵第四队，该队现植柳一千四百株。九日，抵第五队，该队植柳三百株，选就树秧五千株。似此情形，植柳时期已虚度一月，此后可植柳之时期仅二十余日，势非拚命进行不可，故所到各处，皆将植柳之地点、株数、法则等详细规定，并严厉促其进行。十日，拟即搭车北上，赴河北督察，至第六队、第七队、第二队三处，为河冰及土匪所阻，须自上游归来方能赶到，然在柳园口时，已分别致函促令进行。所有职等在黄河南岸各处办理情形，理合具文呈请鉴核。是月，指令：已严饬各工务队，遵照前令赶速种植矣。仰即就近督催，勿任延宕。

一月，河南整理黄河委员会训令各工务队：河堤造林，宜采用插木、植树、播种三法，前已通令在案。惟施行播种，须按时采集种籽，今正苦楝、洋槐、榆、椿等树种籽采集时期，倘不及时着手，将来何以播种？除分令外，合行令仰该队长饬令所属各汛长，迅速派员，多量采集，以便应用。

二月，河南整理黄河委员会布告：查河岸造林，原为巩固堤防，关于两河民众生命财产至重且巨。乃有无知之徒，不明利害，所有堤林盗伐者有之，损伤者有之，更有沿堤农夫摇动新植树木，不使着根，贪目前之小利，昧溃决之大祸，妨害河防，莫此为甚。本会负有整理黄河专责，对于堤岸林木，擘画经营，务期绿柳茂荫，根深蒂固，水无泛滥之虞，民有安澜之庆。仰沿河民众一体爱护，如有接壤河堤之田地，植树于边界者，地主更应负完全保护责任，倘仍图利个人，任意损伤，本会已严饬各县政府及各队兵，昼夜巡逻，一经查出，定行重惩不贷，其各凛遵勿违。

二月，技术员张季龙呈：案奉钧会委令，命赴河堤督饬造林，所有职同造林专员高韵生在河堤办理情形，已由造林专员呈报在案。职自十七日与专员分手后，即留住孟县第十一工务队，次日亲赴河堤，督饬工作，并与汛兵演讲，使汛兵了解植柳简法并河堤造林之重要。在孟三日，该队共植柳二千余株。二十一日，由孟县动身，沿堤视察，尤注意于选秧之母树及植树之地点，当晚住温县。所有在堤上见到各节，命汛长卫景平依法办理。二十二日，抵武陟，当晚与第八、第九二队队长详谈其植柳之经过，第八队已植五千余株，第九队已植七千余株。次晨即赴河堤查看一遍，植法、株数尚无不合。二十四日，到第五队，次日上堤视察，得悉已植低柳四千余株，并在积极进行期中。二十六日，至第四工务队，见到该队已植低柳四万二千余株，而该队植柳独多者，概借汛长周明善督工之力。二十八日，至第三队，见该队所植之柳，无不合法，惟数目尚不及三千。职已严词训诫该队长迅速栽植。三十日，由第三队抵本会。二月二日，复由会中赴第一队，见该队已植低柳一万七千余株，亦在继续进行中。此即在堤上经过之情形也。

二月，造林专员高韵生呈：奉令督饬造林，所有在黄河南岸办理情形，前已呈报。十一日晚至武陟，十二日，催令第八、第九两队迅速工作，限各植柳六万株。十三日，沿堤赴第十队。十四日、十五日，分查沁堤及柳庄苗圃，以其柳株缺少，遂规定植柳四万株。至该队前呈钧会拟购高柳一节，职酌量情形，似可就近由苗圃内选掘榆苗栽植，不必另行购买。十六日，抵第十一队，查该处柳株郁茂，堤无地，仅可植柳三万株。惟队兵于柳株植竣后，可拨三四十名，赴第十队所管地段内栽植杂树。十七日，留张技术员在后督工，并赴第六、第七两队督率进行，职顺堤东行，经温县汛、武陟汛。二十日，至第八队附设苗圃，该圃苗木可供春季栽植者，数约六万四千株，立春后柳株植竣，即将此项苗木分配各队栽植，嗣后督饬造林工作，除由张技术员续为呈报外，谨将现在办理情形，具文呈核。

二月，河南整理黄河委员会以时已解冻，播种在即，各队所采树种数量尚未呈报，恐有贻误，特规定各工务队采集树种，以两石为最小限度，即每名队兵必须采集二升种籽，以资应用，令饬遵照。三月，各工务队长呈报采集种籽情形，指令妥为保存，候派造林专员指导播种。

三月，河南整理黄河委员会训令第八、第十队：据造林专员高韵生呈，黄河南北岸暨西沁前曾设置林场三处，自照案并归附近各工务队经管，月给津贴少许办理以来，场地荒芜，负责无人，若将各场重加扩充，则限于经费，此非其时，如根本取消，则河堤造林，苗木何由供给？但仍循旧规，敷衍从事，不惟苗木不获产生，且虚掷良田，有背经济原则，特斟酌情势，就现有经费范围内，拟具整理办法数项，请鉴核施行等情，并附整理办法到会。查原有第一、二、三等处造林场，自归并兼理而后，因无专员管理，已渐荒废，自应亟谋整理，以重林政。察核所陈，拟将第一、第三两场，先行改作第一、第二苗圃，责成第八、第十两队选派目兵专司管理各条，自属确有见地。除将原呈办法酌量修正并分令外，合行令仰该队长遵照令发《改设苗圃办法》，切实督饬办理，不得稍任废弛，仍将遵办情形具报。

河南黄河整理委员会原有林场改设苗圃办法

一、规定原有第一林场为本会第一苗圃，附设第十工务队，第三林场为第二苗圃，附设第八工务队。

二、原有之第二林场，俟派员查勘后，再行酌量办理。

三、第一苗圃由第十工务队派一正目负责管理，第二苗圃由第八工务队派一正目负责管理。

四、各苗圃内由该管工务队各拨汛兵十名，常川驻圃，经营育苗事项，但遇有河工时，仍须赴河岸工作。

五、常川驻圃之正目，直接负养育苗木、指挥工兵之责，须择有育苗经验之人充当，月给津贴五元，由苗圃办公费内支给。

六、苗圃内之育苗办公等费，按照原有林场月给津贴十三元之数支领，不另增加。

七、驻圃正目受该管队汛之直接监督，并由该管队工务员指导之。

八、驻圃正目暨工兵等工作勤惰，并有无育苗能力，除饬造林专员随时考察外，该管队汛长等须认真督饬，将工作成绩按月具报。

九、本办法由本会核定公布后施行。

四月，河南整理黄河委员会以时届清明，杂树栽植多已竣工，亟应从事播种，扩大造林，特编就《播种造林简法》，令发各工务队，饬即就现存之槐、楝等种籽，依法尽量播种。

播种造林简法

一、地点。播种地点以堤顶为主，就宽广之堤项上留出道路，余地皆可播种。然在东、西沁河堤上无地者，即播于堤坦上，至于坝顶亦可播种，土质可尽先择肥美地点。

二、播种法。播种楝子、槐豆皆用点播法，即每距五尺远掘一坑，深五六寸，大一尺许，先将土块打碎，散播种子三四籽于其中，然后覆土厚二指至四指，并用足镇压，以免透风，坑之周围再作一小土岭。

播种榆钱、椿籽等小粒种子，则点播、条播均可施行，播法与前无异，施行条播法即每距五尺远掘一长沟，播种可也。然无论施行何法，该项种子仅可覆土一二分，过深则不易发芽。又榆籽、椿籽播种时期，应在多雨之际，春播极不相宜。

四月，第八工务队长王庆芝呈：案奉前河南整理黄河委员会令发，原有林场改设苗圃办法，饬即遵办等因。遵即将原有第三造林场名目改为第二苗圃，并将原有造林场范围内区划模范苗圃改为模范区第一区，第二苗圃改为第二区，移植第一区改为移植区，舞楼西改为舞楼区，已于四月一日选派职队正目蔺海旺，抽拨精壮汛兵十名，常川驻圃，由正目负责指挥工作，并指派工务员廖明堂，系林业专科毕业，办理林务历有年所，常川驻圃，凡关于苗圃内文件，负责办理以及监督目兵等指导一切事宜。故自四月一日开始工作以来，工务员廖明堂、正目蔺海旺首先将苗圃内旧存零星稀苗归并移植一处，腾出空地，率领汛兵分投工作，一面翻掘，一面打畦，现已整理完竣九亩有余。刻下榆籽成熟，加派汛兵多量采集，以备播种之需。惟旧存林具久未修理，类皆破坏不堪，目下工作所用器具，多系借诸附近居民，但林具为物，实苗圃工作之必需品，借可暂不可久也。所有奉令改设苗圃办法，暨最近工作情形，理合呈核备案。

六月，各工务队呈送柳株杂树苗圃报告表，指令：准，备案。

附表见工程表之十四、十五。

六月，河务局长于廷鉴呈省政府：窃查职局沿堤柳株，旧存新植，共有一百一十余万，其应行修剪者约在五十万株以上，按最低限度估计，每株冗枝平均五斤，每斤价值折洋一厘，五十万株共重二百五十万斤，预计可得变价洋二千五百元，以之供给造林之用，似属不无小补。惟事关创始，将来成效何如，此时未敢逆睹，谨拟具实施办法八条，呈请鉴核示遵。同月，奉指令：案经政务会议议决，交民政、建设两厅会核复夺。

河南河务局柳枝变价移作造林费办法大纲

一、本办法系根据造林固堤之原则，于现存柳株加以修剪，修剪之后变价存储，专供河堤造林之用。

二、修剪时期，自立秋日起至霜降日止，盛夏之时不得滥行修剪，致碍树木之发育。

三、被剪柳枝最大直径不得过半寸，其五年以上成柳之柳枝，有确实干焦已失发育之能力者，不在此例。

四、修剪时如适逢秋汛吃紧，原有队兵不敷调用，得由各队临时呈请总局雇工修剪，其修剪费用准自柳枝变价内开支，实报实销。

五、修剪后，须将剪下柳枝每百斤束成一捆，存储营堡各房或队汛办公处内，汇总呈报，听候派员验收，酌量变价。但干焦之大枝须另分捆束，不得与弱小冗枝混在一起。

六、柳枝变价后，各队长须会同委员，将变价全数解缴总局，次由总局拟制造林计划，将各队呈缴之款匀配发放，借期计划之实现，有余额时仍须专款存储，不得移作别用。

七、本办法如有未尽事宜及窒碍难行之处，得随时修改之，并呈请省政府备案。

八、本办法自呈准公布之日施行。

六月，河务局长委令乔树俊、张宗振查各队最近柳株、杂树及苗圃，统计实存柳株为一百零六万一千二百二十株，实存杂树为十五万八千二百八十九株，苗圃亩数为三百三十八亩六分九厘五毫，各圃幼苗为四十三万八千五百九十二株。究竟柳杂树及苗圃中之幼苗现状若何，枯死、回芽、未萌芽与真正成活之数目各若干，苗圃亩数是否与原报相符，现值各分局成立伊始，亟应分别调查清楚，以明真相而凭考核。合行令仰该员分赴黄、沁沿岸，按照令开各节逐细调察，详晰列表呈报，慎勿隐匿捏饰，致负委任，报告表式随文颁发。

七月，省政府训令：案据民政厅、建设厅会呈，奉令会核河务局所拟《柳枝变价移作造林费办法大纲》八条之防弊办法等因。当经会议防弊办法四条如下：一、河务局原呈规定每斤柳枝价值折洋一厘，合钱不及五文，按之现在开封柴价似嫌太廉，拟每斤价值按洋二厘计算，合钱尚不过十文，亦与出售上无甚窒碍。一、剪伐期前，应责成各队汛将应行修剪柳枝分段查明株数，造册呈报后，方准修剪。一、各队汛将柳枝修剪完竣，应呈由河务局转报钧府，派员会同验收后，方准出售。一、被剪柳枝，如查有超过原定限度及呈报不实情事，应由钧府分别惩处。以上所拟是否有当，理合会呈钧府鉴核饬遵等情。据此，查所拟防弊办法尚属可行，应即照准，除指令外，合行令仰该局即便遵照办理。

七月，河务局长训令上北、西沁分局：查前第八、第十工务队之第二、第一苗圃，系前委员会就旧有第三、第一造林场改设者，刻下第八、第十工务队既由该分局接收，对于原有苗圃自应负责整顿，以免荒废而维林政。现在尚有桃、杏、槐、楝等树籽，并须积极搜集，继续播种，为将来扩充之地步。除随时派员前往考查外，特制定苗圃成绩报告表式二种，随令颁发，仰该分局长迅将附设之第二、第一苗圃，依照表式，于文到三日内填列具报。

八月，西沁分局呈报第一苗圃旧存苗木成绩报告表。同月，指令：查该分局附设之第一苗圃，最密者每亩育苗三万九千余株，最疏者每亩育苗二千株。依此推测，则密者已断绝空气之流通，势必渐形枯萎；疏者亦难免杂草之丛生，当然有碍发育。且该苗圃原有地一百九十七亩五分，表内只列五十九亩，此外所余之一百三十八亩五分，春夏两季既无播种，亦未出租，竟坐视其荒废而不加以补救。前第十工务队办事不负责任，可以想见。除姑准备案外，仰即转饬管理员高荣甲督率队兵，妥为保护，仍候派员查勘后，拟制整顿办法，另案示遵。

八月，河务局长通令黄沁六分局：固堤之法，端赖造林。造林工作，除种植灌溉之外，以修剪冗枝为最要。本局长日前赴中牟勘工，行至斜大王庙前第二造林场，见场内苗木异常稠密，败叶蔽地，枝节横生，若不急行修剪，不惟比邻大道，观瞻不雅，而虚耗养分，断绝空气，有碍于苗木之发育者至深且大。目下已交秋汛，雨量充足，正宜停止灌溉，专事修剪，以助苗木之生成。兹制印《剪树须知》三十份，除修剪柳枝，关系太大，应候详订办法，另案公布并分行外，合亟检同剪树须知五份，令仰该分局长切实遵照，立饬各汛长抽调目兵，依照《剪树须知》，将该管工段内之杂树暨苗圃中之苗木，一律修剪完整，并将开始修剪日期，连同施工人数及每日修剪株数，一并具报查考。

剪树须知

一、剪树时，无论使用斧头、砍刀或镰剪各刀，均须磨砺锋利，以免揭伤树皮，或有刀口不齐之患。

二、修剪一二年级之杂树，树冠部分至少须留全长之四分之一。

三、遇有揭伤树皮，致津液流出时，须随时用树下之土敷布伤处。

四、修剪时，忌用力过猛，摇动树根。

九月，河务局长训令黄沁六分局：查本局前拟《柳枝变价移作造林费办法大纲》一案，经呈奉省政府修正，并令准遵照办理在案。兹遵照《修正办法》第二条之规定，特制《应剪柳株调查表》式样，除分行外，合亟检发表式，连同呈文原稿、《办法大纲》各一份，令仰该分局迅将应行修剪之柳枝，参看《办法大纲》第三条。分别汛堡，查明株数，列表呈报，以便另饬着手修剪。同月，各分局长先后呈送《应剪柳株调查表》。指令本局临时造林队业已拟定组织大纲，计划进行，仰候该队成立后，实施修剪可也。

九月，河务局长委令彭璠：查西沁分局经管本局之附设第一苗圃，面积广大，树苗繁多，入夏以来，以管理人员漫不负责，加以原定章程有遇河工紧急时，驻圃汛兵仍须赴河岸工作之条，一遇汛涨，遂将额派汛兵调去多数，驯至办公处内阒其无人；苗圃之中鞠为茂草，殊非创设场圃之本意，亟宜遴派专员常川驻圃，以谋整顿而资改良。除分令外，合行令委该员前赴该圃负责整理，并尽先督率汛兵，实行剪枝及除草手续，以壮观瞻而助生长。仍将整理及工作情形，随时会同分局具报查核，毋稍敷衍，致负委任。又委令乔树俊赴上北分局经管之第二苗圃，常川经理。并训令西沁、上北两分局知照，仰通力合作，会报察核，不得因有专员驻圃，即便诿卸责任。

九月，河务局长通令黄沁六分局：造林工作，除种植、灌溉之外，即以剪枝为最要，曾颁发《剪树须知》四条，令饬遵照办理在案。目下秋汛既交，风力日劲，前发之《剪树须知》第二条，谓树冠部分至少须留四分之一，系指苗圃中较稠之苗木而言，其或树距稍远及本年移植之杂树，形成孤立，枝叶单薄，自不得修剪过苛，致招暴风吹折之患。除分令外，合亟令仰该分局长转饬所属汛长、目兵一体遵照，对于孤立之幼弱杂树，务须多留上部冗枝，以资维护，并将开始修剪日期，连同施工人数及每日修剪株数，仍遵前令具报。

九月，河务局长训令黄沁六分局：沿堤造林，为治河之根本办法，所关綦重，不容视为缓图。前为便利工作起见，曾经制定《林具表》，令发各该分局依式填报，以凭添购在案。现在节交白露，转瞬即届霜清，所有冬季造林事宜，亟宜提前筹划，借收措置裕如之效。本局长考察所及，觉目下造林方面，应准备之事项有如下述：一、划定各汛本年冬季及明春之种树地点。二、调查各汛现存柳株，能采高低柳桩及卧柳条各若干。三、调查各汛及旧造林场现有能移植之杂树苗各若干。总计上列三点，即以各汛原有秧苗分布划定地点之内，视其是否相称，如有赢余或不足时，并即随时酌量匀配，以免贻误。同时，对于划定地点，复加以下列之限制：甲、堤面之上禁止种树，因堤面之上既经行硪试锥，土质坚固异常，勉强植树，成活难期。且挖掘树坑，致将土壤翻虚，易为水沟浪窝之媒介，有害于堤防，无益于林政，为害实大，宜特别注意。乙、近河堤爪及坝根之外与未租出地亩，应尽先普种，前者灌溉较易，林木可望成活，后者不背经济原则，兼能巩固堤工，一举两得，利莫大焉。兹制印划定种树地点及秧苗调查表式样多份，随文颁发，仰即遵照令示各节，转饬各汛依式填列，仍由该分局汇总呈报。

九月，河务局长以时值剪枝时期，特拟具《临时造林队组织大纲》及《实施剪枝计划》各十二条，提经局务会议议决施行。除委任陈凤衔为第一造林队队长，徐以赓为第二造林队队长，彭璠为第三造林队队长外，令饬各分局遵照该组织大纲及计划，切实办理。

河南河务局临时造林队组织大纲

第一条　本大纲系根据本局《组织法》第五条第四项暨《办事细则》第十条第四项之规定，特设临时造林队三队，以黄河南岸为第一队，黄河北岸为第二队，沁河两岸为第三队。

第二条　造林队各设队长一人、书记一人、庶务兼会计一人，每队酌量堤段长短，树木大小及多寡，分设若干组，每组设组长一人，队员若干人，按段实施各项造林工作。

第三条　造林队队长由局长遴委，组长及书记各员由队长就本局暨各分局职员中选择，签请局长委派，队员就各分局队兵中，挑选吃苦耐劳及有植树经验者充任之。

第四条　造林队自秋分节前十日组织成立，秋分至立冬日为剪枝时期，立冬至次年清明左右为植树时期，至立夏日暂行解散，嗣后灌溉保护，统归该管局汛负责办理。

第五条　剪枝时，须相度树木枝干情形，选取骑马、木、电线杆、柳椽及柳条等材料，不成材者修理使之成材，冗枝弱条剪下后，按《剪枝办法大纲》处理之。

第六条　造林分挖坑及栽植两时期，又分柳株及杂树两类，柳株自立冬日至大雪节前为挖坑时期，自大雪节至立春日为栽植时期，杂树自惊蛰日至春分节为挖坑时期，自春分节至谷雨节为栽树时期，灌溉、保护系常年工作，不限定时间。

第七条　关于育苗工作，由第一、第二苗圃负责办理。

第八条　各造林队因成绩之优劣，得酌施奖惩，其奖惩办法另定之。

第九条　造林队之职员均照支原薪，关于购置林具暨办公、运输等费，统由造林费项下开支。

第十条　剪枝及种植之实施办法，须分别编制计划，以资遵守。

第十一条　本大纲如有未尽事宜，得随时提议修正之。

第十二条　本大纲经局务会议议决，签请局长批准后施行。

造林队实施剪枝计划

一、为剪枝实施计，特于《剪枝办法大纲》外，按照《造林队组织》第十条之规定，编制计划，以利推行。

二、第一造林队所管黄河南岸长约二百五十里，第二造林队所管黄河北岸长约三百三十里，第三造林队所管沁河两岸长约二百四十里，各按工段长短、树木大小及多寡，分组进行，计第一队应设五组，第二队应设七组，第三队应设二组，每组员额，应按照附表所列数目分配之。

三、各造林队成立后，应先造花名清册，每人发给布识别章，按组编列，如第一队第一组职员某某、第一队第二组职员某某字样，以便查考而资督率。

四、各造林队所属各组，担任工段及修剪柳株应用林具，均按照附表所列数目办理。

五、各造林队队部，除遵照《组织大纲》第二条应设人员外，得酌调队兵数名，以资差遣而便指挥。其各队应调名额规定如左：

第一造林队八名；

第二造林队十二名；

第三造林队六名。

六、造林队公、杂各费，暂不规定数目，应由各队撙节开支，实报实销。

七、剪枝时取下之骑橛、电杆、柳椽等物，应由队长或组长随时点交督工员或汛长保管存放，其柳条冗枝并应由保管者立时摊置向阳处所，俟晒干后即为捆束，以免腐朽。

八、每组每日应将工作情形记于日记簿内，日记簿由本局制定，按组发给，各组按旬循环，送至队长核阅后，签字盖章，以便检查。

九、各组工作状况，按旬由队长汇呈本局备查。

十、剪枝事务，除遵照《剪枝办法大纲》《造林队组织办法大纲》办理外，悉按照以上列举各项办理，以期敏速。

十一、本计划系按各分局呈报表册编制，如实施时发生滞碍，应由各组长商承各队长，随时陈请更正之。

十二、本计划自局务会议议决，呈由局长批准实行。

九月，下北分局长徐以赓呈送划定种树地点及选取秧苗数目调查表，指令所有种树事宜，即由第一造林队负责进行，缺少杂树苗一千九百八十株，届时可径函下南分局，由前第二造林场如数掘取，以资栽种。

十月，河务局长陈汝珍通令黄沁六分局：为政之要，未可专慕虚名；河防工作，尤宜期补实际。卷查前局长任内公布之《临时造林队组织大纲》，规划非不周详，惟是霜清之后，防险工程逐渐减少，凡我河务人员，自应分力于植树造林，以尽职责，无庸另立名目。限令到之日起，所有临时造林队未成立者，着即停止组织，已成立者一律取销，此后植树造林，即由各分局长督饬汛员目兵，分途工作可也。

十一月，河务局长呈省政府：营造森林，为物质建设中之主要部分；而沿堤植树，尤为治河方面之根本办法。职局现有护堤地及各种河产三百一十三顷一十四亩，再加两岸堤面平均宽六丈，长七百里，共计面积四百余顷，可植树三百余万株，十年以后，按最低价格每株以一元计算，可值洋三百余万元。现在地租收入，每年不及万元，十年合计不及十万元，两者相较，不啻霄壤。为补助物质建设及实现治河根本办法起见，特拟具《造林议案》，附送《计划大纲》及《河产一览表》各一份，呈请提交政务会议议决施行。十二月，奉指令：案经提交本府委员会议议决，交财、建两厅核议。

造林议案

为提议豫省河产，逐年实施造林，以巩堤防而畅利源事。查本局十七年清理河产，计共丈收河工地亩三百一十三顷十四亩三分一厘二毫，内分护堤地一百八十三顷八十七亩八分一厘，滩地九顷七十四亩三分三厘七毫，庙地二十一顷六十一亩三分二厘三毫，官地九十七顷九十亩零八分四厘二毫。前此清理河产，保留此项地亩，原为广造森林，巩固堤防，他如工程取土、苗圃植秧，在在复需用土地，是以收归河工管辖。惟豫省兵燹迭遭，财政奇绌，河务经费积欠甚巨，薪饷无着，在工员兵枵腹从公，生活尚无力维持，是以各项工程，除抢险外，其余多在停顿，虽每年不无造林育苗工作，实际迄未能整个计划，是以历任局长亦只得因陋就简，以全年不及万元之课租收入，移作欠发经费挹注，实则杯水车薪，难敷经饷之什一。其原来造林护堤及为地方开尽美利之根本计划，均属有愿莫偿，时势使然，良非得已也。按：造林之利益极广，倘黄河两岸沿堤一律植树，不惟盘根如网，足资巩固堤埝、消极防患而已，且其利益之雄厚，实较地面收益增大三十余倍。今按每方丈植树一株计算，则所有河产三百一十三顷一十四亩，可植树一百八十七万八千余株，再加两岸堤面以每丈长十二株计算，全堤长七百里，亦可植树一百五十一万二千余株，总共可植树三百余万株，十年以后，按最低价额每株一元计算，可值洋三百余万元。查全部河产三百余顷，除沿堤已造林地亩外，现在每年课租收入不及万元，十年合计不及十万元。若植树一百八十七万余株，十年后即值一百八十七万余元，二者利益之大小比实霄壤也。刻下军事告终，财政统一，经费盈绌，政府自当统筹兼顾，不应复存目前之计，尤宜厉图持久之谋。兹特拟具造林计划大纲，分别全部造林及一部造林两种办法：全部造林者，即将所有河产一律作植树之用；一部造林者，即专以护堤地植树，其他滩、庙、官三项地亩，只提留育苗取土之需。查护堤地即旧日所谓柳荫地，原备植柳固堤之用，土质砂硗，若招佃承种，不惟收入极微，实亦大背消极防患本旨，故此项地亩应请完全造林，现正积极规画，分期进行，以固堤防而裕收入。至滩、庙、官三项地亩，虽非直接护堤，实亦有间接防患者，如工程取土、开圃育苗，应分段酌量保留若干顷，以免临时征用民地，糜费公帑。以上两项计划，若允全部造林，则全部河产自当仍由本局经营，以一事权。如允一部造林，除护堤及提留者外，其他河产自当交由省政府处理，以清权限。现届秋尽冬初，造林事业急需筹备，方针未定，措手无由，谨附呈《造林计划大纲》一份，并《河产一览表》一纸，是否有当，敬候公决。

河南河务局沿河造林计划大纲

一、林地概算计分甲、乙两种。

甲、护堤地及现有河产。此项地亩分为护堤地、滩地、庙地、官地四种，据本局最近统计，共有田地三百一十三顷十四亩三分一厘二毫。兹分项列表于次。

河南河务局护堤地及现有河产一览表

分局名称	护堤地	滩地	庙地	官地	合　计
下南	六五二九亩八六二	六七七亩八五九	四六七亩八二八	九 六九七亩六七二	一七 三七三亩三二一
下北	六 三七四·三五一	一〇八·一八〇	三三九·六〇〇		六 八二二·一三一
上南	三 三八一·三八〇	一六七·四九八	二二三·六〇〇		三 七七二·四七八
上北	二 〇七二·二七七	二〇·八〇〇	五一八·八五〇		二 六一一·九二七
西沁	三〇·〇〇〇		五二七·三八五		五五七·三八五
东沁			八四·〇〇〇	九三·一七〇	一七七·一七〇
总计	一八 三八七·八一〇	九七四·三三七	二 一六一·三二三	九 七九〇·八四二	三一 三一四·三一三
说明	一、护堤地即旧日柳荫地。 二、滩地即堤内临河之地。 三、庙地即原收之沿河大王河神庙产。 四、官地即下南之官庄租地及东沁之营地				

乙、堤面及堤坡。查黄河堤段，南北两岸单复合计约长七百余里，堤面宽度两三丈至六七丈不等，平均以五丈计算，堤身高度六七尺至两三丈不等，平均以一丈计算，堤坡斜度为一与二之比，堤坡之平面宽为两丈，计左右二坡及堤面宽共九丈，除堤面道路三丈以外，实余造林地六丈，七百里共计七十五万六千方丈，其总面积为一百二十六顷。

右[1]列甲、乙两项，共有造林地四百三十九顷十四亩三分一厘二毫。

二、划分林区。以前造林各分局队汛，皆各自为政，不惟调查保护难期周到，而零星散植，亦且不易见功。此后拟先将林地划为若干区，次将人工、财力集中一起，共同工作，先造第一区，次及第二、第三等区，至造齐为止。

三、造林总数。甲种林地，株间、行间平均均以一丈计算，约可造林一百八十七万八千余株；乙种林地，株间距离以五尺计算，行间距离以一丈计算，目的在固结堤埝之土质使不易崩溃故宜密。约可造林一百五十一万二千余株，二共造林三百三十九万余株。

四、造林年限。目下各分局已造林约有一百万株，则待造之林约为二百四十万株，拟分五年造齐，每年应造林四十八万株。

五、造林时期。每年二、三两月及四月上旬，为种植杂树时期，十二月全月及一月上旬，为种植柳株时期，但因特别关系，亦可稍事变通。

六、造林方法。关于造林之方法，按照实地情况另行编辑，兹不赘。

七、种树之选择。甲种林地，拟多栽高柳亦名橡柳。及各种杂树；乙种林地，因土质干燥，拟多栽低柳。亦名柳橛。

---

[1] 右　原书为繁体竖排，“右”即“上”。余同。

八、苗木之取给。目下旧造林场可供造林之苗木约有十余万株，第一年实行造林，腾出苗床，积极育苗，再就现存健壮成柳，直径五寸至一尺者。施以头木伐，第四、第五两年各种苗木无虞缺乏。至第一、二、三等年所需苗木一百四十四万株，除各造林场现存苗木及各分局每年可就地采取柳树插杆即柳椽与柳橛。十万株，共四十余万株外，实在须购苗木只一百万株而已。

九、人工约数。以栽植十五株为一工，取苗、挖坑、栽植、灌溉均在内。每年以造林四十八万株计算，共需三万二千工。此项人工，除抽调各分局汛兵轮流工作外，并拟呈请省府饬沿河各县，酌派民夫帮同种植。查每年造林时期，依第五项规定一百一十日，兹按一百日计算，每人十五株，每日有三百二十人作工，即可造林四十八万株。

十、保护方法。以前保护林木，全责成各分局之汛兵，不知各局汛兵人少事繁，堤段绵长，殊有看守难周之势，专募林营，经济方面亦所不许。嗣后除仍责成汛兵分段巡察外，并拟举办左列各事：

（一）宣传森林之利益及河堤造林与沿河民众之关系，以引起其爱林思想，俾可减免盗伐损毁之危害。

（二）与沿河民众切实联络，使人人皆负保护之责任，订立简章，呈请省府备案，每届年终，择其成绩优良者，予以相当之奖励。

（三）依据《森林法规》订立《保护森林法则》，呈请省府备案，务使沿河居民家喻户晓，俾知有所儆戒。

十一、费用概算分林具、苗木、运苗、灌溉、育苗、整理现有苗圃。杂支等六项，以下分述之。

（一）林具费。铁锨六百张，需洋六百元；十字镐三百把，需洋三百元；月斧三百把，需洋三百元；水桶五百付，需洋一千五百元，四共需洋二千七百元。按：五年计算，经理费及补充费均在内。

（二）苗木费。依照第六项规定，购苗木为一百万株，高、低柳及各种杂树每株平均以洋五分计算，共需苗木费洋五万元。

（三）运苗费。每株运费，大小、远近平均以洋一分计算，每年四十八万株，共需洋四千八百元，五年总数为二万四千元。

（四）灌溉费。沿河造林，名为临河，实则背河之处较多，故灌溉一层，极感困难，除由汛兵及各县民夫汲取河水灌溉外，其离河太远有离河三五里至十余里者。之林地，事实上须向附近乡村出资购水，姑以造林全数四分之一计算，每株灌溉两次，平均需水洋二分，六十万株共需水洋一万二千元。

（五）育苗费。现有苗圃两处，欲谋接济第四、五两年之苗木，非雇用长工并派员负责管理不可，育苗费用共分甲、乙两项。

甲、凿井费。两圃拟各凿井二眼，每眼需洋二百元，两圃共凿井四眼，共需洋八百元。

乙、经常费。两圃雇工头二人，月共支洋二十四元，工人二十人，月共支洋一百六十元，肥料、种子费月共需洋三十元，办公、杂支等费月共需洋四十元，四共需洋二百五十四元，每年两圃共需经常费洋三千零四十八元，五年总数为一万五千二百四十元。管理苗圃，由本局职员中抽派之，来往只给旅费，不另支薪。

以上育苗费，共需洋一万六千零四十元。

（六）杂支费。每年造林期内之各种杂支如津贴、民夫、茶水、火食等。约需洋一千元，共需洋五千元。

以上六项用费，共需洋十万零九千七百四十元，为便于明了起见，特分年列表如次。

分年造林费用概算表截至第五年造林期满止

项别＼年别	第一年	第二年	第三年	第四年	第五年	合计
林具费	一 七〇〇元	二五〇元	二五〇元	二五〇元	二五〇元	二 七〇〇元
苗木费	一三 〇〇〇	一八 五〇〇	一八 五〇〇	无	无	五〇 〇〇〇
运苗费	四 八〇〇	四 八〇〇	四 八〇〇	四 八〇〇	四 八〇〇	二四 〇〇〇
育苗费	三 八四八	三 〇四八	三 〇四八	三 〇四八	三 〇四八	一六 〇四〇
杂支费	一 〇〇〇	一 〇〇〇	一 〇〇〇	一 〇〇〇	一 〇〇〇	五 〇〇〇
总计	二六 七四八	二九 九九八	二九 九九八	一一 四九八	一一 四九八	一〇九 七四〇

十二、造林经费之来源。查沿河两岸，现存直径五寸至一尺之成柳，至少有五万株，依第八项规定，将此项柳株施以头木伐，使之发生柳椽，每株可得薪炭变价洋二角，五万株共可得洋一万元，即以之供给第一年造林之用，其余不敷之数及第二、三、四、五等年应需造林经费，拟呈请省政府转饬财厅，按年由省库拨给。

十三、造林期满后，历年所得利益之概算，计分甲、乙两项如次。

甲、造林满五年后所得剪枝之利益。造林满五年后，须施以相当剪伐，以促其生长，将现存柳、杂各树亦算入新造林范围之内，每年各栽四十八万株，至第六年应剪苗木为一百四十八万株。每株枝梢变价，最低限度按大洋一分计算，则第六年可得洋一万四千八百元，第七年得洋一万九千六百元，每年增加，满五年生者四十八万株，枝梢值洋四千八百元。第八年得洋二万四千四百元，第九年得洋二万九千二百元，第十年得洋三万四千元，共计可得洋十二万二千元。

乙、造林满十年后所得间伐之利益。造林满十年后，须行间伐手续，以每年伐枝三十万株计算，每株最低限度值洋一元，共值洋三十万元，除去补植育苗及人工杂支等费，每年至少可得洋二十八万元。

十四、附记。此外如作业之指导、成绩之考核及附带发生之种种问题，届时须分别订定具体办法，姑从略。

十一月，河务局长通令黄沁六分局：案奉省政府训令，以奉行政院令发《堤防造林及限制倾斜地垦植办法》，饬即遵照办理等因。查堤防造林，极关重要，本局长业将本局所有河产，通盘筹划，拟具造林计划大纲，呈请省政府提交政务会议在案。兹奉前因，除河产造林俟奉指令批准后，根据预定计划次第施行并分令外，合亟抄发《堤防造林及限制倾斜地垦植办法》一份，令仰该分局长查明所管工段内之堤基或护堤地以外之民地，有造林及限制垦植之必要时，应即遵照行政院制定办法，切实办理，并具报查核。

堤防造林及限制倾斜地垦植办法

第一条　为避河流两岸倾斜地土砂之冲刷，并捍止其崩坏，有造林及限制垦植之必要时，得依本办法之规定。

第二条　河流两岸应行造林之区域，由各该水利主管机关，依照左列各项规定分别办理：

一、造林区域如为官产时，由该水利主管机关经营之。

二、造林区域如为公共团体所有或私产时，得依法征收，由水利主管机关经营之；或规定栽植办法，令该所有者自办或组织合作社经营之。

三、造林区域内已有林木，如为公有时，由水利机关管理之；其为公共团体所有或私有时，得限制其砍伐，或酌给代价收买之。

第三条　依第一条之规定，为防止土砂之冲刷，其倾斜在二十度以上者，经森林及水利主管机关之会勘，认为确有建造保安林之必要时，由森林主管机关依法征收经营之。

第四条　凡倾斜在二十度以下之地亩，水利主管机关认为有筑梯田或其他相当工程物之必要时，得勒令垦植者遵照办理。

第五条　凡私人造林，经该水利主管机关查勘，认为与堤防有益者，得呈请内政部核奖。

第六条　河川中新滩之沙洲及因堤岸崩坏形成之沙滩，非经水利主管机关之核准，不得造林，其已经造林而认为有碍水道时，得强制砍伐之。

第七条　依本办法应行设备或受限制之区域，经水利主管机关勘定后，交由地方政府执行。

第八条　依本办法规定，应由水利主管机关办理之一切事宜，如未设专管水利机关之处，得由该管地方政府办理之。

第九条　本办法如有应行修改之处，由内政、农矿两部及建设委员会会同修改之。

第十条　本办法自呈准公布日施行。

十一月，河务局长通令黄沁六分局：造林固堤，育苗为先；培养苗木，采种为要。现值秋冬之交，正各种树籽成熟之期，各该分局长亟应督饬所属，就该管工段内及附近乡村中原有树木，择其中年母树发育良好且结实最多者，尽量采集，妥为贮藏，以备明春播种之需。兹令发《采集树籽报告表》式样一纸，仰即遵照办理，并将采集情形于每月十日以前，依式列表具报一次，以凭查核。

十二月，东沁、西沁、下北、下南各分局呈报十一月采集种籽情形。指令：转饬各汛长督率目兵，遵照前此令示之母树标准，努力采集，多多益善。嗣后采集数量，一律以斤十六两。为单位，并于次月十日以前汇报本局，以资统计。

十二月，黄、沁六分局先后呈送柳株杂树苗圃报告表，指令：准备案。

附表见工程表之十六、十七。

十二月，东沁分局长呈：案查分局所属汛兵，自上月至今，除办理他项工作而外，所积土牛已达二百余方，查此项工务，前因军队过境，工存土车、铁锹失落许多，不敷各兵工作之用，昨已据情转请添补，现仍继续堆积。惟查沿河应植柳株，瞬届小雪，栽植极为要紧，现当堤土尚未坚冻之时，务宜乘时多掘坑窝，以便将来砍取秧苗，可以随采随植，不致有何困难。兹于十二月二十六日，已分饬员汛督同目兵查照原估应植地点，分途挖掘。至应用砍刀，亦以失落短少，昨据汛长报告，已随应行添补车锹，一并请予购备在案。除由分局长严行督率，并将办理情形随时报查外，所有植树动工日期，理合备文具报，仰祈鉴核查考。

十二月，河务局长令发二十年份《造林育苗办法》暨《植树旬报表》式，饬各分局长遵照办理具报。

按：二十年份《造林育苗办法》，二十年二月曾经修正，故原办法从略。

二十年一月，下南分局长李缵曾呈送种树地点及秧苗调查表。指令：督饬员汛努力栽植，秧苗不足之数，候本局采购饬领。同月，西沁分局长苏世珍呈同前由。指令：据称该分局南北两汛，共能采取高低卧柳一万零三百株，共能栽植七千六百株，除分布外，尚余柳秧二千七百株等情，仰即督率栽种，以固堤防，剩余之二千七百株，候令知东沁分局，就近运取应用。

一月，省政府训令：前据该局呈送拟具造林议案，附《计划大纲》《河产一览表》，请鉴核交议一案，经提交九次本府委员会议议决，交财、建两厅核议，业经指令并分行在案。兹据财、建两厅覆称，遵即会同核议。查沿堤植树，固为治河根本办法，然其目的不过以防止水患、巩固河堤为最大之范围，至于河防以外之造林，似应仍归职建设厅统筹办理，以一事权。拟请准予按照该局所拟之一部造林计划办理，即将河产滩、庙、官等地，除护堤及提留者外，尽数交由政府处理。至造林经费，原列拾万零九千七百一十四元，系为全部五年造成之计划，若一部造林，所需费用自少。复查该局每年护堤、防河，原有造林工作，所有造林器具尽可应用，无须另行购置。据前局长于廷鉴拟具《柳枝变价移作造林经费办法》声称，沿堤共有柳株一百一十余万株，其应行修剪者约在五十万株以上，《计划大纲》第十二项亦声称，现有直径五寸至一尺之成柳约五万株，施以头木伐，每株可得薪炭变价洋二角，五万株共得洋一万元等语。按直径五寸至一尺之柳株施以头木伐时，每株平均至少可得堪以造林之高柳四五株及低柳数十株，若按该局前报可以修剪之柳五十万株计算，即每年每株剪得柳苗一株，亦足供沿河造林之用，其不堪用者仍可变价，以为修补造林器具及各项杂支之需，似无设圃育苗及购买苗木之必要。又查该局原有汛兵六百余名，若于冬春无事时分班栽种，担任运苗、灌溉等项工作，雇用民夫一节亦可节省。总之，该局沿河造林，应即利用原有之树株及汛兵，充分经营，无庸另行拨款，以节财力。所有奉令会议河务局造林计划，拟准一部造林及无庸另行拨款各缘由，是否有当，理合缴还原件，呈复鉴核饬遵等情前来。除指令会呈已悉，准如所拟并令饬遵照矣。此令。缴件存印发外，合行令仰该局即便遵照。

一月，河务局长通令黄沁六分局：查本局二十年份造林育苗办法，业经令发各分局遵照办理在案。惟关于育苗第一项，原定于一月以内，将直径五寸至一尺之健全成柳，一律施以头木伐云云，目下天气严寒，各种工作均感困难，而植柳一事，又属不可稍缓，各员汛目兵等终岁勤动，辛苦备尝，值此冰天雪地之候，若于植树之外，复加以头木伐之工作，不惟本局长于心不安，事实上亦恐有顾此失彼之虑。为此，通令各分局遵照各就本年划定地点，积极种柳，所有头木伐工作着即暂缓施行。除分令外，合行令仰该分局长，即便转饬所属员汛目兵等一体知照。

二月，河务局长通令黄沁六分局：查本局前以天气严寒，兼值种柳时期，对于林务方面施行头木伐之工作，有顾此失彼之虞，曾经令知各分局暂缓施行在案。目下已交立春，气温渐高，此项工作仍须积极筹备，切实进行。兹规定施头木伐时，应注意之事项如下：

一、施头木伐时，可采用包工制，以补各汛兵力之不足。其办法即系将直径五寸至一尺之成柳，连同距离甚小之柳株，一并招人包伐，限期竣工。至迟不得过三月十五日。伐下之柳株、柳枝，随时由各分局职员，会同委员及承包人称量注册，准承包人按最低限度缴价，但每斤价格不得在铜元一枚以下。不给工资运费。

二、承包人不得要求发给铁锯及一切应用物品。

三、无人承包时，应需各种物品，惟该分局自行购制，其费用得由柳枝变价内实报实销。

四、头木伐应于树干发杈七寸左右处着手，借以培养多数之柳椽，削去之口应为斜平面，以免雨水之停腐。

五、各分局柳枝变价，除特许购置林具外，其余应如数呈缴本局，以便采购大批苗木及抵补造林育苗之一切费用。

六、各分局能否包工及实施时之详细办法，限文到五日内据实呈报，俟核准后开始工作，除分令外，合行令仰该分局长迅速遵办具报。

二月，河务局长通令黄沁六分局：查工存料物及各种树木，关系河防工程极为重要，必须认真调查，切实列报，以昭郑重而资考核。近据各分局呈报工料树木表，间有以多报少及以大报小之处，殊属非是。除分令外，合行令仰该分局长遵照，迅速查明现存料物及树木数目，如有与原报不符者，准予声明更正，以昭翔实。嗣后查报各项，并不得稍涉含糊，致干查究。四月，各分局先后呈报现存料物及林木数目，指令：准备案。

二月，河务局长训令东沁、西沁、下北、上北各分局：查本局二十年份造林育苗办法，业经颁发各分局遵照办理在案，惟目下财政情形仍极困难，对于造林事项未能放手办理。兹特缩小范围，就原定办法略加修正，最要之点为将原定造林区域第一项，改为上南、下南两分局所辖临河方面之堤根及护堤地，俟有余力，再就背河方面酌量栽植。除分令并委涂技士缵襄先后驰赴上、下南两分局会同办理外，合行检发《修正造林育苗办法》一份，令仰该分局长督饬所属切实遵办，并按旬具报为要。同时，令上、下南两分局遵照。

河南河务局修正二十年份造林育苗办法

甲、造林

一、区域。为缩小范围及便于管理处起见，特规定造林区域如左：

（一）由京水至柳园口上下南两分局所辖临河方面之堤根及

全部护堤地，即柳荫地，下俱同此。俟有余力，再就背河方面酌量栽植。

（二）上北、下北、东沁、西沁四分局所辖堤根或护堤地之一部。

附注：右列两项护堤地如业经出租，发有执照者，应由该管分局长据实呈报本局，覆查无异后，得酌量情形豁免其租金之一半或三分之一。

二、树种。紧傍堤根栽植低柳两行，护堤地内栽植高柳或杂树，但得就实地情形酌为变更。

三、树距。用正方形植树法，低柳纵横各五尺，高柳、杂树纵横各一丈。

四、树苗。上、下南需用杂树苗木，就各苗圃内拣选，运费实报实销。柳橼、柳橛各就原有成柳尽量取材，上下南不敷之数，由本局备款购买。

五、人工。上、下南造林人工，除该两分局直辖汛兵外，由本局抽调下北汛兵协助之。工作紧张时，再由本局酌量情形，加雇短工，其余分局均以原有汛兵尽力栽植。

六、时期。二月十五至三月十日为种柳时期，三月十一至三月三十一日为栽植杂树时期。

七、管理。上、下南造林，由本局派定专员会同管理，其余分局由各该分局长及所属职员分别负责。

乙、育苗

一、培养柳橼。应遵最近令发施行头木伐注意事项，慎重办理，即以头木伐之代价，抵补造林之一切费用。

二、培养杂树苗。临时酌定办法，另案公布。

二月，河务局长以上、下南造林及施行头木伐事宜，亟应派员会同举办，令委技士涂缵襄驰抵该两分局，会同各该分局长遵照造林育苗办法，妥慎办理。

二月，河务局长训令下南分局：案奉省政府通令第一二四号内开，案准实业部林字第七一号咨开，查总理逝世纪念日举行扩大造林运动宣传周，上年国府著为定案。其举行办法，自三月十一日起，以一星期为造林宣传周，在首都则由本部约集有关系机关代表，组织首都造林运动临时委员会，酌定施行。在各省县市，则由各省、县、市政府会同省、县、市党部负责办理。本年总理逝世纪念日转瞬将届，自应敬谨举行，以崇纪念。除分行外，兹特检同《造林运动宣传办法大纲》一份，咨请贵省政府查照筹备举行，并希将办理情形咨复，以便汇报，至纫公谊等因，附《造林运动宣传办法大纲》一份。准此，除咨复并分行外，合亟抄发原《宣传办法大纲》，令仰该局即便遵照，转饬所属一体遵照办理具报为要。此令。计抄发《造林运动宣传办法大纲》一份等因。奉此，查河岸造林，本局业经拟订办法，令饬施行，奉令前因，自应遵照办理，扩大宣传，以示提倡。除分令各分局遵办外，兹订于宣传周内，由本局长督饬全局职员，齐赴该局所辖工段以内，率同该分局职员举行造林。合亟抄发《办法大纲》一份，令仰该分局长遵照办理，筹备具报。至造林日期，临时再为酌定，另文饬知。同日，令发上南、上北、下北、东沁、西沁各分局《造林运动宣传办法大纲》，饬遵照。

各省市县造林运动宣传周办法大纲

一、本宣传周，应由各省农矿厅或建设厅、各市政府社会局、各县政府负责主持，并约集其他有关系机关团体，共同办理。

二、举行日期，定每年三月十一日起至十六日止。

三、造林地点，如无大面积之林场，得分地造林。

四、植树日期，如不能在同日举行时，得将参加团体之人数，分组分日栽植。

五、植树时，应由负责办理之机关，酌派技术人员妥为指导。

六、本宣传周所植树苗，应由负责办理机关妥为管理，如发现有枯死或损坏者，应即补植。

七、关于本宣传周之各种宣传品，均应邮送实业部一份备查。

八、各省市办理本宣传周经过情形，应由各省农矿厅或建设厅、各市政府社会局详细报告实业部，各县办理经过情形，应由各省农矿厅或建设厅汇呈实业部查考。

二月，河务局长呈省政府：案奉钧府调令，以据财、建两厅会核职局造林计划，拟准一部造林，毋庸另行拨款一案，饬即遵照等因。奉此，自应遵照办理，惟关于购置苗木、整顿苗圃及临时雇工各节，有不能不再为声明者。查沿河旧有柳株，除少数老朽不堪取材外，其余多系三四年之新柳，尚未加以整理，且以前小规模造林，均系就地取材，从未备款购苗，故本年可以采取柳橡者，实属寥寥。又护堤上等地亩，以栽植杂树为宜，近两年来虽办有苗圃，因经费无着，多已渐就荒芜，为积极造林计，不得不购置苗木及整顿苗圃，以资应用而图实际。复查目下桃汛在即，河防工事渐形紧张，而栽植杂树及灌溉等事，均在桃汛左右，各汛汛兵为数无多，不免顾此失彼，临时雇工补助工作，在事实上实为迫不得已之举。兹奉前因，拟即先按一部分造林计划办理。至本年造林区域，分为下列两项：

一、由京水镇至柳园渡口，上、下南两分局所辖临河方面之堤根及全部护堤地，俟有余力，再就背河方面酌量栽植。二、上北、下北、东沁、西沁四分局所辖堤根及护堤地之一部，并按照原呈计划第十二项，将直径五寸至一尺之成柳，择其发育较好者施以头木伐，以培养多数之柳椽。三四年后，植柳取材当可无虞缺乏，似此办理，于沿河造林业务，不难逐渐推行。至应需一切费用，均就原有造林费预算范围之内撙节开支，不另请款。除委派专员，会同各分局长督饬员汛目兵切实办理外，所有遵令施行一部分造林计划，及就原预算撙节开支，不另请款缘由，理合呈复鉴核。

三月，河务局长训令下南分局长李缵曾：查该局春季植树及头木伐事宜，前经本局委派涂技士缵襄驰赴工次会同办理，所有头木伐开始日期，业经该局呈报在案。惟目下植树工作日形紧张，该局管辖五汛工段太长，殊非一人所能兼顾，特加派督察员刘智孙前往该局，帮同涂技士监视头木伐事宜。除令委外，合亟令仰知照。

三月，技士李在禄呈：窃奉委令赴下南、下北两分局，抽查新旧林木实在情形，并有无应行整顿或改良之处，切实具报等因。遵即驰赴两分局所辖汛堡，切实查勘，查得沿堤旧有树木生长尚旺，保护亦力，新植各柳大致亦合规定办法。惟下南中汛九堡堤北新植刺槐，距离过密，有碍发育，暨祥河上汛第一林场内所存苦楝、刺槐数千株，亟应分植，俱已商同涂委员，请其派人整理。除下南、陈兰汛未能前往亲查外，谨将调查各局现存直径五寸以上旧有林木株数，暨新旧林木应行整顿及改良之处，详列呈核。再各汛低柳株数，眉目不清，碍难查考，合并声明。四月，指令：候酌量施行。

沿堤新旧柳株应行注意改良意见书

一、宜实行剪枝工作。查各汛所属高低柳株，皆系自然生长，未加整理，横枝丛生，多不成材。不惟有碍观瞻，即对于树木发育，亦为害孔多，如下南中汛四堡大堤北岸之柳，即因枝条过密，阳光不能直射，已呈枯萎现象。整枝工作，尤为必要，技士已商诸涂委员，请其整理矣。总之，各汛柳株，须由总局规定修枝办法，颁发饬遵，以资整理，方为合宜。

二、宜增加保护力量。查该两局所管堤身，东西皆长百有余里，看柳汛兵又属寥寥，刻已盗伐时起，将来木价愈高，人烟愈稠，保护尤感困难，须由总局规定保护柳株条例，呈准省府令饬沿堤各县份，转饬沿堤附近村庄负责保护，方可收事半功倍之效。

三、宜确定柳株名目。查该两分局所辖沿堤柳株，名目繁杂，极难考察，如柳株仅有高、低二类，在各汛堡则巧名之曰老柳、成柳、高柳、低柳、墙柳、栅柳、卧柳等，本局为便于考查起见，亟应规定名目，通令划一。

四、宜将择伐各柳坫木涂色标记。查各汛自奉令栽柳后，即分向所属高、低各柳林内任意选伐，分配栽植。但所遗坫木之上，并未加以标记，其后盗伐与否，无从查考，似宜通令各局汛，所有已经砍伐柳株，所遗坫木着色标记，以志识别。

五、宜整理低柳数目。查各汛所报低柳数目，多系沿旧错误。初时每穴栽植四株，其后无论成活多少，丛出若干，即呈报四株，刻下多寡不一，碍难考查，似宜令饬各局，按每穴一株，再行呈报，眉目方清。

六、新植高柳宜注意择芽。查各汛所植新柳，多在立春以后着手，现仍继续栽植。刻下天气较暖，树液渐形流动，各柳下部毛细根萌发时期尚早，地下养分势难吸收，届时急宜令各该局汛施行择芽工作，以减少其本身所储营养液之销路，成活方可有望，否则供不应求，成活株数势必减少。

七、宜奖励巡柳汛兵。查各汛巡柳兵额既少，艰苦自多，宜格外与以权利，方能期其看护周到。

八、宜奖励各分局植柳出力人员。查大堤两岸，未曾植柳之处尚多，急宜奖励种植，以巩堤防。今春各分局如有植柳超过规定额数及成活比例最大者，似宜分别予以名誉奖励，传令各局知照，以资鼓励。

九、宜规定间伐轮伐期。查下南、下北两局，低柳株间、行间距离均密，宜间伐、轮伐两法互用，生长较易，三年足可成材。

十、宜设专员管理树株。查堤傍树株多属荒芜，推厥原因，尽由于管理非人及无人负专责之咎，欲使全堤丛翠，获利亿万，则非划段设员，以专责成，并呈准服务任期，免随时局为转移不为功。

四月，河务局长以培养苗木为造林之先决条件，特于嘉应观前第三造林场地址，设立苗圃一处，专管采种及育苗事宜。圃内设管理员一人，由本局林务技士兼充，监工员一人，由武荥汛汛长兼充，并制定《苗圃办事规程》及临时、经常预算各一份，以便有所遵循。除分令上北分局长转饬武荥汛汛长切实遵照外，令委技士李在禄径向庶务处领取临时及经常各费，驰赴嘉应观苗圃，积极工作，妥慎管理，并将遵办情形具报查考。

河南河务局苗圃办事规程经费表从略。

第一条　本局为培养苗木，以备沿河造林起见，特于嘉应观设立苗圃一处，掌管采种、育苗事宜。

第二条　苗圃置管理员一人，由本局林务技士兼充，受局长之命，办理苗圃内一切事宜。

第三条　苗圃置监工员一人，由武荥汛汛长兼充，受管理员之指挥，监督工头、工兵工作事宜，管理员有事故时，得代理其职务。

第四条　苗圃雇工头一人，受管理员及监工员之命，督率工人工作。工人若干人，由管理员会商上北分局，就武荥汛汛兵中指派。如工作紧张，本汛汛兵不敷分配时，得商由上北分局，另调邻汛汛兵协助。

第五条　苗圃管理员应随时随地考核所属职工工作之勤惰，每届年终，并将办事成绩分别加具考语，呈请本局酌予奖惩。

第六条　苗圃管理员应于每年年终，编具本年成绩报告及次年施业计划书，呈局查核。

第七条　苗圃管理员应按季拟具工作计划，呈局查核。

第八条　苗圃管理员应于每月月终，将本月工作情形呈局查核。

第九条　苗圃经费由管理按照规定预算数目呈领，每届月终编具支付计算连同单据呈局核销。遇有临时支出时，得另案办理之。

第十条　本规程如有未尽事宜，得由本局随时修正之。

第十一条　本规程自公布之日施行。

四月，河务局长委令技士韩思道：查柳庄苗圃自造林场归并之后，即责由西沁分局管理该圃苗木，除本年掘运供给上下南造林外，尚存三尺左右之小苗十余万株，若专责西沁整理，诚恐力有未逮，特由本局委派林务技士一人，前往西沁会同该分局长，调集汛兵，积极移植，不再育苗。一俟移植竣事，仍将汛兵调回，所有该圃原有津贴洋十三元，自本年五月份起，改雇长工二名，担任工作，另由西沁分局责成技术员常川驻圃，指导一切，以利进行。除分令西沁分局长遵照外，合行令仰该技士遵照，迅即驰赴西沁分局，会同该分局长，调集汛兵前往柳庄苗圃，妥速移植，仍将移植及移植后雇工情形，会呈报查。

四月，技士李在禄呈：窃职奉令驰赴嘉应观苗圃，积极工作，妥慎管理，仍将遵办情形具报查核等因。即率领工头一名，驰赴该圃，招集武荥汛汛兵七名，开始工作，整地育苗，第以人少地多，进行迟滞。旋即商同上北刘分局长，遣调原武汛汛兵五名来圃帮工。又以时促天旱，需工在急，每日雇用短工数人，协助进行，一面招人修理水井，一面招工赶造人力辘轳暨一切林具用品，并率领工人采集榆籽，以备播种，切实指导工人努力工作。再，各局所存树籽尚未送到，一俟转送到圃，即为汇报，合并声明。所有经过情形，理合呈报鉴核。同月，指令：据呈报开始整理苗圃情形，尚属妥适，足征该技士服务热心，殊堪嘉许。除备案外，仰仍督饬工兵等切实工作，务于最短期间整理就绪，并将育苗情形随时呈报。

四月，技士兼苗圃管理员李在禄呈送拟具《嘉应观苗圃二十年春季工作进行计划书》。同月，指令：查该员所拟计划均属扼要，而尤以第二、第五及第六、第七等项为切中肯綮，仰即根据计划，次第施行。

苗圃二十年春季工作计划书

绪言

本局为促成沿堤造林工作起见，特设斯圃，专管采种及育苗事宜，注重实施工作，绝少试验与美观性质，是以来整斯圃，亦当本此旨，以为进行之基。按育苗方法，虽有分根、插条、分蘖、播种等法，而要以播种育苗较为优良，故今春所选种籽，全系宜于本圃及沿堤之风土气候，且生长迅速，健强而抗害力较大者，决以榆、楝为主要苗木，其次为刺槐、臭椿、美杨，再次则为中槐，而桑、柏又次之，他如贵重苗木，或与经济原则不合者，本圃皆缺而弗播。谨将所拟今春进行计划，胪列于后。

一、育苗设计。查本圃今春可腾地三十余亩，拟以十五亩播种榆苗，十亩播种苦楝，近井之处择留一亩，以备夏季插植美杨，余则播种槐、椿等苗。

二、整理苗床。查设圃育苗，苗床最要，本圃前育苗木，多被掘取，遗迹凸凹，床基破坏。拟即督工从新整理，以备播种，床式则采用低床，并划分阶段，设置水沟，务使床面平坦，以免旱害及雨水冲刷之患。

三、修凿水井。查本圃地分三段，崎岖特甚，旧有水井五眼，位置尚宜，惟各井底全系流沙，尽无正泉，刻下存水者水深不过三尺，即井之口岸亦皆破坏，亟应修凿，以资灌溉。

四、设置人力辘轳。查本圃地面崎岖，每井灌地无多，若设置畜力水车，殊与经济原则不合，拟购买或赶造人力双斗辘轳两架，轮流使用，庶与经济、地利两有裨益。

五、整理旧有苗木。本圃可植苗木，尽行出山，所遗幼苗不惟荒芜未修，且系零星散布。今春着手较迟，移植不宜，毁之可惜，只可加以整理，因地酌留，一俟秋后再为归并。

六、修理围墙。本圃荒芜经年，围墙破坏，急宜挖修围墙，以减少人为及牲畜之害。

七、点验旧有苗数。本圃所遗幼苗某种若干，亟应统计，以备今冬造林计划之需，拟于播种完竣后，饬工切实分别点数，以资统计。

八、修理圃道。本圃旧有圃道，不惟冲刷破坏，且多不合规则，亦拟督工修理。

九、测绘圃图。本圃既经整理，测地绘图亦属要举，拟于苗木播种之后，即为测绘，以便观览。

四月，河务局长呈省政府：案奉训令内开，据建设厅呈称，窃奉钧府训令，以准河南省党务指导委员会函请，由开封至郑州京水之黄河堤栽植树木，以固堤防一案，饬即核办具复等因。奉此，查黄河沿岸堤地，河务局为巩固河防起见，设有林业技术人员，专司造林事宜，由开封至郑县京水一带之植树，似应仍由该局妥为办理，以明责任。奉令前因，理合具文呈请鉴核等情。据此，除指令外，合行令仰该局，即便查核办理具报为要，此令等因。奉此，查职局本年春季沿堤造林办法，前于奉到钧府一月二十五日第六六六号训令，核准一部造林之后，当将造林区域划分两项：甲、由京水镇至柳园渡口临河方面之堤根及全部护堤地，俟有余力，再向背河方面酌量栽植。乙、上北、下北、东沁、西沁所辖堤根及护堤地之一部，业经具文呈报，并派林务技士涂缵襄，会同上、下南两分局办理甲区造林事宜；至乙区造林，同时分饬上北、下北、东沁、西沁各分局负责办理各在案。兹据涂技士报称，奉令后即会同各分局长，督饬员汛目兵在柳园口至京水镇一带努力工作，依次栽植。自二月十一日起至四月十五日止，植高柳五万四千四百六十五株，中柳二百三十六株，低柳十一万一千六百一十九株，楝、榆、槐、桑、杏、刺槐等杂树十三万九千二百二十八株，计共植树三十万零五千五百四十八株。目下柳园口至京水镇临河方面之堤岸，已无隙地，惟背河方面因时间关系，尚未能普遍栽植等情。又据上北、下北、东沁、西沁各分局长先后呈报，植高柳七千五百五十二株，低柳八万九千七百三十一株，杂树二千六百五十八株，计共植树九万九千九百四十一株。统计甲、乙两造林区，植树四十万零五千四百八十九株。正拟呈报间，奉令前因，除其他堤岸造林，拟于五年之内次第办理，以竟全功，并通令各分局严饬所属，对于新植柳杂各树，分别灌溉培护，务期成活外，所有本年春季造林数目及在开封至郑州京水镇河堤植树情形，理合遵令呈覆，仰祈鉴核备查。

四月，河务局长通令黄沁六分局：查本局去岁年终颁发之更正柳杂树表式，曾说明新植树木，临时由本局另颁表式，专案填报，俟成活后再行列入月报表内，按月报告，以昭核实。业经令发旬报表，饬据各分局照式填列，先后呈报各在案。现在柳杂各树均已植竣，所有种植数目亟应汇总造册，呈报备案，以资统计而便考核。除分令外，合行令仰该分局长遵照办理，毋延为要。是月，黄、沁六分局先后呈送一、二、三等月份柳株杂树报告表及植树旬报表，指令：准备案。

五月，委员韩思道、西沁分局长吴之揆会呈：思道奉令于四月十二日驰抵西沁分局，会晤分局长之揆。当即转饬技术员，偕同督率南、北两汛汛长目兵等，前赴苗圃分区移植，将不及一尺高之夹苗尽行删去，业于四月二十九日移植完竣。统计圃内现有柳杂各树十万零四千八百三十株，改雇长工二名，实行工作，并责成技术员常川驻圃，指导一切。除将圃中各树数目详细列表，并绘具略图外，理合备文呈请鉴核。指令：仰督工灌溉，务期成活。

卷七　工程第三之五

交通

语云："涓涓不塞，将成江河。"盖言慎也。黄河水激土松，一遇溜倾，则险工生焉，故防河如防敌然。古称善治河者，莫不以迅赴事机为第一要着，豫河工段延袤三百余里，某汛险工将生，昔者仅恃人力呈报，往返虽急足，仍需三四日程，而料石之运输，其困难殆更倍之，坐误事机，贻害甚巨。近代科学昌明，有电话而消息灵通，有汽车道及轻便铁轨而转输迅捷。本年水位过涨，如西沁之西张纪、上南之郑工保和寨等处，迭告巨险，卒能转危为安，大率受交通便利之赐为多，所谓二十世纪人力战胜天行者，信有征乎！特辑交通各案，汇而存之，俾后之治河者知当务焉。

电话

民国十八年十月，整理黄河委员会委员长何其慎呈省政府：窃职奉钧座面谕，速于各险工处架设临时电话，以期信息灵通，预防河患等因。遵即饬属妥为估计，计南岸险工由职会至柳园口二十四里，由柳园口至东漳八十里，由东漳至来童寨六十五里，由来童寨至京水镇三十五里，共长二百零四里，架设电话五部，所需物料等费约三千二百二十七元三角。业经函商电话管理局，派技师五名，由职会工务人员协同安设。所有遵谕办理暨估计数目表，理合备文呈送鉴核备案。附件从略。奉指令：呈表均悉，准予备案。

是月，整理黄河委员会委员长训令上南等十一分局长：案奉河南省政府主席面谕，沿河各局着架设电话，以利交通等因。奉此，查黄河南岸自柳园口起，经过东漳、来童寨以至京水镇，河务最关紧要，必须消息灵通，方免贻误。现函由电话局派来技师，会同本会人员前往各该地点栽植电杆，架设长途电话。所有经过各该分局地段，均应一律守卫。除分行外，合行令仰该分局长即便遵照，在所植电杆之处，严饬该管队汛员兵妥慎看守，勿得稍涉疏虞。同时分令开封、郑县、中牟三县长，于境内所植电杆，应严饬地方绅民加意保护。

十九年一月，整理黄河委员会委员长呈省政府：窃职会前以架设黄河险工四分局长途电话，以资利便，列具预算表呈请鉴核施行一案，奉指令：准予备案等因。当即函商电话管理局派定技师，会同职会工务人员，前往下南、中牟、郑中、上南四分局加紧安设，并分别令饬管辖各县，在境内设置电杆之处布告周知，严饬地方绅民加意保护各在案。溯自去年十月安设完竣以来，黄河南岸共长二百余里，消息灵通，呼应利便，裨益河工良非浅鲜。至所需物料等费，原估约洋三千二百二十七元三角。嗣因款项奇绌，格外撙节，仅先安设单线，共开支洋一千三百九十八元七角零二厘，较之原估数目，计减支洋一千八百二十八元五角九分八厘，俟经费充裕，再按队分设专线。惟已用之款，概由职会领到经费内挪用，并未另款请领。兹将此项支款计算书、粘据簿并收支对照表编造齐全，备文呈报鉴核批销。附件从略。奉指令：案据财政厅呈称，案奉钧府训令内开，整理黄河委员会加设黄河险工四分局长途电话，支款计算书对照表各四份，粘据簿一本，饬厅审核复夺等因。查该书簿列支数目相符，理合检同计算书、对照表各一份，呈缴鉴核备案等情。据此，除指令外，合行令仰该会知照。

八月，河务局长于廷鉴呈省政府：窃查黄、沁两河，水性无定，堤工绵长，每遇汛涨，险象纷起。前黄河委员会因中牟险工发生，曾安设堤工长途电话四处，直达开封，至今称便。惟线杆矮弱，断阻时闻，且所设线路，未及全堤长四分之一，鞭长莫及，因应难周。局长任事之始，考察所及，即拟将已设区域从事整理，未设堤段赶为展修，饬科详细核算，共计线路长七百余里，应需工料洋一万零六百三十六元，内除电杆一项，拟就地取材，不计费外，实仅需洋六千五百一十一元，节经筹拟办法，均鉴于时艰款绌，未敢冒昧上陈。近因军事正殷，后方设备宜筹万全，黄、沁两河位居上游，防务异常重要，屡蒙钧府饬令，对于河工修守暨沿河渡口，应分别严密防查等因。业将遵办情形呈奉指令在案。是此项堤工长途电话，关系河干交通，灵递消息，河防之外，军事政情需要尤切，岂可因噎废食，长此延缓！拟请将应需工料洋六千五百余元，先在工款项下支付，以便从速购设，俾赴事机而免贻误。奉指令：该局呈请安设长途电话及购置轻便铁道两案，均经政务会议议决照办，仰即遵照。

二十年四月，河务局长陈汝珍呈省政府略称：查前整理黄河委员会于民国十八年中牟险工发生后，在黄河南岸安设长途电话一段，计自开封总局至下南、上南各分局，长一百五十里。现查荥泽、兰封、温孟各段均有险工，尚未安设电话，且以前所用电杆皆系柳椽，细小低矮，业已腐朽，电线系十六号铅丝，节经被风吹断，均属不能应用。兹拟将电杆一律选购较大材木，电线统用十二号铅丝，以期经久，并接长电线，西至荥泽、北至温孟、东至兰封雷集各有险工处所，以期灵通消息，计分干线、支线二种。兹按其长度及应需工料，分列于后。

一、干线

总局至下南分局，二十里。

总局至上南分局，一百四十里。

总局至上北分局，二百四十里。

二、支线

下南雷集支线，自下南分局至兰封县雷集，长一百里。

下南中牟支线，自下南分局至中牟险工处，长四十里。

上南荥泽支线，自上南分局至荥泽汛办公处，本汛第十堡。长三十四里。

上南中牟支线，自上南分局至中牟中汛办公处，长三十里。

上北温县支线，自上北分局至温县汛办公处，长六十里。

温孟支线，自温县汛办公处至孟县汛办公处，长六十里。

总计干支各线，共长七百二十四里。

按：此项长途电话，经省府指令照准后，由本局派采料专员赴沪购办电机、电丝、零件等运汴，复在汴购选电杆，饬工依原呈计划，按干、支线分途安设，计共费勘测、安装、工杂、旅费、运脚洋一千八百一十七元九角二分，其购办电机、电丝、零件、电杆等费，均有该专员呈报清册，本局查核相符。兹将原清册节录附后。

河南河务局购办电机电丝零件电杆清册

名 称	种类	数量	单 价	共 价	备考
三磁石电话机	瑞典	五架	四〇元〇〇〇	二〇〇元〇〇〇	
皮袋查线机		一架	一〇五元〇〇〇	一〇五元〇〇	
镀锌电线丝	十二号	一百八十担	一六元五〇〇	二 九七〇元〇〇〇	
腊花线		十五盘	九〇〇	一三元五〇〇	
镀锌电线丝	十六号	二担	一八元五〇〇	三七元〇〇〇	
胶布	四分	十卷	二〇〇	二元〇〇〇	
一路搬关	西式	五个	一元五〇〇	七元五〇〇	
听话耳机	西式	一个	一八元〇〇〇	一八元〇〇〇	
胶柄钳子	七寸	六把	元八五〇	五元一〇〇	
角把起子	六寸	十把	元三〇〇	三元〇〇〇	
洋钢刀子		三把	元五〇〇	一元五〇〇	
湾脚白料	三号	三千个	元一〇〇	三〇〇元〇〇〇	
干电瓶	红英	二十瓶	一元七〇〇	三四元〇〇〇	
双层电报 保险皮带		一条	一二元〇〇〇	一二元〇〇〇	
五门闭关		一架	四五元〇〇〇	四五元〇〇〇	
干电瓶	红英	二十瓶	二元〇〇〇	四〇元〇〇〇	
尖头钳子		一把	一元五〇〇	一元五〇〇	
大号起子		二把	元八〇〇	一元六〇〇	
开洛五磁片 电话机	美国造	二架	一三〇元〇〇	二六〇元〇〇〇	
白磁头		一百只	〇元〇三五	三元五〇〇	
镀锌电丝	十二号	四十担	二三元〇〇〇	九二〇元〇〇〇	
同右	十六号	二百七十斤	元二三〇	六二元一〇〇	
湾脚磁头	三号	一千个	〇元二三〇	二三〇元〇〇〇	
胶柄钳子	七寸	六把	一元二〇〇	七元二〇〇	

续表

名　称	种类	数量	单　价	共　价	备考
杉木杆		一千根	二元一五〇	二 一五〇元〇〇〇	
榆木杆		千八百六四	二元〇〇〇	三 七二八元〇〇〇	
电话电机零件运费				七一八元五四〇	
合计				一 一九七六元〇八〇	

汽车道工用汽车附

民国十六年八月，河务局长张翔鹤训令各分局：案奉河南省政府第九四二二号训令内开，奉总司令部漾电开，查黄河南岸大堤为通鲁捷径，乃天然汽车道，略加修筑即可通行。业令建设部派员前往勘测，仰饬河务局督率河兵协同修筑，以固河防而利交通等因。除电复外，合行令仰该局长迅即转饬各该分局，督率队汛赶速协同修筑具报，此令等因。奉此，除分行外，合行令仰该分局督率队汛，迅将管辖堤工内凡有水沟浪窝及残缺坑洼不平之处，一律填垫坚实，俾成坦途，并将办理情形迅速具报。

十八年五月，河南省政府训令河务局：案据开郑汽车路总事务所呈称，案奉钧府训令内开，案据建设厅报告赴郑县等县查看情形内称，郑县往中牟之路，因积沙太深，应将黄河南岸大堤赶速修起，以便乘汽车通开封者得绕道之便利等情。据此，查所拟开郑汽车绕越黄河大堤，行走如无危险，尚属可行。除指令外，合行令仰该所即便遵照查勘，拟办具报察夺，此令等因。奉此，遵查开郑汽车路，原定路线即由开封北门至柳园口，行经黄河大堤至京水镇至郑州，正以郑中之间积沙太深，是以绕越而行，并无何种危险。前已呈准修堤工程由河务局负责，并经钧府拨给该局路款一千元，饬其积极办理各在案。兹奉前因，查系河务范围，理合呈复钧府凿核，令饬河务局赶速修筑，早利民行，实为公便等情。据此，除指令外，合行令仰该局即便遵照办理具报，以凭察夺。

是月，河务局长周致祥训令下南、中牟、郑中、上南四分局：查开郑汽车路，由开封柳园口至郑县上南分局一段，多在堤上行走，前饬将堤上水沟浪窝及残缺不堪各处所，由该管分局赶速填垫平整，以便行驶汽车在案。省政府主席拟三两日前往查勘大堤汽车路，兹为积极修筑起见，派本局总查工员王学功前往监督修筑，以期早日竣工而利交通。除令饬该员遵照前往并分行外，合行令仰该分局长即便遵照，迅速先行修筑办竣。

十九年五月，河务局长于廷鉴会同公路局长布告：查开郑汽车路，关系豫省中部交通，綦为重要，政府不惜巨款经营修筑，数月始克竣工，必须妥为保护，方能永利民行，且中经黄河南岸堤面一百三十余里，关系河防更为重要，尤须切实保护。乃近查该路时有载重大车、独轮重车及重载牲口任意碾压，致将路面损坏，若不严行禁止，诚恐历时愈久，破败愈甚，一遇雨雪浸渍，崩溃堪虞，不惟不能行驶汽车，亦且害及河防，关系实非浅鲜。前曾呈奉省府规定章程，对于任意行走汽车路之重载车辆及牲口等项，酌量轻重，分别处罚，布告在案。乃乡民只图自便，故违禁令，殊堪痛恨，亟应认真取缔，以重路政而维河防。特再严申布告，仰商民人等一体周知，嗣后如再有以重车或载重牲口在汽车路上行走，一经查获，定即按照罚则从重惩处，决不宽贷。

护路章程罚则

一、重载大车擅走汽车路者，罚洋十元。

二、轿车擅走汽车路者，罚洋五元。

三、重载独轮车擅走汽车路者，罚洋三元。

四、重载牲口擅走汽车路者，罚洋三元。

五、军队及公家重载车辆擅走汽车路者，加倍处罚。

六、折坏路旁树木者，处二元以上十元以下之罚金。

是月，河务局长呈省政府：窃维河堤修守，首恃工储；而料石运输，端须灵便。此次职局成立，接前整理黄河委员会交代案内，查有长途汽车一辆，该车机械微有损坏，略加修理即可开行，用备转运工料之需，良多便利。惟念工有作辍，而司机者则须长期雇佣，拟于工用余暇，在省垣至柳园渡口之间搭载旅客，以利民行。售票价格力取低廉，积有赢余则作添购汽车，扩大运输之用。似此转移之际，工防行李两受其益，但该路线土质纯沙，非时加修培，不利行驶，除饬第一工务队抽调汛兵，克日修治平坦，以利遄行外，兹谨拟具职局《工用汽车附载旅客营业售票简章》，备文呈送，伏祈鉴核备案。奉指令：呈暨简章均悉，准予备案。

河南河务局工用汽车附载旅客售票简章

第一条　本局工用长途汽车，除供河工公用外，附带搭载往来旅客，以利民行。

第二条　由省城至柳园渡口路线共长十八里，售客票价目规定如下：

一、坐客每位每次票价大洋三角，幼童十二岁以下减半，三岁以下免收。

二、军人乘坐汽车，照旅客票价减半，以示优异。

三、坐客每位准带行李二十斤，体积不得超过二立方尺。

上项客票制定二联，一发旅客，一备存查。

第三条　本路行车时间，每日上午六时起至下午四时止，由省城河务局街至柳园渡口往来各四次，其详细时间另表规定。除在北门检查时间停车外，中途不得无故停车。

第四条　本路车票，于每次行车前按座出售，到站后由该站售票员按人收票，截角汇呈总局备查，不得短少。行客无票坐车者，到站后应按票额加半倍处罚，填给罚单。

第五条　坐客不准携带违禁物品，违者由本局转送公安局罚办。

第六条　本路营业收入，除动支外，另款存储，以备扩充沿河交通之用。

第七条　本路营业、管理、售票、司机各员，应需薪公、修理各费，由收入项下动支，其数目由局长酌定之。

第八条　本简章如有未尽事宜，得随时修正呈请备案。

第九条　本简章自呈准之日施行。

七月，河务局长呈省政府：窃查职局工用汽车附载旅客，前曾拟具简章，先从开封柳园口实行，业经呈奉钧府核准在案。近因中牟险工从事修筑，荥泽汛暨郑工合龙处险象已露，又宜抛护，在在需要碎石甚急，是以工用汽车每日开驶中牟、荥泽汛之间者，为数甚夥。因思交通事业关系国计民生綦巨，无论公家机关及各法团均宜极力提倡，促其发展。况开郑汽车路行驶黄河堤岸，约占全长五分之四，职局以职责所关，尤宜急起直追，借以便行旅而利工储。现拟仿照开封柳园口工用汽车办法，附搭开郑往来行旅，并酌定每位每次票价洋二元六角，如定来往座位者，按数照加一倍，其余一切办法，悉遵照前奉钧府批准《开封柳园口附搭旅客简章》办理。如蒙俯允，即于本月十六日开始售票，庶使工务、行旅均得早收裨益。奉指令：

呈悉，准如所拟办理。

十月，河务局长陈汝珍呈省政府：窃查河工要务，首宜注重堤防，历年修补残缺，固已积极进行，并加意保护，勿任损坏。是以车马行走堤岸，早经悬为厉禁。去岁因河上消息之不灵，运输之不便，曾奉省令由柳园口至花园口一带堤岸，修筑汽车路一道。嗣后汽车通行堤上，消息与运输均极灵便，关于河防裨益尤多。惟查军兴而后，给养重载大车，经过沿堤汽车路者络绎不绝，以致践踏碾轧，堤面顿呈坎坷之象，若不严行禁止，窃恐车马之往来如故，堤岸之损坏日甚，一经雨水冲刷，车辙马迹尽成水沟浪窝，将来河水暴涨，残堤塌陷，不惟阻碍交通，抑且害及生民，溃决之患谅难幸免，河防前途危险何堪设想！局长为保护堤岸兼利交通起见，理合备文呈请钧府鉴核，俯赐布告，严禁车马行走沿堤汽车路，以维路政而固河防。奉指令：呈悉，准如所请，除布告随令颁发外，仰即遵照，沿堤分别张贴可也。

按：是项布告系将原呈转录公布，故未附载。

轻便铁轨

民国十七年三月三日，河务局长张文炜呈民政厅：窃查职局所辖孟温分局旧存轻便长铁轨二百六十九节，短铁轨十三节，岔轨二节，完全车斗六十个，完全车架四十一个，破车架十八个。前于民国九年，经卫辉华新纺织有限公司借用，迭经陈、章两任于十二年一月、十六年五月函令交还，是年八月，复经前张局长呈请钧厅饬汲县县长，向该公司交涉归还，并奉指令各在案。但屡次饬还，并无结果，局长到任以来，亲勘河势，知防河无异防敌，后方交通便利、工料充足，方足以资防御而策安全。况桃汛瞬届，河水渐旺，两岸装石取土，亟需轻便铁轨周转运输，以图敏捷，借省运费。特派会计科科长李植冈前赴卫辉交涉，兹据该科长电开：铁轨、车斗等件破碎损坏，不堪应用，该公司已允照数赔偿，前次估价计每车斗作价六元，车架十一元，长轨七元九角，短轨五元，共价洋三千一百六十六元。嗣经一再交涉，分别加价，各物均例估一倍，共计价洋六千五百六十六元。刻已勉强承认，可否电示等情前来。局长当赴军械局与王监督子祥复估，所赔价值尚称公允。现在既已破碎损坏，唯有准予变价，以为将来购置新轨车斗之用。除电复该科长再为磋商，如不能增加时，即照该公司认定之数办理外，拟俟是项变价解局时，再由石方料价内移用若干，购置新轨、车斗等件，以为整顿河工之用。奉第一五七二号指令：呈悉。据称华新纺织有限公司所借铁轨、车斗等件，因破碎损坏，不堪应用，拟由该公司照价加倍赔偿，并经派员交涉妥协，自属可行。惟所估价值是否系按照现在物价，公家能否不受损失，务须特别注意，并将款项专案存储，购置新件，不得移作他用。

是月，河务局长呈民政厅：案奉钧厅第一五七二号指令，当又电饬委员李植冈妥慎办理去后。兹据该委员返局报称，此项轻便铁轨、车斗等件，系购自前清，华新纺织有限公司原于民九借用，时已强半锈蚀，该公司旋于民十自办铁道后，即弃置未用，以致破碎损坏，益难收拾，故不能责令照赔新价。经冯治安军派员会同双方估计，作价洋六千五百六十六元，委员坚决交涉，始克增至八千六百元等情。查该委员所称各节，均系实情，现在此款业经携回，自应遵令专案存储，以作购置新件基金。理合备文呈报。奉指令：呈悉。此款既经该公司交由委员携回，仰即专案存储，不得挪用。

五月，河务局长呈民政厅：案查职局前派李科长植冈，赴卫辉华新纺织有限公司接收赔偿轻便铁路，作价洋八千六百元，此款携回后，业经呈报钧厅，暂行专案存储，以作购置新件基金，并奉指令各在案。嗣因各工移石运土，需用此项轻便铁轨十分紧要，当仍派该科长驰赴汉口订购新件。兹已由永隆五金号购回约六华里长之轻便铁道，并车斗及一切附件，于五月二十日运汴，在下南分局盖造厂房存储，拟不日即使用移运碎石。至购置此项价值共用洋八千九百九十元零三角九分二厘，除将前存赔偿作价洋八千六百元悉数动支外，尚不敷洋三百九十元零三角九分二厘。查职局前曾呈明钧厅，俟是项作价解局时，再由石方料价内移用若干，为购置新轨、车斗之用。所有前项不敷洋数，拟请即在职局预算石方价内开支，以符原案。理合将购置各件缮具价目表，并拟具简章呈送钧厅，伏祈鉴核备案。再此项轻便铁轨需用枕木木板尚多，移运近工石方、土方、秸料，即以补船运缓不济急之需，购用枕木木板及运费，当仍在石方料价内列支开报，用副名实，并请转咨财政厅备案。奉指令：呈暨章表钧悉。该局既将华新纺织有限公司赔款，由汉购回轻便铁轨等件，为各工移石运土之用，仰即遵照所拟简章，妥为保管，不得任其损坏，以重工物。至不敷之款三百九十元零三角九分二厘，拟在预算石方价内挪用，为数无多。至购用枕木木板及运费究竟需款若干，应先切实计算，开具清单，呈由本厅核明，再行转咨财政厅备案，以昭核实。

河南河务局轻便铁轨保管及驶用简章

第一条　本局为各工移运石料土方，求事实上便利起见，特购置轻便铁轨并车斗、车架，附带应用各件，分局遇有要工时，可临时领取，以备装运。

第二条　在下南分局盖造轻便铁路厂，以存储铁轨、车斗等零件，由该分局长派专员管理，所属队汛长官兵等同负保护之责，如有短少损坏情事，应呈报总局核办，分别情形，责成赔偿。

第三条　各分局需用此项铁轨等件运石或装土，须备文呈明总局核准后，方能领取原件。移运到工，仍须呈报总局备查。

第四条　下南分局如将铁轨等件移交各分局使用，应候总局通知，再行交付，必得双方点交清楚后，该分局暂行解除保管责任，一俟原领分局将各件缴回，仍完全负责保存。

第五条　各分局将铁轨等件接收后，该分局长派专员管理，队汛长官兵等均负保管之责，倘有短少损坏，亦责成分担赔偿。如经局队查明，确系某汛长官兵个人任意损毁者，得责令从重罚赔。

第六条　各分局将接收铁轨等件，运土或运石输送完竣，应即随时呈明是否应将原件送还下南分局保管，或依次递交邻近分局取用，必须呈候总局指令，再行交接。

第七条　下南分局经原领各分局将铁轨等件用毕送还时，应逐件查明有无短少、损坏情事，亦须随时呈报总局核办。

第八条　各分局将铁轨缴还下南分局，或转拨邻近各局交割清楚后，应呈报总局，解除保管责任。

第九条　各分局领取此项铁轨应用，其搬运费得按路途之远近，核实开支，呈候总局批发。

第十条　本简章自轻便铁轨购运到局之日施行。

第十一条　轻便铁路铁轨、铁斗等数目，另表订之。

附表见工程表之十九。

七月，河务局长训令十一分局、购石处、三造林场：案查轻便铁路，宜注意推挽斗车之法，稍一不慎即有出轨碰撞之虞，危险甚大。六月三十日，本局长至下南勘工，见运石斗车连日碰伤上汛队兵孙绍恒，中汛队兵王连，下汛队兵陈东周、张俊及帮忙船户尚筱堂等五名，虽伤势尚微，亦属微幸。当即每名赏洋一元，速为医治，并责成该管长官，嗣后对于使用车辆，务宜格外留神，指挥监视，如再发生意外，惟该管长官是问。兹规定简章数条，名曰《轻便铁路使用须知》，分别发给，借资研究。

轻便铁路使用须知

甲、修筑及管理

一、路基宜平，如须有高低之处，应渐高渐低，以免费力而防危险。

二、两行铁轨衔接宜错开，庶免铁路湾曲之处，不成弧形而为角度，以致车行该处转动费力，或致出轨。

三、一切枕木、道钉、螺丝，最易损坏丢失，须派专人检查，以防发生危险。

乙、推车注意

一、石头装车，须稳妥平放，以防中途下滚，将人砸伤。

二、推车不宜太快，至多每小时行二十里。

三、车行时，两车相隔至少五步。

四、在后边推车者，如系空车，不可两人齐上站立，以防前轮脱轨。

五、下车不可从前边，要从旁边。

六、车行下坡时，不可太速，至少须有一人在后边牵住。

七、拐湾叉路，车要慢行。

八、乘车时宜坐，不可站立。

九、车行河边坝口，推车宜在后，不宜在旁，以防失足坠落。

十、临停车时宜慢行，勿使两车相碰。

十九年八月，河务局长于廷鉴呈省政府：为沥陈河干运输困难，糜帑繁巨，拟购置轻便铁道十华里，以资救济而利修守，仰祈鉴核示遵事。窃查豫省黄河横贯东西，长逾千里，地势平衍，土质疏松，捍御洪流专恃虹堤，巩固堤防厥惟料石。近十年来，因库款奇绌，工程废弛达于极点，一遇汛涨，险工纷乘，河干运输问题应时而起。兹将所有经过困难情形暨宜购设轻便铁道，以资救济之处，为我钧座详陈之。伊古修防之道，不外以堤束水，用石护堤，惟黄工用石，须向巩县采购，必按时运[1]河干，始能有备无患。近年来款难应时，购石寥寥，各工点缀，已属左支右绌，设遇水涨，生工接济乏术，即先尽旧石抛护，来源鲜而需要夥，凡险要工段旧存石垛，陆续抽用殆尽，势必移运远埠碎石，用资因应。然物质笨重，搬运维艰，河性湍急，变生须臾，历来河工多因料石迟滞发生意外，如清季郑州大工、去年中牟巨险，即其明证，前车不远，足为殷鉴，此关于运输碎石不得不速购轻便铁道，以资救急者一也。河工修守，料石而外，厥惟土方，有清一代，豫省黄河漫决多至二十余次，凡旧日合龙处所，尽成潭泽，险要工程发生，取淤挖土，势必远在数里之外，专恃畚锸负荷，不惟工多费巨，抑且缓不济急，此仅就临黄言之。至于北岸由武荥以至阳武、下北等处，各堤岸因离河较远，百余年来幸无特别巨险，多年背工，大半荒圮，弥望沙碛，俨成陵谷，拟大举修复，则公家无此财力，若长此因循，以洪流之变迁无定，一旦大河北来，突乘不备，后患何堪设想？此关于拒险暨修补残缺，不得不速购轻便铁道，以资

[1] 此处似有阙文。

应用者二也。大河溜势靡定，工程险夷无常，需用料石处所，往往因请款需时，采购不及，致误事机，且运石方船系由陕西装运棉花、药材来豫，近因火车通至陕、灵，该项方船来者日少，即有之亦苦于运石赁赀之廉，改装他货，一有险工发生，即令工款立集，赶事采购，而方船招集维艰，亦恐缓难济急。再查中牟险工，当上月石船初次起运，尚可抵大缺口处起卸，旋即河走成滩，石船不能抵岸，改卸他处，再由人工转运。此等情形，昔日所罕有者，今则数见不鲜矣！以知环境变迁，因应宜易，胶柱鼓瑟，贻误必多，此关于现在时势需要上不得不购办轻便铁道，以资应付者三也。河工向例，厢修埽段是队汛之天职，其他一切土工暨运搬、抛护等事务，均须临时雇夫工作。现在生活程度高昂，工资激增，不从新的建设着手，仍恃人民从事工作，糜帑废时，不堪缕计。此就河工经济上言之，不能不速购轻便铁道，以资撙节者也。总之，河工修防原素，石土为先，而二者均以运费为大宗，轻便铁道为节省人力、增加运输之唯一机械，河工必不可少之工具，应即从速购置，以一时计之所费较多，以经久计之则所省实巨。此中症结所在，想早在廑筹之中，是以奉谕，饬职局迅向陇海铁路局及汤阴县新记煤矿公司接洽借用，卒以该项铁轨或移作他用，或负责无人，所有函电往还，委员络绎，均以不得要领而止，曾将经过情形，分别呈报在案。伏乞钧座俯念河工关系沿河人民生命财产綦巨，准由工款内划拨四万元，以为购置轻便铁道十华里之用，捐目前之工资，图永久之利益，俾得以公济公，事半功倍，一日千里，工固澜安，河工前途实利赖之。奉指令：照准。原令已载入长途电话门。

按：此案虽经呈准，旋因政局变易，未及实行。

卷八　工程第三之六

水利

昔西门豹引漳水以富魏之河内，郑国引泾水以裕秦之关中，迁《史》志河渠，极艳称之。近年绥远民生渠成，变滨河数千顷砂碛，悉成沃壤，是黄河于灌溉上游宁夏外，又能利及中游矣。豫居黄河下游，横亘千有余里，孟、荥以东，地皆平衍，从古惟被害而不蒙利焉，岂水性有二致哉？抑亦人谋之未臧也？年来司茭防者，亦孜孜焉谋利航路、农田，筹导黄入卫并及惠济、贾鲁诸河矣，惜以工巨款绌，未能骤举，仅借机械之力如吸水机、虹吸管等，凿渠引水，收效虽微，然实为豫河水利之发轫。至沁河闸口成效久著，浚而益之，覃怀之民食利更溥。冰窖亦因水利用之一端，爰类而及之辑水利篇。

吸水机

民国十七年十月，河南省政府训令河务局：现为兴办水利，亟应购置吸水机器，以资应用。所需价款，业令财政厅即拨一万元，交该局长具领，持赴上海购用。除分令外，仰即遵照办理。十二月，河务局长张文炜呈省政府：窃局长前奉总司令令，赴沪购买吸水机器，即会同水利工程师曹瑞芝驰赴上海、常州等处，分别购妥装车，于十一月二十日回汴。奉批：上海瑞昌三十五匹马力引擎一部，带九吋吸水机三部，八吋吸水机一部，呈缴总部交兵工局接管。上海慎昌十八匹马力引擎一部，带九吋吸水机二部，常州厚生十七匹马力引擎二部，带八吋吸水机二部。遵将慎昌、厚生机器运往河干，以二部安设于柳园口地方土坝上，一部安设于斜庙第二造林场。均于十二月一日动工，挖掘蓄水池、引水沟等，并由局长分调各分局官兵二百五十员名，加紧工作，每处需三千余工，预计一个月可以试验出水。复于十二月二十二日，将呈缴现存开封兵工局之机器搬运下车，兴筑土工，预备试验，预计两星期可以试验出水。至因安设机器应用之碎石、沙子、砖瓦、木料等件，亦经令饬巩县购石处与下南分局第二造林场分别采集，昼夜赶运到工应用。除由局长督率官兵、工匠，分途工作，积极进行，一俟安设完竣，再行呈报外，所有购置及安设吸水机器并各工作情形，理合绘具图说，先行呈请钧座鉴核，奉指令：备案。

附吸水机安设位置图，见卷首图之九。

十八年二月，河务局长张文炜训令下南分局：照得吸水机之安设，为振兴水利之要具，机械一有损失，运转定难自如。本局长此次于柳园口、斜庙设置是项机器，早经安排就绪，亟应派员分别看管。兹着下南王分局长鄘、刘队长怡堂，负责保管柳园口吸水机事宜，并指派韩汛官玉兴带兵二名，常川驻吸水机器房，在机器房未修起以前，暂住附近房舍为看管专员。着第二造林场方场长刚负责保管斜庙吸水机事宜，并指派下南上汛马汛官应运带兵二名，驻在吸水机器房为看管专员，用专责成。除分行外，合行颁发《吸水机保管简章》一份，令仰该分局长即便遵照办理，并转饬该汛官迅速驻扎该处毋误，看守为要，同时并分行下南工巡队及第二造林场遵照。

河南河务局沿河吸水机保管暂行简章

第一条　本局为兴办水利起见，特于沿河安设吸水机，依本简章之规定保管之。

第二条　每处吸水机由总局派定保管人，指定看管官兵，并选雇工匠，分负保管责任。

第三条　保管人由总局在吸水机安设所在地之该管分局长、队长、场长中指派之。

第四条　看管人由总局在该分局场内之官兵中指派之。

第五条　司机匠由总局呈请省政府派定，或由总局选雇之。

第六条　保管人负保管机器全部之责，如有损坏遗失，非因正当理由者，负严重之处分。

第七条　保管人有处理机件之全权，并得命令看管人、司机匠整理之。

第八条　看管官兵承总局及保管人之命，对于全部机件负整理收藏之责，并得随时会同工匠整理之。

第九条　工匠负驾驶机器、整理机件之责，凡开机、试机，使用零件、油类，须与保管人或看管人商酌办理。

第十条　看管人看守不力，致将机件损坏或遗失者，与保管人同负连带之处分。

第十一条　工匠整理失宜或技艺不良，致将全部或一部机件损坏时，得查其情由，责令修理配制，或予以相当之处罚。

第十二条　工匠非奉有总局长及总局所派专员或保管人之命及商妥看管人，不准私行开机，否则看管人得强制禁止之。

第十三条　看管人对于机件遇有安装拆卸时，须预先报由保管人转报总局。

第十四条　总局保管人、看管人、工匠各立机件账簿一本，随时检点之，每月将开机次数、钟点及销耗油数各种情形，由保管人呈报总局备查。

第十五条　保管人、看管人、工匠须注意冬天管子存水之冻裂，夏日油类之燃烧及安设牢固，不致抉坏磅浦为主。

第十六条　保管人、看管人对于重要人物、民众团体参观时，得指导并笔记呈报之，但遇形迹可疑者，得随时禁止其参观。

第十七条　本简章如有未尽事宜，得随时修正之。

第十八条　本简章自公布之日施行。

三月，民政厅训令河务局：顷奉省政府交下该局呈送《柳园口吸水机开渠计划书》一份，以购地人工等项，共需洋四千八百二十四元，经会议通过，饬即由各县缴回之水车价款项下拨发等因。除径函西北银行如数拨发外，合行令仰该局即便派员前往该行，领用具报查考。

附柳园口吸水机开渠计划书

一、自吸水机台起至小李庄三里，由小李庄西行三里共六里，能灌田十方，计五千四百亩。

一、渠道长六里，口宽十八尺六寸，底宽三尺，深五尺二寸，应挖土六千零六十五方二分八厘。每日每人取土五分，共需一万二千一百三十工，每工以三角计算，需洋三千六百三十九元。

一、渠道长六里，口宽加土堤二丈二尺，应购地三十九亩，每亩以三十元计算，需洋一千一百七十元。

以上总计需洋四千八百零九元。

一、省政府批发购地雇工监工事宜，由河务局会同开封县办理。

四月，河务局训令郑中、中牟、阳封、陈兰四分局：查连日大风，以致第二造林场所挖之渠道，沙泥甚多，该渠原为各分局工巡队挖成，仍由各工巡队按原挖地点，限文到之日起，即派官兵三十员名，携带器具前往该场，归许场长阳海指挥，挖清淤泥，限七天做成具报，以便开机，为民众灌田，不得遗误。是月，据第二造林场报告挖渠安机各项工作情形，摘录于后。

安设吸水机

一、安设引擎处，已于十二月十八日完竣，用麦秸席遮盖，以免冻裂之虞。

二、安设吸水机处房屋，正在运输砖料暨预购木料、石灰等物，以期速竣。

三、安设磅浦处，下边纯系沙质，坠落数次，现四周均下木橛，加以木板，此后不致发生危险。

挖渠：自南端起，至北端止，计长一百三十五丈，按人数之多寡、深浅之不等，分为四端。

一、陈兰第一段二十九丈，于十二月十七日完竣。

二、阳封第二段四十丈，准于十二月二十一日告竣。

三、中牟第三段四十丈，中间西边坠落一段，长三丈五尺、宽三尺，现往西开宽三尺。

四、郑中第四段二十六丈，中间坠落一段，长二尺、宽二尺，现往西开宽三尺，与中牟第三段一律。

十九年十二月，河南省政府训令河务局：案查前据该局呈请拟酌收水利费，以柳园口吸水机代附近民众灌田等情一案，经府令饬民政厅查核具复去后。兹据该厅呈称，案奉训令，以据河务局议复，酌收水利费，代民众灌田办法一案，饬即查核具复等因。奉此，当派黄委员金尧前往柳园口设置吸水机处所，切实查勘去后。兹据复称，遵即先向河务局查询此案大概情形，据称本年秋季亢旱不雨，沿吸水机附近各农民因急于种麦，颇有愿出水费，借用该机吸水灌田之请。敝局有鉴于此，遂即提议此事等语。随即于本月三日，协同该局委员孙镕、下南分局长李缵曾，亲诣设置吸水机处所实地查验，见吸水机旁尽成淤沙，询之该分局长，始知近数月来河身北移，现在已成无水可吸之势。该局所拟各节，此时暂难施行。至关于每亩每次浇水四时，征费三角一节，询之沿河居民，佥以此项水费，若在民间需水时期本不为多，惟当此兵荒之余，民困未纾，务恳减半征收，以恤民艰等语。委员复查情形尚属实在，然征收此项水费，原为补助工料等费之不足，若遽予减半征收，必至影响公款。兹拟兼筹并顾办法，暂定每亩每次征费二角，其工料等费不敷之处，仍由该局工款项下补助，以资提倡而示体恤。所有遵查此案实在情形及拟具办法，理合具文呈请鉴核等语前来。查该委员所呈各节尚属实情，除指令外，理合呈复鉴核示遵等情到府。当提交本府第十六次委员会议，议决照办，纪录在卷，除指令外，合行令仰该局长即便遵照办理。

虹吸管

民国十八年三月，河务局长张文炜训令下南、中牟、郑中三分局：案查吸水灌田，利民要政，迭经令饬遵办在案。兹查虹吸管亦为吸水主要机件，该管构造简捷便利，适合沿河之用，现在春耕将至，亟应及时安设，以灌农田。惟管之长短、尺度及安设情形，特恐各工甫经办理，不甚了解，爰为绘注图解，随令颁发，俾作进行标准，以免扞格。除分令外，合行令仰该分局长即便遵照，按照图式注明尺度，选择临河适宜地点，用备安设，如实地高宽略有不合，不必墨守成规，亦可酌量办理，总以工少利多，是为切要，事关水利要政，迅即详察具报。附颁发图式，从略。

六月，上南分局长李缵曾呈河务局：窃查职局郑上汛头堡安设虹吸水管，所有堤上工作，已于工竣时列表具报在案。至开渠引水，尤为急务，兹于十九日会同当地绅首会议，以南索须河为干渠，所有经过之北索须河在引渠两旁砌闸堵塞，当众表决由民开挖，由局指导，庶可事半功倍。已查勘路线共计工程六百余里，兹据该绅张瑞云、宋绍孔、赵永才等声称，此渠经过地点，占据民田甚多，人民虽知水利之关系民生，而良莠不齐，难免不生窒碍，请会同郑县布告办理，较为妥善等情。据此，分局长业经函咨郑县会衔布告周知，已据函复到时派员协助在案。谨择于六月十二日兴工办理，除临时相机指导，一俟工竣另文呈报外，所有开渠引水，会同郑县办理情形，理合绘具该渠丈尺略图，备文呈报查考。附图从略。本局指令：呈暨略图均悉，仰即督饬迅速开挖，以期早日灌田为要。工竣后，仍将引水灌田情形，随时具报。

六月，上南分局长李缵曾呈河务局：案奉钧局第一八五号指令内开，查虹吸管业经本局长前往试验出水，并发款修筑水沟，仰即督饬员兵亲临修理，并将办理情形五日一报为要。遵即督率队汛鸠工庀材，已于本月十九日开始工作，兹届五日呈报之期，理合列表备文呈报查考。附表从略。本局指令：呈表均悉，仰即督饬在工员司监视，加紧工作，毋误灌田，并将开渠入南索须河办法，一并列表具报为要。

六月，上南分局长李缵曾呈河务局：窃职局奉令安设虹吸水管一案，业经将修砌明暗龙沟工程完竣情形，及开挖引水渠道兴工日期，先后呈明在案，并蒙宪驾莅工验收。兹查引水渠道开挖以来，在工民众无不踊跃争先，始终罔懈，而日来渠工已大致告成，但须试水一次，加以修整，即可开始实行灌溉。所幸同时河水陡涨，开闸试吸通畅异常，在场农民欢声雷动，此近日开渠试吸之大概情形也。至支用各款，共计洋三百九十七元二角七分。下略。本局指令：据报安设虹吸管开渠试吸情形，尚无不合。

七月，上南分局长李缵曾呈河务局：窃查职属郑上汛头堡安设虹吸水管，开挖引渠，吸水灌田，业将拟办情形兴工日期暨经过地点，绘具略图，备文呈报在案。当即派员会同郑县委员暨地方办事人员督催办理，已于七月十日工竣，开始灌田。又经张前局长定名为河平渠，取其和平之意。复查灌田事务繁杂，宜组织地方办事机关管理其事，名之曰“河南河务局上南分局河平渠灌溉委员会”，已于七月八日，由当地绅首开会组织正式成立。除饬该会详订办事细则，另文呈报外，所有开渠工竣日期暨组织委员会各缘由，理合具文呈报。本局指令：该分局郑上汛头堡渠工完竣，吸水灌田，当可源源接济，以资灌溉。当地绅民组织灌田委员会管理渠务，事尚可行，仰即转饬该会，速将组织法暨办事细则妥为拟订，呈候核夺。

虹吸管管理章程

第一条　本局为兴办水利起见，采用省费适用之虹吸管引水灌田，特采购虹吸管多行，安设于沿河堤上，依本章程之规定保管之。

第二条　凡安设虹吸管之处，以所在地之该管分局长保管之，并由保管人指定该分局队中职员一人、兵若干名看管之。

第三条　保管人完全负虹吸管保管之责，如有损坏，非因正当理由者，负严重之处分。

第四条　看管人负保存经管全管机件及司引水之责，得随时指挥看管兵整理之。

第五条　看管人看守不力或经管失宜，致将管子炸裂或机损坏，与保管人同负连带处分。

第六条　保管人指定看管官兵时，将该官兵衔名呈报总局备案。

第七条　保管人每月将保管情形及灌田亩数呈报总局备查。

第八条　虹吸管安妥后，慎防冬日管子存水或投入冰泥中之冻炸，及在堤上参观人并往来行人车马之损坏轧踏。

第九条　本章程如有未尽事宜，由本局随时修正之。

第十条　本章程自公布之日施行。

按：此项章程，于十八年二月与吸水机保管简章同时公布。

沁河闸工

民国十七年五月，河务局长张文炜呈总司令部民政厅：呈为拟订沁河两岸开闸灌田暂行规则，呈请鉴核，令饬办理，以兴水利而重农业事。窃查豫省河流交错，沿岸居民直接受水之害者甚多，而获利者盖鲜，以天然之利源弃而不用，至使旱潦无备，司农有仰屋之嗟，殊为可惜。考之引河灌田，历为民生要政，而兴利除害，尤属当今急务。局长受任以来，仰体钧宪为民众除水患、兴水利之至意，驰赴黄、沁两岸查勘情形，研究办法。因黄河水性太猛，暂从沁河入手，并查该河原有闸口甚多，或岁久失修，或废弃无用，时遇夏秋亢旱，间有私自启闸灌田者，向来悬为例禁，与其蹈常习故阳奉而阴，违何如妥定章则，上行而下效？当令饬各分局邀集临闸各绅，规定《开闸灌田简章》加以修正，并调查闸口数目、坐落何堡、是否能用灌田若干。除分呈外，理合具文呈报。奉民政厅指令：呈及附件均悉，所拟《开闸灌田规则》，应准照办。本局奉到是项指令后，即转令沁阳、武陟两县县长，东、西沁两分局遵照。

河务局拟订沁河两岸开闸灌田规则

第一条　开闸灌田办法，其目的为人民谋兴水利，但以不妨碍堤防安全为原则。

第二条　各闸开放时，须事前由当地绅民声请该管分局长，亲往勘验河势之险夷、闸工之良窳，分别指定某处为适宜开放区域，始准开放，否则概予禁止。

第三条　各闸如系坚固，有开放之可能者，计分普通、特别两种：

甲、有护闸圈堤一道及石砌引洞、建修闸门四道者，为普通坚固。

乙、有护闸圈堤两道，并用石抛及石砌引洞、建修闸门六道者，为特别坚固。

第四条　在指定开放各闸，其开闸时期以冬、春两季为限，如遇夏、秋亢旱，有必须临时开放时，须经邻闸各村绅民声请，该管分局实地考查，并酌定开闸最短期限，呈由河务总局核许，始准开放。遇有阴雨，仍即随时封闭，以防危险。

第五条　在指定开放各闸，应由邻闸绅民按灌溉地亩数目，征收相当代价，以供闸口之建设及改善，该管分局有指导监督之权。

第六条　临闸堤上，应由该管分局会同邻闸各村绅民，于启闸前由所收费中，购备相当之料石、土方，以资抢修而防不测。

第七条　各闸启闭时，应由邻闸绅民报由该管分局派员监视，以昭慎重。

第八条　开放各闸，应由该管分局酌派妥实汛兵，协同村民常川驻守。在夏秋汛内，并由汛长弁及查汛员轮流查考，其常驻闸官兵与民夫所需火食、灯油等费，由分局长与邻闸各村绅民会商，由灌田收费内开支之。

第九条　开闸灌田，利期普及，任何地何村不得垄断把持，其邻闸各村绅民，应彼此互商，平均分配，协订用水征费公约，以杜纷争，呈由河务局县政府备案。

第十条　各闸封闭时，仍责成管闸绅民，切实修理及堵筑，惟须受该管分局之监督及指挥。至开闸时期，并宜注意道路之完整，或建筑桥梁，以利交通。

第十一条　各闸于夏秋汛前封闭时，须将闸门封闭坚实，并由该管分局督饬队汛加意防守，毋任疏虞。

第十二条　本规则系暂行办法，其有未尽事宜，得由该分局随时呈明修改。如因河势变迁，本规则不合需用时，须删改或废止，应呈明总局核准通知办理。

十七年六月，沁阳县县长李德斌、西沁河务分局长孙佐会呈：案奉钧电饬，即会同两岸管闸绅董，遵照奉颁规程将各闸启放，以兴水利等因。遵查沁河各闸，原备引河灌地而设，因曩昔规划未善，屡起险工，是以屡经禁止启放。现蒙钧局明定规程，既振兴地方水利，复顾及地方安全，河务民生，交受裨益，县长等自应积极奉行，期副钧座注重民生之至意。惟查奉发《启闸灌田规则大纲》，虽增完备，而对于施行手续及征费诸端，尚无明细规定，实施以后，虑起纠纷，兹经分局长佐会同县长德斌，按照当地情形，另拟施行细则十四条，期补充规则所未尽，理合具文会呈鉴核，俯赐指令祇遵。本局指令：会呈暨《启闸灌田施行细则》均悉，核拟各条尚属可行。惟查细则内第七条所载“其余悉充”字下，应加“添筑闸门及购储”等字；又“本局内料石、土方”字下，宜加“工津”二字，较为完善。仰即遵照，宣布施行。

西沁两岸开闸灌田施行细则

第一条　本细则依据河南河务总局颁发《开闸灌田暂行规则》，并参酌当地情形拟订，凡启放西沁各闸时适用之。

第二条　西沁两岸各闸口，遇有必须启放时，应由各闸所在地保董，会同应需灌溉地各村村长，备具声请书，分向县局请求核许。

第三条　各闸保董及村长声请开闸时，应陈明下列诸点：

一、闸口所在地及距离河势之远近。

二、是否旧有引河，抑须新加挑挖，与经过各村之距离。

三、拟启放之时日。如伏秋汛内，至久不得逾二十天。

四、各村灌溉之地亩数。应由各村将灌溉各户亩数造具鱼鳞清册。

第四条　西沁分局得前项书面呈请后，立即派员前往考查，如认为不妨启放，应酌定限期，会县发给许可证，由声请之保董负责启放，并由县局会派员警，常川驻闸监视，一面呈报河务总局备案。

第五条　遵照《开闸规则》第五、六两条规定，各村灌溉地亩应酌量收费，以资整理及改善闸口之用。此项征费，拟定名为保闸费，其征收数目，暂定为灌地每亩征大洋一角，自启闸之日起，由监视员警协同保董村长，按各村灌溉地亩数目挨次征收，并随时发给收据，以便查考。

第六条　管理闸口之村，负有启闭及修补专责，应于各村征得之保闸费内酌提二成，交由原管理该闸保董或村长，充作启闭闸口及办公等费用。

第七条　征得之保闸费，除津贴启闭口用费，及启闸期内支给办公员警及驻闸保护官兵等津贴，暨各项开支外，其余悉充添筑闸门及购储防闸料石、土方工津之用。所有收支数目，每年由西沁分局造册，具报河务总局查考。

第八条　启闸灌田，应自近闸地起挨次灌溉，由员警督察监视，不准任何村民把持垄断，如水至某户地，应灌而不灌者，一经让过，不得再任意掘口私灌，违则按应征保闸费加三倍处罚。

第九条　各村灌溉地亩，如须添挖引河，应由各该村自行派夫办理。惟所挖引河经过地占用地亩，应由监视员警协同村长查明所占某户地亩数目，按照所损稞租给以相当津贴，以资弥补。如系旧有河道，或所挖系属支河，则不在此例。

第十条　各村灌溉地亩数，于灌溉之前一日，由监视员警协同村长，按照原呈鱼鳞册确查，如查与原报不符，应照短报数目，加倍征收保闸费。

第十一条　各闸口在准许启放期内，除由西沁分局拨派汛兵驻守外，其各村绅民仍应负责协同保护，以昭慎重。倘在伏秋汛内，尤宜格外注意，一遇阴雨，应即时严行封闭，以防危险。至闸口之启闭修补，并须听受监视员之监督与指挥。

第十二条　自本细则实行之日起，遇须启放各闸，均应遵照规定手续办理。设有未经呈明，私自启放，一经查明，应处以二百元之罚金，由该闸所在地之保董、村长负责承缴，一面仍照章补征保闸费。

第十三条　本细则自呈奉河务总局核准，即由县局布告实行。

第十四条　本细则如有未尽事宜，应随时呈明通告办理。

六月，河南省政府训令：案查本府前为振兴水利，通令各村各就地方情形，妥为计划实行凿井挖渠开塘，并规定黄河、沁河挖渠开塘事宜，责成河务局张局长督饬办理，其余河流由河务、水利两局会同办理各在案。查豫北二区，沁河流域民田灌溉，其利甚溥，兹为慎重办理起见，特派员监督，以专责成。除令委曾其严前往武陟监督挖渠外，合行令仰该局知照。

六月，民政厅训令河务局：案查前奉总司令冯谕，饬查沁河各闸口开渠灌田事件，业经督同该局长前往考查在案。兹就考察所及，拟定办法四项，分列如下：一、闸工坚实者，照旧准其尽量灌溉。二、闸工不坚者，须即迅速修理，以免发生危险。三、无闸处准其添开闸口。四、黄河北岸距铁道七十里武陟县境之北贾村闸，构造最便，能灌田五百余顷，应即均照此闸修造。预定本年各闸灌田亩数，较往年加至十倍，可至万顷以上。上项办法，除电呈总司令鉴核并分行外，合行令仰该局即便遵照办理。

六月，河南省政府训令河务局：查河南各县川流纵横，沃野千里，方之岩疆各省，实为膏腴之区。无如农田水利素不讲求，频年以来旱涝不均，灾祲迭见，甚至一年之内，一省之中或甲县赤地不毛，或乙县沦为泽国，坐使良田万顷悉成旷土，无怪民生凋敝，哀鸿遍野，抚恤赈济，惟日不遑也。本府有见于此，业经通令各县凿井挖渠开塘，振兴水利，并着各就地方情形妥为计划，迅速呈报，以期早日见诸实行。惟念督促筹划，贵有专责，查勘测量，须求实际，且不有奖劝无以示鼓励，不定办法无以资遵循，兹特规定黄河、沁河挖渠开塘事宜，由河务局张局长负责督饬办理，所有奖励办法，或给以补助金，或予以名誉奖，着即妥速拟定办法，呈候核夺，以凭施行。至其余诸河，应由该局长会同水利局局长认真办理，切实查勘，务在实际上着手，有利于民上去作，不得稍涉敷衍。除分令水利局外，合行令仰该局长即便遵照办理。

六月，河务局长呈省政府：案奉钧府训令，节开黄、沁两河挖渠开塘事宜，责由职局督饬办理，所有奖励办法，或给以补助金，或予以名誉奖，着即妥速拟定办法，呈候核夺，以凭施行等因。查黄河自荥泽县以东，地平土疏，水势暴烈，引渠灌田，自宜慎重。惟沁河两岸向多闸口，开用灌田，其利甚溥，曾经拟定开闸灌田暂行规则，呈蒙核准施行在案。盖黾勉图功，端资鼓励，庶政繁兴，功在法令，兹规定奖惩办法六条，原条文从略。是否可行，理合呈请钧裁，并乞训示遵行。奉指令：据呈拟定《沁河开闸灌田奖惩办法》六条，颇多不合，业经修改，开会公决，仰即遵照办理可也。

修正沁河开闸灌田奖惩办法六条

一、沿沁河县长，河务、水利各分局长，限三个月以内，最少须开新闸一个，修废闸一个。

二、限期内能开新闸一个引渠灌田者，或修好废闸两个者，均酌给补助金，由省政府直接承领之。

三、限期内能开新闸一个，修废闸二个灌田者，该县长、分局长酌发给办公费。

四、按限期能提前完成，或开新闸二个，修废闸三个者，除照数发给办公费外，并酌予奖励。

五、限期已满，毫无成绩者，分别撤惩。

六、开闸、修闸均由省政府派员监督，河务局指导之。

六月，河务局长委令蔡景琳：案奉代主席邓面谕，沁河开闸，关系民生要政，亟应派员前往指导，迅速进行，以昭慎重等因。查开闸灌田，自奉令准施行后，一再令催，实力奉行在案。兹奉前因，合行遴委本局科员蔡景琳，驰赴武陟、博爱、沁阳各县，会同各该县长暨各河务分局长，召集地方绅民，筹商推广闸口办法，俾沿河两岸居民，均收普及之利而解劳农之苦。惟事关农民生活，务须及时兴办，仰该员即日遄往，会同各该县长及分局长等积极办理，毋稍延误，是为至要。

十一月，河务局长呈省政府民政厅：案查职属沁工闸口，前奉令准沁河开闸奖惩办法，饬即转饬会委督修遵照办理，所有办理情形，节经随时呈报有案。现当结束之期，该工增修新旧各闸，亟应汇报前来，用资查核。兹据东沁分局长郑有呈报，该管东沁两岸所有闸口，查自六月十日起逐渐推广兴修，计成旧闸十八道、新闸二道，均已先后依限竣工，足资沿河村民灌田之用，并工坚料实，无损防务。此外每闸又令各修堡房一二座不等，以及闸上应备之标牌、警钟，并关于灌田应备之一切建设物品，亦皆粗具可观。又据西沁分局长孙佐呈报，该管西沁两岸原有废闸十五道，属沁阳县者十二道，属博爱县者三道，早经会委筹议，迭向沿河绅民剀切劝导，督促办理，计自七月间先后兴工，业于九月三十日以前一律完竣。惟沁阳县慕庄村开修新闸一道，博爱县白马沟、南张茹各开新闸一道，共计三道，因该村绅民意见不一，动工稍迟，截至十月六日，除南张茹一处尚有保险闸一道未曾完全竣工外，余均遵限完竣各等情，并分别填列详表，先后呈送到局。查沁河闸口自创办以来，或因工费浩大筹措维艰，或因距河较远，兴工不易，以致议决频繁，成功迄难一致。幸赖多方指导，竭力督催，俾人民咸知感悟，各能努力工作，卒将全工闸口届期一律蒇事，按照规定期限尚属相合，现饬通工放水，尽力灌溉，计东沁灌田约一千四百一十余顷，西沁灌田约六百九十余顷，共能灌田二千一百余顷。现在雨泽愆期，灾象已成，仍当督饬该工继续指导，多开支渠，以溥民利而重民生。除分令外，所有沁河修理新旧闸口，一律遵限完竣情形，理合检同原表，备文呈报。奉省政府指令：呈表均悉，仰即随时督饬各工，将新旧闸渠勤加修治，以固堤防而利民生为要。又奉民政厅指令：呈表均悉，新旧闸口既经修筑完竣，仰即随时指导，以资利用。

附：西沁两岸修筑新旧闸口工程报告表，见工程表之二十；东沁两岸修筑新旧闸口工程报告表，见工程表之二十一。

十一月，河务局长呈省政府：案据代理武陟县长李振业、东沁河务分局长郑有、武温修水利分局长原思明等会呈称，属县滨临沁河，该县旧有闸口多处，只以年久失修，不堪应用。自奉令开闸以来，尽力筹修，由六月二十一日起陆续开工，计南北两岸现修废闸十八个，开新闸二个。虽开工日期稍有先后，而截至九月十五日止，无论工程繁简，统于限期三月以内次第告竣，拟恳转呈奖叙等情。正核办间，复据西沁河务分局长孙佐呈称，西沁两岸闸口属沁阳县者，现修废闸十二个，开慕庄新闸一个，属博爱县者，现修废闸三个，开白马沟新闸一个，计自七月一日起至九月三十日止，共修废闸十五个，至新开闸口二个，亦均于十月六日以前蒇事。所有遵限办理情形，理合具报查考各等情。据此，查该县长等此次兴修沁河新旧闸口，竟能遵限完成，且开修新闸二个，废闸在三个以上，核与钧府七零九二号指令《修正开闸灌田奖惩办法》第四条之规定相合，拟请钧府将武陟县长李振业、东沁河务分局长郑有、西沁河务分局长孙佐、武温修水利分局长原思明等四员，各准开支办公费全月一个月，并酌予奖叙，以符定章而昭激劝。除沁、博两县已由该县长等径呈钧府暨民政厅，职局无庸具议，暨地方绅商领导开渠出力人员，俟查明另案办理外，所有给奖缘由，理合检同《沁河两岸修筑新旧闸口工程一览表》，备文转请核示祇遵。奉指令：呈悉，候令饬民、建两厅核议具报察夺。

十二月，河务局长函河南水利委员会：案查敝属沁河两岸，此次修筑新旧闸口计共三十八处，前据代理武陟县长李振业、武温修水利分局长原思明、东沁河务分局长郑有暨西沁河务分局长孙佐等先后呈报来局，当经按照省府《修正开闸灌田奖惩办法》第四条之规定，核尚相合，业已转请酌予照案给奖，并奉指令饬候令饬民、建两厅会核办理在案。兹据西沁河务分局长孙佐再呈前情，以该管博爱县属南张茹新闸一处，动工较迟，截至上月底始行完全修竣等情，查案关水利，应由民、建两厅移交贵会详加审核，相应抄送该分局长孙佐补呈原件，并附《沁河开闸灌田奖惩条例》，函请查照原案，一并汇同办理为荷。附件从略。

十八年一月，河务局长呈省政府民政厅：窃局长前奉总司令冯面谕，令推修沁河闸口一案，迭经履工查勘，分饬督催。前据东沁河务分局长郑有、西沁河务分局长孙佐等，以该工闸口一律遵限修竣情形，先后呈报到局。当经核议具报，并请酌予奖叙，以示鼓励各在案。兹据西沁河务分局长孙佐再呈前情，以该管博爱县属南张茹新闸一处，动工较迟，截至十七年十一月底完全修竣等情。据此，查该项工程重要，应予补呈，以竟全功，并请俯予查照原案，一并审核，除分呈外，所有十七年修筑沁河各闸通工报竣情形，理合绘制统计图表，连同博爱县新修各闸工程表，呈报钧核备案。奉民政厅指令：呈件均悉，查修筑沁河闸口，前奉省令饬核，业经会同建设厅准照《沁河开闸灌田奖励办法》，呈请分别给奖在案。兹补呈博爱县属开修新闸工竣情形，既据分呈，仰候省政府核示。

附沁河两岸闸口工程统计图，见[1]

十八〔年〕十一月，河务局长函水利工程委员会：案据沁博水利分局长贺鼎铭呈报，沁、博两县闸工告竣，恳请分别情形酌予津贴，以示鼓励而资提倡等情，并呈送工程报告表一份到局。查此案前已呈准省政府，饬候转饬民、建两厅会核办理，并经本局连同西沁河务分局长孙佐补呈博爱县南张茹新闸工竣情形一案，函请贵会一并汇办在案。据呈前情，相应检同原呈转送汇核，即希查照办理为荷。十九年二月，河南水利工程委员会长张钫函河务局：案准贵局函开，据沁博水利分局长呈报，沁、博两工告竣，请分别酌予津贴一案，嘱即汇核办理等因，附抄呈一件。准此，业经本会开会议决，由本会拨给款项，于沁、博两县适中地方树立丰碑，将出力人员修闸劳绩详细纪述，借昭奖劝。碑文由贵局撰拟，将来即令水利分局西沁河务分局及沁、博两县县长会同办理在案。除呈请省政府鉴核示遵外，相应函复查照。三月，河南水利工程委员会又函河务局：查前准大函，嘱汇核沁博水利分局、西沁河务分局长等呈报沁、博两县闸工告竣，请酌予津贴一案，当将开会议决办法呈请省政府核示，并函复在案。兹奉指令内开：呈悉，查此案业经提交

[1] 此处似有阙文。

省务会议议决，准予照办，相应函请查照。

沁河修凿闸口灌田碑记

沁河有闸口久矣，考《沁阳县志》所载隋卢贲为怀郡刺史，引沁水以灌农田，唐、元、明因之，沿岸添设闸口多处，水利大兴。迨其后司宣防者鉴于沁工历年溃决之原，率由于口门启闭之失慎，因偏重于防患之一途，常年禁民启用，于是日久闸口圮而水利废。自民国十六年六月，总司令冯公主持豫政。越明年，秋大旱，赤地千里，五谷不登，公恻然自励曰：吾闻之人定者胜天，昔魏引漳水以灌邺而河内富，秦引泾水以开渠而关中饶，吾但兴水利以补救之而已，旱灾何惧焉？乃命河务局长张君文炜携款赴沪，凡兴办水利之机械无不购，通饬各县相度地势，凡适宜于掘井之处无不凿，陂堰塘池，旧日之能蓄水而便农者靡不举，而民政厅长邓君哲熙，奉令督饬甚力。又因沁河两岸闸口甚多，虽年久失修，然举其废而兴其新，较易为力，乃与河务局张局长亲诣该处，召集武、沁、博三县县长，东、西沁河务分局长，武温修水利分局长及当地绅首，约曰：有能开新闸两个，修废闸三个，于三个月限期内提前完成者，受上赏；有能不逾限期开新闸一个，修废闸二个者，受中赏；否则罚。各官绅唯唯听命，分途劝告，督催民众及时兴工，罔敢或后。据张局长先后转呈到府，计修废闸者三十三处，开新闸者五处，且均能如期告竣，约可灌田二千余顷，然亦劳矣！嗟夫！中国水利之不讲也有年矣，滨河稍远之地，其民愚昧无识，恒以农作物之丰收，全恃天工之雨泽，旱荒之灾，人力似难与天争胜，凿井浚渠，徒耗财力，无补实用。其沿河之民，虽明知水利之所在，然以其创始之际，糜巨费而劳物力，累月不能观厥成，故往往畏其难，而退然自返。而当时官府大吏，又昧于教养之天职，对于人民之肥瘠，若秦越人之不相视，而莫为之救。坐此三因，中国水利因以不振。今幸沁河闸口，废者举而新者兴，灌溉之利甲于各处，推而行之，豫省水利之兴也不亦溥乎？于此知提倡者之难其人，而督饬襄助者之成功亦不易也，因将在事出力之官绅姓名勒于石，以志不忘云。

二十年三月，河务局长陈汝珍通令西沁、东沁两分局：查设闸灌田，本系水利要政，而闸门不固，每易发生危险，亟应严加取缔，以防疏虞。所有沁河两岸建筑之简陋闸门，凡欲继续使用者，须由该分局就近指导，改筑坚固闸门，呈候总局派员查验后方准启用，以免危险而固堤防。兹编印《取缔简陋闸门布告》，除分令外，合行检同布告五十纸，令仰该分局长遵照张贴，仍将办理情形具报查考。

河南河务总局布告

照得设闸浇地，所以利济民生，倘若闸门不固，为害尤属匪轻。本局职司河务，特此布告说明，闸门无论新旧，均须坚固工程，否则禁止启用，封闭决不容情。凡我沿河民众，务各一体遵行。

按：人民私启闸门，最易发生危险，虽本局定有《沁河两岸开闸灌田规则》，限制綦严，而历任局长每届汛期，莫不重申禁令，诚恐少有疏虞，贻害匪浅也。

冰窖

民国十八年二月，河务局长张文炜呈民政厅：案奉钧厅训令内开，转奉总司令冯函开，藏冰一事，为备暑夏人民之用，亟宜尽量收储，饬即遵照办理等因。奉此，当经督饬河兵采掘，一面与青年会商借冰室一间，计藏冰三万斤，系青年会与职局各存一半，为一万五千斤。又于柳园口挖冰窖一所，藏冰九万斤，统共藏十万零五千斤。惟据青年会存冰工匠面称，藏冰向在三九寒天，现已立春以后，恐不能存至六月等语。至藏冰用款，除青年会应摊四十五元六角一分一厘外，共支洋一百五十六元一角五分一厘。兹开具清单，送呈钧厅鉴核。是年五月，呈民政厅：现查各冰蛰化过半，仅存二分之一，青年会藏储冰块已开窖动用，制售冰激凌。职局拟将该会现存部分及柳园口之冰，分送附近民众及开封各军队各机关，以免日久溶尽。除呈报冯部长外，理合呈请鉴核示遵。奉指令：此项河冰应否如拟分配，既据分呈，仰候部长冯核示。

查：此案未奉核示，时交六月，本局将柳园口藏冰估价洋二百元，全数售与包商华强电池厂出卖，俟存冰取清时，该窖建筑物仍缴还本局保管。

十八年十二月，整理黄河委员会委员长何其慎呈省政府：窃查藏冰一事，调和气度，最有益于卫生，而夏令制作消暑之品，其利尤溥，是以东西各国对于此事无不加意研求。豫省气候干燥，每届盛暑，若无冰室以供民众之用，殊为缺憾。卷查十七年，张前局长曾于柳园口挖修冰窖一处，惜规模狭隘，仅藏冰数万斤，且存期较晚，冰已质松体薄，蛰化过多，故成效尚鲜。现在甫届冬至，天气严寒，正河水结冰之候，亟应乘时筹设大规模之冰窖，尽量收储，以备夏令之用。当经派员会同第一工务队长，先于柳园口择定挖修适宜地点，估计宽、长、深量度数暨约能藏冰若干、需费若干，开列清单具报，以凭核办去后。兹据覆称，择定中汛八堡土坝面及八堡机器坝面、十二堡二坝面，各挖修冰窖一处，约可储冰二百一十万斤，需洋二千五百元之谱，将估需工料价目清单附送前来。经职会覆查尚属核实，惟单列需用人工，为撙节经费计，除必需泥瓦匠外，完全抽调工务队汛兵实行工作，以期早日蒇事在案。至此项挖修工料价，拟请暂由职会经费内挪支，一俟来年开窨售用时，再行归垫。理合先行呈报钧府鉴核备案。奉指令：照准。

按：此项挪支经费，至次年夏季于局长开窨售冰之后，业经如数归垫。

卷九　财政第四之一

治河，古以耗财闻。而急一时之患，忘久远之计，财虽耗，河仍不治，是治河固不仅恃乎财也。然则无财可乎？无财则一时之患且莫防，遑论久远之治。河务局经费岁出，向分政费及工款，二者其预算自民国十四年至十六年，一仍十三年之旧。嗣是间有增益，数至微也。然此数年间，世变既亟，财政斯敝，预算乃等于具文焉。政费减支法屡易，犹窘弗尽予局务维持挹注是赖，而工款发给，亦不及预算半数。盖无复有存储者，河产收益颇少，小补而已。物不素具，不可以应猝河决猝患也。计久远则治本之法宜行，救一时亦应为防患之预备，其必须素具之物多矣。财者尤其要素也，政费节省固可，工款不蓄则不可。今财不足若是，幸哉，河患未骤见也，然亦甚可惧矣。今岁江淮泛滥之灾何如哉！爰将十四年迄今，河务局之财政状况简要志之，览者可以具见其表里也。

政费及工款

民国十四年度岁出预算：行政经费，总局列支五万七千零一十二元，购石处五千零四十三元，下南、郑中、中牟、上南、武原五一等分局，各六千四百六十六元，陈兰、下北、孟温、阳封四二等分局，各五千二百六十元，西沁二等分局六千三百一十二元，东沁二等分局六千零二十四元，南岸队汛三万八千四百二十四元，北岸队汛三万六千五百八十八元，以上政费共列支二十万零二千七百七十三元。岁修工款，关于黄河者，石方价十六万二千二百六十二元，正杂料价三万七千五百元，土方价九千二百七十元。关于沁河者，武陟沁工、沁阳沁工各一万三千八百八十九元，武陟桥工四百一十七元，以上工款共列支二十三万七千二百二十七元。总计四十四万元。实收实支数目，行政经费，共收一千三百七十九元三角零八厘，共支二十万零二千七百七十三元八角六分四厘；岁修工款共收四万一千五百零五元零四分六厘，共支八万二千一百九十四元一角七分八厘。政费不敷之数，系由历年结存项下垫支。

按：河务局十四年度岁出预算，仍系遵照财政部核定数目编列支出计算。以财政厅款项支绌，不按预算发给，未能编造，故阙。上列之实收、实支数目，则系根据会计账簿记载。

民国十五年度岁出预算，行政经费、岁修工款两项列支数目，与十四年度同。实收、实支数目，政费共收九千八百三十七元九角一分四厘，共支八万六千六百五十一元零九分一厘。工款共收二万一千四百二十七元三角零六厘，共支七千四百二十元零四角四分九厘。政费不敷之处，仍由结存项下垫支。

民国十六年度岁出预算，行政经费、岁修工款两项原列数目，仍与上年度同。七月奉省政府转国民革命军第二集团军总司令部令，国民革命时期，文职官吏应与军中将士同甘苦共患难，财政困难之际，将士既无饷可发，文官亦不应照旧领薪。因特规定各机关维持费办法，自七月一日起，凡文职官吏月薪在二十元以下者，按月发给火食费十元。月薪在二十元以上至百元千元者，按月发给火食费二十元。办公费准照原数减半开支。于是自七月份起，除岁修工款未曾变更外，每月行政经费另编维持费数目清册呈核，计每月列支一万零一百五十八元，实收实支数目岁修工款，共收八万六千四百八十元九角四分五厘。共支四万八千四百一十九元二角三分一厘。

按：十六年度行政经费，实收实支数目，因卷簿不详，故阙。

民国十七年度岁出预算，行政经费，总局列支七万零二十九元，购石处五千零四十三元，下南、郑中、中牟、上南、武原五一等分局，各七千三百八十六元，陈兰、下北、孟温、阳封四二等分局，各六千三百七十二元，东沁、西沁两二等分局，各八千七百三十六元，工巡队汛十万零四千零七十六元，以上政费共列支二十五万九千零三十八元。岁修工款，仍二十三万七千二百二十七元。总计共四十九万六千二百六十五元。造林场预算另一千二百九十元，实际上行政经费七月份仍照十六年维持费办法办理。八月，奉省政府令，各机关职员薪俸，自八月份起按照前发之文官官等表等级，委任七级定每月薪俸为三十元，由此以上每级递加五元，至八十元为止，高级官俸亦以八十元为限，原薪在三十元以下者，照发公杂费支半数。于是，每月维持费数目变更计一万四千六百七十一元，造林场维持费另七百四十五元。十八年二月，复奉省令，各机关自二月份起，凡月薪在三十元以上者，照原定薪额六成发给，公杂费仍半支。但河务局除总局照此办法办理外，各分局工巡队行政经费，则系将十七年八月令准之维持费数，再行核减为七成列支。故总局及各分局队汛新维持费，每月共一万二千一百九十八元八角。

本年度实收实支数目，岁修工款共收五万一千六百五十七元五角三分二厘，共支四万八千四百六十六元一角五分四厘。

按：十七年度原预算，行政经费，因俸给系按照省政府所发文官官等表之规定编列，故较上年度增加。其实收实支数目，仍以卷簿不详，从阙。

民国十八年度岁出预算，行政经费、岁修工款两项，原列数目与十七年度同。九月，河务局改组为整理黄河委员会，各分局改为工务队，预算变更，行政经费委员会列支十万零九千四百零四元，采料处六千四百二十元，下南、郑中、中牟、武原、上南、陈兰、下北、阳封、孟温、东沁、西沁十一工务队十五万三千四百二十八元，以上政费共二十六万九千二百五十二元。岁修工款，关于黄河者，石方价十九万九千五百元，正杂料价二万八千一百二十五元，土方价二万元。关于沁河者，东沁沁工、西沁沁工各一万三千八百八十五元，武陟桥工四百一十七元，以上工款共二十七万五千八百二十元。十九年四月，整理黄河委员会复改组为河务局，十一工务队改为六分局，年度预算重行变更，行政经费共列支二十四万二千三百六十一元，岁修工款共二十七万八千一百九十五元。实际上行政经费七、八两月份，仍按七月以前之新维持费俸给六成，公杂费半数办法办理。九月，奉省令，自九月份起各机关职员俸薪，委任九成、荐任以上，八成公杂费全数发给。每月政费减成预算数，遂为二万一千七百七十六元零六分七厘。十九年五月，复奉省令，规定新发款办法。自五月以后，各机关俸薪按现在预算减成薪金数目减去三分之二，在一成范围内酌量用人，仍照从前减薪成案，自三十元起至八十元止，每增一级增薪五元。公杂费按照现发数目减去三分之一，以二成实发。于是，政费每月计一万二千九百三十二元四角一分七厘。

按：十八年度，河务局两次改组，四易长官，交替频繁，款项各以任期结算，且十、十一、十二等月份政费工款，收支均无卷簿可考，故实收实支数目，从阙。

民国十九年度岁出预算：行政经费，总局列支十一万八千六百二十元，下南、上南两一等分局各二万六千八百九十二元，下北二等分局一万七千三百六十四元，上北二等分局一万八千四百五十六元，东沁三等分局一万一千四百六十元，西沁三等分局一万三千二百一十二元，服装费九千七百六十五元，以上政费共二十四万二千三百六十一元；岁修工款，关于黄河者，石方价十七万五千元，正杂料价四万五千元，土方价二万元。关于沁河者，东沁沁工、西沁沁工各一万三千八百八十九元，武陟桥工四百一十七元，黄、沁两河造林费一万元，以上工款共列支二十七万八千一百九十五元。总计五十二万零五百五十六元。实际上，行政经费十九年七、八、九等月份，仍按七月以前减成发款办法办理。嗣奉省令自十一月份起，各机关职员俸薪及公杂费，照全数发给，于是年度预算始行恢复。其实收实支数目，行政经费共收十九万七千零六十六元八角九分四厘，共支十九万五千四百三十九元三角七分四厘。岁修工款共收十万零三千零五十九元八角七分七厘，共支五万三千三百七十五元三角四分二厘。

按：十九年度，实收实支数目，系以于任七、八、九三个月收支，与陈任十九年十月至二十年六月九个月收支合计。又按河务局自十四年度至十九年度财政状况，除十九年度收支尚可相抵外，余均入不敷出，垫借维持。十八年八月，河务局长周致祥以省政府令各机关将十八年六月二十八日省政府重新组织之日以前，所有款项存欠账目截算清楚，造册呈报，当经编制河务局自民国三年至十八年六月历年存欠及垫借各款截算总数清册，呈准备案，册内分载收存、垫支、借支、实存等项各详细数目，其总结共收存一百二十万零八千零一十二元九角九分二厘，共垫借开支一百一十三万八千九百七十七元零六分三厘，实存杂钞及现洋七万三千零三十五元九角二分九厘。册后说明内称，查职局所有历年结存工料经费各款，例应转入特别预备金项下，专款存储，以备黄、沁两河不时险工之需，只以财政厅尚欠有款，不能按年度预算如数拨发，虽有结存无法编造预算。且当时并希望财政厅照数补给，故亦未行转账。嗣后经费工款积欠尤多，不惟各局队汛经费饷项无法照发，甚且每月火食几难维持，情迫不已，遂将历年结存各款陆续挪垫，用维现状。因之经费不足时，即以工款挪支，工款不敷时，亦以经费流用，辗转相循，迄未清结。迨至民国十五年以后，收存各款全数挪垫，亦不敷用。各局队汛经费饷项，至此遂由发而改为借，计算预算更无论矣。自十六年度起截至十七年度底止，卷查各局队汛经费饷项，未有一月能照发者，账目极其繁多，手续异常复杂，推究原因，积欠使然。至所存各钞及银行根据等，皆系历任因时局变迁，辗转移交而来，现虽存储，已等废纸，均属有案可稽等语。惟查河务局款项，实际上以政费流用于工款者少，以工款挪支于政费饷项者居多。

杂款收入

民国十四年度杂款收入

一、银行存款。交通银行，本金三万八千七百八十八元七角三分，年利九厘，收息金三千四百九十一元。中国银行，本金六万三千一百九十八元六角六分，年利同上，收息金五千六百八十八元。

二、内国公债。本金一万二千三百六十元，年利六厘，收息金七百四十二元。

三、当商存款。通许刘广泰本金一千两，月利一分，收息金一百二十两，折合洋一百七十七元。禹县刘钧茂本金五百两，年利一分。

四、柳园滩租。收七百六十八元九角三分二厘。详细滩租收入数目，见财政表之十一。

按：河工旧章，历年节存之款，储蓄生息，该项本金作为河工特别预备金，以备特别紧要工程之用，至各该年度所入子金，作为本年度预备金，以备临时用款及寻常险工等项需用。动支时须呈准备案。如本年度息金节省未用，至次年即行转入特别预备金，以期不糜不误，有备无患。上列之银行存款，即此种预备金。至当商生息，原系荥工岁修之款，自该工归并上南分局管理，取销岁修名目，该项每年收入，仍咨解财政厅拨抵预算案内经费。惟连年以来因当商倒闭，本息甚受损失。本年度禹县刘钧茂息金七十四元，迄未缴到，故阙。又柳园滩租收入，亦向系解厅拨抵。

民国十五年度杂款收入

一、银行存款。交通银行，本金三万八千七百八十八元七角三分，八月提用一万元，十六年三月提借二万元，嗣复将余存八千七百八十八元七角三分尽数提用。该存款是年收息金一千八百六十八元二角八分。中国银行，本金及息金收数均与上年度同。

二、内国公债。本金八千四百三十元，收息金三百零六元。

三、当商存款。本金及息金实收数，亦同上年。

四、柳园滩地。收九百六十五元三角三分二厘。

按：十五年八月，交通银行，本金提出一万元，系因财政厅工款不能照拨，购石处需款紧急，呈准动用。十六年三月提借之款，系因河南保卫军第九军总司令部以军费窘迫，函省长公署请转饬河务局，将特别预备金挪借二万元，以资接济。河务局奉省令后遵照办理，事详杂案。嗣后余数全提，系因政费欠发过巨，无法维持，不得已呈准动支，作为垫发各局队汛经费之用。

又，河务局，原有三、四、五年三种内国公债，票面本金三万元，因逐年陆续还本，故本金及息均逐年减少。

民国十六年度杂款收入

一、银行存款。中国银行，本金提用三万一千元，余存三万二千一百九十八元六角六分，定期至十七年五月底。届满旋奉省令，改存西北银行，订明活期。本年度该存款收息金二千八百九十八元。

二、内国公债。本金一千元，收息二十元。

三、当商生息。通许刘广泰本金及息金，与上年度同。

四、柳园滩租。收五百一十八元一角九分三厘。

五、柳株变价。收二千二百九十九元九角五分六厘。

按：十六年度，提用中国银行本金三万一千元，系以工款欠发，料石紧急之故。又当商刘钧茂倒闭，本息俱受损失，饬县追究，终归无着。

民国十七年度杂款收入

一、银行存款。西北银行，本金三万二千一百九十八元六角六分。十八年五月加存一千七百一十三元九角四分七厘，共三万三千九百一十二元六角零七厘。活期生息收一千零八十七元二角五分。

二、当商存款。收本息金一千七百一十三元九角四分七厘。

三、柳园滩租。收八百六十元五角四分三厘。

四、柳株变价。收二千五百元零五分九厘。

五、渡捐提款。收三千九百一十七元三角四分一厘。

按：十八年五月，西北银行西迁，存款全数损失，曾经呈明备案。当商刘广泰十七年一月以营业亏累，停止付利。十八年五月，张河务局长饬县追缴，将所欠利息二百三十六元四角零六厘，及本金一千四百七十七元五角四分一厘，如数收回。因该款应作防险之用，不便擅自动支，呈准省政府以此款一并存西北银行，归入特别预备金。旋西北银行西迁，此款同归无着。渡捐自本年度开办，以一部份归本局，以一部份拨归渡口所在县份教育实业经费。上列数目，系就收入全部，除以一部份拨归各该县外，提留之数，其每年收入详细数目，见财政表之十三。

民国十八年度杂款收入

一、柳园滩租。收四千零七十三元六角九分八厘。

二、柳株变价。收三万三千七百六十三元七角七分。

三、渡捐。收八千一百八十六元九角五分二厘。

按：自十六年度至十八年度，柳株变价，除支给办理变价时旅杂等费外，余均垫支政费。

民国十九年度杂款收入

一、柳园滩租。收七千四百八十二元四角七分九厘。

二、柳株头木伐变价。收五千七百六十二元七角四分三厘。

三、渡捐。收七千四百零五元四角八分七厘。

按：十九年度，头木伐收入移作造林费用。

河产

民国十四年度至十九年度河产

一、柳园滩地。自十七年经河务局长张文炜派员调查，清丈亩数，较前加增，旧管地亩一万七千三百一十亩零三分六厘四毫，新收地亩一万四千零九十六亩五分一厘七毫，总计三万一千四百零六亩八分八厘一毫。各汛详细地亩数目，另见财政表之十。

二、公有房屋。总局旧管之河防公所已归北区警察署占用。二曾祠已改设图书馆。前河督署，先改设法政专门学校，现为博物院。瓣香书院已归高等法院看守所。信陵书院归省立第一女子师范学校。以上各房屋移转管辖，均历有年所。新建吸水机房八间，改修轻便铁道厂九间。其他各分局，原有房屋大致仍旧，另见财政表之十四。

三、庙产。总局旧管之金龙四大王庙已改归财政厅。朱大王庙改为南区第二警察分署。黄大王庙为南区第三警察分署。栗大王庙现为人民会场占用。将军庙归开封县立第四小学。各分局管辖庙产，无甚变更，另见财政表之十五。

财产杂案

拨借特别预备金案

民国十六年三月，河务局长任文斌呈省长公署：案奉钧署内字第一三六八号训令内开，案准河南保卫军第九军总司令部函开，查敝军此次夺回郑州，所属各部队奋勇争先，歼敌殆尽。惟前方窘迫异常，需款孔急，即祈贵省长迅令河南河务局将特别预备金挪借二万元，点交敝部军需处主任周磐，以便星夜送至前方，而资接济。除附送借证一纸外，相应函达，即烦查照，至纫公谊等因。准此，合行令仰该局即便遵照，由特别预备金项下挪借二万元，点交所派军需处周主任磐查收，并将保卫军第九军军长马吉第借证一纸存案备查。仍将遵办情形具报。此令等因。奉此，遵查此项特别预备金，系属河工专款，为数省生命攸关，本不能移作他用。现既奉令暂行提备军用，并备印证一纸，自亦不得不遵照办理。当已派员会同保卫军军需处主任周磐，在交通银行将二万元提出，如数交付清楚，惟桃汛瞬临，各工待款，刻不容缓，况沿堤工段前被军队挑挖多处，急须乘时修补，需款尤殷，借证内所订五日期限，伏恳钧座逾格维持，准予如期拨还，以昭信用而资救济。所有遵令提借特别预备金二万元缘由，理合呈报钧署查核。同月，奉指令，已令行财政厅迅速如数筹齐拨还矣。仰即知照。

按：此款虽省令筹还，财政厅未曾照拨，嗣因政局改易，所有库欠名为另案办理，实则全行取销，该款遂同遭损失。

银行存款损失案

十八年七月二十七日，河务局长张文炜、周致祥会呈民政厅：窃局长致祥奉省政府令调任河务局，遵于七月五日到任视事。经文炜将任内一切卷宗、款项、器具、物品逐项交代清楚。除由致祥另文造册呈报外，查交代案内有历年存放中国银行特别预备金定期存款六万三千一百九十八元六角六分，除历任呈准提支，下余二万八千七百八十八元七角三分，上年因迭奉通令各机关公款，均应改存西北银行。经文炜于九月呈蒙钧厅转奉省政府核准改存，遂即将该款并连同张前局长祥鹤任内呈准拨作购办料石由原提出之特别预备金用存工款转作活期洋三千四百零九元九角三分，计共三万二千一百九十八元六角六分，一并改存西北银行，作为活期，年息九厘。迨本年五月复呈，奉省政府令，准将收回通许县当商生息工款，共本息洋一千七百一十三元九角四分七厘，统归入特别预备金，送交该行活期生息，以作防险之需。计前后通共存该行特别预备金三万三千九百一十二元六角零七厘。此项存款虽系订明活期，但前曾奉令非经呈准后不得擅自提支，文炜任内并未发生险工，是以该款自改存后，迄未呈请提取。本年豫省政变，西北银行西迁，文炜未及呈报交卸，业将原存折据移交致祥接收，经致祥查对，数尚相符，惟该行既经西移，存款恐难支取，所有交代案内特别预备金前存储西行情形，理合会呈钧厅，伏祈转呈省政府鉴核备案。

按：该款损失，呈报后，经省政府委查核销。

清理柳园滩地案

民国十六年十二月，河务局长张祥鹤训令黄河九分局东沁分局：案查柳荫滩地，虽前经各分局长呈报有案，然其时地亩多寡，全凭各队长弁等之报告转报前来，其中不实不尽之处恐复不少，现值革命时代，一切积弊，均宜铲除。是项滩地自未便听其隐匿。除分行外，为此令仰该分局长实地调查，究竟各汛滩地若干亩，座落何处，以及承种何人，租稞多少，统须分别详细，开列造册具报，以凭查核。

十七年一月，河务局长张文炜训令中牟、郑中、武原、陈兰、阳封、东沁等分局，限文到十日内仍遵前令，将各汛滩地亩数、座落、承种人姓名、租金多寡，统须一一调查清楚，造册呈报，毋再稽延。

二月，河务局长训令黄河九分局、东沁分局：案查黄河两岸柳荫滩地及庙产地，前以多年未据饬查，全凭队汛循例造报，虚实难稽，业经令据各该分局造册列表报查各在案。惟查册表所列，仍多系根据以前原定地亩稞租数办理，未经彻底详查，恐尚不免有以多报少，影射侵渔情事，自非从新清丈规定，不足以杜流弊而策万全。兹为整顿亩收，以作维持队兵生活训练，及办平民教育基金计，妥拟清查河工地亩简章，附收租办法，布告沿堤居民一体周知，以便着手筹办。特发去布告十张，仰即一面分投张贴，一面按照简章所定，赶紧遴派妥员及所属队汛长弁，会同各区社村长，切实调查清丈。自查丈清晰后，即按照收租办法，分别地亩等级，年定稞收若干，造具详细清册。呈候本局派委复查。案关国课，毋得扶隐贻咎，并转令队兵等一体凛遵。布告附。

照得河工地亩，原所以保障河防之巩固及维持队兵之生活。乃查近年来失于整顿，全凭各队汛招佃承种，或是每年每季规定稞租钱若干，或是麦秋成熟时占收粮食变价缴局。地亩既久未调查，稞收亦逐年减少，恐不免有串同隐匿，以多报少情事。自应赶紧整理，以绝弊端。本局长到任以来，天天抱着兴利除害的决心和改进建设的志愿，深知欲整理亩收，非实行清丈不可，兹特妥拟《清查河工地亩简章》，并附收租办法。无论是柳荫地、滩地、废堤隙地、庙产地，以及其他关于河工所有地，此次都要切实清丈。业已令饬各分局长，派员会同队长、汛长弁，并当地之区长、社长、村长等，将地亩一律从新清查。俟查丈完竣，造册报来。本局长即亲往复查，以明真象。大家要知道此番清理地亩稞租，全是为巩固堤防、维持队兵生活、队兵训练及筹办沿河居民教育起见，劝我河工官兵及沿堤居民一体知悉。如有知道某地为河工地亩者，迅速来信报告，以便彻查收回。该报告人即有领种该地亩之优先权。此外，有占种河工地亩未经发觉者，赶紧从实报明分局，听候查丈。凡以前种户，仍得照旧耕种，决不追究既往。倘隐匿不报，或以多报少，查出定即从严罚办。

清查河工地亩简章

一、此次查丈地亩，凡关于柳荫地、滩地、废堤隙地、庙产地、官场租地，以及旧日河工衙署、营房附属各种地亩，皆属之。

二、调查地亩，由各分局长派员会同队汛长弁及当地之区长、社长、村长等切实清丈。

三、地亩经各分局长派员会同查丈清楚后，造册呈报总局，以凭复查。

四、河工地亩，在堤根内外有外十丈、内十丈者，有内十丈、外五丈者，凡居民无红契文书者均系强占，须分别一律丈清收回。

五、丈地法以规定二百四十方步为一亩，斗量以二十斤为一斗。

六、地亩除已经官产处正式标卖者不计外，凡私人盗卖盗买各地，须呈缴文契，一律退回。其庙产有经教育局已充作小学经费者，亦应由各分局长令各区、社、村长等报明，立即收回。

七、清丈地亩，经总局复查属实后勒石以垂久远。

八、本简章自公布之日施行。

附收租办法

子、一等地，每年收一斗麦，二斗秋。

丑、二等地，每年收七升麦，一斗三升秋。

寅、三等地，每年收五升麦，一斗秋。

卯、四等地，每年收一斗秋。

以上等级系以约收其全粮斤数五分之一计算。此项收租，系指未种柳株地亩而言。如种有柳株，丈量亩数即以实有面积计算，收租办法亦以实能耕种之面积为限。如柳株占有每亩面积十分之二者，应按八分收租，但至少不得减至十分之五，以示限制。其等级，仍按上列之规定。

辰、秋收有种高粱麻者不收，杂粮只收高粱秸之全部或麻二分之一。

巳、凡沿堤居民，以前承种各佃户，如无特别情形，仍有领种优先权。

午、凡沿堤居民，已领种之地，有种植不力，任其荒芜且不缴租者，由分局呈明收回。

未、凡查出未种之地，得由分局收回，交令队兵耕种纳租。

申、收麦收秋时期，以每年麦秋登场时取之。

酉、凡承种地亩之人，除遇天旱水灾，秸粒不获，先期呈明。经调查属实后，得准其免租外，余须按照规定稞租缴足，不准抗欠。如有拖延者，得由分局呈明追缴。

戌、各项地亩稞租，经此次查丈清晰，规定确数后，应归分局经收变价，转解总局，以昭核实。

亥、凡承种地亩之人，须出具字据，证明共领地若干亩，每季缴租若干，并须觅妥实铺号作保。前项简章有应行修正及增减租价时，得由分局长呈报总局核定之。

承领河工地亩租照简章三月十六日

第一条　承种人欲领种某汛柳荫地、滩地、废堤地，或某大王庙之地，须先填具承种书，就近向该管分局声请转呈，或径行呈明总局，统俟批准后，方得请领租照。

第二条　请领租照之承种人，须备具下列资格之一：

一、须有正当职业者；

二、须有财产者；

三、现充河务官兵者。

第三条　承种人于领租照时，每亩纳租照费一毛。但四等地，如卤地、沙地，准纳费五分。

第四条　承种人于纳租照费外，更须有殷实铺保，或区长、村长等之担保。其无铺保人保者，每亩得纳一元之押垫金。

第五条　押垫金于承种人契约解除时退还之，但负有稞租或租金者，不在此例。承种人如不履行义务时，铺保及保人应负清偿之责任。

第六条　本简章如有未尽事宜，由总局随时修正之。

给予河工各庙住持地亩简章七月九日

第一条　为维持河工各庙住持之生计，特规定给地办法。

第二条　有取得给地权之住持，须具有下列三种之资格：

一、老幼残废，不能自食其力者；

二、无家可归者；

三、其看守之庙宇之产业全数由本局收回者。

第三条　给各庙住持之地亩数若干，应由各分局处场酌量各该庙产业之情形，呈请总局批定之。

第四条　取得给地权之住持，对于此项地亩仅有管理耕种收益权，而无当卖和抵押之处分权。

第五条　若住持取得给地权后，发现有不守清规及其他不法行为，或当卖抵押地亩情事者，立将其取得给地权取消并逐出之。

第六条　取得给地权之住持，得终身享受之，死亡无亲子承继时，由本局收回之。

第七条　本简章之规定，给地时发给一份，以资遵守。

五月，河务局长呈总司令冯玉祥，查河工柳荫地、庙地、废堤地，据碑文所载及有契约可凭者，约一百六十余顷。因多年未加整理，每为居民所侵占，其他机关所收没。现在河兵欠饷累年，生活困难达于极点，拟将此项河工地清查丈量，按季收租并令河兵分别耕种，岁收之款，专为河兵生活教练及沿岸办理贫民教育之用。现正积极办理，拟请钧宪电令沿黄、沁各县，如渑池、新安、洛阳、孟津、巩县、汜水、河阴、荥泽、济源、孟县、温县、武陟、原武、阳武、开封、中牟、郑县、封丘、陈留、兰封、商丘、睢县、宁陵、虞城等二十四县县政府，对于河工地亩一律保护，不得任人侵占。其有假借团体名义侵占者，立时退出，帮同清丈，以维兵食。而资整顿，并用是项地亩办理苗圃。奉指令，据呈各节均悉。查河工地亩，为巩固堤防及河兵生活教育之基本，关系甚重。现方饬令该局设立苗圃，造林于河堤，除前官产处已经拍卖者不计外，各县如有用此项地亩收租设学，而学校已停办者，须将地亩完全交还该局管理。其学校尚存者，应于该局接洽，由地租中酌拨经费，以资维持。此项地亩所有权，仍须归还该局，以便整理。除通令渑池等二十四县县政府，切实调查保护，协助清丈并令行河南省政府知照外，仰即知照。是项指令奉到后，总局即转令十一分局、购石处、三造林场知照。

五月，河务局长布告沿堤居民，照得河工柳荫地，原为取土植树保障河堤之用，立法最善。但因年久，没有清理，其中被人侵占的地方很多，本局长到任的时候，就抱着兴利除弊的决心，传令各分局赶紧清丈，业经颁发布告在案。惟恐因丈量柳荫地亩，附近居民发生误会或争执，特再对大家说明。查前清乾隆四十八年，河东河道总督兰第锡奏准，酌定黄河大堤种柳地界，以重河防一案内云：黄河要工，将两岸大堤脚下留出十丈余地，其月、格、鱼鳞等堤，系重门保障，亦各留有五丈。划界遵守，并豁免粮赋数千顷亩在案。看起来河工柳荫地界，早定得明明白白，公私不难判定。本局长此次清丈地亩，按照原案酌量权宜，依大堤脚下内外各十丈，月、格、鱼鳞等堤内十丈外五丈的规定，凡民间侵占者，由本局收回以外，丝毫亦不过问，然为民众利益起见，如各居民地有在这个十丈五丈界限以内者，手中放有确实古老红契并出纳粮赋者，可呈送附近该管分局证明属实，即行照数发还，我沿河居民幸毋自相惊扰疑虑。倘有自私自利讼棍刁徒，手无红契，意图久占，或假借名义，在地方敛钱，冒称代表，欺骗良民，实则与本人无丝毫关系，与公众无丝毫利益，一经查出，或被告发者，定即送官惩治，决不宽恕。

十九年二月，河南整理黄河委员会通令各工务队队长：案查沿岸河工地亩为数甚巨，当地居民侵占盗窃所在多有。前虽由河务局呈请清丈收回者固多，而隐匿不报未经查收者仍复不少。本会职责所在，自应力事整理。所有前发租照，多有名实不符，缴稞不均，亟应派员一律调查，按照地亩之高下，厘定等次，以为纳租之标准。俟查明核定后，再行换发租照，以期公允而资信守。并认真调查各该队管辖区内，有无新出滩地暨隐匿霸占情事，以重河产而裕收入。除令委本会干事范弘昌、朱子常前往办理暨分行外，合行令仰该队长即便遵照，协同办理，以利进行，是为至要。并将办理情形，随时呈报查核。同月，委令干事范弘昌、朱子常驰赴各队，协同该队长切实调查，造具各佃户原租地亩等次、租数，及厘定地亩等次、租数，清册呈核。三月，各工务队先后呈报清册，指令汇案核办。

按：滩地经清查整理亩数倍增，表已详载。

接收黄河沿岸各渡口案

民国十七年二月十五日，河务局长张文炜呈民政厅，窃局长于本月六日赴黄河南岸勘工。查南岸各分局，如下南柳园口、黑岗口，中牟赵口，郑中阳桥、马渡口，上南华阳、荥泽等口，时常上下迁移渡处，过客货物往来不绝，以致堤面残缺过甚，且各口官渡船只，半系多年未修，危险常出。而各县派委，只知征收捐款，竟置船只破坏，堤面残缺于不顾。拟由职属各该管分局派员参加管理，并着带河兵数名，随时到船稽查，以所收费五分之一修船，五分之一修堤。其余作为渡口人员办公之费。似此办法，不惟巩固堤防，亦且便利交通。理合呈请钧厅鉴核，俯赐转饬沿黄、沁各县县长遵照办理。奉第一零八五号指令，查各渡口设置船只，原为便利行旅，既系仅收捐款，不修船只，以致时出危险。自应设法整顿，惟来呈所称五分之数，约计每年收入数目，共有若干。其各渡口派委收捐，是否订有章程，沿黄、沁各县共有几县，何处渡口归何县所管，未据声叙。仰再详细查明，分别呈复核夺。

二月，河务局长训令沿河各县县长：照得本局长前次赴黄河沿岸勘工，查得各汛渡口船只，装载货物，行客殊形拥挤，且又失于修理，危险不无可虞。自当通盘筹划，设法整顿，以利行人。惟各该县所属沿河渡口，共有几处，是否官渡民渡，全年收捐数目究有若干，作何用途，以及有无章程，均难臆断。除分行外，合行颁发《一览表》一纸。仰该县即便依照表式，分别详细填列。限文到五日后，呈送本局，以凭核办。又训令下南、中牟、郑中、上南、下北、陈兰、原武各分局长，会同各县长，依限列表填报。

五月，河务局长呈民政厅：案奉钧厅第一零八五号指令，遵即分令开封、阳武、郑县、中牟、荥泽、陈留、兰封、武陟、原武等沿河各县，将所辖渡口船只数目、收捐章程、收入实数、用途分配等项查明列表，具报在案。兹据沿河各该县先后呈报前来，理合缮具《黄河沿岸渡口情形一览表》，备文呈送。奉指令呈表均悉。查此案，已据该局另呈令饬分别妥订章程呈候核夺在案，仰即遵照。

附：《黄河沿岸渡口情形一览表》，见财政表之十二。

五月，河务局长呈民政厅：查近年来黄河沿岸渡口，凡属地方经管人员诸事废弛，积弊随生，对于渡口进款，或层层剥削，或坐地分肥，只能浮支冒销，而于船只破坏、搭载过重、人马竞渡、堤岸崩溃等事，则置之不理。加以风雨烈日，待渡无所，尤为人民最大之痛苦。局长现奉冯总司令面谕，着由河务局一律收回管理，切实迅速整顿具报等因。谨拟定简章，呈请钧厅鉴核，并请转饬沿河各县即时遵照，派员会同河务人员妥为交代接替，以便克期整顿具报。奉指令呈及附件均悉所拟简章尚属妥协。其黄河沿岸渡口船只，既系奉总司令面谕，由该局一律收回管理。仰候转饬沿河各县派员会同妥为交代接替，可也。

黄河沿岸各渡口简章

一、河务局为谋过渡人民之安全，及便利企图河工之整理，路政林业之发展，特订简章，与民更始。

二、每渡口设立候船厂，用苇席搭成天棚，内设木座，以便休息。

三、设车马厂一处，订立木桩，系以大绳，安置牲畜车辆，并设男女厕所若干，以示区别。

四、凡建设之候船厂、车厂等处，均设立木牌，俾众周知。

五、渡口船只残破不中用者，若民船则停止其摆渡；官船则速加修理，以防危险。

六、凡乘渡船，须有船证。兹规订竹签代票法，分人用签、驴牛用签、车马用签、货物用签四种，以便检查。各签价目，另订细则。

七、渡口收入，所有开支各项，略举如左：

甲、船只购买费及修理费。

乙、船夫伙食费。

丙、建筑候船厂、车马厂、厕所，及修理道路堤岸等费。

丁、管理渡船官兵伙食及杂费。

戊、补助教育费。

子、沿河各分局之队兵教育费，及办平民学校之费。

丑、渡口附近之县，其收款之一部，有原归县教育经费者，自应酌量补助。

己、如有赢余款项时，须每月呈报抵解。

八、各渡口之经管事项，由各该管分局派出官长二员至四员，兵四名至十名，助理之。

九、管理员，由本局遴员充任之。或由各该分局长于队汛长，及书记司书人员保尤兼充，呈请本局委任。

十、管理员掌理出入款项，购买及修理船只，建设候船厂、车马厂、厕所及监视搭载量之责任，然须实报实销，不准有丝毫营私舞弊，欺压平民等事。违者依法惩办。

十一、管理员有稽查报告匪情之责。

十二、本局不时派员稽查、监视各渡口之经管事项。

十三、船上须建立青天白日旗，及河务总局某号官船民船等旗，以资识别。并将船之搭载量书牌于船上，以唤起人民之注意。

十四、每船设船夫四人至八人，设船夫头一人。每一渡口设船长一人，其每月伙食费按当地习惯，另定之。

十五、遇天气不良，横风暴雨，或匪情紧急时，管理员有停止过渡，或令船只停泊一岸之权。

十六、本简章，自呈准之日施行之。

按：各渡口，自河务局先后收回管理后，征收渡捐有包办者，有委办者，系因时因地酌量情形办理。

十八年八月，河务局长周致祥、开封县长李成绥会呈民政厅：案查前奉钧厅训令以奉省令据教育厅转请重订黄河渡口捐办法一案，并发抄件令即遵照。先令各饬迅即拟办，会同具复核转等因。局长遵即委派科长王道敏代表会同县长召集县教育财务两局长在县政府开会，重订经理渡捐标办分配办法，迭经一再会议，详细讨论，局长为维持教育起见，将原订之百分三十五分整顿建设等费减为百分之二十五，此后河口之整顿建设惟有极力撙节量入为出。现已议订办法，一致认可，奉令前因所有遵令会同重订渡捐办法，理合抄录具文会呈鉴核，俯赐转报核示令遵。

重订开封县境内黄河各渡口捐经理标办分配办法

第一条　各渡口捐，由河务局与开封县政府及教育局会衔出示投标，其投标地点在开封县政府。

第二条　投标办法、征收简章，仍照河务局与县政府原订办法简章办理。但河务局与县政府教育局得先期提出意见，会同洽商妥协临时修正之。其管理员由河务局、开封县政府会衔委任。

第三条　开封县教育经费，占全标额百分之七十；开封县民众学校经费及办理关于渡口捐一切公费，占百分之五；河务局渡口一切建设增修船只整理等费，占百分之二十五。

第四条　三成押款，河务局与县政府及教育局各按其百分比分存。

第五条　各包商交款，每月呈缴开封县政府，倘有拖欠，由县政府催缴。其河务局、教育局每月应得百分比之款，由县政府于次月十日以前分别照拨。

第六条　除投标、催收渡捐外，其渡口之管理整顿设施取缔指挥，完全由河务局处理之。

第七条　本办法经河务局、县政府、教育局三方签订后，呈奉民政厅核准实行。

九月，民政厅训令河务局：案查前据会呈《重订开封县境内黄河各渡口捐标办分配办法》，请即转报示遵等情，当经转呈省政府鉴核在案。兹奉指令内开：呈暨附件均悉。既据议订妥协三方一致认可，仰即转饬遵照。此令，附件存等因。除分令外，合行令仰该局即便遵照。

十一月，开封县长徐子尚呈整理黄河委员会：案据属县教育局呈称，查黄河各渡口捐款为开封县教育之命脉，举凡承办包捐之人应如何遵章纳捐以利进行。乃近查柳园渡口、黑岗渡口史和钧、王振五等积欠斯项捐款甚巨，抗不如数交清，倘不急早撤换，另行投标，则缴款更不堪设想。理合备文呈请钧府鉴核，遵照新约，转请整理黄河委员会定期会同投标，以资整顿而裕学款等情，并附呈重订开封县境内黄河各渡口捐经理标办分配办法一件。据此，查柳园渡口经理史和钧、黑岗渡口经理王振五积欠捐款，久不缴纳，业经另案传追在案。据呈前情似尚可行。理合抄同原办法一件，具文转呈钧会鉴核，伏祈指令祗遵。同月指令：呈暨附件均悉。据称撤换柳园渡口、黑岗渡口管理员史和钧、王振五，另行投标，事属可行，惟原有标办分配办法已不适用，兹由本会另加修正，随令颁发，仰即遵照，并转饬教育局知照。至该两渡口应缴捐款，仍须勒追，期早结束，是为至要。

修正开封县境内黄河各渡口经理标办分配法

第一条　柳园、黑岗、大顺、尚店各渡口捐，由整理黄河委员会委派下南队长，会同开封县政府出示投标，其投标地点在开封县政府。

第二条　投标办法及征收简章，仍照前河务局与县政府原案办理。但遇有不适用时，得先期提出意见，会同洽商修正之。各该渡口之管理员，由整理黄河委员会委任。

第三条　整理黄河委员会建设渡口，增修船只，整理一切费用，应占全标额百分之三十，开封县教育经费占百分之六十五，开封县民众学校经费及办理关于渡口捐一切公费占百分之五。

第四条　标办人所缴三成押款，由整理黄河委员会专款存储。如包商期内并无违法欠款情事，期满后发还。

第五条　如包商应交款项，每月呈缴整理黄河委员会汇齐后，按应得百分比例分别照发。开封县教育经费，由开封县具领转发包商。倘有拖欠，由开封县负责催缴呈解。

第六条　除投标催缴渡捐外，其渡口之管理整顿设施、取缔指挥，完全由整理黄河委员会处理之。

第七条　本办法经整理黄河委员会议决，行知开封县政府后实行。

按：整理黄河委员会于十九年四月改组为河务局后，职权仍继承行使。是项渡口经理标办分配，现均照修正法办理。

柳株变价案

民国十九年一月，河南整理黄河委员会委员长何其慎呈省政府：窃查种树为治河之要务。比年推广林政，沿堤栽植非不甚多，而一考成活数量，仍复寥寥无几，盖缘以前沿河植树多未将种类状况确切调查，选择既未合宜，修培亦难尽力，全凭局队之空文报告作为成绩，殊非实事求是之道。委员长有鉴于此，自职会成立之初，即首图整理树政，锐意进行，迭经将造林各种法则令发各工务队遵照办理，并遴派造林专员分赴黄、沁两岸实地考察，要在使沿岸地无旷土，数年之后，蔚然成林。惟去腐所以生新，采取贵乎及时，既拟推广种植，必先选择无发育能力之枯老树酌量伐去，为扩充新植之余地，且一经变价，非第足供新植树木之资，并可借以补助河工经费，实属一举两得。除派员沿岸分别调查外，理合将拟办情形，先行呈核备案。二月奉指令：准予备案。

四月，河务局长于廷鉴呈省政府：卷查前整理黄河委员会因整理林政，派员赴各队调查沿堤柳杂各树，并将枯朽空心无发育能力之老树酌量变价，业经呈报钧府备案在案。现因欠饷过巨，各队官兵无法维持，已将此款，除办理变价时旅杂等费外，移支政费。理合缮具枯柳变价收支四柱清册，连同缴状印领一并呈核，转饬作收作支。同月奉指令：候令行财政厅核办具复。

五月，省政府据财政厅呈，查核河务局所呈柳株变价收支清册数目，尚属相符，至以结存价款移支政费，自应准予转账作收作支等情，令饬知照。

接收宋公祠案

民国十八年九月，省政府训令整理黄河委员会：查省垣西门内宋公祠地址，经山东旅汴同乡会与省立第六小学争执已久，纠纷莫解，饬据本府秘书张重英查复，当经交会议决证明，确系公产，拨归黄河委员会用。除分别指令牌示外，合行令仰该会知照。

十九年四月，教育厅咨整理黄河委员会：案据省立第九小学校校长任邦呈称，窃职校前以第六小学迁移在即，为救济西门大街一带学生就学便利起见，曾于十八年七月呈请将该校遗址宋公祠拨归职校应用，以图发展，当奉指令照准在案。嗣因发生纠葛，讵又有改归黄河整理委员会之议，及第六小学新校落成，实行东迁，职校徇西区居民之请，当向钧厅面陈详情，并向何委员长商洽借用，均蒙允准，当即迁入，数月以来全校学生群称便利。惟以校址一日不定，学生家属无不忧形于色，来校询问者络绎不绝，且职校现奉钧厅明令改办完全小学，添招高级学生，规模既已扩充，校舍尤须宏大，舍此他求，实无相当校舍以供应用，似此情形影响于校务进行者甚巨。为此据实陈明，伏乞准予转咨整理黄河委员会，准将该宋公祠旧址永归职校使用，俾便学生安心求学，并依照计划进行，以期仰副注重小学教育之至意。是否有当，理合呈请鉴核施行等情。据此，查该校长所请，将宋公祠旧址永归该校使用，系为学校永久之计，似属可行。除指令外，相应咨请查核见复，以便转饬为荷。同月，咨复：案准贵厅咨开，据第九小学呈请，将前借宋公祠旧址永归该校使用，嘱为查核见复，以便转饬等因。准此，查宋公祠旧址，系经省政务会议议决奉河南省政府令拨归敝会应用，敝会现租房屋不敷分配，正拨迁至该处，以资办公。刻下第九小学既经迁入，只能准予暂时借用，仍应提前设法挪移，以符定案。相应咨复，即希贵厅查照，转饬遵照为荷。

十二月，省政府训令河务局：案据教育厅呈，案据省立第九小学校校长任邦呈称，为呈请转呈立案并更正宋公祠拨归河务局原案，以符名实，而利校务进行事。窃查职校第二分校所在宋公祠之校址，先是省立第六小学校旧址，前以该校行将迁往火神庙，校长曾详陈职校第二分校原有之小衙门地址，根基狭隘，房屋颓唐，以及种种不适用情形，呈请钧厅在案，拟于第六小学迁移后，准将宋公祠拨归职校，作为第二分校永久校址。旋奉钧厅指令内开：呈悉，俟第六小学完全迁移后，准将宋公祠旧址拨归该校作为第二分校校舍，除分令外，仰即知照等因。奉此，职校尚未迁入，忽山东会馆首事以宋公系山东人出而争执，拟将该祠霸为该会馆私产，当经省府会议，查明认定该祠确系公产。但为一时缓冲计，名义上暂拨归河务局，实际上仍归职校占用，是以当时职校亦即正式迁入，迄今已历年余，校舍亦略事修造，且山东会馆现已不生问题，事实上似无再为提议之必要。究之案不更正，年湮代远，舛误易生，校址不固，前途终归有碍。为此理合备文呈请钧厅鉴核，提交省务会议，将前拨归河务局原案更正，以宋公祠旧址永作职校校舍，俾于校务前途，永无滞碍等情到厅。查宋公祠旧址，在河务局方面既不需用，在学校方面甚为合宜，为学校将来发展应有固定校址计，似可永归该校使用。据呈前情，除指令外，理合备文呈请鉴核，准将宋公祠拨作该校固定校址，实为公便等情。据此，除指令外，合行令仰该局即便核议具复，以凭核夺为要。同月，呈复：案奉钧府训令内开，以据教育厅转呈第九小学，请将宋公祠永归该校使用等情，饬即核议具复查夺等因。奉此，查省垣西门内宋公祠地址，前因山东旅汴同乡会与省立第九小学争执，该产于民国十八年九月曾经钧府开会议决证明确系公产，拨归黄河委员会应用在案。该会裁撤后，宋公祠地址归职局接收保管，因职局向系租房办公，迁徙靡常，殊感困难。为将来筹款建房迁入办公计，该祠仍须保留第九小学暂时借用，未为不可，遽请永归该校使用，查与原案不符，奉令前因，理合备文呈复钧府鉴核，准予维持原案，实为公便。同月，奉指令：呈悉，准予维持原案，并令教育厅知照矣。

卷十 附录第五之一

万事之赜，一物之细，类皆造端于感想，阐明于理论，及其究竟，终必归功于实施。是理想者，固事实之母也。当夫事之未来，应如何为之预谋；事之将至，应如何为之筹备，亦必费几许经营，始克临事而措施悉当，否则危机日迫，积患日深，茫茫然无所措手，未有不偾事者。然至危机已迫，积患已深，而所以为预谋之计画，筹备之机宜，业经确定有案，卒以时局经费等问题不克以竟厥功，仅乃垂空文以自见，亦当事者之至不幸也。豫省河务近数年来所得见诸施行者，本志已分门胪陈如上，其有统筹全河利害，规画详明，以及工程之应修复改良，财政之应增加固定诸大端，均属切要之图，非等空言无补。一俟财力稍裕，即当次第举行，案牍具存，历历可考。至如当代名流治河策略，虽不仅限于豫境，亦复择其精确可见实施者，统列为附录一篇，借备将来之采用焉。

公牍一

十八年八月，河务局长周致祥呈省政府，窃局长猥以樗质，忝任宣防，受命之始正交大汛，赶将局内略为部署，即赴黄、沁两岸查勘各工，所有出省回省日期，业经先后呈报在案。查自七月二十七日由下南分局起，沿堤上行经中牟，历郑中，抵上南，逐段详勘，旋由荥泽北渡驰抵武陟，先查武原工段，顺至黄、沁交汇之处浏览徘徊，复由东沁溯流而上至于西沁，两河堤段绵长，埽坝林立，虽叠经涨水，而工程大致尚平。惟查黄河南岸险象向在上游，近来河势稍变。一自上南花园口分流北滚，刷岸东行，北岸老滩节节刷去，河之直力已成气势，长约百里。下至下南中汛对面，折而东南，斜冲下南中汛各堡，一派南圈萦绕，至下南上汛下界，汪洋恣肆；一由上南荥泽仍循故道溜走，中泓行至郑中中汛四、五、六、七堡，中牟中汛四、五、六堡，又复南绕紧靠各埽坝前行走，溜势随水涨落提卸无常。至于东沁南岸如杨村、白水，北岸如南贾、老龙湾、赵樊等处，已属重要之工。西沁则北岸留村、内都、南张茹；南岸则龙涧、马铺、仲贤，各工尤为吃紧，日前丹、沁并涨，埽走堤损，当时虽抢护得力，幸而无恙。事后思之，犹觉心悸。统观两河，下南为省城门户，现时中汛大河顶冲，最为吃重。西沁堤段较东沁疮孔为多，亟应补救。而查验各工料石之存储，则上下一致，同愁匮乏。推之局队饷项频年积欠过多，工员工兵几几不能举火，奔走劳瘁所至同声诉苦，此现时河上实在之情形也。

局长目睹心惊，深虞覆悚，一再计划，若按贾让增卑培薄、缮完故堤之说，与潘季驯以堤束水、以水攻沙之论，则于黄堤择要帮宽，沁堤择要加高，未始非根本之图。第需款过巨，亦非仓卒可以奏功。本年雨水之多，河流之暴为数年来所未有，况秋汛已临，万一落水生工，淘底搜根，尤为可虑。谨就管见所及，先拟救急办法二则：一、河工之需碎石，犹军中之需子弹，无子弹不能御劲敌，无碎石不能御狂澜。现在库帑空虚，不敢多言建筑，如下南天然坝以上迎流坐湾，若于上游添筑顺水大坝，下游自可掩护，惜需款太多，难以举办，拟相度机宜，多安小垛，空档加以护崖，暂顾眉睫。再如中牟、郑中、上南、下北以及沁河各工，或新改石崖根基尚浅，或旧有坝垛塌卸频仍，不速加抛，再经秋水搜淘，危险何堪设想。查河防预算岁修石价十六万二千有奇，拟请先拨六万元从速购运石方，以备险要工需。一、查河工抢险以料为先，前人所谓急则用料也。现在两河稭料几无存储，拟请就预算岁修料价三万七千五百元内，先拨六千五百元发交黄工九分局，每局各五百元；沁工两分局，各一千元，妥为存储，不准作他项开支，以备遇险收买青料，临时抢护，免致辗转请款，遗误事机。以上两款，皆系几经规划，苟且补苴，已为最低限度。公家无论如何困难，务恳俯念河工安危，关系南北数省，迅予拨发，此暂拟临时救急之办法也。

至此后救济办法，妄拟四端附陈于后：一、查河工堤段残缺处，固有而平坦处，颇可通行汽车，汽车一通，上下各局遇有紧要工程，可以移运料石，可以迅调员兵，便利河工，实非浅鲜。拟请饬公路局迅速估修，以相辅助。一、查河上局队僻在荒村，距省穹远，邮电鲜通，所有文告专恃汛兵递送，远者动须三四日，近亦必须一二日，河势变化无常，消息每苦迟滞。拟请酌安长途电话，庶遇紧要事机，可免贻误。一、查关于河工范围内，除柳荫地亩外，所有遥堤、废坝、古庙、荒祠，以及厅营旧日之衙署地甚多。古人云：“货恶其弃于地。”又云：“无旷土可见半弓之地，亦当经营者也。”拟请推广森林，开辟苗圃，十数年之后不惟有裨堤防，而林圃之利益亦可获利无穷。

一、查黄、沁两河均畏盛涨，沁河尤甚。现在黄河堤岸，如上南分局已安有虹吸管一处，田既可溉，堤亦不伤，甚为有效。拟请饬沿河各县设法多安此种虹吸管，不但能减水患，并可广兴水利。至沁工生险，全在涨水，水落则平。若遇丹、沁、黄三河同时并涨，漫溢之患往往由此发生。局长查工，行至王顺、小祝村一带，审度形势，访诸居人，该处距卫河不过数里，倘于该处建筑高闸，一遇沁河盛涨，万分吃紧之时，暂放闸门分流入卫，则沁之水势登时可减，减后赶为封闭，似亦不致病卫。以上救济办法四端，容当分别拟具办法，另文详陈。所有查勘黄、沁两河情形，酌拟各种办法，是否有当，理合具文呈请鉴核。除呈报民政厅外，敬候令示祗遵。

奉省政府指令：查所拟临时救急暨将来救济办法，均关治河要政。当经交会议决交民政厅核办呈复，除指令该厅核拟具复再行饬遵外，仰即知照。

案：此件民政厅如何拟复，未奉省政府令知。旋经整理黄河委员会接收河务总局前局长所陈事宜，遂从搁置。

十八年九月，整理黄河委员会委员长何其慎令各分局：查河务积弊相沿已久，加以连年政变，工料缺乏，负修防之责者尤多，废弛职务，借口搪塞，以致堤身日削，坝埽渐坏，虽幸免溃决之祸，而危机早已潜伏。本委员长奉命整理，力求改革。兹就调查所得，择积弊之大者，分列于下。闻各分局应管段内遇有工程，大抵捏词耸听，讳言工小，工竣之后呈报动用物料又粉饰文字，以少报多；抑或包办杂料，预事存储，借某处修筑之名，将余料尽归私有，其弊一。各分局局长，除经收麦秋租价外，住局之时甚少，安居家中，置防务于不问；一旦水势紧急，有冲刷坝埽之虞，则补苴罅漏，苟且塞责，但图自利，不顾公益，徒耗公款，奚裨治安，其弊二。查各汛队兵，统计约千名之多，而实行劳役者寥寥无几。每月薪饷虽照数领到，或减发三分之一，或减发五分之一，习以为常，恬不为怪，其尤甚者借名招摇，狼狈为奸，虚糜帑金，坐养河蠹，其弊三。至沿河滩地为数尤巨，而稞租收入适得其反。各分局长有管理之责，亟应确查亩数，筹测垦植，乃闻掩匿亩数者有之，减低租额者有之，假水旱灾祲请求豁免者亦有之，任意欺朦，尚复成何事体，其弊四。夫沿河种树，固堤防疫，用力少而获利多，如各分局长不知调查土质，广植森林，坐视大堤荒芜，殊为可惜，且有前人所植可供修筑之用者，托言枯槁，标卖渔利，既旷职守，尤玷官箴，其弊五。以上弊端，人言啧啧。各分局长奉公守法者固多，而随波逐流实犯此弊者恐亦不少。兹于各分局长约自此次申令之后，务仰澈底改革，咸与维新，并望将旧日陋规及剔除之法缕细陈明，用作殷鉴。值此训政时期，如再因循规避，意存尝试，定予依法惩处。本委员长言出必行，其各凛遵勿违。旋据武原分局长朱学轼按照所指积弊五条，逐一声复并无弊端，其他各分局均未呈复。

十九年五月，河北省黄河河务局长朱延平函开：查本年二月贵省召集三省河务会议，因鲁省派员未到，由豫、冀两省开预备会提案交换意见，除重要议案应俟鲁省派员再讨论决议外，当经决议豫冀两省先合作者三事：一、互通水报，二、两省电话互相接通，三、黄河服务人员奖惩规程。先请冀省将所拟者，清抄一份送交本会，以作参考。敝局长回局后，当将所提议案及先决议三事呈报河北省政府建设厅各在案。除两省接通电话一案正在呈请筹设外，其互通水报一案，现当桃汛已过，水原日旺，关于河水涨落亟应互相通报，以便有所预备，所系极为巨要，应请查照前案，随时通报。至纫公谊。又河工服务人员奖惩规程一案，业奉河北省政府核定颁发，相应清抄一份，并请查照。当经河南河务局长于廷鉴呈省政府，查本省地居上游，河水增长，与下游直、东等省防务关系綦重，自应随时电知，俾便预为防范。惟查接管卷内，本省黄河涨落，向以陕县之万锦滩为枢纽，该处水长在一尺以上，即由该县专电报告，借知警备。前于民国十三年间，经陈前局长善同任内曾以转电直、东等省，辗转需时，请准径由该县直接分电，俾免延误。至此项电费，除本省仍照民国三年部令成案准列免费外，其拍发直东等省水报，当奉部令准，按四等减收半价等因，历经办理在案。近因豫省迭经政变，该项水报时有延搁，似应重申前令，以重河防。准函前因，除径由职局函请查照外，理合呈请钧座鉴核，俯饬开封电报总局暨陕县县政府查照前案，转行遵照办理。黄河遇有猛涨，立即拍发，并同时分电直东等省，俾资迅捷而利工防，实为公便。六月，奉省政府指令：呈悉，除令电政管理局暨陕县县长遵照办理外，仰即知照，并由本局函复河北黄河河务局查照在案。

按：三省河务会议，系奉省政府令办，冀省河务局长届时莅会，共同拟就提案意见书十二件，经起草委员会呈报，河南省政府有案，除由冀、豫两省议决先行合作者三事外，其重要议案均以鲁省派员未能到会，暂从缓议。

十九年五月，叶仁厚呈河务局长：窃仁厚一介迂儒，毫无卓识，只以滨河而居，从事于茭防者已历有年，所窃以河务之兴衰，为我两河人民生命之所系。若一切建设日臻改良，则承平永赖，乐利无穷。其关系于个人，关系于国家者，至深且巨。查豫省河务，沿清代之旧习弊窦既深，去岁委员会成立，复因人类繁杂，主张既不一致，议论纷纭，负责更复无人，以致耗费虽多，而收益实少，舆论鼎沸，危患迭乘。兹我局长奉命改组从事整顿，则河务前途将蒸蒸日上，以臻完美。如仁厚者，下级微员，何敢妄干政议？第思事贵集思而益言，不因人而鄙。仁厚居处所在既利害之关切，而见闻所及岂缄默而能忍？敢冒越渎之愆，用备参考之助，谨将河务改良意见胪陈于左。

关于改组事项

一、职员宜匀配也。查委员会原定官制对职员之设置内重外轻，会内三处而下设干事、事务等员，至有数十余名，月支薪金至百数十元，少亦五六十元，竟有袖手坐闲，享得多金，而各队事务并不减于前之分局，仅设工务员一人，会计兼书记一人，司书二人，而薪金又复廉薄。即就沁工一局而论，旧日任用职员至有十七八人，冬春之筹备，夏秋之修防，一切经营督策无不在在需人，难假兵目之手。今以原有之事务加于少数之职员，微特权利义务实不平均，而昔众今寡，亦未免悬殊过甚，此后设立分局似应权衡轻重，将所有职员略加匀配，俾于事无误，于款无糜。

二、汛官宜免设也。查前设分局队长之下，复设汛长，汛长之下复设汛官，汛官之下更设汛目、副目，等等，阶级重重节制，办理事务迁延迟钝，贻误殊多。刻下重加整顿，似宜将汛官一级免予再设，汛长之下每棚仍设汛目、副目各一人，各汛汛兵即由汛长直接管辖，既于经费节省，复于办事简便。

三、河务宜有会议也。查各处河务情形不同，水势变迁时异，明其利害者，莫若当地之绅民。现虽设立专局，倘遇不肖有司，下情不获上达，则河务何由改良？宜每年霜清后，招集沿河各县绅董代表若干人到局会议一次，研究次年河工进行办法，以收集思广益之效，平时如有特别事故，并得随时招集。

关于工程事项

一、水势宜分也。查水之为性，聚之则力强，分之则力弱。豫省黄河，上汇伊、洛，下汇丹、沁，水愈聚而势愈暴。昔年河底本深，堤工亦整，岁修之款以数十万计，尚时有漫决之虞。况近岁河身日益淤高，堤身日益卑薄，若专司堤坝，不讲根本大计，非特国困民穷，无此财力，而此修彼决，迨将防不胜防矣。谚云“扬汤止沸，莫如去薪”，昔人有导黄南北分流之议，实为无上之策。惟事关数省之利害，办理自极费周张。近今引沁入卫，引洛入贾鲁者，建议已非一人，第以卫、贾两河挑浚工巨，屡议屡置，处危岩之下勉强偷安工程，奈何不多工款?奈何不难欲减水患？非从分减水势努力办理不可，或资用民夫，或以工代赈。凡入黄之水皆令改道，俾水力渐少，抑强济弱，则船运与灌溉均受其益矣。

二、闸口宜开也。查河水经行，用之则利，弃之则害；分之则利，聚之则害。自清代以还，黄、沁开闸，久悬厉禁，涝则洪涛巨浪，堤岸有漫决之危；旱则田苗枯萎，阡陌无涓滴之润。两岸居民临水而处，徒被其害而莫享其利，盖亦苦矣。岂知修闸更能护岸，禹平水土而独尽力乎沟洫。周公定畎遂沟洫浍川之制，涝则导畎之水以达川，旱则引川之水以达畎，而岁弗能灾。豫省本古分田制井之区，今若于各河沿岸相度地宜，多挖引河，并择昔年决口压沙之地，为塘为堰为陂，各闸启闭，仿唐贤李泌、明贤汤绍恩西湖两闸计板放水之遗规，酌定度数，随时启落，使水量日常平均，无上利下害之苦，不特灌溉有资，即每逢盛涨亦可略事蓄泄，并可淤沙漠为膏腴，而鱼盐茭藕且次第而兴矣。

关于料物事项

一、沿河建砖窑也。查河工用料做埽，岁岁加厢，所费迄无底止，盖埽之为物，可备一时防险之用。图久远者仍须石方，第石之产地多距工遥远。近因运价增长，较之就地购砖为费甚巨。查砖之功用至宏，先达栗毓美公用之屡著奇效，今若提岁修石方价款移为用砖，每窑定为工本若干，招商具领，俾令于沿河险要处所建筑砖窑，每年廉定其价，折低工本，岁以为常，未有不踊跃承领者。如此办法，则较昔年专设购石处，船户领船运石及就地购买园石发给方价，所省不止一倍，而为用更便。此一加推算，便即明了，不待试办而知者也。

二、柳株宜砍顶也。查梜木一项，为办公极要之品，用处至繁，历年列入杂料发价，由分局随同正料购买，为费颇巨。惟查近年新栽之柳多已长成，若将一二尺之柳尽行砍顶，俾柳发生丛枝，不逾三年，各工应需梜木均无须备价购买，即每年植柳应需秧苗亦无虞缺乏矣。

三、沿河宜便交通也。查河务工作以土石为大宗，此项物品运送为难。若遇险工，觅夫搬运，尚有迟误之时。近年各实业家历经提议，在黄、沁两岸大堤修路行驶汽车，亟宜成此善举，则河务自得分受其益。遇有险工发生，即可借资载运土石，以期迅速。至于各县电话，亦宜沿堤设立，藉所有之电杆，俾各局汛互通声息，倘遇水涨工急，瞬息可以通知，尤为河务最要之设备。

关于工款事项

一、工款宜专储也。查办理河务，设遇险工，款即朝需不待夕，稍一迟缓，数十万生命财产消于顷刻，故河务用款当急紧之时，每更甚于军火，必须平日妥为储备，一至临时，方克凑手。至沁工距省遥远，水涨尤急，历年就地拨款，不得移为他用，宜设法规画。除沁工原有岁修之款，应行查照原案照旧恢复外，其他各分局亦应各按预算规定，分派沿河各县，按时拨付，妥为存储，庶保万全无患。

二、款项宜公开也。查河工用款，各局队向仅报销总局，并不表示民众，以致经手人员得以上下欺朦。至于购办料石，关系尤重，若不律以严格，则国家耗费虽多，不归实用。嗣后各局、汛支用经、工等费，应定为按月公开。其办法，宜由各局、汛开具收支清单，送由总局核阅，加盖印信，发交各该局、汛张示用款地方，俾上下不相隔阂，而经手人员无所用其欺朦，庶事皆核实，款无虚糜矣。

三、废产宜利用也。查河工地亩，近年迭经调查，稞租收入已略有增加，惟考察实际终不免仍有荒芜，及租额太轻，利归中饱者。至于各处之大王庙、河神庙，多有历年久远，倒塌破烂，以致砖瓦零落，栋梁糟损者，若弃置日久，将至无形消灭。除所在地方尚属临工，应即略加修理，以备汛兵工作住宿之所；其地属背工，此项破庙无修复之必要者，应即一并拆落。连同前项荒产，公家收益无多，概行变价，储为办理工料之需，尚为有益。

关于用人事项

一、旧人宜甄用也。查办理河务，首重经验。自委员会成立以来，所用多青年幸进之人，凡一切官佐老兵在工有年者，不问是否勤惰，多被淘汰，而新委之工务员、汛长、汛目，率皆军人，目不识丁，不知埽坝为何物，若遇工程发生，筹办一切要务，若辈为领袖之人，何以资教导而服众心？以前时在冬春，河工平稳，尚可勉强支持。此后大汛瞬临，各项工务日形吃紧，若筹办失当，危害将不知胡底。凡此幸进之徒，急宜速行黜退，由各分局查明旧有官佐目兵，悉心考察，除老弱疲玩之人仍予摈斥外，所有在工有年素称勤慎者，应即照旧起用，以资熟练而便领导。

二、宜减少兵额，用夫协助也。查兴办大工非少数兵力所能奏效，欲求工程完美，自非借重民力，不克大举，嗣后工程设施应分别事体，凡属于埽坝料石一应通常河工事务，全责于兵，其修闸、修渠、填筑埠道、马口及其他关于农民之一切利害设备，则责于民，仍应官为督策。每届冬春次第举办，所有兴办堤埝大工暨夏秋大汛，临时抢险需人众多，应令所在地方按户出夫，各尽自卫之义务，帮同汛兵工作，公家给以相当之津贴。至沿河各汛一岁之中紧工之时少，缓工之时多，伏查各处汛兵平日工作，率皆支吾成性，以全汛兵额办一工程，往往数月不成，而觅夫包作，每至数日而竟。计其用款，发为饷项，以兵办之而不足，觅夫用之而有余。夫兵固不容少而专持乎兵，势亦难能。宜将现有之兵按汛地之临背酌量裁减，平日尽力督策，所有节省饷项，留为紧急之时觅夫之用，实于工程有济。

三、宜设额外局员也。查办理工程，时或松缓，则三五员司分别筹画，各事可以进行。时或紧急，则千头万绪，十数人领导指挥恒苦不足。今当工款奇绌，平时固不能任用多人，致滋糜费。然工段绵长，每逢盛涨，亦恐有防守难周。今欲节省经费并求于事无误，莫如酌设额外局员之为愈也。宜于改组后，由各分局长在沿河要工处所，遴选公正士绅，每局规定额外局员若干名，呈由钧局加委，每月量给少数津贴，无事则沿河照料，有事则招集办公，庶缓急有恃，不费多人之薪，而收多人之益。

四、地方官宜加辅助也。查工程之进行各事，皆于地方有密切关系。若所在之地方官不加辅助，则分局之权利有限，即不能收顺利之效。宜将沿河之各县知事，由省府或钧局委为会办，并得因办事之勤惰，于每届霜清分别考核，以定奖惩。庶河务之各事进行，诸多裨益。

五、宜教练工作，以拔取贤能也。查办理河务，工程繁多，均有一定法术，自非略有研究不能应用有方。近查各队兵士既多新招，而督工人员更多幸进，不特险要工程毫无知识，即下埽、签桩亦不知如何入手，主动者既属昏昏，被动者亦复茫茫，将来大汛生工，难免不滋贻误。宜由钧局编辑工程、水利各项课本，发交各局指定在工有年、学识经验兼优之人充任教务，每日工作之暇，集合在工员兵教练一次，养成一种专门学识。每届年终由各分局长考试优劣，呈明钧局分别委用，庶人有上进之心，争相磨砺矣。

六、赏罚宜分明也。夫勤而不赏，人无奋勉之心；惰而不罚，人鲜振作之志。前此汛兵工作向无赏罚之规定，殊无以资激劝而策进行。嗣后汛目、汛兵除有重大过失不计外，其在工工作如有怠荒职务，应定为三角五角一元之罚金，由汛长呈由分局酌夺办理，按月存留，遇有勤谨之兵，即以前项罚金充赏，以资鼓励。

按：条陈各节，经于、陈两任局长查照，现时情状多已择要实行。

十九年十一月，河务局长陈汝珍呈省政府：窃维河务关系国计民生，至为重要，故河工设官无不崇其体制，专其责成，冀收事权统一、指臂相使之效。至于河工经费，在前并无定额，惟视工程之大小，定支出之多寡。每年动用国帑，辄至数百万或数千万之巨，至清光绪十六年始定常年预算，除机关办公经费外，工程费为九四库平银六十万两，递减至四十三万两有奇。然一遇险工，仍复临时增益，不加限制。在国家规画远大，但求利国福民，洵得体要。迨至民国，关于河工款项，既极锐加缩减，纵使按数照拨，而工长费绌，已不无捉襟见肘之虞。况历年尚有蒂欠，以致购办料石不能应有尽有，工程废弛在所不免。窃查有清一代，黄河决三十九次，豫境乃至二十四次，而漫溢尚不在内。民国以来所以幸获无事者，实以以前重视河工，兼以财政充裕，各工段预储材料尚多，犹可随时挹注。近则经费支绌，料石两缺，旧日积储已将罄尽，而沿河堤岸残缺卑洼，千孔百疮，危险实达极点，若不亟为补牢之计，诚恐一有疏虞，无可为恃，关于省城安危及地方休戚良非浅鲜。顾历代治河，大都谨于防患而疏于兴利，殊为缺陷。现在科学发明，应有新的建设，以期一劳永逸。局长于工程学科粗识概略，且数年前曾预全河测量之役，深知河工隐患方殷，兹既谬膺重寄，职责所在，敢不勉竭思虑，切实筹画，以期上纾钧府慎重河防之意。谨就管见所及，酌量缓急，拟具计画大纲，区为经常、特别两项，属于经常者必须循例筹办，先其所急以弭无形之患，属于特别者自可从长计议，次第推行，借图永久之利。惟职局十八年度预算工款二十七万八千一百九十五元，现仅领到五万六千一百元，计欠领洋二十二万二千零九十五元。现值霜清之后，所有来年应需工料亟待照案先期筹备。拟请钧府俯念河工紧要，迅予令行财政厅陆续筹拨，以资应用而利进行，是否有当，理合缮具计划大纲，呈请鉴核示遵。奉省政府指令，已令行财政厅核办矣。

河南河务计划大纲

甲、经常计划。此计划系霜降以后、春分以前，应办各事。

一、派专门人员详勘黄、沁两河堤身。

查每年春夏秋汛之后，沿河堤身及坝埽垛各项工事，多被大溜冲刷坍塌之处，宜于河水低落时期，逐段详勘，一律修补完善，以免一届春汛，有溃决之危险。

二、预购石料、麻袋存储以备防险。

查清代黄河决堤三十九次，而豫境有二十四次之多。民国以来，鲁省几于年年决口，而河南未决一次者，实以清末迄今河工重用石料，去冬中牟工次忽生危险，一日之间刷去大堤十分之八，几至决口，时属仓猝，难得许多石料，即以麻袋盛土，止住大溜冲刷堤身崩溃而免危险。惟事后未用石料，今春复被大溜冲刷成险，惩前毖后，应及时充分预购材料，庶免临渴掘井。

三、积极造林以固堤防而辟利源。

查沿河两岸堤身滩地，长约七百九十余里，多系砂土堆积，最易溃泄。若能一律造成森林，使无壤则树根结如蛛网，而堤趾巩若金城，且林木长成兼可作抢险挂柳、遮被风沙、调和气候之用，而余材出售，利源尤大。按：河堤历年造成之林只有百万余株，据地度算尚可添造二百万株，极宜及时插柳培苗，按期分植，早收实效。

四、购买仪器。

查工程初步，首在测量，而测量要需，厥惟仪器。河务以工程为要，局内前本备有各项仪器，因十六年春季乱军夺去一空，刻欲实行测量，以为一切工程计算根据，亟宜购买仪器，以资应用。

五、整顿交通。

子、修理长途电话。

丑、修理堤面汽车道。

寅、铺修轻便铁道。

以上三项，均为灵通消息，便利运输起见。查豫境河床坡度太平，河道变迁无常，大溜冲激，靡有定所，一遇沙土之堤，如汤沃雪，堤泄砂崩，直有一发千钧之势，此刻者最要为时间问题。有电话而呼吸相通，有汽车道与轻便铁道而运输迅捷。某口发生险工，则他汛河兵可一呼立集，他段储料可飞运而至。虽两岸堤长数百里，经此设施则地势缩如咫尺，亟宜逐项建设，以备要需。

六、禁止堤面农事种植。

查堤面草皮树根历久，则结构坚实，兹拟严禁近堤农人，嗣后不得在堤面种植农作及刈芟杂草等事，以防侵损堤身。

七、严令各分局员司常川驻工以专责成。

查河务重要，端在各堤工次，故分局均于各堤险工处设之，法久弊生，分局员司多有未经请假，常不到工者，嗣后拟严令各分局员司均须常川驻工，无故不得擅离职守。

乙、特别计画。此项计画事体重大，需款较巨，刻只作概括筹议，详细计画容须另呈。

一、决堤设闸与贮水池，引水入河，开辟航路。

查贾鲁、惠济两河，紧临黄河南岸，长均三百余里，若能开堤引水注之，则工成之后，不惟可以灌溉两河沿岸数千顷田园，且为豫省增加两大航路，其利尤宏。

子、在郑县花园口之上，引水经北索河入贾鲁河，经郑县、中牟、尉氏、扶沟、西华、商水、淮阳等县注于大沙河，至安徽入淮。

丑、在开封之北，引水入惠济河，改良开封饮料，经开封、陈留、杞县、睢县、柘城等县，至安徽入淮。

寅、由御坝上沁河左近分水，经武陟、获嘉等县，至新乡入卫。沿河如武陟、修武、获嘉、新乡、荥泽、原武、阳武、延津等县可以引水灌田之地，约计不下数千顷，且津卫航路由此畅达，利益更非浅鲜。

二、测勘适当地点，安设虹吸管，吸水浇地。

决地设闸，固可引出大量之水，然工程浩大，费款太多，举办自非易易。不若派员沿河测勘适当地点，多置虹吸管，则所费无几，既可浇地，复可免除危险之为愈也。

以上二项，系为兴办水利，借杀水势起见。按：黄河发源于青海西部，经甘、陕、绥、晋四省折入豫省，如甘肃之宁夏，陕绥之河套、五原等处，水势顺逸，皆收灌溉之利，而一入豫境，水势涨溢，非仅黄水本身之故，实原陕之泾、渭，晋之汾、沁，豫西之伊、洛、涧、汜各水奔汇，且豫境河势平坦，流度过缓，两岸土质松懈，易生崩决之患。我国历代治河，仅知筑堤防溃，谋治标而未谋治本，所谓治河无上策也。尝考北美之密塞谁皮、埃及之尼洛两河，其源较黄河为长，昔年为害亦相等。近年经各该国积极整理，设闸分水，浇地通航，一变害河而为利源，居民赖之，国家亦赖之。局长曾经实地考察，故敢建此非常之议。至虹吸管吸水浇地，成本少而利用极大，尤宜积极提倡，以厚民生也。

按：此种计画大纲关于导黄部分，复经陈局长编列议案，呈省政府提交中央执行委员会核办。兹将该案摘录于下：

一、导黄入惠济与贾鲁两河计画。查黄河南岸，柳园渡口至开封水门洞惠济河出城处约二十四里，由此设闸引渠，不惟可以改良省城之饮料，其水门洞以下因来源丰富并可开渠灌田，通行舟楫。所有开封、尉氏、扶沟、西华、商水、淮阳、陈留、杞县、睢县、柘城、鹿邑等县之农工商业，皆可日臻发达，利益之溥，莫之与京。兹将其建筑各费及利益概算述之于下：

甲、建筑费。

子、测量费。测量惠济、贾鲁两河流域六百余里及灌溉面积等项，约需洋六千元。

丑、购地费。开挖新渠八十里，约占地三十四顷，平均每亩按二十五元计算，共需洋八万五千元。

寅、修闸费。修筑钢闸五道，每道需洋三万二千三百三十五元；两河陡水木闸三十道，每道需洋一万元，共需洋四十六万二千元。

卯、护岸砌石工程费。拟沿闸门上下四里以内护岸砌石，约需洋十八万一千元。

辰、蓄水池。修筑蓄水池大小五个，共需洋三十一万八千元。

巳、土工费，计分一二两项：

（一）开挖干渠。由闸门至贾鲁河歇马营入，长八十里，约须挖土四十四万二千方，每方按洋五角计算，共需洋二十二万一千元。

（二）疏浚惠济河故道。由开封水门洞起至陈留县止，四十里，计挖土十八万方，每方按洋五角计算，共需洋九万元。陈留以下二百六十余里河道尚有故辙可因，疏浚费每里以五百元计算，约需洋十三万元。二共需洋二十二万元。

午、桥梁费。沿贾鲁河修筑十一座，沿惠济河修筑二十座，共三十一座，每座需洋五千元，共需洋十五万五千元。

未、工程管理费。营造时期须有工程管理费，除购地费外，按全工程百分之二五计算，约需洋三万八千元。

申、意外费。除右列各项外，须备临时发生意外工程预备费洋三万八千元。总计以上建筑费，共需洋一百七十二万四千元。

乙、利益概算。

按：惠济、贾鲁两河，一经疏浚，东南可达陈留、杞县、睢县、鹿邑、柘城，正南可达尉氏、扶沟、西华、商水、淮阳等县，经过各处灌溉田园，难以数计。其航路汇沙入淮，贯运通江，直抵苏、浙，联络淮、黄两河运道，辅助津浦、平汉、陇海三路交通，西北东南臂指相使，沿下流可衔接海舶，溯上流可达涉蒙、甘，形势之扼要于此，交通之灵便于斯，将来航运税收当不在少数。至于商业之发展，文化之进步，其无形利益，更不可以缕述也。

二、虹吸引水计划。查黄、沁两河，寻常水面高于堤外地面者，随处多有，利用虹吸引水灌溉，甚为相宜。十七年冬，曾在上海购回六吋铁管，装于郑北花园口西大堤之上试验，出水甚旺。由出水处开挖渠道十四里，经南、北两索须河，可达贾鲁干河。今拟于该处装设二十四吋铁管八付，按春夏秋冬平均水位每付可出水量三十立方秒呎，八付共可出水二百四十立方秒呎。不惟可以灌溉贾鲁上游郑、中两县沿岸五百余顷，旱地变成沃壤，并可使淮河航运直达郑县，衔接铁轨，以利交通。

甲、建设费。

子、虹吸管子八付，三二〇〇〇元。

丑、吸水柜，六四〇〇元。

寅、引水池，六〇〇〇元。

卯、测量费，二〇〇〇元。

辰、购地费，四六〇〇元。

巳、土工费，四〇〇〇〇元。

午、管理费，一〇〇〇元。

未、意外工程及杂费，四四〇〇元。

总计以上各项费用，共需洋九万六千四百元。每亩应摊洋一元零九分二厘八毫。

乙、利益概算。

按：每年每亩增加生产值洋三元计算，五百顷每年共收入十五万元。其因航运交通所收利益，尚不可以数计。

三、导黄入卫计画。查黄河故道，由沁河口左近东北直达新乡，长约八十五里。若就故道开挖新河，并在第二道堤左近向东开一干渠，则武陟、修武、获嘉、新乡、汲、浚、内黄、原武、阳武、延津十县，计可灌田一万余顷。且黄河入卫则津卫航路畅通，利莫大焉。兹将建筑费及其利益略计如左：

甲、建筑费。

子、测量费。卫河流域及灌田面积内各种测量，约需洋二千元。

丑、购地费。开凿干渠约占地四十二顷，平均每亩按洋五十元计算，共需洋二十一万元。

寅、土工费。开凿干渠计挖土九十一万八千方，每方按洋五角计算，共需洋四十五万九千元。

卯、闸工费。导引闸、接水闸及护岸工程，约计工料洋十二万元。干渠跌水闸五道，每道约需工料洋一万元，共五万元。支渠分水闸，约需工料洋五万元。共计需洋二十二万元。

辰、桥梁费。修桥二十座，每座按洋五千元计算，约需洋十万元。

巳、工程管理费。营造时期约需工程管理费洋二万元。

午、意外工程费。临时一切工程有预算未及列入者，按管理费计算，约需洋二万元。

未、经营费工程完竣以后，未得灌溉利益以前，约需经营费洋五万元。

总计以上各项费用，共需洋一百零八万余元。按灌地一万顷计算，每亩摊洋一元零六分。

乙、利益概算。

子、灌溉利益。按流量一千立方秒呎计算，平均每四十日灌田一次，约可灌田一万顷。以每年每亩增加生产值洋三元计算，总计每年增加生产值洋三百万元。

丑、航运利益。查卫河二十年前，每日来往货物约千吨，将来导黄入卫，补充卫河水量，汽船可以畅行无阻，则往来货物当能超过以前数倍。即平均每日按二千吨计算，每吨加收整理费洋六角，每年可增收洋四十三万二千元，总计灌溉与航运之利益，每年可得三百四十三万二千元。

右列三种计划，共需各项工程费洋二百八十七万零四百元。每年增加生产及航运交通所收利益，约共计洋四百二十八万二千元。

二十年七月，河务局长呈省政府：窃维治理河患，要在宣防并用，而根本设计尤宜兼顾并筹。黄河自汉唐以迄明清溃决时闻，迁徙靡定，迨入民国，时局扰攘，工款支绌，以致堤防处处失修，河身节节淤垫，征之载籍，验之近状，以为河之败坏，殆未有如今日之甚者。闲尝考河之形势，自豫省孟津以上，山陵起伏，水行地中。孟津以下，地平土疏，河道顿宽，溜势散漫，历代豫河溃决之多率由于此。然豫居腹地，大有高屋建瓴之势，黄河自西东来，横贯中原，北行过大陆、洚水入海，即《禹贡》九河故道。南行由淮、运并江入海，即历年南河滥流。故黄河虽称四渎之一，而其他三渎实尝受其左右也。近查河床高出地面已由数尺至一二丈不等，两岸堤坝残破，所在皆是，而兰封雷集一带约十数里，自黄河由铜瓦厢决口改道后，向无堤防，每年河涨即溢，稍纵仍复，南流故道实意中事，况复利津河口由改道迄今未八十年，已迁移八次，下游顶注，鲁省频年水灾尤为宣泄不畅之明证。长此迁延，终有横流四决，另辟新道之一日。中央政府近对于导淮工作积极进行，津沽海河工程，亦有历年成绩，而黄河尚未筹虑及之。窃以为导淮设计不过以容纳汇淮各水为止，整理海河亦必以汇通华北各水为归。倘一旦黄河溃决，水量过巨，北流夺卫，不惟豫北、冀南之民受其灾，恐津沽悉成泽国矣。南流夺淮合运，不惟豫东、皖北之民蒙其害，而徐、扬、淮、海恐亦均叹其鱼矣。即就经济方而言之，导淮与海河工程其成功，不知费帑几千万也。缘河决而全盘失败，款尽虚掷，后之人必有议前此谋国之不藏者，此中之轻重缓急不可不慎考虑之。昔神禹治水，万世利赖，其首要即在有顺性利导之良谟，然后收地平天成之伟效。现值国运革新，更当有整个一新的建设，权其轻重缓急，是治黄应较其他各水为先，即不然，亦应与导淮及海河工程并举，庶免顾此失彼之忧。至于治之之法，不外清理河源，疏浚河道，宣泄河口数端，而最要关键首须有统一计划，固定款项，提纲挈领，限定施工步趋，与导淮及海河工程计日观成，俾中原人民永受其利。否则枝枝节节，治在此而患在彼，前途危险，可断言也。局长忝司茭防，于河务情势，知之较悉，非不知徙薪曲突之计难，烂额焦头之功易，第以心所谓危，难安缄默，故敢陈一得之愚，借作刍荛之献，应请钧府转呈中央政府，迅予采择施行，地方幸甚！国家幸甚！当经省政府转呈行政院，恳请核示。嗣准民政厅函知：奉省政府训令内开，案奉行政院训令，前据该省政府呈，据河务局建议治黄应与导淮及海河工程同时并行一案，当交内政部审核去后，兹据复称，查中国历来水灾，以黄河为最，决口改道之事，史不绝书，论其待治之殷与夫关系民生之重大，诚如原呈所称，应较其他各水为先。且目下海河及导淮工程或业经举办，或预备兴工，治黄工程若不同时并举，黄性善徙，或北流夺卫，或南下夺淮，征诸已往改道历史，衡之目下淤塞之情势，均属可能。设有不幸，则海河与导淮工费皆等虚掷，原呈建议首须有统一计画、固定款项，实为最要关键，且英俄庚款业经中央政治会议分配一部分作治黄之用，经费既已有着，办理不容稍缓。本部以职责所在，为谋根本疏治起见，拟特设黄河水利委员会负责进行，经拟具章程草案，呈请鉴核施行在案。该会已经成立，则治黄大计与海河及导淮计画兼筹并顾，问题自不难悉心研究从事解决等情前来，除由院统筹规划黄河水利委员会之组织办法外，合行令仰该省政府知照等因。合行令仰该厅转饬知照等因。奉此，相应函请贵局查照为荷。

二十年十一月，内政部召集黄河河务会议，陈局长汝珍代表河南省政府出席提议，各案分列如后：

一、拟请责成各省河务机关，限期完成治河初步工作案。

提议原文：“查治河工程至为繁复，然施工步骤当必以设计为先，而设计根据，又必以调查测量及测验记载为准。拟请中央指拨专款，酌定限期，责成各省河务机关切实进行。其他沿河中上游等省，另派专员办理，以免迟误而利推行。是否有当，敬请公决。”

此案属于测量类，与性质相同之案合并讨论议决。

决议原文：“一、由中央主管机关即着手黄河自海口至洮河口之水准测量，以黄河海口零点为基点，最小限度应即组派四水平队，一自兰封向海口施测，一自兰封向潼关施测，一自包头向潼关施测，一自包头向洮河口施测。二、同时自洮河口至海口择适当地点，至少设十个以上之水文站，观测水位、流量、含沙量、雨量、蒸发量等，并自洮河口至海口于水文站之外，更择适当地点至少分设水标站三十处，观测水位。三、自洮河口至海口所有水文站，均用电报联络，以便大汛期间向下游各站随时报告水位，俾可预防。四、中央主管机关应即组派三角点测量队，施测海口至洮河口之三角索网。五、沿河河道测量责成地方主管机关施测，由中央主管机关制定规范，分发遵照，以资统一。六、上游受水区域及重要支河河道测量，应用飞机测量。”

一、沿河各县县长应受河务考成案。

提议原文：“查河工安危与国计民生所关甚巨，各省河务机关固负有修防专责。惟职权所寄，仅属于内务行政之一部，至若行政、制裁及其他运输、保护等事，实赖地方官吏之协助为多。是以清例，沿河各县均受考成于管河督道，其处分则例尤极详明严厉，诚以河防、行政休戚相关，必使有互相维系之精神，然后收指臂相使之实效。民国成立以后，所有管河省分虽经特设机关，但地方协助之责并无明白规定，以故沿河各县对于河务长官均视为不相统属，遇有河工事件必须协同合作者，往往视同具文，甚且冀便私图隐相掣肘，而河务长官因无考成专责，遂亦无可如何，长此以往，影响河务前途，实非浅鲜。际此建设伊始，百废待举，河工事繁任巨，乞助行政，相需尤殷，设不明定考成，何以重宣防而保黎庶？兹拟沿河各县县长须受河务考成，出险固应受过，安澜并予论功，明定条例，以资遵守。庶几印、河各官联合一气，洵于河工、地方，两有裨益，是否有当，敬请公决。”

此案属于组织类，与本席及河北省政府代表孙庆泽联名提议恢复河务官制案内关于沿河县长应受局长考成一节，合并讨论议决。

决议原文：“由原提案人，拟具考成章程草案，送内政部核定。”

一、拟请确定黄河整个造林计画，广造森林以防水患案。

提议原文：“窃查黄河为患，以含沙最多，流势湍急，为其重要原因。欲除此弊，当以造林为要，盖以森林有固结土壤、吸收水分之能，自可节制淤沙，减轻水量也。惟广造森林非有统一计画，难期措置之适。当拟请中央黄河水利委员会派定治河及林务技术人员，会同各省河务机关实地查勘全河，及汇黄各支流形势，详筹整个造林计画。责令各省河务机关依照计画，分工办理，限期完成。其上中游各省原无河务机关者，另派专员主办，俾事可统筹，责无旁贷，分工合作，收效较易。是否有当，敬请公决。”

一、治黄应与导淮暨海河工程同时并举案。

提议原文。与本年七月呈省教府转呈行政院文略同，不录。

以上二案，均属治本工程类，与性质相同之案，合并讨论议决。

决议原文：“一、黄河下游，应先从巩固堤防着手，整理工程需款浩繁，应采费最省效、最宏之计画，为贯澈此旨，应有水工试验所先行试验，并择适当地点设试验段。二、凡上中游河岸易于坍陷处所，责成主管机关实施保岸章程，并广植树木。三、干支流域可兴灌溉放淤及开发水力之处，由中央主管机关测量研究，规画具体方案，由政府办理模范水利事业，并提倡人民集资办理。至冀、鲁、豫三省沿河拟办之放淤计画，须经中央主管机关核准后方得实施。四、由实业部督促各关系省政府，在黄河流域受水区域内所有不宜耕种而可植林面积上，培植生长较速而富实用之森林。五、为下游河工材料易于采集起见，河道两岸亦宜由主管机关督饬指导广植树木，并应由内政部转咨财政部通饬各省财政厅，嗣后不得变卖，或放领沿河滩地及官地。六、为救济江淮流域灾民，充实绥西河套，并施行工赈开渠灌溉垦植起见，应设法移民，准备明春河套工赈，借便浚垦而杀洪流。”

一、拟请订定各省河务局组织法案。

提议原文：“查河务事宜，为内务行政最要之大端。前清设置督理佐治各官，大小相维，责任綦重。民国肇建，旧例既不尽适用，现行法令亦尚未经规定。各省管河机关组织互异，致涉（粉）〔纷〕岐，殊难收整齐画一之效。现在国家统一，政治刷新，中央政府对于治水工作积极进行，亟宜速即厘定河务机关组织法规，以资整顿而利进行。谨拟具各省河务局组织法草案一份，是否可行，理合提请公决。”

附各省河务局组织法草案。从略。

一、河务官制宜厘订划一办法案。

提议原文：“窃查国家当开创之际，百端待举，而厘定官制，区别等级，正分定名，尤其荦荦大者，遍观史籍，历历可考。民国肇造，于今念载，司法行政官制早经颁布，全国一致，井然有条。惟河务官制尚未规定，同隶于一政府之下，均系治河机关，甲省与乙省组织不同，乙省与丙省组织亦异，名称复杂，殊难收整齐划一之效。即就豫省而论，由厅改局，由局改会，会复改局，几经变更，局长经管两岸河工一千数百余里，事繁责重。近复由简任改为荐任，适启各地方以轻视之念。设遇险工，须借群力，势必呼应不灵，贻误事机。一省如是，他省可知。兹拟河务官制，由中央厘订画一辨法，明令施行，以资遵守，而免纷岐，裨益河防，谅非浅鲜。是否有当，敬请公决。”

以上二案，均属于组织类，与河北省政府代表孙庆泽联席提议，拟请恢复河务官制，以重职权一案，合并讨论议决。

决议原文：“原则通过，由内政部拟议黄河河务局组织办法，呈请核定施行。”

一、拟请规定河务专款案。

提议原文：“河务经费关系于数省生命财产之利害安危，至重且巨，必须有确定专款，而后建设可见实施；必须有独立保障，而后修防可资永久。历观河工之出险，大率由于款、料两缺，未能凑手所致。以豫省论，河务经费虽每年预算规定四五十万元，而自民六以还，连年军事殷繁，财政困难已达极点，核计实拨到工者，平均每年不过十之五六，用是料石不能充分筹备，各工堤坝残缺，近年亦多失于整理，工款领到甚微，以之估办岁修尚虞不足，遑云建设？河工无的款可恃，前途危险万分。拟请钧部通盘筹画，按照教育专款办法，于冀、鲁、豫三省征收国税项下划出一部分，为固定各本省河务经费，每年按时照拨，无论任何急用，不得在此款内挪移。款举而事无偏废，一切兴利防患各工程自可着手办理矣。是否有当，敬请公决。”

此案属于经费类，与性质相同之案，合并讨论议决。

决议原文：“认为确定修防经费并保障其独立，事属必要，应呈请通饬各该省政府照办。惟各该省河防甚关重要，并应呈请由国库每年酌拨修防经费若干，以资办理。其应拨数目由内政部核定。”

附各方提议与豫省河务有关各案。

一、请组织豫、冀、鲁三省黄河河务联合会，统筹修防事宜案。内政部提。

提议原文：“查黄河在孟津以西，禹迹犹存，无大变异。历来溃决皆在孟津以东，故豫、冀、〔鲁〕三省为受害最甚之省区，亦即治黄最要之部分。三省虽设有河务局办理抢险及防御工事，然各自为谋，难收一贯之效。例如甲省决口，灾及邻封，而甲省之河务局所往往不加注意，邻省治河人员亦以责有攸归，不能过问，限于畛域，遗误实多。在治本计画未施行以前，倘能就三省原有河务局，设一黄河河务联合会，以资联络，平时则统筹修治，遇险则合力防堵，事权既一，筹画乃周，畛域之见以去，推诿之弊可除，则黄河溃决之患亦庶几可免。办法由豫、冀、鲁三省河务局及中央主管机关组织豫、冀、鲁三省黄河河务联合会，统筹修防事宜，三省河务局之组织及经费工款，均仍旧贯。惟遇险工时，三省工款得由联合会议决，移缓就急。是否有当，敬请公决。”

决议原文：“认为黄河河务联合会有成立之必要。由各该河务局会订办法办理。”

一、提议铲除黄河秸埽，逐渐改为砖石坝，请中央补助初期工款案。河北省政府代表孙庆泽提。

提议原文：“黄河为我国大患，亟宜筹根本治理之策，自不待言。但以限于财力，任何良法均难实现，是维持现状之法，仍有改良之价值，且较空谈根本大计尤为重要也。查黄河水性善变，任意泛滥，每当汛期仓卒抢险，救急应变，临时取材于秸料，未为不可，乃千百年来即用以抵抗洪流之永久工程，仍不外最欠完善之秸料，殊堪太息。按：秸料比重甚小，约为百分之九。厢作成埽，多在水面浮漂，逐层加土签桩络绳始能下沉，一经入水，埽土辄被冲失，麻绳更易霉烂，水涨则冲掀走失，水落则蛰陷爬溃，每经大汛，奔波抢护，防不胜防。今就本年汛期刘庄各埽而论，因沉蛰加厢，少者二三坯，多者在二十坯以上，平均一埽所需达二千余元，因霉烂或走失重做扒厢之埽，且不止倍徙，虚糜工款，莫此为甚，故拟铲除秸埽代以砖石，以免腐烂，并可省岁修糜费工款之害。其简便办法，拟就原有秸埽之前，每隔二埽，抛置砖石三四百方，所需之款不过较厢做秸埽约增一倍，二三年后即可变险工为平工。惟改用砖石坝之用款较巨，仍为各省财力所不及，应请中央加以补助。是否有当，敬候公决。”

决议原文：“原则通过。”

一、治标兼顾治本案。山东省政府代表张连甲提。

提议原文："查黄河根本修治，既为近今不可稍缓之图，其的款有无着落，姑且不论，即筹画进行测量全河通盘计画，亦决非短时间所能告成。故在计画未成根本修治之先，尤须有一种折衷办法，以维现状而防灾患。拟就现在冀、鲁、豫三省修防工程中，本诸治导要义，逐渐改革，期得良好结果，总期于治标之中，兼寓治本之意，兹拟办法数端分列于左，敬候公决。一、查三省原有埽坝参差不齐，两岸堤距宽窄不一，虽于水流不无妨碍，但以根本工程未成之先，此项工程不可遽废，暂且仍由各省河务机关照例修培，以为目前之防护工作。如遇新修特别大工，或添置堤坝以及其他关于水道之各项工程，均须参照根本办法进行，则将来根本修治时，能以利用此项工程，而不致有何妨碍也。二、治河计画必须根据于测量。现三省河务局虽有测量一门，然因经济支绌，仅能办理各管段内平断面各图，如流速等测量多付阙如。即以平断面各图而论，其比例、符号、基线等项亦不一致，如须将各河图连接成一，所费手续几等重绘，于时间太不经济。应规定统一办法，以后测绘须依照此项规定进行，以期河图一律易于连接。三、查河工之主要工作，不外堤埝、埽坝等防护等工作。然三省常用之各种工程，往往同一工作同一形势而名称互异，至其中各项细目更为浩繁，亟应规定画一名目及河工用语，以免纷歧。"

决议原文："案内第三项，由冀、鲁、豫三省河务局将平日所用术语附说粘图，送内政部汇编。"

一、划拨庚款办理黄河防灾工程案。内政部提。

提议原文："查黄河治本大计，测量设计，千端万绪，工程实施决非短期间以内所能实现。在治本工程未举办以前，治标之防灾工程应随时顾及。本部近据华北水利委员会派员调查报告，黄河河身日渐淤塞，水位在最低时均较堤外为高，自陈桥以下相差三公尺至五公尺，情形既已如此危急，防护何能稍有疏懈？查黄河堤防，向归各省负责办理，各省修防经费预算虽经确定，但或因财政困难未能如数拨给，或因预算不敷，不足以应工需。近来请中央拨款补助之案，已层出不穷，国库支绌无法应付，故各处险工均概归停顿，自应另行设法以期补救。查英俄庚款总额三分之一分配于水利电气事业者，业经中央确定办法，以百分之四十之三分之一办理黄河水利。沿黄各省省政府请拨该项庚款者，文电纷起，本部职司防灾，对于各省请拨庚款办理河防，自应酌量轻重缓急，力请中央拨给。惟庚款额数有限，治本经费本已仰赖于此，各省需款又复甚巨，供求殊难相抵，本部意见拟请各省代表将亟应兴办之险工及概算，分别列举，一面由本部呈请中央，将指定治黄庚款拨给若干成，作为治标工程之用，一俟成数确定，再由本部权衡轻重缓急，分配各省应用。是否有当，提请公决。”

此案属于治标工程类，经审查会报告意见云，请中央在英俄庚款治黄部分内提拨半数，作黄河治标之用，分配各省。俟请准后，再由各省河务局将各该省黄河最险要工程拟具计画及预算呈送中央，以作分配标准。

决议原文：“通过。”

卷十一　附录第五之二

公牍二

民国十四年八月，据东沁分局长郑有璋呈：查南贾滨临沁河，其东南距黄河桥北岸十数里，恐沁河发生危险波及桥工，因于南贾寨西沁河堤滩运石抛修护崖里许，并于沿堤堆存碎石多方，以为防备。本年伏汛，原护崖上段无石处节经坍塌，该处绅民向京汉桥工局请求动用存石，并请武陟县分派民夫，由该首事人等承办接修护崖，恳请转呈拨款补助前来。理合据情转呈，伏乞鉴核。九月总局指令以接修护崖，既系动用桥工局原存石方，并由县分派民夫办理，无请款补助之必要，未予准拨。嗣后该处接修护崖情形，亦未据呈报有案。

十四年十月，河务局长陈善同呈省公署：案查前奉钧署训令内开，据孟津县知事康志侯呈坝垛塌陷请饬勘修等情，命即查明饬办具报等因。奉此，查此案先据该县具呈到局，当经命委孟温分局长陈凤衔会同孟津县知事蒋麟祥查勘，旋据会呈，复亲诣铁谢镇逐段查勘，查得第九坝以下各工，虽有塌陷情形，尚不十分吃重。又东边赈工大坝，全行塌入，工程浩大，且原筑地点不甚适宜，请勿庸加修。惟汉陵中段及铁谢寨外各坝护崖坍塌太甚，难资捍卫，自应酌量抛修以御狂澜。兹经会同估计共需碎石四百三十方，除上年抛用余存一百六十方外，应购新石二百七十方。每方按三元八角，合银一千零二十六元。缮具估折，呈请鉴核等情到局。据此，伏查孟津县铁谢镇工程，本不在河务范围以内，是以职局预算并未列有此项经费，频年购石加抛均于工款内设法挹注，年来应领经费及料石各价，财政厅欠拨甚巨，本属力难兼顾，但事关民瘼，又未便漠然恝置。兹于无可设法之中，勉为挹注之计，该印委等所拟加购新石二百七十方择要修补，应需石价洋一千零二十六元，拟请在职局十二年度预算石方项下通融拨给，俾应要需。除俟奉到指令再行咨厅拨款并令县设厂购办外，所有遵令勘明孟津县铁谢镇坝工情形及筹拟办法缘由，是否有当，理合呈请鉴核示遵。奉省公署指令，准如所拟办理。

十七年八月，河务局长张文炜呈省政府：窃局长前次查工巡视孟津县铁谢镇汉陵坝垛各工蛰卸殆尽，节节临河情形，至为吃紧。当即面令孟温分局长陈凤衔前往该工逐段查验，切实勘估。兹据该员呈，以该工坝垛多年失修，坍塌几遍，兹择要估计共需碎石六百零五工方，每方按四元二角，合洋二千五百四十一元。绘图缮折，呈请鉴核等情。惟查此项工程，向归地方绅民负责筹修，不在职局预算范围以内。检查民国十一年办理该工成案，系由当地坝工经理谢耀祖请由该县巩前县长呈准省署，令行派员勘估，并准由职局在九年度石方价内酌予拨助，以济急需各在案。现值府库不充，职局正项正款以每年欠拨过巨，应付时有拮据，焉有余力以资他助。拟仍由地方设法筹修，以符原案。至购办石料及兴工时，由职局遴派委员前往指导，一切除令行孟津县长赶速筹修以资防御外，理合呈报钧府鉴核，奉指令：准如所拟办理。是月，又奉省政府训令，转据孟津县呈请，由孟津渡口抽收渡钱应用，余再筹措等情，仰即核议具复本局，呈复省政府，拟陈办法两项，一渡口收款，一由县募捐，亦奉指令照准。

查汉陵坝工，近年议修两次，在陈局长任内以石方价未能照领，事遂中辍，及张局长任内所指之渡口捐，归孟津县自行征收，是否集有成数，与其募捐若何，均未据呈报到局，故两次议修坝工，仅有勘估清折存案，均未实行。

十五年八月，据孟津县知事陈炳华呈：案据县属扣马、花园两镇公民栾汝砺等禀称，缘孟津城东扣马、花园等镇，南接邙山，北临黄河，村庄相接，人稠地狭，南不半里即属偃境。自古赖以养人，只有滨河南岸一带田地，种以糊口。尔时花园镇距河七八里，扣马镇亦距河数千弓，河走中（漕）〔槽〕，人各安居。民八以远，河势屡次南侵，初则蛟洪四起，地被淹没，潮流浸润，斥卤不毛，继则冲刷激射，尽付汪洋，故十年报冲刷，十一年去田赋，减轻负担，岂身佩而不生其感。惟以补济有限，冲刷无已，种种苦况，谅在洞鉴之中。且尔时河水虽暴，秋冬即退，河身并无变更，居民尚无危险。迄今旧漕被沙淤没，怒涛汹涌，竟将所耕田地尽行塌入河内，花园、扣马两镇寨北均成大河，寨外庐舍被冲塌者所在多有。扣马寨东不半里，水接山麓，奔腾澎湃，不特塌入之田地，难以垦复，即存身之屋宇，势将尽被漂没，荡析离居，状至堪悯，啼饥号寒，目不忍睹。更可虑者，此处正值周王过化之地，古迹累累不可胜述。所有武王庙、夷齐祠、周惠王陵，均急待保存以彰先圣大德，即以人民迁居论，素丰之家或因灾而迁避，贫寒之户何所资以远逃？况花园、扣马两镇尤属人烟稠密，素号贫苦之区，迁徙至不易易，倘复加以阴雨，则历劫何堪设想？窃查民处黄河致祸之由起于孟县河坝，盖花园、扣马两镇隔河即与孟县相望，中间相隔约有二十余里，昔年河从中流，两相防范。自孟县石坝筑后，北岸赖以安堵，河水触坝折而南流，遂成南北之势。今则河从西北直射东南，筑坝之处，竟不走水。弥野奔放，自必较前更甚，且南北二十余里之地，尽为河水所占，田地弃置，更为可惜，民等目击心伤，忧莫能助。欲令花户尽数远迁，实有故土难移之慨，欲使人民筑坝防河而炊粥无米，劝募已穷，日损月陷，且恐小集、双槐等镇次第沦没，益复不可收拾。筹躇再四，苦无良策。计惟绘呈河图，吁恳上峰，悯恤民间疾苦，慨然施款修坝，堵此水患，庶河道归中，田地落出，使人民再见平水之功，共感已溺之德。所有河道徙迁，民遭浩劫，求救残生情由，理合呈请转详拨款修坝，实为公德两便等情。据此，伏查属县东乡扣马、花园、小集、双槐、东关等镇，滨临黄河，屡遭水患。自北岸孟县择要筑修石坝以后，河水触坝折而南流，扣马等镇适当其冲，近河各村庄连年遭水冲刷，塌入黄河者不一而足。民国十年，东关等镇村庄河占地亩五十余顷，难再垦复。曾经巩前知事呈，蒙委员勘明依例豁免粮赋在案。兹据前情适道署查勘水灾彭委员鹏举在县会同亲诣勘明，双槐、小集、花园、扣马等镇均已近逼河流，并无堤坝可恃，现值伏汛，大雨时行，河水汹汹，势甚危险，该公民等请于双槐、小集旧堤之外斜筑石坝，使水触坝而退，归循故道，不致南侵为害，实为急要之举。理合检同图说，具文呈请钧局鉴核，俯赐迅予委员勘估拨款筑坝，以弭水患而安民生，实为公便。除径呈省长赈务处外，谨呈等情。旋奉省长令，饬河务局查明核办具报。九月河务局长陈善同呈省公署：遵查该县东乡扣马、花园、小集、双槐、东关等镇，因滨临大河，屡遭水患，所请就双槐、小集旧堤之外加筑石坝一道，逼溜归入中泓，事关保护民畴，办理似无不合。惟查职局管辖工段，自荥泽广武山以上，即不入预算范围，其旧有堤埝各工，历归民间自行修守办理，已阅有年所，现在该县请筑坝工，无论限于预算，兼筹为难，且职局近日工款欠发过多，情形异常支绌，比年采购料石，均难按照各额办理，以致应办要工未能普律，将事设再筹及预算以外工程，在势益所难能。惟该县因河势南移，筑坝障溜情形似难稍缓。应否指拨省款，或由该县自行筹款修筑，以资保障之处，理合具文呈复，仰祈鉴核示遵。奉指令：此项河工既不在该局预算范围，厅库又无款可拨，仰即转饬该县知事，商同邑绅，就地妥筹，以资兴筑。

按：孟津县东乡扣马、花园两镇公民，请在双槐、小集添筑石坝，尚在汉陵坝工之外，亦以无款可筹，暂作罢论。

十八年一月，河务局长张文炜呈民政厅：案奉钧厅第五六五五号令开，以奉省政府令，据兰封县县长李元济呈送该县建设局长崔凤翔查勘黄河流域及水道图说请查核一案，饬即知照等因。奉此，当经提交水利委员会议决，由职局派员复查，遵即令行陈兰分局长邵金盘、下北分局长沈炳成，分投前往各该管东西坝头，切实验明去后，兹据陈兰分局长复称，查由东坝头至长垣县界兰同集，共长约二十七里有奇，中有清德至马蹄一段，堤工长约九里，曾于民国十五年经该县绅民提倡兴修，卒以公议不合，兴讼作罢。故由东坝头至清德约十里，由马蹄至长垣县界约八里，均无堤工可稽。惟现存由清德至马蹄之旧堤，连年塌陷，逼近河干，其堤身亦被民人毁有四百余丈，河岸距水面仅高二三尺左右，每届伏秋不免漫水倒灌之虞。该段民堤果拟引长接修，一须另划新堤线，以资设备；一须筹有的款充分储料，以备常年防守，方保无虞。又据下北分局长复称，该管西坝头，由牛湾以北至武家楼止，旧有民堤一道，计长二十五里，系华洋义赈会所修。民国十二年间，曾以堤身卑矮，复经该会筹款续修，当因该堤北端距河逼近，堤线拟向西移，以故争索地价者纷纷不绝，就此停修。现为防卫文户一带设计，拟请仍照原有民堤加高培厚延长，与太行堤衔接，则河西各村自可永无水患各等情，附绘详图一幅，先后呈送前来。查东西坝头民堤土质松疏，且工段太长，距河又近，窃以护堤之责较重于修堤。按：陈兰分局陈兰汛工段，仅管至东坝头为止，下北分局开陈北汛工段，仅管至西坝头为止，该段堤埝向系民间自行管理，应由兰封、长垣两县长集同各该地绅民详议兴工办法，由各该河务分局派员指导，期臻完善而保安全。所有查勘兰封县黄河流域情形，理合检同原图，备文呈复，仰乞鉴核。奉指令：呈图均悉。已据情转呈省政府查核矣。十九年准河南水利局函开：以距离兰封县城八里，地名二八寨附近内外两堤，原系黄河故槽，现均破坏不堪。上年河水漫溢，居民百方堵塞，始保无虞，亟应兴修以防水患。相应绘具图说，即希查照核办等因。当经委员会令饬第二工务队查勘具复，旋据该队呈称，遵查内堤距河五百余丈，在职管工段陈兰汛内，南起十六堡，北止十七堡，共长五百八十余丈，民国三年修筑南头，系黄河故道地势低洼，故当修筑时高度一丈一尺，北头抵老岸头，地形颇峻，仅筑三尺余高，南北即成平坦。但土质多含沙碛，又复历久失修，南头被风吹雨刷，竟有一百一十二丈，与平地相等，即图 A 所指破坏之点。其余往北分段残缺，尚有十五处，外堤距河远逾九里，长三百余丈，东头八十丈，原基虽在，缺陷已极。西头二百余丈，毁坏情形亦与平地相等，即图 B 所指破坏之点。至于去年河水盛涨，流至 A 点残缺之处，经职督率汛兵与民众竭力杜塞，并未漫溢。所有奉令按图履勘各种情形，理合分别详注，连同原图一并具文呈复。二十年二月，据兰封县县长方廷汉呈报，以据该县第三区区长范雁洲呈称，该区北部西毗二区，于一月三十日上午十时黄河冰释漫溢，被淹村庄潘寨、代寨、文集、李门庄、凡集、高寨、城庄等水势浩大，横流四野，大堤迤北二、三两区一片汪洋，尽成泽国。北至河北省界，东至横堤考城界，长约十六里宽十余里，深约四五尺，浅二三尺，二麦淹没，即涸出亦难望收。恳请钧府鉴核诣验，以拯灾黎等情。县长往验属实，理合备文呈报等情。三月，河务局长陈汝珍呈报省政府：案查兰封县黄河冰释漫溢情形。前据该县长分呈到局，当派本局督察员宋尊礼前往勘查，并一面转呈鉴核在案。兹据该员会县查竣，呈同前情，并拟筑堤以资防护等情，绘图附呈前来。查筑堤防灾本属切要，惟该县被灾区域不在职局工事范围，工款项下既无此项预算，且值此财力支绌，实难兼顾，似应体察当地情形，另拟筹修民埝办法。果能并力图维，庶几众擎易举，至该项堤身及挖塘取土所占地亩，各地主应受相当利益，暨灾区以内各地主应尽相当义务，以及料石土工应需款目，能否由地方筹办，抑由官民公同担负，均为应行先决问题，尤宜悉心考虑，策划周详，呈候核定，以便实施。除指令该县长召集被灾区域各区村长详加讨论，妥拟具报以凭核转外，所有勘查兰封县黄河漫溢情形，暨指令另订修埝办法各缘由，理合具文呈报，伏乞鉴核示遵。奉指令：呈悉，仰即督饬该县赶速筹拟修埝进行办法，呈候核夺。

按：兰封县境为黄河故道所经，本不在本局预算工程范围。

近年屡次筹拟修堤筑埝，均以款项难筹，附近各庄民情亦不一致，新旧堤工迄未举办。

十八年七月，河务局长张文炜呈省政府：案奉钧府训令内开，查豫省地处中原，滨临黄河，欲奠民生，首重茭防。现值伏汛临迩，河上正在吃紧修守，堤岸稍有疏虞，难收普庆安澜之效。所有沿河各段堤工是否一律坚固，以及河流水势涨发情形究系如何，亟应派员详细履勘，借明真像而资筹防，除另派本府工程师曹瑞芝，会同该局赴工查勘外，合行令仰该局前往会勘，并将会勘情形具报查夺等因。遵于六月二十九日会同曹工程师瑞芝出发，首由黄河南岸紧要工段，次第查勘，计本年春厢，由局长督修工程，如下南分局上汛二十堡，中汛头二、八、九等堡，埽工八段，石工四处，用料十七垛，工方碎石五百一十一方零七厘。中牟分局中汛四、五堡，下汛头二堡，埽工二段，石工七处，用料四垛，工方碎石二百零九方六分。郑中分局，郑下汛头、二堡，中上汛五、十、十一等堡，埽工六段，石工五处，用料七垛，工方碎石二百一十方。上南分局，郑上汛头堡，荥泽汛十、十一等堡，埽工五段，石工五处，用料七垛，工方碎石二百三十二方三分七厘。以上各工，本届春厢共用秸料三十五垛，碎石一千一百六十三方零四厘。其他，如柳园口安设吸水机，挖渠各情形，曾经分别呈报有案。现自六月九日起，逐日为民灌田，至六月底止，灌田五百余亩。斜庙亦开始浇灌。上南之虹吸管，刻以民间开渠引水，力行浇灌。惟大汛临迩，各险工应行补修之处，如柳园口西北之护石及黑冈口附近之护石，均见坍蛰。中牟中汛二堡水逼堤根，五堡头坝、六堡四坝或被顶冲，或系搜根，形势最为危急。上南郑上汛八道石垛下首河势南圈，势非用石抛护，难资抵御，均由局长会同工程师逐段会勘，亟应筹备修守。至堤工残缺段落，数见不鲜，择要培修尤为当务之急。除此项土工饬汛积极勘估，另案呈候核夺外，所有此次奉令会勘河工情形，理合备文呈报，仰祈鉴核查考。奉指令：所有应行筹备修守各处工程，仰即赶速勘估，呈候核夺。是月，河务局长周致祥呈省政府：案查职局张前局长文炜会同曹工程师瑞芝赴黄河南岸视察河工一案，所有本年春厢已修工段，暨各要工应行培修情形，业经据实呈报并奉钧府指令在案。兹据各该分局将估修各工暨应需土石秸料数目，分别列表，先后呈送到局。计：下南分局石工二十七处，应需碎石二千二百方，土工三十八段，应需土二千三百二十八方一分六厘。中牟分局石工三处，应需碎石一千一百方，土工二十段，应需土一千八百九十方零六分。郑中分局石工十九处，应需碎石一千八百方。土工二十五段，应需土二千三百八十四方九分六厘。上南分局石工三处，应需碎石六百三十方，土工七段，应需土二千三百六十八方九分四厘。以上四分局，共计石工五十二处，应添运工方碎石五千七百三十方，合山方一千三百三十二方五分六厘，每方按水脚远近平均及例定方价均在内合洋八十元，共合洋十万零六千六百零四元八角。土工九十段，应需土八千九百七十二方六分六厘，每方按取土远近规定由三角至四角不等，共合洋三千元零四角八分八厘。综共需洋十万零九千六百零五元一角八分八厘。至埽工一项，本为河防最要工作，惟因现存秸料无多，只可暂如所拟。俟盛涨再行加厢，并俟新料登场，积极购办，其土石两项经局长详加审核，所估尚属撙节。现在伏汛已交，考查各工储备异常空虚，若非亟筹修守，万一河势吃紧，噬脐曷及，应请钧府俯赐提前筹办，俾得及时兴工以维防务，而免疏虞。除石方价已另案呈领二万元外，理合检同估工原表呈送鉴核，并候示遵，奉指令呈表均悉，候令民财两厅会核，具复再行查夺。

按：是年九月，奉省政府训令据民、财两厅呈复饬整理委员会核减另估，十月委员会呈复文称实难再减以后，未奉指令。

十八年七月，河务局长周致祥呈省政府：案奉钧府训令内开，据河南赈务会主席张钫呈，以该会第七次常务会议韩委员宝恭提议通过，请由国府划拨关税二五附加赈款，以工代赈，兴修豫河大堤一案。饬即核议具复，以凭察夺等因。奉此，当经张前局长文炜通饬各分局分投勘估去后，兹据各该分局先后呈报到局，计黄、沁两岸堤工，新旧沟窝暨埠道残缺共有二千四百五十七处，估需土十七万一千九百二十八方七分五厘，合计土工连边锨硪工在内，应需三十三万七千七百五十九工。局长复核无异，职局自民八改组，各工填垫沟窝经费，一律裁撤，全归队兵工作，工多兵少，分布时有困难。若以积年残缺仅责少数队兵普律修整，实属力有未逮。故近年队兵工作不过择要补苴，勉力支撑，除上年填筑沟窝残缺计共二千五百二十七处，前经呈报有案。本年春季，新冲沟窝七百余处，均经随时填垫，不另估修外，所有遵将豫河两岸堤工，未经修垫各处暨估土工数目，理合汇案核实列表，备文呈送鉴核。奉指令：呈表均悉，当经交会议决。仍由该局将历年河工情形呈报本府，转请中央照拨关税二五赈款，以资兴修。一面自行设法筹款，可也。是月，呈复省政府：遵查黄河总汇西北各省之水，厥性湍悍，挟沙而行，朝夕变迁，迥非寻常江河之比。砥柱而下，右得洛水之助，左增沁水之源，故一逾邙山，其流甚急，加以地势平衍，土质沙松，全恃两岸大堤为之约束。盛涨则浩瀚难御，落水则坐湾生工，骇浪惊涛，直有崩崖裂石之势。抵御之道，埽坝并重。而埽坝根本之寄，料石堆储之所，必赖堤身坚实宽敞，各项工程，方易着手，是以言河防者必先注意堤工，此黄河之大略也。沁河发源山右，屈曲数百里流入豫境，经沁阳县汇大丹河，迤逦东下，至武陟县之姚期营与黄交汇，其水平日甚小，浅几可涉，然每至伏秋大汛，大雨时行，山洪暴发，则河水陡涨，拍岸盈堤，湍急挟沙，不亚黄流之险，而仓猝急迫，若或过之，此沁河之大略也。职局所辖黄河两岸堤工五百余里，沁河两岸堤工二百余里，工段绵长，关系綦重。前清黄河八厅岁修工程均有定额，土工一项，岁费约两万金。每届春融，按时修筑，如遇特别情形，尚有另请专款之土工，盖亦鉴于屡次大工，辄费数百万或至千余万两之多，不敢顾惜小费而酿大患也。沁工前系官督绅办，岁修亦有定额。每间三五年，另请专款大修土工一次，设备情形大致与黄河仿佛。民国以来，河工一再改组，每岁土工一项虽亦列在预算，而时事艰难，迄未能照案办理。仅沁堤因屡屡决口，经吴前局长筼孙呈准，专款分三次培修。旋于八年、九年、十一年次第兴筑。近岁沁河未出大工，未始非三次大修之力，然时逾数载，岁修阙如，残缺日增，殊为可虑。至于黄河两岸，则惟三年添修兰封黄河故道新堤一段，五年添修孟、温两县接壤处新堤一段，其旧有大堤不过间或发款修补。自十三年后，工款日绌并此零星修补，亦难顾及。十八年来，叠经风雨剥削，车马蹂躏，浪窝之冲刷，以致各处堤工残缺不完，卑薄日甚。飞沙落集之所，高下参差，大风抽掣之沟，纵横错杂，实于修防工作大有障碍，不仅汛涨堪虞已也。查张前局长文炜转饬各分局所估之三十三万七千七百五十九工，均属当务之急，惟未将洋数合出，并漏估拨沙选淤、开磴、扒检草根等项，约一万工，合计实需三十四万七千七百五十九工，每工约需洋五角，共需洋十七万三千八百七十九元五角。又大工之兴，应添置各种工用器具，如铁锹、铁锨、土车、抬筐、绳杠等件，约估洋一万二千四百元。各分局职员不敷分布，临时应酌添监工委员，其薪金及临时办公处，房租伙食，旅费邮电，笔墨纸张，油烛煤水，勤务工资，土夫犒赏等杂费，约估洋九千元。又东沁分局北岸大堤，自南贾寨起至黄、沁两堤分界处止，工长一千三百四十九丈，残缺过甚，经前张局长文炜令饬估报在案。兹据该分局绘图造册估报前来，复经职局详加核减，计该工分为八段，共需土二万二千四百九十二方六分九厘五毫，需土夫五万零八百三十三工，边锨八百九十九工，硪夫四千四百九十九工，共需工五万六千二百三十一工。每工约需洋五角，共合洋二万八千一百一十五元五角。查该工为沁、黄交汇之处，近年黄河因平汉路桥工护石过多，出水不畅，河身淤垫日高，沁水入黄非复昔年建瓴之势，故本年五六月间，黄流倒灌约五里有奇，倘致引动大溜，则此段堤工适当其冲，亟应及时培修，庶防守有所凭借。以上通共估洋二十二万三千三百九十五元，所有遵令呈报。历年河务情形暨前案漏估数目，并沁堤亟应培修各缘由，除先估各工呈报有案外，理合绘具沁工图册呈请鉴核，俯赐转请中央政府划拨关税二五附加赈捐，以工代赈，实为公便。九月，奉省政府训令，案准国民政府文官处函开，奉主席发下贵省政府呈，据河务总局呈复，历年河务情形暨前案漏估各项附具图册，转请鉴核准拨关税二五附加赈捐，以资兴修一案。奉谕交行政院等因。除函交外，相应函达查照等因。准此，合行令仰该局即便知照。

按：此项工赈捐款迄未奉拨到局，应修河堤残缺各处，未能及时修补。惟南贾至龙须坝一带堤工，为沁、黄交汇之处，于十八年六月曾经东沁、武原两分局会呈，拟议兴修办法。是年八月及十九年六月，复经东沁分局呈报，估修比以工款无着，亦未兴工，所有估修土工表册分存在案，不录。

十九年二月，整理黄河委员会委员长何其慎呈省政府：窃查两河堤工长逾千里，埽坝林立，防务綦繁，比岁以来，因河工经费积欠过多，举凡土工料石所需，什九移果员兵口腹，遂至堤身埽坝日就倾残。钧座眷念民生，因有改组整理之命，职会受任之日，适值中牟险工发生，其时工储罄绝，束手濒危，幸假德威，勉弭巨患，然该工河势迄未外移，新修埽坝频见蛰塌，且土质纯沙，抵御无力，一旦春回溜注，不但旧险所在势仍岌岌堪虞，且临近上下堤工安危亦难逆测。查该工，原估抢险暨预防应需工料共洋九万元，曾蒙饬厅照发，只以军兴未艾，兼顾不遑，致应办善后各工，迄未照案修筑。近据所属两河工务队长呈报，临河工段急待增加料石，以为春工厢护之需，情词均形切迫。伏查通工堤身失修年久，卑矮残缺，比比皆然。上年前河务局张、周两局长任内，曾估请培修，计需款二十二万三千余元，业经先后呈蒙转咨在案。职会成立，复经派员分赴各工周历履勘，知应修堤工既属势无可缓，且临河埽坝多半倾残，尤应分别厢抛，冀备不测。矧当凋弊之余，危机隐伏。更值入冬寒冽，积雪频增，一旦日暖融消，水源畅下，两河溜势定卜汹涌异常，设不预策防范，则触处生工，将见纷呈巨险。中牟一役，殷鉴未遥，征往儆来，宁无慄惧。委员长察情观变，窃以整理工防，时几已难稍纵，而修防设计尤宜致全力于春工，切要之图，实无逾此。惟值税收枯竭，力有未赡，财况、工情不能不双方兼顾，而职责所在，又不敢壅于上闻，究应如何办理之处，理合具文呈报，伏祈鉴核示遵。三月，奉指令：查治河经费，前经政务会议议决，由盐捐项下提存洋五十万元，作为专款备用。旋经该会呈请，饬据财政厅呈复，河工临时费应由专款分拨等情。复经会议议决，在五十万元以外者，另筹各在案。兹据前情，现值两河春厢工程正在吃紧，此项工款应如何从速筹拨，仰候令行财政厅核议具复，察夺饬遵。四月，又奉省政府训令：据财政厅复称，盐捐一项现已改归库收，所有河务一切经费自应统由省库随时酌量缓急，分别发放。现因工程紧急，业经筹拨洋一万元，交由该会先行应用。除俟库收有款，再行继续筹拨等情。合行令仰该会遵照。

按：是年一月，经委员会通令十一工务队调查，旧有堤工埽坝情形，依式册报。其黄河各队应办春工并令详估另报。嗣据各队先后呈报，调查堤坝及估修春工清册到会，卒以拨款困难，除春厢外并未举办何工。值委员会改组，由于局长廷鉴将春厢动用料石造册呈报，奉省政府指令准予备案。

十九年七月，民政厅长楚纬经、建设厅长凌涛会呈阎总司令：窃查前奉删电饬即会同查勘，豫省黄河险工妥筹防护，当于巧日协同河务局赴工履勘险工处所，已于漾日电陈。嗣奉卅辰电开，河工险恶，准以豫省国家税收抵借款项，饬即会商办法，督饬赶修复。经职等查勘估计共约需洋五十六万余元，商承李代主席、梁财政厅长，曾特派员等会议决定先速筹三十万元，以为防险之需。齐日电请核示各在案。查豫省居黄河腹部，地平土疏。有清一代，河决三十九次，在豫省者竟达二十四次之多，其防御之难可以概见。且自民十以还，河款积欠过巨，料石频年未购，堤坝残圮比栉皆然，择险修守，实属刻不容缓之图。惟河流变迁无常，兹就目前河势而论，下南中汛八、九两堡，即系开封柳园口机器房上下，历年节节生工，节节抛厢，而溜势亦节节上提，形成一大坐湾，非石多工巨不能挽此颓势，使河外移。又中牟下汛二堡尾端、三堡上首溜势汹涌，上年出险即在此处，当时厢修埽垛抵御，而河势加重，埽则随厢随蛰，坝垛则随抛随塌，原有大堤已被冲坏大半，未及冲坏者堤宽亦仅数尺，虽因溜势稍向外移，得暂维（特）〔持〕危急现状。然不及时加修，大汛一临即成巨患，所谓最险工者，以上两处是也。又下南中汛头、二堡，为清初黑岗大工合龙处，堤外深潭迄今未涸，兼之地居上游，俯视省垣，有高屋建瓴之势。原有坝埽石垛连年失修，均形残缺。又，郑下汛二、三两堡，为清光绪十三年郑工合龙处，外河、里潭一线单堤，其情形亦极可虑，亟应分别修补以防不虞。所谓险工者，以上两处是也。又，荥泽汛第十一堡，为清同治七年荥工合龙处，大溜为铁桥逼注，直射荥工金门，险象已呈，工程亦属重要，不过比较上开各处稍次。所谓次险工者，此也。至估计工程最险工两处，约需修守料石土方洋五十四万六千八百二十余元，原定计划抛石人工拟派河兵办理，现值伏汛期迫河势暴涨，徒恃少数河兵，难免不无贻误，临时尚须添雇民夫，约需洋一万三千一百八十余元。共计需洋五十六万余元。前此电呈估计之数，即系专就险工款而言，其余险工、次险工三处，共需洋八万余元，如无上项节存之款堪以流用，容再商承省政府设法筹措，随时呈报查核。当此财政万分支绌之时，工需国帑，断不敢不兼筹并虑，且河工之所谓险者，堤身单薄，年久失修，大溜冲刷，坝垛坍塌，此险之有目共见者也。伏秋盛涨河势顿移，不临河者忽而临河，向无工者忽而有工，此险之未可预定者也。防河者所贵有备无患也，兹以历年河款积欠之巨，不能不急为补牢之计，上劳荩虑之勤。职等自当仰承钧旨，督促进行。一俟款项分期拨到，当即先就最险工程克日督同河务局按照计划分别修守，务期于伏、秋两汛期前办理完竣，用收工固澜安之效。所有查勘黄河险工情形，是否有当，理合开具清折呈请鉴核示遵。奉指令：该两厅会勘精详，深堪嘉许。惟豫河年久失修，工程浩大，值此军事期间，财政奇绌，同时并举，势所难能，仰就筹定款项，随时会商省府，督饬河务局及沿河各县，先行择要修堵，以资撙节而保无虞等因。由两厅呈报省政府，转行河务局知照。

按：上列最险工两处，经河务局长于廷鉴先从中牟下汛二、三堡险工修筑，因工款领到无多，按照民建两厅会勘计划，略有变通。此工竣后，又从事下南中汛八堡、机器房上首险工，甫经着手，于局长以政局变更去任，事遂停辍，已详见工程门。其他险工、次险工各处，均未举办。

十九年十二月，河务局长陈汝珍呈省政府：案奉钧府训令内开，案准建设厅委员会咨开，准山东省政府咨复廖桥黄河决口情形，并送山东河务局改订上游两岸民埝修守章程等由。查山东河务局前局长赵会鹏修订章程，原期通力合作，颇具见地，惟该章程第八、第九两条规定修守经费，仍由各县自征自用，以致经费未能集中，少数埝绅犹得偏执己见，延误要工，而竟酿成此次之决口。本会为惩前毖后计，业经咨请山东省政府转饬该河务局，酌量地方情形妥拟章则，设立民埝经费保管委员会，保管各县代征民埝经费，即由该局权衡工程之缓急轻重，通盘筹画，妥为支配，以免畸轻畸重之弊。贵省黄口民埝之修守未悉，有否与山东相同情形，事关河防要政，除咨复外相应抄同附件，咨请贵府查照等因。合行抄发附件，令仰该局遵照办理等因。奉此遵即通饬黄河两岸各分局就近查明，呈核去后。兹据上南分局长苏世珍呈，以该管荥泽汛上首，旧有民修堤埝一段，现系背工，历来向归官办，与民无涉，上北分局长邵金盘呈，以该管武陟汛有拦黄埝一段，武荥汛有秦家厂月埝、马营月埝各一段，向系官修官守。其他如下南、下北等分局均经查明，该管汛地附近并无民埝各等情形先后到局。查豫省黄河上游南岸自荥泽县，北岸自孟县起，北岸至河北长垣县界止，于民国二年河务改组以来，两岸堤埝工程完全归职局管理，无所谓民修民守，并无所谓官民共守。核与山东河工情形截然不同，惟南岸荥泽以西，河岸皆山，素鲜工程，近因河势南圈，孟津县滨河一带前为避免河患起见，曾经修有埝工一段，计长十六里，向系民工，不在河防范围，似宜仿照该项章制办理，以资修守而卫民生。查该县民工，前因本年九月间河复漫决，曾奉电饬会委勘查在案，奉令前因除另案拟具办法会呈核夺，一面令行孟津县政府体察情形，参酌办理外，所有调查属境黄河两岸并无埝工情形。理合具文呈复，伏乞鉴核。奉指令：既据饬查孟津县新修埝工一段，系属民埝，仰即会县参照该项章程，妥拟办法，呈候核夺。

二十年三月，据上北分局长刘宗沛呈，窃查职局所属温汛堤工，原修堤身高五尺，底宽五丈，顶宽三丈。自民国五年修竣后，历年经雨冲风剥，堤身高度仅剩三四尺。每临伏秋大汛即有漫堤之虞，顷据温汛汛长呈称，窃查南岸巩县所属裴峪口，于去春私自修筑挑水石坝三道，去岁伏汛被大溜冲坏二道，现存一道，坝身高出水面五尺，长二十二丈，顶宽二丈。大河由西北来，顶冲石坝，上游裴峪口山湾折冲坝身，将大溜挑向东北行里许，河分为二小溜，向正东大溜直向东北，顶冲温汛三堡，约距大堤一里有余，沿嫩滩折向东行。另有岔河一道，水深丈余，由三堡苏庄南行起至四堡冯庄，沿堤行经五、六两堡，离堤折向东南等情。据此当即亲往查勘，均属实情，而该汛堤防向无筹备，又无积料甚感空虚，若至伏汛临工殊为可虑。职拟乘春暖民暇，招工较易，将温汛全段堤身增高二尺，在三堡下界、四堡上界筑土心石坝六道，恳请转令购石处预备石方，合计工方五千方，以备临工加抛而防不虞，并恳取缔巩县私自修筑裴峪口挑水石坝，以减大溜直冲温汛三堡以上等情。总局指令：据称该管温汛堤工，近因巩坝挑溜北趋，工防吃紧，拟估修堤坝工程之处核尚可行，惟时值财力维艰，工长款巨，请拨匪易，仰即督饬民工防汛队协同汛兵，将堤身加高。余俟工款稍裕，再行核办。至巩县坝工，前已派员勘查，并令行该县政府严禁续修在案。所请取缔之处，应候查明覆夺并仰知照。

按：分局原估清单，除石方外，计需土方三万七千余方，合洋二万六千余元。诚非当时财力所能举办。至巩县裴峪口之挑水坝，曾于十九年七月据温县呈报，巩民又在堤前抛石，经河务局转呈省政府请饬该县查照，十三年议定办法，禁止抛修在案。

二十年四月，西沁分局暨博爱县政府分呈河务局：据民众代表呈，以西沁北岸自留村起至蒋村止，旧有民埝一段，请收归官办等情。经河务局指令西沁分局长吴之揆查明，该埝情形拟具办法绘图呈报，尚未据呈报到局。

二十年四月，河务局长呈省政府：案奉钧府训令第三八零零号，转据孟津县县长汪亚先呈，以据该县公民代表王济武等联名呈请拨款兴筑河工一案，饬即遵照，统筹办理等因。奉此查该县黄河漫决工程，前经会同民、财两厅拟具办法呈请钧府核示，旋因赈款支绌未能照案举办，复经派员澈查择要勘估，并经职局长按最低限度切实核减，估需土石两工共合洋两万九千六百六十元。除华洋义赈会、建设厅各协助洋五千元外，由该县就地筹办九千六百六十元。其余一万元，拟请由政府设法筹拨，连同本年黄河旧工及兰封雷集民埝新工，共合工款洋十七万余元，列入局长前呈查勘河工报告册内。奉钧府核明指令在案。惟前呈关于上项工款，系请钧府令行财政厅先由库拨洋两万五千元，其余另由二十年丁地征收项下改拨。现除财政厅遵照钧令先拨洋两万元外，其余仅允筹拨三万元，较原估数目相差甚巨，就此点缀要工已属不敷分配例外，建筑更难兼顾。兹奉前因可否仍由钧府再令财政厅照案筹拨，或另筹洋一万元，俾可及时兴修，以免再罹沉灾之处。理合具文呈覆，伏乞鉴核示遵。五月，奉省政府训令：案据财政厅呈复，本年因裁厘偿还预征，以及豁免苛捐杂税，收入锐减，库储空匮，此项工款一时尚难筹付，除俟稍缓即行设法陆续筹拨外，理合呈请鉴核等情，合行令仰该局遵照。

是月，河务局复函致河南华洋工赈救灾会请予协助。其附件论孟津县河工情形云，查孟津县黄河向无险工，清同治十二年，河势南圈，浸及东汉光武陵寝，当事者始修筑鱼鳞石坝。光绪五年，又增修铁谢镇阴后陵磨盘石坝，先后增至石坝四十二道，石垛三十九个，护崖石工四段，备石一千二百方。惟负责无人，以致各段工程失修，时有塌卸情形。民九，以工代赈所修土埝，长约十六里，高二尺宽五尺，现已残破不堪，高仅尺许。宁屹村北之埝，已塌河中一段。十九年七月，河水暴涨，大王庙以西决口长约七八丈，向来淹没村庄甚多，河水直逼孟津城下，折向东北，至野鸡洼村，潴为水泽，至今未涸。大王庙以东复行漫溢，冲没地亩不在少数。民九工赈第一坝，现在仅有遗迹。又东工赈第二坝全被冲没，无迹可寻，河水由此漫溢，以致北关镇各村民田多被淹没。再东工赈第三坝略具形迹，稍可抵溜，沿河各村镇如花园镇、双槐镇以迄扣马，水势泛滥，更无范围，历年被淹之地，约有数百余顷。及至水落，地变咸性，又复不堪种植，损失之巨，实不堪言。该县民众迭次奔走呼吁，请求筑堤防患，极为迫切，似应设法筹办，以维民生。又拟定办法云，查该处埝工前与民、财、建三厅会呈，为力求完善起见，根据前局长勘测情形估需工料六万余元，但以财政支绌，未能举办，兹复经派员查勘，目前河势危险，实有急需修筑之必要。特拟变通办理，简单兴修，多用土工，减少石工，就沿河旧有民埝加高增厚。自铁谢大王庙以东起至花园镇止，共长二十四里，合计四千三百二十丈，估顶宽十尺、高八尺、坡度一比一，每丈需土十四方四分，共合需土六万二千二百方，每方连家俱需洋三角，共需洋一万八千六百六十元。沿河除铁谢北大王庙后及大王庙以东三坝接长各需石百方外，另于新野鸡洼村北、徐家村北、花园镇西北、小寨村北、扣马以北，河岸突出处，各筑石坝一，各长十丈、宽三丈、高一丈五尺，每坝需石二百方，五坝共需石一千方。再于坝后筑十五垛，以防回溜，每垛约需石四十方，十五垛共需六百方。连同接长三坝，共需石一千九百方。每方以七元计算，共合洋一万三千三百元，二共合洋三万一千九百六十元。以上款项，除华洋义赈会、建设厅各拨给五千元外，请省政府设法筹拨一万元，借资协助外，余由该县就地筹办。五月，又呈覆省政府：案奉钧府训令第三七三五号内开，案据孟津县县长汪亚先转呈，公民代表李珏等呈请，将津邑河工列入河务范围一案，饬核议具覆等因。经本局拟具统筹办法，呈候核示在案。是该县河工已经本局斟酌情势列入河务范围，通盘筹画，并非绝不过问，只以款未拨到，无力举办。该公民代表等所呈各节似尚未明真相，奉令前因，拟俟该县埝工款项拨有成数，即行动工兴修，修成之后仍照前拟，仿照山东省河务埝工局办法办理，以符原案，所有核议缘由，理合具文呈复，伏乞鉴核示遵。奉省政府指令：准如所拟办理。仰候令行该县转饬知照，可也。复经本局委令技士张连级前往驻工，指导一切。七月，据该县公民代表杨廷干等呈称，修筑河道违背原案，公恳另委妥员，以免虚糜巨款等由。本局指令：呈悉，查本局对于该县河工计画，系以保持沿岸现有地亩不再陷没，且与北岸亦无妨碍，为惟一之主旨。原计画内铁谢以上王庄附近，本有挑水坝一道，现以大汛期内河水畅旺，修坝不易，而铁谢以东地势洼下，一遇盛涨，辄虑淹没，情形甚急，遂先尽该处堤工着手兴修，借应需要一面赶速购运石料，堆存适宜地点，俟堤工告成，水势降落，再行相度各处地势择要筑坝，务使逼流中泓，足以保障两岸安全为止。本局掌理河务，关于全河工段不能不熟权利害，并顾兼筹，以免偏怙而泯缺陷，合行批仰知照。旋据委员张连级呈报，于七月二十五日开工。

八月，又据委员呈报：该县堤工自兴办以来，天雨无常，时作时辍，且所出工人至为不齐，妇孺、白首居其大半，既乏工作能力，上下工又无定时，兼以地方监工人员，非老朽不耐劳之辈，即别有工作之人，均为一日到工，三日休养，以故工作进行异常迟慢。现仅作成八里，尚余三分之二，近因大雨连日，河水暴涨，大王庙以西旧堤被水冲毁半里，所修新堤全被冲没。至大王庙以东新修堤工被冲断两口，附近村庄水深五尺，房屋倒塌，田禾冲毁不计其数。铁谢北寨墙悉被泡倒，沿岸汪洋。花园、扣马二寨三面环水，形势尤为险恶。东乡堤工受此影响，最近无开工之可能，早日竣工计画势难实现，究应如何之处，祈裁夺示遵等情。本局指令该技士会同该县长等勘明河势情形，妥筹进行办法，呈候察夺，并呈报省政府在案。嗣据委员呈报，积水未退，堤坝大部不能动工，运石亦形困难等情，经本局令饬该技士暂行回局供职。又据孟县县长阮藩侪呈转：据区长路景让等呈称，伏查清末民初，大河依北岸行走，由孟上界白坡村起至温境大王庙止，节节临河，终年惊涛波浪，河势汹涌，无日不在惊惧中。且其时间溜势尤急，孟县西逯村、戍楼、落驾头、堤北头等村，日辄塌陷数十丈，田庐坟墓多付东流。每忆往事，何堪回首。考厥原因，系被害光武坟前石坝所挑逼也。现阅报载孟津铁谢又复筑修巨坝，虽不敢云嫁祸于人，然挑水坝、迎水坝皆有使河外移能力，将来北岸受害当在意中，让等非敢抗议，故意干涉，北岸数十万生命关系碍难缄默。伏祈转呈列宪，饬令孟津将筑坝意思早能打消，则孟民更为幸甚。如该县以必须兴办，即可于铁谢沿岸多筑坝垛，借资抵御。孟民自宜协助，不应过事干涉，致久坍塌。抑或委员勘估坝基，孟民推代表一二人随委参加，总期所筑堤坝对孟津方面有益，对孟县北岸不致有害等情。理合转呈，乞饬孟津迅将筑坝原议打销等情。并经省政府令，饬本局查明核办。九月，本局呈复省政府：查孟津县河工进行计画，仅就铁谢镇以东原有堤工加高培厚，所有迎溜、兜湾处所酌修坝垛数段，以资掩护。经本局一再审慎考虑，有益于津并无害于孟。该项计画在该县未施工以前，曾经绘图呈明在案。前据孟县县政府呈，同前情到局。即恐该县对于河工进行原案或有变更，致碍邻封，当为预防纠葛起见，已令行孟津县转饬该县河工委员会遵照，并指令各在案。兹奉前因，事关两县安危，局长职责所在，自应策画周详，决不任有顾此失彼之处。除仍饬孟津县转饬遵照原计画办理，并查明究竟有无危及北岸情形，务期两无妨碍，以维民生外，理合具文呈覆，伏乞鉴核。

二十年八月，滑县县长陈铁珊呈河务局：案查前准河北省黄河河务局公函内开，查黄河北岸长垣、濮阳两县之间，隔有滑县民堤十余里，与本局北岸第一、第二两段大堤相接，因失修有年，颇多水沟浪窝。曾于本年四月二十七日函请贵县集商绅民筹款修防在案。近年，北岸白河一带，因河溜内移，每届大汛，堤前水势甚大。去年秋汛，时本局北一段堤顶高出水面仅及一华尺，虽经预先修防，尚出渗漏两处，目下伏汛已届，经次大此雨以后，该县民堤残缺益甚，一旦河水盛涨，汇注顶冲，该处堤身高度尚有不及，本局北岸者土质纯沙，至堪危虑，万一事出意外，凡滑县及濮阳县以下各县势必同受巨灾。除函河南河务局筹款助修外，夙谂贵县长重工保民，相应函请查照，务希集商绅民请筹款项，将该处民堤克日兴修，加意防守，以御汛涨而巩全局，至纫公谊等因。准此。当经本县令饬该管区长及建设局长遵照办理去后，兹据建设局长唐宗敏呈称，当经派员前往老安堤处视查，该段河堤计长十三里许，自民国十二年以来，迄未修理，是以水沟浪窝到处多有，且堤脚较上下段窄两丈许，堤上土牛亦皆无存，而河身又距堤近，万一失误，则不惟河南省滑、浚各县将受巨灾，河北省濮阳一带更为危险。是此项堤工关系两省安危，綦属重要，滑境水旱频仍，民力不能修筑。理合呈请钧府转呈河南河务总局派员勘估，拨款兴修等情。据此，查此案，前据第七区呈请，转呈在案。据呈前情，理合具文呈请钧局鉴核，俯赐派员勘估，拨款兴修，实为公便。本局指令：已派视察员李景唐前往勘查矣。一俟查复到局，再行核夺。旋奉省政府令，同前因本局呈复，当以该段堤工关系豫、冀两省安危，且向属官修民守，自应设法修整，以固河防。业派李景唐前往详细勘估在案。九月，据委员李景唐、滑县县长陈铁珊将勘估堤工情形会呈前来。本局据情呈省政府：查该县老安堤工界于濮阳、长垣两县之间，共长二千五百七十丈，平均顶宽一丈八尺，较长濮大堤尚窄七尺，一律帮宽取齐，牵高一丈七尺，需土三万零五百八十方。沟窝一百一十二处，平均每处用土二十四方，共需土二千六百八十八方。又原有土坝三道，均已损坏不堪，计第一坝尚存长四十丈、顶宽四丈，以顶作底加高四尺，坡度均按一比一计算，需土五百七十六方。再加长一百丈，底宽五丈，牵高一丈，需土四千方。第二坝尚存长六十丈、顶宽三丈五尺、高约一丈，再加长六十丈，牵高一丈四尺，需土三千六百九十六方。第三坝尚存长一百丈、宽三丈六尺、高约九尺，以顶作底加高三尺，需土九百九十方，再加长八十丈，牵高一丈三尺，需土四千四百七十二方。综计需土四万七千零二方，每方按洋五角计算，共需洋二万三千五百零一元。又锨硪等工，按工费十分之一计算，需洋二千三百五十元零一角。综共需洋二万五千八百五十一元一角。以上估修工段丈尺，按目前残缺情形核计，土方工价各项数目，均尚实在。惟查该堤在滑县境内，由桑园村起至小渠乡止，系自前清光绪十二年间由官发款修筑，嗣后历经修培，均系请发官款俱有成案可稽。向不在本局预算工防范围，比年以来库帑竭蹶，从未拨款加修。在本局方面因工款支绌，尤属力难兼顾，以致沿堤上下倾残益甚，最可虑者该堤附近有串沟数道，靠堤行走，每当伏秋盛涨，时有渗漏。设不积极兴修，一旦引溜生险，该县固属首当其冲，而于冀、鲁两省影响尤巨，此种情形前已面陈钧座，早邀洞鉴，事关数省安危，自应及时筹修以维全局。但本局所领工款，分配黄、沁旧有各要工，尚虞不足，此项工程需款较巨，委系无法挹注，究应如何办理，俾得早日进行，以资防维之处。理合绘图具报，伏祈鉴核示遵。图从略。

十月，奉省政府指令，呈图均悉。案经提交本府第九十四次委员会议决，准征用义务劳工修筑，补助洋三千元，纪录在卷。除令财政厅照拨外，仰即遵照具领，迅速兴修，具报为要。十月，本局公函请财政厅，迅将前项修堤补助费洋如数发给，或填给外县拨款通知，以便派委提取，用资兴筑。

查此次堤工补助费，截至本志编竣时期，尚未准财厅拨发，工程亦正在进行中。

公牍三

十七年六月，奉民政厅训令：案据开封县县长刘诚厚呈称，窃查赶挖贾鲁河一案，叠经遵奉办理，冀除水害，刻下麦忙已过，自应切实督催，俾得全功早竟。县长特于本月四日亲赴南乡之佛堂（旺）〔王〕一带，将贾鲁河河工详细查验，并召集郑店等十八社社长会议挖河办法。查得贾鲁河经过开封境内河道计分十八段，上七段河身均已挖成，惟堤工尚未全毕，下十一段兹已开始动工，县长详察该处形势，由佛堂（旺）〔王〕至小店所作工程，从地平及长度计算，共有二十三万方，除原有河身减去一半工程之外，尚有十一万五千方。每人每日工作八小时可作一方土，共需工十一万五千个。若用两千人作工，约须五十八日方能完工。现当农事尚殷之际，每社出一百人挖河，须三月有余始可竣工，而农事受其影响，遂为不可讳言之事矣。

若将挖河之举，任其懈怠，则伏水一发，泛滥堪虞，村庄变为泽国，为患不可胜言。若仅以各社所出人数挖之，则工程较大人力不敷，诚恐伏汛之前必难告成，前途危险亦不堪设想。县长再四思维，惟有仰恳钧座鉴核，电呈总司令俯察下情，准予派兵帮挖等情。据此除指令外，合行令仰该局长前往该处查勘明确，拟议呈覆，以凭核夺。当经本局报告。一、遵查贾鲁河发源于荥阳大柱山，经荥泽、郑县、中牟、开封、尉氏、扶沟、西华、淮阳等县，至周口入沙河。一、查开封境内贾鲁河，由仇店至小店为三十五里，共分十八段，每社担任一段，修成期限一月至两月。现已挖筑七段，即由仇店至佛堂（旺）〔王〕。其余十一段，因避挖苇蒲改定河道问题，尚未动工。一、改定河道办法，因辛庄至萧庄一段，河身东边多苇蒲，拟改挖西边，由萧庄至小店，河身西边多苇蒲，拟改挖东边。现由开封刘县长诚厚召集沿河东西各社长、庄长商妥，此项办法即时兴工。一、此河由建设厅派委员王焱塘、开封县委员孔繁华监修，规定河身深一丈二尺，上宽八丈四尺，下宽六丈。河堤下宽三丈，上宽一丈，高一丈。全出土为三十万方，每人每日作一方。惟因旧河身形势不同，所挖筑河宽堤高每有出入，总须顾虑水少时可以行船，水大时不致汛滥为要。一、如拨助兵工同时挖筑。查佛堂王、闹店、薛寨等处均可住兵一营，但须受监工员之指导，与民众通力合作，计约一月工夫可以筑成。一、由佛堂王至朱仙镇八里，有旧河身一道，稍加修浚即可行船。如能继续修成，则该镇商业可以复兴。一、开封县境内之贾鲁河形势。附图从略。奉民政厅指令：报告阅悉，已将所拟办法电呈总司令核示矣。

查此案迄未奉到核示办法，工程未再进行。

十七年六月，河务局长张文炜呈省政府：案奉总司令冯面谕，以据王前行政长呈称，洛阳南门外洛河顶冲坐穴，恐生不测，着即会同行政长勘修计划，接洽修竣等因。奉此，局长遵即与柴行政长春霖会商，并派技术员逐段查勘。据报上游南岸西场村附近，河势南圈，急转东北，直冲城南马市街口入袖坐湾，形势险恶，当经综集官绅征求意见，并拟定办法二条，以资采择。一系临时办法，查北岸南关一带土质尚坚，冲刷不易，但距民房甚近，不得不先事预防，可多设护崖石，节节防御，使河流外移，则城郭居民均保无虞。至西场村，可添筑石坝，或石垛一道，以缓水势，沿岸村庄自不至陷落。此项办法运费半价，约需一万九千元。一系永久办法，即按建设厅工程计划原则，由故堤东头引长新堤一段，长约四里，直抵南关街口，截断顶冲来源，同时于河身中间从事疏浚，使水行故道，不至冲突。此段工程切实估算，约需十三万四千三百余工，每工按五角计算连用料，共需洋九万八千九百五十元。若疏浚由民众担任，可省一万三千七百五十元。筑堤由兵担任，可省四万六千元。必需者为三万零七百余元，至料石杂项细目，另详说明书内。惟当地居民对于此项办法，以为临时工大款绌，实难着手，且兴工之后，万一河水暴发，势必前功尽弃。往岁桥梁冲折，可为殷鉴。莫若将应需工料等预为筹备，一俟秋水消落，实行工作，为一劳永逸之计。当地居民所拟各节，不为无见。理合将会勘情形，检同复估洛河筑堤疏浚工程说明书，暨勘测工程形势图，呈请鉴核示遵。七月，奉指令：呈暨图册均悉。查洛河工程发生危险，自应赶速修竣，以免泛滥为患。该局长所拟勘估工程图说，尚属详明，应准如拟办理。兹经议决以建设厅为主办机关，该局为襄办机关，仰即会同切实负责筹备进行，随时具报查考。

查此案复经河务局会同建设厅呈请拨款，奉省政府指令转饬财政厅筹拨，而款项迄未拨发，故工程亦未举办。

十七年七月，省政府训令河务局：案据武陟沁河挖渠监督委员会其严函称，窃委员前经会同武陟县东沁分局、水利分局，将原有各闸查勘催修情形呈报在案。惟查各闸利益仅及沁河南北两岸，其县东一带仍缺乏自然水利，旋访查武陟南贾寨南，向有白马泉一道，年久失修，水源淤塞，委员详加考验并询之当地民众，倘能妥为修理，尚可增加灌田亩数，第无人督率废置，甚为可惜。现会县饬该地绅董克期挖浚，以济水利所不及。再查距黄河北岸迤西二十里玉坝、武家口之间，地势颇高，河流平顺，若能于该处建一规模宏大且极坚固之闸，当可灌数县之地，其利甚溥。现已会同县局妥为测验，俟详加讨论后，再将详细情形，另行呈报等情。据此，除指令函悉，仰将沁堤各闸认真督饬迅速修理完竣以兴水利。至挖浚白马泉，务须相度地势，会同当地绅耆筹商办理。黄堤玉坝开闸一事，关系黄河堤防，更为重要，候令行河务局核议复夺，再行饬遵，切切此令印发外，合行令仰该局遵照，详核复夺，以凭饬遵。

按：十五年九月，准水利分局咨转汲人刘建中等呈，拟于武家口安设机器，借河灌田，经河务局咨覆，以开堤引水，危险堪虞，暂从缓议。此次挖渠委员所拟各节，亦未实行。

十七年七月，河务局奉民政厅令：据济源县催捕蝗蝻委员周固呈报，该县东北五龙口，旧有甘霖河渠一道，兹同公民代表于九皋县党部执行委员史建极前往查勘，该渠由五龙口山洞凿开，向西南行约六里，至官庄后即行截止，在此六里内共开阴道三通，长约八十余丈。民国十年间，由华洋义赈会以工代赈办法从事开凿，惜全功未竟，即行中辍。如果此渠完全开凿，与溴水会合，则二十里内可以灌田者当在四百顷以上等情。饬由本局规定办法，以便着手开挖，当经本局委员许阳海会同县长许庚星亲往履勘，并据会呈，查得甘霖河渠创自清康熙年间，屡兴屡辍，所费已在数万元以外，此次赓续兴修仍照原定旧渠道开凿，经灵山绕至县城西南流入孟县境内，以该渠水势而论，足能灌田二千余顷，所挖干渠在七十里以外，估计工料费由公家拨款补助，亦得十万元以上。至各支渠工程尚得完全归人民自行举办，若按上年动工时预定新渠线估计，计干渠道长六里，支线约二十里左右，应需工料费款在二万元以上。兹经县长与委员再三磋商，值此国库空虚，公款支绌之时，照原数请款拨发，未免过巨，全由人民集资兴修，以灾歉余生，恐亦难成事实。兹拟折中办法，所有该渠应需之材料、石工，以及购地费、购用器具等费，完全由公家拨款补助，计需洋一万二千元之谱。较前表估计减洋一万左右，拟将约占全工程半数之土工，责成受水利之农户按地亩多寡帮工挖凿，该公民等亦甚赞成，如此办理，庶几众擎易举。理合检同图说，呈请鉴核施行，复经本局转呈民政厅在案。

十七年八月，省政府训令河务局：案准内政部函开，据屠豫泰条陈，治河宜导洛水入贾鲁河，注于淮水等情到部。查洛水流势甚猛，自陕入豫，经行群山之中，时有暴发情形，赖自洛口入河，下游方免昏垫。且贾鲁在郑县、中牟、尉氏间一段，早经淤塞，土壤又系沙质，难堪暴水冲刷。其下游扶沟、淮阳、周口一带，河身逼仄，每入夏秋辄有漫溢之患，势难容纳大量河流，所称改洛南行，恐有滞碍难行之处。相应抄录原件，即希转发河务局，以备参考等因到府。合行检发原件，令仰该局存备参考。附发抄呈一件，节录于后。

查洛河发源于陕西洛南之冢岭山，东流自卢氏县入河南境。又东经永、宜、洛、偃、巩等县，由巩县之硭山头入于黄河。其上游两岸均系石质峻岭，开凿匪易，且距贾鲁河甚远，挹注亦难。惟巩县水峪沟自西徂东约四里，由此引入经铁路桥自龙王庙沟等处，至核桃沟而入汜水县之穆沟，此沟长约十二里，形势亦与水峪沟同，由此而东北越铁道至汜水东关，与汜水会，再东由汜赴荥至尚街等处，与索河会，由东至荥泽县分山河，与次河会，再向东行，流量较大，时逢天旱，民众亦可借此灌溉田禾。至师家河东，两岸平衍，水田居其大半。又东里许，至郑县大双桥，从前贾鲁河即由此经过，后南移而索河遂占其故道。又贾鲁河发源于郑县之西南，源头不旺，时多干涸。今将洛水引入河流，自必畅旺，两岸民众再遇天旱亦可灌溉，以免旱灾。现以河东南距贾鲁河之新河道，只有七里之谱，由此引入，其下游经过中牟、开封、朱仙镇等处，惟朱仙镇一带屡经黄河沙淤，恐难疏浚，今就尉氏县境歇马营之北大洪，此系来童寨决口冲刷之河，命名为大洪，稍加疏浚，上游可通中牟，下至扶沟。此河贯通，船只自周家口可驶至巩县上下，绵长将及千里之遥，道经郑县，郑县为平汉、陇海之交叉点，再加河流畅旺，舟楫通行，则郑县之商埠可与蚌埠、济南相等矣。凡临贾鲁河之两岸，即可灌溉，又可种植，诚一举而数善备焉。

十六年四月，河务局长任文斌会同实业厅长、开封道尹呈省公署：案查前奉钧署训令内开，准交通部咨开，据洪铸等呈称，窃查黄河流域土壤膏腴，物产丰富，为天然之利源，只以水流湍急，泥沙混走，以致历来谈黄河者只震其泛滥之害，而不知其尚有凭借之利也。铸等不揣绵薄，于二年前即选派专门人员，上起潼关下迄黄河口，逐地详查，确知黄河之水性，可以行驶轮船。兹集资一百万元，组织一轮船局，取黄河之水天上来之义，名为天来，拟以美国最新式机轮容量八十吨，吃水二呎，其鼓浪之力较风船尚小，而速力过之，绝不至冲溃堤防，其船底为平式，亦不虑泥沙黏固，对于向来营业民船加以补助。并自制拖船若干，代运货物。航线定自潼关至黄河口，惟第一期先由豫省之黄河南岸至鲁省利津之黄河口，为试行航路，第二、三期再行推展。上游则远达潼关，下游则接联津烟。陆路则西接京汉，东通津浦。况近年来各省兵灾匪患无时，或息铁路停运，货物积滞，有此运道，不惟可济陆运之穷，亦可以裕民生之富。铸等现正积极筹备，所有拟定章程、黄河草图、船式图样暨认股清折等，一并检齐，具文呈请钧部鉴核，俯赐批准立案，实为公便等情。查该商等集资创办黄河轮船以利交通，用意极善，惟所拟试行航线，自豫省之黄河南岸郑州境起，至鲁省之利津口止，所有经行各处于地方情形有无窒碍，殊难悬揣，相应抄附章程一件，咨请饬属详查。转咨到部，以凭核办等因。准此，并据洪铸等分呈到署，查内河行驶小轮，东南各省行之已久，商民咸称便利，第豫省事当创始，究与地方情形有无窒碍，除批示暨分行实业厅、开封道外，合行抄发章程，令仰该分局即便会同妥议呈复，以凭转咨等因。奉此，遵即饬令上南、郑中、中牟、下南各分局长会同查明，拟议具复。兹据复称，查黄河行驶轮船，既据洪铸等呈称，绝不至冲溃堤防，其对于工程方面当然无甚窒碍，惟秸料一物切须防火，但能于轮船行驶之际，防范得法，俾秸料不发生火险，则实为黄河区域便利交通之盛举也。分局长等愚虑所及，不敢缄默，理合联衔具复，伏乞垂鉴等情前来。查该分局长等所称秸料一物切须防火，似非过虑，该商等行驶轮船如能加意防范，俾秸料无火险之虞，自属可行。职等往复商榷，意见相同，理合据实会呈，伏乞鉴核。再，此案系职局主稿，合并声明。五月，奉省公署指令：会呈已悉，仰候转咨交通部核办。

公牍四

民国十八年十二月，省政府训令整理黄河委员会：查本省为黄河流域，每遇泛滥，动支巨款，临时抢修，终非善策。惟值兹财匮民穷之际，筹定的款诚属不易，着将由盐款所拨本省建设费洋二百一十万元内划拨二分之一为河工底款，储存农工银行，非有本府命令，无论何人不得动支。以上二分之一为本省建设费，另款存储省库，仍按原定份数减半支配。际令饬盐务处遵照，按月分别解存，并分行外合行，令仰该会知照。十九年二月，又奉省政府训令：案据财政厅厅长王向荣呈称，案查豫省连年多故，军事迭兴，影响税收，实非浅鲜。各县丁漕正供，每因环境所迫，不能筹款解库，又以战事甫过，客军林立，率皆就驻在县分，勒索供给，予取予求，漫无限制。合全省百有余县能筹款解厅者，仅豫东、豫北三四十县而已。收支两较更相悬殊，应付之难，早已捉襟见肘，所得维持现状者，端赖盐捐为省库收入大宗。查盐捐一项，本为省库固有收入，并非现在新筹之款，自遵令划归河务建设之用，省库收入益形支绌，以致积欠军政各费，为数甚巨，无力补发。遇有临时军政各费，即无所出，无米之炊，巧妇难为，向荣职司财政，责有攸归，愚见所及，未敢缄默。窃思河务建设固为切要之图，然省库充裕之际，自当筹定的款，切实整理，以期逐渐扩充。

惟现值军兴之后，时局多艰，库储空匮异常，所有一切应支款项，自不得不酌量缓急，分配先后。兹拟将本省盐捐，仍令悉数交由省库照收，借以弥补军政费之不足。所有河务建设经临等费，应仍由职厅按月量力筹拨，俾得双方兼顾，一俟大局稍定，再行妥议另款存储，作为河务建设专款，庶可移缓就急，是否有当，理合具文呈请钧府鉴核示遵等情。据此，除指令准如所请，并分行外合行令仰该会遵照。

十九年六月，省政府训令河务局：查河工经费，前奉阎总司令佳代电，当令民、财两厅协议办理，嗣后该局呈请，召集民、财两厅提出政务会议公决，协拨工款办法等情到府。又经令催各在案。兹据该两厅会呈复称，查本省盐捐一项，向系每引征收洋六元五角五分，前奉钧府转奉阎总司令电，令冀、晋、豫三省盐务亟应划一。每盐一引，收食户捐洋十元等因，当经职财政厅转令盐务处遵照办理在案。所有每引增收之三元四角五分，拟指令暂作修河之用，至险工告竣为止，佥以此种办法尚属妥善。理合呈请钧府鉴核饬遵，以便早日开工，借防意外等情前来。经政务会议议决，照阎总司令通案，每引收食户捐洋十元，以增出之三元四角五分，作修河之用，俟收足三十万元，即行截止，仍照从前减半征收办法办理。除指令外，合行令仰该局知照。七月，又奉省政府训令：案查前奉总司令阎电令，冀、晋、豫三省盐务，每引一律收食户捐洋十元等因。又据河务局呈请拨款整修险工等情，曾令据财政厅会同民政厅核复，经会议议决，准按十元征收，以三元四角五分作治河之用，业经指令在案。兹以军政各费均属拮据异常，复经政务会议议决，此项食户盐捐每引十元，自七月一日实行征收，以二元作治河之用，以八元补助军政各费之不足，俟军事平息，即行呈请核减，以舒民困。除布告外，合行令仰该局知照。

按：两次奉令指定盐捐划拨本局河工用款，所定数目随时既有变更，复因军政各费需用甚巨，财政厅并未于盐捐项下照拨。

二十年四月，河务局长呈省政府：窃查豫省治河之书《豫河志》《豫河续志》，历经职局修辑在案。惟自民国十三年《豫河续志》编成后，迄今又历七载，其间河道之迁徙，河务之改组，事势之推移，以及电话、汽车、轻便铁路之设置，麻袋装土之抢险，并经参酌新旧拟具河南河务计划大纲种种办法，较前迥异，亟应节案、绘图，重集成篇，以垂久远而便考核。惟兹事体大，非草率可以蒇事，拟援照民国八年暨民国十三年两次编纂河志成例，于局内附设《豫河重续志》编纂处，分别聘委专员从事纂辑。查前《志》设有编纂主任，兼任编纂、校对、缮写等员，每月开支薪津杂费洋四百零六元，由职局前购内国公债票三万元之利息内动支。《续志》设有纂修、校对、缮写等员，均系局内职员兼任，每月开支薪水杂费洋三百数十元或四百余元不等，系由公债利息项下及另款项下动支。现值河款支绌之际，局长为节省经费起见，拟将专任各员酌给薪水，以酬劳绩，其余由局内兼任各员，概不支薪，以示撙节。修志经费即由职局杂款项下拨用，不另请款。志书告成，暂拟半年为期。如有特别情事，再行酌量伸缩。刊印费用，届时视成书卷册繁简另案呈请。预计此次修志之用不满两千元，较前减省已多。而河务盛典于以告成，俾后之治河者永资借镜。除俟编纂完竣再行核实报销外，理合备文呈请鉴核备案。奉指令：此项续修河志经费，应由该局节余项下开支。一俟修竣，仍应具报查核。是年十月，又呈省政府查职局组织豫河重续志编纂处，于四月十一日成立开始编辑，扣至十月十日限期届满。惟此次编纂经费因河款支绌，为极力节省起见，规定人员较之以前纂修《豫河志》及《豫河续志》人员不及半数，虽人各振奋，黾勉图功，未敢稍懈，无奈搜罗往籍、参考成案、改正图表，手续备极繁难，以致未能如期脱稿。查前两次纂修河志，均于预定期间分别展限，方经成书。现查各员所任功课，业已纂辑过半，仍须假以时期，始可告竣。局长察酌情形，拟请展限三个月，由局长督促进行，无论如何，于展限期内务底于成，以节经费而垂久远。所有拟请展限缘由，理合呈请鉴核，俯予照准。奉指令：准予展至本年十二月底，仰即督饬纂修，如期完成具报为要。

按：此次豫河修志，本系重续前编，体例虽略有变通，而一切事实均赓续民国十三年陈前局长所修《续志》而来，故立案原文用“豫河重续”字样。惟今后河工事业日新月异，积之又久，至再修河志时称名即觉困难，不如将“重续”二字改为“三”字，定名曰“豫河三志”，以便与前志衔接而预为后来地步。除俟本书告成，呈报省政府声请更正外，特志其更名缘由，附诸案末。

卷十二　附录第五之三

选著

李仪祉《治黄研究意见》曰：国府以治黄研究责任，畀之建设委员会，将拨英俄庚款一部份，以供其用。仪祉鄙见，以为数千年来治黄专事下游之塞筑疏治，而无根本之法，以兴利祛弊，即有效力亦仅维持于一时，而非长治久安之策。及今科学昌明，工事竞新，而十余年国内外人士于黄河稍有研究，仍专注重下游，其上游无人过问也。故本年二月二十三日华北水利委员会议席中，特提出研究治黄，当注重上游之议案。盖黄河为患之原素，非黄河本身所自有，而乃自其枝流传递者也。枝流首在荥泽以上，则研究黄河，不应舍上游不顾，为毫无疑义。西北地势，大抵一言括之，曰土厚水深，而黄河及其枝流之降度，亦大抵陡峻。惟降度陡，故水流急；惟水流急，故挟泥沙多。游历西北各地者，目击沟壑冲刷之深且阔，可以知黄河之泥沙所自来矣。故今后治黄之策，当在于荥泽以上河身之降度。无论其为黄河本身或其枝流，第宜节节筑坝，使水面成为阶级式，是在土厚水深之地域，无洪溢漫淹之患，而有节蓄水量，化干燥为润泽之功。更加以田间沟洫之助，极力推广行之，可使浊流化为清流，暴洪化为安澜，永绝河患，国家底治之功，无急于是者也。故仪祉敢竭诚建议，破除数千年来河防之迷梦，树立治河之新方针，望政府及从事河工者深加注意也。政府所拨黄河之款，为数不多，而退还庚款用材料、机器抵补，尤苦于机器、材料一时难变为现款。故仪祉主张先以是项机器开发西北实业，择其获效最速、利益最厚者为之，即以其所获利益，充治河经费，可以使治河之资，源源不绝。西北实业，可开发者甚多，就目前所最易为者言之，莫若于陕西开办纺织厂，盖陕西为产棉最富之区，而棉质又极优美，民十七、十八两年，陕西大荒，产棉极微，而今年陕西棉价，犹不过二十七八元，以视上海六十余元之价，不过三分之一。西北之地，若甘肃、青海、新疆以及陕北、陕南，广漠地面，人民衣着，皆仰赖沪汉，论者谓陕西值价七八元之棉花至沪汉一绕，化为布匹，仍运至陕，便值价二三十元，故在陕办纺织厂，其利益之厚且可必，虽至愚之夫，莫不知也。计一万锭之纺机，每年获利可近百万，陕西棉业推广十万以至二十万之锭子，不为多也，故仪祉建议，以黄河之款先拨一部份首建是厂，民国二十年筹办，二十一年即可开厂，二十二年即可大获其利。以年年所获之利，拨为治黄之用，可以永永存在，永永继续，且纺织厂以此法成立愈多，其款项亦愈积愈厚，则黄河不愁其不能正本清源，化大患为大利。较之年年由国库拨款，枝枝节节，以补苴罅漏，款虚糜而无功，劳力多而祸患仍存者，孰优孰绌，不待智者可立辨也。黄河流域占中国领土之半，中国数千年治乱之关键，亦多在乎是河。水治则民生永裕，民生永裕则乱源永绝，其关系治安，尤非浅鲜。仪祉不揣谫陋，倡为是说。凡我同志，加以赞助，使得实现，所深望也。

张含英《论治黄》曰：关于过去黄河之治理，仅能防患于一时，未能贯澈以永久，故昔日之河务局曾以“河防局”名之。近日则防不胜防，千疮百孔，动辄得咎。若不急以新法导治之，吾恐黄河之患，更有甚于今日也。近世科学昌明，河工大进，不得不急谋救济之法。今者李仪祉所论“宜注重上游”，实乃治河新法。然若为与昔日“专治下游”相对而言，殊能唤起民众之特殊注意；然若就治黄全体而言，只注重上游，又似未尽治黄之能事。盖以昔日虽注力于下游，实与未注力等耳。例如今年之为险工者，明年必仍为险工，今年之已决口者，明年仍有决口之虑。例如李升屯、刘庄、黄庄、宫家坝等地是。历年所谓“治河工程者”，毋宁名之曰“抢险工程”，故其不治与上游等耳。尤有甚者，口门不畅，则上游必决，中外之论皆同。黄河携泥沙甚多，自黄河改道自利津入海以来，六七十年间，淤出新地近三百万亩。山东前年曾有新设三县之议，其工作之巨，殊堪惊人，口门河道，几无一定之可言，一察黄河口门，图则其乱如网，上游洪水暴涨，因口门不畅，水不得下行，则上游河身必积水甚多。鲁豫一带，既无山岳之阻，故出险时闻。是故黄河之根本问题，虽在于沙，然现在口门不畅，又为黄河病况之一部。决口即有改道之危险，历年以来，事实俱在，就现状言之，吾恐黄河之改道，随时皆有实现之可能，岂不危哉？以上云云，不过略指下游之急待治理之一例而已，则其待治之急，更不下于上游也。黄河之不治，其原因甚多。工程知识未备，固其最大者，然亦不能以今日之眼光，责数十年前之河工人员也。惟社会之阻力，不可忽也，兹分述之。

一、畛域之见。治河犹脉络也，一处不畅，则全体停滞，应统筹全局，断不能节节而为之。然黄河下流，经河南、河北、山东三省之河务局分别成立，各不相谋。即以冀鲁之交而论，出险之次数最多，而其最大原因，厥为口缺河北，而患在山东。山东以职权所限，不克越界整理，河北以利害较轻，鲜能促起注意。虽两省人民互有水利协会之组织，然款则极难筹划，且人多有“各扫门前雪”之成见，只谨守本段，不致出险，有则互相推诿。

二、治河人员之成见太深。即以黄河改道北来以后，河工人员积此六十余年之经验，其心得当有相当价值，可断言也。然若自恃其长，不纳异己之见，则为阻止进化之魔障，虽有新知识之工程人员工作其间，亦不克略尽所长。就关于黄河工程言之，例如打桩一事，纯用旧法，若教以新式打法，并予以新式机器，则群众皆不之理，甚或以停工制之；再则故意将新机器破坏，而为不堪用，仍习其数十年沿用之法。再就“合笼门”方法言之，对于旧法实有改良之必要。就山东黄河河务局潘万玉先生之经验言之，于彼所创之新法提出后，闻者无不骇然，其实乃根据科学原理，采取各国所通行者。于此法施行之日，职员工人相率不前，稍有失败，则群相责病。若按旧法而失败，则群相拜跪于“大王爷”之前。以此之故，新法鲜敢试用。

三、主管机关职权不定。近年以来，多知治河之重要，机关林立，然职权不定，亦殊难以进行。例如前年华北水利委员会测量河南黄河一部，将至山东境，其时适黄河水利委员会成立，令其停止测量。华北水利委员会负有华北水利设计之责，采取张本，固所应当。况华北水委会情愿于黄河水委会测量队成立后，将所作成绩完全移交，终不之允，立即停止。然停止则停止矣，继测则未之有也。昨又见报载华北水委会关于测量黄河上游事，与陕建厅商洽进行，甚愿其不再受干涉而能实现也。黄河事业重大，固必有最高之机关办理之，负众望之人才领袖之，然一有政治意味，殊于建设前途不利，此黄河水委会所以至今尚未成立也。

四、职员之责任心轻。论者多谓河务为发财机关，不只不欲其工程之永久，且惟恐其来年之不再决也，此言似属过甚，有之亦或为过去之陈迹。今日之廉明时代，其不能发现，可断言也。然过去数十年来办理河务者之责任心轻，不能不谓为治河之阻碍也。

五、地方困穷，财政无着。财政困难，已成为全国皆然之现象，全靠政府则拨款无期，终必成灾。间或有倡义之区，联合附近各县，于危险之期，群相会议，以生死关头，故皆热心倡兴，某县应拨摊款若干也，某县应摊料若干也。然水势日急，则举领袖主办之，预垫之，待危期已过，对于前者之恐惧，已雨过天晴，不复记忆，再去筹款递补垫支，则无相应者，以致主办者自身负债，工人相随，料贩相伴，不得已则避之他乡，于是对地方办公益事，多不敢前矣。是故仰诸政府，则库空如洗，自治合作，其结果又如是，此河之所以屡决口而无法以防御之也。

以上所云，乃系其荦荦大者。欲治黄则对诸阻力，不可不有以去之也。田桐《导河根本计画书》第六条“决定治河之良法”曰：今日治河，为千载一时之良会。自咸丰四年[1]，河决铜瓦（箱）〔厢〕，自行北迁以后，近古谬说，不攻自破，迷梦既除，只图沙水兼治，自能收一劳永逸之功，沙水兼治矣。禹之法也可行，让之法也可行，景之法也可行，荷兰人之法也，亦无不可行。试条之于下。

---

[1] 四年　应为五年。

甲、上游宜避开沙漠也。五原以下始有沙漠，其上则犹之太古之河也。为正本清源之计，不如使黄河通身上下，皆如西部，如是则全身皆活。所谓有百害无一利者，反可变为有百利无一害也。亚甫又曰：爪哇岛极高山名八多，山阴山阳，各一水。一水经沙漠，一水清流，旧日合流之后，不能灌溉。荷人于交流之地，凿通隧道，使沙水上行，清水隧行，而别为一派，自是之后，坐收灌溉之利。黄河亦宜师此意，当从宁夏掘开一口，使东行，出花马池，沿长城内行，东过定边县，又东经靖边县，分东南二枝，南枝出周水，是为西洛之源，南至华阴复入河；东枝出杏子河，是为延水之源，东至延长县入河。有四疑问，讲解答之。或曰：以子之见，得毋所费多而收效寡耶。曰：不然，乃所费寡而收效多也。宁夏以东，不过六百里，即接二河之源，全掘者六百里，沿河加广者，所费无多，六百里皆平地，纯为土质，二河所经之地，两岸地势皆高，一疏之后，永无河徙、河决之忧。且其本身固宽也。度疏此河，一京汉铁路之费，成之而有余，万京汉铁路之资，收之而不足。禹之治水也，山陵当道者毁之，况本平地也耶？是诚天造地设之机缘也。以视吾国旧有之运河，何如以视世界新辟之苏彝士、巴拿马、揭儿，又何如？或曰：靖边县宁条梁附近沙漠有日益南迁之势，使河迁于此，而沙漠亦来，不亦全功俱废耶？曰：筑短墙以御之，一道不足，则二道，或三道。或曰：外套新开之地甚多，如别凿一道，河套之水不可复来，奈何？曰：不然。不令水入沙漠，非不令水入河套。夫水，处之方则方，处之圆则圆，注之则行，停之则止。宁夏北行之道不闭，上下中途皆置闸，何害也。或曰：子之迁河，为其有沙漠也。不能根本治之，但求避之不暇，于沙漠乎何伤？曰：非不根本求治也，为其缓不济急也。亮工少游海外，学习农林，主张以森林治沙漠，一则使水气上升，二则能含蓄雨分，三则落叶成泥，是诚根本治法。然旷日持久，非定期可成。沙漠之地，雨水既少，种树之后，必逢大雨然后活。不逢大雨，不能活也。十年八年之内，当必有活者，必也年年种之，不惜工本，不厌烦劳，始克有济，当种树之先，必种红柳，俗名毛柳，或亦名柽柳。此物繁荣极速，三四月能盖地方丈，开封、郑州间火车能见之，余以为沙漠之地区既广，必也四面成林，逐渐内逼，以穷其竟。或用小渠，或用自来水，皆所必需之设备。五十年可见小效，百年可以大成。导河成功之后，置专员之官，附之河工之内，以司其事，务使套中全部，成为良田，尔后黄河一枝复故道，一枝行新道，岂不懿欤？

乙、下游沿长河道也。上游沙漠既经避开，下游之水，可以为利。为害之水，惟恐其长，为利之水，惟恐其短，求其短也，注之低地；求其长也，载之高地。禹河故道，《尚书》《史记》皆有所载，惟古今地名有异，不可详。师其大意而导之，自荥泽县属河北沿黄庄开口，东北行经原武北端，过新乡县南端，阳武县西北端，东北穿延津县，又东北至滑县折北行，过道口，夺卫河北行。是地也，《禹贡》所称之大伾者在其东，贾让所称掘黎阳遮害亭者，又在大伾山下，直至清丰、内黄之间，改入卫河故道，越漳水，过大名治西，又北过广平肥乡间，至永年县，越漳河故道，又越滏阳河，分夺洺河、沙河诸水，会于任县古大陆泽，又北过宁晋，又北越滹沱河，又北越猪龙河，经安国、博野，东行越唐河，又入唐河故道，越金线河，又北越漕河，越徐水，越长流河，经白洋淀、容城之间，东北越还白沟河，过霸州，又北过永清，东折入永定河故道，挟永定河同行，越白河，夺筐儿港，过宝坻境南端，会群水，东北越还乡河，由北塘、芦台之间，入渤海。

丙、定入海之径路也。流沙既清，河道亦定，则不能不先事下游。大凡善治河者，先理下游，下游既理，上澜易安，入海之口已定芦台、北塘间矣。盖有要紧者三焉：一、则择三面皆高之地，易以为功，且久而不坏。二、群水会趋，海潮逆上之力，不敌河流顺下之力，海口不致壅塞，神禹所施同为运河者，此之谓也。然犹恐二者之力，有所未足，益以荷兰人海坝之用，盖荷兰人入海之地，视水量之大小，来源之短长，筑坝出海，狭而且长，使不壅也。以此补助二者之不足，绰有余裕，以黄河之势言之，此当在三十里上下，如借永定河、白河、还乡河北来悬流之势，或可短至一半。或曰：近二百年来燕南一带，永定河为害，南运一带滹沱河为害，益以黄河可胜惧哉？曰：是不然。大沽至天津，陆行六十五里，水行百二十里，七十二沽头，曲折太多，停滞之道一也。自天津东南行，皆冲积地层，平衍不颇，下游安有倾注之势，停滞之道二也。若黄河北来，至永清、安次间，挟永定河入故道，东行偏南入海，加借二水北来湍悍之势，不但南运一带水灾可免，永定河水灾亦且减之，不观清初以前永定河不甚为患。今日之所以为患者，永定河偏南，水下永、霸之间，水力既弱，天津易淤，而桑干河源远流长，为峡骨❶所束者，一过门头沟，自然怒不可遏。若依余言，乌足为虑。至群河相会之地，须始于去海三百里以内，终于百里左右，而还乡河其最近者也。斯为得之。

丁、审经纬之布置也。黄河为经，群水为纬，更开沟渠而纵横络绎之。经河务使北行，纬河因其现状，至于会归之地，

---

❶ 骨　当为“谷”。

则偏西北向焉。苏州常熟，古名“琴川”，何以故？当年山水西来，往往为害，厥后浚川七道，布于县中，如七弦琴然。自是之后，西受山水，东注江河，水旱皆不为灾，常熟之义所由取也。至于今日，非但如琴，琴有纵无横，今则纵横皆有，如棋盘然，如蛛网然，非但常熟已也。旧之苏、松、常、太，以及浙之杭、嘉、湖，皆如是也。清代户部统计中国田赋二分，苏、松、太、杭、嘉、湖六属居其半，水利优美为之也。长江水量甚大，惜少平原，难收灌溉之利。成都灌县，古称“离碓”，战国时秦守李冰避深水之害，穿二江而成渠，复散之以灌田，纵横六百里平原，食其福者二千三百年未有艾也。黄河所经之地多平原，如能穿渠，纵横络绎，北方之地，不知增几许成都，几许杭、嘉、湖，几许苏、松、常、太也耶？太史公称，禹以河所从来高，水湍悍，难以行平地，数为败，乃厮二渠，以引其河，北载之高地。今当厮为千百之渠，上而延安、绥德各属，鄜州、同州一带，下而卫辉，而彰德，而大名，而顺德，而曹州、东昌之间，而正定，而保定、河间，而燕南，而天津左右。十里一纵闸，十里一横闸，更相洄注，涨退自如，不必潴之大野，不必陂之九泽，以无数之渠纳，复以无数之渠出之，师禹之用心，不泥禹之成迹，使其为用更广。班赋曰“决渠降雨，荷锸成云”，吾为感当时之景，而深长惠也。

戊、不可再置堤防也。古者有河无防，防之兴，始于战国。当时两岸相距五十里，齐、赵、魏三国，利河之地而为田，易之以防，河始为患。汉时文武之际，不能破除谬见，武帝且有宣防之筑，太史公作《河渠疏》❶。贾让倡废防议，王景治河，其法以河为经，以渠为纬。自宋以后，始大倡防河之说。明之

❶ 疏　应为“书”。

潘季驯，清之靳辅，所谓治河名家，皆名其书曰“河防”，故古曰“河渠”，今曰“河防”也。经河之身宜宽、且深，虽不必如禹河之宽至五十里，视今之缕堤加半，或倍之。遥堤则不必置之，非吾之量小于禹与让。盖枝渠甚多，自无壅遏之患。河之两岸，不置堤防，不加修饰，不加版筑。新河所起之土，听其平洒，人民得而耕之。自古河有三害，决、溢、徙三者互见，然徙之害，千百年不一二见。溢之害时有之，而不甚大决之害，则大且深。而不忍言，夫河何以决，生于防也。不观夫暴水之际，有堤之地则决，无堤之地则淹，淹者溢也。禾苗受淹之地，其秒没则死，其秒不没，虽经二三日水退犹生鸿。一之言曰：河沙所经之地，其田败；河泥所经之地，其田兴。山东谚语有一夜穷，一夜富者，此之谓也。汉水亦然，水冲之地瘦，泥冲之地肥。海州沭河亦然，故有“走千走万，不及沭河两岸”之谣。北方浑浊之水，民用其水复利其泥。汉之《白渠歌》曰：“田干何所？池阳谷口。郑国在前，白渠在后。举锸为云，决渠为雨。泾水一石，其泥数斗，且溉且粪，长我禾黍。衣食京师，万亿之口。”余习见山西浑、应、山、怀一带之民，雨后导水过之，泥澄而田沃，是溢之为害，害中有利；决之为害，害中无利。有堤防则有岁修费，有抢险费。清代河工之费，不胜其重，河督所属之官，骄奢淫逸，过于王侯。倘移此费以开渠而废防，一劳可以永逸。顾亭林曰：河之为害，始于并地。并地则始设防。孟子曰：所恶于智者，为其凿也。禹之治水也，行其所无事也。余为转一语曰，所恶于智者，恶其防也。非天之决以害人，人自为防以待决也。

己、令济水自为一渎也。或者曰：子既导河出大伾而北行，则向者夺济入海之道，得毋涸耶？曰：不然。河不挟沙，不但可分二流，三之四之，百之千之，皆无不可，且禹之治河也，济水越河而东之，济水性沉，河水性浮，济水性重，河水性轻，其分流自若也，且江、淮、河、济，古称四渎。渎者，独也，单独入海，不附他水之谓也。各自为渎，有一乱而无二乱，否则彼此互为影响，故水治时代，各自为渎，水乱时代，四渎减为三渎，或二渎，甚且为一渎。北宋时代，河南行为二渎之时甚多。有明之际，时有河、淮、济三水，由运入江，是为一渎，四渎变为一渎，水之乱极，民生之苦，无有逾于此时者矣。济水独立，乃水之治平现象，亦即国家治平现象，惟水流宜长，不宜使之直趋利津，宜使由寿张北入运河。至青县东转，经沧州歧口入海，务使渤海以西，东昌、济南、武定、河间、天津各属之地，皆沟渠相通，如治河然，是则河治而济亦兼治矣。

庚、开渠人才之教养也。导河非难，避沙为难。避沙非难，开渠为难。不开渠，避水之害而已，不能大享其利也。度避沙导河之功，不过数年可成，择二三有志之士，授之以权责，即足以济事。倘如江南各属，沟渠洞达，非人才众多。不为功。考有明万历之际，有徐贞明者，奏兴北方水利之事甚详，为有明一代治水第一名家，诚有疆理天下，广惠生民之概。神宗可其奏，令贞明兼监察都史，领垦田使，中经挠阻，贞明乃先诣永年，募南人为倡，给衣食农具，俾以一教十，重其赏给，未几垦田至三万九千余亩。又遍历诸河，穷源竟委，将大行疏浚，而阉人勋戚之占闲田者，恐水田兴而已利失，遂争构之而止。北方学者，至今惜之。以为贞明之功若成，北方久为江南矣。余则变通贞明之意而师之，设河渠讲习所二，一设苏州，一设成都，招甘肃、陕西、河南、山东、山西、河北各县正绅为生徒，须年三十岁以上五十岁以下者，优其待遇，许生徒随带北方农夫二三人，择精通水利者教之，复购最新治水机械练习之，学之功半，游之功半。在苏者，令遍览海塘、太湖、运河、江滨，以及大港枝津。在蜀者，令遍览李冰、文翁一切沟渠故迹，及现状，毕业后，苏生复使游蜀地，蜀生复使游江南，生徒归后，自有心得。于是开工，引水通渠，或参用南方农人或参用高丽农人，皆可。南人无论矣。高丽人善引水灌田，尤善理山田；关东人善种旱田，不善水田。自清季至民国，新辟水田者，皆倩高丽人为之。养成与教导，二者兼施，则其功速而效易著也。

辛、管理须统一也。河成之后，管理不可不统一。禹河之坏，坏于列国。周天子失统驭之权，齐、赵、魏各自为政，贾让已言之矣。将来管理机关，必使各方联属，河之本身，如西宁、如兰州、如宁夏、如五原、如延安、如鄜州、如延长口、如同州三河口、如洛河口、如荥阳、如大伾山麓、如滹沱口、如永定河口，直接间接入河大川。渭水上下游，泾水上下游，汾水上下游，洛水上下游，伊水入洛之口，沁水上下游，卫水上游，其要地设专员司之。其次委托地方官，以速电互报水势，相水之多寡高下，总机关得命各地司闸者出纳蓄泄，自不至潦旱为灾，黄河所经之地，秋麦为多，春麦甚少，所幸每年为灾，不过二度，第一度为仲春化冰之际，第二度为伏秋淫雨之时，第一度为害期短，第二度亦非甚长，预防甚易也。济水所经之地，亦同此法。

山东河务局《根本修治黄河意见书》曰：昔禹治水，导河积石至于龙门，酾二渠，疏九河，同为逆河入于海。历七百余年，未有水患，使非疏浚上游焉，有正本清源之功效耶！乃后之治者昧于远虑，不曰徙民让水，即曰筑堤增防，甚至以邻为蟄，苟且求安，对于束水攻沙，疏浚河身，或间有谋及者，亦不过局部之策。每虞上攻下淤，上疏下塞，既未统筹全局，难收美满结果，以致河患频仍，史不绝书。征之往迹，其最著者已有六大变迁。南之淮扬，北之天津，尤昭然若揭。民国纪元以后，仍循清季分省修防办法，各自为政，加以工款支绌，堤防失修，往往不能维持现状，遑论统筹全河、根本修治乎？濮阳宫家决口之后，李升屯、黄花寺、刘庄各工相继报决，近则王家院、棘子刘、扈家滩等处次第漫溢，患已愈演愈烈，岂可任其泛滥而不积极筹治欤？谚云："黄河水自天上来，非人力可以治理，故有神河之称。"惟际此二十世纪，科学昌明，巴拿马地峡尚可凿成运河，米西比河亦能修治顺轨。若谓治黄无善策，谁其信之？夫治理河道犹治病然，必须详审脉理，对症投药，痼疾渐就痊可，倘不深求病源，冒昧从事，幸或见效于一时，转恐病根不除，为患滋甚。揆厥既往河史，详审现在工情，按黄河致患之理，非谋根本修治不可。谨就管见所及，并参考古今中外治水成法，拟具全河根本修治办法，胪列于后。

组织统一机关谋根本治河之策

查黄河绵延九千余里，横贯八行省，孟津以下始设堤防，豫、冀、鲁三省各就河工所在分段修守，以专责成。惟各省固于畛域成见，往往自为风气，各不相谋，加以近年库帑空虚，各省河务机关以领款困难之故，对于沿岸堤防仅仅增卑培薄，维持现状而已。至上流之来源，尾闾之宣泄，河之淤淀，以及他省工程之如何办理，均不加以考察。无惑乎河愈治而患愈深也。及今欲筹根本办法，非组织统一机关，力谋河政之划一，难期措置之适当。此项机关或由中央设置，或由沿河各省联合组织，聘请治河专家以及富有河工学识经验之员实地查勘，总览全河形势，详筹根本计划，毋因小而失大，勿顾此而失彼。或疏或浚，必因势而利导，一堤一坝，务有益于全局，庶治本之策能早实现，沿河民众永除昏垫矣。

全河造林以为减少淤沙之策

查黄河以含沙最多之故，淤淀河流，易致泛滥，故不特流势湍悍，足以发生危险，淤沙亦为致患之重要原因。现在受患最盛之区，莫如下游之豫、冀、鲁三省，而其泥沙之来源则在陇、秦、晋各省，该省多系黄壤之田，经雨水之侵刷，遂挟泥沙以入支流，再由支流汇于河内，故水之浑浊无与伦比。龙门以下，地势稍平，流亦渐缓，挟沙淤淀，壅遏堪虞，欲祛此弊，要以造林为不二法门，因森林有节制淤沙，减轻水量之力也。兹就全河形势，分三部造林办法。上游地势多山之区，石块嶙峋，泥沙稀少，似无防制之必要，然树根有固结地土之功，树叶有吸收水分之能，若于山谷之间造成森林，诚有减杀水势、掩护泥沙之效。陇、秦、晋及豫省西部黄壤之区，早经垦成阶级式之农田，斩削壁立，远望如画，使各于田壤下首一畔栽种矮柳，设遇霪潦，柳根有滤沙之功，使倾泻之水节节拦阻，流速势必减轻。况土地为树根所盘结，亦无受冲刷坍塌之弊。至下游两岸以及原有堤防，亦应酌量情形多植树株，以资固结，而免冲刷。如是，则淤沙为林木所节制而逐渐减少，河槽不易淤淀，水流自可通畅矣。

测勘全河流域作为筹治之标准

黄河策源辽远，支流分歧，地势有高下之分，流势有缓急之别，欲总览全局施以相当治法，非实地测绘根本计划不能为功。现在豫、冀、鲁三省河务机关，虽各有测绘一门，惟权力有限，经济支绌，仅能办理各管段内河道。工段平、断面各图，如流速、流量等测量间有设备，多未完善。至豫省以上之水源及支流汇入之情形，历古变迁之趋势，以及地质水文等项，均未实地测勘，并无精细图表可资考据。施治方法，何凭设计？故在统筹治本之先，亟应组织大规模之测量队，将全河应需各项测勘，分投进行，以期早成详细图表，为计画修治标准。计画既定，次第实行，是此项全河测勘，即根本施治之初步工作也。

整理河道实行束水攻沙

查黄水含泥沙之量，为世界各河之冠，淤淀之速，为患之烈，尤非他河所可比拟。清咸丰五年，河决铜瓦厢改道来东，迄今不过七十余年，河槽已淤高二十余尺，两岸堤防不足为恃，增卑培薄，岁以为常。考其致淤之理有二：一因下游地势平坦，原设堤防两岸相距宽窄悬殊，任水冲刷自由纡折，河路愈长倾斜愈小，流缓沙停，渐以沉淀。一因水势散漫，河无正溜，水分力弱，沙洲横亘，二者均有助长落淤之能力，亟应设法整理。修堤束水，激溜攻沙，以河治河，借收事半功倍之效，但束之过紧，不惟难容盛涨，且溜势湍激，不免有冲刷堤岸之虑。是河槽之宽窄，过与不及，均足为患，欲求宽窄之适当，须依据水量之多寡，流速之缓急，按诸学理详审计画，非若以前修堤，随湾就曲，任意进退也。至河湾陡折之处，尤应酌量裁直缩短河路，增大倾斜，并于必要之处修筑防护工程，或建挑水坝逼溜中泓，则曩日淘刷河岸之力不得扩充，势必转向河底刷深河道。如是整理则水专力强，淤沙不停，水患自可免除矣。

建修谷闸以节源流

黄河上游多山，地势高峻，每遇霖雨，山洪暴发，一泻而下，不稍停蓄，及至下游平坦之区，溜势骤缓，所挟泥沙渐以沉淀，淤垫日高，水流日壅，流壅则溢，理有固然。所以全恃下游两岸堤防为约束洪流，免除泛滥之计，恐徒劳而无益也。近考欧美各国对于解决盛涨溢决之患，并不专恃堤防。每于上游山谷之间修筑闸坝，拦蓄山水，以缓其流势，源头既有调节，自无汹涌澎湃一泻千里之可能。所以漫决之患鲜有所闻，非治之得当欤！我国黄河伏秋盛涨之时，每年不过三数次，每次亦仅四五日，往往陡涨六七尺至丈余不等，其来源之旺，水势之猛，于此可见一斑。如能采用谷闸成法，于上游山谷之间酌量修筑，使暴发之水在一二日下泻者，缓至七八日或十余日，不致一齐拥注，防不胜防，则河水不至骤然陡涨，堤岸得从容御防矣。

修治尾闾以畅宣泄

查黄河尾闾，自利津防守下界至河口一段，约长九十余里，因无堤防之约束，水道分行，流势散漫，所挟泥沙逐渐沉淀，久之河槽高仰，水流不畅，横决就下，自择归途，势使然也。故自改道入东以来七十余年，已八迁入海之路。最初河口为利津之铁门关，一改为毛丝坨，再改丝网口，三改老鸹，四嘴改夹河口，五改滔儿河，六仍改至铁门关，现又改为丝网口。其淤淀之速，变迁之易，概可想见。盖水性就下，下游壅遏，上流何由宣泄？今之河口如此情形，每届大汛辄难通畅，以致上段水位抬高，发生危险，所以利津之八里庄、王家院、棘子刘、扈家滩、纪庄等处，五年之间相继溃决。若不亟极疏治办法，后患更难设想，为今之计，惟有疏导尾闾以畅去路，继续两岸原有大堤，次第展长，直达河口，再相度地势建筑防潮对口各坝，以御潮汐之顶托。使防界以下水趋正轨，溜有定向，水受束而刷力强，沙彼攻则淤淀减，入海之处既无阻塞，上游之淤自然通畅，是海口不浚而辟，河道不挑而深矣。

筹措经费为全河统治基金

查现在豫、鲁、冀三省黄河修治经费，每年共需洋一百三十余万元，向由各该省内政费项下零星拨发，既无保存之专款，复无指定之基金，以致领款困难，工防失修，维持现状，尚不可能欲谋全河统治，岂可得耶！但河患日盛，防治宜速，及时不图，为害更甚。筹款既为治河之先决问题，对于河工专款不可无确实办法。换言之，即先有基金之筹定，方不致徒托空言，无补实际也。夫黄河为患，虽在下游，而影响所至，中上各游亦受波及，盖下游不治，河道淤塞，则上游之良田、庐舍恐将为水侵占，且中游一带以及河套之间，向恃此河以灌溉田亩，排泄雨水，其利亦胡可长保？利害既有关全局，治河工款应不分畛域，由全河流域共同担负，庶众擎易举，河道得治。兹考全河流域面积，约一百五十六万平方公里，合计华亩二千五百三十八万一千二百顷，假设其中一半为山岭、沙碛不毛之地，尚有一半可耕之田，为数亦达二百六十九万余顷。若每年每顷加治河附捐一元，即每亩一分，全年共得洋一千二百六十余万元，作为修治全河基金，先发公债，提前施治，数十年内大功即可完成，则害除而利随之。如河口新淤可以开垦，建筑谷闸，能设水电以及尾闾通畅，航轮往来，交通发达，开辟商埠等等，利益不胜枚举，于收入项下提取一部份以为辅助河工之用，以其所得之利以治其害，岂非筹集工款之善法欤。

前任河务局长于廷鉴《治河刍议》曰：经济为万事之母，工料以经费为先，欲施根本治河之法，须谋经济建设之方。当此民穷财尽之际，与其仰鼻息于公帑，一文莫名，何如就河设法另辟生财途径。其法维何，不外以下四端。

一、沿堤造林。其根株足以固堤身，其枝干足以厢埽段，为用极广，历来治河者均视为切要之图。比年锐意林政，选材择土，灌溉修培，功令未尝不严，然成活无几，收效未宏，一误于指导之乏人，再误于计划之不周，仅有片面的工作，而无整个的猛进，坐视林利废弛，良用慨然。查黄、沁两河，堤长约八百余里，两堤两旁柳阴地均以五丈计之，除原有树木及村庄河流等项占用外，其余距离每五尺植柳一株，约栽七百四十七万余株。五年之后，每株每年所取木材以价洋五分计之，共值洋三十七万余元。八年之后，每年按十分之一去枯植新，轮流出售，每株以一元计，则每年可得价洋七十余万元。此就固堤林之收入，可充作河工经费者也。

二、河工运输料石，抢办险工，均以载重汽车及轻便铁道为唯一之利器。倘于工务之外，将轻便铁道铺设于汴柳之间，售票运货，每月除开支外，约有余利洋六千元，年可获利七万二千元。至于长途汽车，酌量情形分别开驶于汴郑，与柳园、沁阳等处，年可获利三十余万元。二共洋四十万元之谱。此就河工已有之轻便铁道暨汽车之收入，可充作河工经费者也。

三、黄河南岸柳园地方安设吸水机，提倡水利，业已数载。近已风气大开，农人请求纳资灌溉田园者甚夥，计该吸水机每日能灌田一百亩，每亩收费四角，共计洋四十元。每年春、夏、秋三季灌溉日期，平均以百二十天计算，年可收洋五千元。沿黄河两岸能安设吸水机十五架，即每年能收洋七万五千元，工务、民生两受其利，此就河工水利之收入，可充作河工经费者也。

四、河工筑坝，砖石并用。诚以以砖贴土，易于联属，功用不减于石。考豫河修防，自清道光年间经栗恭勤公创造砖坝，屡著成效，近百年来稳固如初，其治绩犹有存者，足征砖工持久，较之石工未遑多让。现拟就沿堤荒滩暨背工破庙地址，多立窑厂，按旧日椭条等体依式仿造，以兵力兼充陶工，以枯柳腐秸补助燃料，伏秋防汛，冬春制坯，非只充实公用，并可兼造民砖，以供滨河两岸建筑房屋之需，借以补救料石之不足，略非有济，此就陶业收入，可充作河工经费者也。其他如扩充冰窖，蓄养鱼蜂，制造汽水，在在均为生产之事业，经营得当，均有相当之收入，为数当亦不赀。统计以上数端，年可入款一百四十万元之巨，实超过河工全年五十余万之预算一倍有余，经济既充，措施即易，凡抢险、岁修暨夫治本种种之图，均可猛起直追，兼筹并进。然亦岂易言哉？黄河为中国一大漏卮，为害之烈，糜费之巨，指不胜数，自有史以来，筹议治标治本之法，代不乏人。有谓多开引河，以杀水势者；有谓改造河身，以水攻沙者；有谓土薄沙浮，河无常轨，重在修防，以约其势而缓其冲者；有谓宜疏浚利津海口，俾得畅流者；有谓于陕甘滨河区域开筑，以分其流树艺，以杀其势者；甚有大倡引洛入汴，引沁入卫，以绝洪流来源，期免泛滥者，非不持之有故、言之成理。惟沁大卫小，沁高卫低，两河相合，一旦洪流溃决，近则为害于卫辉，远则波及大名、长芦，是不敢轻于尝试，不待智者而知之矣。至于洛、汴两河之关系，自汉唐以来代有开疏，不过依黄达淮，借通运道。宋都大梁，元丰间张从惠言：引洛水入汴，患黄河啮广武山，须凿山岭十数丈，以通汴渠，功大不可为。须趁黄河暴涨，水落而稍北，距广武山麓数里，退滩高阔，可凿为渠。又元祐四年，御史中丞梁焘言：当求世务之急，得导洛通汴之实，始闻其说则可喜，继闻其说则可惧，盖以广武之北，即大河故道，河常往来其间，夏秋涨溢，每抵山下，旧来洛水至此，流入黄河，后导以趋汴渠，乃乘河未涨，就嫩滩之上，峻起东西堤，辟大河于堤北，攘其地以引洛水，中间扶为斗门，各通舟楫，其实盗河以助洛之浅涸。洛水常清，而汴常黄，是洛本不足以行汴，而所以能行者，附大河之余波也。而况屡疏屡闭，费帑无算。元贾鲁治之汴河，又统名曰“贾鲁”，自南岸黄河屡决而汴水淤闭，是与黄河断绝关系已久，万难恢复旧观，即令从新挑浚，下游畅行。然以数百里众流交汇之洛河，一旦灌入贾鲁河，再由贾鲁挟洛水以输淮，东突西荡，近则尉、扶等县先受其灾，远尚有冲坏盐厂之虞。况黄河水势挟沙带泥，水聚则流急，流急则沙随水行，水分则流缓，流缓则水停沙淤。沙行则河日深而流日畅，沙淤则水阻而患，将不可胜言。截沁、洛之水以他注，恐黄河未收减水之利，先受淤闭之害，甚非计之得者也。窃谓欲树一劳永逸之绩，永除河患，非从根本修治不可，而古来治河之策，有但宜于言不宜于行者，有治其标而未治其本者，引沁入卫，引洛入汴，此不宜于行之说也。以水攻沙，疏浚海口，多开沟渠，此亦治标之计也。伏以修治根本，必须统一河务行政，合甘、陕、豫、直、鲁数省设立一管理河务总机关，将全河长度划为数段，各按地势之情状，酌施修治之方术。如陕、甘宜渠化，豫、直、鲁三省宜修防，海口宜疏浚，各依其地势所需要，同时施工，既指臂之相应，始日起而有功，数年之后，即可收工，固澜安之效。其施工程序，先从测量入手，多设测站，以求各种精密之结果，盖河工与测量有密切之关系。临时险工不可不测量，以思补救之方，将来隐患不可不测量，以为绸缪之计，推之河身之宽窄，水溜之缓急，堤防之高卑，埽坝之疏密，泥沙之多寡，流量之浅深，尾闾之畅阻，以及每年雨量之多少，风势之向背，无一不与河务相关，即无一不在测量范围之内。河务行政统一，则全河流量测站，自宜以包头为第一测站，以求黄河自陇北出长城后之水量；保德为第二测站，以求黄河合黑水后之水量；韩城为第三测站，以求黄河合乌哈、汾、延诸河后之水量；潼关为第四测站，以求黄河合泾、渭诸水后之水量；陕县为第五测站，以求黄河出潼关以东之水量；孟津以下，如汜水口、沁河口、洛河口、开封、兰封、濮州、张秋泺口，均应安设测站，以便测验各处水位，经月累年，期以悠久之时间，得精密之结果，借以推算水量、沙量暨降度之确数，则河道之设计已有根据，而大规模之工程始可实施矣。

现任河务局长陈汝珍《整理豫河方案》论整理河道计划曰：昔人治河之法，不曰不与水争地，即曰增加堤防。是以豫省黄河，自郑州铁桥以下二百余里，两岸河堤相距至有二三十里之宽，骤视之，河面既阔，则水流荡漾，似为安全之象征。但查有清一代，全河决口三十九次，此段竟至二十四次之多，即上溯黄河改道决口地点，亦无不在此段极宽之处，其故何也？盖黄河水势浩瀚，所含沙量世界河流无与伦比，河面过宽，一则任水冲刷，自由纡曲，纡曲甚则河路长，河底倾斜因之缩小，一近堤岸坐湾顶冲，则巨险成矣。一则任水散漫，河无正溜，水分力弱，沙易沉淀，以此段河底淤淀之高，竟过堤外地面数尺至一丈以上，一有溃决，水性就下，则澎湃恣肆，不可收拾矣。且沿河两岸地多膏腴，近时生计日高，地价日昂，若仍胶执与水争地之戒，不惟有碍河工，且河身占地太多，或被水冲，或被沙压，均不能耕种，以尽地利。每年所受损失，更难数计。综上情形，河宽之害，昭然若揭。补偏救弊，自以束水攻沙为治河惟一方法。兹拟于此段北岸建筑新堤二百里，两堤间之河槽以足容纳最大水量为度，并酌量裁湾取直，务使缩短河路，增其倾斜，再按堤段里数，修束水石坝三十道，逼溜中泓，刷深河道，则泥沙不再淤淀，河患自然消弭。且让出可耕地亩，亦复不在少数，一举两得，无逾于此。兹将筑堤及建筑石坝、工程经费约计如左。

堤工　断面面积共六百四十一方尺，每里需土工一万一千五百三十八方，计长二百里，共需土工二百三十万零七千六百方。土工按每方五角计算，共需银一百一十五万三千八百元。

坝工　按每里用坝三座，垛九座，需土二千二百五十方，石四百五十方，计堤长二百里，共需土四十五万方，石九万方。土工按每五角计算，共需洋二十二万五千元。石料，按每方十五元计算，运费在内。共需洋一百三十五万元。二宗合计，统需洋一百五十七万五千元。又论汇黄各水节流减沙工程，曰黄河为患之原因，在水量大而泥沙多，淤淀速而水流壅，尽人能知之，尽人能言之矣。顾历来治河者，不曰移民让水，即曰筑堤增防，而于黄河流量泥沙之节制减除，多未计及。查豫西、晋南均属最广厚之黄土层，与极疏松之沙砾层所分布，且地势高峻，山岭起伏，其间溪涧泉瀑，悉以黄河为倾泻之所，每遇霖雨，山洪暴发，群流奔趋，挟泥带沙，一涌而下，浩瀚恣肆，不可向迩。土堤沙岸一经冲刷，如汤沃雪，崩溃立见，且孟津以东，地渐平衍，河道宽广，斜度既微，水流骤缓，淤沙停积，河床渐高，沙洲横亘，阻碍大溜，驯至溜无正道，任意冲激。不惟伏秋大汛其势岌岌，即冬春之季亦常有决口之虞，故在地形高峻之处，水含泥沙而冲击之力大增，地形平衍之处，水含泥沙而沉积之势加速，欲救其弊，自以节流减沙为对证之药。兹略述计划如次。

一、沿各河源山谷筑坝及择地建筑拦河坝。

查黄河伏秋盛长，每年不过三四次，每次不过四五日，惟流量陡增，水面往往增高六七尺或丈余不等，其来源之旺，水势之猛，可以概见。豫境汇黄之水，自荥泽以上，南有伊、洛、（缠）〔瀍〕、涧、弘农、稠桑诸河，北有济、漭、沁、丹诸河，其他涧水溪流汇入，以上各河以入于黄，或直接入黄者，所在多有，如能采用欧美各国谷闸成法，于上游各河河源山谷之间节节筑坝，并择适宜地段建筑拦河大坝，拦蓄山水以缓其流势，使暴发之水在一二日下泻者，缓至五六日或七八日，不致一齐涌注。源头既有调节，则河水自不至骤然陡涨，防不胜防矣。

二、于各河源山面普遍造林。

查森林有防止风沙之功用，豫省西部山岭多属黄壤，易于冲刷，实为大部份之河沙来源，亟宜从事森林之培植，于各河源山面实行普遍造林，则树根有固结地土之功，树叶有吸收水分之能，纵遇霪雨，而倾斜之水被树根节节拦滤，流速缓而冲刷之力弱，且土地为树根所盘结，亦无水冲坍塌之弊，下泻泥沙自然减少，而黄河沙量亦与之俱少矣。如是，则河床不易淤垫，水流自可通畅，故此项计划应与沿黄堤岸造林工作同时并进，用收标本兼治之效。

卷末 表第六

河防案牍，以表附者颇多。原案既录表，亦事实所关，未可尽略也。因取其不应略者，汇而次之，另为一卷。各表之内容与式样，一仍旧观，不稍改易，以存其真。至二十年六月新编之表数则，亦只取案中之事实综合记之耳。

河南整理黄河委员会工务队分驻地点表十八年十一月

队别	驻防地点	汛别	备考
第一工务队	开封柳园口	下南上、中汛	
第二工务队	陈留曲兴集	下南下、陈兰汛	
第三工务队	中牟东漳	中牟下、中汛	
第四工务队	郑县来同	中牟上、郑县下汛	
第五工务队	郑县京水	郑县上、荥泽汛	
第六工务队	开封陈桥	开封、开陈汛	
第七工务队	阳武荆隆工	封丘、阳武汛	
第八工务队	武陟城内	原武、武荥汛	
第九工务队	武陟木栾店	武陟、东沁汛	
第十工务队	沁阳城内	沁南、北汛	
第十一工务队	孟县城内	孟、温县汛	

河南河务局管辖统系表 十九年四月

- 河南河务局局长
  - 秘书
  - 总务科—科长
  - 工程科—科长、技正
  - 财政科—科长
    - （以上）科员、技士、办事员
  - 采料专员——办事员
  - 督察长——督察员
    - （秘书至督察员）书记长、书记
  - 上南分局 分局长
    - 督工员、事务员、技术员、书记
    - 荥泽汛汛长、郑上汛汛长、郑下汛汛长、中牟上汛汛长、中牟中汛汛长——汛目…汛兵
  - 下南分局 分局长
    - 督工员、事务员、技术员、书记
    - 中牟下汛汛长、下南上汛汛长、下南中汛汛长、下南下汛汛长、陈兰汛汛长——汛目…汛兵
  - 上北分局 分局长
    - 督工员、事务员、技术员、书记
    - 孟县汛汛长、温县汛汛长、武荥汛汛长、武陟汛汛长、原武汛汛长——汛目…汛兵
  - 下北分局 分局长
    - 督工员、事务员、技术员、书记
    - 阳武汛汛长、封丘汛汛长、开陈北汛汛长、开封北汛汛长——汛目…汛兵
  - 西沁分局 分局长
    - 督工员、事务员、技术员、书记
    - 西沁汛……汛长…汛目…汛兵
  - 东沁分局 分局长
    - 督工员、事务员、技术员、书记
    - 东沁汛……汛长…汛目…汛兵

河南河务局拟定裁留黄、沁两河各汛正副目名额表十九年五月

汛别	原有额数		拟裁额数		实留额数		备考
	正目	副目	正目	副目	正目	副目	
荥泽汛	四名	四名	四名	二名		二名	
郑上汛	四	四	四	二		二	
郑下汛	四	四	四	二		二	
中牟上汛	四	四	四	三		一	
中牟中汛	四	四	四	三		一	
中牟下汛	四	四	四	二		二	
下南上汛	四	四	四	二		二	
下南中汛	四	四	四	二		二	
下南下汛	四	四	四	三		一	
陈兰汛	四	四	四	三		一	
孟县汛	四	四	四	三		一	
温县汛	四	四	四	三		一	
武陟汛	四	四	四	三		一	
武荥汛	四	四	四	三		一	
原武汛	四	四	四	三		一	
阳武汛	四	四	四	三		一	
封丘汛	四	四	四	三		一	
开封北汛	四	四	四	三		一	
开陈北汛	四	四	四	三		一	
沁北南汛	八	八	八	五		三	
东沁汛	四	四	四	二		二	
总计	八八名	八八名	八八名	五八名		三〇名	

河南河务局拟定裁留黄、沁两河各汛兵额表十九年五月

局别	汛别	原有兵额	拟裁兵额	实留兵额	备考
上南分局	荥泽汛	四〇名	名	四〇名	
	郑上汛	四〇	五	三五	
	郑下汛	四〇	五	三五	
	中牟上汛	四〇	一〇	三〇	
	中牟中汛	四〇	一五	二五	
下南分局	中牟下汛	四〇		四〇	
	下南上汛	四〇		四〇	
	下南中汛	四〇		四〇	
	下南下汛	四〇	二〇	二〇	
	陈兰汛	四〇	二〇	二〇	
上北分局	孟县汛	四〇	二〇	二〇	
	温县汛	四〇	二五	一五	
	武陟汛	四〇	二〇	二〇	
	武荥汛	四〇	二五	一五	
	原武汛	四〇	二五	一五	
下北分局	阳武汛	四〇	二〇	二〇	
	封丘汛	四〇	二五	一五	
	开封北汛	四〇	一五	二五	
	开陈北汛	四〇	二〇	二〇	
西沁分局	沁北、南汛	八〇	二〇	六〇	
东沁分局	东沁汛	四〇	增一〇	五〇	
总计	二一汛	八八〇名	二八〇名	六〇〇名	
说明	查表列裁留兵额，系按现时工程之夷险酌量规定，将来河势如有变迁，再行临时增减。合并声明				

河南河务局所属各分局汛统系表十九年六月

- 河南河务局局长
  - 上南分局……分局长
    - 督工员
    - 事务员
    - 技术员
    - 书记
    - 荥泽汛……汛长
    - 郑上汛……汛长
    - 郑下汛……汛长
    - 中牟上汛……汛长
    - 中牟中汛……汛长
      - 汛目…汛兵
  - 下南分局……分局长
    - 督工员
    - 事务员
    - 技术员
    - 书记
    - 中牟下汛……汛长
    - 下南上汛……汛长
    - 下南中汛……汛长
    - 下南下汛……汛长
    - 陈兰汛……汛长
      - 汛目…汛兵
  - 上北分局……分局长
    - 督工员
    - 事务员
    - 技术员
    - 书记
    - 孟县汛……汛长
    - 温县汛……汛长
    - 武荥汛……汛长
    - 武陟汛……汛长
    - 原武汛……汛长
      - 汛目…汛兵
  - 下北分局……分局长
    - 督工员
    - 事务员
    - 技术员
    - 书记
    - 阳武汛……汛长
    - 封丘汛……汛长
    - 开封北汛……汛长
    - 开陈北汛……汛长
      - 汛目…汛兵
  - 西沁分局……分局长
    - 督工员
    - 事务员
    - 技术员
    - 书记
    - 西沁汛……汛长…汛目…汛兵
  - 东沁分局……分局长
    - 督工员
    - 事务员
    - 技术员
    - 书记
    - 东沁汛……汛长…汛目…汛兵

河南河务局所属各分局呈报各汛长驻扎地点及管辖工段调查表十九年九月

局别	汛别	驻扎地点及距省里数	共分若干堡	管辖工段起讫	工长丈数及合里数若干	备考
上南分局	荥泽汛	十堡大王庙，距省一百六十里	分十二堡	自广武山起，至十二堡交界止	工长五千三百零九丈，计合二十九里有奇	内有广武老滩二千一百六十丈，计十二里，民埝一千零零六丈，计五里有奇
	郑上汛	住五堡，距省一百四十里	分八堡	自头堡上交界起，至八堡下交界止	工长三千零五十四丈九尺，计合十六里有奇	
	郑下汛	来同寨，距省一百一十里	分十堡	自郑上汛下交界起，至中上汛上交界止	工长三千四百一十七丈，计合十八里有奇	
	中上汛	杨桥镇，距省一百里	分十一堡	自郑下汛下交界起，至中中汛上交界止	工长三千二百一十三丈三尺六寸，计合十七里有奇	
	中中汛	住二堡，距省八十五里	分七堡	自中上汛下交界起，至下南中下汛上交界止	工长二千二百一十丈，计合十二里有奇	
下南分局	中下汛	中牟险工处，距省七十里	十二堡	上自新寨起，下至朱固止	工长四千九百二十二丈八尺，计合二十七里有奇	

续表

局别	汛别	驻扎地点及距省里数	共分若干堡	管辖工段起讫	工长丈数及合里数若干	备考
下南分局	下南上汛	黑岗坝大王庙，距省二十五里	二十堡	上自朱固起，下至南北堤止	工长四千六百四十五丈，计合二十五里有奇	
	下南中汛	柳园口和尚庄，距省十八里	二十二堡	上自南北堤起，下至刘庄止	工长五千三百六十二丈，计合二十九里有奇	
	下南下汛	柳园口麻厂，距省十八里	二十九堡	上自刘庄起，下至蔡寨止	工长六千一百二十五丈，计合三十四里有奇	
	陈兰汛	开封雷集，距省九十五里	二十二堡	上自蔡寨起，下至杨庄止	工长五千六百三十三丈，计合三十一里有奇	
上北分局	孟县汛	住六堡坝上所，距省三百四十里	九堡	上自孟县西逯村起，下至温县贾营村止	工长七千四百九十丈零五尺，计合四十一里有奇	
	温县汛	住六堡王庙，距省二百八十里	八堡	上自温县小营村起，下至温县范村止	工长七千丈，计合三十八里有奇	
	武陟汛	住头堡道馆，距省二百五十里	九堡	上自武陟赵庄起，下至武陟方陵村止	工长六千一百三十六丈，计合三十四里有奇	

续表

局别	汛别	驻扎地点及距省里数	共分若干堡	管辖工段起讫	工长丈数及合里数若干	备考
上北分局	武荥汛	住八堡嘉应观，距省一百九十里	三十一堡	上自武陟白马泉起，下至武陟老庄止	工长七千八百五十六丈，计合四十三里有奇	
	原武汛	住十堡道观，距省一百二十里	二十堡	上自原武老庄起，下至阳武柳园村止	工长六千七百四十四丈，计合三十七里有奇	
下北分局	阳武汛	越石坝第六坝齿，距省七十五里	三十七堡	上自阳武柳园村起，下至封丘朱庄村止	工长一万零三百四十六丈，计合五十七里有奇	
	封丘汛	十一堡荆隆工，距省四十里	十八堡	上自李小河村起，下至封丘李七寨村止	工长六千一百五十七丈三尺，计合三十四里有奇	
	开封北汛	十五堡厂房，距省五十里	十六堡	上自辛店村起，下至夹堤村止	工长五千四百一十丈，计合三十里有奇	
	开陈北汛	头堡厂房，距省五十二里	十五堡	上自夹堤村起，下至朱固村止	工长四千五百五十三丈，计合二十五里有奇	

续表

局别	汛别	驻扎地点及距省里数	共分若干堡	管辖工段起讫	工长丈数及合里数若干	备考
东沁分局	东沁汛	武陟城西六里南岸杨庄工，距省二百四十里	南岸四段 北岸四段	南岸上自东张纪村起，下至方陵工止，北岸上自沁阳村起，下至白马泉止	南岸工长九千四百一十丈，计合五十二里有奇。北岸工长一万零九百七十丈，计合六十里有奇	上列工段，计南岸分为王顺、白水、石荆、岳庄、虹桥、张村、杨庄、方陵八工。北岸分为两王、小董、赵樊、老龙湾、木栾店、南买六工
西沁分局	西沁南汛	沁阳东关仁孝寺大王庙，距省三百里	十二工	上自上交界覆背工起，下至下交界西张纪工止	工长一万三千七百七十丈，计合七十六里有奇	
	西沁北汛	沁阳北关水北关工禹王阁，距省三百里	十三工	上自上交界窑头村起，下至下交界武阁寨工止	工长一万四千二百二十丈，计合七十九里	

河南省管河人员衔名表二十年六月

《续志》所列衔名，系采用四级制，悉按当时名称。溯自民国纪元，终于成书之十五年二月。中间官制变更附加说明，以志改名之缘起。此次重修，距前虽仅数载，而机关之改组、职员之裁并，反覆迁易，亦颇棼如。兹仍沿《续志》例，用四级制，首列十五年二月在职各级衔名，期与前表衔接，以后更调各员随时列入，或遇改易名称，仍各按官级叙列。如因官制变迁，有裁去一级者，本栏即付缺如，俾存真相，并逐段加按语以明之。

年月	衔名			
民国十五年				
二月	靳云鹗为河南省长	陈善同为河务局长	周延麟署陈兰分局长 王郿为下南分局长	张国宏为陈兰工巡队长 高麟为下南工巡队长
			康昌第调署中牟分局长 孟广瀛为中牟分局长	林士儒代中牟工巡队长 郝继昌兼护郑中工巡队长
			李缵曾为上南分局长 朱学轼调署下北分局长	王桂元调署上南工巡队长 金廷兰署下北工巡队长
			韩运章署阳封分局长 段继武署武原分局长	皇甫巡善署阳封工巡队长 王庆芝署武原工巡队长
			陈凤衔署孟温分局长 郑有调署东沁分局长	谢观澜为孟温工巡队长
			翟福谦调署西沁分局长 邵金盘为购石处长	

续表

年月	衔名			
	右列各级衔名，系十五年二月以前到任，至是年二月仍在职者，均据续志之表查列首端，以志缘起。至工巡队长一级，独缺东西沁者，因沁工自民国八年收归官办改设两分局时，限于经费未设工巡队长，仅各添一汛耳			
六月				张国宏调署上南工巡队长 周成熙署陈兰工巡队长
十一月	熊炳琦为河南省长 张英华兼河南省长			
十六年一月	陈善同为河南省长	任文斌为河务局长	沈炳成署下北分局长	
二月 五月		章斌署河务局长	苏世珍署阳封分局长 李士怡署上南分局长	
	张济新代河南省长		李缵曾是月复回任 张纳墀署中牟分局长	
			康昌第是月复回任 胥振瀛署下南分局长	
			王郿是月复回任 张画一为购石处长	
六月		公推邵金盘护河务局长	邵金盘是月复回任	

续表

年月	衔名			
	组织：河南省政府以冯玉祥为主席，鹿钟麟为民政厅长	张祥鹤为河务局长	朱学轼调署武原分局长	
	按：是月，张局长祥鹤到任，因与民政厅鹿厅长有旧属关系，行文用呈复。奉省政府令，以民政厅为直辖该局上级官署，而遇事则分呈，或径呈省政府办理，并无越级限制，故将省政府主席与民政厅长并列为上级长官			
七月				朱怀瑾代中牟工巡队长 朱克勋代下南工巡队长
八月				曹鈖署郑中工巡队长 王廷选署下北工巡队长
九月			邵金盘调署陈兰分局长 赵邦霖署购石处长	
十月	薛笃弼为民政厅长			
十一月			苏世珍调署郑中分局长 孙佐署西沁分局长	刘怡堂署郑中工巡队长
十二月			张大川署阳封分局长 刘廷宝署中牟分局长	

续表

年月	衔名			
十七年一月		关树人署河务局长		
三月	邓哲熙为民政厅长	张文炜署河务局长	刘纯智署购石处长	
五月				朱克勋调署下北工巡队长 刘怡堂调署下南工巡队长
六月				王廷选调署郑中工巡队长 郑中和升署陈兰工巡队长
十二月	韩复榘为河南省政府主席			
十八年四月			于信署孟温分局长	
五月	张钫代河南省政府主席 祝鸿元代民政厅长		蒲祖华署孟温分局长	
六月 七月	韩复榘回任省政府主席	周致祥为河务局长	王廷赞兼代阳封分局长 陈凤为购石处长	

续表

年月	衔名			
九月	李树春为民政厅长	改组河南整理黄河委员会，以何其慎为委员长		
	按：是年九月，改组河南整理黄河委员会，直隶于省政府，不归民政厅管辖，此后民政厅厅长衔名不再列入表内。至本会组织，除委员长外，设有委员七人，原订每星期开会一次，而实际上只开过两次，会议未见议决何案，亦无纪录可查。本会一切公务统由委员长一人主持，故此表亦不列各委员衔名			
十一月			各分局长一律裁撤，购石处长改为采料专员	刘怡堂为第一工务队长 郑中和为第二工务队长
				朱怀瑾为第三工务队长 王廷选为第四工务队长
				张国宏为第五工务队长 朱克勋为第六工务队长
				皇甫巡善为第七工务队长 王庆芝为第八工务队长
				王醒吾为第九工务队长 曹龙章代第十工务队长

续表

年月	衔名			
				谢观澜为第十一工务队长
	按：是月，何委员长呈报省政府裁撤十一分局，就原有之工巡队改组为十一工务队，各设队长一人，直接受总局指挥，掌管工务，并将购石处长改为采料专员，并入总局办理。需用石方临时派往巩县购运，不另设处。至十九年，于局长任内，成立各分局时，呈准将采料专员改为采料科长，亦未规复购石处名称。是年陈局长接任，仍改称采料专员，纯属总局内部组织，与从前特立机关不同。故本表自裁改后，即不再列			
十九年二月				贾瑞烜代第十工务队长
三月		王怡柯为整理黄河委员会委员长		
四月	万选才为河南省政府主席	复改称河务局，以于廷鉴为局长		
五月	李纯如代省政府主席			
六月			成立黄、沁两河六分局，以李缵曾为下南分局长	各工务队长一律改委各分局督工员
			苏世珍为上南分局长 邵金盘为上北分局长	

续表

年月	衔名			
			徐以赓为下北分局长 孙佐为西沁分局长	
			郑有为东沁分局长	
	按：是月，成立各分局时，即将十一工务长队改委为督工员，附设各分局内，与事务员、技术员并列。掾属各汛汛长均直隶于分局长，所有队长级无形废除，以后不再续列			
十月	张钫代河南省政府主席 刘峙为河南省政府主席	陈汝珍为河务局长		
十二月			苏世珍调西沁分局长 李钟美代上南分局长	
			阎楷为下北分局长 刘宗沛为上北分局长	
二十年				
二月			苏冠军为上南分局长	
三月			吴之揆为西沁分局长	

黄、沁两河改设六分局后各汛汛长姓名表二十年六月

旧制，汛长之上复有队长，管辖不能直接，各分局长故《续志》所列四级河员以委任职之，队长为最低级。洎十九年六月成立六分局后，裁去队长一级，汛长始直接负分防之责，所有委用各员于工程上颇有关。兹将各汛长姓名自十九年六月起附列一表，详纪下级河员，借补本志衔名表之未备。

荥泽汛汛长	李凤岐	十九年六月原任						
郑上汛汛长	杨体泰	十九年六月原任	程茂林	二十年六月调任				
郑下汛汛长	何士奇	十九年六月原任	朱景祥	十九年七月委任				
中牟上汛汛长	郝光玉	十九年六月原任	王殿英	十九年九月调任				
中牟中汛汛长	张丙南	十九年六月原任	李保国	二十年四月调任				
中年下汛汛长	郝恒昌	十九年六月原任	王廷选	二十年四月调任				
下南上汛汛长	王永礼	十九年六月原任	郝恒昌	二十年六月调任				
下南中汛汛长	殷国栋	十九年六月原任	冯运同	十九年六月委任				
下南下汛汛长	韩玉兴	十九年六月原任	王绍轮	十九年七月调任	卫景平	十九年八月调任	马登云	十九年十二月委任
陈兰汛汛长	詹秀元	十九年六月原任	邓焕文	二十年七月委任				
孟县汛汛长	王绍轮	十九年六月原任	张兆旺	十九年七月调任				
温县汛汛长	卫景平	十九年六月原任	王绍轮	十九年八月调任				

续表

武陟汛汛长	韩钊	十九年六月原任	衡廷连	十九年九月委任				
武荥汛汛长	郭子善	十九年六月原任	翟云	二十年一月委任				
原武汛汛长	李保国	十九年六月原任	杨夔石	二十年四月委任				
阳武汛汛长	都际泰	十九年六月原任						
封丘汛汛长	周明善	十九年六月原任	邵彦	十九年七月调任	潘耀宗	十九年八月委任	徐星汉	十一月委任
开封北汛汛长	王增钧	十九年六月原任	周明善	十九年七月调任				
开陈北汛汛长	许奇策	十九年六月原任	邵彦	十九年七月调任	薛永福	二十年一月委任		
西沁汛汛长	赵士有	十九年六月原任	西沁南汛汛长	赵士有	十九年八月改委			
			西沁北汛汛长	白占榜	十九年八月委任			
东沁汛汛长	邵程	十九年六月原任	东沁南汛汛长	邵程	二十年二月改委	王水礼	二十年五月调任	
			东沁北汛汛长	王廷选	二十年二月委任	郝恒昌	二十年四月调任	

黄、沁两河现设各汛系统沿革表二十年六月

旧制，黄、沁两河共二十一汛，今则增为二十三汛，较之《续志》所载其系统之变迁分合，诸多不同，特列一表以资考证。

分局	汛	沿革
上南分局	荥泽汛	旧属上南工巡队，十八年十月裁撤分局，改属第五工务队。十九年六月成立六分局，不设队长，该汛直隶上南分局。
上南分局	郑上汛	沿革与荥泽汛同。
上南分局	郑下汛	旧属郑中工巡队，裁撤分局时，改属第四工务队，及成立六分局，该汛并入上南。
上南分局	中牟上汛	沿革与郑下汛同。
上南分局	中牟中汛	旧属中牟工巡队，裁撤分局时，改属第三工务队，及成立六分局，该汛并入上南。
下南分局	中牟下汛	旧属中牟工巡队，裁撤分局时，改属第三工务队，及成立六分局，该汛并入下南。
下南分局	祥河上汛	旧属下南工巡队，名为下南上汛。裁撤分局时，改属第一工务队。及成立六分局，复隶下南。因该分局新划工段，不仅下南三汛名称未便仍旧，遂改今名。
下南分局	祥河中汛	旧名下南中汛，沿革与祥河上汛同，改称今名。
下南分局	祥河下汛	旧名下南下汛，裁撤分局时，改属第二工务队。及成立六分局，复隶下南，改称今名。
下南分局	陈兰汛	旧属陈兰工巡队，裁撤分局时，改属第二工务队。及成立六分局，该汛并入下南。
上北分局	孟县汛	旧属孟温工巡队，裁撤分局时，改属第十一工务队。及成立六分局，該汛并入上北。
上北分局	温县汛	沿革与孟县汛同。
上北分局	武陟汛	旧属武原工巡队，裁撤分局时，改属第九工务队。及成立六分局，该汛并入上北。
上北分局	武荥汛	旧与武陟汛同属武原工巡队，裁分局时，改属第八工务队。及成立六分局，该汛并入上北。
上北分局	原武汛	沿革与武荥汛同。
下北分局	阳武汛	旧属阳封工巡队，裁撤分局时，改属第七工务队。及成立六分局，该汛并入下北。
下北分局	封丘汛	沿革与阳武汛同。
下北分局	开封北汛	旧属下北工巡队，裁撤分局时，改属第六工务队。及成立六分局，该汛复隶下北。
下北分局	开陈北汛	沿革与开封北汛同。
东沁分局	东沁南汛	旧设东沁一汛，直隶分局，并无队長统辖。裁撤分局时，改设第九工务队，该汛属之。及成立六分局，不设队长，仍留东沁一汛。二十年二月，始分为南北二汛。
东沁分局	东沁北汛	沿革与东沁南汛同。
西沁分局	西沁南汛	旧设西沁一汛，直隶分局，并无队长统辖。裁撤分局时，改设第十工务队，所属分沁南、沁北二汛。及成立六分局不设队长，仍并为西沁一汛。十九年八月，复改分南北二汛。
西沁分局	西沁北汛	沿革与西沁南汛同

河南河务局呈报暨例行文件时期表二十年七月

时别	文件种类	备考
按月	呈报委调局内外额设长员日期并送履历	无委不报
	汇报委调汛长日期并送履历	无委不报
	呈省政府、咨财政厅送每月支付预算书并请款凭单	
	呈省政府、咨财政厅送本局及各机关支付计算书、表、簿	
按三个月	呈报重要工作报告册	
	呈报水势涨落表	
按节令	清明后二十日转报桃汛安澜	
	庚伏转报河势工程情形	
	立秋转报伏汛安澜	
	白露转报河势工程情形	
	霜降转报秋汛安澜	
	立春转报凌汛安澜	
按年	呈报保奖本局暨各机关出力人员	每年霜清后呈请为三汛安澜保案三年为三届安澜保案
	呈报派办各分局石方	十月二十日
	呈报派办各分局秸料	同右
	咨送年度岁入岁出预算书	四月二十七日
	呈省政府、咨财政厅送年度岁修计算书、表、簿据料票	因财政厅欠发工款不能按年呈报
	通令各分局估办春厢	
	通令各分局节交庚伏河水日旺不准离工	
	通令各分局遵章栽种柳株并堆积土牛	
	通令各分局呈报河水结冰与化冰时期，以凭考察	

续表

时别	文件种类	备考
	通令禁止在堤岸樵采树木及牧放牲畜	
	通令各分局考察河溜方向及其趋势	
说明	一、以上呈咨及通令各日期估就近来填注，而历年办理亦有或先或后者。 一、总局直辖之购石处，现已裁撤，其临时委办人员应报文件，随时办理无从列入	

河南河务局各分局呈报暨例行文件时期表二十年七月

时别	文件种类	备考
按日	下南分局报水单，自立夏日起至庚伏，每日报二次。庚伏起至白露，每日按寅、午、酉三时报三次，白露至霜降每日报二次。霜降至立夏，每日报一次	
按五日	各分局工作表	
按十日	各分局旬报表	十九年一月通令，除下南分局按日报水单外，仍一面按旬列报
按月	各分局重要工作报告册	
	各分局用存杂料款项	于次月五日以前呈报
	各分局新收石方料物暨堆积土牛	
	各分局请领每月经费	
	各分局土工报告表	
	各分局汛每月经费支出计算书	
按节令	清明，清明节后二十日内为桃汛期满呈本局转报省政府桃汛安澜	
	庚伏，呈报本局转报省政府河势工程情形	
	立秋，呈报本局转报省政府伏汛安澜	
	白露，呈本局转报省政府河势工程情形	
	霜降，呈本局转报省政府秋汛安澜	

续表

时别	文件种类	备考
	冬至，凌汛自此起	
	立春，呈本局转报省改府凌汛安澜	
半年	汛长考语	
	滩地稞租	亦有按年呈缴者
入伏	截存料石砖方土牛	
霜清	截存料石砖方土牛	
	保奖职员目兵	
	汛兵花名清册	
按年	经费用存余款	按会计年度六月底截止
	用存城门照票	
	新裁旧存柳株	
临时	到任后呈报任事日期并送履历	
	到任后查勘河势工程情形，并送图折兵册石料厂日兵姓名册	
	接收前任交代	
	呈请委任所属职员附履历折	
	开补汛兵送结册	
	估办春厢与工工竣日期	
	修筑工程与工工竣日期	
	水势陡涨见消日期	
	购买秸料开厂封厂日期	
	呈报所厅职员到差日期并送履历	
说明	查本局公牍向归三科分理，除技术科专司工程料物，有按月按季应办各稿，其总务则司升迁禀控，会计则管理款项，均系临时发生，随到随办，合并声明。 再查陕县万锦滩黄河，自夏至日起霜降日止，由县按月缮折呈报水势涨落情形，倘遇陡涨一尺，用一等电专报，免电费。 又凡每次局长巡工，各分局造报汛兵花名清册，职员汛长名册，所辖黄河水势工程情形图，本年所办工程册，工存砖石料物等册，当面呈递	

河南河务总局暨各分局场处附设平民学校一览表

区　别	校　址	开学日期	学生名额	备考
总局附设平民学校	开封老官街路南	十六年十月五日	四十一名	
阳封分局附设平民学校	封丘县荆隆工	十七年二月一日	二十名	
东沁分局附设平民学校	武陟县东关	同年五月二十日	二十名	
武原分局附设平民学校	武陟城内	同年六月一日	二十二名	
西沁分局附设平民学校	沁阳县仁孝寺	同年七月一日	十六名	
下南分局附设平民学校	开封县柳园口	同年八月二十六日	二十六名	
中牟分局附设平民学校	中牟县东漳	同年九月一日	十六名	
陈兰分局附设平民学校	兰封县雷集	同年九月二十二日	二十五名	
孟温分局附设平民学校	孟县汛四堡	同年十月一日	十五名	
上南分局附设平民学校	郑县赵寨分局内	同年十月二十四日	三十一名	
下北分局附设平民学校	开封陈桥镇分局内	同年十一月一日	二十七名	
第一造林场附设平民学校	博爱县柳庄	同年八月十日	四十名	
第二造林场附设平民学校	开封县太平堤关庙旧址	同年十月十一日	二十三名	
第三造林场附设平民学校	武陟县嘉应观	同年十月二十六日	三十九名	
购石处附设平民学校	巩县东站街	同年九月十一日	二十一名	

黄、沁两河各分局堤埽坝垛各工一览表二十年六月

局别	汛别	堤工长度	埽段	坝数	垛崖坡数	备考
下南分局	中牟下汛	堤工四千九百二十	埽工十一段	砖石坝九道 人字石坝三道	石垛三十二个 土垛五个	
		二丈八尺分十三堡	护石八段	护石土坝五道 土坝五道	石工十八段	
				土坝齿十道		
	祥河上汛	堤工四千六百四十五丈	埽工二十二段 护石埽四段	顺河埝一道 砖石坝五道	石垛三十二个 护石三处	
		分二十堡		人字石坝二道 护石土坝五道		
				土坝六道 土盖坝一道		
	祥河中汛	堤工五千三百六十二丈	埽工二十四段	砖石坝七道 人字石坝二道	石垛十九个 石工十六段	
		分二十二堡		鱼鳞石坝一道 磨盘石坝一道		
				护石土坝十八道 土坝五道		

续表

局别	汛别	堤工长度	埽段	坝数	垛崖坡数	备考
下南分局	祥河下汛	堤工六千五百零六丈				
		分二十九堡				
	陈兰汛	堤工五千六百三十三丈	埽工三段	黄河故道堤工一道 拦黄埝一道	石垛十四个 空档护砖二处	
		分二十二堡		石坝三道 人字石坝二道		
				护石土坝齿二道		
上南分局	荥泽汛	堤工五千三百零九丈六尺	埽工七段 埽前抛石三十五段	石坝十二道 土坝护石十二道	石垛三十七个	
				土坝二道 土坝齿护石三道		
				土坝齿二道		
	郑上汛	堤工三千九百五十四丈五尺	埽前护石五十九段	石坝五十七道 土坝齿护石九道	石垛七十二个 空档护石一处	
				土坝齿一道		

续表

局别	汛别	堤工长度	埽段	坝数	垛崖坡数	备考
上南分局	郑下汛	堤工三千四百一十七丈	埽工二十六段	石坝三十九道 土坝三道	石垛五十九个 石工六十五处	
				坝齿四道		
	中牟上汛	堤工三千二百一十三丈		石坝五十三道 土坝十三道	石垛二个 石工二十九处	
	中牟中汛	堤工二千二百一十丈	埽工八段毁五段	坝四十二道	石垛十九个 护石崖三十段	
下北分局	开封北汛	堤工五千四百一十丈	旧埽工五十二段，内有护石五段	石坝十道 土坝二十四道	石垛十七个	

续表

局别	汛别	堤工长度	埽段	坝数	垛崖坡数	备考
下北分局	开陈北汛	堤工四千五百五十三丈	埽工二十二段	土坝四道 石坝十四道	石垛十四个 护石二十三段	
	阳武汛	堤工一万零三百四十六丈		石坝齿一道 土坝八十道		
				土坝齿五道		
	封丘汛	堤工六千一百五十七丈三尺		石坝三道 土坝三十道	石垛六个	
上北分局	孟县汛	堤工七千四百九十丈零五尺		石坝五十九道 坝齿四道	石垛一百五十九个 土垛十二个	
					护石一百零五段	

续表

局别	汛别	堤工长度	埽段	坝数	垛崖坡数	备考
上北分局	温县汛	堤工七千丈		土坝三道	石垛十九个 土垛二道	
					护石十六段	
	武陟汛	堤工六千一百三十六丈	护埽石十一处	石坝四十八道 磨盘坝三道	石垛一百五十五个 护石一千二百丈	
				挑水坝十二道		
	武荥汛	堤工七千八百五十六丈		土坝七道 御坝一道		
	原武汛	堤工六千七百四十四丈		土坝二十八道	土垛三个 护石十一丈	
西沁分局	西沁南汛	堤工一万三千五百五十三丈	埽工四十九段	石坝十二道 土坝四道	石垛十四个	

续表

局别	汛别	堤工长度	埽段	坝数	垛崖坡数	备考
西沁分局	西沁北汛	堤工九千四百七十三丈	埽工二十四段	石坝十二道 土坝一道	石垛十四个	
东沁分局	东沁南汛	堤工九千四百一十一丈	埽工八十八段	石坝二十九道 土坝三道	石垛四个 石坡五段	
	东沁北汛	堤工一万零九百七十丈	埽工二十五段	石坝十七道 土坝六道	石垛十四个 石坡十四段	
说明	右表所列东、西沁埽段，系以能加厢者为限，漫淤走失，均已消除					

河南河务局购石处拟请加添石价水脚数目表十六年四月

<table>
<tr><th colspan="4">原定数</th><th>拟加数</th><th>总计数</th></tr>
<tr><td colspan="4">孙湾山方石，每方价银五两八钱，合洋八元三角九分三厘</td><td>一两</td><td>六两八钱</td></tr>
<tr><td colspan="4">寇湾山方石，每方价银五两八钱</td><td>一两</td><td>六两八钱</td></tr>
<tr><td colspan="4">水峪山方石，每方价银六两三钱</td><td>一两</td><td>七两三钱</td></tr>
<tr><td colspan="4">东站山方石，每方价银八两四钱</td><td>一两</td><td>九两四钱</td></tr>
<tr><td rowspan="4">上南分局</td><td>孙湾</td><td rowspan="4">每斤水脚</td><td>一文一分</td><td>三分</td><td>一文四分</td></tr>
<tr><td>寇湾</td><td>一文零五厘</td><td>三分</td><td>一文三分五厘</td></tr>
<tr><td>水峪</td><td>一文</td><td>三分</td><td>一文三分</td></tr>
<tr><td>东站</td><td>九分五厘</td><td>三分</td><td>一文二分五厘</td></tr>
<tr><td rowspan="4">郑中分局</td><td>孙湾</td><td rowspan="4">每斤水脚</td><td>一文一分五厘</td><td>三分</td><td>一文四分五厘</td></tr>
<tr><td>寇湾</td><td>一文一分</td><td>三分</td><td>一文四分</td></tr>
<tr><td>水峪</td><td>一文零五厘</td><td>三分</td><td>一文三分五厘</td></tr>
<tr><td>东站</td><td>一文</td><td>三分</td><td>一文三分</td></tr>
<tr><td rowspan="4">中牟分局</td><td>孙湾</td><td rowspan="4">每斤水脚</td><td>一文二分</td><td>三分</td><td>一文五分</td></tr>
<tr><td>寇湾</td><td>一文一分五厘</td><td>三分</td><td>一文四分五厘</td></tr>
<tr><td>水峪</td><td>一文一分</td><td>三分</td><td>一文四分</td></tr>
<tr><td>东站</td><td>一文零五厘</td><td>三分</td><td>一文三分五厘</td></tr>
<tr><td rowspan="4">下南分局</td><td>孙湾</td><td rowspan="4">每斤水脚</td><td>一文三分</td><td>三分</td><td>一文六分</td></tr>
<tr><td>寇湾</td><td>一文二分五厘</td><td>三分</td><td>一文五分五厘</td></tr>
<tr><td>水峪</td><td>一文二分</td><td>三分</td><td>一文五分</td></tr>
<tr><td>东站</td><td>一文一分五厘</td><td>三分</td><td>一文四分五厘</td></tr>
<tr><td rowspan="4">陈兰分局</td><td>孙湾</td><td rowspan="4">每斤水脚</td><td>一文七分</td><td>三分</td><td>二文</td></tr>
<tr><td>寇湾</td><td>一文六分五厘</td><td>三分</td><td>一文九分五厘</td></tr>
<tr><td>水峪</td><td>一文六分</td><td>三分</td><td>一文九分</td></tr>
<tr><td>东站</td><td>一文五分五厘</td><td>三分</td><td>一文八分五厘</td></tr>
<tr><td rowspan="4">孟温分局</td><td>孙湾</td><td rowspan="4">每斤水脚</td><td>八分五厘</td><td>三分</td><td>一文一分五厘</td></tr>
<tr><td>寇湾</td><td>八分</td><td>三分</td><td>一文一分</td></tr>
<tr><td>水峪</td><td>七分五厘</td><td>三分</td><td>一文零五厘</td></tr>
<tr><td>东站</td><td>七分</td><td>三分</td><td>一文</td></tr>
</table>

续表

原定数				拟加数	总计数
武原分局	孙湾	每斤水脚	八分五厘	三分	一文一分五厘
	寇湾		八分	三分	一文一分
	水峪		七分五厘	三分	一文零五厘
	东站		七分三分	二分	一文
阳封分局	孙湾	每斤水脚	一文三分	三分	一文六分
	寇湾		一文二分五厘	三分	一文五分五厘
	水峪		一文二分	三分	一文五分
	东站		一文一分五厘	三分	一文四分五厘
下北分局	孙湾	每斤水脚	一文四分	三分	一文七分
	寇湾		一文三分五厘	三分	一文六分五厘
	水峪		一文三分	三分	一文六分
	东站		一文二分五厘	二分	一文五分五厘
东沁分局孙湾	方陵	每斤水脚	九分	二分	一文一分
	木栾店		一文	二分	一文二分
	杨庄		一文零四厘	二分	一文二分四厘
	老龙湾		一文零八厘	二分	一文二分八厘
	张村		一文一分三厘	二分	一文三分三厘
	赵樊		一文一分八厘	二分	一文三分八厘
	岳庄		一文二分三厘	二分	一文四分三厘
	白水		一文二分九厘	二分	一文四分九厘
	虹桥		一文一分八厘	二分	一文三分八厘
	石荆		一文二分三厘	二分	一文四分三厘
	小董		一文二分七厘	二分	一文四分七厘
	南王		一文三分三厘	二分	一文五分三厘
说明					

河南河务局购石处拟请加添水脚数目表十六年十月

原定数				拟加数	总计数
上南分局	孙湾	每斤水脚	一文四分	无	一文四分
	寇湾		一文三分五厘		一文三分五厘
	水峪		一文三分		一文三分
	东站		一文二分五厘		一文二分五厘
郑中分局	孙湾	每斤水脚	一文四分五厘	五厘	一文五分
	寇湾		一文四分	五厘	一文四分五厘
	水峪		一文三分五厘	五厘	一文四分
	东站		一文三分	五厘	一文三分五厘
中牟分局	孙湾	每斤水脚	一文五分	八厘	一文五分八厘
	寇湾		一文四分五厘	八厘	一文五分三厘
	水峪		一文四分	八厘	一文四分八厘
	东站		一文三分五厘	八厘	一文四分三厘
下南分局	孙湾	每斤水脚	一文六分	分一厘	一文七分一厘
	寇湾		一文五分五厘	分一厘	一文六分六厘
	水峪		一文五分	分一厘	一文六分一厘
	东站		一文四分五厘	分一厘	一文五分六厘
陈兰分局	孙湾	每斤水脚	二文	无	二文
	寇湾		一文九分五厘		一文九分五厘
	水峪		一文九分		一文九分
	东站		一文八分五厘		一文八分五厘
孟温分局	孙湾	每斤水脚	一文一分五厘	五厘	一文二分
	寇湾		一文一分	五厘	一文一分五厘
	水峪		一文零五厘	五厘	一文一分
	东站		一文	五厘	一文零五厘
武原分局	孙湾	每斤水脚	一文一分五厘	五厘	一文二分
	寇湾		一文一分	五厘	一文一分五厘
	水峪		一文零五厘	五厘	一文一分
	东站		一文	五厘	一文零五厘

续表

原定数				拟加数	总计数
阳封分局	孙湾	每斤水脚	一文六分	八厘	一文六分八厘
	寇湾		一文五分五厘	八厘	一文六分三厘
	水峪		一文五分	八厘	一文五分八厘
	东站		一文四分五厘	八厘	一文五分三厘
下北分局	孙湾	每斤水脚	一文七分	一分二厘	一文八分二厘
	寇湾		一文六分五厘	一分二厘	一文七分七厘
	水峪		一文六分	一分二厘	一文七分二厘
	东站		一文五分五厘	一分二厘	一文六分七厘
东沁分局孙湾	方陵	每斤水脚	一文一分	无	一文一分
	木栾店		一文二分		一文二分
	杨庄		一文二分四厘		一文二分四厘
	老龙湾		一文二分八厘		一文二分八厘
	张村		一文三分三厘		一文三分三厘
	赵樊		一文三分八厘		一文三分八厘
	岳庄		一文四分三厘		一文四分三厘
	白水		一文四分九厘		一文四分九厘
	虹桥		一文三分八厘		一文三分八厘
	石荆		一文四分三厘		一文四分三厘
	小董		一文四分七厘		一文四分七厘
	南王		一文五分三厘		一文五分三厘
说明	一、此次增加水脚，系按照从前之原价斟酌加添，总以运至各分局，均得其平为主旨。 一、上南之水脚业已增至一文四分，此次不另加增。 一、此次增加水脚，以孙湾运至郑中起点加五厘以下按段递加。 一、由中牟至下南之一段，按道里计算，比郑至中牟远一倍，故加至二分，方为平允。 一、陈兰、东沁水脚本不甚小，故暂不增加				

河南河务局购石处各石厂山方石价折合银币表十七年七月

名称区别	原定银两数	折合银币数
孙湾石厂	每方价银陆两捌钱	每方合银币玖元捌角叁分一厘
寇斟石厂	每方价银陆两捌钱	每方合银币玖元捌角叁分一厘
水峪石厂	每方价银柒两叁钱	每方合银币拾元零伍角伍分肆厘
东站石厂	每方价银玖两肆钱	每方合银币拾叁元伍角玖分
说明	一、各石厂山方石价，均以汴平银为主，按定章照例折合银币，与水脚之银数折合法相同	

河南河务局购石处水脚价目折合银币表十七年七月

名称区别		原定水脚数		折合银币数
上南分局	孙湾	每斤水脚	一文四分	一厘二毫六丝五忽
	寇湾		一文三分五厘	一厘一毫二丝
	水峪		一文三分	一厘一毫七丝五忽
	东站		一文二分五厘	一厘一毫二丝九忽
郑中分局	孙湾	每斤水脚	一文五分	一厘三毫五丝五忽
	寇湾		一文四分五厘	一厘三毫一丝
	水峪		一文四分	一厘二毫六丝五忽
	东站		一文三分五厘	一厘二毫二丝
中牟分局	孙湾	每斤水脚	一文五分八厘	一厘四毫二丝七忽
	寇湾		一文五分三厘	一厘三毫八丝二忽
	水峪		一文四分八厘	一厘三毫三丝七忽
	东站		一文四分三厘	一厘二毫九丝二忽
下南分局	孙湾	每斤水脚	一文七分一厘	一厘五毫四丝五忽
	寇湾		一文六分六厘	一厘五毫
	水峪		一文六分一厘	一厘四毫五丝五忽
	东站		一文五分六厘	一厘四毫零九忽

续表

名称区别		原定水脚数		折合银币数
陈兰分局	孙湾	每斤水脚	二文	一厘八毫零七忽
	寇湾		一文九分五厘	一厘七毫六丝二忽
	水峪		一文九分	一厘七毫一丝七忽
	东站		一文八分五厘	一厘六毫七丝一忽
孟温分局	孙湾	每斤水脚	一文二分	一厘零八丝四忽
	寇湾		一文一分五厘	一厘零三丝九忽
	水峪		一文一分	九毫九丝四忽
	东站		一文零五厘	九毫四丝九忽
武原分局	孙湾	每斤水脚	一文二分	一厘零八丝四忽
	寇湾		一文一分五厘	一厘零三丝九忽
	水峪		一文一分	九毫九丝四忽
	东站		一文零五厘	九毫四丝九忽
阳封分局	孙湾	每斤水脚	一文六分八厘	一厘五毫一丝八忽
	寇湾		一文六分三厘	一厘四毫七丝三忽
	水峪		一文五分八厘	一厘四毫二丝七忽
	东站		一文五分三厘	一厘三毫八丝二忽
下北分局	孙湾	每斤水脚	一文八分二厘	一厘六毫四丝四忽
	寇湾		一文七分七厘	一厘五毫九丝九忽
	水峪		一文七分二厘	一厘五毫五丝四忽
	东站		一文六分七厘	一厘五毫零九忽
东沁分局孙湾	方陵	每斤水脚	一文一分	九毫九丝四忽
	木栾店		一文二分	一厘零八丝四忽
	杨庄		一文二分四厘	一厘一毫二丝
	老龙湾		一文二分八厘	一厘一毫五丝六忽
	张村		一文三分三厘	一厘二毫零二忽
	赵樊		一文三分八厘	一厘二毫四丝七忽

续表

<table>
<tr><th colspan="2">名称区别</th><th colspan="2">原定水脚数</th><th>折合银币数</th></tr>
<tr><td rowspan="6">东沁分局
孙湾</td><td>岳庄</td><td rowspan="6">每斤水脚</td><td>一文四分三厘</td><td>一厘二毫九丝二忽</td></tr>
<tr><td>白水</td><td>一文四分九厘</td><td>一厘三毫四丝六忽</td></tr>
<tr><td>虹桥</td><td>一文三分八厘</td><td>一厘二毫四丝七忽</td></tr>
<tr><td>石荆</td><td>一文四分三厘</td><td>一厘二毫九丝二忽</td></tr>
<tr><td>小董</td><td>一文四分七厘</td><td>一厘三毫二丝八忽</td></tr>
<tr><td>南王</td><td>一文五分三厘</td><td>一厘三毫八丝二忽</td></tr>
<tr><td>说明</td><td colspan="4">一，按每分局下列之数目，照定章合汴平银合实折合库平七二，折合现洋一元，如上南分局之首位水脚一文四分，按次折出，得用洋一厘二毫六丝五忽，始于用钱数价相符，其次类推</td></tr>
</table>

河南河务局购石处水脚折合银币暨拟加数目表十七年七月

<table>
<tr><th colspan="4">折成银币原数</th><th>拟加数</th><th>总计数</th></tr>
<tr><td rowspan="4">上南分局</td><td>孙湾</td><td rowspan="4">每斤水脚</td><td>一厘二毫六丝五忽</td><td>一毫</td><td>一厘三毫六丝五忽</td></tr>
<tr><td>寇湾</td><td>一厘二毫二丝</td><td>一毫</td><td>一厘三毫二丝</td></tr>
<tr><td>水峪</td><td>一厘一毫七丝五忽</td><td>一毫</td><td>一厘二毫七丝五忽</td></tr>
<tr><td>东站</td><td>一厘一毫二丝九忽</td><td>一毫</td><td>一厘二毫二丝九忽</td></tr>
<tr><td rowspan="4">郑中分局</td><td>孙湾</td><td rowspan="4">每斤水脚</td><td>一厘三毫五丝五忽</td><td>二毫</td><td>一厘五毫五丝五忽</td></tr>
<tr><td>寇湾</td><td>一厘三毫一丝</td><td>二毫</td><td>一厘五毫一丝</td></tr>
<tr><td>水峪</td><td>一厘二毫六丝五忽</td><td>二毫</td><td>一厘四毫六丝五忽</td></tr>
<tr><td>东站</td><td>一厘二毫二丝</td><td>二毫</td><td>一厘四毫二丝</td></tr>
<tr><td rowspan="4">中牟分局</td><td>孙湾</td><td rowspan="4">每斤水脚</td><td>一厘四毫二丝七忽</td><td>三毫</td><td>一厘七毫二丝七忽</td></tr>
<tr><td>寇湾</td><td>一厘三毫八丝二忽</td><td>三毫</td><td>一厘六毫八丝二忽</td></tr>
<tr><td>水峪</td><td>一厘三毫三丝七忽</td><td>三毫</td><td>一厘六毫三丝七忽</td></tr>
<tr><td>东站</td><td>一厘二毫九丝二忽</td><td>三毫</td><td>一厘五毫九丝二忽</td></tr>
</table>

续表

折成银币原数				拟加数	总计数
下南分局	孙湾	每斤水脚	一厘五毫四丝五忽	四毫	一厘九毫四丝五忽
	寇湾		一厘五毫	四毫	一厘九毫
	水峪		一厘四毫五丝五忽	四毫	一厘八毫五丝五忽
	东站		一厘四毫零九忽	四毫	一厘八毫零九忽
陈兰分局	孙湾	每斤水脚	一厘八毫零七忽	六毫	二厘四毫零七忽
	寇湾		一厘七毫六丝二忽	六毫	二厘三毫六丝二忽
	水峪		一厘四毫五丝五忽	六毫	二厘三毫一丝七忽
	东站		一厘六毫七丝一忽	六毫	二厘二毫七丝一忽
孟温分局	孙湾	每斤水脚	一厘零八丝四忽	八丝	一厘一毫六丝四忽
	寇湾		一厘零三丝九忽	八丝	一厘一毫一丝九忽
	水峪		九毫九丝四忽	八丝	一厘零七丝四忽
	东站		九毫四丝九忽	八丝	一厘零二丝九忽
武原分局	孙湾	每斤水脚	一厘零八丝四忽	八丝	一厘一毫六丝四忽
	寇湾		一厘零三丝九忽	八丝	一厘一毫一丝九忽
	水峪		九毫九丝四忽	八丝	一厘零七丝四忽
	东站		九毫四丝九忽	八丝	一厘零二丝九忽
阳封分局	孙湾	每斤水脚	一厘五毫一丝八忽	四毫	一厘九毫一丝八忽
	寇湾		一厘四毫七丝三忽	四毫	一厘八毫七丝三忽
	水峪		一厘四毫二丝七忽	四毫	一厘八毫二丝七忽
	东站		一厘三毫八丝二忽	四毫	一厘七毫八丝二忽
下北分局	孙湾	每斤水脚	一厘六毫六丝四忽	五毫	二厘一毫四丝四忽
	寇湾		一厘五毫九丝九忽	五毫	二厘零九丝九忽
	水峪		一厘五毫五丝四忽	五毫	二厘零五丝四忽
	东站		一厘五毫零九忽	五毫	二厘零零九忽

续表

折成银币原数				拟加数	总计数
东沁分局孙湾	方陵	每斤水脚	九毫九丝四忽	八丝	一厘七丝四忽
	木栾店		一厘零八丝四忽	八丝	一厘一毫六丝四忽
	杨庄		一厘一毫二丝	八丝	一厘二毫
	老龙湾		一厘一毫五丝五忽	八丝	一厘二毫三丝六忽
	张村		一厘二毫零二忽	八丝	一厘二毫八丝二忽
	赵樊		一厘二毫四丝七忽	八丝	一厘三毫二丝七忽
	岳庄		一厘二毫九丝二忽	八丝	一厘三毫七丝二忽
	白水		一厘三毫四丝六忽	八丝	一厘四毫二丝六忽
	虹桥		一厘二毫四丝七忽	八丝	一厘二毫二丝七忽
	石荆		一厘二毫九丝二忽	八丝	一厘二毫七丝二忽
	小董		一厘三毫二丝八忽	八丝	一厘四毫零八忽
	南王		一厘三毫八丝二忽	八丝	一厘四毫六丝二忽
说明	一、此次所加水脚，系照从前之原数，按章折合，银币数目斟酌折衷加添，银币数总以运至各分局，各得其平为主旨。 一、黄河南岸各工，系每斤加一毫洋起码，自上南以下按段递加。 一、孟温、武原两分局在黄河桥西段，均按每斤八丝洋增加。阳封分局与下南分局相埒，按四毫增加。下北分局在下南分局之下游，按五毫增加。惟陈兰分局道途太远，按六毫增加方得其平。 一、东沁分局各处地点，均按每斤八丝加之。 一、东沁分局各处地点，水脚原定数目，系以孙湾为率。如在寇湾、水峪、东站装运该局者，照原定之数依次递减				

河南河务局下北分局开封北汛抛存石方报告一览表十九年八月

堡名	坝埽名称	抛石数目	存石数目	合计	备考
十五堡	三坝	六十方	三十方	九十方	
	四坝		三十方	三十方	
	四埽	四十五方	二十方❶	七十五方	
	五埽	三十五方	三十方	六十五方	
	六埽	三十五方	三十方	六十五方	
	七埽	三十方	三十方	六十方	
	八埽	三十方	三十方	六十方	
	九埽	三十五方	三十方	六十五方	
	五坝	三十方	三十方	六十方	
	六坝		三十方	三十方	
总计		三百方	三百方	六百方	
附记	查各工抛存石六百方，均由开陈北汛头堡移运。理合声明				

按：表列，除抛下存石三百方外，有旧存石五十五方，共计三百五十五方。嗣于十日抛护十六堡第一石坝，动用十五方，实存石三百四十方。

❶ 二十方　应为三十方。

黄、沁两河六分局实存料石砖方土牛数目表二十年六月

上南分局

荥泽汛	民埝	碎石	二千八百九十八方	二堡	碎石	二百一十方
	三堡	碎石	二百四十方	四堡	碎石	一百八十方
	五堡	碎石	五百四十方	六堡	碎石	六百六十方
	七堡	碎石	二百七十方	八堡	碎石	三百六十方
	九堡	碎石	一百三十方	十堡	碎石	一百五十方
		土牛	二座 一百六十八方		土牛	七座 一百九十方
	十一堡	碎石	三百二十方			
		土牛	一十九座 二百三十八方			
郑上汛	头堡	秸料	六垛	四堡	碎石	八百七十方
		碎石	一千零四十三方五分			
		土牛	一十六座 六十九方			
	五堡	碎石	一千五百五十方	六堡	碎石	三百三十一方
		土牛	六座 一百九十五方		土牛	三座 一百二十方
	七堡	碎石	七百九十方	八堡	碎石	八百三十四方

续表

郑下汛	头堡	秸料	四垛	二堡	秸料	九垛
		碎石	六百二十四方		碎石	三百三十方
		土牛	一千六百四十二方九分七厘五毫计分九座		土牛	八百四十三方二分七座
	三堡	碎石	八百二十方	四堡	碎石	八百五十五方
		土牛	一千七百四十二方三分六厘七座		土牛	二百六十一方六分五厘三座
	五堡	碎石	一千零七十七方	六堡	碎石	一千五百方
					土牛	八十八方七分六厘一十二座
	八堡	碎石	九百八十方	九堡	碎石	一千五百五十方
					土牛	八百六十四方三座
	十堡	碎石	四百二十方			
		土牛	一百七十方六分一厘五毫一十四座			
中上汛	头堡	碎石	七百五十方	二堡	碎石	一百五十方
		土牛	二千三百二十三方零七厘一十五座		土牛	三十五方九一分厘一座
	三堡	碎石	三百三十方	四堡	碎石	四百七十方
		土牛	三百四十五方一座			

续表

中上汛	五堡	碎石	二百一十五方三分一厘	六堡	椭砖	一百五十方
					碎石	七百四十方
					碎砖	二百方
	七堡	碎石	三百九十方	八堡	碎石	一千一百三十方
					碎砖	三十五方
	十堡	碎石	五百二十三方	十一堡	碎石	七百二十方
		土牛	一十三方四分四厘 四座			
中中汛	头堡	碎石	一千三百二十方	二堡	碎石	七百五十方
					土牛	九十方 一座
	三堡	秸料	三垛八分	四堡	秸料	一十垛零七分
		碎石	五百七十八方六分		碎石	三百九十九方
		土牛	四百四十四方五分六厘 六座		土牛	二百五十二方五分 四座
	五堡	碎石	一千四百三十九方五分	六堡	碎石	八百四十方
	七堡	碎石	六百七十四方			

合计：秸料三十三垛五分；　　椭砖一百五十方；
碎石三万一千零五十六方九分一厘；　　碎砖二百三十五方。
土牛一万零一百零八方零四厘；

下南分局

中牟下汛	头堡	碎石	七百九十方	二堡	碎石	七百六十五方三分
		土牛	二百八十八方 三座		土牛	三百三十二方 六座
	三堡	秸料	一十四垛	五堡	碎石	一千一百八十六方
		碎石	七百五十九方六分		条砖	八十一方七分
祥河上汛	十六堡	碎石	三百二十方	十七堡	碎石	五百九十方
	十八堡	碎石	二百四十方	十九堡	碎石	五百三十六方
		大椭砖	一百五十方		大椭砖	一百四十方
					土牛	一百九十二方 二座
	二十堡	秸料	三垛			
		碎石	二百零六方			
		小椭砖	一方			
		土牛	二百八十八方 三座			
祥河中汛	头堡	碎石	一百六十方	二堡	秸料	四垛
		土牛	二百二十九方 三座		碎石	四百八十八方

续表

祥河中汛					条砖	二十九方
					土牛	一百六十一方 三座
	三堡	碎石	三百方	四堡	碎石	二百五十八方
	八堡	秸料	二垛	九堡	碎石	四百一十方
		碎石	一百七十一方三分二厘			
	十堡	碎石	三百一十四方	十一堡	碎石	四百五十方
	十二堡	碎石	百六十方			
陈兰汛	十二堡	条砖	一百四十六方八分三厘	十九堡	碎石	八百方
					条例	四方一分
					方砖	一百零五方
	二十堡	碎石	一千五百九十二方			
		条砖	五十九方八分			
		方砖	二百七十八方二分五厘			

合计：秸料二十三垛；
碎石一万零六百九十六方二分二厘；
大椭砖二百九十方；
小椭砖一方；
条砖三百二十一方四分三厘；
方砖三百八十三方二分五厘；
土牛一千四百九十方。

上北分局

孟县汛	头堡	碎石	八百七十八方	二堡	碎石	八百五十四方九分
	三堡	碎石	八百四十八方八分	四堡	碎石	八百八十九方
	五堡	碎石	四百五十六方三分	六堡	碎石	一千九百一十五方
	七堡	碎石	一千一百六十一方九分	八堡	碎石	七百九十五方
温县汛	六堡	碎石	一千五百一十九方一分四厘			
武陟汛	一段	碎石	七百六十八方四分二厘零五丝	二段头堡	碎石	三百三十方
					土牛	一千八百一十九方三分
	二堡	碎石	二百一十方	三堡	碎石	一百九十方
		土牛	一千四百六十一方六分四厘		土牛	五百二十方九分
	四堡	碎石	四百七十方	五堡	碎石	四百八十方
		土牛	一千零零七方五分		土牛	一百三十六方
	三段六堡	碎石	四百四十方	七堡	碎石	八百方
		土牛	一百四十七方			
	八堡	碎石	九百五十五方	九堡	碎石	二百一十五方
		土牛	二百一十五方		土牛	八十九方四分
武荥汛	西格堤三堡	碎石	三百方			

合计：碎石一万四千四百六十八方四分六厘；

土牛五千二百四十一方七分四厘。

下北分局

阳武汛	十七堡 越石坝	碎石	二百方			
		条砖	八十六方			
封丘汛	十七、八堡	碎石	三千四百零三方四分二厘			
		土牛	七百六十八方 八座			
开封北汛	十四堡	碎石	九十方	十五堡	碎石	三百四十方
					土牛	一百九十二方 二座
	十六堡	碎石	五百三十六方六分八厘			
		土牛	六百七十二方 七座			
开陈北汛	头堡	碎石	八百一十方	二堡	碎石	一千九百五十七方
		土牛	四百八十方 五座		土牛	一百九十二方 二座
	三堡	碎石	一百五十方			
		土牛	九十六方 一座			

合计：碎石七千四百八十七方一分；

条砖八十六方；

土牛二千四百方。

西沁分局

西沁南汛	覆背工	圆石	二十四方	王曲工	圆石	三十方零八分
	天师庙工	圆石	四十四方	水南关工	圆石	二十五方
		土牛	一百四十一方 二座			
	仁孝寺工	圆石	八方	仲贤工	土牛	一百八十四方 三座
		土牛	一百三十六方 三座			
	尚香工	土牛	一十八方 一座	元村工	土牛	七十九方 二厘
西沁北汛	范村工	圆石	九十四方	鲁村工	圆石	一百一十八方
					土牛	一十二方 一座
	解住工	圆石	四方	沁阳工	圆石	五十八方
					土牛	一十四方 一座
	水北关工	圆石	八方	留村工	圆石	六方
		土牛	四十五方 一座			
	孝敬工	土牛	三十二方 一座	西王贺工	土牛	一百方 二座

续表

西沁北汛	西良仕工	土牛	三十五方 一座	南张茹工	土牛	七十八方 二座
	武阁寨工	圆石	五方			
		土牛	五十方 一座			

合计：圆石四百二十四方八分；

土牛九百二十四方。

东沁分局

东沁南汛	王顺工	圆石	三十五方	白水工	土牛	一百二十方
	石荆工	碎石	七方	虹桥工	碎石	七方
					土牛	三十方
	张村工	土牛	四十四方九分	杨庄工	土牛	一百七十八方六分五厘
东沁北汛	南王工	圆石	一百一十一方零二厘	小董工	圆石	六十二方一厘
	老龙湾工	碎石	四方	赵樊工	土牛	五十七方二分
		土牛	九十九方三分六厘			
	木栾店工	圆石	二百七十八方一分	南贾工	碎百	二十九方零六分
		碎石	一百二十一方九分			

合计：圆石四百八十六方四分；

碎石一百六十八方九分六厘；

土牛五百三十方一分一厘。

黄、沁两河六分局实存杂料数目表二十年六月

上南分局

荥泽汛	八丈草缆	二百九十条		
	柳橛	八十三根		
郑上汛	十丈苇缆	二百二十七条	八丈草缆	四百二十条
	十丈草缆	一百九十一条	柳橛	三百三十七根
	榆橛	一百六十根	骑马	一百二十七付
郑下汛	十丈苇缆	四十一条	十丈草缆	一百二十条
	八丈草缆	二百三十条	尖橛	四百四十二根
	骑马	二百零九付	麻	五百二十三斤
中中汛	十丈草缆	五十五条		
	十丈草缆	一百二十三条		
	大麻缆	一百九十六条		

合计：十丈苇缆三百二十条；榆橛一百六十根；
十丈草缆四百三十四条；尖橛四百四十二根；
八丈草缆九百四十条；麻五百二十三斤；
骑马三百三十六付；大麻缆一百九十六条；
柳橛四百二十根。

下南分局

中牟下汛	麻袋	一万零四百九十四个	麻线	二十一斤八两
	骑马	二百八十九付	大麻缆	三百一十根
	核桃缆	一百一十五根	军用绳	三根
	单线绳	三十二根	柳木橛	三百零三根
	八丈苇缆	二百九十九根	八丈草缆	四百四十根
祥河上、中两汛	十丈草缆	七根	八丈缆草❶	二百二十一根
	核桃缆	三百根	军用绳	六根
	柳木橛	八十七根	苘麻	八百零五斤
	麻袋	四千七百六十五个	骑马	六十付
陈兰汛	苘麻	一百四十二斤	骑马	二百二十四付
	核桃缆	五根	箍头绳	六十根
	柳木橛	五百一十九根	十丈苇缆	三百一十九根
	八丈苇缆	一百五十五根	五丈核桃缆	五十四根

合计：五丈核桃缆五十四根；军用绳九根；大麻缆三百一十根；麻线二十一斤八两；
十丈苇缆三百一十九根；单线绳三十二根；核桃缆四百二十根；骑马五百七十三付；
八丈苇缆四百五十四根；柳木橛九百零九根；箍头绳六十根。
十丈草缆七根；麻九百四十七斤；
八丈草缆六百六十一根；麻袋一万五千二百五十九个；

上北分局无。

❶ 缆草 当作“草缆”。

下北分局

阳武汛	十七堡 越石坝	骑马	四十付	
		橛木	八十根	
封丘汛	十一堡	橛木	九十五根	
	十五堡	苇缆	五百一十条，朽二十七条	
		麻缆	六十四条朽三十四条	
开封北汛	十五堡	苇缆	三百二十条	

合计：骑马四十二付；
橛木一百七十五根；
苇缆、麻缆八百九十四条，朽六十一条。

西沁分局

西沁南汛	覆背工	苇绳	六十七条	天师庙工	苇绳	九十七条
					橛木	二千七百五十一根
	仁孝寺工	苇绳	一千零零八条	龙涧工	橛木	三百零四根

续表

西沁南汛		橛木	五十二根			
	尚香工	苇绳	一百条	亢村工	橛木	一千四百五十四根
西沁北汛	孝敬工	苇绳	四百七十九条	西王贺工	橛木	三百五十七根
		橛木	二百四十一根			

合计：苇绳一千七百五十一条；
　　　橛木五千一百五十九根。

东沁分局

东沁南汛	白水工	苇绳	一百条	虹桥工	苇绳	二百零七条
	岳庄工	橛木	一百二十六根	张村工	苇绳	一百三十八条
	杨庄工	苇绳	五百六十六条			
		大麻绳	七条			
		橛木	一百五十五根			
东沁北汛	赵樊工	苇绳	一百八十三条	老龙湾工	竹绳	一条
					苇绳	一百五十三条
					橛木	一百六十七根

合计：苇绳一千三百四十七条；
　　　大麻绳七条；
　　　橛木四百七十二根；
　　　竹绳一条。

民国十五年各分局原有及新植柳株统计表十六年二月

分局株数	原　有	新　植	备　考
下南	一五一 〇〇〇株	四二 〇〇〇株	
中牟	二四 四〇〇	一八 三〇〇	
郑中	六三 二〇〇	一六 〇〇〇	
上南	七九 二〇〇	二二 四六〇	
陈兰	六三 八〇〇	一二 〇〇〇	
孟温	五六 三〇〇	四 〇〇〇	
武原	二五一 四四〇	九二 〇〇〇	
阳封	一四七 八二〇	六五 二〇〇	
下北	九一 八〇〇	二四 〇〇〇	
东沁	九八 二〇〇	二〇 八〇〇	
西沁	九一 三〇〇	八 〇〇〇	
总计	一 一一八 四六〇	三二四 七六〇	

民国十六年各分局原有及新植柳株统计表十七年四月

分局株数	原　有	新　植	备　考
下南	一九三 〇〇〇株	一五 七〇〇株	
中牟	四二 七〇〇	四 〇〇〇	
郑中	七九 二〇〇	五 一〇〇	
上南	一〇一 六六〇	五 〇〇〇	
陈兰	七五 八〇〇	二 三〇〇	
孟温	六〇 三〇〇	二 七〇〇	
武原	三四三 四四〇	六 〇〇〇	
阳封	二一三 〇二〇	九 一三七	

续表

分局株数	原　有	新　植	备　考
下北	一一五 八〇〇	六 四五〇	
东沁	一一九 〇〇〇	一四 三八〇	
西沁	九九 三〇〇	三 〇〇〇	
总计	一 四四三 二二〇	七三 七六七	

民国十七年各分局原有及新植柳株统计表十八年一月

分局株数	原　有	新　植	备　考
下南	二〇八 七〇〇株	一三 五〇〇株	
中牟	四六 七〇〇	二一七八〇	
郑中	八四 三〇〇	二一 〇〇〇	
上南	一〇六 六六〇	一六 〇〇〇	
陈兰	七八 一〇〇	一三 一三〇	
孟温	六三 〇〇〇	一〇 六五〇	
武原	三四五 四四〇	三四 二〇〇	
阳封	二二二 一五七	二四 三一八	
下北	一二二 二五〇	一三 六〇〇	
东沁	一三三 三六〇	二〇 四九〇	
西沁	一〇二 三〇〇	二〇 〇〇〇	
总计	五 一一二 九六七	一九八 六六八	

民国十七年各分局新植杂树统计表十八年五月

分局株数	原　有	新　植	备　考
下南	二六五株		
中牟	九一		

续表

分局株数	原　有	新　植	备　考
郑中	四七五		
上南	二 〇九七		
陈兰	七〇四		
孟温	七六四		
武原	一 〇三六		
阳封	二一七		
下北	二五四		
东沁	一 二九六		
西沁	四一六		
总计	七 六一五		

民国十八年各分局原有及新植柳株统计表十九年六月

分局株数	原　有	新　植	备　考
下南	二二二 二〇〇株	七九 二〇〇株	
中牟	六六 四六〇	六二 四〇〇	
郑中	一〇五 三〇〇	六三 〇〇〇	
上南	一二二 六〇〇	六三 〇〇〇	
陈兰	九一 二三〇	二八 二〇〇	
孟温	七三 六五〇	八 〇〇〇	
武原	二六九 六四〇	四五 六〇〇	
阳封	二四六 四七五	四八 〇〇〇	
下北	一三五 八五〇	四八 〇〇〇	
东沁	一五三 八五〇	五二 八〇〇	

续表

分局株数	原　有	新　植	备　考
西沁	一二二 三〇〇	一三 〇〇〇	
总计	一 六〇九 五五五	五一一 二〇〇	

民国十八年各分局原有及新植杂树统计表十九年六月

分局株数	原　有	新　植	备　考
下南	二六五株	三三 〇二六株	
中牟	九一	二 〇〇〇	
郑中	四七五	一 九〇〇	
上南	二 〇九四	二 四〇〇	
陈兰	七〇四	二 〇〇〇	
孟温	七六四	一 〇〇〇	
武原	一 〇三六	二二 〇〇〇	
阳封	二一七	四〇〇	
下北	二五四	五 〇〇〇	
东沁	一 二九六	三 〇〇〇	
西沁	四一六	七 〇〇〇	
总计	七 六一二	七九 七二六	

民国十九年各分局原有及新植柳株统计表十九年十二月

分局株数	原　有	新　植	备　考
下南	三〇一 四〇〇株	三七 九〇六株	
中牟	一二八 八六〇	六一 二三四	
郑中	一六八 八〇〇	一五 三〇〇	

续表

分局株数	原　有	新　植	备　考
上南	一八五 六〇〇	六二 二二四	
陈兰	一一九 四三〇	三七 四八六	
孟温	八一 六五〇	七三 二四〇	
武原	三一五 二四〇	八三 二九六	
阳封	二九四 四七五	六〇 五七九	
下北	一八三 八五〇	四三 一六〇	
东沁	二〇六 六五〇	三四 三八八	
西沁	一三五 三〇〇	三一 一〇八	
总计	二 一二一 二五五	五三九 九二一	

民国十九年各分局原有及新植杂树统计表十九年十二月

分局株数	原　有	新　植	备　考
下南	三三 二九一株	一一 一五三株	
中牟	二 〇九一	一八 八二六	
郑中	二 三七五	一〇 〇〇〇	
上南	四 四九四	一九 七三四	
陈兰	二 七〇四	一九 六〇〇	
孟温	一 七六四	一一 八〇〇	
武原	二三 〇三六	一 二二〇	
阳封	六一七	二二 〇一五	
下北	五 二五四	九 四〇〇	
东沁	四 二四六	一八 三二〇	
西沁	七 四一六		
总计	八七 二八八	一四二 〇七八	

民国二十年各分局新植各种柳杂树统计表二十年六月

局别	汛别	高柳	低柳	槐	楝	榆	椿	桃	杏	刺槐	桑	枣
下南分局	陈兰	二 〇〇〇株	一九 六一五株	株	株	株	株	株	株	株	株	二一四株
	祥下	八 〇〇〇	一〇 〇〇〇									
	祥中	一九 一二六	二一 八〇〇									
	祥上	四 〇八三	一七 二一〇	六三五	二四 七〇〇	一〇 七〇〇	三 〇〇〇	四〇〇	三〇〇	三 〇六〇	五〇〇	
	中下	一九 三二二	一六 二三三	五六五	一〇 〇〇〇	四〇 〇五〇	二 〇〇〇	三〇〇	一〇〇	七 〇〇〇	二五〇	
	合计	五二 五三一	八四 八五八	一 二〇〇	三四 七〇〇	五〇 七五〇	五 〇〇〇	七〇〇	四〇〇	一〇 〇六〇	七五〇	二一四
上南分局	中中											
	中上	二 三五〇	七〇〇									
	郑下	四 〇九一	八 二八一									
	郑上	九五三	一二 〇七七		九一〇		一〇〇					
	荥泽	一七	四 七〇〇	一〇〇	一 六〇〇	一 三〇〇	三〇〇					
	合计	七四二	二五 七五八	一〇〇	二 五一〇	一 三〇〇	四〇〇					
上北分局	孟县	七二八	八 二一二									
	温县		四 〇五七									
	武陟		四 三五〇									

续表

局别	汛别	高柳	低柳	槐	楝	榆	椿	桃	杏	刺槐	桑	枣
上北分局	武荥		四 一五〇									
	原武	二〇〇	二 九六〇									
	合计	九二八	二三 七二九									
下北分局	阳武		七 七〇二		一七	七二	二二		一五〇		二	
	封丘	五 三〇〇	五 五〇〇		五九〇							二四〇
	开北	四三〇	一五 五二〇		二〇	一 五二〇	二〇					
	开陈	二〇〇	一〇 八三四		二六〇	一六〇			一五〇		二	二四〇
	合计	五 九三〇	三九 五五六		九七七	一 七五二	一三二	一五	四〇	三〇		
东沁分局	南岸	一〇五	九 八六六			一〇〇		三〇三	七〇	二〇	一五〇	
	北岸	三〇	一〇 一六八	一九〇	三二〇	一 三三〇		三一八	一一〇	一四〇	一五〇	
	合计	一三五	二〇 〇三四	一九〇	三二〇	一 四三〇						
西沁分局	沁南	一 一六九	四 一三一									
	沁北	二 〇九六	二 九〇四									
	合计	三 二六五	七 〇三五									
总计		七〇 二〇〇	二〇〇 九七〇	一 四九〇	三八 五〇七	五五 二三二	五 五三二	一 〇一八	六六〇	一〇 二〇〇	九〇二	四五四

轻便铁道价目表十七年五月

名称区分	数　目	共计重量	单位	单价	复价	备考
钢轨	一 二七六条	八四 九一六磅				共约六华里，计每里合九百九十八元
鱼尾板	二 五六〇个	二 五八八磅	吨	每吨一百四十五元〇四分	五千八百三十元〇四角八分	每吨合二千二百四十磅
罗丝门	五 一二〇个	五六四磅				
道钉	一〇 二四〇个	九七〇磅				
土车	二〇部		部	一四七・九八〇	二 九五九・六〇〇	
乂轨	二节		节	五七・八二〇	一一五・六四〇	
湾轨	二节		节	二七・九三〇	五五・八六〇	
方头锹	二把		把	一・四七〇	二・九四〇	
钢锤	二只		只	三・七二四	七・四四八	
可而白	二支		支	四・四一〇	八・八二〇	
四板纳	四把		把	一・一七六	四・七〇四	
开山锄	二把		把	二・四五〇	四・九〇〇	
共计	八千九百九十元〇三角九分二厘					
附记	轨道下所用枕木，土车上所用木板，另购置之					

西沁两岸修筑新旧闸口工程报告表十七年十一月

闸名	地点	修筑情形	兴工及竣工日期	备考
胜利闸	葛村	石根基砖砌阴洞、阳沟、闸门三道，圈堤长十丈，宽二丈五尺，高九尺，沟渠约长四百丈	七月十四日兴工，九月三十日竣工	灌地约二十顷，修理费洋六百元
增利闸	王曲	全石建筑闸门六道，圈堤长三丈五尺，宽八尺，高一丈二尺，沟渠约长二百丈	七月十日兴工，八月二十五日竣工	灌地约三十顷，修理费洋五百元
因利闸	孔村	全石建筑闸门五道，圈堤长十五丈，宽一丈，高一丈二尺，沟渠南行七百二十丈，东行五百四十丈	七月十一日兴工，八月二十四日竣工	灌地约五十顷，修理费洋七百元
振利闸	马坡	石根基砖砌阴洞、阳沟、闸门五道，圈堤长二十丈，宽三丈，高一丈五尺，沟渠约长一千丈	七月十五日兴工，八月三十日竣工	灌地约三十顷，修理费洋八百元
固利闸	西王召	头道闸全石建筑二道，闸下石上砖，闸门三道，圈堤长九十五丈，宽八尺，高九尺，沟渠约长七百五十丈	七月七日兴工，八月六日竣工	灌地约一百顷，修理费洋四百元
同利闸	亢村	上砖下石，建筑闸门四道，圈堤长二十八丈，宽一丈八尺，高一丈三尺，沟渠约长三百五十丈	七月二十九日兴工，九月十四日竣工	灌地约三十顷，修理费洋一千元
乐利闸	徐堡	上砖下石，建筑闸门拟修五道，现成三道，圈堤长三十八丈，宽一丈三尺，高一丈三尺，沟渠约长一百八十丈	七月二十日兴工，九月十二日竣工	灌地约三十顷，修理费洋九百元

续表

闸名	地点	修筑情形	兴工及竣工日期	备考
民利闸	寻村	上砖下石，建筑闸门五道，圈堤长十五丈，宽五尺，高八尺，沟渠约长一千四百丈	七月三日兴工，八月四日竣工	灌地约五十顷，修理费洋六百元
益利闸	慕庄	上砖下石，建筑闸门五道，圈堤长十五丈，宽一丈，高一丈二尺，沟渠约长三百五十丈	七月二十八日兴工，十月五日竣工	此系新闸灌地，约三十顷，修筑费洋一千二百元
庆利闸	西张纪	上砖下石，建筑闸门六道，圈堤二道，第一道长二十丈，宽五尺，高七尺，第二道长八丈五尺，宽三尺，高六尺，沟渠二道东行长二百南行长九百丈	七月一日兴工，八月六日竣工	灌地约五十顷，修理费洋八百元
自利闸	王范村	石根基砖砌阴洞，圈堤长二十二丈，宽六尺，高六尺，沟渠约长二百丈	七月四日兴工八，月二十八日竣工	灌地约二十顷，修理费洋五百元
顺利闸	长沟	全石建筑闸门四道，圈堤长七丈，宽五尺，高八尺，沟渠约长六十丈	七月六日兴工，九月四日竣工	灌地约二十顷，修理费洋四百元
羡利闸	鲁村	全石建筑闸门五道，圈堤长八丈，宽一丈，高五尺，沟渠约长四百丈	八月七日兴工，十月一日竣工	灌地约三十顷，修理费洋三百五十元

续表

闸名	地点	修筑情形	兴工及竣工日期	备考
纯利闸	西张村	闸基、闸洞皆砖石砌成，闸板用桑、榆木，闸门六道，圈堤长十七丈五尺，宽三丈五尺，高九尺，沟渠约长一千六百余丈	七月二十五日兴工，九月二十日竣工	灌地约六十余顷，修理费洋九百元
麻利闸	大岩村	闸基、闸洞均优等砖石砌成，闸门有桑、榆、石三种，共五道，圈堤长二十四丈，牵宽二丈二尺五寸，高六尺，沟渠约长一千一百余丈	七月十八日兴工，九月三十日竣工	灌地约四十顷，修理费洋一千元
均利闸	内都村	闸基闸洞均系优等砖石，闸门亦系石制，共六道，圈堤长二十丈，牵宽二丈二尺五寸，高九尺，沟长二十四丈九尺八寸，渠长一千二百余丈	七月十二日兴工，十月六日竣工	灌地约六十余顷，修理费洋一千一百余元
福利闸	白马沟	闸基闸洞均系优等砖石，闸门系木石所制，共六道。圈堤长十七丈宽一丈七尺高六尺沟长九丈五尺渠长一千三百余丈	七月二十四日兴工，十月六日竣工	灌地约四十余顷，修理费洋一千二百余元
宏利闸	南张茹	基洞均用优等砖石闸门拟修六道	八月十二日兴工	
说明	查：沁阳县属，原有广闸十二处，又慕庄新开闸口一处，共十处。博爱县属，原有废闸三处，又新开白马沟、南张茹新闸二处，共五处。计沁河两岸共修新旧闸十八处。现除南张茹新闸，因中经停顿，尚未完全竣工外，其余新旧闸一十七处，已于十月六日先后修筑蒇事，除摄影呈送外，合并登明			

东沁两岸修筑新旧闸口工程报告表十七年十一月

闸名	地点	修筑情形	兴工及竣工日期	备考
和济闸	东张纪	护闸圈堤二道，防险闸门四道	六月二十五日兴工，九月十一日竣工	灌田约四十顷
赞育闸	王顺村	护闸圈堤一道，防险闸门四道	六月十二日兴工，十月十二日竣工	同右
丰利闸	滑封村	新修护闸圈堤一道，防险闸门六道	九月二日兴工，十月十八日竣工	灌田约一百顷
普济闸	西白水	护闸石坝一道，防险闸门三道	七月一日兴工，九月十三日竣工	灌田约三十顷
广济闸	东白水	护闸土坝一道，防险闸门三道	六月十日兴工，九月十日竣工	同右
安澜闸	北杨村	护闸圈堤一道，防险闸门三道	七月二十日兴工，九月十五日竣工	灌田约五十顷
永固闸	石荆村	同右	六月十五日兴工，九月十日竣工	灌田约四十顷
西虹桥闸	西虹桥	同右	七月八日兴工，九月二十日竣工	灌田约二十顷
广济闸	东虹桥	护闸圈堤一道，砖砌阴洞，闸门二道	七月十二日兴工，九月十日竣工	灌田约四十顷
惠济闸	西张村	护闸圈堤一道，防险闸门二道	七月八日兴工，九月十五日竣工	同右
永赖闸	朱原村	新修护闸圈堤一道，闸门六道	八月十五日兴工，十月二十日竣工	灌田约二百顷
利济闸	杨村	护闸圈堤一道，防险闸门二道	七月六日兴工，九月十五日竣工	灌田约三十顷
赞霖闸	沁阳村	同右	七月九日兴工，九月十日竣工	灌田约七十顷

续表

闸名	地点	修筑情形	兴工及竣工日期	备考
普育闸	渠下村	护闸圈堤一道，防险闸门三道	七月八日兴工，九月十日竣工	灌田约八十顷
公义闸	南王村	护闸圈堤一道，防险闸门二道	七月二十八日兴工，九月二十日竣工	灌田约三十顷
统一闸	北王村	西护闸圈堤一道，防险闸门四道	七月二十日兴工，九月十五日竣工	此闸原名激行，改今名，灌田约三十顷
润生闸	贾村	同右	六月十一日兴工，七月五日竣工	灌田约四百顷
宏济闸	小董村	同右	六月十五日兴工，九月八日竣工	原名作霖，改今名，灌田约七十顷
沁润闸	大陶村	同右	七月一日兴工，九月十日竣工	灌田约五十顷
济众闸	高村	护闸圈堤一道，防险闸门五道	七月十日兴工，九月十五日竣工	灌田约四十顷
说明	一、查以上补修旧闸十八道，建修新闸二道，约共灌田一千三百顷有奇。 一、查各闸动工先后不一，每闸自兴工之日起，均以三月为限，各闸修筑连农忙停工，尚能依限完毕，毫无逾远			

改订河南河务总局编制经费一览表附购石处、堤柳管理处　十六年十月

	职别	员名数	薪公饷干月支数	月支总数	年支总数	备　考
总局	局长	一	六〇〇元	六〇〇元	七 二〇〇元	
	科长	三	一二〇	三六〇	四 三二〇	总务、会计、技术三科，各一员
	一等科员	三	九〇	二七〇	三 二四〇	同右
	二等科员	五	七〇	三五〇	四二〇	总务、技术二科，各二员，会计科一员
	三等科员	四	五〇	二〇〇	二 四〇〇	会计、技术二科，各一员，财务科二员
	查工员	三	四〇	一二〇	一 四四〇	专司调查黄、沁两河工程
	办事员	八	不一	二四八	二 九七六	技术、会计两科各一员，各月支四十元。总务科所属之庶务股一员，监印股一员，各月支三十二元。收发股一员，文卷股一员，核对股二员，各月支二十六元。故编制如上数
	差遣员	四	三〇	一二〇	一 四四〇	
	书记长	一	三〇	三〇	三六〇	
	一等书记	四	二四	九六	一一五二	
	二等书记	六	二〇	一二〇	四四〇	
	卫队	二一	不一	一七五	二 一〇〇	队长一员，月支十六元。正目二名，各月支九元。副目二名，各月支八元五角。一等兵八名，各月支八元。二等兵八名，各月支七元五角。共计如上数

续表

	职别	员名数	薪公饷干月支数	月支总数	年支总数	备　考
总局	役食	一九	不一	一五六	一 八七二	传达二名，各月支十元。夫役十六名，马夫一名，各月支八元。共计如上数
	马干	四匹	八	三一	三八四	差马四匹，专供传达急要文件及巡查紧要工程之需，每匹月支八元。共计如上数
	公费			六八二·一	八 六二二·三	文具六百七十七元七角九分，购置一百三十九元三角一分，邮电五十五元，消耗三百一十元，共支如上数。年支数内，冬三月炭资二百五十七元一角，夏季凉棚一百八十元。合并声明
	杂费			一 三九八	一六 七七六	防险费月支五百四十六元，防汛费月支一百八十元，旅费月支四百五十元，修缮费一百二十元，杂支一百二十元。共计如上数
	合计	四二员 四〇名 马四匹		四 九五七·一	五九 九二二·三	

续表

	职别	员名数	薪公饷干月支数	月支总数	年支总数	备　考
购石处	处长	一	一六〇元	一六〇元	一 九二〇元	
	一等书记	一	二四	二四	二八八	
	二等书记	二	二〇	四〇	四八〇	
	勇役工食	一〇	五	五〇	六〇〇	
	公杂费			七一	八八二	年支数内，加冬三月炭资洋三元
	合计	四员十名		三四五	四 一七〇	
总共				五 三〇二·一	六四 〇九二·三	
堤柳管理处	主任	一	一〇〇元	一〇〇元	一 二〇〇元	
	科员	四	五〇	二〇〇	二 四〇〇	原章事务员一员，掌管本处文牍事宜；技术员三员，掌管黄河两岸及沁河种柳事宜。兹经一律改为科员，仍各月支洋五十元，年共支如上数
	役食	二	八	一六	一九二	夫役二名，各月支八元，年共支洋如上数
	旅费			五〇	六〇〇	技术员三员，各月支旅费十元；主任月支旅费二十元，年共支洋如上数

续表

	职别	员名数	薪公饷干月支数	月支总数	年支总数	备考
堤柳管理处	柳秧费				二 一二〇	下南二百五十元，中牟一百一十元，郑中一百元，上南一百三十元，陈兰九十元，孟温一百五十元，武原二百八十元，阳封二百六十元，下北一百四十元，东沁二百八十元，西沁三百三十元，年共支洋如上数
	合计	五员二名		三六六	六 五一二	
说明	查：河务局及购石处旧章，原定职员五十一员，勇役五十九名。兹经核实改订，略有增减。至差马四匹，原附于役食项内，今另添列。至薪公饷干总数于原订预算仍不超过。又，堤柳管理处经费及柳秧费，业经呈奉核准，由工款结存项下挪支，故不在原订经费之列					

改订河南黄、沁两河各分局编制经费一览表十六年十月

河别	局别	职别	员名数	薪饷月支数	月支总数	年支总数	备考
黄河	一等分局	局长	一	一六〇元	一六〇元	一 九二〇元	下南、上南、郑中、中牟、武原五一等分局，月共支洋二千五百一十五元，年一共支洋三万零四百五十元
		技术员	一	四〇	四〇	四八〇	

续表

河别	局别	职别	员名数	薪饷月支数	月支总数	年支总数	备考
黄河	一等分局	办事员	一	四〇	四〇	四八〇	
		一等雇员	二	二〇	四〇	四八〇	
		二等雇员	三	一六	四八	五七六	
		勇役	七	五	三五	四二〇	
		公费			七五	九五四	
		杂费			六五	七八〇	
		合计	八员七名		五〇三	六 〇九〇	
	二等分局	局长	一	一二〇	一二〇	一 四四〇	陈兰、孟温、阳封、下北四二等分局，月共支洋一千六百二十八元，年共支洋一万九千七百二十八元
		技术员	一	四〇	四〇	四八〇	
		办事员	一	四〇	四〇	四八〇	
		一等雇员	一	二〇	二〇	二四〇	
		二等雇员	二	一六	三二	三八四	
		勇役	六	五	三〇	三六〇	
		公费			六五	内炭四八八二八	
		杂费			六〇	七二〇	
		合计	十二员五名		四〇七	四 九三二	

续表

河别	局别	职别	员名数	薪饷月支数	月支总数	年支总数	备　考
沁河	二等分局	局长	一	一二〇	一二〇	一四四〇	东沁、西沁两二等分局，月共支一千一百一十六四〇元，年共支一万三千四百八十八元
		技术员	一	四〇	四〇	四八〇	
		办事员	一	四〇	四〇	四八〇	
		一等查汛员	六	一四	八四	一 〇〇八	
		二等查汛员	六	一二	七二	八六四	
		一等雇员	一	二〇	二〇	二四〇	
		二等雇员	二	一六	三二	三八四	
		勇役	五	五	二五	三〇〇	
		公费			六五	八二八	
		杂费			六〇	七二〇	
		合计	十八员五名		五五八	六 七四四	
总计			黄、沁两河沿岸十一分局，共月支洋五千二百五十九元，共年支洋六万三千六百六十元，冬三月炭资在内				
说明			查：黄、沁两河各分局，原定职员一百零八员，勇役八十九名。兹经改订新章，计核减职员为一百员，勇役为六十九名，其薪公役食经费亦略有增减。另于公费项下，年支总数添有冬季三个月炭资一项计，各一等分局，每局洋五十四元，各二等分局，每局洋四十八元，故月支与年支数不同。合并声明				

改订河南黄、沁两河沿岸各工巡队编制经费一览表十六年十月

款别	员名数	每员名月支数	月支总数	年支总数	备考
队长俸给	九	六〇元	五四〇元	六 四八〇元	下南、上南、郑中、中牟、陈兰、武原、孟温、阳封、下北九工巡队队长，俸给共计如上数
一等汛长薪俸	一〇	四二	四二〇	五 〇四〇	黄河一等汛八处、沁河二处，共支如上数
二等汛长薪俸	二	三六	七二	八六四	黄河二等汛二处，共支如上数
三等汛长薪俸	九	三〇	二七〇	三 二四〇	黄河三等汛九处，共支如上数
一等汛弁薪水	二〇	二四	四八〇	五 七六〇	黄河一等汛弁十四员、沁河六员，共支如上数
二等汛弁薪水	二	二一	四二	五〇四	黄河二等汛弁二员，共支如上数
三等汛弁薪水	九	一八	一六二	一 九四四	黄河三等汛弁九员，共支如上数
雇员薪水	三〇	八	二四〇	二 八八〇	
队兵饷项	三七〇	五	三 六五〇	四三 八〇〇	
办公费			一九五	二 三四〇	九队长各月支十元，汛长二十一员，各月支五元，共支如上数
杂费			一八〇	二 一六〇	九队长各月支二十元，共支如上数
合计	九一员 七三〇名		六 二五一	七五 〇一二	
说明	查：黄、沁两河工巡队，原订汛兵分配之多寡，系按工段之长短，堤形之险夷，适宜支配，兹仍其旧。至薪饷及公费杂费等项，虽略有增减，而与原订预算数目相同，特此声明				

改订河南河务总局暨所属各处局队汛员名经费总表十六年十月

款别	员名数	月支总数	年支总数	备考
总局	四二四〇	四 九五七·一元	五九 九二二·三元	上列月支总数，连公杂等费在内，合并声明
购石处	四一〇	三四五	四 一七〇	同右
黄、沁两河沿岸十一分局	一〇〇六九	五 二五九	六三 六六六	黄河一等分局五处，二等分局四处，沁河二等分局二处，均连公杂费在内，共支如上数，合并声明
黄、沁两河沿岸九工巡队二十一汛	九一七三〇	六 二五一	七五 〇一二	上列月支总数，连公费在内，合并声明
总计	二二七员八四九名	一六 八一二	二〇二 七七〇·三	年支数内，有冬季三个月炭资洋八百四十五元一角，总局凉棚价洋一百八十元，故共计如上数

河南整理黄河委员会十一工务队编制预算表十八年十月

职别	额数	每员名月支数	月共支数	年共支数	备　考
队长	十一	五〇元	五五〇元	六 六〇〇元	每队一员
工务员	十一	四〇	四四〇	五 二八〇	同右
会计兼书记	十一	三〇	三三〇	三 九六〇	同右
汛长	二二	三五	七七〇	九 二四〇	每队二员
司书	四四	一五	六六〇	七 九二〇	每队二名每汛一名
汛目	八八	一〇	八八〇	一〇 五六〇	每队八名
副目	八八	八	七〇四	八 四四八	同右
汛兵	八八〇	七	六 一六〇	七三 九二〇	每队八十名
公杂费			五五〇	六 六〇〇	队长月支三十元，汛长月支十元，共计如上数
服装费	一 一〇〇名			二〇 九〇〇	每年每名单制服两身，每身三元。白布裤褂两身，每身一元五角。棉制服一身，棉大氅一身，各五元。连裹腿帽子在内，计一千一百名，年共支如上数开办费一 一〇〇每队支一百元，系一次临时费，共计如上数
合计				一五四 五二八	

河南河务局全年经费工款支配总表十九年四月

类别		年支数	月支数	备考
经费工	总局	一一八 六二〇元	九 八八五元	
	分局	一二三 七四一	一 〇三一元七五〇	
	石方价	一七五 〇〇〇		
	秸料价	四五 〇〇〇		
	土方价	二〇 〇〇〇		
	沁工岁修	二七 七七八		
	政济桥	四一七		
	造林费	一〇 〇〇〇		
总计		五二〇 五五六		
说明		查：职局奉令改组，所有经费系参照前黄河整理委员会十八年度预算撙节支配，统计经常费及工料各款，每年支出共洋五十二万零五百五十六元。比较前黄河整理委员会预算，核减洋二万四千五百一十六元。将来如有不敷，再行临时呈请追加，谨此声明		

河南河务局经费支配表十九年四月

职别	等级	员名数	全年额支数	每月额支数	备　考
局长	简任二级	一	七 二〇〇元	六〇〇元	局长月支六百元
秘书	荐任四、五级	二	五 四〇〇	四五〇	一等秘书一员，月支二百五十元。二等秘书一员，月支二百元
科长	荐任四级	三	九 〇〇〇	七五〇	科长每员月支二百五十元
采料专员	同右	一	三 〇〇〇	二五〇	采料专员月支二百五十元
督察长	同右	一	三 〇〇〇	二五〇	督察长月支一百五十元
技正	荐任五级	一	二 四〇〇	二〇〇	技正月支二百元
一等科员	委任一级	三	六 四八〇	五四〇	一等科员每员月支一百八十元
二等科员	委任二级	六	一一 五二〇	九六〇	二等科员每员月支一百六十元
三等科员	委任三级	六	一〇 〇八〇	八四〇	三等科员每员月支一百四十元
技士	委任四级	五	七 二〇〇	六〇〇	技士每员月支一百二十元
一等办事员	委任五级	三	三 六〇〇	三〇〇	一等办事员每员月支一百元
二等办事员	委任六级	三	二 八八〇	二四〇	二等办事员每员月支八十元
三等办事员	委任七级	四	二 八八〇	二四〇	三等办事员每员月支六十元

续表

职别	等级	员名数	全年额支数	每月额支数	备考
督察员	委任七级	四	二 八八〇	二四〇	督察员每员月支六十元
书记			五 二八〇	四四〇	书记长一员，月支六十元；一等书记四员，每员月支四十元；二等书记四员，每员月支三十元；三等书记四员，每员月支二十五元
卫队			三 九六〇	三三〇	卫队长一员，月支三十元；正目二名，每名月支十六元；副目二名，每名月支十四元；卫士二十名，每名月支十二元
传达勤务			三 二六四	二七二	传达二名，每名月支十六元；勤务二十名，每名月支十二元
公杂费			二八 五九六	二 三八三	
合计			一一八 六二〇	九 八八五	
说明	查：职局此次奉令改组，直接隶属省政府，所有各科职员等级，系参照各厅依等编列。其一等科员即系主任，故薪俸即照各厅主任等级支付，其余以次类推。合并声明				

河南河务局所属黄、沁两河各分局经费支配表十九年四月

职别	等级	员名数	全年额支数	每月额支数	备　考
分局长	荐任三、四、五级	六	一八 〇〇〇元	一 五〇〇元	分局长，上南、下南各月支三百元，上北、下北各月支二百五十元，东沁、西沁各月支二百元
督工员	委任七级	一二	八 六四〇	七二〇	督工员每员月支六十元
事务员		一二	五 七六〇	四八〇	事务员每员月支四十元
技术员		六	二 八八〇	二四〇	技术员每员月支四十元
书记		六	一 八〇〇	一五〇	书记每员月支二十五元
汛长		二一	一〇 〇八〇	八四〇	汛长每员月支四十元
汛目		三〇	五 七六〇	四八〇	汛目每员月支十六元
汛兵		六〇〇	五〇 四〇〇	四 二〇〇	汛兵每名月支七元
勤务		二四	二 〇一六	一六八	勤务每名月支七元
公杂费			八 六四〇	七二〇	上南、下南两局，月各支公杂费一百四十元，上北、下北两局，月各支公杂费一百二十元，东沁、西沁两局，月各支公杂费一百元
服装费			九 七六五	八一三元七五〇	汛长、目兵共计六百五十一名，每名每年单制服两身，合洋四元；白布裤褂一身，洋二元；棉制服、大氅各一身，合洋九元；裹腿军帽在内，全年共计洋九千七百六十五元，每月平均八百一十三元七角五分
总计			一二三 七四一	一〇 三一一元七五〇	
说明	查：河务局原有工务队十一队，其组织有队长、汛官等名目，现拟将工务队归并各分局，并将原有队长改为分局督工员，以便实施工程时，借收驾轻就熟之效				

河南河务局所属各分局月支经费表十九年六月

职别	等级	员名数	每月每员额支数	每月每员暂发维持费数	备考
一等分局长	荐任三级	二	三〇〇元	七五元	上南、下南各一等分局长一员，每员月支如上数
二等分局长	荐任四级	二	二五〇	七〇	上北、下北各二等分局长一员，每员月支如上数
三等分局长	荐任五级	二	二〇〇	六五	东沁、西沁各三等分局长一员，每员月支如上数
督工员	委任七级	一二	六〇	三〇	督工员每分局二员，每员月支如上数
事务员		一二	四〇	三〇	事务员每分局二员，每员月支如上数
技术员		六	四〇	三〇	技术员每分局一员，每员月支如上数
书记		六	二五	二五	书记每分局一员，每员月支如上数
汛长		二一	四〇	三〇	汛长各分局员额不等，共二十一员，每员月支如上数
汛目		三〇	一六	一六	汛目各分局员额不等，共三十员，每员月支如上数
汛兵		六〇〇	七	七	汛兵每汛名额不等，共六百名每名，月支如上数
勤务		二四	七	七	勤务每局四名，每名月支如上数
公杂费			一四〇元 一二〇元 一〇〇元	九三元三三三 八〇元〇〇〇 六六元六六六	公杂费一等分局，每月一百四十元，按通令支三分之二，每局月支九十三元三角三分三厘；二等分局，每月一百二十元，按通令支三分之二，每局月支八十元；三等分局，每月一百元，按通令支三分之二，每局月支六十六元六角六分六厘，共支如上数
说明	查：表内所列各分局汛目、汛兵，即以现在已经裁定所留之各汛副目汛兵额数为准，故未另行分填，每汛汛目若干员，每汛汛兵若干名，以归简便				

黄、沁两河各分局所属汛段经管滩地一览表二十年六月

局别	管辖汛段	旧管地亩细数	新收地亩细数	总　计	备考
下南分局	陈兰汛	一三四亩一二五	一 一七八亩二一五	一 三一二亩三四〇	
	祥河下汛	九一〇，〇八〇	一 三九七，九一二	二 三〇七，九九二	
	祥河中汛	三七三，九〇〇	九四八，七二五	一 三二二，六二五	
	祥河上汛	一〇 八二〇，五一二			
	中牟下汛	四二四，六九四	六四四，三七六	一 〇六九，〇七〇	
上南分局	中牟中汛	六八，九一〇	三六四，二八〇	四三三，一九〇	
	中牟上汛	五二三，五九六	三六六，〇七四	八八九，六七〇	
	郑下汛	二九二，八四〇	三五四，四三〇	六四七，二七〇	
	郑上汛		七二八，二七一	七二八，二七一	
	荥泽汛		七七五，八〇〇	七七五，八〇〇	
下北分局	开陈北汛	二七七，九一〇	一 七四三，二九〇	二 〇二一，二〇〇	
	开封北汛	三八九，六二〇	一 三三六，二二〇	一 七二五，八四〇	
	封丘汛	三九八，七八七	九三二，三〇八	一 三三一，〇九五	
	阳武汛	一 三三九，四七〇	一 三六二，二八一	二 七〇一，七五一	
上北分局	原武汛	六七五，九〇〇	七八，八二〇	七五四，七二〇	
	武荥汛	五六六，〇三〇	一 二四九，九三〇	一 八一五，九六〇	
	孟县汛	二〇，〇〇〇	八〇〇	二〇，八〇〇	
东沁分局		九三，九九〇	八三，一八〇	一七七，一七〇	
西沁分局			五五一，六〇五	五五一，六〇五	
统　计		一七 三一〇，三六四	一四 〇九六，五一七	三一 四〇六，八八一	

柳园滩租收入一览表民国十四年度至十九年度

年度别收入	粿租银元总数	备　考
十四年度	七六八元九三二	查：本年度中牟分局解滩租洋二十四元三角，郑中分局解滩租洋六十三元九角六分四厘，下南分局解二百一十四元九角五分二厘，陈兰分局解六十四元六角五分四厘，下北分局解五十二元二角一分，武原分局解二百零一元二角七分二厘，孟温分局解三元六角六分，阳封分局解一百四十元三角九分二厘，共收租洋如上数
十五年度	九六五，三三二	查：本年度郑中分局解滩租洋十元零四角二分三厘，中牟分局解一百四十五元九角一分七厘，下南分局解二百九十四元七角六分七厘，陈兰分局解四十三元零五分一厘，下北分局解六十元零二角二分五厘，阳封分局解二百二十一元一角二分二厘，武原分局解一百六十一元四角七分三厘，孟温分局解二元五角，东沁分局解二十五元八角五分四厘，共收租洋如上数
十六年度	五一八，一九三	查：本年度郑中分局解滩租洋五元四角八分四厘，中牟分局解四十三元二角五分三厘，下南分局解一百二十四元二角三分八厘，陈兰分局解十九元二角三分三厘，下北分局解五十一元五角零三厘，阳封分局解一百二十九元七角八分八厘，武原分局解一百四十三元零七分二厘，孟温分局解一元六角二分二厘，共收租洋如上数
十七年度	八六〇，五四三	查：本年度郑中分局解滩租洋八十三元一角七分，中牟分局解九十一元二角九分六厘，陈兰分局解二十九元八角一分二厘，下北分局解八十一元九角八分五厘，阳封分局解五百一十三元四角八分，东沁分局解六十元零八角，共收租洋如上数
十八年度	四〇七三，六九八	查：本年度第一工务队解滩租洋六百零六元七角六分八厘，第二工务队解四十元零九角三分三厘，第四工务队解三百七十五元七角七分，第六工务队解九百零三元八角三分八厘，第七工务队解一千四百三十五元三角五分四厘，第八工务队解四百九十二元三角五分，第九工务队解一百四十四元三角七分一厘，第十工务队解七十四元三角一分四厘，共收租洋如上数
十九年度	七四八二，四七九	查：本年度下南分局解滩租洋二千零九十四元零七分三厘，上南分局解五百零八元一角八分九厘，下北分局解二千八百九十九元九角五分，上北分局解八百九十一元九角一分七厘，东沁分局解一百六十四元五角七分九厘，西沁分局解九百二十三元七角七分一厘，共收租洋如上数

河南河务局所辖临河各县沿岸渡口情形一览表二十年六月

县别	渡口名称	渡口区别	船只数目	备考
开封	柳园口	横河官渡南北两岸	官船两只，余系民船	已收归本局管理
	大顺口	顺河转运	民船	同右
	黑岗口	横河官渡南北两岸	民船	同右
	尚店口	民渡	民船	同右
	陈桥口	民渡	民船	未收回，仍由开封县管理
	草厂口	民渡	民船	同右
郑县	马渡口	横河民渡	摆渡小船，长不满三丈，共有十只	已收归本局管理
	马渡顺河口		民船	同右
阳武	赵口	官渡民船	民船大小五只	同右
	阳武顺河口	顺河转运	民船	已收归本局招商标办， 因十九年土棍霸收，未标出
郑县	花园口	民渡	民船六只	已收归本局管理
中牟	杨桥口	中牟县西北区，系属民渡	同右	同右
	杨桥顺河口		民船	同右
荥泽	荥泽县河口	官渡		同右

续表

县别	渡口名称	渡口区别	船只数目	备　考
陈留	陈留口	民渡	中船五只，小船一只，方船一只	同右
兰封	老文寨口	官渡	民船，来往无定	未收回
武陟	赵庄	官渡	二十余只	同右
	余会	民渡	二只	已收归本局管理
	南贾	民渡	本渡口无船，皆系外来船只装货	未收回
	姚期营	民渡	十二只	同右
原武	马渡口	官渡	十一只	已收归本局管理
汜水	汜水口			未收回
巩县	巩县渡口			同右
孟津	铁谢镇口			同右
陕县	上下黄河渡口			同右
	阳桥口			已收归本局管理
原武	花园口			同右
荥泽	荥泽口			同右

河南河务局经管沿岸渡捐提留收入一览表民国十七年度至十九年度

年度	渡捐提留洋数	备　考
十七	三 九一七元五四一	查本年度渡捐收入总数九千八百一十一元八角七分九厘，除拨给各县教育费洋五千八百九十四元三角三分八厘，净提留如上数
十八	八 一八六 九五二	查本年度渡捐收入总数一万六千五百二十四元三角二分八厘，除拨给各县教育费洋八千三百三十七元三角七分六厘，净提留如上数
十九	七 四〇五 四八七	查本年度渡捐收入总数一万七千九百六十元零七角七分八厘，除拨给各县教育费洋一万零五百五十五元二角九分一厘，净提留如上数

总局及黄、沁六分局公有房屋一览表二十年六月

局别	名　称	房屋间数	坐落地点	建始年月及续修年月	备　考
总局	河务局		西门内西司街		前清臬司旧署，民国三年改归河务局办公之用
下南分局	分局办公处	十九间	祥河中汛十九堡大堤北面和尚庄	民国二年建造，十八年续修	
	陈留汛办公处	八间	曲兴集	光绪二十六年购置	
	料厂	十一间	陈兰汛二十堡	民国三年建始，九年九月续修	

续表

局别	名　称	房屋间数	坐落地点	建始年月及续修年月	备　考
下南分局	营房	七间	人字坝	光绪二十年修，民国九年续修	
	祥河下汛办公处		雷集	租借民房	
	堡房	四座，计八间	陈兰汛界内	建始年月无考	
	营房	六间	洋❶河下汛	同右	
	祥河中汛办公处	十间	祥河中汛十堡	民国二年建修	
	营房	九间	同右	民国四年建修	
	吸水机房	八间	祥河中汛九堡	民国十七年八月建	
	轻便铁道厂	九间	祥河中汛十堡	民国二年建，十八年修	
	营房	四间	祥河中汛二堡	建始年月无考	
	堡房	六间	祥河中汛界内	同右	
	祥河上汛办公处	二十一间	祥河上汛十堡	建自明朝	
	堡房	二座	祥河上汛界内	建始年月无考	
	中牟下汛办公处	六十四间	东漳寨内	道光二十五年建	

❶ 洋　疑为“祥”字。

续表

局别	名　称	房屋间数	坐落地点	建始年月及续修年月	备　考
下南分局	前工巡队长办公房	六间	同右	道光二十五年建 屡次补修	
	堡房	五座	中牟下汛界内	建始年月无考	
上南分局	分局办公处	五十五间	来同寨内	光绪十四年建修	
	中牟中汛办公处		本汛界内大王庙	房屋间数， 另详庙产表内	
	杂料厂	五十间	中牟中汛二堡刘寨附近	建始年月无考	
	堡房	二十一间	中牟中汛界内	同右	
	中牟上汛办公处		本汛界内大王庙		
	堡房	十四座	中牟上汛界内	建始年月无考	
	郑下汛办公处	二十二间	来同寨	光绪十四年建修	
	旧时汛长办公处	十二间	同右	同右	
	堡房	十三间	郑下汛界内	建始年月无考	
	院道馆	五十九间	郑上汛五堡赵寨附近	同治七年建修	
	旧时工巡队长办公处	十四间	赵寨附近	同右	
	营房	七间	郑上汛五堡	同治九年建修	
	汛长驻守所	三间	同右	同治二年建修	

续表

局别	名　称	房屋间数	坐落地点	建始年月及续修年月	备　考
上南分局	堡房	三座	郑上汛界内	建始年月无考	
	荥泽汛办公处		本汛界内大王庙		另详庙产表内
	堡房	十二座	荥泽汛界内	建始年月无考	
下北分局	分局办公处	五十二间	封丘汛十一堡荆隆工	建始年月无考，民国以来屡次修补	旧卫粮厅署
	开陈北汛办公处	七间	开陈北汛头堡	建始年月无考	
	营房	五间	开陈北汛二堡	同右	
	堡房	二间	开陈北汛头堡	同右	
	开封北汛办公处	五十二间	开封北汛十堡陈桥镇	乾隆年建，光绪年修	旧下北厅署
	开封北汛办公处	二十五间	开封北汛十五堡	同治年建，光绪年修	旧院道馆
	营房	九间	同右	同治年建	
	营房	三间	开封北汛十六堡	同治年建	
	堡房	三间	开封北汛十堡	建始年月无考	
	阳武汛办公处	八间	阳武汛十七堡安庄附近	同右	
	营房	六间	安庄附近	同右	
	堡房	二间	同右	同右	
	封丘汛办公处	八间	荆隆工附近	同右	

续表

局别	名　称	房屋间数	坐落地点	建始年月及续修年月	备　考
下北分局	营房	三间	封丘汛十八堡 大王庄附近	民国二年建修	
	堡房	五座	封丘汛界内	建始年月无考	
上北分局	分局办公处	一处	武陟县城内	同右	旧道署，与东沁共用
	孟县汛办公处	二十一间	孟县汛六堡附近	同右	
	堡房	九座	孟县汛界内	同右	
	温县汛办公处	九间	温县汛六堡附近	民国六年建修	
	营房	九间	同右	建始年月无考	
	堡房	八间	温县汛界内	同右	
	东院道馆	三十一间	武荥汛头堡	光绪十一年	
	西院道馆	四十一间	武荥汛庙工	同右	
	苗圃房	二十六间	同右	建始年月无考	
	营房	二十间	武荥汛十三堡	同右	
	原武汛办公处	二十七间	原武汛十堡	同右	
东沁分局	分局办公处	一处	武陟县城内	同右	旧道署，与上北同用
	训导署	十三间	同右	同右	
	主簿署	一处	木乐店寨内	同右	

续表

局别	名　称	房屋间数	坐落地点	建始年月及续修年月	备　考
东沁分局	营房	一处	沁河南岸岳庄	同右	
	营房	一处	沁河南岸白水	同右	
西沁分局	分局办公处		沁阳城内	租借民房	
	汛长办公处	十四间	仁孝寺工	建始年月无考	原系大王庙
	堡房	七间	亢村工	同右	
	堡房	七间	西良寺工	同右	

总局及黄、沁六分局管辖庙产一览表二十年六月

局别	庙宇名称	房屋间数	坐落地点	建始及续修年月	备　考
下南分局	金龙四大王庙	二十一间	祥河上汛十九堡	建自明朝	
	斜大王庙	十二间	祥河上汛五堡	建自清乾隆年间	
	马王庙	三间	东漳寨内		
	虮蜡庙	三间	同右		
	大王庙	二十五间	中牟下汛头堡	建自清道光二十年，同治九年续修	
	火神庙	十九间	东漳寨内		
	大王庙	十四间	同右	建自道光二十五年，光绪十四年续修	
	大王庙	一处	辛寨		

续表

局别	庙宇名称	房屋间数	坐落地点	建始及续修年月	备　考
上南分局	大王庙	九间	中牟中汛二堡	建始年月无考，民国十二年修补	
	大王庙	二十二间	中牟中汛六堡	建自光绪十二年	
	大王庙	五十八间	中牟上汛头堡	建自乾隆二十六年，道光十二年续修	佑宁观道房在内
	将军庙	三间	中牟上汛八堡	建自嘉庆二十五年	
	黄大王庙	二十五间	郑下汛头堡	建自光绪十五年	
	全大王庙	五十六间	郑下汛二堡	同上	
	裴昌大王庙	八间	郑下汛九堡	无考	
	将军庙	五间	郑上汛头堡	建自嘉庆二年	
	大王庙	八间	郑上汛五堡	建自光绪五年	
	大王庙	二十一间	荥泽汛民埝	建自光绪二十二年	
	大王庙	二十四间	荥泽汛十堡	建自同治九年	
上北分局	大王庙	十五间	原武汛十堡	建自明万历四年	
	大王庙	二十三间	原武汛十六堡	无考	
东沁分局	将军庙	一处	滑封	建始年月无考	
	大王庙	一处	张村	同右	
	大王庙	一处	杨庄	同右	

续表

局别	庙宇名称	房屋间数	坐落地点	建始及续修年月	备　考
东沁分局	栗大王庙	一处	武陟城内	同右	
	大王庙	一处	方陵	同右	
	大王庙	一处	渠下	同右	
	大王庙	一处	赵樊	同右	
	大王庙	一处	老龙湾	同右	
	大王庙	一处	莲花池	同右	
	大王庙	三间	武陟城内	同右	
西沁分局	天师庙	三间	天师庙工	同右	
	大王庙	九间	同右	同右	
	大王庙	三间	水南关工	同右	
	仁孝寺	十八间	仁孝寺工	同右	现充杂料厂
	大王庙	十四间	同右	同右	现充西沁汛办公处
	大王庙	六间	仲贤工	同右	
	大王庙	一间	王召工	同右	
	大王庙	三间	尚香工	同右	
	禹王阁	三间	水北关工	同右	

整理人： 武强，新疆大学历史文化学院副教授、硕士研究生导师，历史地理学博士，人文地理学博士后。主要从事历史经济地理与近代经济史、历史地理信息化等方面的研究。已出版著作三部，发表论文三十余篇，主持国家级、省部级课题多项。

吴朋飞，河南大学黄河文明与可持续发展研究中心教授，博士研究生导师，历史地理学博士，环境地理学博士后，主要从事中国历史地理学、黄河环境变迁研究。已发表学术论文五十余篇，出版著作四部。

濮阳河上记

徐世光 著
肖启荣 整理

整理说明

《濮阳河上记》，民国徐世光著，是一部记述民国初年堵筑黄河濮阳大堤决口工程的著作。

徐世光（1857—1929），字友梅，号少卿，天津人。徐家祖籍浙江宁波鄞县。其祖辈明季北迁燕京，清兵入关时南逃天津，落籍天津，是为天津寿岂堂徐氏。曾祖父、祖父在河南为官，故出生于河南卫辉府府治汲县（今卫辉市）。至祖父时已家道中落，父英年早逝，其兄徐世昌与徐世光兄弟尚且年幼，由母亲抚养成人。徐世光于光绪壬午（1882 年）中举，光绪丙戌（1886 年）分发山东，任知府。袁世凯任山东巡抚时，补为青州知府，旋即调任济南知府。杨士骧为山东巡抚时，在河防局劳务局任职。宣统元年（1909 年）后，任登莱青胶道兼东海关监督。辛亥革命爆发，出走青岛。民国 3 年（1914 年）迁居天津租界，其兄徐世昌为北京政府国务卿时，使之督办濮阳河工，工竣复寓居天津。晚年致力慈善事业，任中国红十字会会长。民国 18 年（1929 年）在天津去世。

《濮阳河上记》就是民国 3 年（1914 年）他任濮阳河工督办时所作。关于此书之构思，正如他在自序中所言："甲寅冬董役濮阳，广延治河老宿，共谋方略，而英年之有志事功者亦往往不惮劳悴，辐辏以从。其心力非不明强，而设施之次第与器械之名状或为见闻所未及，则访问体察之功势不可缺，尤不易周，即当时一一志之，而事过则忘，亦人情之所难免。因创为凡例，依类记录，以迄堵合之日，益以图说、日记，得上、下两册，以视前贤之河防各书洵不逮其万一。而是役之巨细始末厘然，不难就名物之粗，以求行水障川之要，凡未与于斯役者或可的一览，而得其利弊，以为异日损益之资，亦未始非竹屑木头一时之用也。”因而全书分上、下两册，分甲、乙、丙、丁四编，甲编图说、堵筑程序，乙编料物，丙编器用、工程、建造，丁编日记、职员录。

关于堵筑的程序，料物制作的材料、工序及其使用的具体环境，器用、工程、建造的各个环节，皆叙述得非常详细、具体。而与丁编日记对读，即使对河工向无亲身经历之人，也得见堵筑黄河工程的具体图景，深刻感受到在当时的年代背景、技术条件之下堵筑黄河决口工程之艰辛。这正是本书作者的目的以及本书特色所在。正如车保成《濮阳河上记·序二》所言：“公述其始终，识其名物，洪纤毕举，细大不遗，此《濮阳河上记》所由作也。《禹贡》之后详载治水之法者，自欧阳(元)〔玄〕《至正河防记》始。厥后作者虽众，而详略互易，求其繁简得中，足备最近从事河防人员考镜者，盖未有如斯记者矣。”姚联奎《跋》所言：“余惟《回澜纪要》《安澜纪要》诸书宏编巨制，固足模范古今，然于堵筑之程序、料物、器用之制备略焉弗详，得《濮阳河上记》相辅而行，足补前书所未及。”

《濮阳河上记》于民国4年（1915年）濮工合龙后即已写就，姚联奎、车保成先后作序，徐世光未允付梓，至民国9年(1920年）方刊行。

此次点校底本为国家图书馆藏民国9年（1920年）刊行、建设总署收藏本。由于点校者学识所限，本书错讹之处在所难免，敬请读者指正。

整理者

目　录

序一

尝读《禹贡》:“东过洛汭,至于大伾,北过洚水,至于大陆。”是黄河自大伾山之西,由东北入海,固未尝经濮也。自周定王五年河徙,自宿胥口东行,至章武入海,始经濮境。汉武帝元光三年,河决濮阳瓠子,泛十六郡,由东南流入渤海,为濮河患之始。经营三十年,费累亿万计,乃至天子亲临,沉(壁)〔璧〕与白马,从官皆负土,伐淇园竹楗,始底于成,筑宫其上,名曰“宣防宫”。历晋、唐、五代,仍为河冲。及宋熙宁四年澶渊之决,尽徙而南,凡灌郡县九十五,而以濮、齐、郓、徐四州为剧,上命欧阳修治其事。决处广千余步,水尝深百数十尺,艰剧甚于瓠子。天子闵徒之遘疠者,连遣太医十数辈,以车载药,并赐襦袍,夏日给以台笠,人悦致力,忘其劳,年余而功讫,遂大庆。自督帅而下,至于勤事小吏,颁器币各有差第,功为三品,各以次增秩焉。建庙曰“灵津”,并命孙洙勒碑纪其事。洎自金章宗明昌五年河南徙,濮阳河患始绝,计盘旋于此土者凡千八百余年。胜国咸丰乙卯,河决铜瓦厢,奔流至濮南界。同治三年,北徙抵金堤。六年,复南徙司马、焦邱、习城一带为正流,南筑官堤。光绪元年,州牧陈兆麟督集民夫筑埝数千丈,即现在临黄民埝也。

民国二年癸丑七月，河决于习城集迤西之双合岭，水由东北趋入陶城埠，仍归正河，漫淹山东濮、范数县。时南北交兵，不遑将事，经历次年伏秋泛涨，决处刷宽八百余丈，人民荡析离居。三年甲寅十月，大总统关心民瘼，命友梅徐公督帅其事。冬日祁寒，冰积水涨，黑夜漫淹，呼号震骇。公督率补救，工与灾黎得无恙。四年乙卯正月杪，冻解兴工，公往来两坝，夙夜在公，监视畚筑，勤者赏而惰者罚，工吏率山东旧属，用能效命。四月二十九日蒇事，费金钱三百万缗。

溯自河决为灾，细者难更仆数。大患由汉迄今，鼎足而三，公始事底成，厥有记载。爰摭拾往事，俾览者知所自焉。是役也，公命联奎总办东坝。联奎夙荷知遇，既不敢辞，尤愧无所建白。嗣以习城漫溢，重莅斯邦。工竣而有观察大名之命，材轻责重，深自惕厉，惟有勉竭驽庸，力袪濮患，斯则区区报国报公之微意耳。

民国四年十一月下浣，姚联奎谨序。

序二

《濮阳河上记》者，天津友梅徐公近著也。自来治河之要，在于审时机，相地势，顺水性。民国二年七月，河决濮阳县境双合岭，于时刷堤未宽，水性尚缓，急加防堵，则事半功倍。乃以南北构兵，迁延未塞，时机坐误。翌年大汛泛滥，口门刷至八百余丈。濮阳地势平衍，横流所届，昏垫随之，政府蹙然南顾，爰以拯灾塞决，舍公莫属，敦促至再，始允勉为其难。莅工后，延揽群策，鸠工庀材，相地筑堤，审时进占，八阅月而合龙。河流顺轨，民困复苏。公述其始终，识其名物，洪纤毕举，细大不遗，此《濮阳河上记》所由作也。《禹贡》之后详载治水之法者，自欧阳（元）〔玄〕《至正河防记》始。厥后作者虽众，而详略互异，求其繁简得中，足备最近从事河防人员考镜者，盖未有如斯记者矣。

公先德服官豫省，以治河著，过庭之训，幼而饫闻，故治术以治河为最。余从游数十年，夙承顾眄，见公本其先哲绪余，宣防鲁省，鲁人去思，至今不少衰。是役招余襄理，复见公夙兴夜寐，劳瘁不辞，濮工于以底绩，岂独斯民之幸？凡百执事亦与有荣。兹示以所著，谨志其梗概焉。

中华民国四年十二月朔日，车保成谨序。

序三

昔周公以周官致太平，而醯醢酒浆，亦隶于天官之属。尼父以兴、观、群、怨贻小子，则所得于通会者深矣。乃草木鸟兽之名之琐琐，且以可资多识而弗遗焉。读其书，绎其义，未尝不疑宏之不足以统纤、精之不足以驭粗也。余先人服官豫省，以治河名，故余年甫髫龄，即稍稍闻其绪。及入官以后，辗转于济、青、登、莱之间，继述先志，历任河防，于曩日所亲承者均一一研求而实验之。觉事物纷乘，名称或彼此互歧，语气亦部州各异，不得其分合变迁之枢纽，则是非得失未易各当肯綮，始悟古之不尽合于今，雅之不无戾于俗，而益信中庸之自卑自迩，为不可变之大经矣。

甲寅冬，董役濮阳，广延治河老宿共谋方略，而英年之有志事功者，亦往往不惮劳悴，辐辏以从，其心力非不明强，而设施之次第与器械之名状，或为见闻所未及，则访问体察之功势不可缺，尤不易周。即当时一一志之，而事过则忘，亦人情之所难免。因创为凡例，依类纪录，以迄堵合之日，益以图说、日记，得上、下两册，以视前贤之河防各书，洵不逮其万一。而是役之巨细始末厘然，不难就名物之粗，以求行水障川之要，凡未与于斯役者或可一览而得其利弊，以为异日损益之资，亦未始非竹屑、木头一时之用也。通人倘见而绳之，为幸尤夥。其载笔以相助者，则周君学俊之力为不可没云。

乙卯九月，天津徐世光序。

校刊姓氏

桐城姚联奎
会稽车保成
易州赵凌云
宜兴潘德蔚
嘉善周学俊

例言

一、是编就事论事，所记均属濮工堵筑情形，因名曰《濮阳河上记》。

一、是册别为四编。甲编图说、堵筑程序；乙编料物、绳缆、桩木；丙编器用、工程、建造、防营、夫役、工匠；丁编日记、濮工职员录。凡十三类，分订上、下二册。

一、绳缆、桩木本属料物范围，兹以此项名目繁多，因另列一类，以清眉目。

一、河工用语大都从俗，沿用既久，自成一种特定名词，若稍加文饰，转恐失其本意，兹概仍其旧，仿昌黎《盐法议》“脚钱”“脚价”之例。

一、是编随笔记录，全属事实，辞句鄙俚，则非所计。且当工事倥偬之际，不暇复按，支离谬误，必不能免，如承阅者订正，无任欣幸。

甲编

图说

图说一

一、老河原身逐段淤垫，输入仅一二分流，大溜紧逼西坝，极形汹涌，几有全河夺溜之势。

一、口门计长八百八十五丈，内有西段水工二百二十五丈。

一、估西段正坝进占共长二百二十五丈，水深三丈五尺至四丈不等。

一、估西段边坝进占共长二百二十五丈，水深三丈五尺至四丈不等。

一、估西段正坝加厢深水护埽工长二百二十五丈，水深三丈五尺至四丈不等。

一、估西段边坝修筑土柜后戗各一道，每道工长二百二十五丈。

一、估东段修筑新堤工长六百六十丈，临河一带一律加厢水旱护埽。

一、西段口门迤上估做挑水坝三道，每道工长五十丈，并一律加筑后戗。

一、西段口门迤下估做挑水坝基三道，每道工长一百丈。

一、东西坝缕堤均极卑薄，须一律加培，工长约百里。

一、东段内估挑引河一道，工长二千八百丈。

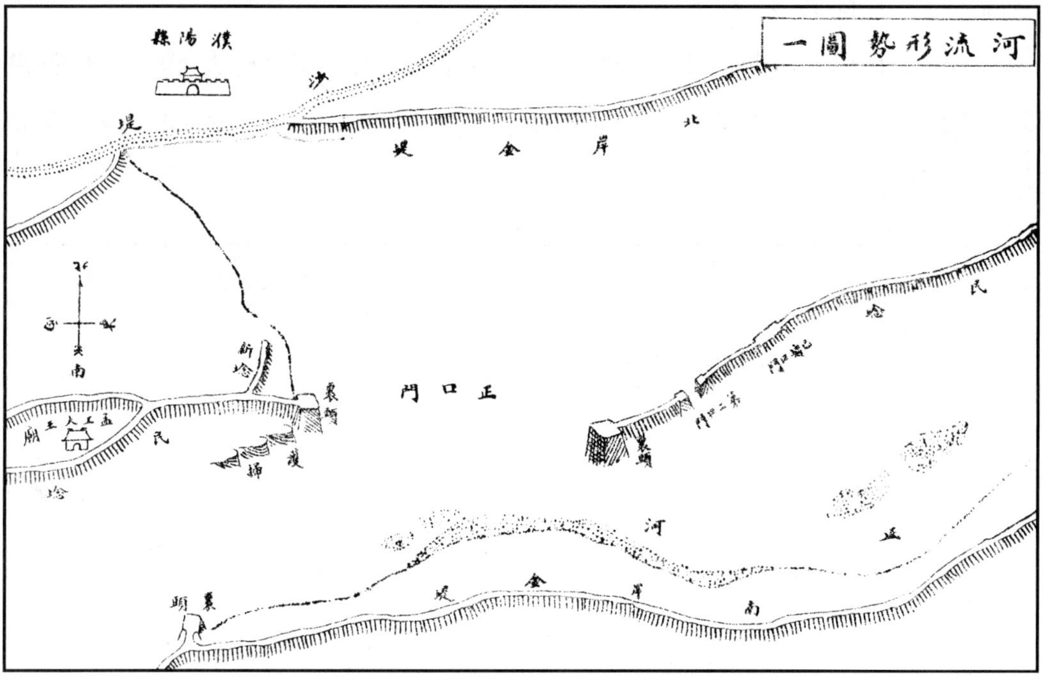

图说二

一、东南发见新滩，正河淤塞，迤上约四五里现出旧河叉道，通正河，水面宽三四十丈，深一尺至四尺不等，此系分溜，其势极微。

一、拟东坝上游逼近老河之处挑挖龙须沟多道，以分水势。

一、原估引河拟在东坝上游，扼要酌定，但该处沙滩颇矮，水涨即漫，形势不顺，恐徒多糜费，不能得力，将来应否挑挖，看临时形势再定。

一、全河溜势注重口门，将来进占时，欲逼水归入旧叉河，必须逆行四五里，恐非易事。连日河封，水见抬高，一俟解冻水落，形势必变，临时再行酌夺。

一、东南新淤浅滩，水仅一二尺，皆固正河闭塞，是以逐渐淤垫，倘凌涨落之际，能将正河身及叉河冲刷宽深，水势稍为通利，工程较易着手。

一、正口门进占时，倘旧河仍不疏畅，尚无大碍，将来两坝逼紧，或可刷去各滩，则河水归槽自易，否则老河须择要疏浚，工程较大。

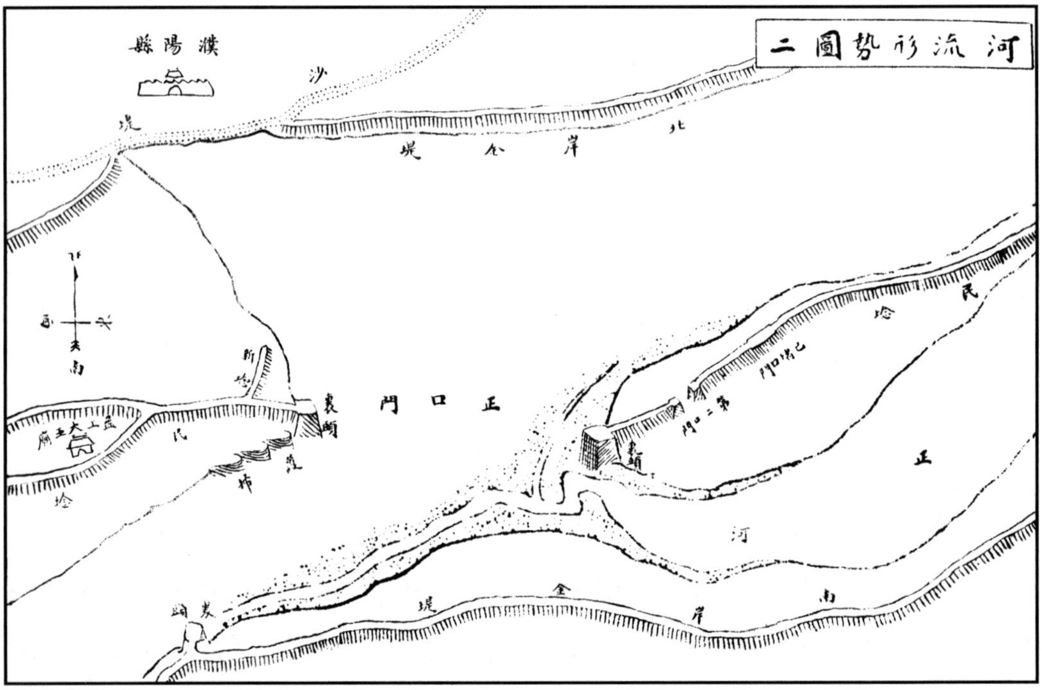

图说三

一、西坝上游因进占已多，水势退出，忽接出长滩，挑溜南趋，所以水由附近口门可入老河。

一、孟工合龙处临河堤一带皆积水，有来源，而去路不畅，且堤身残薄，形系坐湾，更属危险。现已兴工加高培厚，面河之处并加做护沿，顶厢各埽长一千四百三十八丈。堤之后身添筑后戗一道，长九百一十四丈。

一、原老河口竭力设法疏通，多日未见效力，其附近一处走溜约有三分。

一、原虑老河口入水不畅，又距口门过远，颈项太长，恐合龙时有误事机。近日河势变顺，附近口门溜势南趋，与正河通，如再顺畅，乃天然引河。

一、现在溜势东坝吃重，口门约在七十丈，内外东坝水深三丈，西坝水深一丈八尺。

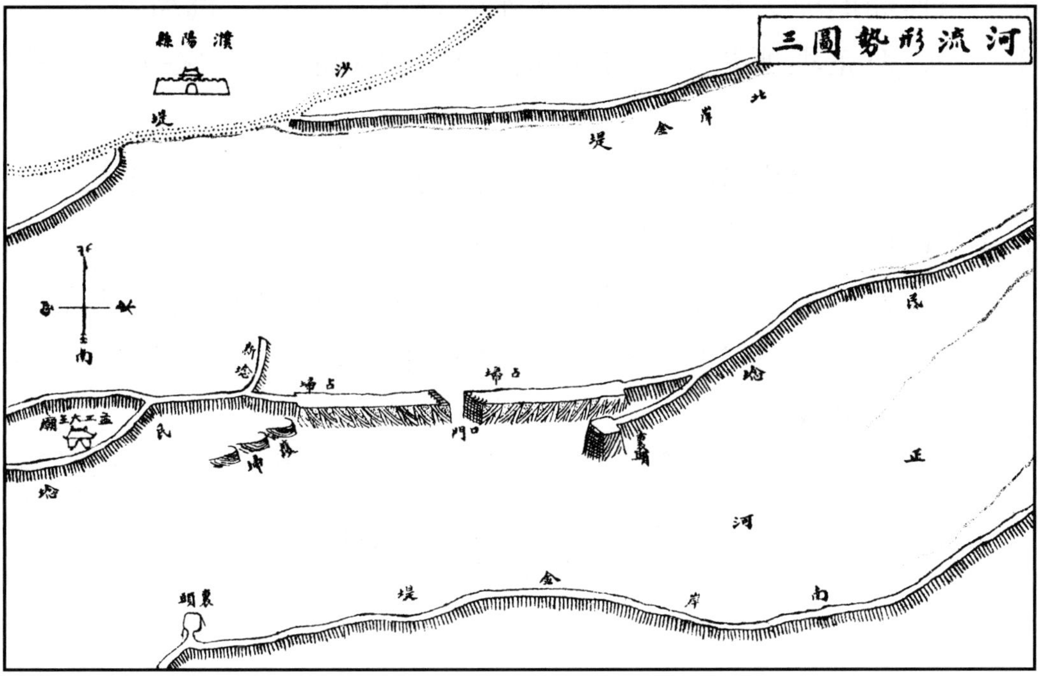

两坝圈越进筑图说

一、议定由两坝上口外越前进，东坝自第二十五占起，西坝自第十八占起，见做扇面接口等埽各二段，既可分散溜势，并作新坝基础，俟埽工完竣，即由埽前各进二占，两坝占埽共计八段，余为合龙占八丈。

一、原有正坝，地位上口，留二丈五尺作为土柜，余即改做边坝。

一、正坝口门为大溜淘刷，深四丈余至五丈不等，既成跌塘，且有破占坏船拦垫，高低不平，此处万难进占。

一、西正坝所失第二十一占紧抵东正坝头，并将东正坝拥厢船撞毁沉拦，破占出水，高尺余，东正坝连日盘筑，尚属稳固。

一、西正坝所失金门占连同西正坝拥厢船，紧抵东边坝头，西正坝拥厢船撞为齑粉，破占出水，高约二三尺，挑溜外移。

一、西正坝所失第二十占横于口门中间，出水一面已为溜刷去。

一、西边坝所塌第二十占已为火溜冲刷净尽，所拓第十八十九两占尚未全刷，出水高一二尺不等。

一、西坝大溜由西北直顶正坝，第十四占再循此大坝向东折入口门，溜势较东坝更激，而西坝第十四占尤为吃重，现拟抛砖以护占基。

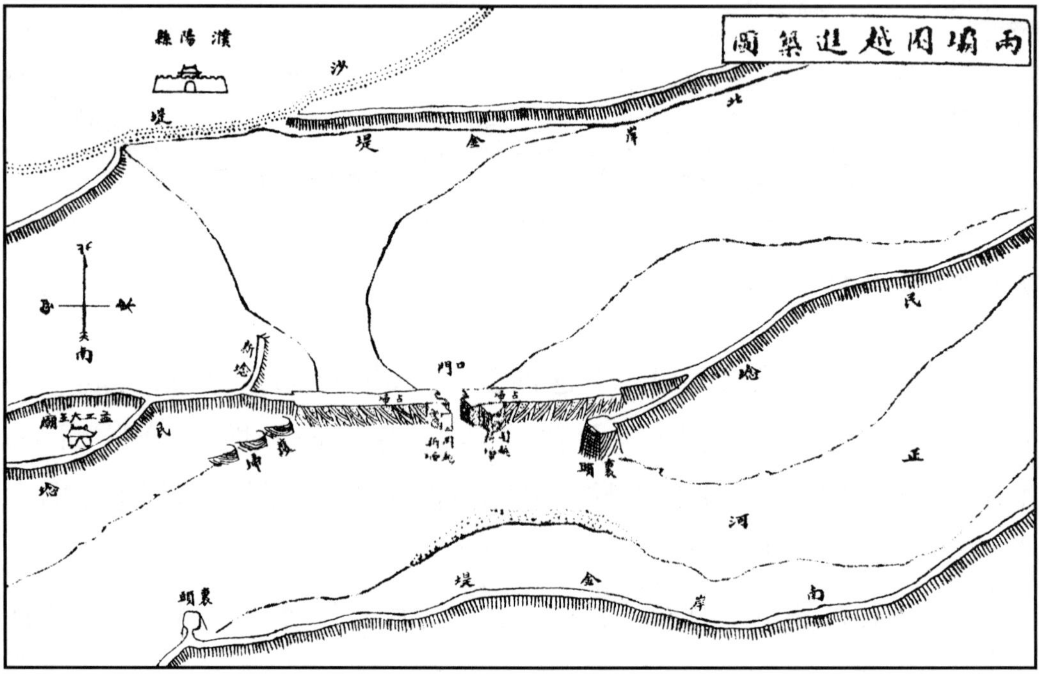

一、东坝大溜由东北西趋折入口门。

一、两坝口门相距二十二丈。

一、西坝第二段新占将来做成，当在旧坝第十九占之前，既无屏蔽，且正顶大溜下口空档，拟多抛砖，以资抵御。

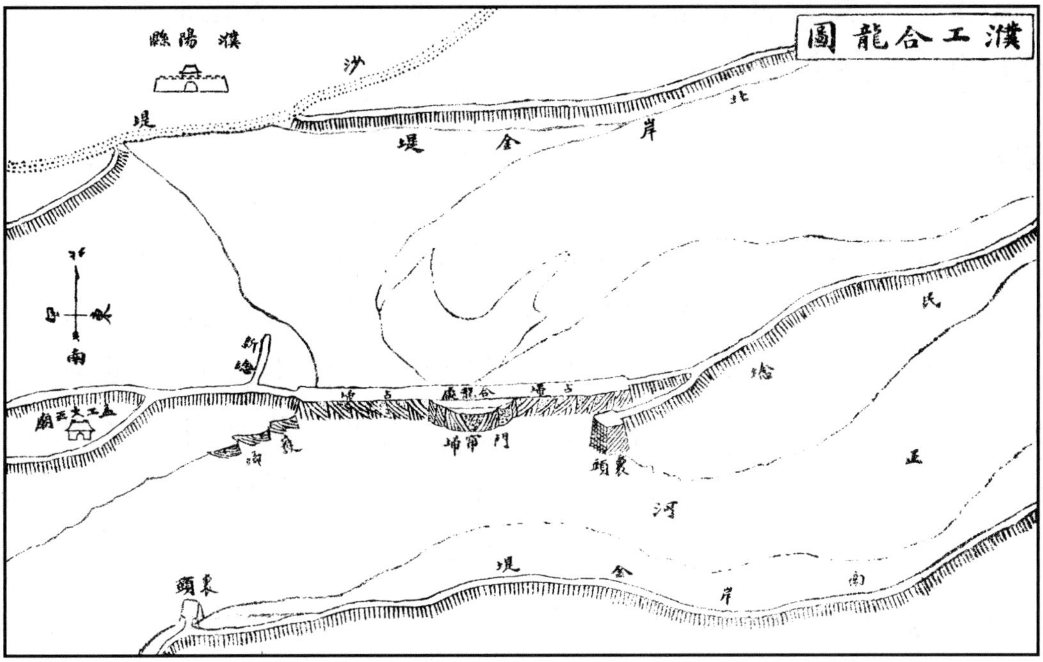

堵筑程序

裹头

就溃决之处盘裹堤头，防其刷塌者，谓之裹头，此为堵筑之初步。我国历史河决、河溢，书不胜书，尤以黄河之患为最巨。黄河发源于昆仑山，水之涨落自万锦滩为原始，至河南而水势涨大，历豫、直、鲁三省，分南北两岸，由西而东，循鲁之利津入于海。每经桃、伏、秋、凌四汛，往往随处出险，偶一不慎，辄复泛滥。既经溃决，即须赶盘裹头，为退守之计。否则两岸口门愈刷愈阔，堵筑更形棘手。是以建筑之初，亟宜辨其缓急。如漫滩分溜，当从速裹头，以防冲刷。如溜已全夺，不妨俟其塌定，再行盘裹。不然徒糜料物，于事无补，此为第一要义。至其盘裹之法，系用秸料软厢，以工程之轻重定丈尺之广狭，此为第二要义。

坝基

扼要建坝为进占之基础者，谓之坝基，此事最为重要。盖全工之关系，全以坝基为枢纽，倘建非其地，鲜有不偾事者。宜详加讨论，择善而从，尤宜统筹全局，庶不致有偏重之患。如漫口仅属分溜，坝当建于两岸分岔之处。若全河已经夺溜，则坝宜外越，但须依傍老崖，方可着手。前者为扼要计，后者为退守计也。查历来坝基，有就裹头而定者，亦有舍裹头而别择相当之地建筑者，总以相机规画，庶几胜算可操。此次濮工决于民国癸丑之秋，嗣因屡议不定，迟至年余，口门愈刷愈大，竟宽至八百八十五丈。甲寅六月始由直隶巡按使委派马薪盘做裹头。迨余奉命来濮，详细履勘，以旧裹头两不相对，且下拜太甚，非上迎未能适用，是以另定坝基。至于坝身之宽窄，则宜酌量水势之深浅为衡。濮工水深三丈余，正坝宽六丈，边坝宽四丈余，可类推，此其大略也。

边坝

捍卫正坝同时并进者谓之边坝。查历来大工有用单坝者，有用正、边二坝者，有用一正坝、二边坝者。单坝进堵谓之独龙过江，盖形势有不同，坝亦因之而增减。说者谓堵筑决口，单坝既有先例，则边坝非必要之工，徒多耗费，何为哉！殊不知专恃一坝以成功者，事属侥幸，因无边坝而败事者，不堪枚举。况工程之难易，各有不同，又乌可执一以概论！濮工议定一正坝，一边坝，缘东西两坝愈逼愈窄，上水恒高于下水，奔腾下注，势若建瓴，不有边坝以分其力，则正坝不免有牵动之虞。以濮工形势论，口门宽至八百余丈，一边坝犹患其弱，舍此乌足以成事！正边坝距离不宜过远，濮工定为二丈五尺，此二丈五尺即为土柜地位，若过远则失捍卫之效，且恐溜势顶撞，对面之坝将首受其冲矣。

盖坝

掩盖坝基防御回溜者，谓之盖坝。坝基既定之后，如水力猛大，坝基固不免有所冲激，而进占时阻力尤多。故于坝基上水接筑盖坝，分水势也。濮工原拟建造此坝，嗣因河水平稳，进占亦尚顺手，此议遂寝。

土柜

填土于正边坝夹道内者，谓之土柜，又名夹土坝。俟正坝进两三占，边坝进一两占后，即须并力合填，随占前进，层土层夯，填筑坚实。既可塞两坝之罅隙，且可作两坝之中坚。盖占以秸成，恐其不可持久，故用土柜，使正边坝凝结一气，更为得力。如合龙之前水深溜急，土不能容，宁可暂缓须臾，不可用料填塞。一俟两坝合龙，即从速接堵。用土所以闭气，用料则渗漏可虞。若万不得已而求速效，亦惟有用麻袋包淤，以之填底，可免冲刷。濮工合龙以前，东坝土柜随填随刷，仿用此法，颇见功效。

后戗

筑土于边坝之后身者，谓之后戗。进占于狂澜横溜之中，奔腾直泻，首当其冲者为正坝。恐正坝不足以抵御，于是藉边坝以分其力，藉土柜以实其中，犹恐或有牵动，接以后戗，作为后盾，由上坡下抵御，力较土柜尤强。濮工后戗原定宽二丈五尺，嗣以下游水势尚浅，加宽几倍之，既可培护根基，且为将来运土便利计也。

挑坝

挑溜远引以捍卫坝基者，谓之挑坝。此坝应建于西坝上游，坝头须与引河头相对，一则掩护西坝坝基，一则逼溜注入引河。挑坝吃力较重，引河得力亦较多。倘与引河分道背驰，则其效用全失。濮工坝基勘定得势，水入老河，故引河估而未开挑，坝亦仅植其基。至东坝所筑挑坝，专以防护大堤，性质相同，而功用则大有别也。挑坝形势宜于长斜著溜而止，否则其力不足以捍卫大坝。顺坝作用与此相等，惟坝形较此尤为偏斜。大都溜势过激，则用顺坝，溜势平稳，则用挑坝，辨水性也。

护埽

抵御溜势，用以防护大坝及大堤者，谓之护埽。此与挑坝不同，挑坝为离溜较远之工，护埽为切近大溜之工。护埽种类各别，以其形似而分。功用亦各有区别，如鱼鳞、护沿、雁翅、扇面、棱角等埽，为捍御正溜之用；如月牙、磨盘等埽，为捍御两分溜之用。惟雁翅埽、扇面埽均用于上水，以防正溜。挂耳埽则用于下水，以防回溜。至若护沿埽，以之防御风浪则有余，捍卫大溜则不足。

濮工护埽以东坝较多，该处临河新堤计五百五十丈，益以坝基，共长六百余丈，一律厢用护埽衔接而下，计六十八段，盖恐新筑堤工未尽坚实，不得不加意防护也。

绢口

以篓绳绢量口门之广狭者，谓之绢口。此在坝基既定以后，为进占之准备。绢口之绳宜用丝，绢口之日不宜有风。如口门在百丈以内，小船即可绢量，在二百丈以外，当以大船排列下锚定住，无使摇动，一面再用划船，将篓绳由坝头牵至大船，依次绢量。知口门之广狭，则应进若干占，便可依此估计，此后每进数占，亦当随时绢量，以定丈尺。

进占

用料铺厢，接坝基而前进者，谓之进占。占之命意不可考，以字义诂之，有侵占、占据之意。盖治水无异用兵，虽治术各有不同，而勇往直前，志在进取，则相同也，命之曰“占”，其此意乎？占之组织纯用桩、绳、土料。当其着手之先，将捆厢船横泊坝头，再用底勾绳、站绳，由坝基而达于捆厢船之龙骨，布置就绪，悬旗买料。旗分三色，如红旗要秸料，黄旗要土，花旗要碎料也。秸料纳于底勾绳、站绳兜内。铺料长约五尺，即雇夫压埽。每压一层，下料一次，至丈尺合度而止。每次均用金斗骑马二三付，倒骑马及拐头骑马一二付不等。至二三次以后，当用羊角暗橛数付。一俟丈尺压足，高与坝齐，即将底勾勾上八九根，覆练子绳一排，并用暗橛数付，或三星，或棋盘，或五子，以后每坯皆然。头坯谓之宣料，宣料之上压以花土。俟用头坯揪头，当压大花土一层。第二坯以后，全视形势如何。如占未到底，宜仍用揪头，以到底为度。若已到底，则用束腰。第三、四坯或用束腰，或用分边。第五、六坯如占形偏侧，当用包角，否则无需此矣。要之暗橛为经络之贯通，明橛为纲领之提挈。若者为必要之品，若者为可省之物，不能执为定论，神而明之，存乎其人。二坯以后，宜重加厚土，压力愈大，占埽愈稳。压土宜先占头，占头既稳，可无他虞。至于每占所用料土之多寡，全以水势深浅为衡。

濮工水深在三丈左右，用料约七八坯，用土约三百余方。然此不能为正确之比例，总以加至不蛰为度。每加秸料一坯，宜用齐板将眉头打齐，每加大土一坯，必须两边包眉，再用小骑马将眉头束紧。一占告成，所有底勾绳、站绳全数上覆，此为全占构造之大要也。

金门占

两坝最后之占逼近金门者，谓之金门占。金门占为两坝之咽喉，合龙之根据，视他占尤为重要，宜多压厚土，多加绳橛，最后一坯当用抄手，俟盘筑坚实，不见下蛰，即于两坝金门占前眉横钉合龙枕各一具，长与占齐。枕之两旁插以龙牙。为规束合龙绠之用。次于金门占后面各钉合龙桩四排，以两桩系一合龙绠，绠置枕上。两坝互牵，每绠距离约五六寸。如占宽六丈，用绠百余条。再次则用合龙衣覆于合龙绠上，为合龙之预备。

合龙占

堵合金门用龙衣兜埽者，谓之合龙占。缘金门之间船不能容，故以绳结网，名曰“龙衣”。覆于合龙绠上，专为兜料之用。俟祭坝后，即买料进埽，并于河营择一熟练官长，鸣锣为号，守合龙绠者悉听指挥。闻号松绠，每下料一坯约松绠尺余，并于下水用五花倒骑马牵于上水，防下拜也。俟龙衣入水，即压花土二三坯，后多用蒲包大土。如下水不见翻花，即堵合矣。有谓合龙之日宜诹其吉，此乃大误。盖大功之成败全系乎此一发千钧，岂容玩忽？欲速则草率从事，后患堪虞，过迟则金门刷深，追压不易，必俟金门占盘筑坚结，即行动工，最为适当也。

接口埽

于两占接合之处，用以堵塞漏患者，谓之接口埽。每段占埽做成，接口之处亟须留意。遇有埽眼上口，赶做接口埽，以堵其隙。至合龙以后，尤宜注意下水有无翻花，有则即是漏患，但腰漏、底漏最宜辨明。其法用丈竿入水，节节试验，竿将到底始浮者，是为底漏，竿至中流即浮者，是为腰漏。再于上水用丈竿探明进水之处，竿如乱战，患即在是。此等漏患不出于金门，即出于两坝埽眼，故于上水两坝接合之处赶筑接口埽，作为关键，故又谓之关门埽。数坯以后，重土加压，埽既到底，即可闭气。如合龙后无是弊，则亦无取于此矣。

引河

开凿通渠、引水归原者，谓之引河。河水溃决，溜入口门，正河故道渐就淤垫。如夺溜已久，则正河淤垫之处近在密迩。如先分溜而后夺溜，则淤垫之处远在数千丈或万余丈以外。估计引河须详察形势，先定河头，再测量正河淤地之长短，滩高水面之度数，然后规定开凿之丈尺。并预计开放时可以过水若干，统宜事前熟计。河头应建于深水陡崖之处，河尾应挑至未曾受淤之地，庶于开放时得以顺流而下，无所阻碍。于此尤应注意者，全视河形之曲直，水势之高下，有非凿引河不能引水归原者，有舍引河而别筑龙须沟以疏通者，亦有全不开凿而自然就范者，要在当事者变而通之。如濮工合龙，水势抬高，大溜趋向老河口门，下游渐次挂淤，是为天然引河，形势既顺，则人力、物力二者俱省，亦幸事也。

合龙碑

大工告成，于合龙地点建碑，以留纪念者，谓之合龙碑。旧例多以木为之，今余自书“濮工合龙处”五字，旁注年、月、日，并署名刻石，为永久纪念。

土牛

预积土堆以备抢险之用者，谓之土牛。堆之大小不一，以地段酌定。每堆相距约丈余或数丈。盖抢险贵在神速，一发千钧，所系甚大。故向例河堤两岸均须储积，而合龙之处尤应多备。如占埽未尽坚实，遇有蛰陷，可就近取土，以便追压。濮工此项工程拟在善后期内，饬河营从速多备，亦绸缪未雨之意也。

乙编

料物

正料

治水之术，不一其端，冯藉之方，实赖料物。《史记·河渠书》曰：“是时东流郡烧草，以故薪柴少，而下淇园之竹以为楗。”可知以薪御水，自古已然。故堵筑大工首重正料，正料虽有柴、芦、秫、秸之别，大致各工均以秫、秸为多，濮工所用正料亦属此项。缘邻近各省多植高粱，既便购运，且杆根坚固，顶溜得力，是以定议一律用此。惟采办之先，宜测量口门之广狭，水势之深浅。坝身既定，即可按占估计需料若干，派员分途购办。一经运工，务宜认真验收，存储料厂，以备应用。河南每垛定为五万斤，兹以万斤为限，系仿山东旧例，既便抽查，且可预防他患，斯虽小节，然亦不容忽略。

杂料

事有相辅而奏其功，物有相因而竟其用，杂料之于正料亦犹是也。正料固属重要，而杂料亦不可缺。杂料之大者如桩木、黄料、青苘、线麻、麦穰、竹缆、铁缆，凡此数类皆大工必需之物。惟桩绳名目繁多，当专列一项，兹将其他各类略举于下。

黄料

黄料即禾黍之杆，用以厢口、包眉，并填塞占头绳隙之处，取其杆细质柔，易于融合。直隶每垛约四五千斤不等，濮工定为万斤。需用若干，当照正料百分之二估计。

青苘

青苘为杂料之大宗，专以拧绳。一经到厂验收后，即贮入苘房，以避风（两）〔雨〕。色以青者为上，白者次之，黄者又其次也。参和泥土者谓之浑苘，斯为最下。苘以捆计，每捆重百余斤不等，发出拧绳须记明斤量，以便与绳斤对照。

线麻

线麻亦为拧绳之用。麻较拧坚结，如过渡绳、合龙绠之类，负力较重，故必以麻为之。每捆斤量与苘相等，入厂后须支搭厂房，以便存贮，此项亦须多为购办。

麦穰

麦穰即大麦之秸，用以建造房屋，为大宗。他若堵塞漏患，亦间有用者。

竹缆

竹缆以篾条编成，其功用与苘绳相等，而不若苘绳之能伸缩，故宜用之于束腰分边，而不宜于揪头。缘揪头为缚束占基之主脑，上部压力过重，则根基必因之伸涨，如用竹缆，恐有底短顶长之患。若用于束腰分边，则有其利而无其弊。每盘长三四十丈不等，采办若干，当按占估计。如濮工水深三丈，每占以四坯计算，共进几占，即可预知其数。

铁缆

铁缆用于提脑、揪艄等船，每条长二十丈，分作两行，每行五六条不等，长度不足，可接续使用。

砖石

砖、石两项以之防护埽根，最为得力。凡占埽进至深水，溜势顶冲，恐力不能胜，故埽之头部及上下口必须多抛砖石，以资捍卫。濮工二次进行，险象迭出，抛砖防护，其效大著。砖石均以方计，石块大小无定。砖大者每方约一千二三百块，小者倍之。濮工距产石之处过远，不便输运，故未采办，仅在附近收买废石，以之压埽。砖则除借用山东买庄旧存大砖外，余均在附近一带收买，既省运费，而瘠苦之民亦得稍沾润泽矣。

绳缆

过渡绳

经过船底由外反系于捆厢船者，谓之过渡绳。此绳位于站绳之空处，一端系于根桩，一端穿船底而达于龙骨。每进一占，船进过渡绳亦接续前进。过渡与站绳均各分排，惟过渡之分排因站绳而定。如站绳为五排，则过渡之数为四；站绳为七排，则过渡之数为六；濮工站绳定为五，过渡当然为四。每排用盘绳九条。此次正坝用麻，边坝用苘，麻重百斤，长二十丈，苘重百五十斤，长十五丈。因正坝抵抗之力较大，故宜加意郑重，一俟金门占告成，捆厢船既无所用，即将过渡勾起，覆于占上，两坝皆然。

站绳

兜托、占底、占成而上覆者，谓之站绳。濮工用二十丈盘绳，每条重百斤，以苘为之。计分五排，每排七条，此排与彼排相距约丈许，一端系于占后根桩，一端系于龙骨，占成即将所有站绳由占首全数上覆，束于根桩。桩距占首约五丈，中有腰桩，每占皆同。惟站绳与底勾、过渡位置相等，而作用迥别。盖底勾为层层之连带，站绳为最终之结束，过渡用以兜船，站绳用以兜占也。

底勾绳

兜托、占底层层上勾者，谓之底勾绳。濮工用加重十丈绳，正坝用六十二条，边坝用四十条，均分布于站绳之空处，一端系于占后根桩，一端系于龙骨。过渡与站绳均分排，底勾则系散置。每加料一坯，勾绳八九条不等，每次勾上之数必须随时照补，仍系于原处，占成全数勾上，再进再系，用法与站绳同。

玉带绳

围于占腰、横束、底勾站绳者，谓之玉带绳。此绳作用与他绳不同，他绳皆为束占之用，此则专以缚束底勾站绳者。每进一占，底勾、站绳为必要品，此又为必要之附属品，由占后兜至占首，将各绳一一束住，以防紊乱。绳用十丈，以苘为之。

金斗骑马绳

横束眉头，随压随旋而下者，谓之金斗骑马绳。此种用于着手进占之际，每压料一次，用金斗骑马数付，置于埽之上下两边，用十丈绳对束，中有腰桩。每付距离无使过远，庶可层层团结。新埽愈压愈沉，骑马亦愈旋愈下，用至丈尺合度而止。金斗骑马与小骑马形式相同，惟此则用于铺料丈尺未足之时，彼则用于丈尺合度以后，其区别如此。

倒骑马绳

由占之下水斜牵上水，以敌大溜者，谓之倒骑马绳。一端系于下水占眉之骑马桩，一端斜牵于上水堤岸之根桩，如距岸过远，则系于拖缆船。每压埽一次，用倒骑马一二付，每占约用十余付不等。绳则或用竹缆，或用二十丈盘绳，以溜势强弱而定。至合龙时所用者，则为五花倒骑马，牵以铁缆，其力更劲。

拐头骑马绳

紧束埽眉，使两占接合无隙者，谓之拐头骑马绳，又名霸王骑马。用于左，则在右埽眉叉入骑马桩，用加重十丈苘绳牵至左埽眉，再沿边而折入占后，束于根桩。用于右亦然。每进一占，左右各用十数付不等。此与倒骑马、金斗骑马均为压埽时所用，丈尺合度后无取于此。

小骑马绳

横束埽边，用以防护短眉者，谓之小骑马绳。有单用一边者，有左右对牵者，左右对牵又谓之对骑马。凡压大土一层，必须包眉，眉头甚短，故必以小骑马束之。绳用行十丈，或八丈，以苘为之。

练子绳

直兜前眉，层层萦缚者，谓之练子绳，亦名核桃绳。新埽丈尺压足，即拉头坯练子绳，此后每加料一坯，必用一次，与底勾同。所不同者，彼为经，此为络；彼则疏，此则密耳。濮工正坝每坯用七十条，边坝用五十余条。第一坯即系于底勾绳上，以后层层接续，由下上兜，距前眉长约二丈，钉以木签。

揪头绳

拱抱占头，使之下蛰者，谓之揪头绳。凡新进之占，料质松浮，欲其紧实，必以追压为不二法门，若无规束之方，则偏侧之患立见，故揪头之作用为全占之纲领。丈尺既足，稍压花土，即下揪头，如二坯尚未到底，宜仍用之，以到底为度，水深四丈以外，非三次揪头不足以资巩固。至其用法，由前眉适中处环钉揪头桩。其式有二，用七根者谓之七星式，用五根者谓之簸箕式。以二十丈苘盘绳围绕桩上，至前眉中间擘为两翼，由占头引下，左右环抱，均束于占后根桩。每次用绳由九条至二十一条不等，以溜势大小为衡。

包站绳

牵制揪头，为其后劲者，谓之包站绳。揪头之基础逼近前眉，恐其力不足以贯彻后部，于是在揪头桩之绳上左右各系十丈苘绳，或五条，或七条，直牵至占后，长约三丈，束于包站桩，如此互相维系，功效益著。

束腰绳

拱抱占腰，使之紧束者，谓之束腰绳。束腰系用于揪头之后，揪头所以巩固占之基础，束腰所以巩固占之中部，每次九条至二十一条不等。水深三丈以内，大都用苘盘绳十五条，两边旋绕，环抱占头左右，均束于占后根桩。

分边绳

缚束占之两边，不使前移者，谓之分边绳，又名分边龙头，用二十丈苘盘绳九条至二十一条不等。先于占后两边左右各钉根桩，分系桩上，左则由根桩沿边向下，绕过占之下角，再引之向上，沿右边前眉经过门桩，达于根桩，右则绕上角，沿左边前眉过门桩，而达于根桩。此绳用于束腰之后，专以巩固占之上部，如水势平顺，占形稳固，亦可不用。

包角绳

缚束占之一边，防其偏侧者，谓之包角绳，又名单边龙头。上口偏侧用于上口，下口偏侧用于下口。此种作用全以形势而定，如无此弊，则不须用单边，亦用二十丈苘盘绳，其数当在九条二十一条之间，用法与双边绳同，惟用于一边耳。

抄手绳

环抱金门占，使之巩固者，谓之抄手绳，又名门帘绳。当用二十丈苘盘绳，其数不得过二十一条。两边均系于占后根桩左右，盘旋绕至占头，在适中处钉以木签，左则由占头引下环抱右角，右亦由占头引下环抱左角，均束于占后根桩。此绳用于金门占筑成之候，他占无须用此。其形交错，有似抄手，一以巩固金门占，一以壮观瞻也。

合龙绠

兜托龙衣，用以合龙者，谓之合龙绠。此绠用于两坝金门占上，互相牵连。兜托龙衣者，其详已叙入金门占款内。绠长三十丈，重二百斤，以麻为之。

龙须绳

由上水直牵合龙绠，以防下拜者，谓之龙须绳。金门收窄，溜势顶冲，虽金门占十分坚固，仍宜加意慎重。俟合龙绠布置妥善，即用龙须绳两条，长约四十丈，以麻为之。一端横纬于合龙绠，穿至下口边绠，一端系于上口拖缆船，抛以铁锚。两绳左右分档，各不相扰，既可防其下拜，且可规束龙绠，法至善也。正坝负力较重，多用之，边坝或可省去。

小引绳

两坝互牵，以之引渡合龙绠者，谓之小引绳。因合龙绠量重梗粗，两坝相隔数丈，未易传达，故先用小引绳，长约三四十丈，一端系于合龙绠，一端授于对坝之人，一往一来，互相牵送，引绳既渡，龙绠亦达。引绳以麻为之。

扎头绳

密密结扣，以之连合龙衣、龙绠者，谓之扎头绳，又名结扣绳。每条长二三尺，以苘为之。龙衣铺就，即用此绳连扣于龙绠，四周中间亦须按档紧结，总以坚牢为要。

龙衣

以绳结网，合龙时用以兜料者，谓之龙衣，亦名龙兜。两坝合龙绠牵成，即用龙衣覆于绠上，以备兜料。龙衣以麻绳结网为之，网格相距四五寸，作斜方式。濮工所用正坝宽长均七丈，边坝宽五丈，长七丈。

羊角绳

形似羊角横贯占腹者，谓之羊角绳，又名对面抓。在占之左右各钉斜十字桩，下截入料，上截崭露，用八丈苘绳对面互牵，中绕腰桩，此为经络之横贯者。每加料一坯，必用一次，即丈尺未足时，亦可适用暗橛之中。惟羊角为横牵，故其应用也亦较广，每坯约用四五付，每付距离约四五尺。

鸡脚绳

形似鸡爪，由前眉直牵向后者，谓之鸡脚绳。在占之前眉钉桩三根，两斜中直，用十丈苘绳环系于桩上，直牵而至占后，绕腰桩达于根桩，此为暗橛之一，为经络之直贯者。

三星绳〔附单头人字绳、暗站绳〕[1]

三桩连带由前眉直牵向后者，谓之三星绳。在占之前眉环钉三桩，前双后单，用十丈苘绳互相连带，直牵而至占后，绕腰桩达于根桩，此为正三星。至其变象，又有二类，一曰单头人字绳，即倒三星之疏者。桩分两排，前单后双，每排约十余桩，用十丈苘绳交错环绕，形如人字，每桩两绳直牵至占后根桩。一曰暗站绳，即倒三星之密者，此亦分作两排，前单后双，用法与单头人字同，惟各桩相距较密，故曰暗站。三者均属暗橛，同为经络之用。但前者可以单行，后二者必须成排。前者为寻常所通用，后二者则专施于软弱之处，此其区别也。

棋盘绳〔附双棋盘绳〕

形似棋盘，由前眉直牵向后者，谓之棋盘绳。在占之前眉

---

[1] 据目录加。余同。

分钉四桩，前后各二列，作方形，用十丈苘绳交错连带，直牵至占后，绕腰桩达于根桩。棋盘有双单之别，独自为用不与他棋盘相连者，为单棋盘，两棋盘互相牵连者，为双棋盘。单棋盘之力强于三星，双棋盘之力则又强于五子，此亦经络之用，为暗橛之一。

五子绳〔附连环五子绳、霸王五子绳〕

五桩连带，由前眉直牵向后者，谓之五子绳，又名梅花绳。在占之前眉分钉五桩，前后各二，其一居间，用十丈苘绳交错连带，直牵至占后，绕腰桩达于根桩。此外又有所谓连环五子、霸王五子者，与两五子相套，前后各三桩，居中两桩用绳连带者，为连环五子。用五子桩于上口或下口绳之一端环绕桩上，其一端系于岸上根桩，以之横勒者，为霸王五子。连环五子之功用与五子同，其力则强于五子。霸王五子形式固无异于五子，而其作用则迥然不侔，一为直牵，一为横勒。直牵者使之稳固，横勒者防其外游也。三者均属暗橛，同为经络之用。

七星绳〔附连环七星绳〕

七桩连带，由前眉直牵向后者，谓之七星绳。在占之前眉环钉七桩，前后各二，居间为三，用十丈苘绳交错连带，直牵至占后，绕腰桩达于根桩。两七星相联者，名曰连环七星。前后各用三桩，居间排列四桩，将绳一一环绕，引至占后根桩。七星之力强于五子，连环七星则又强于七星，二者同为经络作用之暗橛也。

九连绳

九桩连带，由前眉直牵向后者，谓之九连绳。在占之前眉钉桩两排，前五后四，用十丈苘绳互相斜绕，直牵至占后，绕腰桩达于根桩。此亦暗橛，为内部经络之连贯者。其力强于七星，与单头人字绳功用相等，形亦相似，所不同者颠倒为用耳。

箍头绳

箍扎桩顶，防其外越者，谓之箍头绳。凡硬厢护沿占埽必用排桩，桩易外越，故以绳箍扎其顶，牵至埽后，系于木签。每条长约五尺，以苘为之。

经子

用以捆把厢做护沿埽者，谓之经子。排桩钉成后，即须厢把，先取秫秸一束，用经子缚其两端，捆作长把，依次厢做。经子每团重十余斤不等，以苘为之。

绞关绳

用以绞关牵紧拖缆船者，谓之绞关绳。如提脑、揪艄、横缆、倒骑马等船，均须随时收紧，惟溜势顶冲，移动不易，当用麻绳绞关，每条长约十丈。

锚顶绳

紧系锚顶以便起提者，谓之锚顶绳。锚堕河底，易于淤沉，以绳系之，可以随时起提，不致淤塞。用麻绳，长约十丈。

网兜

以绳结网，用以抬取碎料者，谓之网兜。碎料一项为数不鲜，特制网兜，以便随时抬之上坝，为包填占腹之用。网以麻绳结成，网格约五六寸，宽长约二丈，两坝必须多备。

附录：绳斤丈尺

一号苘盘绳，长十五丈，重一百五十斤。

二号苘盘绳，长二十丈，重一百斤。

三号苘盘绳，长十五丈，重七十五斤。

一号加重十丈苘绳，重五十斤。

二号加重十丈苘绳，重四十五斤。

三号加重十丈苘绳，重四十斤。

四号加重十丈苘绳，重三十五斤。

五号加重十丈苘绳，重三十斤。

行十丈苘绳，重二十五斤。

八丈苘绳，重二十斤。

六丈苘绳，重十八斤。

加重核桃苘绳，长五丈，重七斤。

行核桃苘绳，长五丈，重五斤。

箍头苘绳，长五丈，重二斤半。亦有不计根者。

苘经子，每团重约十斤、十余斤不等。

扎头苘绳，长二三尺不等。

过渡麻绳，长二十丈，重一百斤。

合龙麻绠，长二十丈，重一百四十斤至二百斤不等。

龙须麻绳，长十丈至三十丈不等，重五十斤至一百五十斤不等。

小引麻绳，长十丈，重五斤。

绞关麻绳，长十丈，重十八斤。

锚顶麻绳，长八丈至十丈不等，重五十斤。

桩木

过渡桩

用五尺桩分四排，每排九根，前五后四，钉于坝基，距前眉约五丈。

站桩

用五尺桩分五排，每排五根，前三后二，钉于后占。新占，初进之站桩距前眉约二丈五尺，占成后钉之站桩，距前眉约五丈。

底勾桩

用五尺桩分布于站绳档内，每档约十七八根，钉法与站桩同。

玉带桩

用五尺桩左右分钉于占之两旁，距前眉约四丈。

骑马桩

用六尺桩或七、八尺桩均可，以两桩叉成十字形，分钉于新埽两边眉。

揪头根桩

用五尺桩左右斜列两行，名曰雁翅式，十一根至二十一根不等，钉于后占两边，距前眉约七丈。

揪头桩

用七尺桩或八尺桩均可，其式有二，用五桩者为簸箕式，前两桩分开较宽，后两桩分开较窄，再以一桩殿其后，又名开门式。用七桩者为七星式，前后各两桩，中列三桩，又名关门式，钉于新埽前眉。

包站桩

用五尺桩，前三后二，亦有分作两排者，钉于新埽前眉。

束腰桩

用五尺桩左右斜列两行，作雁翅式，每行十一根至二十一根不等，钉于后占两边，距前眉约五丈。

分边桩

用五尺桩左右斜列两行，作雁翅式，每行十一根至二十一根不等。前根桩钉于新埽两边眉，后根桩钉于后占两边眉。

包角桩

用五尺桩十一根至二十一根不等，用于占之一边，或左或右。前根桩钉于新埽边眉，后根桩钉于后占边眉。

抄手桩

用五尺桩十一根至二十一根不等，左右斜列两行，其式与分边相似，惟此桩非金门占不用。

五花骑马桩

用丈桩叉成十字形，再于四端各加横木，纵横如四个十字形，钉于合龙埽下水边眉。

合龙桩

用八尺桩着以红色，分前后四排，以两桩系一合龙绠。桩数以绠为比例。钉于金门占，距前眉约五丈。

羊角桩

用六尺桩，以两桩交叉，形如羊角，钉于新埽左右两旁，距边眉约二尺。

鸡脚桩

用六尺桩，式如羊角，惟中多一桩，故曰鸡脚，钉于新埽前眉。

三星桩

用六尺桩，前两后一，钉于新埽前眉。

单头人字桩

用六尺桩，分前后两排，前单后双，每排十余根不等，钉于新埽前眉。

暗站桩

用六尺桩，分前后两排，前单后双，每排十余根不等，形如单头人字桩，惟距离较密，钉于新埽前眉。

棋盘桩

用六尺桩，前后各二，列作方形，钉于新埽前眉。

五子桩

用六尺桩，前后各二，居间为一，连环者则前后各三，居间为二，均钉于新埽前眉。

七星桩

用六尺桩，前后各二，居间为三，连环者则前后各三，居间为四，均钉于新埽前眉。

九连桩

用六尺桩，分前后两排，前五后四，钉于新埽前眉。

逼凌桩

用丈桩或丈五桩不等。此桩专为凌汛时防护各项占埽而设。在埽段前眉直立排桩，每档约五尺，半截入水。用绳一条将各桩紧系，带至后面根桩，再将桩木下节用铁丝连环贯穿，一一系紧，以防冰凌冲动。桩之迎水一面或用青竹片密钉，或用铁皮包裹，以防冰凌截断。

架缆桩

用丈桩或丈五桩不等。此桩大都因河水淤浅，提脑不能用船，当以架缆桩代之。每桩用两木叉钉河中，排列两行，分架提脑绳缆，每排相距约丈余。

揪艄桩

用丈桩或丈五桩不等。此桩用于揪艄船后，以代铁锚。以两桩为一排，排数多寡，以力足敌溜为主。

锚顶桩

用丈桩或丈五桩不等，此桩专以挂锚，因水浅防锚淤也。

志桩

用五尺桩或六、七、八尺桩均可，植之以便志认。如修筑河堤，工长十丈，即树一桩，每进一占亦然，按桩即知其数。

以上自过渡桩至合龙桩均属明橛，自羊角桩至九连桩均属暗橛。自逼凌以下，各桩或以之护埽，或以之牵缆，非用于占之本身。他若明橛、暗橛所用腰桩，及暗橛所用根桩，皆为五尺桩。桩之种类尽于斯矣。

丙编

器用

捆厢船

横泊占前用以兜缆者，谓之捆厢船。此船为进占之提纲，最关紧要，须择船身宽大、方帮方底，船板坚实者，方可合用。将船中篷舵卸去，安置龙枕、龙骨，以备兜缆之用。约计占长十丈，船身须长十一丈。倘占身过长，亦可两船接用。此项船只有雇用者，有特造者。昔郑工所用捆厢船系由公家制造，所费不赀，此次濮工则由范、濮两县定雇顺兴商船，尚为合用。

帮厢船

于捆厢船之外旁附一船，谓之帮厢船。盖因捆厢船绳缆过多，难敷容纳，故旁附帮厢船一艘，以资分载绳缆，便于取用。

提脑船

大凡堵口工程两坝进占之处，如与滩岸相近，向筑提脑坝一道，钉立桩木，以为系绊各船绳缆之根据，所以系牢捆厢船，不致为溜冲动，濮工面临大河，故改用提脑船。船上架横木二根，一系船前所下铁锚，一系提脑绳。其提脑绳向以铁缆或竹缆为之，亦有两种并用者，长约百数十丈至二百丈不等，分左右两行，连贯各船，依次蔄接，两坝各用一艘。

揪艄船

于捆厢船之后用以牵系捆厢船艄，以防回溜，其最后之船谓之揪艄船。用法与提脑船同，惟一在前，一在后也。其揪艄绳亦以铁缆或竹缆为之，长约三四十丈，两坝均用船一艘。

托缆船

于提脑船之后捆厢船之前，又捆厢船之后揪艄船之前，用以托提脑、揪艄各绳缆者，谓之托缆船。每档十余丈用船一艘，所以架住绳缆，免致坠入水中，易于朽坏。且船多则足以联络，绳长则便于移动故也。濮工所用托缆船，计捆厢船前西坝十艘，东坝七艘捆厢船，后两坝各一艘。上游溜急，故用船较多，下游仅防回溜，一二艘即可敷用矣。

绞关船

两坝进占口门愈收愈窄，溜势亦愈逼愈紧，如戊占告成，接进己占，每铺料一坯，须用人夫喝踩，倘占首上口大溜顶冲，撑档不出，即另用绞关船一艘，督率水手以绳缆系于捆厢船前，徐徐外绞，则铺料较易。踩出下口用时亦如之。又两坝金门占告成，龙门仅五六丈，溜势更紧，如捆厢等船提不出时，亦须藉绞关船力提出之。

红船

黄河决口大都为荒僻之区，办工人员初抵工次，无可栖止，是以须备官船，以为办公止宿之所。且履勘周历尤赖船只。此次调用山东河工中下两游大小红船七艘，初抵工时，各员既悉在舟次办公，嗣后往来两坝，勘验工程，亦均红船是赖也。

摆渡船

向办大工，人夫云集，每日往来两坝，络绎不绝，须由邻近渡口调用大小渡船，编列旗号，按日、按人发给工食，每坝约十数艘即可敷用。此次濮工西坝用十三艘，东坝用十一艘，派员管理，人皆称便。

小铁车

土路有远近不同，取土宜变通为用，近者或用柳筐，或用小车，远者人力迟缓，不能济急，若用铁车转运，既易且捷。近十余年来各工多用铁车，极称便利。此次濮工土路最远之处约在五六里外，故西坝借用本省大名南岸河工铁车六十辆，东坝借用山东所存旧铁车六十辆。开办以来，输送迅捷，成效颇著。惟铁车笨重，初运工时颇费周折，因时值隆冬，中途冰结，由济南至濮濡滞两月之久，以故运费、修费耗用不赀，实非初料所及也。

电报

传达工情贵在迅捷，故电报一项为河工必要之具。前此各工亦皆设立，惟接线树杆费用甚巨。此次濮工所用电杆由工次至沙固堆仅十里之程，系属添设，由沙固堆至大名，系就原有军用电话杆挂线借用，省费多矣。

电灯纸灯

占埽不能歇手，即须赶做夜工。河工向例均用纸灯，光线既极黑暗，一经风雨，灯火为灭。此次由津沽办到水月电灯数盏，小者悬于捆厢船桅，大者植立土柜，光芒四射，正、边坝两两顾及。每进一占，土柜之电灯亦随时移动。其料路、土路一带仍用纸灯，以省费也。

水机

堵筑工程首重料物，而料物最易引火，务须加意防护。他若公所、营房大都芦苇所建，亦宜慎防。水机、水龙两坝必须多备，曲突徙薪，亦防患未然之意耳。

抬棚

抬棚系架木围席而成，为坝头各项人员临时办公及休息之所，可以随时移动。如正、边坝，土柜、后戗等处，均应多备。

龙骨龙枕

以长木架于捆厢船，为兜缆之用者，谓之龙骨。以秸料为枕，用以架龙骨者，谓之龙枕。龙骨须用长圆杨木，长约十丈。先将龙枕四个安置舱中，再将龙骨架诸枕上，复用苘绳，将龙骨连船捆紧，不使动摇。进占时将过渡、底勾、站绳均活系于龙骨。每下料一层，过渡、底勾、站绳均须徐徐松动，绳松一寸，料下一尺。此事当择有经验者任之。

龙牙

钉于合龙枕两旁，以规制合龙绠者，谓之龙牙。龙牙以木签制成，长约三尺，合龙时用之（参看金门占条）。

铁锚

如提脑、揪艄、横缆、倒骑马等船，均须抛锚定住，锚重二百斤至六百斤不等。此项铁锚宜从多备置，因既抛之后，时有淤沉，不能起出者。

河营器具

以上所列均属重要器用，已分别详明，兹再将河营所用器具略举于下。如铡刀、大月斧用以断眉，大剁刀用以截剁绳桩，三齿勺用以水中勾物，两头忙用以斫劈桩木，小石硪、铁硪、油锤用以打桩，小月斧用以斫截苘子，齐板用以打齐埽眉，枣核榔头用以打齐骑马，小榔头用以钉签，打凌榔头用以敲冻，铁锨用以挖槽，拉边锨钢镢用以开冻，片钳子、鹰嘴锤用以接续铁缆扎竿，为进占时用以护料。黄、红、蓝三色灯旗用以表示进土、进料、进碎料之符号。木马合龙时用以钉桩，戳夯、手夯、大石硪用以砸土，铁爬用以平土，木爬用以收笼碎料。打水杆、水尺、铅锤用以测量河水。蒲包、麻袋用以填土。他若号土签、桌高凳、大秤、料牌、料架，以及一切应用物件，均不可或缺也。

工程

堤工

一、东坝迤北修培缕堤缺口，工长二百一十丈，修成顶宽二丈，底宽六丈，高八尺。

一、东坝刁城集迤南旧堤加高帮宽，工长一百四十九丈五尺，修成顶宽一丈四尺至一丈九尺不等，底宽三丈五尺至四丈五尺不等，高七尺至七尺四寸不等。

一、东坝新筑旱堤，工长五百五十丈，修成顶宽四丈八尺，底宽八丈，高八尺。

一、东坝旱堤背河一带接修后戗，工长四百八十丈，宽二丈，高六尺。

一、西坝缕堤自中司马迤东圈堤起至大堤尾止，帮宽加厚，工长九百零三丈五尺，修成顶宽四丈，底宽六丈七尺至七丈八尺不等，新帮宽之工高与顶平。

一、西坝帮宽大坝坝基一道，工长一百零九丈四尺，修成顶宽七丈余至十四丈不等，高与旧顶相平。

一、西坝新筑顺水坝基一道，工长二百十丈，修成顶宽四丈，底宽六丈，高六尺至七尺不等。

一、濮阳缕堤加高帮宽，分一百十三段，自大郎庄起至孙密城庄止，工长一万四千六百二十八丈六尺，修成顶宽由二丈二尺至三丈不等，底宽由六丈至七丈不等，高由八尺至一丈不等。

一、顺河埝孟居一带加筑后戗，长九百一十四丈，宽一丈五尺，高八尺。

一、东坝加高大坝并后戗，长四百二十丈，修成顶宽六丈，高七尺五寸。

一、东西坝土柜，工长三百三十五丈，顶宽二丈五尺，高与占齐。

一、东西坝后戗，工长三百三十五丈，顶宽二丈五尺，高与占齐。

占埽挑坝

一、东正坝浅水占九段，每段长五丈至六丈不等，宽二丈至四丈不等，深三尺至五尺不等，高八尺至丈余不等。

一、东正坝深水占十八段，每段长四丈至六丈不等，宽六丈，深一丈至三丈余不等，高一丈八尺至二丈五尺不等。

一、东边坝深水占十八段，每段长四丈至六丈不等，宽四丈，深一丈至三丈余不等，高一丈三尺至二丈余不等。

一、西正坝深水占二十二段，每段长五丈至七丈不等，宽六丈，深二丈至三丈余不等，高一丈八尺至二丈五尺不等。

一、西边坝深水占二十二段，每段长五丈至七丈不等，宽四丈，深一丈至三丈余不等，高一丈三尺至二丈余不等。

一、东西坝上口圈越进筑深水占共四段，每段长五丈至六丈不等，宽六丈至六丈五尺不等，深四丈五尺，高二丈九尺。

一、东西坝上口圈越进筑接口等埽，共四段，每段长四丈至八丈五尺不等，宽三丈五尺至九丈不等，深三丈五尺，高二丈八尺。

一、正边坝合龙占二座，宽长均四丈五尺至七丈不等，高二丈余至三丈不等，深均五丈。

一、正坝门帘埽一段，长四丈五尺，宽九丈，高一丈五尺，深四丈五尺。

一、正坝金门接口埽一段，长三丈，宽四丈，高一丈三尺，深四丈五尺。

一、东坝临河旱堤筑挑坝十四座，每座长七丈至十余丈不等，宽二丈至三丈不等，高一丈至一丈五尺不等，深四五尺不等。

一、西坝大坝上游筑顺水坝裹头一座，长三丈，宽四丈五尺，高一丈二尺，深五尺。

一、东坝背河小堤筑顺水小坝一座，长一丈三尺，宽一丈，高二尺，深三尺。

一、东坝临河旱堤筑顶厢护埽五十七段，每段长五丈至七丈不等，宽一丈五六尺不等，高一丈四五尺不等，深四五尺不等。

一、东坝背河小堤筑顶厢护埽十三段，每段长一丈六尺至五丈五尺不等，宽五尺至八尺不等，高五尺至九尺不等，深三四尺不等。

一、西坝顺河埝孟居一带筑顶厢护埽九段，共长七十丈，每段宽、高均一丈，深四尺。

一、西坝基上口筑顶厢护埽四段，每段长四丈至七丈不等，宽一丈余，高一丈二三尺不等，深一丈余。

一、东坝临河旱堤筑把厢护埽十一段，每段长十余丈至二十丈不等，宽五六尺不等，高六七尺至丈余不等，深三四尺不等。

一、西坝顺河埝孟居至司马一带筑把厢护埽六段，共长一千三百六十五丈，高五尺，宽深均四尺。

一、东坝背河小堤筑把厢护埽十一段，共长七百七十丈五尺，宽一尺余至二尺五寸不等，高二尺至七尺不等。

小堤圈埝

一、东坝新筑临河小堤一道，工长二百二十二丈，修成顶牵宽五尺，底牵宽二丈五尺，高五尺。

一、东坝新筑背河小堤一道，工长四百三十九丈五尺，修成顶牵宽五尺，底牵宽二丈五尺，高五尺。

一、东坝新筑临河料厂东北两面小堤一道，工长一百零四丈，修成顶宽二尺，底宽一丈，高五尺。

一、东坝新筑临河郭庄小埝一道，工长一百四十丈，修成顶宽八尺，底宽二丈八尺，高五尺。

一、东坝临河旧裹头前后新筑小堤一道，工长九十七丈九尺，修成顶宽八尺至一丈不等，底宽二丈八尺至三丈不等，高五六尺不等。

一、东坝头迤北新筑圈埝一道，工长六百七十一丈，修成顶宽八尺，底宽二丈八尺，高五尺。

一、西坝新筑临河圈堤一道，工长五百十五丈，顶宽二尺，底宽八尺，高五尺。

一、西坝加帮临河料垣小堤一道，工长四百七十一丈五尺，修成顶宽七尺余，底宽一丈七尺，高五尺。

一、西坝帮加临河小堤一道，工长一百零七丈五尺，修成顶宽七尺至一丈不等，背河新旧牵高五尺至六尺余不等。

一、西坝修筑围护背河土料小堤一道，工长八百五十五丈五尺，修成顶宽六尺至一丈五尺不等，底宽一丈三尺至三丈不等，牵高四尺四寸至七尺不等。

垫路填沟

一、东坝临河修垫土路五道，第一道长六十丈，修成顶、底均牵宽三丈，高二尺。第二道长四十五丈，修成顶、底均牵宽二丈，高二尺。第三道长一百一十丈，修成顶、底均牵宽二丈，高一尺五寸。第四道长一百六十丈，修成顶、底均牵宽二丈八尺，高二尺。第五道长一百五十丈，修成顶、底均牵宽八尺，牵高三尺。

一、东坝背河修垫土路三道，第一道长七十九丈，修成顶宽二丈八尺至四丈五尺不等，底宽三丈至四丈九尺不等，牵高二尺至二尺五寸不等。第二道长一百一十丈，修成顶宽二丈六尺至三丈二尺不等，底宽三丈至三丈八尺不等，牵高二尺至二尺四寸不等。第三道长六十二丈，修成顶宽一丈六尺，牵高二尺五寸。

以上东坝临河、背河修垫土路计八道，共长七百七十六丈。

一、西坝缕堤修垫土路计三十七道，长三十丈者十一道，长二十五丈者十八道，长十五丈者八道，均宽六尺，高深均三尺。

一、西坝顺水坝头填垫土路一道，地平土，长十二丈，宽六丈六尺，牵深三尺。

一、西坝临河圈堤垫修路口八道，长各三丈四尺，宽各二丈四尺，高各三尺。

一、西坝临河圈堤垫修土路一道，长十三丈，牵宽二丈五尺，牵高四尺。

一、西坝坝基新修临河马路一道，长十丈，宽四尺，牵高三尺五寸。

一、西坝顺水坝头新修背河马路一道，牵长八丈五尺，顶宽七丈，底宽八丈五尺，牵高五尺。

以上西坝各处土路、马路计四十九道，共长九百七十丈零七尺。

一、西坝顺水坝填垫河沟一道，地平土，宽长均六丈，牵深一尺。

一、西坝临河圈堤填垫河沟四道，长七丈者二道，牵宽一丈六尺至四丈不等，深三尺至五尺五寸不等。其二道一长八丈，一长八丈五尺，牵宽一丈八尺至三丈五尺不等，深三尺至四尺不等。

一、西坝临河料埝小堤填垫水沟一道，长七丈五尺，牵宽一丈二尺五寸，牵深五尺。

一、西坝背河土料小堤第四段尾填垫临河水沟一道，长八丈，牵宽三尺，牵深六尺。

一、西坝顺水坝尾填垫土塘，地平土，长五十五丈，宽六丈，牵深一尺三寸。

一、西坝背河筑料埝八座，共长一千三百七十八丈二尺，顶各宽一尺，底各宽五尺，高各三尺。

一、东坝临河晾土抽沟共一百十三道，牵长二十五丈，牵宽一丈。深二尺者为六十五道，牵长二十丈，牵宽八尺。深一尺五寸者为四十八道。

建造

公所

堵筑大工，事务殷繁，自当分设机关，为办公之所。濮工设督办公所于西坝，附文案、稽查两部，并设总办公所、掌坝公所于东、西两坝，银钱总所暨电报处均设于西坝，东坝则另设银钱分所。

料厂

正料厂

正料厂为收发正料机关，两坝各设一所，择素有经验者任其事。缘正料一项工需至急，而收料一事积弊最多，架井空虚者有之，以少报多者有之，公家所入能得十之五六即属认真。此次濮工有鉴于此，加意防闲，时时抽秤、抽查，并饬料厂各员，凡验量、抽秤等有必躬必亲，平量准秤，公正宅心，宽猛相济，赏罚得宜，是以贩夫怀畏，弊除而人心帖然。盖利弊本相倚伏，要在治事者操纵何如耳。

杂料厂

杂料厂为收发各项料物机关，虽责任较轻于正料厂，而琐屑则过之，宜任精明干练者总其事。料物运厂均须逐一验收，苘、麻、穰、草等项尤须公平过秤。厂内员役严禁需索，既不可徇情滥收，尤不应留难勒折。厂地必择宽展，凡绳场、苘房以及皮架、桩木之处，收管琐物之处，一一均当布署得宜。灯火格外慎重，巡视更须严密，防微杜渐，庶无意外之虞。至于制造物件务宜酌量材料之短长，以期合用省费，虽竹头、木屑亦勿令其废弃。总之，厂内无虚糜之物，即公家得实在之用，酌其盈虚，筹其缓急可耳。

储料厂

储料厂即存储正料、黄料之所。厂所宜择地宽阔，尤应分设多处，以防火患。料垛宜疏其行列，堆满一厂，方得动用，以便稽查。存储正料之厂须按字排列，标题曰某字厂。惟黄料为数较少，两坝各设一处即可。每堆一垛应悬一小木牌于垛上，注明斤量、丈尺及验收日月，以便抽查时对照，亦防弊一法也。

转运料厂

储料厂建置之处远近不一，坝上需料往返费时，且拆卸料垛必须逐层下拆，尤非匆遽间所能奏事，故于两坝附近之处，左右各设转运料厂，或一处，或两三处，预为输运，以备随时取用。

营垣

河防、巡防各营为数甚众，宜妥为安置。濮工东、西两坝营垣均设于坝头附近一带。

神庙

大工开办后，两坝各设河神棚一所。合龙后建造大王庙于坝上，以答神庥，循旧制也。神棚之前向必演剧，濮工初未照行，嗣以两坝人民再三环请，不得不俯顺舆情，于两坝河神棚前建设小戏台各一所，招集附近梨园逐日开演，自兴工以至合龙为期仅八十日，工程奇速，或亦河伯呵护之力欤！

防营

河防营

山东河营经张勤果、李鉴堂诸巨公经营改革而后，任斯务者均较有经验。余服官鲁省，历办河工，故亦信之。此次咨调来濮共十一营，惟河营编制向章每营五百人，嗣减为三百人。近以绌于经费，一再裁汰，每营实存八十名。兹因兵额太少，不敷调遣，仅抽调若干，招募若干，每营暂以百二十名为额。东坝驻六营，西坝驻五营，又另招一营，专司后路，所有饷糈均由工发给。自开办以来，各营异常奋勇，工速且坚，诚不负余之所期望也。

巡防营

工程重要，宜驻扎军队，以资镇摄。特调直隶左翼巡防营一营驻扎东坝，调直隶冀南巡防营一营驻扎西坝，两营官兵合计七百余名。此外西坝驻有马队四十名，皆隶于冀南镇守使王怀庆。此项军队均由本工发给津贴。自驻工以来梭巡两坝，极为得力，工地安靖，隐患潜消，其功不可没也。

夫役

大工开办，端赖群力，而夫役一类所用尤多。昏垫之民生计维艰，以故远近不期而集者四万余人，于招雇夫役之中，实寓有以工代赈之意，兹将各项夫役分列于后。

抱料夫

坝头需料先拉红旗为号，抱料夫即由转运厂抱料上坝，分路并进，委员于扼要处发给现钱，钱数视料之多少酌量发给。大约小捆五六文至十文，大捆十数文至二三十文不等。每逢压埽亦即招集此项料夫，派员在埽眉前分别给钱，每人约五六文至十余文不等，随发随令下埽跳占。此事虽属细微，其中实有操纵之术。如来者不能十分踊跃，宜即放价以广招徕，否则略为收缩，亦无不可，要在随机应变，措置得宜耳。濮工两坝抱料夫约计万余人。

转运料夫

秸料由储料厂运至转运料厂，桩绳由杂料厂运至坝上，均须雇用转运料夫多名，以备运送。此项料夫系按车计算，有发现钱者，亦有由号土内开支者。濮工两坝用夫数百名。

垛夫

垛料拆料宜雇熟谙垛夫多班，每班八九人至十一二人不等，每日每班可堆十余垛，每垛给钱一千文。须派员监视，务令堆积坚实，不得稍有空虚。至拆垛时，则由河营派弁监视，令其层层下拆，不得任意乱抽，并严禁转运夫役毋许上垛，以免践踢整料。

扒搂夫扛夫附

秸料上坝，辗转运送，碎折必多，如料厂转运厂料路坝头一带，所在皆有，此项碎料为数既夥，处置甚难。查前此各工竟有委弃不顾者，亦有以之烧窑者，委弃固不可，而烧窑亦非得计。此次严饬以碎料包填占腹，不可稍有遗弃。除由两坝河营一律照办外，并一面派员稽查偷漏，一面招雇扒搂夫、扛夫多名，随时随地收检碎料。扒搂夫专司扒搂，扛夫专司抬运，此项夫役由后路营官节制。

土夫

土夫一项为夫役之大部分，如修堤、压占、土柜、后戗，在在需土。濮工两坝土夫合计约有二万余人，另有土夫头统之。买土之法有三，一曰现钱土，一曰号土，一曰包方。现钱土专压占埽底坯，取其迅捷。畴昔多用柳篮，此次改用大筐抬取，以其能多容也。土路过远则由铁车转运，再以筐买上坝，由委员分给现钱，价之大小视土多寡为定，自五六文至二三十文不等。号土则用土车推运，由夫头统率，每车以土签为号，故曰号土，又谓之跑号。土路宜分途并进，并派员在坝头分别拔签，每土一车收号签一二三根不等，亦视土之多寡为定如土太少退回土签，谓之调号。濮工以号土一项为最多，如修筑河堤及年前凌泛加培小堤，兼塞漏洞，又填塞土柜后戗等工，皆属此类。至包方大都为修堤之工，他项无用此者，系按方估价。由夫头包办，派员照方验收，每方见丈高一尺给价三百文至千余文不等，以土路远近为定。濮工东、西坝民埝工程即属包方。要之，堵筑工程土为大宗，工有缓急，故买土之法因之互异。如现钱土、号土为土工之最急者，包方虽属要工，较之现钱土、号土则又有轻重缓急之不同矣。

硪夫

修筑河堤土贵坚实，非层土层硪不足以臻巩固，每加土一尺，打硪一次。硪价以方计，不以人计。无论是否，由夫头估包，抑由委员酌雇，而公家总以每方作价五十文为例，每盘硪用夫八名。濮工两坝合计不下数百人。

夯夫

面积宽阔之工宜用硪，面积狭窄之工宜用夯。如土柜后戗宽径仅二丈五尺，不足以当硪夫之回旋，不得不改用夯工。夯工戳夯、手夯之别，四人同筑者谓之戳夯，一人独筑者谓之手夯。每加土一尺，打夯一次。夯工以人计算，每人每日发给四百文。此项夯夫两坝合计数十人。

工匠

拧绳匠

苘运到厂，即须拧绳，宜择宽阔之处，多设绳架，每架用匠十一二名，每日拧绳若干，须比较苘斤之轻重为衡。如每绳重百斤者，每日可拧十五六条；每绳重四五十斤者，每日可拧三四十条；每绳重六七斤者，每日可拧百条。至其工价则以绳之大小、斤之轻重计算，绳大者，斤必重，价宜减；绳小者，斤必轻，价宜增，每人平均每日可得三百余文。此项工匠于开工以前即须招集，庶不致迫不及待。拧绳之场宜派员专司其事，务令加工紧拧，毋许怠忽。每拧一绳必须验看，能直立一丈余者，方为合式，更宜严密巡查，以防工匠舞弊。

木匠

如骑马桩、木签等以及其他各项木器，均须木匠为之，能有熟谙河工木器者最为得手。筹办伊始，工作较繁，濮工两坝共计约三四百人，开工以后专作骑马等工，每坝十余人即可敷用，工值与拧绳匠相等。惟动用桩木宜令其就料科算，不得任意斫斫，以资节省。

铁匠

铁匠虽非重要，而制造一切工程器具亦不可缺。开办时两炉可以敷用，兴工后可减一炉。每炉需匠四人，濮工两坝合计约十余人。工值与拧绳匠、木匠等。

泥水匠

建造公所、营垣等工须用泥水匠。工值以房间计算，濮工两坝约需三百余人，工竣即行遣散。

电灯匠

电灯匠专司修理电灯，以及启闭灯火等事，濮工每坝各雇一人。

铁车匠

如安置铁轨、修理铁车，非有熟谙工匠不能收灵捷之效，濮工两坝各雇四人，专司其事。

丁编

日记

濮阳河决在癸丑之秋，时值南北战争，不遑及此。且以事关三省，工巨款艰，筹商不易，事逾二载，口门冲刷宽至八百八十五丈。大总统眷念灾黎，惄然忧之，拟派素有经验之员督治其事。时余以青岛之乱避兵过京，将退老苏门，忽直隶朱巡按经田、朱总长桂莘先后枉顾，述及政府将有命治河，二公亦多方怂恿，余以衰病不胜，请为婉辞。未几，大总统有令传见，命董斯役，余面辞五次，皆未蒙允，十一月十八日策令下矣。当此时局，物力艰难已极，时机坐失又多，责重材轻，实非敢承。但成命既不可挽，惟有努力着鞭，黾勉从事。一面选调山东熟悉河员赴工勘估，一面请款派员采办料物。并调东省河防十一营，以备工作。复商之冀南王镇守使，调巡防二营，以资镇摄。余素以俭约自励，况灾黎失所，财政奇绌，何敢多糜国帑，呈请减俸，未邀许可。

十二月一日，奉到关防。

十五日，率同各员乘京汉车首途。

十七日，至沙固堆，小住一周。

十八、九两日，分赴两坝，履勘数十里。该处大溜紧靠西坝，几有全河夺溜之势，情形十分危险。旧坝基屡屡下陷，即饬汛兵随时加高。

二十四日，余与各员移至工地，暂以舟居，赶办估册，预计八阅月合龙，共估洋五百三十七万六千五百八十元。查此工前经吴道尹寿估洋八百六十余万元，马委员蒜估洋六百余万元，东省王委员经灿等估洋四百二十八万余元。兹则按照现势斟酌损益之，盖亦折衷之策也。

〔乙卯〕一月十日，公所落成，惟水退不逾月，地湿几不可居。

新岁之初，西坝土工开始兴筑，临黄埝之卑薄者加高培厚，大堤之缺口、小堤之狭隘者均一律帮填。他若设立电报以达工情，安置铁轨以通土路，凡有益于工程者无不毕备。

至二月下旬，西坝大小堤工先后竣事。

三月一日，西坝盘裹坝基，大坝上游厢做月牙埽一，鱼鳞埽三，以防回溜。此皆过去之事，实拉杂补志之。

三月六日卯刻，余率文武各员恭诣坝头，行祭坝礼，以猪一、羊一致祭河神，循旧例也。祭后兴工，西正坝开始进第一占，用揪头一坯，酉刻收工。余此后每早晚两次赴坝头督工，应商公事，亦至坝会议。所有河营均由山东调来，大都旧部，做工尚称踊跃。

七日，西正坝加培料土，用揪头、束腰各一坯，亥刻收工。

八日，西正坝上午用分边一坯，并将站绳、底勾全数上覆，第一占告成。计宽六丈，长四丈五尺，入水深二丈七尺，高一丈五尺。溜势平稳，工亦坚实到底。

九日上午，西正坝钉桩，下站绳、底勾绳。午后，进第二占，下料压埽，长约二丈，丈尺未足，明日续进。日来夫役来者甚夥，惟四方集合，经验尚少，故取土、抱料均属生疏，已令各员随时引导。

十日，一夜北风，西正坝提脑船横缆多为吹折，停工半日，整理各项船只器具。午后风略小，即继续下料压埽。西边坝亦于辰刻开工，进第一占，长约二丈，明日续进。土柜、后戗已一律开始兴筑。冀南王镇守使懋宣今日来工。

十一日，西正坝继续下料压埽，用揪头两坯，单包角一坯，因水深，占未到底，连夜迫压，未敢歇手。余午后过东坝督催，旱堤土工约在十日内必须竣事，庶可克期一律进占。

十二日，西正坝用束腰一坯，边坝继续下料压埽，并用揪头两坯，均酉刻收工。

十三日，西正坝用分边一坯，边坝用单包角一坯，两占均加培土料，酉刻收工。东坝新堤土工已成者十之八九，堤头已有浅水，自今日起接做浅水占。

十四日上午，西正坝将底勾、站绳全数上覆，第二占告成，计宽六丈，长四丈八尺，入水深二丈八尺，高一丈七尺。午后进第三占，长约一丈，明日续进。昨夜边坝陡然下蛰，当饬刘、董两营长率领汛兵驰赴坝上，加培土料，并用束腰一坯，丑刻收工。今日因正坝第三占正在着手，丈尺未足，边坝不能单独前进，暂停一日。

十五日，西正坝继续抱料压埽，用揪头两坯，束腰一坯，丑刻收工。边坝第一占告成，计宽四丈，长六丈，入水深二丈，高一丈二尺。

十六日，西正坝用分边一坯，并加培土料。边坝于上午进第二占，申刻收工，长约三丈，余明日续进。

十七日，西正坝用单包角、束腰各一坯，边坝用揪头二坯、单包角一坯。是日，余至东坝，所有土工将次告竣，浅水占已成六段，每段均宽四丈。此项浅水占工作既速，又可省去边坝后戗、土柜，俟进至深水，即可展宽，改进大占，新堤临河一带一律厢做搂厢大小埽，及挑坝等工亦将告成。

十八日，西正坝加培土料，勾回底勾、站绳，第三占告成，高一丈七尺，长五丈一尺，入水深二丈八尺。午后进第四占，抱料压埽，长约一丈五尺。明日续进边坝。第二占告成，宽四丈，长五丈五尺，入水深一丈八尺，高丈余。

十九日，西正坝继续压埽，用揪头二坯，边坝午后进第三占，丈尺压足，用揪头一坯，正边坝均做夜工。

二十日，西正坝用束腰、包角各一坯，边坝用揪头、束腰各一坯，酉刻收工。

二十一日，西坝溜势湍激，水亦较深，正、边两占屡屡下蛰，当即加料厢高，各用束腰一坯，土柜后戗。自兴筑以来工作迅速，随占前进，尚未落后，惟后戗今有微溜稍稍冲刷。晚北风大作，捆厢、提脑各船均加缆防护。

二十二日，西正、边坝俱加压大土，各将底勾、站绳覆于占面。正坝第四占、边坝第三占均告成。正坝第四占宽六丈，长五丈一尺，入水深三丈，高一丈七尺。边坝第三占宽四丈，长五丈，入水深一丈八尺，高一丈三尺。午后正坝进第五占，长约丈余。边坝明日续进。

二十三日，西正坝继续压埽，用揪头二坯，束腰一坯。近日水势较深，压至子刻，占始到底。边坝于午后进第四占，长约二丈，丈尺未足，明日再进。东坝浅水占已成七段，第一占宽二丈，长五丈，入土深三尺，高八尺。第二占宽二丈，长六丈，高八尺，入土深三尺。第三占宽二丈五尺，长五丈五尺，高八尺，入土深三尺。第四占宽三丈，长五丈三尺，高一丈，入水深三尺。第五占宽三丈五尺，长五尺，高一丈，入水深四尺。第六占宽四丈，长五丈四尺，高一丈二尺，入水深五尺。第七占宽六丈，长七丈，高一丈五尺，入水深一丈八尺。前三占就地挖槽，后四占已入浅水，再进两三占，当与大溜相搏。

二十四日，北风大作，黄沙蔽天，咫尺即不能见。西坝正、边占仍旧力作，河防营踊跃争先，讫无懈意。正坝用分边一坯，边坝用揪头二坯，束腰一坯，穷一日之力追压到底。

二十五日，西正坝用单包角一坯，追压大土，边坝加培土料，酉刻收工。

二十六日，午后余率文案周学俊、邓瑞麒过东坝，溯流而上，绕越提脑船，约数十分钟得达彼岸。连日水势平稳，大溜逼近，拦门滩沙滩已冲刷过半。西坝再进一二占当可刷尽，预计将来合龙不外此滩左右，是以希冀刷深，方免阻力。东坝新堤土工日内将竣，长五百五十丈，又接坝基七十丈，共计六百二十丈。此堤自客冬兴筑，逐日前进，虽冰雪交凝，而工未或辍，且收土远在数里以外，倍极困难。新堤临河一面沿堤做埽八十余段，以七十段防护新堤，余则捍卫大坝。此项工程自二月中旬着手，计已成者挑水坝十三道，扇面、磨盘、鱼鳞等埽共四十六段，把厢护沿埽十一段，共计七十段，未成者尚有十二段。每三十丈筑一挑坝，并间以护埽四五段，唇齿相依，衔接而下，共六百有余丈，洵属大观。新埽一带此时不仅数尺，将来两坝逼近，东坝新堤必然吃紧，故预筑挑坝多段，以防正溜，筑护扫多段，以防回溜，绸缪未雨，费款亦多。又以新堤系在隆冬施工，泥沙冻块居多，难期稳固，遂在背河方面加筑后戗，以资防御。东坝以此段工程最为艰巨，工员劳瘁亦不堪言状矣。他若浅水占已成八座，第九占业经兴筑。计两日半成一占，每占用料约五坯四排，站三排，过渡两，揪头一，分边、暗橛三四层，此系浅水占，故所用料物较少。两三日后东边坝即继起进占。土柜、后戗基础已植，嗣后与西坝合力并进，不啻双峰对峙。回忆一、二月间，风雪猛厉，河冰坚结，前后四十余日，冰泮而凌汛暴发，冰随水涌，骤抬三四尺，其有冲上堤顶者。西坝临河一带如料园、土塘等处，多被浸灌，并漫淹附近村庄七八处。东坝已筑土工亦多被浸塌陷者，堵塞漏洞、退筑小埝，种种困难极形棘手。背河方面微溜冲激，土塘、料园均皆上水，两坝极力捍卫，昼夜抢护。低洼之处分别圈筑小埝，一面赈济灾黎，无使失所，此等偏锋文字，耗款费时，今虽渐入坦途，然已大费经营，因即补志于此。今日西坝第五正占、第四边占同时告成。正占宽六丈，长五丈二尺，高一丈七尺，入水深二丈八尺。边占宽四丈，长四丈。因正坝尺寸相抵，不能趱，长高一丈四尺，入水深一丈四尺。午后整理船缆，正坝进第六占，仅及六七尺而止。

二十七日，北风狂吼，正坝进埽，秸随风起，仅压四五尺，不得已中止。

二十八日，捆厢、提脑等船为风移上数尺，溜激风狂，整理颇为费力。午刻风微小，西坝正、边两占同时并进。边占压至二丈，明日再进。正坝丈尺虽足，因未达底，乘夜力作。刻由津办到水月电灯植于土柜，光芒四射，远达数里，正、边坝两皆顾及，颇称便利。东坝第八、第九两占先后告成。第八占宽六丈，长六丈五尺，高一丈五尺，入水深一丈六尺。第九占宽六丈六尺，长六丈八尺，高一丈五尺，入水深一丈六尺。东坝大占已进至深水，今日祭坝，进第十占。自此占起与西坝各占尺度相合，此后双管齐下，便可一气呵成。

二十九日，西正坝工作竟夜，用揪头二坯，束腰一坯，今早继续力作，溜势稍激，发现埽眼，当即加压大土，用分边一坯，以杜其患。西边坝用揪头二坯，东正坝加培料土，两坝均有夜工。

三十日午后，余同王顾问经灿至东坝，正坝第十占将成。边坝下午亦开始进占。东坝各处土工已成者如临河小堤一道，长四百六十丈。小堤迤南加筑格堤一道，长五十九丈。迤东格堤一道，长十丈。背河小堤一道，长四百三十九丈五尺。背河圈筑三角式大土塘一区，长一千五百九十一丈。临河圈筑土塘小堤一道，长三百八十五丈。以上皆凌汛时抢护料园而设。此外加培旧堤三段，共长一百四十七丈五尺。旧裹头南北新堤一道，长九十七丈九尺。堵塞缕堤缺口一段，长二百一十丈。背河圈埝一道，长六百七十一丈。修而未成者如旱堤背河一带，加修后戗，长四百八十丈。又土路两道，每道均长七十丈，约四月中均可竣事。西坝正、边占加培料土，明日告成。

三十一日，昨夜西坝四号红船失慎，火烈风狂，一霎时全船灰烬。此项红船由山东调工，以备遣用，今付一炬，殊用歉然，已函致东省，由工偿价。西坝第六正占及第五边占均告成。正占宽六丈，长五丈二尺，高一丈七尺，入水深三丈。边占宽四丈，长六丈二尺，高一丈三尺，入水深二丈。连日溜势颇激，西坝上游建筑挑坝里头一座，用分边一坯，宽四丈五尺，长三丈，出水一丈二尺，入水五尺。此坝一面防护小堤，一面分敌大坝溜势。挑坝基长二百余丈，坝尾与大堤相接，系二月间所筑者。

四月一日，余因西正坝上口汛营办事迟缓，大加申斥。午后将船只整理妥善，进第七占，乘夜工作。昨日东正坝第十占边坝、第一占均告成。正占宽六丈二尺，长六丈，高一丈五尺，入水深一丈四尺。边占宽四丈，长四丈五尺，高一丈三尺，入水深八尺。今早东正坝进第十一占，边坝进第二占。

二日，东正坝第十一占告成，宽长均六丈，高一丈八尺，入水深一丈二尺。东边坝第二占亦成，宽四丈二尺，长五丈三尺，高一丈六尺，入水深八尺。西正坝工作一昼夜未歇，用揪头二，束腰一。西边坝大早进第六占，用揪头二，束腰一，亥刻收工。昨曰测量口门，西坝自第六占起至东坝第十一占止，共宽一百六十二丈，以五丈一占计，尚须三十二占。两坝分筑，各进十六占便可合龙。但八百余丈之工，去冬河冻水涨，多所困难，此后中洪愈逼愈紧，猛进亦正不易。所幸目前河势尚顺，口外南滩渐刷，若能引溜归入故道，即是天然引河。下游水尚不深，倘就此淤垫，则顶溜后退更为顺利，余昕夕以祈之。冀南王镇守使今日阅防到工。

三日午后，余率文案周学俊到东坝，此次由下游对渡，较为迅捷。东坝第十二正占及第三边占今早同时并进，明后日均可告成。东正坝自第十占起放宽丈尺，与西坝同。前此皆浅水占也，现每占用五排，站绳、揪头、束腰、分边、包角各一坯，束腰系用竹缆。该处水深三四尺至七八尺不等，惟系沙泥软底，料陷入土深及丈余。东边坝水势较浅，每占用四排，站绳、揪头、束腰、分边各一坯。东坝约两日成一占，浅水易于为力，故其成也亦较速。护坝基七十丈内所筑各埽于三月二十七日一律竣工。计挑坝一道，鱼鳞、磨盘、扇面等埽十一座。此段工程上连大坝，下接新筑五百五十丈之大堤，两日之内计成十二大埽，工作尚属迅捷，用特给赏河兵以资鼓励。他如土柜、后戗，现亦双方并进，均称踊跃。今日西正坝用分边一坯，西边坝用束腰一坯，两占均压大土，明日告成。

四日上午，西正坝第七占、西边坝第六占均告成。正占宽六丈，长五丈，高二丈，入水深二丈五尺。边占宽四丈，长四丈五尺，高一丈六尺，入水深二丈。下午西正坝进第八占，约长二丈，明日续进。东坝第三边占午后亦告成，宽四丈二尺，长五丈，高一丈六尺，入水深八尺。今、昨两日水长六寸，正桃汛来时，西坝背河张屯一带小埝微见冲刷，饬刘营长派汛兵四十人前往防护，并酌厢护埽。

五日下午，东坝第十二正占告成，宽六丈五尺，长五丈五尺，高一丈九尺，入水深二丈。东边坝已进第四占，西边坝已进第七占。西正坝用揪头二坯，并力工作至晚，占压到底，始收工。今日水势平。

六日，迩来河势稍变，大溜渐向东趋，现象尚顺。惟东坝方面河水较涨，倘自此水再抬高，引流南趋，直入老河，亦天然引河也。前此东坝所进各占均属浅水，虽入土丈余，而捆厢船不甚吃重，故未全用拖缆。今已进至深水，遂安置提脑、揪艄等船。午后东坝又进第十三正占。晚东边坝第四占告成，宽四丈二尺，长五丈，高一丈六尺，入水深七尺。西坝正占用束腰一坯，边占用揪头二坯，束腰一坯，至晚占压到底。正、边两占均亥刻收工。今日下午栗大王降临，自动工迄今各大王、将军来者络绎不绝，神灵呵护，亦实有之。

七日，东坝提脑船因锚未抛定，随溜下移，捆厢船亦因之牵动，以致正坝不能工作。第十三占已进之料长约三丈，入水二丈五尺，高二丈，虽未合度，不得不权为结束。西正坝第八占、边坝第七占均于午后告成。正占宽六丈，长五丈四尺，高二丈，入水深二丈八尺。边占宽四丈，长五丈，高一丈八尺，入水深二丈。今日水长寸余。

八日，水势平。早西坝进第九正占，至亥刻收工，用揪头二坯。西边坝午后进第八占，丈尺未足，明日续进。东坝整理提脑船，预备进占。

九日，大风怒吼，尘沙扑面，西坝汛兵奋力将事，勇猛更倍于常。正坝用束腰一坯，边坝用揪头、束腰各一坯。东坝上午进第十四正占。

十日，风未止，两日水落五寸。东坝正占继续压埽，西坝第九正占及第八边占同时竣工。正占宽六丈，长五丈，高深均二丈。边占宽四丈，长五丈，高深均一丈八尺。西坝本系深水，预计四日一占。此次正占仅两日半，边占仅两日，事半工倍，固由于水势平稳，较易为力，而河防营之踊跃亦足多也。午后，西正坝进第十占，约长及丈，因雨而止。前次所勘临黄民埝现已开工，此段工长百里，与山东濮县民埝相接。旧埝卑薄已极，须一律加培，以资保障，共计土工二十九万余方，约合龙以前可望竣事。

十一日，晴，东西坝均动工。东正坝继续压埽，东边坝已进第五占。连日水势消落，今又退寸余，是桃汛已过矣。西正坝仅用揪头一坯，即已到底。西边坝午后进第九占，长约二丈，明日续进。两坝均有夜工。第四段临黄民埝承修委员方午于昨夜被盗，员役受伤。其处距东坝四十余里，地名曰堌，属山东濮县辖境，该处萑苻不靖，非一日矣。当饬巡防营马步队，会同濮阳县干役从严缉捕，一面派员携带伤药，前往慰视。

十二日，上午晴和，午后朔风又起。适余乘舟过东坝，波浪甚险。至则逐一履勘，河水又落七八寸，形势更为顺利。西坝上游发现长滩一道，又鸡心滩二处，其一逼近老河，其一在西正坝上侧，前者足以逼溜注入老河，后者足以掩护西坝，有此两滩，胜于十数挑坝。故日来溜势由东坝转向南趋，输入故道，旧淤刷动，老河之口渐有疏势，口门以外竟有小艇直渡老河。且此处与东坝头距离甚近，再进数占更可抬高水势，倘能从此定其趋向，直为天然引河，向者患其袤延亙亘，不易疏通，今则形势既佳，疑虑尽释，微天助，曷克臻此？东正坝第十四占成，宽六丈五尺，长四丈三尺，高一丈八尺，入水深二丈七尺。东边坝继续抱料压土。西正坝用束腰一坯，西边坝用揪头、束腰各一坯。正、边坝均亥刻收工。

十三日，测量口门，西自第十占起，东至第十四占止，计长一百二十五丈。以五丈一占计，两坝尚须各进十二占余，即为合龙丈尺。上午东正坝进第十五占，东边坝第五占告成，宽四丈三尺，长六丈五尺，高一丈六尺，入水深八尺。午后西坝正、边占先后竣工，正坝第十占宽六丈，长五丈四尺，高二丈，入水深一丈八尺。边坝第九占宽四丈，长四丈五尺，高一丈八尺，入水深一丈四尺。由正坝基起至第十占止，共长五十二丈八尺。申刻西正坝进第十一占，长约二丈，明日续进。

十四日，近来溜势趋向东南，东坝逼近溜头，水量较深，施工较难。隔昨东正坝工作竟夜，占始到底，今仍加培土料，加意盘筑。西正坝用揪头、束腰各一坯。上午，东边坝进第六占，用揪头、束腰、分边各一坯。西边坝进第十占，用揪头、束腰各一坯。西正、边坝均做夜工。

十五日，余同王顾问履勘第一段缕堤，沿司马、孟居、蘧村以达大郎庄。由西坝至司马为东西向，由司马至孟居为南北向形，系坐湾。此处昔曾溃决，堵合后分筑两堤，一为临河堤，一即民埝。惟土性松浮，向无官守，残薄已极。且时有微溜冲激，将来大工合龙，水势回旋，此段尤为吃紧。原估只修民埝，兹以形势险要，非巩固临河堤不足以资保障，除加高培厚外，并在该堤后身添筑后戗一道，长九百一十四丈，宽一丈五尺，高八尺。临河一带均加筑顶厢护沿，上自孟居，下至西坝料园护埝，长一千四百三十八丈。估用秸料百余垛，土一万数千方，需款一万余元。此段工程所费虽巨，而万不容省，否则此合彼开，前功尽弃，事有不可以小害大者，此类是也。现已一面呈报，一面饬承修俞委员迪初即日兴办，以重要工。东坝第十五正占及第六边占均告成。正占宽六丈五尺，长五丈五尺，高一丈八尺，入水深二丈七尺。边占宽四丈二尺，长五丈八尺，高一丈七尺，入水深一丈一尺。西边坝第十占亦成，宽四丈，长六丈五尺，高一丈八尺，入水深五尺。西正坝加培土料，赶做夜工。

十六日，上午东正坝进第十六占，西正坝第十一占成，宽六丈，长五丈七尺，高二丈，入水深一丈五尺。午后西正坝进第十二占，西边坝进第十一占，东边坝进第七占，丈尺均未足，明日续进。两日水落四寸。

十七日，东正、边坝均下料压土，西正、边坝均用揪头、束腰各一坯。西坝有夜工。晚东坝失慎，火光烛天。余急驰往坝头，知系市场失火，距料厂尚远，心始释然。

十八日，迩来河水渐落，西坝占埽吃水不深，虽期稳固，宜加意慎重。已饬河防营多压大土，盘筑紧实，否则一经大水，即属可虑。午后，余过东坝履验昨晚市场失慎事，计焚去席棚买卖二十余处，有一钱铺损失较甚，存有青茼三万斤，均被祝融收去。巡防、河防各营扑救甚力，已分别记功给赏矣。西边坝第十一占告成，宽四丈，长六丈五尺，高一丈八尺，入水深五尺。西正坝及东坝各占均加培土料。

十九日大早，余过东坝，同王顾问履勘东段临黄民埝。此埝第一段工程系在西坝，东坝由双合岭至丁寨为第二段，工长三千一百四十丈五尺。由吕市至大新庄为第三段，工长二千二百五十三丈。由高寨至孙密城庄为第四段，工长三千零二十八丈。所过之处，堤身均极残薄，此堤向归地方自办，而凋敝之民力不能逮，以故任其废弃。自经溃决，荡析离居，灾后余生，更何能及？若不从速兴修，一届汛期，万分危险。已饬屠委员义铭承修第二段，李委员自华承修第三段，方委员午承修第四段。薄者加之，缺者培之，共长四十七里，约估用土二十万方。自密城以下则属山东濮县，应由山东巡按使饬令修培。勘验既毕，遄回西坝，时已薄暮。东正坝第十六占、边坝第七占、西正坝第十二占均告成。东第十六正占宽六丈五尺，长五丈五尺，高一丈八尺，入水深二丈八尺。东第七边占宽四丈三尺，长五丈五尺，高一丈八尺，入水深一丈四尺。西第十二正占宽六丈，长六丈四尺，高一丈八尺，入水深一丈五尺。上午东正坝进第十七占，午后西正坝进第十三占，西边坝进第十二占，东边坝进第八占，东坝因水激未能歇手，赶做夜工。

二十日，东坝逼近大溜，水势较深，进占格外慎重。正坝每占用揪头二坯，束腰、分边、抄手各一坯。边坝每占用揪头二坯，束腰一坯。西坝今日正、边占各用揪头一坯，东、西坝均有夜工。

二十一日，西坝头渐有分溜，系由上游绕越长滩回旋而至，故水势不似前数日平稳。正坝用竹缆束腰一坯，边坝用苘绳束腰一坯。东正坝第十七占成，宽六丈五尺，长五丈五尺，高一丈八尺，入水深二丈八尺。

二十二日，西正坝第十三占、西边坝第十二占、东边坝第八占先后告成。西第十三正占宽六丈，长六丈一尺，高深均二丈。西第十二边占宽四丈，长六丈五尺，高二丈，入水深八尺。东第八边占宽四丈三尺。长五丈二尺，入水深一丈七尺。上午，东正坝进第十八占，午后，东边坝进第九占，西正坝进第十四占，西边坝进第十三占，丈尺均未足，明日续进。

二十三日，近日西坝不足三日即成一占，工作迅速，各工员任事亦颇踊跃。有坝头号土员武恪忠者指挥如意，五官并用，灵捷异常，当即令掌坝传知记功一次，以示激劝。午过东坝止宿焉，寓有督催之意，细查半日，尚无懈惰处。继见去冬今春所筑六百二十丈新堤，本系冻泥、浮沙筑成，近因工作人多，践蹋过甚，又兼蛰实已嫌卑薄，特令居季员义铭赶再加高二尺，且令以一尺胶泥封顶，俾资坚固。东坝正、边占均加土料，西坝正、边占各用揪头一坯，两坝皆有夜工。

二十四日，余在东坝考察，坝头当差人员大致勤多惰少，间有性情乖僻不甚通达者，余屡加策励，多能痛改。西坝正占上水深于下水几两倍之，故上口占埽屡屡下陷，随蛰随加，当用包角、束腰各一坯，西边坝亦用束腰一坯。近日水涨三寸。

二十五日下午，余回西坝，风狂溜激，舟渡不若前次迅捷。东坝第十八正占、第九边占，西坝第十四正占、十三边占均告成。东坝第十八正占宽六丈五尺，长五丈二尺，高一丈八尺，入水深二丈八尺；第九边占宽四丈二尺，长五丈，高一丈七尺，入水深一丈五尺。西坝第十四正占宽六丈，长六丈三尺，高二丈，上水深二丈二尺，下水深一丈；第十三边占宽四丈，长六丈五尺，高二丈，入水深一丈。午后东正坝进第十九占，边坝进第十占，西正坝进第十五占，边坝进第十四占，丈尺未足，明日续进。

二十六日，山东蔡巡按特派东临道尹龚伯衡、黄河上游局长蒋榕生勘修北岸金堤，顺道来工晤谈，并以所勘山东濮县梁家庄民埝有小缺口，亟须堵合，拟通融濮工款项二万元，并借将来所余料物为办理之资。此系以公济公，似无不可，但须视合龙后有无所余，仍应呈准大总统及内、财两部，非可私相授受也。今日东正坝用揪头二坯，束腰一坯，东边坝用揪头二坯，西正坝用揪头、包角各一坯，西边坝用揪头一坯。迩来溜逼渐紧，进占较难，两坝均工作通宵，盘筑到底，方敢稍息，夜以继日，于工则速，于人则惫矣。

二十七日午后，余至孟居视察工程，此处由刘青山营长调拨汛兵二十名，又加募帮工短夫六十名，工才十日，而护沿等埽已成者三百八十丈，他若堤工后戗亦成十之六七，既坚且速，殊为欣慰。东正坝用分边、抄手各一坯，西边坝用束腰一坯，西正坝、东边坝均用束腰、分边各一坯。连日水势无涨落。

二十八日，两坝正、边占均告成。东正坝第十九占宽六丈五尺，长五丈，高二丈，入水深三丈。东边坝第十占宽四丈二尺，长五丈，高一丈七尺，入水深一丈三尺。西正坝第十五占宽六丈，长五丈五尺，高二丈二尺，上水深二丈五尺，下水深一丈一尺。西边坝第十四占宽四丈，长五丈，高二丈，入水深一丈二尺。西坝由坝基至第十五正占共长八十三丈九尺。午后，东正坝进第二十占，西正坝进第十六占。

二十九日，连日西南风大作，激溜北趋，形势几乎大变。且西坝正占上下水深浅不等，丈尺悬殊，工作尤为不易。所幸各占均加意盘筑，颇形稳固。午后阴雨，力作未辍。东、西两正坝均用揪头二坯。今早东边坝进第十一占，西边坝进第十五占，各用揪头二坯，两坝均有夜工。

三十日，测量口门尚有六十五丈五尺，预计两坝各进六占即可合龙。东正坝用束腰、分边各一坯，西正坝用包角一坯，东、西两边坝各用束腰一坯，西正坝有夜工。

五月一日，东正坝用抄手一坯，其余各占均加培土料。东、西正、边坝四占同时告成。东正坝第二十占宽七丈，长五丈六尺，高二丈，入水深二丈八尺。东边坝第十一占宽四丈二尺，长五丈，高一丈八尺，入水深一丈六尺。西正坝第十六占宽六丈，长五丈四尺，高二丈二尺，入水深上口二丈五尺，下口一丈二尺。西边坝第十五占宽四丈，长五丈五尺，高二丈，入水深一丈五尺。午后东正坝进第二十一占，西正坝进第十七占，东边坝进第十二占，西边坝进第十六占，东坝有夜工。今日水落一寸。

二日，东、西正坝各用揪头二坯，东、西边坝各用揪头一坯，两坝赶做夜工。

三日，余过东坝，督催工程，各工员、各河营均极勤奋。现在口门收窄，东西岸距离甚近，两坝员弁互相争先，是以近日工作异常迅速，齐驱并驾，无轩轾之可言，天时人事两相得手，斯固余所日夕祈祷者也。东正坝用束腰、分边各一坯，西正坝用包角一坯，东、西边坝各用束腰一坯。连日水势平。

四日，水长寸余。东正坝用抄手一坯，西正坝用束腰一坯，东边坝用分边一坯，东、西坝各占均成。东正坝第二十一占宽八丈，长六丈，高二丈二尺，入水深二丈八尺。西正坝第十七占宽六丈，长六丈，高二丈二尺，入水深上口二丈五尺，下口一丈二尺。东边坝第十二占宽四丈二尺，长五丈，高一丈八尺，入水深一丈五尺。西边坝第十六占宽四丈，长六丈，高二丈二尺，入水深一丈五尺。午后西正坝进第十八占。

五日，东坝料厂外附近料贩所余料堆，偶遗星火，几兆焚如，该处防营奋勇扑灭，幸得无恙。东坝火患屡屡化险为夷，固属大工之幸，而防营施救得力，功不可没，已饬银钱分所分别给奖。上午东正坝进第二十二占，用揪头二坯。午后东边坝进第十三占，丈尺尚未压足。西边坝进第十七占，用揪头一坯。西正坝用揪头二坯。西坝溜势湍激，上水冲刷更甚，以致正坝下口新旧埽接口处浸入微溜，牵及旧埽，因之蛰陷。发现埽眼，当饬河营迅即追压大土，乘夜力作，以图补救。东坝亦有夜工。

六日，西正坝埽眼未止，一面追压新旧占埽，一面取用淤泥赶填土柜。缘土柜用以中坚，填过患处则罅隙既无可乘，水自无由而入。用淤泥者取其性胶，易于屯集也。正坝土柜均加班抢护，颇见功效，患亦立止。西正坝用分边一坯，西边坝用揪头、束腰各一坯，东正坝用束腰、分边各一坯，东边坝用揪头三坯。今日水长一寸，两坝均有夜工。

七日，余至东坝督催工程，并详勘已成各工，尚属稳固。惟东坝各占较矮，已饬河营赶即加高，期与西坝丈尺相等，以免合龙时有参差之患。东正坝用抄手一坯，西正坝东边坝均用束腰一坯。午后东正坝第二十二占，西正坝第十八占、西边坝第十七占均成。东正占宽六丈，长五丈五尺，高二丈二尺，入水深二丈五尺。西正占宽六丈，长五丈二尺，高二丈二尺，入水深上口二丈五尺，下口一丈三尺。西边占宽四丈，长五丈五尺，高二丈一尺，入水深一丈三尺。

八日，大雨。东正坝进第二十三占，西正坝进第十九占，雨中工作情景顿殊。午后东边坝第十三占成，宽四丈，长五丈二尺，高一丈八尺，入水深二丈一尺。东西正坝均用揪头一坯。西边坝进第十八占。

九日，余至孟居视工，该处土工埽工均极迅速，土工已成十之八九，护埽已成一千余丈，七八日后当可竣事。东正坝用揪头、束腰各一坯，西正坝用揪头、分边各一坯，西边坝用揪头二坯，束腰一坯。午后东边坝进第十四占。今日水长二寸，两坝均做夜工。

十日，水落寸余。东正坝用分边一坯，东边坝用揪头二坯，西正坝用束腰一坯。午后西边坝第十八占成，宽四丈，长四丈六尺，高二丈二尺，入水深一丈五尺。

十一日，余至东坝监视工程，午后返棹。东正坝第二十三占、西正坝第十九占均告成东。正占宽八丈，长五丈，高二丈四尺，入水深二丈五尺。西正占宽七丈，长四丈八尺，高二丈五尺，入水深上口二丈五尺，下口二丈三尺。东边坝用束腰、分边各一坯。向晚东正坝进第二十四占，西正坝进第二十占。东坝提脑船为溜势顶撞，提上七八尺，捆厢船亦因之上越，费尽人力未见稍动，遂于下口另帮捆厢船一艘，虽属变通，向亦有此办法也。

十二日，东正坝用揪头二坯，西正坝用揪头二坯，分边一坯。东边坝第十四占成，宽四丈五尺，长五丈二尺，高一丈九尺，入水深二丈七尺。午后东边坝进第十五占，西边坝进第十九占。

十三日，两坝相距仅二十余丈，口门愈狭，溜势愈紧。东边坝尤为吃重，下埽压占颇觉困难，几不能达原定丈尺。嗣经姚总办督率汛兵又压数号，勉强足数，而倒骑马铁缆竟折三条，幸殷汛长赶即整理，不致误事，然亦危矣。东坝土柜为溜势所激，浇填三日未见寸功，现已改用麻袋包淤，加工赶办。东正坝用束腰、分边各一坯，西正坝用束腰一坯，东边坝用揪头二坯，西边坝用揪头三坯。两坝均有夜工。

十四日，东正坝用抄手一坯，惟上口大溜紧逼，施工颇不易易，绳料均不免加多。西正坝用分边一坯，东边坝用束腰一坯，西边坝用束腰、包角各一坯。晚西边坝上口突有大溜冲激，占忽下陷七八尺，当饬刘营长赶即加埽压土，幸得无恙。两坝后戗回溜颇劲，施工尤为棘手。余午后过东坝履勘一切，并督饬文武员弁谨慎将事，嗣因东坝工情较重，遂止宿焉。

十五日，东正坝日间加培土料。是夜子刻上口忽蛰陷一丈八尺余，溜势极为猛勇。余亲临督率，竭力抢护，迨至黎明，方见稳固。东边坝用分边一坯，西边坝用包角、束腰各一坯。西正坝第二十占告成，宽七丈，长五丈五尺，高二丈五尺，入水深二丈六尺。午后西正坝进第二十一占，东坝赶做夜工。

十六日，水势稍平。东正坝第二十四占、东边坝第十五占、西边坝第十九占均告成。东正占宽七丈五尺，长五丈五尺，高二丈七尺，入水深三丈五尺。东边占宽四丈五尺，长五丈，高二丈，入水深二丈九尺。西边占宽五丈，长五丈，高二丈三尺，入水深二丈四尺。午后东正坝进第二十五占，西边坝进第二十占。西正坝用揪头二坯，两坝均有夜工。近日土柜用麻袋包淤，颇见功效。惟后戗用土过费，原定二丈五尺现竟展宽至五六尺者，虽为慎重起见，究嫌旷日持久，兹已饬令仍照原定丈尺办理矣。今早冀南王镇守使来工巡防。

十七日，临黄民埝第一段、第二段土工同时完竣。又第一段孟居所筑后戗并护埽等工，亦先后告成，第三、第四两段民埝已成者十之七八，业饬李、方两委员加工赶办，务期合龙以前一律蒇事。西正坝用揪头、束腰各一坯，东正坝、西边坝均用揪头二坯。两坝赶做夜工。

十八日，连日大溜逼紧，口门水势骤抬二三尺，翻花作黑色，乃积久淤沙之底皆刷动也。奔腾注泻，两坝均颇吃紧，东坝尤甚，时形下蛰，当饬两坝河营加意盘筑，多培土料。前此各占用料不过五六坯，用土不过一丈六七尺，现在料则加至七八坯，土则加至二丈余。西坝存料无多，预算有余，今竟不足，已派员就近添购。又令周知事封船四十艘，输运东坝旧存之料，以资接济。东正坝、西边坝均用揪头、束腰各一坯，西正坝用分边一坯，上午东边坝进第十六占，用揪头二坯。两坝均做夜工。

十九日，余居东坝五日，督率各员认真工作。上午回西坝。近日西坝各员多有因劳致疾者，然犹力疾从事，余一一勉慰之。东正坝用分边一坯，东边坝用揪头分边各一坯。西坝两占均加培土料，边坝用束腰一坯，今日浪花已不作黑色，测量河底深三丈五寸，以锤探之，似系硬底，果尔合龙或不甚难。

二十日，测量口门，东西距离上口十五丈八尺，下口十五丈三尺。两坝各进金门占一段，即可合龙。今日东正、边坝各用束腰一坯，西边坝用分边一坯。西正坝第二十一占成，宽七丈三尺，长五丈二尺，高二丈五尺，入水深二丈六尺。东坝赶做夜工。

二十一日，风雨交作，水势骤涨，东正坝为大溜冲刷，忽蛰七尺余。当饬河营冒雨抢护，厢加料土，用包角、分边各一坯。东边坝用分边一坯。西正坝本拟按做金门占，嗣因口门既窄，溜势洪大，若西坝单独先进，恐顶溜东趋，东坝负力过重，不易撑持。当俟东坝此占成后，双方并进，势分力敌，或可化险为夷，询诸文武各员，多数赞同，议遂定。

二十二日，晴。东正坝又蛰三尺。赶即厢料，并加压大土。午后东正坝第二十五占、东边坝第十六占、西边坝第二十占均告成。东正占宽八丈，长五丈，高二丈八尺，入水深三丈八尺。东边占宽四丈五尺，长五丈，高二丈一尺，入水深三丈一尺。西边占宽五丈，长四丈七尺，高二丈五尺，入水深二丈五尺。西正坝因歇工以待，所有抱料人等无可谋生，哀鸿遍野，不得不设法救济。令其抬现钱土填筑大王庙基，以资力食。

二十三日寅刻，东正坝进第二十六占，西正坝进第二十二占。此为两坝最后之占，名曰金门占。今日溜势更劲，东坝水深四丈余至五丈不等，西坝水深三丈至四丈余不等。东坝昨日所成正占为溜顶撞，忽见吊膛，竹缆折断五六条。余亲往督工，饬即追压大土。西坝后戗大溜回旋，填土不易见功，用秸捆枕二段，长各四丈，围高三尺，横拦于外，以防回溜。午后余又过东坝，筹画机宜。

二十四日，昨夜两坝工作通宵达旦，未敢稍忽。东正坝用揪头二坯，西正坝用揪头三坯。今早西边坝进第二十一占。时值麦黄汛信，河水陡涨数尺，溜激风狂。东坝金门后一占险象环生，余又赶即过河督饬加压。忽见西正坝金门占有摇动之象，并牵及第二十一占，陡蛰七八尺。正在加厢，而大溜横冲，上口绳缆全折，转瞬间竟将新旧两占同时卷去，一横于东正坝之前，一横于东边坝之侧。并将两正坝捆厢船全行撞毁，西正坝所用龙骨亦折为二，西边坝第二十一占甫进丈余，亦为溜刷去。其后一占既失捍卫，且大溜紧逼，蛰塌甚速，随加随蛰，不半日而全占下陷。东坝赖有破占抵制，溜势外顶，转形稳固。

二十五日，西正、边坝赶盘里头，以资保守。奈河水又长，溜势更劲，西正坝第二十占复见离档。余即回西坝，严饬河营赶填土料。未及一时，蛰陷更甚，绳缆折断，又为大溜卷去，仍横于东正坝之前。西边坝亦复牵动，连塌两占。睹此现状，心急如焚，遂传集两坝文武各员会议办法。佥以西正坝所失三占，虽离本位，仍横亘口门，出水四五尺，尚形稳固，宜乘机仿行，侥幸合龙，法作背城借一之举。议既定，即饬两坝一致进行。一面悬赏鼓励，西坝人人奋勇，河营尤为出力。顷刻间桩绳布就，买料压埽。而东坝头距杂料厂甚远，运送料物往返需时，派员十数次前往催促，王顾问往来筹度，姚总办竭力布置，声为之哑。两坝巡防营亦出而协助，此部署就绪。不意第一次所走之占已为大溜刷动，至夜半十二时，狂风陡起，水势愈激，竟致不能着手，形势既变，前议遂不果行。

二十六日，东正、边坝加意盘筑，以防不测。西坝在就近一带收买砖石，赶将正坝顶溜数占一律抛砖防护占基，一面电陈中央，请示办法。

二十七日，东坝正、边两占加培料土，西正坝仍抛砖防护，并将坝基以上各占加土一尺。此事本拟由善后办理，兹以连日停工，饥民嗷嗷，不得不设法赈济。晚西边坝转运料厂失慎，所有碎料尽付一炬，幸整料存储无多，赶即派人抢出，并饬巡防、河防各营前往救护，颇勇。

二十八日，西坝既遭意外，工事不免停顿，回忆半载经营，功亏一篑，倘就此歇手，则前此人力、财力悉付东流。若图再举，则整理一切以及添购料物，亦颇费时。而汛期将届，尤所危惧，因即电呈元首、阁揆，拟请暂守东、西坝头，俟经过伏秋大汛，再行堵合。非敢畏缩不前，实为慎重起见。昨夜奉到中央电令，仍主续办，但事关重要，宜策万全。复传集文武各员会议办法，并派员分投采办料物，一面电商河南巡按使，酌借石方，以备进行。今日东坝仍加意追压，西边坝盘做裹头。

二十九日，两坝会议，佥以正坝口门为大溜淘刷，跌塘颇深，且有破占坏船搁垫其间，高低不平，原处万难再进，拟在两坝上口圈越进筑。东坝自第二十五占起，西坝自第十八占起，先做扇面、接口等埽各二段，既可分敌溜势，并作新坝根基，俟埽工完竣，即接续进占。每坝各进二段，两坝占埽共计八段。以旧正坝上口改作土柜，余即改做边坝。此项办法虽用料较多，只以慎重起见，不得不尔，询谋佥同，议遂决。因即呈报中央，绘具图说，详陈一切。连日东正坝用揪头二坯，束腰、分边、包角各一坯。第二十六占告成，宽八丈，长七丈，高二丈二尺，入水深四丈三尺。

三十日，昨议既定，即饬两坝从速筹备船只等件，并令两坝收买民砖，抛护占基。

三十一日，东坝钉桩整船，西坝亦布置一切。

六月一日，所议续进办法虽经磋商就续，但兹事体大，不得不多方研究。午后传集两坝文武各员，一再讨论，佥以筹画周备，宜速进行。

二日黎明，东坝祭大王开工，于正坝上口进做大埽，为新坝基础。底二坯用捆厢，三坯后改顶厢，计用揪头一坯。西坝整理船只，分钉排桩，顶备动工。晚东坝正在工作，大风忽起，灯火为灭。

三日上午，大雨如注，有碍工作。午后雨止，东坝继续压埽，西坝亦将动工。余以猪一、羊一致祭于龙王之前，虔祈默佑早日合龙，以拯此数百里昏垫之民。午后，余与马委员丕绪过东坝视工，东坝大埽用揪头一坯，赶做夜工。自今春开工以来大王、将军联翩而至，昨日西坝有两大王于神棚内互起竞斗，其一不胜，竟为噬吞，复乘胜与某将军启衅，久乃寂然。其他龙王有昂首观剧者，有衔杯痛饮者，事甚奇异，信笔志之。

四日，连日北风，大溜趋入老河约十分之五，口门以上及西坝第八、九等占上游新生嫩滩数道，水溜既已分途，冲刷力因亦稍减，坝头破占顶溜外移，其势甚好。现收买旧石堆压破占，以防刷动。西坝今早开工，进做大埽。两坝各用揪头一坯。午后东坝进枕厢扇面埽。东、西坝均赶做夜工。

五日，西坝大溜由西北直顶正坝第十四占，复循此大坝向东折入口门，溜势较东坝更激，第十四占尤为吃重。令河兵多抛砖块，以资捍卫。东、西正坝头及上、下口连日抛砖百余方，颇为得力。东坝大埽用束腰一坯，西坝昨夜工作达日，用揪头、束腰各一坯、三坯，后改做顶厢。午后西坝进扇面埽，因溜力过劲，故底坯仍用捆厢。两坝均做夜工。

六日，东、西坝大埽各用束腰一坯，东坝扇面埽用揪头一坯，西坝扇面埽为大埽提脑绳所阻，未能前进，东坝扇面埽尚未到底，赶做夜工。两日水长二寸。

七日，河水稍落，溜势亦稍杀。东、西坝两大埽均加培料土，此埽为新占基础，宜盘筑十分坚实，庶可有恃无恐。东坝扇面埽用束腰一坯，西坝扇面埽用揪头二坯。

八日，时当夏令，汛期将届，饬河营工员合力赶办，并再三鼓励，以期早竟全功。惟值此农忙，运料迟缓，专电附近各县设法代雇车辆，赶运到工。一面饬周知事祖训出示设厂收买民料，以资接济。午后，东坝大埽告成，宽五丈六尺，长六丈，高二丈八尺，入水深三丈五尺。西坝扇面埽用束腰一坯，现已改做顶厢。西坝大埽暨东坝扇面埽均加意追压，并于新埽四周抛砖防护。

九日，东明县知事郑元浚运送正料十万个到工，当此需料孔亟之际，有此接济，甚为得用。该知事急公好义，殊深佩慰。西坝大埽及东坝扇面埽均告成。西坝大埽宽三丈七尺，长八丈五尺，高二丈八尺，入水深三丈五尺。西坝扇面埽盘压大土。

十日，东正坝进第二十七占，由大埽前接续前进，用掀头一坯。西坝捆厢、提脑、揪艄等船亦均布置就绪。午后西坝扇面埽成，宽九丈，长上口二丈五尺，下口四丈，高二丈五尺，入水深二丈三尺。

十一日，昨夜东正坝工作达旦，用掀头一坯。午后西坝于大埽前接进第二十占。连日料物陆续运到，已有成数，可无虑缺乏。

十二日，上午风沙障目，工作暂停。午后两坝集议，并测量口门，上口长二十二丈五尺，下口长二十丈一尺。佥以西坝溜势较激，工作较难，宜避重就轻，庶几易于着手。议定，东坝进两占，共长十一丈，西坝进两占，共长九丈五尺。未刻风渐小，两坝同时兴作。东正坝用掀头一坯，西正坝漏夜赶做。

十三日，近日形势稍变，口门以上新生嫩滩数处，西坝旧占上游亦生长滩一道，逼溜直顶第八至十二等占，已饬河营加意防护，并令多用砖块抛护占根。东正坝用掀头、束腰各一坯，西正坝用掀头二坯。西坝赶做夜工。

十四日，溜逼西坝旧占，较昨更激，水翻黑色，系淘刷淤底之明证。第八占至十二占上口蛰陷五六尺，土柜亦坼裂数处，令边坝刘、董两营长督率汛兵加厢料土，抛砖防御，连夜抢护，幸称稳固。东正坝用束腰、分边、包角各一坯，西正坝用掀头、束腰各一坯。

十五日，近数日天气燠热，日烈风炎，各工员仍极踊跃，未或稍懈。余复谆谆勉励，以鼓其气。西正坝用束腰二坯。午后东正坝第二十七占成，宽六丈，长五丈五尺，高二丈八尺，入水深上口二丈四尺，下口三丈八尺。新占上首用砖抛护。

十六日，余连日屡过东坝勘视工情，新做占埽均属坚固，溜势较西坝稍缓，令即整理船只，准明日进占。西正坝用分边、包角各一坯。

十七日，黎明东正坝进金门占，东边坝进第十七占。午后西正坝第二十占成，宽六丈，长五丈七尺，高二丈五尺，入水深四丈二尺。此占甫成，即继续挂缆进做金门占，西边坝同时进第十八占。东、西两边坝均由旧正坝改做上口，留作土柜，余为边坝丈尺。今日大风扬沙，两坝力作不懈。

十八日，昨夜东正坝工作达旦，用揪头三坯。西坝金门占顶溜最激，照原定丈尺竟能多跺五尺，殊为欣喜，口门仅留七丈，较易措手。龙门以上新长关门滩一座，大溜迂曲回旋，其势稍杀。东边坝用揪头二坯，束腰一坯，西边坝用揪头二坯。两坝通宵力作。

十九日，余到东坝视工。现在口门狭窄，溜逼抬高，且南风当令，阻力尤多。东、西两金门占屡屡下蛰，上口离档，赶填黄料。东坝金门占忽向前游，捆厢船几为覆压。嗣经两坝汛兵并力抢护，始化险为夷。东正坝用揪头、束腰各一坯，包角二坯。西正坝用揪头四坯，束腰二坯。东边坝用束腰、分边各一坯。西边坝用束腰二坯，分边一坯。晚两边坝均告成。东边坝第十七占宽四丈二尺，长三丈，高二丈四尺，入水深四丈。西边坝第十八占宽五丈，长三丈五丈，高二丈五尺，入水深三丈。

二十日黎明，东边坝进第十八占，西边坝进第十九占，此即两边坝之金门占。东正坝为大溜顶撞，占腰吊膛，西正坝复发现埽眼，翻花甚力，一面加厢，一面填塞，并抛砖防护。两正坝各用束腰二坯。连日大溜逼紧，势甚危急，日夜工作，未敢稍懈。

二十一日，东正坝上口向下游蛰，西正坝下口为回溜冲激，蛰陷亦甚，赶即加厢。两正坝捆厢船梗阻口门，顶溜横撞，其势更猛，遂将绳缆勾起，船均提出。两正坝各用分边一坯，东边坝用揪头三坯，包角一坯，西边坝用揪头三坯，束腰一坯。近日河水稍长，金门上口多用砖抛护。冀南王镇守使因工地重要，来此驻守，并时常到坝，率其部属帮同工作，劳瘁不辞。公谊热忱，良深钦佩。

二十二日，东正坝复吊膛五六尺，上口向下游蛰更甚于昨，照原睬地位游过二丈有余。西正坝亦向下游蛰七八尺。两正坝均盘筑大土，用资镇压。溜势既如是雄劲，金门占又险象环生，一发千钧，不容稍待。传谕两坝文武各员从速准备，定明日赶办合龙。并重赏河营，以示激励。因是士卒用命，多有奋不顾身者。于是知操纵之权足以维系人心，岂浅鲜哉！东正坝金门占宽七丈，长五丈五尺，高二丈九尺，入水深四丈五尺。西正坝金门占宽六丈五尺，长四丈七尺，高二丈六尺，入水深四丈五尺。两边坝各用束腰二坯。边坝捆厢船同时提出。

二十三日，昨夜两坝金门占下口忽现埽眼，赶用麻袋、蒲包包淤填塞，上口进水处亦用之。东坝金门占游蛰未已，幸两占均向前游，底坯、埽脚距离甚近，似不致再生变动。黎明两正坝同时钉桩，安枕牵绠、滚龙衣。未刻，布置周妥。余率两坝文武各员祭告河神，悬旗买料。余亲握秫秸一束投于龙衣兜内，为员夫倡。于是踊跃争先，转瞬间龙衣填满，压蒲包土一层。营长徐正诚鸣锣传令，两坝同时松绠。松至第二次，龙兜不能遽下，缘金门占底坯前游过甚，上宽下窄，致有此病。遂令用土缓缓下压，至晚，兜已入水。东边坝金门占上口为破占搁垫，下口空虚，故屡屡向右欹侧，迅即补救，并用分边一坯，幸臻稳固。两边坝金门占先后告成。东占宽四丈二尺，长五丈一尺，高二丈四尺，入水深四丈。西占宽五丈，长三丈五尺，高二丈六尺，入水深三丈五尺。午后，两边坝布置合龙桩缆，定明早举行边坝合龙。

二十四日，黎明边坝滚龙衣进合龙占，午后兜压入水。惟此处河身原有破占沉搁，故合龙占压至中流向右偏侧，当用提脑船由上游生缆牵制，以防下拜。正坝合龙占仍未闭气，传令追压大土。东正坝金门占接口处加做接口埽一段，用揪头二坯。

二十五日，现在天气炎热，工员昼夜奔驰，加以苘料入水久而腐臭，以故工员多病者，憔悴形容，满目皆是。盖自金门占着手以后，通宵达旦，员夫均不得片刻休息，争先任事，余勇可贾，殊堪嘉许。今日国务卿派员莅工慰劳，并颁给暑药。仁风广被，员弁怀恩。正坝合龙占现正加厢料土。东坝接口埽用束腰二坯，午后告成，宽四丈，长三丈，高一丈三尺，入水深四丈五尺。东边坝上口就欹侧之处接做搂厢，与西坝金门占相连，俟厢成后合龙占即照此帮宽。

二十六日，边坝合龙占后身过溜甚激，而土柜已经断流仅，有帘子水数处可见。大坝合龙占实已追压到底，以理测之，其过水之处必由大坝合龙占底冲刷成沟，输入边坝，是以有此罅漏。然涓涓不塞，后患堪虞。严饬两坝河营在大坝上口合龙占中间做九丈长之门帘埽，作为关键。既可捍卫大坝合龙占，且可堵合金门占底之暗沟，此埽到底，当可闭气。午后，边坝合龙占正在加料，忽然欹侧，赶即抢护，不意偏东半占由接口处向后突出，龙绠尽折，上层覆于土柜，下层覆于后戗，两面平分，未离原处。西半占底坯幸未牵动，乘此赶将残缺之处先用黄料和土填补，再行加厢，一面用麻袋、蒲包土填塞土柜，连夜抢办。奈土柜积水太深，不易见功。

二十七日，门帘埽用揪头三坯，束腰一坯。正坝龙门占追压大土，业经坚实。边坝龙门占加厢土料，补救甚速。自边坝龙门占倾覆后，大溜转至东边坝金门占下角，奔腾澎湃，声势颇大。所抛包土随溜卷去，计自合龙以来，今已五日，气仍未闭，殊属可虑。余日夜督率，困惫不堪，头眩呕吐，足软不能兴，只有加派妥员常川在工监视。又令文案周学俊代余在坝，星夜看工，时来报告。

二十八日，昨夜门帘埽用束腰一坯，今午忽陡蛰丈余，五坯绳缆尽为之折。此埽地位适在龙门中间，河底为溜淘刷成塘，经此猛蛰，埽转完全到底，幸事也。余扶病往视，赶令加厢土料，又用束腰一坯。正坝合龙占接口处仍过帘子水，土柜积潴，高于后戗下游之水，可知边坝合龙占亦有到底之象。东边坝金门占下角抛砖已出水面，溜不复作。惟西坝金门占下角稍有微溜，现亦用砖抛堵。

二十九日，昨夜加压门帘埽及边坝合龙占，均已坚实到底。西边坝金门占下角砖抛出水，漏已堵塞，后戗水色澄清。正坝下口帘子水亦渐渐堵合，兹以全力浇填土柜，四围并进，见效甚速。浇至戌刻，水已吸收尽净，龙门闭气，大功告成。溯自开办以来，于兹八月，经营惨澹，煞费苦心，前次功败垂成，几至不堪收拾，即二次着手，亦复险象环生，今竟成功，实苍苍者悯。此畿南数百万昏垫之民早登衽席，而文武各员奋勇任事，艰苦备尝，严寒溽暑，夜以继日，其功不可没也。

三十日黎明，电报中央合龙告庆，并保奖异常出力人员姚联奎等二十三员以彰劳勚。辰刻，余率两坝文武各员恭祭河神："此次仰托神灵呵护，得竟全功，德泽在民，允宜馨香，俎豆永享，千秋刻已。"专案呈请援照成例，建庙给匾，并恳照旧崇奉河神徽号，以答神庥。祭毕，举行庆贺礼。是邦父老咸来观瞻，欣欣色喜，讴歌载途。余复赴下游一带查勘，见积水已退，间有老农从事耕种，灾黎散至四方者今亦络绎来归，各安旧业。当年瓠子之歌得闻于千数百载以后，余亦欣然。今日土柜浇填迅速，将与大坝相平，惟后戗水深三丈至四丈余，观见速效。门帘埽又蛰三尺余，更形稳固。

七月一日，饬各机关赶办报销，清厘未竟事件，并筹画善后办法。派大名道尹何炳庠为正办，前永定河务局长林际康为副办。留山东河营一营在工防汛，以朱长安为营长，并加派随办委员数人经理一切，以专责成。如大坝土埽工程及司马一带未竟堤工关系甚重，已嘱各员加意防守。至于民埝工程，一俟修齐，应交濮阳县接管，将来拟与三省协商，改归官守，以纾民力而固堤防。其善后所需工料、薪饷当酌留款项备用。今日土柜边坝一律填平，高与坝齐。刻用全力浇填后戗门帘埽，午后告成，长四丈五尺，宽九丈，高一丈五尺。入水深四丈五尺。正坝合龙占宽、长均七丈，深五丈二尺，高三丈。边坝合龙占宽、长均四丈五尺，深五丈，高二丈。

二日，余以龙门土柜为合龙占之关键，最属重要，责成东、西掌坝重硪力筑，务期坚实稳固。其未成之后戗亦令两坝合力赶办。

三日，奉大总统策令，以濮阳河务为民国以来第一大工，合龙告慰，特授余以勋四位。奉命之下，惶悚万分。冀南镇守使王怀庆常川驻工，始终勤奋，奉准销去处分。河营弁兵赏银一万元，巡营弁兵赏银三千元，由工款项下拨给。所有保奖人员均准如拟办理，以资鼓励。仰见大总统轸念灾黎，拯斯昏垫。大功底定，懋赏同膺。在工员弁骤闻宠命，莫不同深鼓舞也。上午，两坝金门占及合龙门帘等埽均加料一坯，后戗连土颇形踊跃。

四日，濮阳绅民数百人来辕谒谢，余抚慰有加。该绅等并为余建碑，制送万民衣伞。余坚辞至再，嗣有以去思为言者，无已，姑笑存之。上午大坝仍铺料加土，午后因雨停工。

五日，浇填后戗于今五日，未见寸功。缘金门收窄，时该处为大溜淘刷，深至四丈余，颇费人工，不得已改用秸料厢底，俟厢出水面，再行积土。

六日，后戗底已厢成，积土已有十之五六。午后，余与总办顾问、掌坝各员撮影于门帘埽，以志鸿爪。

七日，门帘埽又见微蛰，复令加厢，并堆积土牛于大坝合龙占，长八丈，宽四丈，高六尺，以备善后取土便利。今日后戗土进行甚速。

八日，在大坝临河合龙处建立合龙碑，余手书“濮工合龙处”五字，旁志年月，后署余名，摹勒上石，以留记念。今日结束各项册籍善后事务，亦大致就绪，现正赶填后戗。

九日，后戗工程一律完竣，各事均办理清楚，工员去者已十之七八。余准明日起行，回京复命。

濮工职员录

督办：徐世光

东坝总办：姚联奎

西坝总办：车保成

顾问兼照料两坝进占事宜：王经灿

文牍员：周德华　方寿衡　邓瑞麒　周学俊

稽查员：袁世猷　丁其珪　尚久勤　周祖训　张汝清　张文濬　沙明亮

本工稽查兼直隶驻工防军营务处：丁其珪

随工委员：宋绍唐　郭曾淦

银钱总所委员：马丕绪　赵凌云

银钱分所委员：田德基

东坝掌坝季员：吴建勋

东坝帮掌坝委员：程长庆

东坝掌正坝上口营长：孙明山　山东中游两岸第一营营长

东坝掌正坝中口营长：卢传纶　山东中游北岸第五营营长

东坝掌正坝下口营长：于正兴　山东中游北岸第二营营长

东坝掌边坝上口营长：徐正诚　山东中游北岸第一营营长

东坝掌边坝下口营长：沙广德　山东中游北岸第三营营长

西坝掌坝委员：汤宗干

西坝帮掌坝委员：祁重喆

西坝掌正坝上口营长：朱家余　山东下游两岸第三营营长

西坝掌正坝中口营长：黑鸿甲　山东下游两岸第二营营长

西坝掌正坝下口营长：赵连英　山东下游北岸第三营营长

西坝掌边坝上口营长：刘青山　山东下游北岸第一营营长

西坝掌边坝下口营长：董德成　山东下游两岸第四营营长

东坝正料厂正办：朱猛

东坝正料厂帮办：袁瀚

东坝正料厂随办：柏承荫　胡蔚中

西坝正料厂正办：林际康

西坝正料厂帮办：华元清

西坝正料厂随办：邱廷荣　张秉良

东坝杂料厂委员：戴奎光　房庆年

西坝杂料厂委员：陈宝章　车保桢

采办秸科委员：程长庆　王榘曾　郭维桢　梁鲲　方午　方肇楷　张昌庆　陈天赐　贺泮藻　屠义铭　吴土钊　吕本杰　金猷大　潘德蔚

采办青苘委员：俞迪初　陈珂　田德基　吴宗璘　戴奎光　赵凌云　李在申　马丕绪　宋绍唐　水政清　陈联第　姚诗馨　丁其珪　张昌庆　陈宝章

采办桩木委员：陈文谟　张均　戴奎光　陈宝章

采办竹缆委员：张昌庆

采办线麻委员：祁重喆

采办杂料委员：戴奎光　陈宝章　房庆年　车保桢

东正坝现钱土料委员：吕本杰　杨承霖　王祖培　徐桐穌　贺泮藻　马世荃　李振基

东边坝现钱土料委员：程大凤　陈玉麟　张承藩　马庆余　章天赐　李在申

东正坝土柜号土委员：夏家模　毕时骐　张应麟　田荫培　傅培浩　周凤山　刘式元　刘鹤泉

东边坝后戗号土委员：李宗典　袁本泽　刘之钊　姚毓鹏　查尔炽　杜锡荣　骆文华　高毓增　孙多杰

西正坝现钱土料委员：朱麟章　傅恪安　王廷枢　邓煦　姚振　朱其焜　常瑞　周鼎变

西边坝现钱土料委员：阎敬宸　武恪忠　姚传荧　黄铁华　何楫　杜镶

西正坝土柜号土委员：张瑄　张德荣　吴承禄　许葆颐　姚继曾　张嵒　王祖琛　杨芸生

西边坝后戗号土委员：李自华　张兆华　黄家麟　郑敏　王钊　吕丹桂　安澜　傅成大　杨毓奎　乔维时

东坝后路营长：刘源昌　山东上游两岸第一营营长

西坝后路哨官：马成功　赵玉堂

东坝清理土料路委员：丁垣

西坝清理土料路委员：方鑫

东坝管理铁车委员：吴节让

西坝管理铁车委员：谢鸿恩

临黄民埝第一段承修委员：俞迪初

临黄民埝第一段监修委员：赵锡祉　房庆熙　尤文田　张登瀛　孟广谟　郭曾淦

临黄民埝第二段承修委员：屠义铭

临黄民埝第二段监修委员：姚田寿　汪寿彭　祁翔辉

临黄民埝第三段承修委员：李自华

临黄民埝第三段监修委员：叶荣臻　李文长

临黄民埝第四段承修委员：方午

临黄民埝第四段监修委员：戴性培　汤先明　钮志厚

绘图委员：张文炳

转运委员：康昌第

善后正办：何炳庠

善后帮办：林际康

善后随办委员：屠义铭　张德荣　武恪忠　邱廷荣　傅恪

安　姚继曾　周凤山

驻京办事委员：朱宝仁　陈瑞章　刘学濂　钱承业

驻东协赞员：石金声　蒋寿彤

驻东襄催转运员：吴筼孙　吴师程

驻工直隶左翼巡防队第六营营长：张辅廷

驻工直隶巡防第一路第八营营带：孙德明

书记：顾景然　汪维瑛　李鹰　刘士增

差遣委员：王兆元　华翊运　吕振　程秉钧　王煜卿　张德恂　穆振龙　华楫　何同寅　徐树培　王秉南　陈金元　刘玉清　王鸿盛　张俊儒　丁富荣　张桂起　李占鳌　苏殿元　胡葆珊　宋承勋　阎国俊　苏俊英　郑元濬　陈继鹏　倪耀勤　张国镇　张友善　胡锴　李宗汉　王保龄　宋荣绶　张连第　周蔚清　宋国璋　张延龄　吴崧申　李明远　王兰芬　张兴科　许正和　俞琦　李乐修　马得魁　孙云台　张东斗　张广熙　马履恒　张立元　陈玉发　李守森　吕国昌　马魁元　李宗棠　翁之廉

后序

余任堵筑之役，居于濮，食于濮，祁寒酷暑，奔驰于濮者八月有余矣，勉竭绵力，幸不辱命，事罢旋都，将退老于苏门。忽又奉疏通近畿河道之命，方幸濮工善后接替得人，澶濮之间永登衽席，讵意霪雨盛汛相逼而来，函电交驰，岌岌危殆。余虽去濮，究难漠视，于是复与姚道尹再赴濮阳。至则形势全非，不堪补救。先是，习城集旱堤工段绵长，当去冬兴办时，正值冱寒冰积，十分棘手，若待春融，则又坐失时机，深恐大汛以前不能蒇事，筹画再三，只有提前举办之一法。惟该处既系沙碛，堤工又属冻土，不得不加意慎重。特在临河一带添修护埽，背河方面建筑后戗，复又一再加培厚土，绸缪之计可谓周且备矣。奈霪雨为灾，汛水暴发，形势顿变，补苴无方，习城集遂遭漫溢。犹幸事前多所防范，灾情尚不重大。余在习筹度机宜，部署略定，因近畿河务正在进行，未便久羁，遂留姚道尹在习办理堵筑漫工。治事以来，贤劳备至，措置有方，不百日竟弥其缺陷。前后调用人员均能克勤厥职，酬庸懋赏各有等差。除前次双合岭随呈列保各员外，并将习工异常出力者随呈酌保周祖训等十二员，两次大案计保文职张汝清等一百四十一员、武职刘青山等六十六员，间有限于额而见遗者，格于例而被摈者，然余愧歉之怀殊耿耿也。回忆双合岭决口岁逾二稔，工事既艰，所费遂巨，原估银洋五百三十七万六千有奇，嗣以形势较顺，挑坝引河概不举办，其他一切费用亦酌量缓急，务从撙节，工既坚实，款亦无糜。综计先后到工实拨洋四百三十八万有奇，支出洋三百二十一万一千余元，净存洋一百一十七万一千余元，存款呈准留备善后期内抢险暨习城集漫工之用。清厘完竣，呈请核销。

元首以办理迅速且节省工款至二百余万之多，传令嘉奖。余奉命益深愧悚，所有濮工善后并习工堵筑用项，责成姚道尹联奎及前任大名道尹何炳庠会同办理。此习工告成，核计支洋八十一万三千余元，仍存洋三十五万七千余元，余以近畿河务无款可筹，因即呈准以习工余款拨归河道公所动用，挹彼注兹，亦颇合宜。濮事完全结束，濮工督办一差奉令撤销。该处善后事宜归并直隶巡按使接管，以一事权。凡此所述，皆余去濮以后之状况，然与濮事仍多关连，因叙其梗概如此。

乙卯冬月世光志于都门

跋

民国四年，天津徐公著《濮阳河上记》，余既为之序，将梓而行之，徐公逊谢未遑也，束之高阁者五年于兹矣。周君学俊谓余曰："比年以来，治河耆旧凋谢者有人，归田者又有人，徐公既隐，君亦具浩然之志，数十年后复有作者，将何所取资，并何所考，以见濮阳大工之成迹也？盍梓之以惠后人。"余惟《回澜纪要》《安澜纪要》诸书宏编巨制，固足模范古今，然于堵筑之程序、料物器用之制备略焉弗详，得《濮阳河上记》相辅而行，足补前书所未及。乃再请于徐公，并商之车君子久，与周君校而刊之，易水赵君、宜兴潘君亦力赞其成，同任校刊，余因缀数言以志缘起，时民国九年三月也。

桐城姚联奎跋

整理者：肖启荣，新疆大学历史文化学院副教授，硕士研究生导师，历史学（历史地理学）博士。参编著作一部，在《社会科学》《中国历史地理论丛》《历史地理研究》等刊物发表学术论文十余篇。

泾渠志稿

高士蔼 著
蒋超 整理

整理说明

1924年，高士蔼综合前人著作，结合实地考察，著《泾渠志稿》。1935年由李仪祉作序刊行。全书共分历代泾渠图、历代泾渠名称、历代泾渠浚修记、历代泾渠古迹考、历代泾渠工程纪略、历代泾渠斗门沿革考、历代泾渠制度考、历代泾渠职官表和历代泾渠名人议论杂记等九类。

高士蔼，字锡三，陕西泾阳人。李仪祉称赞他是“儒而善稼者”。他既没有学过水利，也没有学过机械，却曾经引清峪河水带动水轮来驱动纺织机械。1920年，靖国军总司令于右任委任高士蔼、高又明、王五臣监修鸣玉泉，后因经费不足而中止。高士蔼是打开吊儿嘴的积极宣导者。他曾经和高又明一起用沙泥做成模型，类比吊儿嘴与龙洞渠的上下关系，说明“吊儿嘴之易开，龙洞渠之宜修”。这个模型在三原东关的善堂展览，对以后泾惠渠的上马起到了推动作用。1923年，高士蔼作为李仪祉的助手参与疏浚龙洞渠。在李仪祉的鼓励下，他与赵宝珊、刘钟瑞、高芝及、姚介方等同事在泾河河谷上下考察，并广泛阅读历代文献，进行一一对比订正，使对郑国渠的研究更进一步。但《泾渠志稿》完成比较匆忙，有一些文字错误，也有个别对前人文献的误解。例如将王琚、王承德当作了两个人，等等。《泾渠志稿》，顾名思义，作者显然打算未来再作进一步修改，但未能如愿。

整理者

目 录

序一

高子锡三，儒而善稼者。敦朴笃实，而饶智虑。尝引清峪之水，激水轮以事纺织，一切机构，皆出自心裁，巧慧不亚专于此技术者。而高子固未尝学也，惟能善用其心思耳。民十二年，余以龙洞渠泉多湮塞，堤多罅漏，缮治之。召高子为之助。高子以泾河水利，自郑国以来二千余年，变更甚多，而无有系统之记载，且史志所记又多失实，乃遍历谷口上下不下百余次。研核岩痕水迹，参以史志，证明古人开凿之迹，历历如指诸掌。今者泾惠渠成，一切俱已改观。以往陈迹，似无关宏旨。然古人之迹，可作今人之鉴，胡可泯也！余钦高子之善于用心而耻古微之不彰也，因以付梓，以无负高子之志。

民国二十四年十二月，李仪祉序于长安

序二

癸亥秋，陕西水利分局局长李仪祉，呈请刘督军筹拨巨款，修理龙洞渠，委予与岳介藩监修，并嘱考察泾渠历史。予生长斯土，习知此渠，且食水利，曷敢辞焉？公余之暇，辄与同事赵宝山❶、刘辑五、高芝及、姚介方诸君，上下考察，相其地形，询诸乡老，所见与明碑所记、旧志所载诸多不合。盖唐时《水部式》、元时《帖说图》不传。明代去古愈远，委修之员坐而言者，未必起而亲履其地一一考之。泾渠旧志，亦明时所创，王太岳因而修《泾渠图考》，鱼鲁亥豕，以讹传讹，未敢据为信志。于是取《史记·河渠书》创修碑记暨各杂志，由上而下，按段计之。明广惠渠一里三分，元王御史渠五十一丈，宋丰利石土渠共七千一百一十九尺。及尚宾、皇甫选等两次别开白公渠口，郑渠西邸瓠口，白公原渠出郑渠之南。诸文备载，古迹尚存，班班可考。明人疏略，武断白渠在郑渠之北野狐桥以上而抹杀丰利渠尺丈，其何故耶？今已考正其误而不记载，恐年湮代远，有志考古者竟从其讹传焉。是以不揣谫陋，搜辑各书，订讹去误，越六月成编，分为九类，以俟后来有志泾渠者鉴焉。

中华民国十三年仲夏月，泾阳高士蔼谨识

---

❶ 赵宝山应为“赵宝珊”。

历代泾渠图

秦郑渠略图

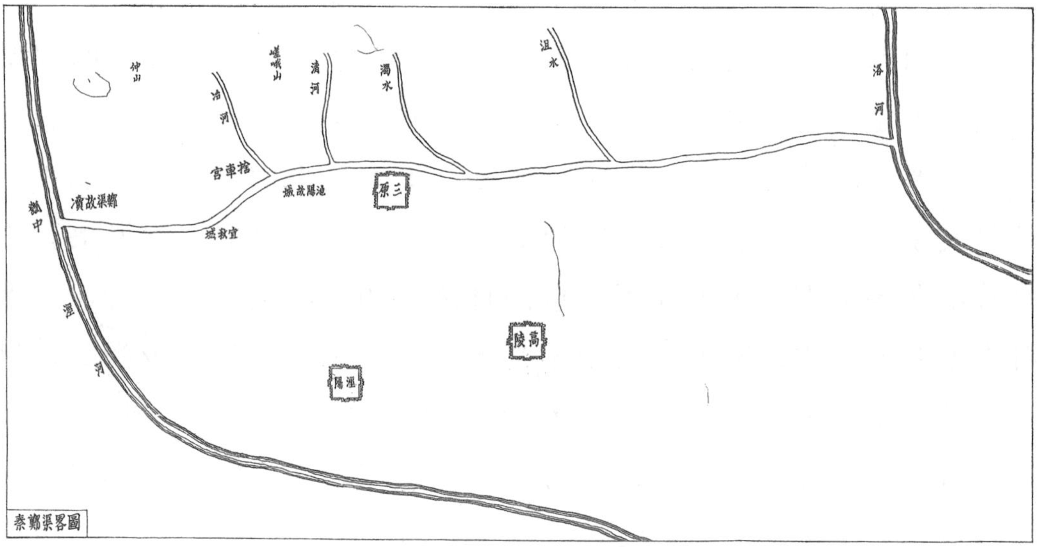

秦鄭渠畧圖

汉白公渠略图唐时名三白渠，今名三限渠。

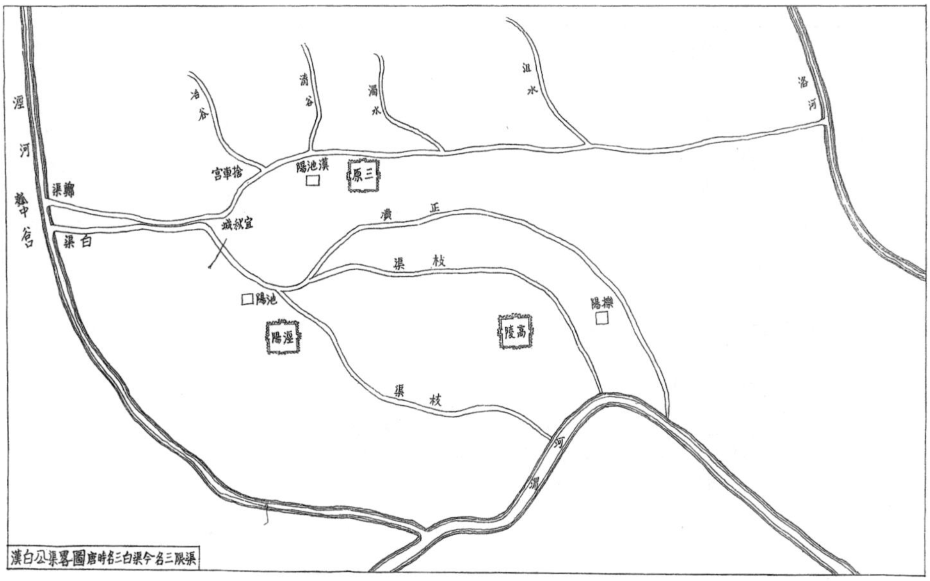

漢白公渠畧圖唐時名三白渠今名三限渠

高陵刘公四渠略图

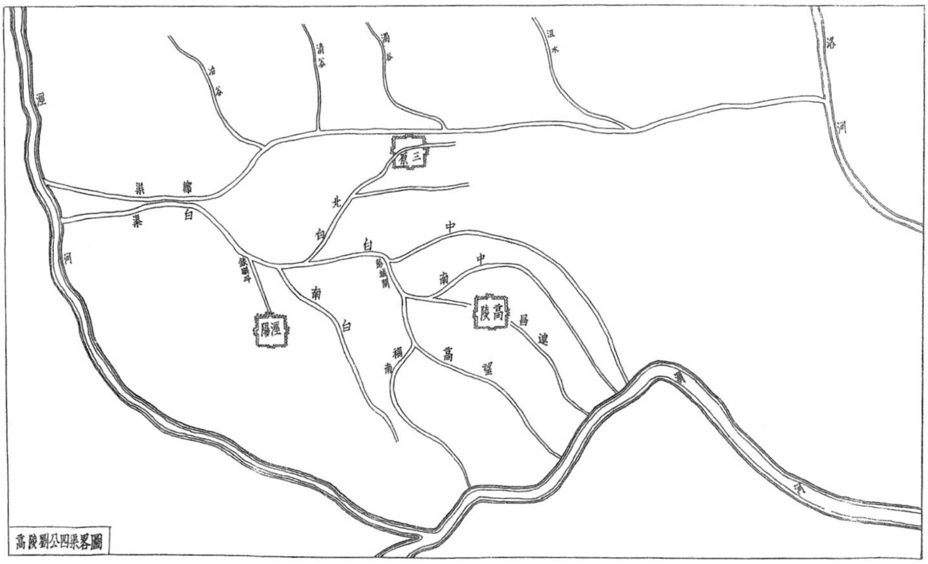

高陵劉公四渠畧圖

历代渠口略图

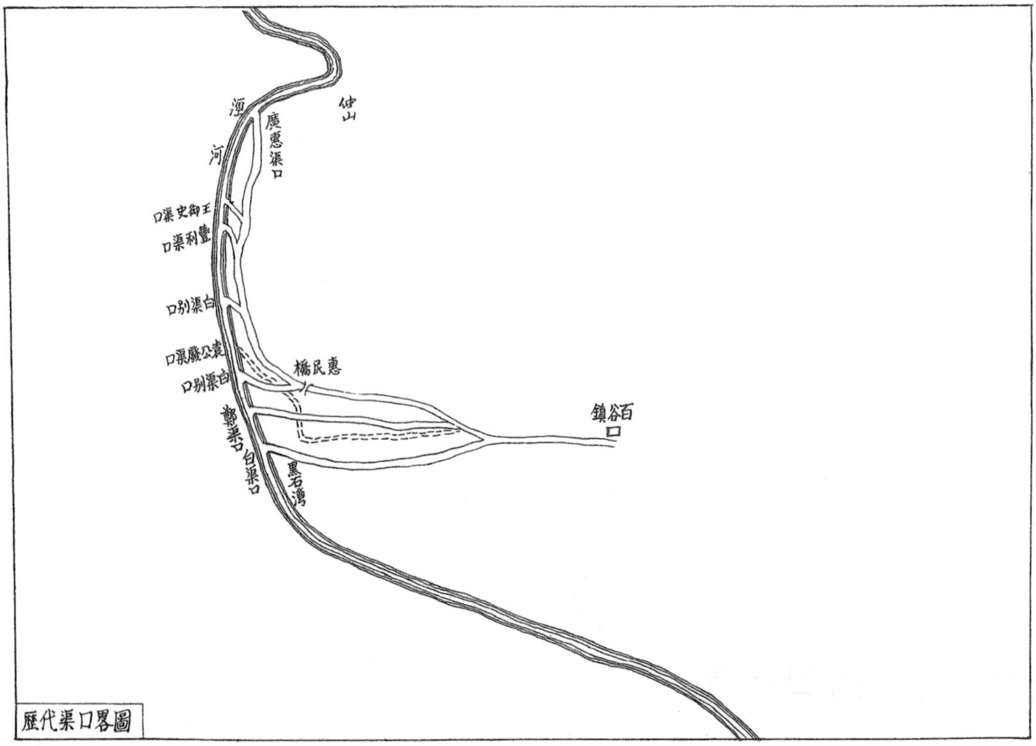

歷代渠口畧圖

历代泾渠名称

郑渠

秦始皇元年，韩闻秦之将兴事，欲罢之，毋令东伐，乃使水工郑国间说秦，令凿泾水，自中山西邸瓠口为渠，并北山东注洛三百余里，欲以溉田。中作而觉，秦欲杀郑国，国曰："臣始为间，然渠成亦秦之利也。"秦以为然，卒使就渠。渠就，用填阏之水，溉泽卤之地四万余顷，收皆亩一钟，于是关中为沃野，无凶年，秦以富强，卒并诸侯，因命曰"郑国渠"。《史记·河渠书》

郑渠上承泾水于中山西瓠口，所谓瓠中也，渠渎东径宜秋城北，又东径仲山南，又东径舍车宫南，绝冶谷水，又东径嵯峨山南、池阳故城北，又东绝清峪水，又东径北原下，浊水注焉。《水经注》

按：郑渠故道，代远年堙，久不可考，今所存者，惠民桥西有大渠口一道，宽十六丈，下流无迹可寻，当是郑国昔引泾渠口，所谓"自中山西邸瓠口"，古迹宛然，故竖碑记之，以资考据者证焉。

六辅渠

《汉书·沟洫志》：武帝元鼎元年，兒宽为左内史，奏请穿凿六辅渠，以益溉郑渠旁高仰之田。

《兒宽传》注：颜师古曰，此则于郑渠上流南岸，更开六道小渠，以辅助灌溉。

按：此渠久废不可考，《旧志》云：云阳、三原界尚有存者。

白渠

武帝太始二年，赵中大夫白公，奏穿渠引泾水，首起谷口，尾入栎阳，中袤二百里，溉田四千五百余顷。《沟洫志》

白渠出郑渠之南，东径宜春城南，又东南径池阳县城北，支渎出焉，东南径滆原，下径障县故城北，东南注渭，又东枝渠出焉，东南径高陵县故城北，又东径栎阳城，又东南注渭。《水经注》

按：白渠出郑渠南，循下原而东，渠身出入郑渠，尾入栎阳，故又名郑白渠。今见黑石湾村上有废渠口一道，宽八丈，北距郑渠一里许，东与白渠身成一直线，当是白公引泾原口，至宋屡开别口，越郑渠而北，故后人误白渠口在野狐桥之北耳。

白渠别口

宋太宗至道元年，诏皇甫选、何亮等，经度泾渠。言泾河陡深，渠岸摧废，岁久实难致力，渠口旧有六石门，谓之洪门，

亦圮，议复甚难，就近别开渠口，以通水道。《河渠志》

真宗景德三年，复诏博士尚宾经度，以郑渠不可复，乃自介公庙回白渠洪口，直东南合旧渠。《河渠志》

按：白渠至宋千余年，泾河日深，渠口高仰，水不能入，溯流而上，别开渠口，至属常事。但至道、景德间，别开渠口无名义，亦无尺丈，现在何处，实难考查。今就其地详察形势，审诸旧文，则见惠民桥以西有小废渠一道，上承泾水，比近郑渠，下与惠民桥渠昔相通，或是皇甫选就近别开渠口。又北三里许，郭逸翁墓碑西北百步许，有引泾遗迹，疑是景德时尚宾以皇甫选别开渠口，比近郑渠无效，故言郑渠不可复，乃自此处引泾。盖介公庙无存，不敢臆断也。

小郑渠

神宗熙宁五年，泾尹侯可议凿小郑渠，引泾水高与古渠等。《玉海经》

周良儒言，自石门北开二丈四尺堰，泾水入新渠，可灌田二万余顷。

按：侯蒙《开渠纪略》，丰利渠东南与小郑渠会，则小郑渠当在郭逸翁墓碑上、赵家桥下，特无尺丈可按耳。

丰利渠

宋徽宗大观元年，主客员外郎穆京，以宣德郎范镐、鄜州观察推官穆卞谓熙宁间殿中丞侯可议自仲山旁凿石渠，引泾水东南与小郑渠会，下流合白渠，鸠工渠之已凿者十之三，以岁歉弛役，今其迹可考，易若反掌。乃请以本路提举常平使者赵佺，相地计工。二年七月，诏可。俾佺董其事，以是年九月。越明年四月，土渠成，袤四千二百二十尺，南与故渠合。明年闰八月，石渠成，袤三千四百四十有一尺，南与土渠接。又度渠北地势高峻，通窦以防涨水，凡溉泾阳、醴泉、高陵、栎阳、云阳、三原、富平七县田三万五千九十三顷，赐名丰利渠。侯蒙《开渠纪略》

蔡溥《修渠题名记》：命赵佺总浚渠事，既终功，石渠北自泾上流，凿山尾与土渠接通，计三千一百四十一尺，土渠自石渠口东南与故渠接通，计三千九百七十八尺。二年九月兴工，四年五月石渠成。惟石渠依泾之东岸，不当水冲，乃即渠口凿二渠，各开一丈，南渠百尺，北渠百五十尺。又泾水涨溢不常，乃即火烧岭之北及岭下，因石为二洞，曰回澜，曰澄波。又渠南为二闸，曰静浪，曰平流，以节激湍。渠之东岸有三沟，曰大王，曰小王，其南曰透槽，夏雨水集，每与大石俱下，壅遏渠水，乃各即其处凿地，树木为柱，密布为檑，贯大石于其上，横当沟之冲，暑雨暴至，大石尽格，透槽之口，与石棚接。《长安志》曰：石棚者，石隐地中，上下皆土，今人谓之暗桥。

按：丰利渠北接王御史渠，南至赵家桥以下，共计石土两渠七千余尺，赵佺因侯可所凿未成之渠道也。马理《重修泾川五渠记》谓丰利渠凡四十有二丈，误矣。

王御史渠

元武宗至大三年，行台御史王承德，于丰利渠上，展修石渠八十五步，仁宗延祐元年二月，续展十七步，共计五十一丈，渠成改堰至新口。

按：王御史渠，三原、《高陵志》均言王承德开凿，《泾阳志》言西台御史王琚开凿，盖王琚当时为泾阳县尹。大德八年，修复泾渠，至大元年，建言另开渠道，而实行监督开渠者，王承德也。❶

广惠渠

明成化初，副都御史项忠言：泾阳之瓠口郑、白二渠，引泾水溉田数万顷，其后渠日以浅，利因以废。宣德初，遣官修凿，亩收四三石，无何复塞。昨请于泾水上源龙潭左侧疏浚讫旧渠口，寻以诏例停止，今宜毕其役。《（何）〔河〕渠志》

彭华《广惠渠记》：宪宗成化改元之初，副都御史项忠请自旧渠上并石山开凿一里余，就谷口上流，引泾入渠，穿小龙山、大龙山，役者咸篝灯以入，遇石刚顽，辄以火焚水淬乃举凿，或泉滴沥下，则戴笠披蓑焉。项召朝，右都御史余子俊又经略之，讫其功者副都御史阮公勤也。引泾入渠，合渠中泉水，深八尺，下流入土渠，汪洋如河。

按：广惠渠下由王御史渠口，凿小、大龙山，穿腹为洞，上至泾水出山之口一里三分，惨淡经营，凡十七年而后成。秦汉开渠以来，未有如此工之艰者也。惜其渠窄而直，最易淤塞。清乾隆二年，即罢引泾，故后人复有开吊儿嘴之请。

---

❶ 这是作者高士蔼的一处重大错误。王琚有一个“承德郎”的加衔，因此王琚、王承德是同一个人。这段按语理解为两个人，有误。

龙洞渠

龙洞渠者，即明项忠所凿之广惠渠也，穿龙山之腹出，深若洞而得名焉。龙眼者，于龙洞凿窍透明如眼也。《泾阳县志》

按：龙洞渠在清初拒泾之后而盛称，专用泉水，不复引泾矣。

通济渠

武宗正德间，萧公翀巡抚兹土，乃议凿石为直渠，上接新渠，直溯广惠，下入丰利，为渠袤四十二丈。始于正德丙子夏四月丁巳，迄于明年五月甲辰，厥名通济。刘玑《通济渠记》

明武宗正德间，巡抚萧翀，凿石渠四十二丈，万历间邠乾兵巡道沈子章疏壅补漏，深广倍昔。《泾阳县志》

按：此渠在小退水槽处，上接王御史渠，下通丰利渠，中开石窗，长凡四十二丈。

鄂山新渠

清道光二年，鄜州知州鄂山，另开新渠。《泾阳县志》

按：此渠在鸣玉泉东岸，因丰利渠岸被泾水冲决，鄂山另开新渠接通，长凡十五丈，上刻“决渠为（两）〔雨〕”四字。

樊坑渠

樊坑渠，一名旁岗渠。

按：樊坑渠在惠民桥南，干渠一道，下通黑石湾，为泄山水，亦时退放渠水，何时所开，无从查考。

袁保恒新渠

清同治八年，大司农袁保恒屯田泾上，拟复广惠，又开新渠，后复在王御史渠口，栽桩安置筒车，经营年余，迄无成效。

按：袁公新渠，在惠民桥西北，暗穿地道，横断郑渠，斜穿旁岗，东入白渠。泾河日低，渠口高仰，郑白不能引，袁公引之，所谓居今之世，反古之道，宜其无效也。

三白渠

大白、中白、南白，谓之三白。《十道志》

《长安志》称北白为大白。

按：白渠《汉书》无枝渎之说；北魏郦道元《水经注》言，有二枝渎，而无三白之名；《元和志》称三白，与《十道志》同，其名盖始于唐也。

刘公渠

中白渠枝渎之出于高陵彭城闸东者，东南行七里，至磨子桥，分为三支，一支正东行者曰中南渠，一支东南行者曰高望渠，一支西南行者曰禑南渠，而中南渠又有支渠曰昌连，与中白合之为五渠。

按：唐时高陵令彭城刘仁师与民争复水利，考《水部式》，加以新意，请更水道，分为四渠，民享其利，故名渠曰“刘公”，堰曰“彭城”，甚有生子以刘名之，立祠彭城闸下，曰刘公庙。今仅存昌连一渠行水，其余皆废矣。

历代泾渠浚修记

晋

秦苻坚依郑白故事，发其王侯以下豪望富室僮隶三万人，开泾水上源，凿山起堤，通渠引渎。《晋书》

按：泾渠至宋开丰利渠，始凿龙山之尾，为石渠，宋以前所开皆土渠，无石渠也。苻秦凿山起堤，当是在泾水上源，凿山取石以起堤，非凿山为渠也。

唐

高宗永徽六年，雍州长史长孙祥奏言，往日郑白渠溉田四万顷，今富商竞造碾硙，堰遏费水，渠流梗塞，止溉田一万余顷。请修此渠，以便百姓，至咸卤亦堪为水田。于是遣祥悉毁碾硙，至大历中，水田才得六千二百余顷。《白孔六帖》

玄宗开元二年，诏李元纮复修之。《李元纮传》

代宗广德二年，李栖筠奏撤豪戚硙利。《栖筠传》

大历十三年，京兆尹黎干决郑白支渠。《文献通考》

敬宗宝历元年，仲冬新渠成，季冬新堰成，名渠曰“刘

公"，堰曰"彭城"。《玉海经》

按：刘仁师，彭城人，为高陵县令，为民争复水利，故有此称。

周

世宗显德五年，何幼冲疏泾水以溉田。《通考》

宋

太祖乾德中，施继业用梢穰笆篱栈木截河为堰，壅水入渠。《河渠志》

太宗淳化二年，泾阳县民杜思渊，造木堰以（杆）〔捍〕水，凡用梢桩万一千三百余，皆出于沿渠之民，计田出丁，凡调万三千人。《河渠志》

康定元年，雷简夫治水三十日而水足。《宋史》本传

庆历中，叶清臣浚三白渠。《泾阳县志》

元

泰定帝泰定元年，别帖木儿修洪渠。《泾阳县志》

明宗天历二年，郭嘉议修洪堰。《河渠志》

顺帝至元间，蛮文彬、虎仲直穿修洪渠七十余里。

明

太祖洪武八年，耿炳文修洪堰，三十二年复命，炳文浚渠

一万三千余丈。《河渠志》

成祖永（兴）〔乐〕三年，董暹修治洪渠。《西安府志》

英宗天顺五年，李观修泾渠。《西安府志》

宪宗十三年，鲁能、邓山督修泾渠。《泾阳县志》

神宗万历二十八年，王之钥、张应征、李承颜，同谋复铁洞，伐大石增堤，疏渠五里许。《碑记》

三十三年，顾汉穿治龙洞闸。《碑记》。沈子章疏渠设水夫。《泾阳县志》

清

顺治九年，金汉鼎重修广惠渠，凿石得泉。《泾阳县志》

康熙八年，王际有复修桥堰。

雍正五年，岳钟琪请帑金八千两，完堤决淤，为官高水堤四百三十五丈六尺，石堤一百三十七丈三尺，土堤一千八百丈。《泾渠志》

六年，王绍文躬履渠堰，即时修治，捐俸种树，以固堤岸。《泾阳县志》

七年，查郎阿建闸，以时启闭，移西安府通判驻泾阳百谷镇，专司其事。《泾渠志》

张楷疏渠固堤，广民力以免劳逸。《泾阳县志》

十二年罗国楫增高渠岸。《泾阳县志》

乾隆二年，置坝龙洞北口，遏泾水毋令淤渠。《泾阳县志》

按：自郑国开渠以来，数千年改革因仍，专在引泾，至此始断泾用泉，而制度变矣。《泾阳县志》云：泾渠者，本引泾为渠也，自宋凿石渠而制一变，明以泾水、泉水并用而制再变，至清用泉不用泾，而制又一变。盖昔引泾以为利，今则拒泾使不为害也；昔用泾以辅泉，今则防泉使不入泾。时异势迁，今古易辙，有如是者。

四年，唐秉刚与淳化知县温碧共修石堤。《泾阳县志》

十六年，毕沅次泾相度。《泾阳县志》

嘉庆十一年，泾涨渠溢，王恭修劝捐修治旁岗渠，费金一万有奇。先是，泾阳知县平世增，详请每亩摊银五分，共银三千一百二十两，后沿为例。《泾阳县志》

十九年，秦梅又修之。二十一年五月，泾水坏堰，复请帑金修之，用银一万五千八百八十六两。《泾阳县志》

道光元年，朱勋以泾涨冲塌石堤十六段，长七十五丈四尺，渠身淤淀二千二百七十余丈，借帑二万一千三百八两修之，分五年在受水民田内摊征归款。《泾阳县志》

二十一年，胡元煐重修渠堰，开鹿巷二百四十处。

同治四年，刘典以堰经乱倾颓，饬查筹捐兴修。

光绪十三年，李用清捐廉七百两，以县（承）〔丞〕温其镛监工疏淤，工省利普。《泾阳县志》

二十四年，魏光寿委贺培芬监修石土各渠，计二千六百余丈。修惠民桥，又筑堤围收鸣玉泉，未几冲决如故。筹抽皮坊在渠洗皮一张，纳银三厘，每年约得银四百余两。委监渠于绅天赐经理生息，为岁修费。二十七年，暴雨坏堤，泾阳知县雷天裕修治之，时英教士敦崇礼拟分其国赈银以修堤引泾，不果。《泾阳县志》

三十四年七月，暴雨坏惠民桥石坡，泾阳知县杨宜瀚修之。《泾阳县志》

宣统二年，秋霖，泾涨渠淤，泾阳知县筹修之。《泾阳县志》

民国元年，杨仁山带队修堤去淤，变卖官民渠堤树数千株。

民国九年，靖国军总司令于（佑）〔右〕任委任高又明、王五臣与予监修鸣玉泉，予鉴前人屡修无效，恐蹈覆辙，数至调查，细察来脉去势，当是漏卮，非另泉也，宜内塞不应外围，贡诸当道，咸讶其妄，无相信者，不得已用铁筒密接泉口，曲通渠内，试验果筒中与渠内水同升降，确证予言之不谬，卒以款项不足中止，不能达其目的，耿耿于心，无时或忘。会时势趋进实利，中外人士，间有开吊儿嘴之议者，予窃喜，与高又明计议，以沙泥摹塑吊儿嘴与龙洞渠上下形势，标明吊儿嘴之易开，龙洞渠之宜修，置三原善堂，俾众目共睹，惹起群策群力，众擎易举。适值三原组织陕西义赈总会，向中外各慈善家募赈，后余十余万元，应分渭北十一县，时饥已过，渭北绅士佥谓宜兴复水利，会议开吊儿嘴，作预备费，一致赞成，遂立渭北水利工程局，公举李仲（山）〔三〕董其事，此民国十一年事也。先是，李宜之❶在南京河海工程专门学校教授，被任为陕西水利分局局长，刘督军电催就职未归。十一年夏，仲（山）〔三〕躬亲邀请归陕，就水利分局职，兼任引泾工程师。宜之勘测吊儿嘴，计画工程，预备二年之久，先以龙洞渠呈请督军筹款二万元，修理鸣玉泉、天涝池、惠（氏）〔民〕桥、碧玉泉外险堤、筛珠洞前石堤。各工程启其端，又复委予与岳介藩、李仁甫为监修员。斯年九月兴工，宜之任总办，因吊儿嘴事赴北京，其会办赵宝（山）〔珊〕、王普生，指导员刘辑五，财政员高芝及，工料员姚介方，与监修各员会议，咸谓龙洞渠工程，以鸣玉泉为最要，宜先注意收复，以增水量。予言前曾试验实系漏卮，非另出之泉，指导员刘辑五亦主张内塞，呈明总办，允如其议照修，渠内泥水沙石淤塞丈余，上下退水槽高不能退泄，无从着手。嗣由东岸横堤下暗穿一洞，泥沙尽注于泾河，

---

❶ 李宜之　又名“李仪祉”，民国文献中两者并存。

原底忽现，鸣玉泉水势大减。详察病源，一半由乱石缝集合漏出，一半由碧玉泉处页岩涌来，用洋灰内外夹塞，碧玉泉逼而加涌数倍，水面陡增尺许，故改碧玉为逼玉，俾人知鸣玉泉病源在碧玉泉处也。

历代泾渠古迹考

大龙洞上有大龙庙，北为广惠渠上口，西侧有二龙眼，河中有莲花石，东至野狐退水眼三十六步。

野狐退水眼东至羊圈桥十八步。

羊圈桥东至滚珠岩十三步。

滚珠岩东至筛珠洞二十二步。

筛珠洞东至琼珠洞十三步。

琼珠洞东至水磨桥十四步。

水磨桥东至上倒流泉十六步。

上倒流泉东至中渠井七十步。

中渠井东至背弓井三十八步。

背弓井东至梯子岩二十步。

梯子岩东至广惠渠下口，下接王御史渠上口，一百一十六步。

王御史渠上口东至滴玉泉二十二步。

滴玉泉东至王御史渠下口，昔接丰利渠，今接通济渠上口六十步。

通济渠上口东至火烧桥三十一步。

火烧桥东至小退水槽十四步。北岸名火烧岭，桥下有沸水泉。

小退水槽东至通济渠下口，接丰利渠上口三十六步。

丰利渠上口东至天涝池二十步。

天涝池东至逼玉泉六十六步。

逼玉泉东至鄠山新渠十六步。

鄠山新渠下有暗流泉，鸣玉泉在堤外，今塞。东至调琴泉六步。

调琴泉东至鸣玉退水洞八步。

鸣玉退水洞东至振玉泉八步。

振玉泉东至分水岭八步。

分水岭东至蕴玉泉五步。

蕴玉泉东至分水泉十五步。

分水泉东至下倒流泉八步。

下倒流泉东至大王桥二十步。

大王桥东至卧牛石一百步。

卧牛石东至小王桥五十步。

小王桥东至大退水槽四十步。

大退水槽东至小暗桥，俗名野狐桥，三十六步。

小暗桥东至新石桥，又名庙前桥，三百步。

新石桥东至大暗桥二百二十步。

大暗桥东至赵家桥一百二十步。

赵家桥东至郭逸翁墓碑四百二十步。

郭逸翁墓碑东至惠民桥一千一百步。

惠民（渠）〔桥〕东至马道桥六百六十步，又东为王屋一斗矣。

〔马道桥〕西南至郑渠石碑九十七步，又西南至白渠三百四十五步。

历代泾渠工程纪略

郑渠工程

郑渠西邸瓠口，东注于洛三百余里，阔十六丈。

按：郑国引泾，为疲秦计，其工程之大可想而知，故世界大事表，郑渠其一也。

白渠工程

白渠首起谷口，尾入栎阳，中袤二百里，阔八丈。

按：郑渠至汉百余年，白公因之，即另开渠道，白渠至宋千余年，始开别口。虽因地势限人，亦工程计画有善不善耳。

丰利渠工程

丰利土渠三千九百七十八尺，阔五十尺，最深者七十五尺，计工二十六万七千九百八十四，石渠三千一百四十一尺，阔十五尺，最深者三十八尺，计工四十九万八百六十六，二年告竣。

按：丰利渠以前，所开皆土渠，至此始有石渠工程矣。

王御史渠工程

王御史渠长五十一丈，阔一丈，深五尺，计工十五万三千，每方一尺为一工。

通济渠工程

通济渠长四十二丈，阔一丈二尺，深二丈四尺，一年成功。

广惠渠工程

广惠渠穿龙山之腹，长一里三分，阔四尺，最深者四丈，石坚如铁，炭炙水淬，乃举凿焉，积十七年之久始告竣。

按：广惠渠与通济渠，逐段开石窗，坚而省工，足见工程进化，惟广惠渠窄狭，不能容纳泾水耳。

官石堤工程

官石堤，小暗桥至大王桥为一段，天涝地至王御史渠为一段，水磨桥至大龙洞为一段，共长二百二十七丈。

按：官石堤砌石为堤，以防泾水。历代以来，时决时修，高低不一，薄厚不等，以言工程，无抵力之预算、整齐之可观，惟石料昔人伐之上山，今人取之就地，就地之石，工可作三方尺，上山之石，三工仅作一方尺，就地之石坚顽，用炸药轰开，取其大者。凿齐一面作边，中填小块石，以三合泥灰一分、〔糯米〕一分、红土一分。连络一块，坚实省工，较远代大石所砌为强也，若果筑堤高厚，泾水不易冲决，则淤塞之害可免矣。

石渠掏挖淤塞工〔程〕

大退水槽至小退水槽为第一段，长二百丈；小退水槽至背弓井为第二段，长一百四十丈；背弓井至大龙洞为第三段，长二百丈。

按：掏渠时，先由大退水槽退水作水工，泥沙用耙锄逐流，送于泾河，再由小退水槽退水，作第二段水工，后由背弓井退水作第三段水工。闭时先开野狐退水眼，再闭背弓井，后闭小大退水槽，最后闭野狐退水眼。民国十二年，收复鸣玉泉，在东岸横堤下又凿一退水洞，惟无堤漏不宜开，昔人掏淤深浅任意，今用测量，第一段以小暗桥棚至底五尺为则，小王桥五尺五寸为则，第二段以通济渠石窗梁下水过为则，第三段以广惠渠铁槫下水过为则，否则掏愈深，漏卮愈多矣。

补塞渗漏工程

大退水槽以上多渗，分水泉以上多漏。

按：泉水由山隙涌入泾河，古人开渠，凿断水脉，塞而复开，即成漏卮，鸣玉泉可证也。

土渠工程

土渠由小暗桥至郭逸翁墓碑为高工，由墓碑至惠民桥为中工，由惠民桥至官民分界处为低工。

按：土渠两岸，历年掏淤，积累重叠，渠道深窄，容易淤塞，为永久计，宜多开水窦作水工，或开鹿巷，用人工运土入泾，掏挖以新石桥棚至底一丈为则，赵家桥八尺为则，马道桥八尺五为则。

历代泾渠斗门沿革考

《泾阳县志》云：《新唐书·百官志》，水部郎中员外（部）〔郎〕所掌京畿，有渠长，斗门长，既曰京畿，似专指泾渠而言，斗门固始于唐也。唐代斗门若干数，斗门长若干人，皆无籍可考。《宋史·河渠志》言，旧设斗门一百七十有六，其有长否，史未之言，想亦必有长矣。元代谓之斗吏，又谓之斗门子，共一百三十五名，盖其时一百三十五斗，是一斗有一长也。

按：秦汉引泾灌田，用水之法，史不详载。唐设斗门，而无从稽其数，宋言斗门一百七十有六，元代斗门一百三十五，今则一百零五斗，在泾阳界者四十四斗，在三原界者五斗，在高陵界者五十七斗。昔时开斗，由上而下，至元开斗，由下而上矣。口大如斗，以节水之多寡，故曰斗，亦曰斗门。

高陵五十七斗每月初四日寅时一刻受水，至初七日寅时一刻止，共灌地三十九顷九十亩。

中白渠自彭城闸东行高陵入渭，开斗二十二。东南至磨子桥，又分为三支：一支正东行者曰中南渠，入渭，开斗十五，一支东行者曰高望渠，入渭，开斗十二；一支西南行者曰禑禖南渠，入渭，开斗五，而中南渠又有支渠曰昌连，入清河，开斗三，合之为五渠，共斗五十七。昔时引泾，高陵水利尚称沾足，至弃泾用泉，水量大减，高陵五十七斗，徒存其名耳。

彭城闸东二十二斗

孟家斗在北岸，每月初四日寅时初刻受水，本日卯时五刻止，灌高陵地四十七亩二分，斗门夫一名。

张月斗在南岸，每月初四日卯时六刻受水，本日辰时二刻止，灌高陵地五十六亩三分，斗门夫一名。

程家斗在北岸，每月初四日辰时三刻受水，本日巳时七刻止，灌高陵地一顷一亩五分，斗门夫一名。

石张斗在南岸，每月初四日巳时八刻受水，本日未时四刻止，灌高陵地六十四亩，斗门夫一名。

董家斗在北岸，每月初四日未时五刻受水，本日酉时一刻止，灌高陵地八十二亩五分，斗门夫一名。

武家斗在南岸，每月初四日酉时二刻受水，本日戌时六刻止，灌高陵地九十七亩五分。

陈义斗在北岸，每月初四日戌时七刻受水，至初五日子时三刻止，灌高陵地八十亩，斗门夫一名。

马家斗在南岸，每月初五日子时四刻受水，本日丑时尽止，灌高陵地五十八亩，斗门夫一名。

袁盛斗在北岸，每月初五日寅时初刻受水，本日卯时五刻止，灌高陵地五十亩，斗门夫一名。

河村斗在南岸，每月初五日卯时六刻受水，本日巳时二刻止，灌高陵地五十亩，斗门夫一名。

马家斗在北岸，每月初五日巳时三刻受水，本日午时七刻止，灌高陵地六十七亩，斗门夫一名。

高渠斗在南岸，每月初五日午时八刻受水，本日申时四刻止，灌高陵地五十亩，斗门夫一名。

东湾斗在北岸，每月申时五刻受水，本日戌时初刻止，灌高陵地一顷三十六亩，斗门夫一名。

西湾斗在南岸，每月戌时二刻受水，本日亥时六刻止，灌高陵地八十一亩，斗门夫一名。

张流斗在北岸，每月初五日亥时七刻受水，至初六日丑时三刻止，灌高陵地七十亩，斗门夫一名。

广利斗在南岸，每月初六日丑时四刻受水，本日寅时尽止，灌高陵地五十六亩，斗门夫一名。

湾李斗在北岸，每月初六日卯时初刻受水，本日辰时五刻止，灌高陵地五十四亩五分，斗门夫一名。

生王东斗在南岸，每月初六日辰时六刻受水，本日午时二刻止，灌高陵地一顷，斗门夫一名。

韩家斗在北岸，每月初六日午时三刻受水，本日未时七刻止，灌高陵地二十二亩，斗门夫一名。

生王西斗在南岸，每月初六日未时八刻受水，本日酉时四刻止，灌高陵地六十亩，斗门夫一名。

雷家斗在北岸，每月初六日酉时五刻受水，本日亥时一刻止，灌高陵地四十七亩，斗门夫一名。

小王斗在南岸，每月初六日亥时二刻受水，至初七日子时六刻止，灌高陵地八十九亩，斗门夫一名。

按：《泾阳县志》云，中白渠在高陵境者二十二斗，元代则二十三：曰承寿、安阳、安庆、东阳、善利、普济、普润、广利、周吉上、周吉下、王化、任村、留赵、南潜化、北潜化、兴圣、神策，共十七斗。在南曰武强、闰宁、王小渠上斗二，下斗一，中斗〔二〕，共五斗，在北，皆与今不同。

中南渠十五斗

富众斗在北岸，每月初四日寅时初刻受水，本日卯时七刻止，灌高陵地八十六亩，斗门夫一名。

通远斗在南岸，每月初四日卯时八刻受水，本日巳时六刻止，灌高陵地七十六亩，斗门夫一名。

广济斗在北岸，每月初四日未时六刻受水，本日酉时四刻止，灌高陵地五十三亩三分，斗门夫一名。

张益斗在南岸，每月与广济斗同起止，灌高陵地四十六亩，斗门夫一名。

晋公斗在北岸，每月初四日酉时五刻受水，本日亥时三刻止，灌高陵地七十八亩，斗门夫一名。

通樊斗在南岸，每月初四日亥时四刻受水，至初五日丑时二刻止，灌高陵地七十亩七分，斗门夫一名。

三益斗在北岸，每月初五日丑时三刻受水，本日卯时一刻止，灌高陵地一顷六亩，斗门夫一一名。

张家斗在南岸，每日初五日卯时二刻受水，本日辰时尽止，灌高陵地八十六亩五分，斗门夫一名。

张山斗在北岸，每月初五日巳时初刻受水，本日午时七刻止，灌高陵地七十三亩，斗门夫一名。

墨毛斗在南岸，每月初五日午时八刻受水，本日申时六刻止，灌高陵地五十八亩，斗门夫一名。

文王斗在北岸，每月初五日申时七刻受水，本日戌时五刻止，灌高陵地五十四亩八分，斗门夫一名。

杜家斗在南岸，每月初五日戌时六刻受水，至初六日子时四刻止，灌高陵地六十五亩，斗门夫一名。

庙王斗在北岸，每月初六日子时五刻受水，本日寅时三刻止，灌高陵地六十六亩二分。

刘金斗在南岸，每月初六日寅时四刻受水，本日辰时二刻止，灌高陵地六十二亩，斗门夫一名。

洛南斗在北岸，每月初六日辰时三刻受水，本日午时一刻止，灌高陵地六十四亩，斗门夫一名。

按：中南渠斗门十五，元时雨金、安阳、望丰上、望丰下、丰阜、丰穰、富仁、孝义、辛家、仁寿、高望十一斗在南；广济、马家、通远、六宅四斗在北。惟广济、通远，今仍其名。

昌连三斗

距陵斗在北岸，每月初六日申酉二时受水，灌高陵地五十四亩，斗门夫一名。

沙渠斗在南岸，每月初六日戌、亥二时受水，灌高陵地五十亩七分。

崔家斗在北岸，每月初七日子、丑二时受水，灌高陵地一顷五亩三分，斗门夫一名。

按：昌连三斗，一在南，二在北。元时斗门亦三，上、中、下三斗皆在南耳。

高望渠十二斗

亿斗在北岸，每月初四日寅、卯二时受水，灌高陵地八十三亩四分，斗门夫一名。

万斗在南岸，每月初四日辰、巳二时受水，灌高陵地七十八亩，斗门夫一名。

千斗在北岸，每月初四日午、未二时受水，灌高陵地八十亩，斗门夫一名。

百斗在南岸，每月初四日申、酉二时受水，灌高陵地六十一亩，斗门夫一名。

沛养斗在北岸，每月初四日戌、亥二时受水，灌高陵地七十六亩六分，斗门夫一名。

念斗在南岸，每月初五日子、丑二时受水，灌高陵地八十亩，斗门夫一名。

震斗在北岸，每月初五日寅、卯二时受水，灌高陵地六十四亩，斗门夫一名。

孝斗在南岸，每月初五日辰、巳二时受水，灌高陵地四十八亩，斗门夫一名。

乾斗在北岸，每月初五日午、未二时受水，灌高陵地八十七亩五分，斗门夫一名。

宁斗每月初五日申、酉二时受水，灌高陵地五十四亩，斗门夫一名。

康斗每月初五日戌、亥二时受水，灌高陵地七十五亩，斗门夫一名。

福斗每月初六日子、丑二时受水，灌高陵地七十二亩，斗门夫一名。

按：高望渠斗门十二。元时斗门十一，位陵、周夏上、周夏下、严应、通利上、通利下、闰益、闰仁、通闰、魏闰十斗在南，任公一斗在北。

禑南渠五斗

许斗在南岸，每月初六日辰、巳二时受水，灌高陵地六十亩，斗门夫一名。

于元斗在北岸，每月初六日午、未二时受水，灌高陵地六十九亩，斗门夫一名。

(隅)〔禑〕南斗在南岸，每月初六日申、酉二时受水，灌高陵地七十三亩，斗门夫一名。

永斗在北岸，每月初六日戌、亥二时受水，灌高陵地七十七亩五分，斗门夫一名。

边界斗在南岸，每月初七日子、丑二时受水，灌高陵地七十亩五分，斗门夫一名。

按：禑南渠斗门五。元时斗门亦五，曰信陵、曰房家、曰新开、曰东鲁，皆与今不同。

《长安志》云，中南渠东西长三十五里，高望渠东西长三十五里，禑南渠东西长四十里，中白渠东西长三十里，此宋代高陵境内之水利也。四渠下流，俱入栎阳县，今临潼境。而中南渠又分一小支，曰析波渠。共为五渠，中白渠第一，斗门七；析波渠第二，斗门二；中南渠第三，斗门七；高望渠第四，斗门二；禑南渠第五，斗门一，皆与元代不同。

泾阳四十四斗每月自初七日寅时起，至下月初一日巳时三刻止，共灌地五百六十六顷九十八亩四分八厘三毫。

泾阳分下十六斗、中十斗、上十八斗。下十六斗在三限下，中白者七，北白者四，南白者五。

中白渠七斗

内原斗在北岸，每月初七日寅时二刻受水，本日辰时尽止，灌泾阳地三顷五十三亩，利夫七名。

闰王斗在南岸，每月初七日巳时初刻受水，本日申时三刻止，灌泾阳地四顷六十九亩七厘，利夫八名。

长流斗在北岸，每月初七日申时四刻受水，初九日丑时六刻止，灌泾阳地十五顷九十一亩，利夫四十一名半。

高阳斗在北岸，每月初九日丑时七刻受水，本日午时四刻止，灌泾阳地八顷，利夫十一名半。

郭马北斗在北岸，每月初九日午时五刻受水，本日申时五刻止，灌泾阳地四顷七十四亩三分，利夫五名。

郭马南斗在南岸，每月初九日申时六刻受水，至初十日子时七刻止，灌泾阳地七顷八十六亩一分八厘，利夫十名。

西王斗在南岸，每月初十日子时八刻受水，本日午时尽止，灌泾阳地十一顷六十亩一分，利夫十四名半。

北白渠泾阳四斗、三原五斗

三原五斗每月初十日未时分水，十一日卯时受水，至十三日卯时尽止，共灌地二十九顷五十二亩。

观相斗每月十一日卯时一刻受水，本日申时六刻一分止，灌三原地七顷三十一亩一分一厘二毫，利夫十一名半。

曲渠斗每月十一日申时六刻二分受水，至十二日卯时五刻七分止，灌三原地八顷五十七亩八厘二毫，利夫十三名半。

平皋大斗每月十二日卯时五刻八分受水，本日申时五刻止，灌三原地六顷二亩七分七厘六毫，利夫九名半。

平皋小斗每月十二日申时六刻受水，至十三日子时二刻止，灌三原地四顷四十亩四分一厘六毫，利夫七名。

石囤斗每月十三日子时三刻受水，本日卯时尽止，灌三原地三顷十七亩四分四厘，利夫五名。

泾阳四斗

南北王斗在南岸，每月十三日辰时一刻受水，至十四日戌时三刻止，灌泾阳地三十四顷，利夫三十四名。

师和斗在北岸，每月十四日戌时四刻受水，至十五日亥时七刻止，灌泾阳地三十五顷四亩二分，利夫二十五名。

新开斗在南岸，每月十五日亥时八刻受水，十六日辰时尽止，灌泾阳地八顷八十三亩二分一厘，利夫九名。

长渠斗在北岸，每月十六日巳时一刻受水，本日亥时尽止，灌泾阳地十一顷五十亩四分九厘，利夫十三名。

按：《泾阳县志》云，北限斗门凡十，在泾阳者五，余家斗失存。在三原者五，师和、石囤、平皋、曲渠、观相，皆元代旧名也。而元时北限一渠，下分为二渠，曰平皋渠，北限之支流也；曰务高渠，北限之正流也，平皋渠之上，北限之斗门有五，曰石囤斗、曰东公主斗、曰西公主斗、曰南北王斗，皆在南，曰师和斗，在北。平皋渠之斗门有八，平皋斗三，观相斗三，曲渠斗二。务高渠之斗门二十三，务高、广盈、荐福、穆王、翟家、通元、景公、小王、大王、掘斗、杮园、闰陵、岁丰、阜民、通流、丰乐、西安、仁归、厚段、洪长、闰东、安王、周开、安业，今皆无之。沟洫状改，未审堙自何时，泾阳、三原二县志既不载，王太岳《泾渠志》亦未详，今故录之以旧名焉。务高渠之上有邢堰，今亦失其迹，宋代北限斗门只三，又与元异。

《三原县志》云，此渠昔时入富平，今至大召村而止。又云，石囤斗灌田五顷，额夫五名；平皋小斗灌田七顷，额夫七名。今渠崩，渠夫告销，仅灌东关内田十余亩，平皋大斗灌田九顷五十亩，额夫九名半；曲渠斗灌田十三顷五十亩，额夫十三名半；观相斗灌田十一顷五十亩，额夫十一名。据此，知北白渠水利颇丰，今则几减半矣。《三原志》修于乾隆乙卯也。

南白渠五斗

卢从斗每月十七日丑时六刻受水，本日卯时五刻止，灌泾阳地三顷八十三亩七分，利夫五名。

小长流斗每月十七日卯时六刻受水，本日巳时六刻止，灌泾阳地二顷五十亩，利夫四名。

落桥斗每月十七日巳时七刻受水，本日戌时三刻止，利夫八名半。

曹仵东斗每月十七日戌时四刻受水，至十八日卯时初刻止，灌泾阳地四顷八十一亩，利夫七名。

曹仵西斗每月十八日卯时二刻受水，至十九日子时二刻止，灌泾阳地十一顷二十六亩一分，利夫十七名。

按：南白渠每月运渠水自十七日子时初刻起，至本日丑时五刻止。

南限斗门凡五，其名皆元代之旧，元时于五斗之外，有唐婆上、中、下三斗，杨南店、园端、正佛室各一斗，又有省斗，在曹仵斗下，共十二斗也。宋代南限斗门十三。

中十斗

白公斗每月十九日子时三刻受水，本日寅时四刻止，灌泾阳地七顷五十七亩，利夫八名。

铁眼成村斗每月在于铁眼分受水，大建初二日起，小建初三日起，至十九日寅时四刻止，灌泾阳地二十一顷六十亩六分三厘，利夫二十三名半。

染渠斗每月十九日寅时五刻受水，本日申时尽止，灌泾阳地十三顷六亩五分五厘，利夫十四名。

驸马东斗每月十九日巳时初刻受水，本日午时六刻止，灌泾阳地九顷二亩二分一厘，利夫十名半。

驸马西斗每月十九日午时七刻受水，本日未时初刻止，灌泾阳地四顷八十七亩二分七厘五毫，利夫五名。

圣女大斗每月十九日未时二刻受水，本日酉时初刻止，灌泾阳地六顷三十六亩八分一厘，利夫八名。

圣女小斗每月十九日酉时二刻受水，至二十日丑时三刻止，灌泾阳地十二顷四十一亩三分，利夫十四名半。

智光斗每月二十日丑时三刻受水，本日巳时初刻止，灌泾阳地十二顷三亩六分九厘八毫，利夫十一名。

石劫斗每月二十日巳时二刻受水，本日戌时尽止，灌泾阳地十五顷十三亩八分五厘，利夫十六名。

七劫斗每月二十日亥时初刻受水，至二十一日酉时初刻止，灌泾阳地二十九顷八十二亩六分六厘，利夫三十一名半。

按：限上凡二十八斗，其名与《长安图》所载名同，则斗门亦元时之旧，至今未易处也。其不同者，元时于白公斗、成村斗下有长渠，而今无之。王屋、张房、双槐、小留、宁村，元时各一斗，而今有四斗、三斗、二斗，则后人新开而仍其旧名也。宋代限上巡管斗门十一，又与元异。成村铁眼，分水三分长流，不知定于何时，无从考查，每月初五、初十、十五入县，不在溉田之数。

上十八斗

何氏二斗每月二十一日戌时初刻受水，至二十二日卯时三刻止，灌泾阳地二十一顷五十亩，利夫二十一名半。

何氏一斗每月二十二日卯时三刻受水，至二十三日卯时三刻止，灌泾阳地三十顷五十亩，利夫三十名半。

李相公斗每月二十三日卯时三刻受水，至二十四日卯时三刻止，灌泾阳地三十顷五十亩，利夫三十名半。

威胜斗每月二十四日卯时三刻受水，至二十五日卯时三刻止，灌泾阳地三十顷五十亩，利夫三十名半。

宁村二斗每月二十五日酉时三刻受水，本日未时三刻止，灌泾阳地十三顷五十亩，利夫十三名。

宁村一斗每月二十六日卯时三刻受水，本日未时三刻止，灌泾阳地十一顷，利夫十一名。

小留二斗每月二十六月未时三刻受水，本日酉时三刻止，灌泾阳地三顷，利夫三名。

小留一斗每月二十六日酉时三刻受水，至二十七日丑时三刻止，灌泾阳地十顷五十亩，利夫十名半。

双槐二斗每月二十七日丑时三刻受水，本日巳时三刻止，灌泾阳地十一顷，利夫十一名。

双槐一斗每月二十七日三刻受水，本日酉时三刻止，灌泾阳地。

张房三斗每月二十七日酉时三刻受水，本日申时三刻止，灌泾阳地十四顷五十亩，利夫十四名半。

张房二斗每月二十八日辰时三刻受水，本日申时三刻止，灌泾阳地十一顷，利夫十一名。

张房一斗每月二十八日申时三刻受水，至二十九日丑时三刻止，灌泾阳地十一顷，利夫十一名。

王屋四斗每月二十九日丑时三刻受水，本日酉时七刻止，灌泾阳地十四顷五十亩，利夫十四名半。醴泉县地二十九日寅时初刻受水，本日巳时尽止，灌醴泉地六顷，利夫六名。

（接）〔按〕：醴泉县每月至二十九日寅时初刻起，在于泾阳王屋一、二、三、四斗门同斗受水分灌共水地三十四顷，共利夫三十四名。

王屋三斗每月二十九日酉时七刻受水，至三十日巳时三刻止，逢小建至初一日巳时三刻止，灌泾阳地十五顷，利夫十五名。醴泉地七顷，利夫七名。

王屋二斗每月三十日巳时三刻受水，至初一日寅时七刻止，逢小建初一日巳时三刻起，初二日寅时七刻止，灌泾阳地五顷五十亩，利夫五名半。醴泉地十三顷，利夫十三名。

王屋一斗每月初一日寅时七刻受水，本日巳时三刻止，小建初二日时刻起止亦如之，灌泾阳地七顷五十一亩，利夫七名半。醴泉地八顷，利夫八名。

按：至前清乾隆二年，拒泾用泉，仅灌泾、原、高、醴四县地六百七十八顷八十亩四分八厘三毫。定制每月开斗一次，一百零五斗支配，每年每亩灌溉一次，下流十不一灌，其水利之微，可想而知，何如昔日引泾汪洋沾足哉！今议开吊儿嘴，予日望之矣！

历代泾渠制度考

堰制

唐太和元年，御史中承温造等奏修渠堰。《册府元龟》

宋淳化二年，泾阳县民杜思渊言泾河中旧有石堰，修广皆百步，捍水雄壮，谓之将军翣，请调丁修治，叠以工大而止。后造木堰，凡用梢桩万一千三百余，皆出于沿渠之民，计田出丁，凡调万三千人。《宋史·河渠志》

景祐三年，漕臣王言作堰之法宜用石，锢之以铁，积之中流，拥为双派。《玉海经》

按：《旧志》云，历代修洪口石堰，当河中流，直抵南岸，立石囷以壅水入渠，每行可用一百余囷，凡十一行，每囷用椽四十八条，僻稷二条，枣条六十担编之，实石其中。每县役二人看堰，但遇水涨损堰，随时即修，此堰之制也。洪口即谷口也，前代已有是名。《方言》云：石阻河流为洪，又蜀人谓水口为洪沅。案：古曰谷口为瓠口，此曰洪口，谷、瓠、洪三音相近，亦即焦穫之“穫”也。

渠制

自大龙洞至小暗桥，为官石渠；自小暗桥至王屋一斗官民交界处，为官土渠；官民交界处以下为民渠矣。

石渠下广一丈二尺，上广一丈四尺，土渠下广一丈八尺，上广五尺，深视地形之高下，渠岸两边各空地一丈四尺，例禁无得当拦巡水道径。

每遇春首，令各斗利户，逐其地面广栽柳榆，以坚堤岸，严禁不得砍伐。《旧志》

按：旧例官石土渠掏刷时，动用公款。至前清末叶，公款支绌，官土渠始用民力掏刷。

水制

泾水东行，按：《水部式》，失传。“决泄有时，畎浍有度。居上游者，不得壅水而专其腴。每岁少尹一人行视，以诛不式。”《刘公去思碑》

自十月一日放水，至六月遇涨水歇渠，七月住罢。

凡用水先令斗吏入状具，斗内利户苗稼，官给申帖，方许开斗。用毕各以承水时刻，浇过顷亩田苗，申被水值犹水程，凡麦苗秋禾溉有定时，违者罪之。寻令听民便，但不得过应有水限耳。其水限初每一夫溉秋夏田二顷六十亩，后改一顷七十亩，今一顷。用水之序，自下而上，最下一斗溉毕闭斗，即刻交之上斗，以次递用。斗内诸利户各有分定时刻，其递用次序亦如之。夜以继日，不得少违。有多浇者，罚有差等，每亩罚麦五斗，若非利户者一石，后减半焉。又斗吏匿盗水不报，利户修渠岸不坚，罚栽树护岸。故于三限闸行立者皆有罚。《旧志》

三限、彭城两闸，关防分水禁限，五县各差监户一名，与都监一同看限口，探量水深尺寸，赴司申报。凡水广深一尺为之一徼，音叫。一百二十徼为则，三限口各以广狭视此为准。守限者每日探量徼数，申报所司，凭以分俵。水盛则多给，水小则少给。大概水一徼，一昼夜溉田八十亩，违者罪罚。

按：昔时引泾，限水分流五县，至清拒泾用泉，水量不及，则始定一渠用水，削去临潼、富平诸县水利，由高陵而三原，而泾阳，挨次上浇，不能同时分水也。

官制

泾、渭、白渠以京兆少尹一人督视。《唐百官志》

按：《泾阳县志》云，汉时息夫躬持节，领护三辅都水，所谓都水使者也。然非专治泾渠，唐代始以京兆少尹专治之，凡有修浚，则少尹亲莅堰上，谓之渠堰使。如贞元初，以京兆少尹郭隆充渠堰使；太和初，韦文恪充渠堰使，是也。宋有三白渠使，后以屯田府兼司其事；明有水利佥事，管水同知，及县主簿；清设水利通判，旋废，专责知县，委绅士设局理焉。

贞元四年，泾阳三白渠限口，准诸堰例置监。《会要》

按：唐代监渠之官，不见于《百官志》，盖京兆少尹之属官也。宋至道元年，皇甫选、何亮奏，岁令渠官行视岸之缺薄，水之填淤，即时浚治，是宋代亦有渠官，而《宋史》亦不载。

历代泾渠职官表

代	年	人名	官职	事实
秦	始皇帝元年	郑国	水工	凿郑渠
汉	武帝元鼎六年	兒宽	左内史	穿六辅渠
	太始二年	白公	赵中大夫	凿白渠
	哀帝建平四年	息夫躬	光禄大夫	三辅都水
前秦	建元十三年	（符）〔苻〕坚	秦王	凿山起堤通渠引渎
唐	高宗永徽六年	长孙祥	雍州长史	毁渠上碾硙
	玄宗开元二年	李元纮	京兆少尹	决三辅渠
	代宗广德二年	李栖筠	（户）〔工〕部侍郎	奏撤豪戚硙利
	大历十三年	黎干	京兆少尹	开郑白支渠
	德宗贞元元年	郭隆	京兆少尹充渠堰使	于泾阳县众善寺置院勾当
	十六年	徐班	白渠使	
	穆宗长庆元年	刘仁师	高陵县令	开高陵四渠
	敬宗宝历元年	元谷	御史属	持诏诣白渠书得利病
		谭（儒）〔孺〕直	高陵县主簿	同仁师修渠堰
	二年	苏持	京兆府从事	尽撤水滨不当拥者
	文宗太和元年	温造	御史中丞	奏修渠堰
		韦文恪	京兆少尹充渠堰使	专巡检修造

续表

代	年	人名	官职	事实
后周	世宗显德五年	何幼冲	渠堰使	疏水溉田
宋	太祖乾德中	施继业	度支判官	用梢欀栈木截河为堰
	太宗淳化二年	杜思渊	泾阳县民	造木堰
	至道元年	梁鼎	度支判官	上郑白渠利害
		陈尧叟	同上	同上
		皇甫选	大理丞	别开白渠口
		何亮	光禄丞	同上
		孙冕	总三白渠	
	真宗景德三年	林特	盐铁副使	请遣官行视郑白渠
		马景	度支副使	与林特同请
		尚宾	太常博士	自介公庙别开白渠口
	仁宗天圣六年	李同	知泾阳县	立约以限水
		王沿	漕臣	作石堰
	康定元年	雷简夫		治渠三十日水足
	庆历中	叶清臣	知永兴军	复三白渠
	熙宁五年	侯可	泾阳令	凿小郑渠未成
		周良孺	都水丞	同上
	徽宗大观二年	穆京	秦凤经略使	请修丰利渠
		范镐	宣德郎	献计于穆京
		穆卞	鄜州观察推官	同上
		赵佺	提举常平使者	总浚丰利渠事
金		荆（失其名）	主簿	作澄水槽

续表

代	年	人名	官职	事实
元	太宗十二年	梁（秦）〔泰〕	三白渠使	修渠置司于云阳县
		郭时中	副使	设立屯田
	世祖十七年	高举	河渠营田使司大使	
		商璘	同上	
		李伯禄	河渠营田使司副使	
		王（失其名）	同上	
	成宗大德八年	夹谷伯颜帖木儿	屯山府总管	督泾阳县修泾渠
		王琚	泾阳县尹	同上修复泾渠
	武宗至大三年	王承德❶	行台御史	展修御史渠
	泰定帝泰定元年	别帖木儿	宣差屯田府事 兼司河渠事	修洪渠
	明宗天历二年	郭嘉议	屯田府总管 兼河渠事	修洪堰
		李承事	耀州同知	同上修
	顺帝至元间	蛮文彬	屯田监府	穿修洪渠七十余里
		虎仲直	屯田府总管	同上修
		李太不花		与文彬同修
	至正三年	宋秉亮	监察御史	开鹿巷八十四处
		牙八胡	屯田同知	同上修
		李克忠	泾阳县尹	同上修
	二十二年	帖里帖木儿	陕西行省左丞相	修治泾渠
		杨钦	屯田府都事	同上修

❶ 王承德　即王琚。

续表

代	年	人名	官职	事实
明	太祖洪武八年	耿炳文	长兴侯镇守陕西	修洪堰
	成祖永乐三年	董暹	千户	修治洪渠
	英宗天顺五年	李观	按察司佥事	请修泾渠
	宪宗成化元年	项忠	巡抚副都御史	凿广惠渠
		杨璇	右布政	
		娄良	右布政	
		张用瀚	布政使❶参议	
		余子俊	布政使参议	
		郭纪	按察司副使	
		李奎	左参议	以上同修广惠渠
	十二年	余子俊	升巡抚	又经略广惠渠
	十三年	阮勤	陕西巡抚	募工凿石以讫前工
		鲁能	陕西左布政	
		邓山	布政司参议	
		刘端	西安府同知	以上同修广惠渠
	武宗正德十一年	萧翀	陕西巡抚	作通济渠
		哈　失名	巡抚	
		寇　失名	巡抚	
		刘天和	巡抚	
		王尧封	巡抚	以上皆讫通济渠工
	神宗万历二十八年	王之钥	泾阳知县	增堤疏渠
		张应徵	三原知县	同上修
		李承颜	高陵知县	同上修
	三十三年	顾汉穿	西安府同知	治龙洞闸
		沈子章	邠乾道	疏渠设水夫

❶ 布政使　应为“布政司”。下同。

续表

代	年	人名	官职	事实
清	顺治九年	金汉鼎	泾阳知县	重修广惠渠
	康熙八年	王际有	泾阳知县	修渠堰
		张肯谷	县丞	同上修
	雍正五年	岳锺琪	川陕总督	浚渠增堤
	六年	王绍文	西安知府	捐俸种树
	七年	查郎阿	川陕总督	建闸启闭
		张楷	陕西巡抚	疏渠固堤
		田仁佑	水利通判	
	八年	刘克恭	水利通判	
	九年	罗国辑	水利通判	增高渠岸
	乾隆四年	唐秉刚	泾阳知县	修石堤
		温碧	淳化知县	同上修
		李芳华	水利通判	
		张廷桂	水利通判	
	十二年	英德	水利通判	
	十四年	希占	水利通判	
	十五年	德成格	水利通判	
	十六年	杨必名	泾阳知县	重修王御史口石堤
	十七年	李产	水利通判	
	二十二年	额尔登额	水利通判	
	二十三年	张介禧	水利通判	
	二十六年	刘文英	水利通判	
	二十九年	杨起业	水利通判	
	三十年	李本根	水利通判	
	三十一年	杨汝连	水利通判	
	三十三年	曾元梁	水利通判	

续表

代	年	人名	官职	事实
清	三十四年	张裕谷	水利通判	
	三十七年	周廷高	水利通判	
		程毓和	水利通判	
	三十九年	林恭范	水利通判	
		赵赞	水利通判	
	四十年	毕沅	陕西巡抚	亲勘渠堰
	四十一年	宋琦	水利通判	
	五十一年	平世	泾阳知县	补修渠堰
	嘉庆十一年	王恭修	泾阳知县	修旁冈渠堰
	二十一年	秦梅	泾阳知县	修复渠堤
	道光二年	鄂山	鄜州知州	凿新渠
		田钧	洛川知县	随鄂山督修
	三年	恒亮	泾阳知县	补修渠堰
	二十一年	胡元焕	泾阳知县	修渠堰，开鹿巷二百四十处
	同治四年	刘典	泾阳知县	修渠堤
	光绪十三年	温其镛	泾阳知县	修堰疏淤
	二十四年	魏光焘	陕西巡抚	修渡水桥并收鸣玉泉无效
	二十七年	雷天裕	泾阳知县	修堤去淤
	三十四年	杨宜瀚	泾阳知县	复修惠民桥
	宣统二年	刘懋官	泾阳知县	修渠去淤
民国	元年	杨任山	军官	修堤去淤
	九年	吕抚宸	泾阳知县	修渠去淤
	十二年	李宜之	陕西水利分局局长	修石堤，收复鸣玉泉

历代泾渠名人议论杂记

班固《西都赋》汉

郑白之沃，衣食之源；提封五万，疆场绮分；沟塍刻镂，原湿龙鳞；决渠降雨，荷成云；五谷垂颖，桑麻铺芬。

民歌

田于何所，池阳谷口；县名。郑国在前，白公起后；举锸成云，决渠为雨；泾水一石，其泥数斗；且溉且粪，长我禾黍；衣食京师，亿万之口。

又

郑白功成后，名渠美利多；池阳资灌溉，谷口泻滂沱。

代上宰相论郑白渠书　宋　程颐

某闻天下之事，有甚难而易者，有甚易而难者，独系在上之人为与不为而已。

昔韩欲罢秦兵，使郑国说以凿泾水溉田，注填阏之水，溉潟卤之地四万顷，收常一钟，关中遂为沃壤，无凶年，秦以富强。至汉白公，复引泾水以溉民田得其饶。民歌之曰："田于何所，池阳谷口；郑国在前，白公起后；衣食京师，亿万之口。"两渠之功也。秦汉而下，皆获其利。熙宁中，神宗皇帝讲求治功，兴葺遗利。时先祖殿承建明郑白之利，神宗皇帝赐对便殿，大称圣心，付以其事；兴役逾年，功已有叙，而害能者巧为沮止，不终厥功。陕右之人，至今为恨。某每思神宗皇帝知其利而欲兴之意，欲先祖尽其力而被沮之恨，某未尝不愤叹至于流涕也。阁下尝尹长安矣，必闻其事，今则又非昔年之比也。泾水低下，渠口高仰，溉灌之功，几尽废矣；民用困乏，米斛踊贵，职此之由。今方外有不顺之羌，师旅之兴，储待甚急，诚使秦中岁增谷数百千万斛，所济岂不甚大。某关西陋儒也，自幼小稔知其事，人微处远，无由伸其愤郁。幸与仆射相公以经纬之才，逢时得君，以天下事为己任，某以是不避狂妄之诛，尘渎钧听，倘蒙采录，或致成功，不使先祖抱恨泉下，则某生平志愿足矣。

上三白渠修堰议　宋　杜思渊

泾河内旧有石翣，以堰水入白渠，溉壅田亩，岁收三万斛。其后多历年所，石翣坏，三白渠水少，溉田不足，民颇艰食。乾德中，节度判官施继业，率民用稍穰笆篱栈木，截河为堰，壅水入渠，缘渠之民，颇获其利。然凡遇暑雨，山水暴至，则堰辄坏。至秋治堰，所用复取于民，民颇数役，终不能固。乞依古制，调丁夫修叠石堰，可数十年不挠，所谓暂劳永逸矣。

复修三白渠议 宋 皇甫选

周览郑渠之制，用功最大，并仲山而东，凿断冈阜，首尾二百里余，连亘山足，岸壁颓坏，堙废已久。度其制置之始，泾河平浅，直入渠口，暨年代浸远，泾河陡深，水势渐下，与渠口相悬，水不能至；峻岸之处，渠岸摧毁荒废，岁久实难致力。其三白渠溉泾阳、栎阳、高陵、云阳、三原、富平六县田三千八百五十余顷。此渠衣食之源也，望令填筑堤堰，以固护之。旧设节水斗门一百七十有六皆坏，请悉缮完。渠口旧有六石门，谓之洪门，今亦颓圮。若复议兴置，则其功甚大。且欲就近度其岸势，别开渠口，以通水道。岁令渠官行视岸之缺薄，水之淤填，即时浚治，严豪民盗水之禁。泾河中旧有石堰，修广皆百步，捍水雄壮，谓之将军堰，废坏已久。杜思渊尝请兴修，而功不克就，其后止造木堰，凡用梢桩万一千二百余数，岁出于缘渠之民。设夏水潦，木堰遽坏。漂流散失，至秋复率民以葺之，数敛重困，无有止息。欲令自今溉田既毕，命水工拆堰木置于岸侧，可充二三岁修堰之用。所役缘渠之民，计田出丁，凡调万三千人，疏渠造堰，各获其利，固不惮其劳也。选能吏司其事，置署于泾阳县侧，以时行视，往复甚便。

修三白渠议 元 郭嘉议

去岁六月三日骤雨，泾水泛涨，元修洪堰及小龙口尽圮，水归泾，白渠内水浅，为此计用十四万九千五百十一工，役丁夫一千六百，度九十三日毕。于使水户内差拨，每夫就持麻一斤，铁一斤，系囤取泥索各一，长四十尺，草苫一，长七尺，厚二寸。陕西准屯田府照洪口自秦至宋，一百二十徼，泾由三限，自泾阳下至临潼五县，分流浇溉民田七万余顷，验田出夫千六百人，自八月一日修堰，至十月放水溉田，以为年例。近因奉元亢旱，五载失稔，人皆相食，流移疫死者十七八，今差夫又令就出用物，实不能办集。窃详泾阳水利，虽分三限引水溉田，缘三原等县地理遥远，不能依时周遍，泾阳比近，俱在上限，并南限中限，用水最便。今次修堰，除见在户依例差役，其逃亡之家，合出夫数，宜令泾阳县近限水利户添差一人，官给米一升，并工修治。

广惠渠记　明　项忠

《书》载六府，而以水为先，渠堰之修，所以兴水府之利，以足民食也。如有虞沟洫开导，潴蓄井汲，以致夫水府之修者是已。然前人已成之绩，年久而坏，故予于郑白渠不得不因其坏而谋众重修，加意开广之也。

按：《志书》，郑白渠在今泾阳县西北七十里仲山下，原有古迹洪堰一所，分闸泾水，以溉田亩。是其所由来而利民者远。自秦而下，历代凿之者不一，故渠亦因之而变名有六，惟郑白名渠独加显焉。其曰郑国渠者，盖六国时韩苦秦害，乃使水工郑国说秦凿泾水溉田以为间，故名也。曰白公渠者，盖汉时泾河底被水冲低，水不能入渠，太始二年，赵中大夫白公于上流接开石渠，引使通流故名也。谓之六辅渠者，汉兒宽为左内史，凿六辅渠以溉田，故遂名焉。谓之丰利渠者，宋大观中诏开石渠，疏泾水入渠者五尺，下与白公渠相会，工毕而赐名焉。迨元至大元年，泾河又低，水不能入渠，西台御史王琚，又于上流接开石渠，故今名为王御史渠，又名新渠焉。然此六渠也，历代浇灌醴泉、泾阳、三原、高陵、临潼、栎阳、云阳、富平八邑田土，多寡不一，郑国四万余顷，每亩收一钟，汉白四千五百余顷，宋则二万五千七百有三顷，至新渠莫详其数，而世以为利者若此。元后至于今，河底低深，渠道高仰，水不通流，废弛湮塞，几百年矣。

予昔忝臬司之长，今叨巡抚之寄，历官久此，窃思兹渠能仍旧迹而疏通之，则前人之功庶保其复续；而今之为利，得不同于昔耶？遂询谋佥同，而具实以闻，上可其奏，命下之曰：予檄醴泉、泾阳、三原、高陵、临潼、富平六邑，蒙水利人户，于彼就役之。前所谓栎阳、云阳者，今已革去。先以布政司右布政使杨公璇董其事，未克成就，而升任去。复以右布政娄公良、右参政张公用瀚、余公子俊、按察司副使郭公纪、左参议李公奎继之。务毕其工，有底于成。其各受委也，昼夜不遑，恪恭乃事，大播民和，分工命役。于平土也，则度势高卑而通渠；于山石也，则聚火镕铄而穿窦；又必期之以岁月，缓其力而不急其功；然后渠成水行，厥功始克就绪矣。

考地之强界，不异于昔，计今溉田，有司则八千二十二顷八十余亩，西安左前后三卫屯田，则二百八十九顷五十余亩，每亩收谷三四钟，比旧田亩盖减其数，谷视昔有加者，得非民有欺隐，亩有阔狭；抑古今水有消长，或因兵燹亢旱之不齐欤？

今渠成，二司诸公，属予取名为文以记其实。予亦嘉二司诸公之殚厥一心，以成斯渠，故喜而言曰：民以食为天。水者，食之原也，然所以为利，亦所以为害，在善导之而已。尝闻前人相视斯渠，其说有三：一曰尽修渠堰之利，二曰复置板闸之防，三曰开通出土之便。今渠堰尽修矣，出土开通矣，但板闸之防，不可不加意焉。盖骆驼湾西百余步，渠身两壁，开凿切口二道。当时设此，恐遇泾水暴涨，及洪堰倒塌之时，即下此闸，以备浊水淤淀渠道。平流一闸，在退水槽近下十步，渠身两壁亦有切口四道。盖住罢浇田之后，水既无用，遂（闻）〔开〕此闸，乃退此水，由槽河。又当河涨之时，或汹涌之浪不能猝下，或已下而散漫，用防不虞。此皆古人良法，不可废而不行。今二司诸公，又将各闸移修，以时启闭，则浊泥不得入渠，疏导之功可以减半。溉厥田，灌厥园，泽彼桑麻，润彼禾黍，岁获丰登，年无荒歉；而畎亩获收，加于常年之倍蓰，则吾军民之仰赖，何可既耶！故取渠名曰“广惠”，佥以为然。再尝闻元之王御史，建修三十余年，而功尚未克成，备载《泾志》。今渠不二年而成者，盖百工之成集，资给之不吝，又委任之得人故也。若后之继政者，时加修葺，可保悠久。否则予不敢知也。然今之渠道，有仍旧而增者，有脱离而创者，以及夫功用之费，助成人之姓氏，并历代因革画图，悉刻诸碑阴，用示后之人云。辞曰：俯怀郑白兮古之人，创修泾渠兮水势分；灌溉畎亩兮民欣欣，历汉涉宋兮继厥勋。粤胜国兮侍御史，疏上流兮民仰止；几百年兮水弗流，民不获兮劳厥耜。今鸠工兮民孔劳，予劳民兮民心焦；岂予欲兮咈民性，汝讵知兮为汝曹。工既毕兮民安佚，田土沃兮国之实；名广惠兮利无极，惟帝力兮臣之职。

重修广惠渠记　明　彭华

关中古称形胜，富饶甲天下，形胜出于天造，富饶则亦有人力与焉。自秦得韩人郑国，凿引泾水为渠，溉田四万余顷，关中遂为沃野，无凶年。及汉白公复奏穿渠引泾水，起谷口入栎阳注渭，中溉田四千五百余顷，民因歌咏两渠之饶。至有宋时梁鼎、陈尧叟言，今泾水溉田，不及二千顷，皆因近代改修渠堰，浸隳旧防，郑渠难为兴作，请复修白渠，既修复之，民获数倍。历金及元，渠堰缺坏，御史王承德请于泾阳洪口，展修石渠，卒以成功，载诸史可也。

我明抚有四海，视关中为重镇，每廷命大臣抚巡之。往者数于王御史渠口，修堰行水，岁久渐圮，堰弗治。今上纪元成化之初，副都御史项公忠请自旧渠上并石山开凿一里余，就谷口上流引入渠，集泾阳、醴泉、三原、高陵、临潼五县民就役，穿小龙山、大龙山，役者咸篝灯以入，遇石刚顽如铁，辄以火焚水淬或泉滴沥下，则戴笠披蓑焉。功未就，项召朝。戊子，项复西征过陕，命有司促功责成，及奏凯，亟以成功纪于石，名其渠曰广惠，而渠实未通也。丙申，右都御史余子俊又经略之，于大龙山凿窍五以取明，疏其渠，曲折浅狭，逾年余，以兵部尚书召，又弗克就。讫其功者，副都御史阮公勤也。

公下车即询民所利病，图兴革之，唯恐弗及。于是三司诸君，牵连一口，以渠为言，且曰曩者之费，率征利及之民，今民未获利而复征之，恐不堪命。阮曰然，盍以帑藏金粟募工市材食役者，功成然后责偿于民可也。众议佥同。乃檄布政鲁君能、参政邓君山督其役，而朝夕躬任程课徕劳者，西安府同知刘端也。用匠几四百人，五县之民，更番供役，役以辛丑二月兴。渠口有石卧渠中巨甚，乃堰水以西，凿石四尺，水得深入。又窍小龙山，架板槽阁泉溜，且凿疏，深者至五尺，浅者至二三尺，广可八尺。六月大雨，河溢坏堤，涌沙石壅渠，俟少间即筑堤堰水，疏渠凿石，工愈勤，至十月水冰辍工，明年正月复作，治决去淤塞，遂引泾入渠。合渠中泉水深八尺余，下流入土渠，汪洋如河。又下流至古所谓三限渠，曰中限、南限、北限者。中限至彭城闸，又分四渠，溉五县田八千余顷。

初，秦汉时泾河平浅，计古沟洫犹有存者，故引河作渠，直易易耳。年久河益深，水势与渠口相悬，益就上流，然后能引水，而疏凿非故渠，且多石，故用其力尤难，而成功尤可喜。渠成远近之民，欢呼扶携，争先快睹，以为前此所未见，咸举手加额曰：上之人所赐也。而诸方岳咸归功于都宪公，推布政余君洵、按察使左君钰，请于公曰：盍勒碑纪其成功？曰：赖圣明在上，边境无虞，凡来莅兹土者，皆究心民事，逾十七八年，乃克成兹泽耳，若备纪之，俾后之人知其难勿隳废焉，庶其为泽无穷期也。

因邓君来京，遂以请于华。窃惟古圣王裁成天地之道，辅助天地之宜，以左右民，若井田之制，有沟有洫，有浍有川，岂惟以经界乎哉！其所以为民计至深远也。自井田坏，水利隳，裁成辅相之大端缺矣。凡历二千年，以至于今，废隳益甚，国家仰给全在于东南，中原之利盖十不及古二三，一遇旱潦，往往填沟壑、散四方者，无怪乎其然也。呜乎，安得吏于中原者，皆宅心仁爱，汲汲兴利，泽以济民如公等乎！若然则不独关中之富饶可渐复如古昔也。阮公字必成，勤其名也，华同年友，历官三十载，所至皆可纪云。

开吊儿嘴议因三原王思印请开吊儿嘴，部议久不决故也。明　**袁化中**

洪堰何昉乎？昔韩人恶秦之强也，乃阴使水工郑国入秦，兴水利以疲之，国至秦北山下，视泾河巨石磷磷，约三四里许，而泾水流于其中，堪以作堰。于是立石囷以壅水，每行用一百余囷，凡一百十二行，借天生众石之力以为堰骨，又恃三四里众石之多以为堰势，故泾流于此不甚激，亦不甚浊。且堰高地下，一泻百里，东收洛水，达于同州，灌田四万余顷，利何溥也。夫名为水利，而谋本疲秦，则渠成之难可知矣。时犹土渠也，非穿山也，时犹顺水之性也，非与水争也。

第泾流怒激冲突，漱涤日下，而河中石渐吹落，故石囷无着，汉时已不能引泾入渠矣。太始中有中大夫白公者，复于上二千步外凿渠引泾，在下非在上也。下达郑渠，名曰白渠，灌田仅四千五百顷，水利已十不逮秦矣。然河势犹宽平也，山足犹易凿也。历经唐宋至大观初，（经）〔泾〕河日低，渠不能引，命提举常平使者赵佺又于白渠之北凿石渠，一年九月兴工，四年九月工成，名为丰利。更借上流河中大石，筑大堰，引泾水下接白渠，复灌田三万五千余顷，然利不数年，渠又高，堰日坏，水不能入。元至大间，御史王琚建言更于其上开石渠五十一丈。延祐元年兴役，至元五年工成，引水下入故道，名曰王御史渠。第渠口渐改渐高，则山势渐狭，讼者纷纷，抚台项公请自旧渠上于龙山后崖划开，穿山为腹，凿石渠一里三分，欲上收众泉，下通故道。但山中石顽如铁，工作甚难，日用炭炙醋淬，乃举凿焉，故名铁洞。洞深者百余尺，浅者亦不下五六十尺，宽仅四尺。工役仰视，不见天日。兴工于成化初，暨余公、阮公，凡十有七载而工始成，名曰广惠渠。渠成而官民之力竭矣，河引而淤塞之患日甚矣。无论利远不及秦汉，视宋元之水利，亦不逮十一。于是尽除富平诸县之水，大减泾阳五县之利，视各处多寡而分水焉，后定灌田仅八百顷耳，此非计画疏工力少也。

止以广惠渠口直入泾河，兼以广惠渠身去河流不甚远，且北山之石，坚劲难凿，凿亦不阔，故泾水汹涌，沙石滚滚而来，则渠口塞而不能入。即入者流不百步，水势稍缓，沙石并沉。广惠之渠身，亦中满而难通。譬之人口，以饮食为用者也，然必口离釜离铛，而后得以其物咀嚼而无隔噎。譬之咽喉，以传送为职者也，然必咽喉不断，而后得以口中之物，传递入腹。

今广惠渠固于河流为一者也。当怒涛冲激，则容受难而时见隔噎。龙洞之南，泮无南岸，即人之咽喉，已断者也，口即多饮，岂能入腹，矧更上之吊儿嘴乎？倘开此嘴，而可另达一渠，则劳一时，利万世，岂不继郑国流芳之美，共成不朽。但凿成之后，势必复由广惠以行，今广惠之渠，能引泾水而无川，则吊儿嘴之修，恐亦废同广惠耳。故议者数年不决，今犹道傍之筑，何也？正以今之所急者，非水不足也，龙洞以下，有泉如斗者数十，昔皆入渠，四县赖之，今泾水泛涨，山麓冲决，渠岸崩坏，自天涝池而上，水尽入泾，下之入渠者，不过小泉数眼耳，倘以吊儿嘴之物力，省十之一，自下而上，尽诸岸以收北山之水，则水本不小，而四县之利不亦溥乎？今进言者止知开而不知其开之无用，利关万世，事固不小，虚糜脂膏，事亦匪轻，愿当事采择焉。

记事之碑　项忠

嗟夫，天下事有率然而成者，有屡挫而成者，有终莫能成者。将委之定数欤？抑归诸人事欤？或听其自然欤？盖听其自然，则皆弃人事而不修，要当尽夫人事，至如得失成败，委诸定数，然后可也。

予旧任陕西按察使，愧无德政加于民，继升都御史，巡抚陕右，适三边胡孽侵扰，多理边务，无暇整民事。见陕西在城卤斥之地，民窘于水，旧有龙首渠，导水入城，以资民用。岁久堤岸颓损，水恒不接，虽屡督人工修理，然亦不久而颓，工力浩大，修莫能成。继而出巡鄠县，见皂水泛溢，谋诸三司，鸠工开广济渠，不一载率然而成，城市咸得水用，城堑又得回护。

已而往泾阳，询泾水自秦汉以来，穿渠以溉民，计亿万顷，岁远堙塞不通，乃于天顺八年甲申十二月内，檄召郡县大聚人工，数命三司督理，时遇边警，少得以专其工力。至成化三年丁亥，春工将成，适皇上诏取赴隐管事，凡工匠悉怠其事，随有继余巡抚者陈公价，意谓事非己创，遂挫挠其事，不克成就。岁戊子，因平凉固原土达满四等，谋为不轨，不浃旬，啸男女二万人占据石城，陈公同陕西镇守等官出师，两被其挫，坐谪。皇上命忠总督军务，同总兵官刘玉，提兵四万，往正其罪。秋初余过陕，命布政司参议严公宪董其事，肯殚厥心，偕本府管水利同知阎玘、泾阳知县庞辅、管工主簿杨昱、临潼县县丞传源，复鸠工，毋间昼夜，庶就厥工，类乎屡挫而成者。至冬十二月，余凯旋，适阎玘差人报工成，余遂至渠所，祭告山水之神，并立前人姓氏界牌，与夫新凿功程，诸碑阴，立石于庙前，并告来者，莫以事不由己创而不加葺焉。

修堰事宜　明　吕应祥　邑人

予生长洪堰垂七十年，闻于父老之口，得于文献之传，相以地形六势，酌以土俗民情，昼度夜思，而得修筑之道焉。

一曰起夫不如征银。旧例农隙起夫，疏淘土、石二渠，查点夫数，分定丈尺，渠中沙土，乘冻俱贴两岸，积土如山，间有出岸者，十才一二。每遇放水冻释，或暴雨冲崩，沙土仍复入渠，壅塞如旧，水大必至坏堤，劳民伤财，莫甚于此，况诸弊丛生乎？若每地一亩，征银一分，顾觅土工，专员督修，实有裨益。且吏卒无销名之弊，洪堰夫役，一千一百有奇，俱是夫头包揽，一遇点查，大半不到，用银一钱销一名，夙弊从来已久，征银则此弊革矣。渠斗无卖放之弊，渠老、斗门除免本身外，常卖放数名，以供使用，征银则此弊革矣。夫头无科敛之弊，夫头常在贴夫上指一科十，与渠老、斗门送饭，及称衙门使用，征银则此弊革矣。

一曰淘浚不须退水。自广惠渠口起，至退水槽为一工；自退水槽起，至樊坑渠为一工；自樊坑渠起，至王屋一斗为一工。先将王屋一斗决开，由旱沟抵泾河，自樊坑渠起土约五尺，对立二人，各持锄锹，或镢扒，将沙土掘起，顺水互相递送，至泾河方已，所谓因其势而利导之也。验工以水落痕为则，虽善为奸者，不能售其术矣。退水槽至樊坑渠用工如前，沙石由樊坑渠入河，惟广惠渠至退水槽窄处，止容一人，宽处亦容二人，沙石由退水槽入河。如此则土不贴岸，人易用工，较之分工负土出岸，其省财力不啻十倍以上，三工计费不过数百两，征一次银，可足二年之用。其王屋斗旱沟出水去处，若伤人田禾，每亩倍偿，人即乐从。其修砌王屋斗，亦出官银。王屋斗以下，各照旧修淘，渠两岸令栽各色树株以护堤，树成，官三民七采用。如此则人见利争先矣。

一曰修砌渠岸。必须中外俱用方石，中用酒米石灰灌缝填满。昔见拆丰利渠岸，俱是大块方石，用铁银锭贯定，迄今六百余年，米粒犹新。修岸必如斯，庶可永久。不许边用方石，中用圆石，沙土填塞，石缝抹以石灰，初若可观，一遇大水即坏。工价酒米石灰，费用不资，难以究查，可叹可恨。若果堤堰坚固。疏淘如法，则渠内泉水，不至漏入泾河。即不引泾，而渠水自足灌溉之用。然要在主事之员，实心料理，清勤督修，而民永获其利焉。

《高陵县志·泾渠考》　明　吕泾野

渠堰，高陵与泾阳、三原、栎阳同体。唐县令刘仁师开五渠于高陵，其功尤大也。昔者韩欲罢秦，使水工郑国说秦，令凿泾水，自仲山西抵瓠口为渠，并北山东注洛三百余里，乃注填阏之水，溉泻卤之地四万余顷，收皆亩一钟，于是关中为沃野，秦以富强，因名曰郑国渠。至汉武帝元鼎六年，百三十六岁矣。兒宽为左内史，奏穿六辅渠，以益溉郑渠旁高仰之田。诏议咸令吏民勉农，尽地利，平繇行水，勿使失时。后十六岁，太始二年，赵中大夫白公复奏穿渠引泾水，起谷口入栎阳注渭，中袤二百里，溉田四千五百余顷，因名曰白渠，民得其饶，此两渠利也。至唐高宗永徽六年，雍州长史长孙祥及太尉长孙无忌奏言，往日郑白渠溉田四万余顷，今毁富商大贾碾硙，得水田才六千二百顷。玄宗开元九年，京兆少尹李元纮奏疏三辅诸渠，毁王公家立碾硙者。是后乃立《水部式》，决泄有时，畎浍有度，居上游者不得壅泉而专其腴。每岁少尹行视，兵后浸失本根，泾阳人果壅而专之，公私四窦，泽不及下。泾田独肥，他邑为枯，地力既移，地征如初。穆宗长庆三年，高陵令刘仁师乃循故事，考《式》文；又以新意请更水道，杜私窦，遵正令，列上便宜，未行。至敬宗宝历元年，端士郑覃为京兆，秋九月始具闻，下丞相御史。御史属元谷实司察视，持诏诣白渠上，尽得利病奏。上以谷奉使有状，乃俾太常撰移京兆，下其符，县主簿谭孺直实董之。冬十月，百众云奔揆功，十七八泾阳人，又以奇计赂术士，上言白渠下高祖故墅在焉，不宜以畚本。锸近阡陌。上闻命京兆立止之。仁师驰诣府控告，具发其以赂致前事；又谒丞相，请以颡血污车茵。丞相彭原公敛容谢曰：明府，真爱人，即入言上前。翌日果有诏许讫工役。仲冬新渠成。季冬二日新堰成。徒夺袯蔽膝也。而舞曰：吞恨六十年，明府雪之矣，请名渠刘公，堰曰彭城。仁师，彭城人。

按：股引而东，千七百步，其广四寻，而深半之。两岸夹植札柳万本，下垂根以作固，上生材以备用。仍岁旱沴，而渠下田独有秋。明年，泾阳、三原人又壅其冲为七堰，以折水势，使下流不厚。仁师又诣京兆索言之。府命从事苏持至水滨，尽撤不当壅者。由是邑人享其长利，生子以刘名之，立祠彭城闸下曰刘公庙云。

然刘之为渠，实祖郑、白二渠，盖二渠既受泾水，下至泾阳县北白公斗，分三限，北限入三原、栎阳，南限入泾阳，中限则至高陵。彭城闸下，仁师乃分为四渠，一曰中白，二曰中南，三曰高望，四曰禑南，其中南之支流曰昌连，凡五渠。中白渠自彭城闸东流，经仁村至栎阳北入清河，袤三十里。其南七里为中南渠，自磨子桥经坳下村，东经高桥，又东过孝义坊入清河，袤五十有五里。高望渠自磨子桥经魏村及李赵村之间，东过阿石桥、陈杨村，至临潼境入渭，袤五十五里。禑南渠自磨子桥西南流，折而东经毗沙镇原赵村，又东南过渭桥，至临潼境北田上入渭，新开渡渭桥之间，中有支流入渭。昌连渠自县西张市里，分中南渠，东过通远门下，经郭桥至临潼境入清河。宋太宗至道元年，大理丞皇甫选奏：三白渠溉高陵、泾阳、栎阳、云阳、三原、富平田三千八百五十余顷，泾河中旧有石堰，修广皆百步，捍水雄壮，名将军翣。废坏已久，功固难就。近造木堰，用梢桩万一千三百余数，遇夏水每漂流散失。自今溉田既毕，命水工拆堰木置岸侧，可充二三岁之用。景德二年，太常博士尚宾乘传，率丁夫治白渠洪口，直东南合旧渠，以畎泾河，灌高陵、富平、栎阳，水利饶足，民获数倍。

太宗至元[1]十二年，梁泰奏拨人户牛具，修三白渠，得粮米供军食。于是泰佩金牌充宣差规指三白渠使，而郭时中副之，直隶朝廷，置司于云阳。

武宗至大三年，陕西行台御史王承德，乞展修洪口石渠，为万世利。凡八十五步，深二丈，广一丈五尺，计治石十有二万七千五百尺，用石工二百，丁夫三百，金火匠二，火焚水淬，人日采石积方一尺，共日凿五百尺，二百二十五日工毕。官给食用，丁夫就役，利户并顾匠佣直，委屯田府达鲁花赤只里亦督工，自仁宗延祐元年二月入役，续展十有七步，石积二万五千五百尺，添夫匠百人，日凿六百尺。此即所谓王御史渠也。

文宗天历二年三月，屯田总管兼管河渠司事郭嘉议：言去岁三月六日骤雨，泾水泛涨，元修洪堰及小龙口尽圮，水归泾河，白渠水浅，计用十四万九千五百十一工，役丁夫千有六百，度九十三日毕，于利户内差拨，每夫麻铁一斤，系囤取泥，索一，草苫一，陕西省准屯田府验田出夫千六百人，自八月一日修堰，至十月放水，定为年例。近因奉元路亢旱，差夫又令就

---

[1] 底本原为“至元太宗”，据上下文意改。

出用物，实不能办，窃详泾阳北近水最便，不似诸县遥远，今次修堰，除见在户依例差役，其逃户合出夫数，宜令泾阳近限利户添差一人，官日给米一升，并工修治，至十一月毕。其后官政不行，豪猾奸民反因行水取财，县自西吴、庆丰二里者，犹间或用水，县东南北民被豪猾扰告，不获用水，遂并夫役告消。厥后高陵令王珪又即县通远门下，引昌连渠入城中，委其余于莲池，至今有三分食用水之称，宜川王处厚及今参政章玄应皆有题。考此，当刘侯及王侯之时，土饶稼茂，家给人足，一有征调，男无鬻产之忧，女无夜织之戚，至生子以父名之。夫地一也，利与不利，其孰使之然哉？

书王芥子《泾水志》后　清　安清翘

芥子谓泾水污浊败苗，有害无利，必拒之使一滴不入而后可。诞甚！因性尽才，岂有无利之水哉！关中八水，泾利最著。秦汉以来，利或大或小，未有言泾水无利且有害。芥子一言抹杀，大端有二：曰功费大，民力疲耳。夫使功费出于朝廷，当不计值，即使无成，亦不过将金钱散诸小民，有何大害。如关中之金胜等寺，费十数万之功作无益耳，移以兴泾水之利，所用绰绰然有余。至于民力之疲，苟心存利民，则散数十万之功费，民将踊跃从事，借以得利，又何疲之有？不然彼车马之征、夫役之征，疲民者多矣，岂未之思耶？有明襄毅曾言，用泾水当不惜费，不求近效。今因惜费，又汲汲眼前功效，遂使泾水受诬，正是未尽泾水之才。不能用其才，而谓人不可用，韩信所以去项。用兵威逼，锄而去之，罗绍威所以致悔于九州之铁。彼庞士元、蒋琬非百里才，若非诸葛知之，则将以为不胜百里之任也。

重修三白渠碑记

天地有自然之利焉，昧者罔觉，同于蚩氓，有智者起而因导之，而一方之利源首辟。迨行之既久，不能无敝，有大力者屡以人事胜天工，而开辟之故道不湮。迨行之既久，又不能无敝，所贵守土者恪遵前人之令绪，用食膏泽于维均。斯阅三千年如一日也。秦不师古，废井田、开阡陌，而沟浍之制大坏。后之循吏，遂因势川泽，引水溉田。如魏史起，蜀李冰，汉召信臣、杜诗之流，民歌陆海，炳映史册。尚矣。关中故有泾水，自平凉界来，千有余里，皆走高原，东底中山嵕山，万岭环复，两崖划断，河流涌出，势若建（瓶）〔瓴〕，落平壤而东南趋。秦时韩遣水工郑国说秦，令凿泾水自中山西邸瓠口为渠，并北山东注洛，三百余里，斥卤硗确，胥成神皋秀野，资给都会，益用富强，卒并诸侯，徒疲秦一时之力，竟造秦万世之利哉！

虽然，利之所在，害即随之。当渠初凿时，河与渠平，势无龃龉，岁月冲击，河身日洿，渠口日昂。乃起五县徭役，伐石截木，入水置囤，十月引水，以嗣来岁入秋始罢。已复就役寒暑，昼夜督责不休。民至有上诉，愿弛其利，以免劬累者。嗟乎，夫韩本欲疲秦于一时，不知后世疲更甚耶？抑踵事增华，一劳永逸之道，未之讲耶？于是汉兒宽于郑渠上流，开六辅渠。赵白公又于郑渠上流，徙开渠口，尾入栎阳，注渭，名白渠。宋大观中，又于白渠北凿石渠，引泾水下与白渠会，名丰利渠。元至大间，王琚更于其上开石渠，下入故道，名王御史新渠。明时渠又艰涩。巡抚襄毅项公，又于其北凿新石渠，以通白渠故道，曰广惠渠。当广惠渠之成也，就谷口上流，分泾入渠，合渠水深八尺余，汪洋如河。后泾水从上奔泻，石堰遏之，其怒愈甚。土石承委，不得不朒，新石渠已迫山足，又高四五尺矣。泾不引，为之奈何？嗣后凿石渠深入数丈，得泉源焉，瀵涌而出，四时不竭，如银河汉之落九天，而星海之泛重渊也。

异哉！初本为溯泾，至此匪意，竟另辟一泾了。不假夫泾，天造地设与？人力与？异哉！但见涓涓滔滔，正循郑白故道，经络诸邑之壤，殆无异乎泾焉者。原夫此源，从万山渗漉而出，未经开凿并归泾。既经开凿，单行渠，即谓之引泾水焉，可也。由是流衍三十余里，至成村斗下酾为三，曰大白，曰中白，曰南白。大白折而东注三原，中白折而南注高陵，而南白则利惟泾独，此谓三渠口也。渠口分三限，限各立斗门，总为斗一百三十有五。凡水之行也，自上而下，水之用也，自下而上，溉下交上，庸次递浸，岁有月，月有日，日有时，顷刻不容紊乱，水论度，度论准，准论徼，尺寸不得减增。彼邑之水，禁壅诸此邑，彼斗之水，禁取诸此斗。即斗内之地，禁亩寡之水占亩多之水，遇霖潦则立退漕而注诸泾。遇旱干则合三邑而润厥泽。

余盖讨古论今，溯源寻委，徘徊川上，而见古人心利赖一方之明德远矣。顾良法美意，不得后起者恪守而整顿之，则利之滋弊也又剧。迩来实繁豪横，肥己夺人，往往斗诸原而哗诸庭，甚有争桑衅邻，廑三邦会勘者，岂相友相睦之道耶？壬辰仲春，高陵、三原两李公，与余爰有同心。莅止水滨，鸠而揆度之，缩盈伸乏，缜理无罅。凡斗堰广狭，放水刻期，各邑人夫多寡，一如旧制。行见决溜成雨，荷锸如云，诟谇不形，怡然各得，百谷用登，公私不诎。池阳谷口之谣，复兴今日。所称万世之利者，非耶？咸谋为石，言垂之永久。会二侯俱以内擢去，余犹受任泾干，虽于本邑鸠鸿垦芜，颇著成绩，约计三百余顷。而于三邑规画，未之申饬，于有分土无分民之义谓何，是守者之责也。遂纪巅末梗概如此，俾后来知所考镜而遵守焉。其禁约条项，则列诸碑阴。

修渠碑记　清　王际有

从古井田之制，沟浍洫川，立法至备。自公孙鞅变为阡陌，豪右得以兼侵，鸿雁嗷嗷，有嗟半菽之未饱者。此无他，经理鲜术，水利止为有力者之外壑，而细民不沾其泽，虽有水利，与无水利等也。秦之巨浸曰泾，曰渭。渭不具论。惟兹泾水，出岍头山，自平凉界经邠入乾，千有余里，皆行高阜，至仲山谷始就平壤。其水可因势而利导也。昔韩惠王为疲秦之策，命水工郑国说秦开渠。秦用其谋，溉田四万余顷，亩收一钟，关中之称沃野，实自郑渠始。其后河渐下，渠益高，而泾水不能引。汉元鼎，左内史兒宽乃穿六辅渠，以灌郑渠高仰之田。太始间，赵中大夫白公又于上流误。开石渠，引泾水入栎阳注渭，中袤二百里，溉田四千五百余顷，民作歌以颂之。宋大观间，提举赵佺自仲山旁凿石渠，凡四十二丈，误甚。名丰利渠。元至大间，御史王琚更从上流凿山为渠，凡五十一丈，名曰王御史渠。迨明成化间，都御史项忠于大小龙山凿石一里三分，则为广惠渠。正德，都御史萧翀凿石为渠，长四十二丈，则为通济渠。

历代之渠，迭有兴废，而修葺之功，则变通存乎其人。己酉春，予同年掌科仲升鱼先生谓予曰：瓠口水衡，四邑民命是赖，毋养痈，毋旁溃，及时修筑，其勿缓哉！予曰：唯唯，此予职也，且予志也。爰集高陵延修许君、三原宁宇陈君、醴泉朝宗郑君，偕诣渠所，相其形势，度其经营，壅溃处不可悉数，而最要者，则如腰堰，非设旧截，水不下流也。石隔于龙洞，非身入其内，搜淘积石，将如膈噎之中阻也。小退水槽为上流咽喉，必易截以防其泄。王御史口尤扼险，石堤一崩，水将立竭矣。天涝池多硗确，须煅炼以凿之。卧牛石以上堤岸渗漏，渠水入河者大半，米汁油灰灌其石缝，方能久固。大退水槽以上之补渗亦如之，其退水槽宜重截炼练，以资启闭也。火烧桥砂石填积，而岸桥更损坏矣。中流巨石尽起之而水斯行。至旁冈渠赵家桥土与桥平，而故道不通矣，尚望水之汪洋乎？下者则为土渠，条析支分，中多浅隘。

诸同寅相与喟然叹曰：何前人为其劳，而今人幸为其逸也；何前人为其易，而今人更为其难也。其逸者往迹可不烦特创，其难者日久废弛，工艰而民疲。后人竭力什百，不及前人之成功一二也。予曰：无难也，在得其人以治之。有吾泾二尹式似张君，可无忧矣。因属以渠事，且属以三邑之渠事。盖泾工居多，而三邑地势隔远，臂指不运。张君之才，实堪兼任，而愉快也。果鼓其朝锐，躬率兴作，出土见底，挑运有方。且石坚者举火煅开，洞幽者引绳深入，漏者补，淤者疏。夫役禁其包揽，捐俸以犒，人皆乐趋而工可速就。

其役始于季春朔，次月终告竣。诸同寅酬神之日，征予记。予系守土，何敢僭为记。然予系守土，又何得不为记。是记也，岂徒侈扬鱼掌科之创议，诸同寅之协力，张二尹之宣劳，将自附以借不朽。窃念利之所在，害必倚伏，今日修举，虽可数十年不弊。但恐水夫、老人蠡蠹其中，或暗损闸堤，或任意放闭。弊滋流竭，又致骚然，动兴因以渔利，则防微虑远，不可不为之计也。书石以告后之修治水利者。

郑白渠 许孙荃

韩欲罢秦使凿渠，渠成斥卤皆膏腴。遂令富饶甲天下，数传霸业开雄图。乃知灌溉民所利，亦有白公踵其事。衣食关中亿万家，池阳谷口欢声沸。高岸为谷谷为陵，两渠中间几废兴。熙宁成功未克告，遗爱人传耿右丞。明耿公修渠，民咸赖之。

泾阳县志·泾渠论

泾渠始自郑国，然郑渠本傍北山东注洛，则高陵诸境未享其利，故汉白公渠专溉东南，而尾入栎阳也。白渠见于《汉书》，未言其有三渠。《水经注》始两言枝渎。不知此两枝渎者，是汉代旧渠，抑或苻秦时所凿之新渠。郦氏亦未明著之也。《水经注》虽有两枝渎，而不名为三白。《隋书》泾阳县下有茂农渠，似指白渠而言，而亦不知其于三白渠中属何一渠。至《十道志》《元和郡县志》，始有大白、中白、南白之名，似三白渠乃唐人所定也。唐时决泄有时，畎浍有度，新、旧《书》皆不载。地理家如李吉甫等，亦未详著。后世所可考见者，惟有元制而已。元制备载于李好文之《长安图》。均水之法，今犹是也；开斗之法，今犹是也。行水自下而上，作奸则断罚有差，今犹是也。

今之不同于古者，古用泾水，今则专用泉水，且惟恐泾水入渠，必高坚其堤以捍之，此其异者一也。

古之治渠也，必先造堰，立石囷一千七百六十个，堰泾水以入渠，水涨堰损，劳费无已。今既不用泾水，则无造堰之劳。

渠中岁淤，一淘即竣，此其所异者二也。

汉之白渠，尾入栎阳，《水经注》两言枝渎，皆在今高陵境。是今之北限一渠，非古白渠所有，此其异者三也。

《元和志》曰：大白渠在县东北十里，其于中白、南白二渠，皆云首受大白渠。宋《长安志》、元《长安图》，亦称北白为大白。是今之北限一渠，乃唐、宋、元白渠之正渎也。特元时北白渠下流，尚至富平，而今则止于三原，此其异者四也。

元时北白渠有邢堰，有乾沟，而今无之。中白渠分为狂渠，而今无之。中南渠下流分为析波渠，而今无之。此其异者五也。

元时斗门一百三十五，渠岸两边，各空地五尺。今则斗门一百六，渠岸两边各空地八尺，此其异者六也。

今渠上流，乃明项忠广惠渠之故道。丰利渠以下，乃宋侯可小郑渠之故道。野狐桥以下，在泾阳境者，乃汉白公渠之故道。误。彭城闸以下在高陵境者，乃唐刘仁师四渠之故道。其因时修守，以期与斯民普不言之利，在乎良有司斟酌古今，不在乎辨形势之异同也。故详著今制于篇后，俾后之究水利者有所考焉。

重修龙洞渠记　清　魏光焘

关中水利，以郑国渠为最古。汉时于郑渠南穿白渠。自唐迄今，均循古道。在宋曰丰利，元曰王御史，明曰广惠。虽因时制宜，经营不同，其利民一也。国朝康熙、乾隆、道光间，叠经修葺。而龙洞之名，则昉于雍正中总督查公。盖历代之渠，皆引泾水。至公乃凿仲山，引龙洞泉，东会筛珠等泉入渠，不复引泾，故易今名。同治中，袁文诚欲复引泾之制，而泾水暴发，功不果就。然龙洞亦时有淤塞之患。光绪六、七年，经冯展云中丞动帑兴修。十一年，复饬涂令官俊就地筹款疏浚，而水力不广。惟泾、原、醴三县得受其泽，仅荫地三万九千余亩。高陵则无复有灌溉之利。

丙申中，予奉命来抚是邦，习知此渠未尽厥利，思复旧迹而益民生也。商之李芗垣方伯，筹提库帑，得请于朝。乃分檄各营，并力挑汰，塞者通之，淤者去之。修复截渡山水各石桥，以防沙石。开张家山大龙王庙后等处新土渠三道，截去山水，使不横冲，以保渠岸。复派员督集民夫，修泾、原、高、醴四县民渠以广利导。工将竣而大雨。自六月至于十月不止。泾水屡漫，渠道复壅，盖由原修之琼珠倒流，二石堤低下，而中渠井逼近，泾水井口空虚，泥沙易入。方命加高二堤、封井口，以防泾水倒灌。又勘明大、二、三龙眼内有石渠，上有流泉，即明广惠渠引泾故道。四龙眼内，旧有石堤，遏绝泾水。乃浚大、二、三龙眼，以出长流之泉，而益固四龙眼之堤。复修石囤，收鸣玉泉入渠，以益水源。除新淤，葺颓圮，益浚支渠，益并复高陵废渠。拮据经营，事以粗集。增溉地十万亩。乃就地筹长年经费，以资岁修。立各县渠总，以专责成。设立公所于海角寺，以便会议。酌定章程以垂久远。

每年夏秋，由泾阳水利县丞会率泾阳渠总，就近督同额设水〔夫〕，按月三旬，勤刈渠中水草。九月之望，各县渠总，会集公所，勘验渠道，及各渡水石桥，截（木）〔水〕土渠。遇有微工，随时修理，只许动用息银。工程较大，则先行核实估计，禀候批准，酌提存本，工竣造报。盖予为渠计长久者如此。后之君子，诚能倡率地方，益筹经费，俾非有大功不再动用国帑。稽查现章，俾勿废坠。更因时补救，广所未及。使渠之利，被诸万民，贻诸后世，是则予之厚望也。

是役始于戊戌三月，竣于己亥春末，共用公帑四千九百九十余两。首其事者为严道金清，董其成者为贺培芬，督其工者为谭总兵其祥、龚参将炳奎、刘参将琦、萧游击世禧。时任泾阳者则张令凤岐，三原则欧令炳琳，高陵则涂令锡献，醴泉则张令树谷。始终襄其事者则于绅天赐。予既嘉在工者相与有成，复记其事于石，以谂后之官斯土者。

整理人：蒋超，先后担任水利部科技教育司副处长、科技司处长、水利部信息研究所副所长、国际泥沙研究培训中心副主任。曾兼任中国水利学会副秘书长、中国水利学会水利史研究会副会长兼秘书长、《中国大百科全书》第二版水利学科副主编、《中国水利百科全书》第二版水利史分支副主编、《中国水利史典》专家委员会副主任，现担任世界灌溉遗产评审专家、中国水利水电科学研究院水利史研究所特聘专家。

治河论丛

张含英 著
牛震宇 整理

整理说明

张含英（1900—2002），清光绪六年四月二十日（1900年5月10日）生于山东曹州府菏泽县县城。咸丰五年（1855年）六月，黄河在河南开封府兰阳县（属今兰考县）铜瓦厢决口，改道北流。由于清政府治理不力，二十年间，河道在河南兰阳县到山东兖州府阳谷县张秋镇的数百里间来回滚动。菏泽县临近新旧河道交汇处，深受其害。这些情形张含英虽未亲历，但祖母的讲述，给幼年的他留下了深刻印象。

中学毕业后，张含英即在事业规划中定下了治理黄河的目标，决定专攻土木工程专业。1918年，他考入北洋大学预科，1919年冬转入北京大学物理系，1921年申请山东留美学生补助费，以半工半读的方式赴美国伊利诺伊大学学习土木工程专业，1924年获学士学位。继而于康奈尔大学深造，1925年获土木工程硕士学位，同年归国。

1925年8月至1928年8月，张含英先后被聘为山东第六中学高中部教员、青岛大学教授，但均因校方处于筹备阶段而未展开教学。1928年8月至1930年8月，任山东建设厅技正兼科长（主管水利）。在此期间，他常与山东河务局往来以了解黄河河务，并开始阅读古代黄河文献。1930年9月至1932年2月，任北宁铁路局葫芦岛港务处主任工程师。

1932年2月至9月，任山东省教育厅科长。1932年10月至1933年7月，任华北水利委员会课长，主管文书，得以阅读更多治河文献。兼任北洋大学教授，主讲水力学。1933年8月至1936年8月，任黄河水利委员会委员兼秘书长，后任总工程师。1935年，国民政府特派孔祥榕任黄河水利委员会副委员长，因人事关系不合，委员长李仪祉等人先后辞职。1936年8月，张含英也行离职。在山东任职和在黄河水利委员会工作期间，张含英得以直接从事黄河事务，然在其他岗位上对河务也投注了极大心力。

1936年，张含英所著《黄河志·水文工程》与《治河论丛》两书出版发行。《黄河志·水文工程》为侧重水文分析与治理技术的专著。而《治河论丛》则是一部文集，选辑了他此前发表的关于黄河的15篇文章，涵盖多个方面，颇有参考价值。这也是张含英早期探索治河方略的心路体现。如1926年发表于《工程》杂志的《李升屯黄河决口调查记》。1925年夏，菏泽县城北李升屯民埝决口，河务局派人调查估工。此时张含英刚刚归国，因专业为水利而受邀同往。这是他首次参与黄河调查，从河务科长和河工那里学到了课本上所没有的经验与知识，也逐渐认识到治河“不单纯是工程技术问题，还是一个社会问题”。

1931年2月25日，天津《大公报》刊发了水利专家李仪祉(1882—1938，名协，字宜之，后改仪祉)《治黄研究意见》一文，阐述了他此前在华北水利委员会第九次会议上提出的“研究治黄当注重上游”的议案。在辽宁葫芦岛工作的张含英读后撰写《论治黄》一文，指出黄河下游治理尚存诸多问题，并从工程、行政、经济三个方面提出改进意见。3月2日，也刊发于天津《大公报》。据张含英回忆，这次学术讨论成为两人日后相识的契机。1933年，黄河发生特大洪水，黄河水利委员会随之成立。李仪祉为委员长，张含英任委员兼秘书长。在共事的二年多里，二人结下了深厚情谊。

1980年，张含英撰文回顾自己早年对于治黄的探索和认识提高的历程。最初是参与黄河下游的调查，“访问从事河务的人员和老工人”，并阅读“古今治河书籍和文章”，这样的业余研究持续了七八年。在发现单靠这些手段还难以解决下游黄河现状后，转而利用尚不完善的实测资料，通过水文学方法估算黄河的各项数据。如《黄河最大流量之试估》一文，在有限测量数据的情况下，参考诸多论文，估算黄河最大流量为30000立方米/秒，认为这个流量不是下游河槽所能宣泄的。《黄河之冲积》一文指出，来自黄土高原的泥沙是黄河难治之根本。在《黄河改道之原因》一文中提出于中游节制流量、减少泥沙，于下游固定河槽、加固堤防的治理策略。在《治河策略之历史观》一文中提出，根据下游河槽的安全容量在陕县（属今三门峡市）、孟津间修建水库调节，于黄土高原加强水土保持等措施。

上述这些文章皆收入《治河论丛》一书，反映了张含英通过学习与研究，在黄河治理认识上由偏重下游到中、下游并重的思考和转变。中华人民共和国成立后，张含英对黄河治理的认识和主张才有付诸实践的机会，而黄河治理才真正实现了全流域的综合治理，取得了兴利除害并举的成绩。

本次整理依据《治河论丛》的初版。该书1936年由国立编译馆出版，上海商务印书馆发行。书内引用文献但未说明出处的，依照语句相近的原始文献校对；已经注明的，依所引来源校对，字句差异之处以注释形式标明。表格数据，依所录文章刊发时的内容核对，差异之处也加以注释。若有不当之处，敬请批评指正。

整理者

目　录

自序

每忆童年夏日家居，辄于皎月初升、暑气少退之时，纳凉湖畔，借闻老人闲话。星斗在天，飞萤扑面，清风徐至，荷香阵阵袭人，致足乐也。然此闲逸之情境，每为恐怖之恶声所惊破，以致举座惊惶，惴惴焉若无所措，一似大难之将临者。盖鲁西曹属，位在三省交界，素多盗匪，夏季青纱帐起，匪势尤炽。而又地濒大河，水患时闻。乡农御匪防水，恒以鸣炮击金为号，每至匪警、水患交乘之时，则隆隆铛鞳之声喧天震地，彻夜不绝。故居民闻之，恒惶惧万状而无所措也。

二十年前，吾曹乡先达王公鸿一，力倡生产，推广教育，促进地方自治，化刁狡为良善，进游民于恒业。以故近年匪患被于全国，而独吾曹属匕鬯不惊，人民晏然居处者六七年矣。且教育之发达几为全省之冠，此鸿一先生一人之力焉。然匪祸固去，而河患犹如故也。

含英幼年饱受河惊，深知其害，因患思治，于是研究之念油然而生。长而负笈海外，专习水利，期以达此志也。回国而后十余年间，业余之暇，乃专致力于黄河问题，偶有所得，辄录而存之；或发表于报章杂志，以供时人参考。顾黄河流域，广袤伟阔，治导事业，经纬万端。凡所言者，仅及万一，用备一时之刍荛则可，若刊之简策，垂诸异日，则愧有未敢也。乃近承《黄河志》编纂会诸友好之嘱，令将已往所撰治河文稿编辑成册，用以问世。因选辑曾经发表之稿十五篇，刊为一册，以副雅谊。选择之标准，仅以专论黄河为范围。其已成专书，或与他人合作而列于他册，或因职务关系而作之各项报告、计画，概不选入。所选各篇内容，泰半为探求河患之来源与治导策略之方针，故对于水文之研究、史乘之纪载，多所论列，以求详尽，至其当焉与否，则非私见所敢定也。

抑又有进者，近年以来对于黄河之研究测勘及试验之实施进行日渐发展，数载之后，治河理论必更因之丕变。即含英异日之见，亦或与今不同。则兹区区之编，或将等于陈言故纸。虽然，此固黄河之幸事，抑亦作者之所愿也。不禁跂予望之矣！

中华民国二十五年元月菏泽张含英识于开封

一、治河策略之历史观

历代治河之策略，恒因河道之情形，与夫政治之状况而异。虽言治河者无虑千百，然简要言之，两汉以贾让三策为中心，宋代以南北分流为争点，明代则趋于分黄导淮之辩议，近世则欲以水力之原理、科学之方法，作治本治标之探讨，爰分别述之。

一、夏禹

帝尧六十有一载，洪水滔天。帝咨四岳，举鲧俾乂。帝乃封鲧为崇伯，使治之。鲧大徒役，作九仞之城。九载，绩用弗成。七十有二载，使鲧子禹作司空，以续父业。命诸侯百姓，兴人徒以传土。禹乘四载，行山表木，劳心焦思。以水之患莫大于河，乃导河积石，至于龙门，南至于华阴，东至于底柱，又东至于孟津，东过洛汭，至于大伾，北过泽水，至于大陆，又北播为九河，同为逆河，入于海。

禹八年于外，三过其门而不入。始冀州，次兖、次青、次徐、次扬、次荆、次豫、次梁、次雍。过九川，度九山，陂九泽，任土作贡，则壤成赋，弼成五服，外薄四海。于是禹锡元圭，告厥成功。（帝尧八十载，西历纪元前二二七八年。）

治河程序必由下而上，故禹自冀而兖，以疏河之下游；自青而徐，以疏淮之下游；自扬而荆，以疏江、汉之下游；然后自豫而梁，以浚伊、洛之源；自梁而雍，以浚河、渭之源。俾大者有所归，而小者有所泄，皆顺自然之情势而导之也。

大禹治河曾否采用堤防，颇为后世所构讼。而历代谈水利者，率以上古治水有疏有浚，而无堤防。明潘季驯曰：“《禹贡》云：‘九泽既陂，四海会同。’《传》曰：‘九州之泽，已有陂障，而无决溃。四海之水，无不会同，而各有所归。’禹之导水，何尝不以堤哉?”盖以鲧之治水，以障为主，禹则以导为主，故世多谓禹不用堤防，实亦过甚之言也，亦或误于贾让之说欤?

后世又有以禹播九河以分水势者，著者于《黄河答客问》一文中力驳此说。盖以大禹之“播为九河，同为逆河”，乃顺当时自然之情势以导引之，非以人工另辟九河，又合为一河也。故“播为九河”非大禹成功之惟一方法，乃顺自然之势耳。且其时大陆之下，既非生产之中心、文化之会萃，当时应否加以澈底之治理，亦一问题也。

二、两汉

河于周定王五年（西历纪元前六〇二年）决自黎阳（今浚县）宿胥口。东行漯川，至长寿津（今滑县东北），始与漯别行。至大名，约与今卫河平行。至沧县与漳合，至天津以入渤海。汉文帝十二年冬十二月，河决酸枣，东隤[1]金堤，兴卒塞之。武帝建元三年冬，河水溢于平原。元光三年春，河徙顿丘，夏

[1] 隤　当作“溃”，据《史记·河渠书》校对。

决濮阳。六年春，穿渭渠。元封二年春，帝如东莱，夏，临塞决河，筑宣房宫。元帝永光五年冬，河决清河灵鸣犊口。成帝建始四年秋，河决东郡金堤。河平元年春，以王延世为河堤使者，塞河决。三年秋，河复决平原，命延世塞之。鸿嘉四年秋，渤海、清河、信都河水溢。绥和二年秋，求能浚川疏河者。平帝元始四年，征能治河者百数。新莽始建国三年，河决魏郡。东汉时，明帝永平十二年夏四月，修汴渠堤。

汉武帝元光中，河决瓠子。是时武安侯田蚡为丞相，其奉邑食鄃。鄃居河北，河决而南，则鄃无水灾，邑收多。蚡言于帝曰："江河之决皆天事，未易以人力强塞，塞之未必应天。"而望气用数者，亦以为然。于是帝久之不事复塞。田蚡以私利之见论治河，不足取也。

武帝元鼎间，齐人延年上书言："河出昆仑，经中国，注渤海，其地势西北高而东南下，可案图书观地形，令水土准高下，开大河，东注之海，如此则关东长无水灾。"书上，帝壮之，惟以河乃大禹所道，恐难更改，遂寝其议。

延年之言诚壮矣，惜未顾及事实也。无论其在地理上不可能，即或能之，亦难减下游之河患。盖就流域之面积论之，包头以上虽当全数之半，然以入河之支流无多，水势尚不甚大。迨至下游，泾、渭、汾、沁、伊、洛等水汇流入河，而后流势始猛，为害始烈。二十二年之水灾，其一例也。盖以估计是年洪流为二万三千秒公方，而来自包头以上者仅二千二百秒公方耳。

成帝初，清河都尉冯逡奏言："郡承河下流，土壤轻脆易伤，顷所以无大害者，以屯氏河通，两川分流也。今屯氏河塞，灵鸣犊口又益不利，独一川受数河之任，虽增高堤防，终不能泄。如有霖雨旬日不霁，必盈溢。九河故迹，今既灭难明，屯氏河新绝未久，其处易浚。又其口所居高，于以分杀水力，道里便宜，可复浚，以助大河泄暴水，备非常。不豫修治，北决病四五郡，南决病十余郡，然后忧之，晚矣。”

成帝绥和二年，求能治河者，待诏贾让上言上、中、下三策。其上策为徙民以避水，其言曰：

“古者立国居民，疆理土地，必遗川泽之分，度水势所不及。大川无防，小水得入，陂障卑下，以为污泽，使秋水多，得有所休息，左右游波，宽缓而不迫。夫土之有川，犹人之有口也。治土而防其川，犹止儿啼而塞其口，岂不遽止，然其死可立待也。故曰：善为川者，决之使导，善为民者，宣之使言。盖堤防之作，近起战国。壅防百川，各以自利。齐与赵、魏，以河为境。赵、魏濒山，齐地卑下，作堤去河二十五里。河水东抵齐堤，则西泛赵、魏，赵、魏亦为堤，去河二十五里。虽非其正，水尚有所游荡。时至而去，则填淤肥美，民耕田之。或久无害，稍筑宫宅，遂成聚落。大水时至漂没，则更起堤防以自救，稍去其城郭，排水泽而去[1]之，湛溺固[2]其宜也。今堤防狭者去水数百步，远者数里。近黎阳南故大金堤，从河西西北行，至西山南头，乃折东，与东山相属。民居金堤东，为庐舍，住十余岁，更起堤，自东山南头，直南与故大堤会。又内黄界中，有泽方数十里，环之有堤，往十余岁，太守以赋民，民今起庐舍其中，此臣亲所见者也。东郡白马故大堤，亦复数重，民皆居其间。从黎阳北尽魏界，故大堤去河远者数十里，

[1] 去　应作“居”。此段引文据《汉书·沟洫志》校对，下同。

[2] 固　应作“自”。

内亦数重，此皆前世所排也。河从内黄[1]北至黎阳为石堤，激使东抵东郡平冈；又为石堤，使西北抵黎阳、观下；又为石堤，使东北抵东郡津北；又为石堤，使西北抵魏郡昭阳；又为石堤，激使东北。百余里间，河再西三东，迫厄如此，不得安息。今行上策，徙冀州之民当水冲者，决黎阳遮害亭，放河使北入海。河西薄大山，东薄金堤，势不能远，泛滥期月自定。难者将曰：若如此，败坏城郭、田庐、冢墓以万数，百姓怨恨。昔大禹治水，山陵当道者毁之，故凿龙门，辟伊阙，析砥柱，破碣石，堕断天地之性，此乃人工所造，何足言也。今濒河十郡治堤，岁费且万万，及其大决，所残无数。如出数年治河之费，以业所徙之民，遵古圣之法，定山川之位，使神人各处其所，而不相奸。且以大汉方制万里，岂其与水争咫尺之地哉？此功一立，则河定民安，千载无患，故谓之上策。”

贾让中策为引水灌田，以分水势而免河患，其言曰：

“若乃多穿漕渠于冀州地，使民得以溉田，分杀水怒，虽非圣人法，然亦救败术也。难者将曰：河水高于平地，岁增堤防，犹尚决溢，不可以开渠。臣窃按视遮害亭西十八里，至淇水口，乃有金堤，高一丈。自是东，地稍下，堤[2]高。至遮害亭，高四五丈。往五六[3]岁，河水大盛，增丈七尺，坏黎阳南郭门，入至堤下，水未逾堤二尺所。从堤上北望，河高出民屋，百姓皆走上山。水留十三日，堤溃二所，吏民塞之。臣循堤上，行视水势，南七十余里，至淇口，水适至堤半，计出地上五尺所。今

---

[1] 内黄　应作“河内”。

[2] 此处脱漏“稍”字。

[3] 五六　应作“六七”。

可从淇口以东为石堤，多张水门。初元中，遮害[1]下河去堤足数十步，至今四十余岁，适至堤足。由是言之，其地坚矣。恐议者疑河大川难禁制，荥阳漕渠足以卜之。其水门但用木与土耳，今据坚地作石堤，势必完妥[2]。冀州渠首，尽当仰此水门。治渠非穿地也，但为东方一堤，北行三百余里，入漳水中。其西因山足高地，诸渠皆往往股引取之。旱则开东方下水门，溉冀州；水则开西方高门，分河流。通渠有三利，不通有三害。民常罢[3]于救水，半失作业，此一害也。水行地上，凑润上彻，民则病湿气，木皆立枯，卤不生谷，此二害也。决溢有败，为鱼鳖食，此三害也。若有渠溉，则盐卤下湿，填淤加肥，此一利也。故种禾麦，更为粳稻，高田五倍，下田十倍，此二利也。转漕舟船之便，此三利也。今濒河堤吏卒郡数千人，伐买薪石之费岁数千万，足以通渠成水门。又民利其灌溉，相率治渠，虽劳不罢。民田适治，河堤亦成。此诚富国安民，兴利除害，支数百年[4]，故谓之中策。”

贾让下策为修筑堤防，其言曰：

“若乃缮完故堤，增卑培薄，劳费无已，数逢其害，此最下策也。”

二千年来，对贾让三策率多称之，且认为不易之法。徙民以避水者，即“不与水争地”之意。独清靳辅谓此策不可行，其言曰：“但曰民可徙，四百万之国储将安适乎？即欲徙民，吾不知将徙此数千百万之民于何地也？且河流不常，使河东北入

---

[1] 此处脱漏“亭”字。
[2] 妥　应作“安”。
[3] 罢　古同“疲”。
[4] 年　应作“岁”。

冀，吾徙冀州之民以避之，倘河更东而冲兖，南而徐、而豫，吾亦将尽徙兖之民、徐豫之民而避之乎?”又曰：“让之三策，自为西汉黎阳、东郡、白马间言，未尝全为治河立论。”靳辅之论颇为切要。

后世虽皆知堤防非治河之完策，然舍此又他无良法，故堤防实占治河工作之全部。明潘季驯且谓堤防古已有之，并非下策，其言曰：“昔白圭逆水之性，以邻为壑，是为之障。若顺水之性，堤以防溢，则谓之防。防之者，乃所以导之也。河水盛涨之时，无堤则必旁溢，旁溢则必泛滥而不循轨，岂能以海为壑耶？故堤之者，欲其不溢，而循轨以入于海也。”其所引《禹贡》“九泽既陂，四海会同”诸语，已见前夏禹节内，兹不赘述。潘氏论堤之重要，极为警辟。惜只有堤防，仍不足以治河，况尚未能尽其利乎？

按：贾让论民侵河田，与夫战国之河防，当属事实。惟以人口之增加，故有所争。冀鲁豫大平原本为黄河冲积所成，今尚奔突驰骋于此三省之间，在当时为患之烈，概可想见。是故徙民以避水，只可苟安于一时，绝难维持于永久。况人烟日稠，将更移而无可移乎？克服自然之能力，虽与文化而俱进，然人口日增，其治导之术亦日艰。太古之时徙民以避水，必为可能。所谓逐水草而居者，足资明证。西汉之时，对徙民之事，虽已感困难，或尚有可能。后人犹以徙民为治河高尚之原则，岂为事实所容许？以徙民可为黄河淤田之上策，决非可与言治河也。不与水争地，不惟不能治河，而河且将日敝矣。

黄河之患在于淤淀。如河身高于邻田，水道壅阻不畅，皆为改道冲决之原。其所以如是者，一由河经黄壤层，携沙过多；一由河身不当，冲积无常。苟能于此处设法，其事虽难，而实为根本之要图。前人徒倡“不与水争地”之说，事实上既不可能，而又予治河者以错误之印像。迁延至今，两千余年，河之不治，胥由是也。后之治河者，以事实上既不能徙民，不得已而求其次。乃宽其河身，以缓水流，以杀其势，殊不知水势愈杀而沙停愈多，河身日高而河患亦日烈。故曰，西汉之时虽可以徙民为上策，及至今日，则径不可行矣。所可异者，历代虽不无反对之人，然更由“徙民”演为“不与水争地”之说，经千有余年，迄至明潘季驯始有“以水攻沙”之论。然世人以历史之观念过深，至今尤不克蠲除，甚可惜也。

贾让之中策为引水灌田，以分水势。其主要目的在分水势，灌田其副效耳。灌溉之利自不待言，惟分水势与治河之影响如何，实不可不深究也。分流之制，始于大禹播九河。后世之论者亦多，如汉张戎则议禁民毋引河灌田，潘季驯则言“合愈于分”，胡渭则以为穿渠引水，田利而河病，皆其例也。

窃以黄河之宜合不宜分，至显然也。盖黄河之最大问题在泥沙，分其势则沙沉而河淤。惟此不过指孟津以下之干河而言，若谓引泾、渭、汾、洛诸水以灌田而有害于干河则非也。泥沙之来源多由于各支流，若引之以灌田，则支流水来以渐，而携沙亦少，与干河不第无损，而且有益。

惟欲分水势，滚水坝之设至为需要。于水位达一定高度时，水即可漫坝而分其流，既免淤积之弊，且收分水之效。潘季驯云：“黄河水浊，固不可分，然伏、秋之间，淫潦相仍，势必暴涨。两岸为堤所固，不能泄，则奔溃之患有所不免。”旨哉言乎！

是故贾让中策之目的虽尚可，而其方法则不可用。

贾让以堤防为下策，其意盖不若前二者之效用，然犹可用之也。其说亦颇合理，似不宜以下策名之。盖河之为患，其原因甚多。如人体然，其病之来源，或由于饮食，或由于风寒，或由于传染，或由于外伤。卫生之道，必兼顾之，断难定某为上策，某为下策也。堤防之重要，古今中外莫不然之，特不视为治河之惟一法门耳。

后人既不能行徙民之策，又不甘只用堤防之法，故两堤之间相距甚远，既师不与水争地之意，且可增卑培薄以防水。及后以水攻沙之议兴，而大堤之内沿河又筑缕堤（外堤名为遥堤），盖欲因河之势，而顺流束之者也。

夫河自禹道逐渐东南徙，即其就下之证。西汉二百余年间，河患数数，危急日甚。然其时除贾让之三策又别无良法，因循不定，迄无实施，卒使河道南徙。独恨当时之君主，徒托空言，不务实际，置民生于不顾，贻河患于无穷。西汉之亡，良有以也。

王莽始建国三年（西历纪元十一年），河决魏郡，至千乘入海。征能治河者以百数，大都祖贾让徙旷地、放渤海之遗策。迄于东汉建武十年，光武欲修之。浚仪令乐俊上言："民新被兵革，未宜兴役。"乃止。其后汴堤东侵，河患愈甚，兖豫百姓怨叹，以为县官恒兴他役，不先民急。永平十二年，议修汴渠，有荐乐浪王景能治河者，诏发卒数十万。景修渠筑堤，自荥阳东至千乘海口千余里，乃商度地势，凿山阜，破砥碛，直截沟涧，防遏冲要，疏决壅积，十里立一水门，令更相洄注，无溃漏之患。景虽简省役费，然犹以百亿计。明年夏，渠成。

王景之治河，其法即为整治河槽，修筑堤防，水门放淤，以减泥沙。盖以黄河东移，民不堪命，贾让之策既不可行，则整理河槽，修筑堤防，实为必要之图。其后千载无患者，皆景之功也。世之论河者多称让胜于景，殆臆度之辞耳。

三、两宋

宋都汴梁，漕运之途径以变。太宗太平兴国八年，河决滑州，至彭城入于淮，张齐贤塞之，是为南流入淮之始。至仁宗庆历八年（西历纪元一〇四八年），河决商胡，至天津入海，是为北流。越十二年，分流于魏，成二股河。金章宗明昌五年（西历纪元一一九四年），河决阳武，至寿张注梁山泺，北派由大清河入海，南派由南清河入淮。

真宗大中祥符年间，李垂上《导河形势书》三篇并图。其主张不以疏禹九河故道为是。盖以考诸图志，九河并在平原而北，且河坏澶、滑，未至平原而已决矣，九河奚利？故主张自滑、台而下，派之为六。廷臣议其烦费，遂寝。天禧三年六月，滑州河溢，历澶、濮、曹、郓，东入于淮。即遣使赋诸州薪石、楗橛、芟竹之数千六百万，发兵九万人治之。四年三月，河塞。李垂又上书言疏河，拟另疏一道，自上流引北，载之高地，东至大伾，泻复于澶渊旧道，使南不至滑州，北不至通利军界。又以烦扰罢之。

知滑州陈尧佐，以西北水坏，城无外御，筑大堤，又叠埽于城北，护州中居民。复就凿横木，下垂木数条置水旁以护岸，谓之木龙，当时赖焉。

河至宋室，已渐呈淤塞之象，故李垂屡有疏河之议。其上书有云“……或者云，今决处槽底坑深，旧渠逆上，若塞之，旁必复坏……”可见一斑。及仁宗庆历八年，河决商胡，自天津入海。新流亦不畅，故李仲昌请自澶州商胡河穿六塔河，引河归横陇故道，以杀其势，是主张仍复故道者。而欧阳修则以为不可，有云："……且河本泥沙，无不淤之理。淤常先下流，下流淤高，水行渐壅，乃决上流之低处，此势之常也。然避高就下，水之本性，故河流已弃之道，自古难复。臣不敢广述河源，且以今所欲复之故道，言天禧以来屡决之因。初，天禧中，河出京东，水行于今所谓故道者。水既淤涩，乃决天台埽，寻塞而复故道。未几，又决于滑州南铁狗庙，今所谓龙门埽者。其后数年，又塞而复故道。已而又决王楚埽，所决差小，与故道分流，然[1]故道之水终以塞[2]淤，故又于横陇大决。是则决河非不能力塞，故道[3]不能力复，所复不久终必决于上流者，由故道淤而水不能行故也。及横陇既决，水流就下，所以十余年间，河未为患。至庆历三、四年，横陇之水又自海口先淤，凡一百四十余里。其后游、金、赤三河相次又淤。下流既梗，乃决于上流之商胡口。然自[4]京东、横陇两河故道，皆下流淤塞，河水已弃之高地。京东故道，屡复屡决，理不可复，不待言而易知也。……若六塔者，于大河有减水之名，而无减患之实。今下流所散，为患已多，若全回大河以注之，则滨、棣、德、博河北所仰之州，不胜其患，而又故道淤塞，上流必有他决之虞，此直有害而无利耳！……大约今河[5]势，负三决之虞：复故道，上流必决；开六塔，上流亦决；河之下流，若不浚使入海，则上流亦决。臣请选知水利之臣，就其下流，求入海路治而浚之。不然，下流梗涩，则终虞上决，为患无涯。臣非知水者，但以今事可验者较之耳。……"盖当时河槽已不成形，故水无所容。

---

[1] 此处脱漏"而"字。据《宋史·河渠志一》校对，下同。

[2] 塞　应作"壅"。

[3] 此处脱漏"非"字。

[4] 自　应作"则"。

[5] 此处脱漏"之"字。

下流不畅，则因壅而决，故讨论之焦点在斯。及河分二股，全国之目标又转为疏浚二股河矣！

神宗初年，河溢恩、冀、瀛等处，帝忧之，顾问近臣司马光等。都水监丞李立之请于恩、冀、瀛等州[1]，创生堤三百六七十里以御河。都水监丞宋昌言谓今二股河门变移，请迎河浃[2]进，约，签入河身，以纾四州水患。遂与屯田都监内侍程昉献议，开二股以导东流。诏翰林学士司马光等乘传往相度。光等对请如昌言策。已而二股河通行，东流渐深，北流淤浅。水官张巩等请塞北流，诏光复往视。光入辞，言欲闭北流，既恐劳费，幸而可塞，东流浅狭，堤防未全，必且致决溢，是移恩、冀沧胥之患于沧、德等州也。[3] 时王安石以光议屡不合，今令视河，后必不从其议，是重使不安职也。乃独遣张茂则行，遂闭北流。北流既塞，而河自其南许家东决，泛滥大名、恩、德、沧、永静五州军地。

河既淤塞，于是选人李公义献铁笼爪、扬泥车法以浚河。人皆知不可用，惟安石善其法，令宦官黄怀信先试之，以浚二股。又谋凿直河数里，以观其效。次年又令范子渊等共试验之，皆言不可用。会子渊以事至京师，安石问其故，子渊意附会，遽曰："法诚善，第同官议不合耳。"安石大悦，至是乃置浚河司，是治河亦受党派私见之累也。

总之，有宋一代，河道紊乱已极，河槽淤淀日甚，而议事者又格于党派之见，国家亦日渐贫弱，不克顾及，是以终宋之

---

[1] 此处应作"恩、冀、深、瀛等州"。

[2] 浃　应作"港"。

[3] 此段文字与各古籍文字有异，可能转引自《中国历代水利述要》。（张念祖编：《中国历代水利述要》. 天津：华北水利委员会，1932 年，第 40 页。）

世而河不治也。

四、元

元代治河能臣，当推贾鲁。其时丞相脱脱慨然有志于事功，论及河决，即言于帝，请躬任其事。乃命集群臣议廷中，而言人人殊，惟都漕运使贾鲁言必当治。鲁以二策献：一议修北堤以制横溃，其用工省；一议疏塞并举，挽河使东行，以复故道，其工费甚大。脱脱韪其后策，虽工部尚书成遵力反其说，卒无效。后二年，命贾鲁以工部尚书充河防使，四月二十二日鸠工，七月疏凿成，八月决水放河，九月舟楫通行，十一月水土工毕，诸埽、诸堤成，河乃复故道，南汇于淮，东入于海。自受命及朝，仅逾半载。昏晓百刻，夫役分番，无少间断。其强敏果敢之才，近古以来，未尝有也。其治河方略，载于《至正河访[1]记》，节录如下：

"治河一也，有疏、有浚、有塞，三者异焉。酾河之流，因而导之，谓之疏。去河之淤，因而深之，谓之浚。抑河之暴，因而扼之，谓之塞。疏浚之别有四：曰生地，曰故道，曰河身，曰减水河。生地有直有纡，因直而凿之，可就故道。故道有高有卑，高者平之以趋卑，高卑相就，则高不壅，卑不潴，虑夫壅生溃，潴生堙也。河身者，水虽通行，身有广有狭。狭虽受水，水溢悍，故狭者以计辟之；广难为岸，岸善崩，故广者以计御之。减水河者，水放旷则以制其狂，水隳突则以杀其怒。治堤一也，有创筑、补筑之名，有刺水堤，有截河堤，有护岸堤，有缕水堤，有石舡堤。治埽一也，有岸埽、水埽，有龙尾、

[1] 访　应作"防"。

拦头、马头等埽。其为埽台及推卷、牵制、埋挂之法，有用土、用石、用铁、用草、用木、用杙、用絙之法。塞河一也，有缺口、有豁口、有龙口。缺口者已成川；豁口者，旧常为水所豁，水退则口下于堤，水涨则溢于口；龙口者，水之所会，自新河入故道之源[1]也。”

贾鲁之策，即为疏、塞并举。其方法则如上节所述，可谓详尽矣。其时成遵反对之理由，则系根据测勘地形与水位，兼以山东连歉，民不聊生也。然贾氏能注意于河槽淤塞而疏之，堤岸之残破而塞之，分流之紊乱而引之，其眼光之高远，毅力之伟大，实有足多者。盖以有宋一代，言论多而成功少。意见纷歧，终至河患日深，无可救济，故王景而后，贾鲁一人而已。

五、明

自贾鲁疏、浚、塞三法倡出后，颇为后世河臣所遵守。徐有贞上疏言“请先疏其水，水势平乃治决，然后可建闸坝，以时节宣，无溢涸，而后河可得而安”。此疏、塞、浚依次并用者也。

孝宗弘治五年，河复决金龙口，溃张秋堤，夺汶水入海。六年，刘大夏行视决口，阔九十余丈。以下流未可治，宜治上流。先导之南行，只筑长堤，以防大名、山东之患。俟河循轨，而后决可以塞，是先浚而后塞也。于是发丁夫数万，浚贾鲁旧河，由曹出徐以杀水，浚孙家坡，开新河七十余里，导使南行……七年，又起河南胙城，经滑、长垣、东明、曹、单诸县，下尽徐州，作长堤，亘三百六十里，即今太行堤也，而漕道

---

[1] 源　应作“滦”，据《河防记》校对。

复通。

于此吾人所应注意者，即明代凡治河者必兼顾漕运。盖以明都燕京，漕运则惟黄、运二河是赖。以是明人治河，半为漕运。故嘉靖七年刑部尚书胡世宁上言：“运河之塞，河流致之，故今治河，当因故道而分其势也。”由此可知治河之方策受漕运之影响极大。

神宗万历六年，潘季驯氏倡“以堤束水，以水攻沙”之议，一改疏、浚、塞并行之说，开明清治河之新途径。潘氏对于治河研究之精深，为历代最。兹摘录其言以供探讨：“然河非可以人力导也。欲顾其性，先惧其溢。惟当缮固堤防，使无旁决，水入地益深，沙随水去，则治防即导河也。”实发古人所未言。与贾让之废堤、宋元人之主疏者大相径庭，然亦自有其真理在也。

潘氏主张塞旁决，以挽正河，理亦至精。其言曰：“窃惟河水旁决，则正流自微，水势既微，则沙淤自积。民生昏垫，运道梗阻，皆由此也。”又曰：“堤以防决，堤弗筑则决不已。故堤欲坚，坚则可守，而水不能攻。堤欲远，远则有容，而水不能溢。……又必绎贾让不与水争地之旨，仿河南远堤之制，除丰、沛太行原址遥远者❶仍旧加帮外，徐、沛❷一带旧堤，查有迫近去处，量行展筑月堤，仍于两岸相度地形，最洼易以夺河者，另筑遥堤……”

潘氏之旨，在固定河槽，不使分流漫散，其法则以堤防。其论改道之由，深中宋元人之弊。或有问于潘曰：“河既堤矣，可保不复决乎？复决可无患乎？”潘应之曰：“纵决亦何害哉！

---

❶ “者”字为衍字。据潘季驯《河防一览·两河经略疏》校对，下同。

❷ 沛　应作“邳”。

盖河之夺也，非以一决即能夺之。决而不治，正河之流日缓，则沙日高，决日多，河始夺耳。今之治者，偶见一决，凿者便欲弃故觅新，懦者辄自委之天数，议论纷起，年复一年，几时[1]而不至夺河哉！今有遥堤以障有[2]狂，有减水坝以杀其怒，必不至如往时多决。纵使偶有一决，水退复塞，还槽循轨，可以日计，何患哉!”

潘氏既主堤防，故所定防守之法亦綦详。如四防二守之制是。四防者，昼防、夜防、风防及雨防也。二守者，官守及民守也。

明朝之论堤防者颇不一。如刘天和言筑堤宜远不宜近：“历观宋元迄今堤防形址断续，横斜曲直，殊可骇笑。盖皆临河为堤，河既改，而堤即坏尔。已择属吏之良者，上自河南之原武，下迄曹、单、沛上，于河北岸七八百里间，择诸堤去河远且大者及去河稍远者各一道，内缺者补完，薄者帮厚，低者增高，断绝者连接创筑，务俾七八[3]里间，均有坚厚大堤二重。……”

万恭言八埽四堤：“有八埽，曰靠山，曰箱边，曰牛尾，曰鱼鳞，曰龙口，曰土牛，曰截河，曰逼水。有四堤，曰遥，曰逼，曰曲，曰直。……今治水者，多重遥、直，而轻逼、曲，不知遥者利于守堤而不利于深河，逼者利于深河而不利于守堤，曲者多费而束河[4]便，直者省费而束河则不便。故太遥则水漫流而河身必垫，太直则水溢洲而河身必淤。四者之用，有权存焉，变而通之，存乎人也。”其理至为精切。惟冲、淀、曲、直之

[1] 时　应作“何”。据《河防一览·河议辨惑》校对，下同。

[2] 有　应作“其”。

[3] 此处脱漏“有”字。据刘天和《问水集·黄河·堤防之制》校对。

[4] 此处脱漏“则”字。据万恭《治水筌蹄》校对。

理，现代虽正作更深切之研究，尚未得有较完善之结论也。

堤防颇为明代治河之中心问题。潘氏既主张以堤防固定河槽，则何者为适宜河道，又起各家之争执。潘氏又主张复故道，反对开新河。其言曰："沙固易停，亦易刷，即一河之中，溜处则深，缓处则浅。水合沙刷，必无俱垫之理，此浅彼深，亦无防运之事。……借今[1]因此而欲弃故道，别凿新河，无论其无所也，即得更[2]宜之地，而凿之人力，能使阔百丈以至二百丈，深二丈至三四丈如故河乎？即使能之，将置黄河于何地乎？如不可置，则行之数年，新者旧矣，河何择于新旧？……"

六、清

清朝承明之策略，仍重堤防，故其言论多为防堤护岸之方法。靳辅论守险之方："守险之法有三，一曰埽，二曰逼水坝，三曰引河。三者之用各有其宜。当风抵溜，其埽必柳七而草三。何也？柳多则重而入底，然无草则又疏而漏，故必骨以柳而肉以草也。御冰[3]之埽必丁头而勿横。何也？冰坚锋利，横下埽则小擦而縻，大磕必折也。然埽湾之处，则丁头埽又兜溜而易冲，必用顺埽，鱼鳞栉比而下之，然后可以挡溜而固堤。至十分危急，搜根刷底，上提而下坐，埽不能御，则急于上流筑逼水坝，回其溜而注之对岸，或一二三道。若止一道，恐河流悍烈，坝一摧而堤即不可救也。若开引河，则其费甚巨，又必酌地形而

---

[1] 今　应作"令"。据《行水金鉴·河水》校对，下同。

[2] 更　应作"便"。

[3] 此处脱漏"凌"字。此段综合《皇朝经世文编》所录靳辅奏疏，与靳辅《治河奏绩书·治绩》校对。

为之。若正河之身迤而曲如弓之背，引河之身正而直如弓之弦，则河流自必舍弓背而趋弓弦，险可立平。若曲折远近不甚相悬，河虽开无益也。诸如此者，殆如御侮然。埽之用，是固其城垣也；坝之用，捍之于郊外者也；引河之用，援师至近，[1] 营而延敌者也。”

又靳氏论修堤之法，大略有五：一则加高堤堰，以御漫溢；一则多用桩埽，以抵风浪；一则巡查罅隙，以杜溃决；一则坚修减坝，以资宣泄；一则紧守险汛，以防夺河。

刘成忠议防险之策：“自来防险之法有四：一曰埽，二曰坝，三曰引河，四曰重堤。四者之中，重堤为[2]最费，而效最大。引河之效亚于重堤，然有不能成立之时，又有甫成旋废之患，故古人慎言之。坝之费比重堤、引河为省，而其用则广。以之挑溜，则与引河同；以之护岸，则与重堤同，一事而二美具焉者也。埽能御变于仓卒，而费又省，故防险以埽为首。然不能经久，又有引溜生工之大害，就一时言则费似省，合数岁言则费极奢矣……古人之防险，于建坝、镶埽、加堤之外，先之以引河。今引河不用[3]易以守滩，其余三事，悉如其旧，亦犹是由远而近之义也。谨条其说如左：

一曰外滩宜守也。黄河之性，喜曲恶直。曲而向北，则南岸生滩而北险。曲而向南，则北岸生滩而南险。是以防河之法，但防险工，其有滩以[4]外蔽者，毋庸防也。然河流善徙，数年中必一变。伏秋之时，则一日中且数变。其变而生险也，必自塌

[1] 此处脱漏“开”字。

[2] “为”为衍字。据《皇朝经世文续编·河防刍议》校对，下同。

[3] 此处脱漏“而”字。

[4] 此处脱漏“为”字。

滩始，滩尽而薄堤，薄堤而险必出矣。河工之例，有守堤而无守滩。每当大溜之逼注，一日或塌滩数丈，甚至[1]数十丈。司河事者，相与瞠目束手而无如之何，惟坐待其迫堤，然后镶埽而已。至[2]未雨之绸缪，固有所不暇及也。夫滩者，堤之藩篱也。……《治河方略》云，抢救顶冲之法，于外滩地面离堤三四十丈，飞掘丈许深槽，卷下钉埽，是守滩之一证也。……

一曰盖坝宜建也。挑溜固堤之方，莫善于坝。坝者，水中之断堤耳，而其为用则有倍蓰于堤者。堤能御水，不能挑水，且所御者为平漫之水。镶之以埽，护之以砖石，然后能御有溜之水。然止于御之而已，终不能移其溜而使之远去也。坝之为制，斜插大溜之中。溜为坝阻，转而向外，既能使坝前之堤无溜，又能使坝下之堤无溜。十丈之坝，能盖二十丈之堤，因而重之，以次而长，二坝长于头坝，三坝长于二坝。坝至三道之多，[3] 大溜为其所挑，变直下为斜射，已成熟径，终不能半途而自返，非独六七十丈之内无溜，即二三百丈之内亦无溜矣。

一曰埽制宜更也。河工之用埽，自汉已然。潘印川、靳文襄公[4]之治河，凡险要之地，皆恃埽以守御，未尝以埽为引溜生工也，亦未尝弃埽而抛砖石也。自用柳改[5]用秸，而古法于是一变。自横埽尽为直埽，而古法于是又一变。自是以来，愈变愈下，直至今日，而埽遂为利少害多之物矣。

一曰重堤宜筑也。自明潘季驯[6]治河，即有缕堤、遥堤之

---

[1] 甚至　应作“甚且至于”。

[2] 此处脱漏“于”字。

[3] 此处脱漏“则”字。

[4] 此处原文作“明潘印川、我朝靳文襄公”。

[5] 此处脱漏“而”字。

[6] 此处原文作“潘宫保”，即潘季驯。

制。《河防一览》所载河图，自荥泽、武陟以至云梯关，未有不两堤者。又兼筑月堤、格堤于中，略如今之圈埝，靳文襄[1]公因之。

夫埽坝及重堤昔已用之，而坝则未能盛行。其守滩之策，实为治河之新发明。盖以潘季驯虽主以堤束水之议，然堤实难临河。虽缕堤之内，亦必有滩。如滩不能守，则险工变迁不定，冲积刷淀日异，虽欲河槽之固定，亦不可能也。设中水时，水行槽内，洪水则漫滩而流。如滩不能保，则中水槽或因洪流之冲刷而更改，则所作之护岸工作既属无用，而束水之效能亦减。欧美各国沿河皆有护岸之法，我国则仅用以防险。护岸者，与守滩之意相同。如能于滩上防守之，则无滩尽薄堤之险矣。故守滩之议，极为方策之进步者。

坝则近已用之矣，然未尽其善也。

总之，有清一代，皆遵潘季驯遗教，靳辅奉之尤谨。及其后也，虽渐觉仅有堤防不足以治河，但无敢持疑意者。即减坝分导之法亦未能实行，不得已而专趋防险之一途，故“河防”之名辞尤盛于清朝也。

七、现代

自海禁开，而科学东渐，关于治河意见来自客卿之供献者有之，我国研究科学而自得者有之，服务河干多年而根据经验著为论说者亦有之。惟是极为繁杂，或则相合，或则相反，且或对旧者怀疑，或对新者蔑视，宛如寒流与暖流相遇，发生弥天大雾，议论纷纭，莫衷一是。是故欲尽举之以表现代之治河

[1] 此处原文作“我朝靳文襄公”。

策略，实不可能。盖以多系探讨之意见，以供采择之性质，尚未能以策略名之也。无已，姑略述现代治河之趋势，以供参考。

（一）搜集治河之资料也。我国治河理论之发明，虽极完备，然以缺乏科学之研究，不免多偏于空洞。例如潘季驯氏既主张“以堤束水，以水攻沙”矣，而又谓“堤欲远，远则有容，而水不能溢。”其所以犹豫于堤距之选择者，盖由于所有之资料不足以确定之也。故主张用遥堤及缕堤以救济之，其言曰：“缕堤即近河滨，束水太急，怒涛湍溜，必至伤堤。遥堤离河颇远，或一里余，或二三里，伏秋暴涨之时，难保水不至堤。然出岸之水必浅，既远且浅，其势必缓，缓则堤自易保也。”今既觉贾让不与水争地之策不合实用，又感过去之堤防不甚得法，然欲定确切之计划又非有真实之依据不可。例如一年内之流量变化如何，数年内之比较如何，河床之淤垫变化如何，降坡及切面之变化如何，各地之堤距及河槽宽度如何，堤之切面及顶高变化如何……一时皆难得确切之答案。以故数十年来，多努力于资料之搜求，以供解决各问题之依据。李仪祉先生所以主张“求知”，即此之谓也。

（二）致力研究与试验也。水工试验，为世界各国新近之治河供献。实因以千百万元之工程，与其贸然实施而无效，何若先作小规模之试验，以免金钱之虚掷。况试验工作，实足以辅理论之不足。例如宋人六塔河、二股河之争，缕堤、遥堤之功效能力，皆可先之以试验，以为工作之指导。美国费礼门氏（J. R. Freeman）则建议以“尝试”之法研究治导河道之方策及适宜于黄河挑水坝之形状，再自试验室所得之效果，即于河道上以实际之建设试验之，以为改良之张本，逐步为之。方修斯

(O. Franzius)谓治河宜先试验，其法有二：一为试验于宏大之试验场，为明了观察其所含泥沙情形计，须有充分之水量。二为按天然河流试验之。是知如资料充足，试验完备，则两宋之争执及潘氏之疑难，皆可迎刃而解矣。

（三）上下游应兼顾也。我国治河多侧重孟津以下，盖以迁徙漫决，皆在下游之平原也。然夷考河病之源，大抵皆来自上游，诚以上游支水，每成扇形，冲刷泥沙，顺流而下，及抵下游，始有淤垫漫决之患。故仅治下游，不过为补苴罅漏之谋，绝非正本清源之计也。李仪祉先生首创治河宜注重上游之说，其言曰："导治黄河，在下游无良策。数十年以来，但注重下游而漠视上游，毫无结果。故惩前毖后，深望研究黄河者知所取择也。"故治下游所以防患，治上游所以清源。能于上游减少泥沙之冲刷，则下游自无淤淀之病，而泥沙之问题即得以解决矣。能于上游拦阻洪水，而下游增固堤防，则漫溢冲决之患自免矣。

（四）固定河槽也。河槽不固定，则河终不可治。而与河槽有连带关系者，又有堤距及护岸等问题。关于固定河槽之方法，及堤距之讨论，亦颇不一。更有就单式河槽或复式河槽加以论赞者，现正在研究之中，姑且不加讨论。惟对于河槽之应使固定，乃一致之主张也。窃以刘成忠所议之护滩，实为固定河槽至要之方策。我国只有堤防，而少护滩之工作（护岸之名辞，可以包括护堤及护滩）。今后之所应研究者，殆为护岸之方法，河槽之切面大小及形状，与夫河身曲直之路线诸问题耳。

今之统筹治河者，为黄河水利委员会。兹附其《工作纲要》八条，亦可示现代治河之一斑也。

黄河水利委员会工作纲要民国二十二年九月

(一) 测量工作

(甲) 地形河道测量

测量为应用科学方法治河之第一步工作，盖以设计之资料多是赖也。然黄河各段之情形不同，故所需测量之详略亦异。例如巩县以下，河患特甚，测量宜详，巩县至韩城次之，韩城至托克托则在山峡之间，又次之，托克托至石嘴子较为平坦，有灌溉航运之利，宜较详，石嘴子以上则次之。

巩县至河口一段，长约八百五十公里。两堤间之距离，有为十五公里，有为四公里，今估计测量之宽度为三十公里。测定河床形状及两岸地形，绘至五千分之一至万分之一地形图，若组织四大队测量，约三年可以竣事。巩县至韩城一段，长约四百公里，测绘万分之一地形图。韩城至托克托一段，长六百公里，亦测绘万分之一至两万分之一地形图。于山峡处测量区域可窄，于欲修筑工程处如闸坝等则测量较详，约二大队二年可竣。托克托至石嘴子一段，长亦约六百公里，亦测绘万分之一地形图，二队约二年可竣。石嘴子以上，则暂作河道纵断面及切面测量，一队约二年可竣。黄河上游之地形及河口之状况，概以飞机测之。如是则组织五大队测量，五年内即可竣事。

(乙) 水文测量

水文测量包含流速、流量、水位、含沙量、雨量、蒸发量、风向及其他关于气候之记载事项。

其应设水文站之地点如下：皋兰、宁夏、五原、河曲、龙门、潼关、孟津、巩县、开封、鄄城、寿张、泺口、齐东、利津、河口及湟水之西宁，洮水之狄道，汾水之河津，渭水之华阴，洛水之巩县，沁水之武陟。其应设水标站之地点如下：贵德、托克托、葭县、陕县、郑县、东明、蒲台，汾水之汾阳，渭水之咸阳，洛水之洛宁，沁水之阳武，并令各河务局沿途各段设水标站。

于河源、皋兰、宁夏、河曲、潼关、开封、泺口各设气候站，测量气温、气压、湿度、风向、雨量、蒸发量等，并令本支各河流域之各县建设局设立雨量站。

（二）研究设计工作

治河之事，环境复杂，其受天然之影响亦至巨，故必有充分之研究方可作设计之依据。河床之变迁，河道冲刷之能力，沉淀之情形等测验，流量系数之测定，泥土试验，材料试验，模型试验等工作，举凡一切工程于实施之先，必有充分之探讨。对于采得之资料，必有深切之研究。

于开封、济南各择一段河身作天然试验。又择适当地址，设模型水工试验场一所以辅助之。

三年之后，上项之测量与研究工作大半完足。即可根据以计划治导之方案，以便工作之实施。举凡本河之根本治导工作，即可以第五年起实施，次第进行。

（三）河防工作

黄河之变迁溃决，多在下游。故于根本治导方法实施之前，对于河之现状必竭力维持之，防守之，免生溃决之患。欲各河务局之工作与将来计划不冲突及其防护合理起见，冀、鲁、豫三省河务局统归本会指导监督。本会并常派员视察指导，改良其工作。举凡埽坝、砖石之应用，增镶、新修之工程，皆应努力为之。查我国治河有四千年之历史，其成绩与方法殊可钦仰，惟防决之法似有改进之必要。对于汛员兵弁，宜加以训练，俾得明了新法之运用，同时并训练新工人，以作递补之用。

（四）实施根本治导工作

按照上项计划，约四年之后，即可实施治导之工作。其项目如下：

（甲）刷深下游河槽

换言之，即对于下游河道横切面加以整理，河口加以疏浚。河水含沙过多，为黄河之一大问题。欲河槽不淤垫，则流速与切面必有合理之规定，如是则河槽刷深，水由地中行矣。其法或用束堤，或用丁坝，因地制宜。

（乙）修正河道路线

河道过曲，为下游病症之一，故应裁直之处甚多。惟同时亦应顾及现有之事实，相势估计，规定之后，于何处应裁直，何处宜改弧，亦当次第兴办也。

（丙）设置滚水坝

于内堤之适当地点，设滚水坝。俾洪水暴涨时，可以漫流而过，流入内堤外堤之间，即可免冲决之患，且可淤高两堤间之地，以固地形。惟必加以测验，审慎处置，以免河水因疏而分，因分而弱，因弱而淤河床。

（丁）设置谷坊

山谷间之设坊横堵，既可节洪流，且可淀淤沙，平丘壑，应相度本支各流地形，以小者指导人民设置之，大者官力为之。

（戊）发展水力[1]

沿河可发展水利之地甚多，宜利用之，而以测量壶口为第一事。

（己）开辟航运

黄河上下游必整理之，俾便航行。凡比降过大，或礁石隔阻之处，可设闸以升降之，或炸除其障碍。

（庚）减除泥沙

于泥沙入河之后，应使之携淀于海。然为治本清源计，以能减少其来源为上。其法为严防两岸之冲塌，及另选避沙新道。再则为培植森林，平治阶田，开抉沟洫。（参见第六、第七节）

（辛）防御溃决

于各项新工程实施之后，则水由地中行，水患自可逐渐减除，惟仍宜竭力防护之。

以上工作有须待四年之后起首者，有随时可以兴办者，期十年小成，三十年大成。

（五）整理支流工作

支流之整理与干流本为一体，惟各支流之情形不同，则治导之方法与利用，自当因地制宜。例如渭水航行及灌溉之利与其含沙量，是当特殊注意者。其他若汾、洛、沁等支流，亦皆应加整理，以清其源也。

（六）植林工作

森林既可减少土壤之冲刷，且可裕埽料，防泛滥，故沿河

---

[1] 力　应作“利”。

大堤内外及河滩山坡等地，皆宜培植森林。造林贵乎普及，非一机关或少数人所能为力者，故必与地方政府及人民合作之，严定赏罚条例。

（七）垦地工作

垦地工作，一则有利河道，再则增加生产，实属有益。兹分述之：

（甲）恢复沟洫

治水之法，有设谷闸以节水者。然水库善淤，若分散之为沟洫，则不啻亿千小水库，可以容水，可以留淤，淤经渫取，可以粪田，利农兼之利水。惟西北阶田，必须以政府之力督令人民平治整齐，再加沟洫，方为有效。

（乙）整理河口三角洲

河口三角洲淤田三百万亩，且河迁移不定，水难畅行，弃富源于地，亦殊可惜。应即着手整理，则工程农田，两收其利。

（丙）整理河滩荒地

沿河两岸荒地甚多，或由于河道之变迁，或由于两岸之淤高，多为未垦之地。如豫省之沿河两岸，及陕西韩、郃、朝、华一带是。

（丁）碱地放淤

沿河碱地，多为不毛，每亩价格极低。即以山东而论已有近十万顷之数，其他若河南、河北两省沿岸亦甚夥。若能整理，则荒田变佳壤，其利甚溥。

（戊）河套垦地

河套一带未垦之地尚多，宜垦殖之。

（己）灌溉田亩

黄河上游及各支流，宜施行灌溉工作。况上游雨量缺乏，尤宜行之。惟在下游颇有考虑之必要。盖以巩县而下，支流无几，若引多量之水以资溉田，则所取者多为水面及河边之水，而含沙量必较少，因之河水之含沙量之百分数必增加。是故下段灌溉，应于河道切面设计时加以考虑。

（八）整理材料工作

我族沿黄河而东开拓华夏，其与黄河之关系尤为密切。而黄河又具其难治之特性，泛滥变迁时有所闻，故益为人类所重视。是故史册所载，私家著述，汗牛充栋，极为丰富。今者各实业家及水利机关，或派员视察，或施行测绘，研究者亦不乏人。惟以分地保存，散失不完，若不早日搜集而整理之，则恐年久无存，且昔人之经营可作今日之借镜，是以应将各种材料搜集整理之也。

八、结论

慨自大禹告厥成功，至今垂四千年矣，无时不以治河为要政，实以我国文化财富之所系，不容或忽也。试读《尚书·禹贡》，历代之沟洫志、河渠志及其他史集暨私家著述，则知古今之防河如防敌，稍纵即有灭顶沦胥之祸。故设水官，筹国帑，几竭全力以事河。而历代治河策略之研讨，亦至详且尽也。

大禹治水，自积石以至于海。其详不可考，而后世第以下游为目标，故只论“禹道”与“九河”，其他则不知也。迨至西汉，知禹道之不可复，九河之难实现，贾让乃师其意而主不与水争地之说，延年则根本欲改河之道，旁引之以嫁祸匈奴。及至宋朝，河槽既淤，河道亦紊，乃竞建分疏之议，又不贯澈其旨。元之贾鲁则主疏、浚、塞三法。所谓“塞”者即“抑河之暴，因而扼之”也。盖自鲧筑堤以障帝都而功弗成，后之人鲜有敢言筑堤以障水者。贾鲁之主塞，亦鉴于宋河之紊乱也。及至明潘季驯则主塞旁决以挽正河，以堤束水，以水攻沙，一变元以前治河之策，常为时论所攻驳。故潘氏为之辩曰：“《禹贡》云：‘九泽既陂，四海会同。’《传》曰：‘九州之泽，已有陂障，而无决溃。四海之水，无不会同，而各有所归。’则禹之导水，何尝不以堤哉？”于此可见欲其政策之施行，亦必以禹为根据而后可也。殊不知潘氏之议，乃承宋元之后，不得不以堤耳。清则因之。及至今世，治河方策又正在极大演变之中矣。

简言之，鲧以堤而失败，后则取放任之策，迨河道紊乱而不可收拾，于是乃采堤制，渐至防无可防，而有今日诸说。前代之策略为分之如下：

（一）九河说（此非禹策，惟后人强以此为禹策耳）

（二）不与水争地说（贾让）

（三）旁引说（延年）

（四）分疏说（两宋）

（五）疏、浚、塞三法说（贾鲁）

（六）以堤束水说（潘季驯）

今日治河之趋势，已如上所述。将来所取之策略，尚难预计。要之治河之法，随时代为转移，与文化以俱进，断难立一法以垂永久。同一法也，昔人行之有效者，今人或未必以为满足。非法之变也，实以时代与文化不同，治河之法亦必有所改进也。黄河为患若是之烈，动辄千百万之损失，故历代河臣不敢轻言变法，皆遵古制，盖有由也。然今者科学进步，机械精良，其治导之策当更可开一新纪元也。

民国二十三年九月

二、黄河答客问

近者每与友人相遇，莫不亟亟以黄河问题相询，更或以治河策略修函赐教。实以黄河之患，久已震动人心。妇孺村民，尤为谈虎色变。故一般人士虑患之念深，而不禁求治之心切，辄用抒其所见，以供研讨，此固河务当局所欣祝者也。惜其所取策略，每多囿于历史之观念，或于载籍之中断章取义，奉为治河长策。此等学说颇为普通关心河务者所赞同，而尤为一般民众所易信。实则其说偏重主观，过拘成见，而缺乏事实之根据，不足以解决黄河之问题也。爰就鄙见所及，拟为答问，略以释疑，借供商讨，非敢谓是也。

一、黄河下游应否仿播九河之法

客曰：自大禹治平水土，经历数千年，愈演愈烈，迄无正当办法。忧心如结，莫可如何，何大禹成功于前，竟无人继起于后？果神功耶？非人为耶？揆诸事理，终有所疑。乃读《尚书·禹贡》篇载“九河既道”句，方知必须切实研究。既道者，尽顺其道也。今日如有九河，即不皆既道，其灾断不至如是之甚。又《禹贡》：“又播为九河，同为逆河，入于海。”河患症结，在入海之处。淤垫八河，仅存利津一河，以数千里奔腾下注之水，即九河尚恐不能容纳，则一河入海，迟滞难行，所以晋、豫、冀、鲁沿河流域各县，一遇霪霖，人民之淹没、物产之损失，辄至数百千万万元之巨。观之下泪，言之痛心。每自恨读书茫昧，不求其本，何由致用？皓首穷经，究不足经邦济世。

答曰：按诸《尚书》，考之载籍，大禹治河之功，诚丰矣伟矣！而其成功之原因，是否只在播为九河，殊堪值得探讨也。我华夏民族，沿河东来，初则逐水草而居，比及轩辕，始略定疆域。夏禹之时，其文物之中心仍在晋、豫之交，而滨海一带犹为东夷负戈之人所杂居也。顾颉刚氏《论古史中地域之扩张》（《禹贡》半月刊一卷二期）[1] 有云："夏代的历史，我们固然得不到实物作证据，但[2]就书本上的材料看来，那时的国都有说阳翟的，有说阳城的，又有说帝丘的、晋阳的、安邑的，反正离不了现在河南省的北部和山西省的南部，带着一点儿河北省的南端。因此，《史记·吴起列传》[3] 里说：'夏之民，左江济[4]，右太华，伊阙在其南，羊肠在其北。'这个疆域不过占[5]了黄河下游一段地方。他们的敌国和'与国'，如穷、寒、鬲、仍、斟灌、斟寻等等都在山东省，又可知那时与夏朝交通的只有济水流域为繁密。"

近之史家，甚或以谓禹之治水不出蒲、解之间者，如钱穆

---

❶ 顾颉刚：《古史中地域之扩张》，《禹贡》，1934 年第 2 期，第 2－6 页。

❷ 此处脱漏"即"字。

❸ 即《史记·孙子吴起列传》。

❹ 夏之民，左江济　应作"夏桀之居，左河济。"

❺ 此处脱漏"有"字。

之《周初地理考》（《燕京学报》十期）[1]："盖蒲、解之地，东、西、北三面俱高，惟南最下。河水环带，自蒲、潼以下，迄于陕津、砥柱。上有迅湍，下有激流[2]。回澜横涛，既足为患。而涑水骤悍，狂愤积郁，无可容淤[3]。山洪怒鼓，河溜肆荡，蒲、解之民实受其害。唐虞[4]正在其地，所谓鸿水之患，其迨在斯也。"

钱氏推测之说是否确切姑且勿论，大禹治水必以晋、豫之交为重要区域，敢断言也。于此吾人可知所谓"播为九河"者乃顺当时自然之情势以导引之耳，非以人工另辟九河也。然以现时之情势论，播为九河是否合理实属疑问。例如今河至利津以后，其入海之道凡五。每当大水之时，巨流纵横，弥漫无际。吾人若为临时救济起见，如仅将各流疏浚之，是否即为根本之图，实有待于研究。故吾谓"播为九河"者非大禹成功之惟一方法，乃顺自然之势耳。且当是时自大陆以下，既非生产之中心、文化之会萃，应否加以澈底之治理，亦一问题也。

更就理论言之，黄河下游宜合不宜分。盖以如河之泥沙量不能设法减少，水分必沙停，沙停则河淤，河淤则道改。今日利津以下之现象，大可为孟津以下分流之缩影。利津以下既不可分水以治之，而谓孟津以下宜之乎？此不可不特别注意者也。

潘季驯云："黄河之[5]浊，固不可分。然伏秋之间，淫潦相仍，势必暴涨。两岸为堤所固，[6] 不能泄，则奔溃之患有所不

[1] 钱穆：《周初地理考》，《燕京学报》，1931 年第 10 期，第 1955－2008 页。

[2] 激流　当作"阏流"。

[3] 淤　当作"游"。

[4] 此处脱漏"故都"二字。

[5] 之　应作"水"。据潘季驯《河防一览·两河经略疏》校对，下同。

[6] 此处脱漏"水"字。

免。”盖潘氏已感觉下游不可分之情势，与夫量大之为患，必另设法以治之矣。

要之，分水之法非绝对不可施行也。如以下游河槽之大小、河底之坡度不足以适应绝大洪水之用，此时宜用分水之法，可建滚水坝，俾水位达一定高度，引流他注，使河槽本身既免淤垫之病，过量洪水又有排泄之地。然此分水治河之法，究与“播为九河”之说意义不同。滚水坝之法原则虽可施行，惟其方法、地点及数量等，亦必于研究测勘，详细考核后方可行之而无弊也。总此以观，“播为九河”是否宜于今日，是否合乎科学，可不待辨而明矣。

然则大禹治水千年无患者，断不能依今日之观点与不完之记载，悬测古代之河道，而定其为必然也。孟津而下黄壤大平原，皆为冲积而成，其由来之年月已不可计矣。惟在远古之时，黄河行经此处，既无山峦之障，其必任意漫流，迨属无疑。且当有夏之时，山东、河北一带尚非文化中心之区，其历史之记载必不详尽，如是则史册未载之水患，尚不知凡几也。且吾国史书记载河患，每因其大小为记载详略之标准，水患之大小又往往以损失之巨细为衡，损失之巨细更以人烟之稀密与生产之情形而异。若在洪荒之世，榛榛莽莽，虽汪洋千里，初无丝毫损失之可言。及夫近代，人烟稠密，村舍栉比，一县被水，则损失无虑数千万计。如同一濮阳也，其在二十二年大水中则损失达二千万元。若在数世纪或十数世纪以前，其损失必寥寥无几矣。故历年治河，纵能日有进步，而一有河患，其损失之记载仍不能少减者，良以财产之价值日高，需要之保护日切，而水灾之记载亦日益详耳。由是观之，根据今日之观点与不完之记载，而谓大禹治河千年无患者，乃或能之事也。

二、齐延年之法

客曰：闻君之言，辟河分水之法似不可行，然愚见殊不若是，续为君言之。设以泾、渭、汾、涤等水分为一河，黄河、湟水等水另为一河，改河南、山东之路，避黄沙旷野之地，移黄河于长城之外，自晋北之东受降城，相度地势，导河东流，经洪涛山之北，过张北口之外，东赴热河，南转冀省，以达渤海。……所有泾、渭、汾、涤等水，伊、洛、瀍、涧诸河，仍经黄河之旧道，以便舟楫之交通。既无泥沙之淤积，又无暴烈之水势，……则数千年之患永远扫除，数百万之民安享幸福。

答曰：此师齐人延年之故智也。延年上书有云："可案图书、观地形，令水工准高下、开大河上领，出之胡中，东注之海，如此关东无水灾，北边不忧匈奴。"多年前，欧人地理学家尚有推测黄河于河套湾曲处，自包头以下，昔曾经向东流者，如蒲比雷（Pumpelly）君是也，但今日已有人谓此等学说不确。吾人姑且不论其在地理上、人事上是否可能，第就减水患之原则论之，亦无补也。

黄河流域约七十三万方公里，其在包头以上者，约三十五万方公里，约当全河之半。但上游发水，必七日始可达潼关。渭、泾诸河流域，凡十二万方公里，若有暴风雨，则涨水一二日即抵潼关。其他若汾、沁、伊、洛诸河相距甚近，受暴风雨之影响亦必速。兹就二十二年洪水之实例言之，八月十日晨二时，陕县之流量，估计之为二万二千六百秒公尺。其来自包头以上者仅为二千二百秒公尺（十分之一耳），其来自山陕谷中者二三〇〇秒公尺，汾河者一八〇〇秒公尺，渭河四〇〇〇秒公尺，泾河一二〇〇〇秒公尺，北洛河三〇〇秒公尺。于此可见设在该年包头以上之水即尽令东流，岂果能减少下游之水患乎？

今就冲刷之情形言之，黄河之大问题，因含泥沙过多。其重要性，不亚于洪流暴涨。试以二十二年论之，其在陕县者，以重量计，约为百分之三十九，而在民生渠口，只百分之三耳。更就各方之观察，泥沙之来自包头以上者实不甚多。是就此言之，亦不能减少河患也。况此法在地理上、人事上更有较大之困难，其不能实行，甚为显然。

三、堤防可废乎

客又引田子之言曰：古者有河无防，防之兴始于战国。当时两岸相距五十里，齐、赵、魏三国利河之地而为田，易之以防，河始为患。汉时文、武之际，不能破除谬见。武帝且有宣房之筑，太史公作《河渠书》，贾让倡废防议，王景治河，其法以河为经，而渠为纬。自宋以后，始大倡防河之说。明之潘季驯、清之靳辅，所谓治河名家，皆名其书曰河防。故古曰河渠，今曰河防也。经河之身，宜宽且深。虽不必如禹河之宽至五十里，视今之缕堤加半或倍之，遥堤则不必置之。非吾之量小于禹与让，盖枝渠甚多，自无壅遏之患。河之两岸，不置[1]防，不如[2]修饰，不加版筑，新河所起之土，听其平洒，人民得而耕之。自古河有三害，决、溢、徙三者互见。然徙之为[3]害，千百年不一二见；溢之害时有之，而不甚大；决之害，则大且深，

---

[1] 此处脱漏“堤”字。据田桐《导河根本计划书》校对，下同。

[2] 如　当作“加”。

[3] “为”为衍字。

而不忍言。夫河何以决？生于防也。不观夫暴水之际，有堤之地则决，无堤之地则淹。淹者，溢也。禾苗受淹之地，其杪没则死，其杪不没，虽经二三日，水退犹生。……北方浑浊之水，民用其水，复利其泥。汉之《白渠歌》曰：‘田于何所，池阳谷口。郑国在前白渠在后。举插[1]为云，决渠为雨。泾水一石，其泥数斗。且溉且粪，长我禾黍。衣食京师，亿万之口。’余习见山西浑、应、山、怀一带之民，雨后导水过之，泥澄而田沃。是溢之为害，害中有利；决之为害，害中无利。有堤防则有岁修费，有抢险费。清代河工之费不胜其重，河督所属之官骄奢淫逸，过于王侯。倘移此费以开渠而废防，一劳可以永逸。

答曰：贾让主徙民以避水，二千年来率多称之，独清靳辅谓此策不可行。其言曰：“但曰民可徙，四百万之国储将安适乎？即欲徙民，吾不知将徙此数千百万之民于何地也！且河流不常，使河东北入冀，吾徙冀州之民以避之，倘河更东而冲兖，南而徐而豫，吾亦将尽徙兖之民，徐、豫之民而避之乎？”又曰：“让之三策自为西汉黎阳、东都、白马间言，未尝全为治河之论。”靳氏之论颇为切实，第尚未能着其标的。

后世虽皆知堤防非治河之完策，然舍此则他无良法，故堤防实占治河之全部。明潘季驯且谓堤防古已有之，并非下策。其言曰：“昔白圭逆水之性，以邻为壑，是谓之障；若顺水之性，堤以防溢，则谓之防。防之者，乃所以导之也。河水盛涨之时，无堤则必旁溢，旁溢则必泛滥而不循轨，岂能以海为壑耶？故堤之者，欲其不溢，而循轨以入于海也。”又曰：“《禹贡》云：‘九泽既陂，四海会同。’《传》曰：‘九州之泽，已有陂障，而无决溃。四海之水，无不会同，而各有所归。’则禹之

[1] 插　当作“锸”。

导水何尝不以堤哉!”潘氏论堤之重要极为精辟，足征堤防不可尽废。惜只有堤防仍不足以治黄河也，况犹未能尽其利乎?

更就溢水淤田论之，若无堤防，当无由决，其理至显。然溢之水患，恐尤甚于决也。既宽其身，则水流必缓，既无堤防，则水涨必溢。水缓则沙停，不数岁而所谓“河身者”将与地平，而徙继之矣。此不可行者一也。

溢水固可以放淤，而淤后之地必渐增高。水性趋下，难使行高，既无堤防，仍必他徙。是减决之祸而增徙之忧，其不可行者二也。

又所以利其淤者，以便于种植也。若每年水溢，则房舍田庐将不保，又焉能得其利耶?此不可行者三也。

所谓“溢之害时有之而不甚大”，以仍有堤防也。若无堤防，则其害必“大且深矣”。再则河之身宜宽且深，纯系理想之说。冲积之事，有关于切面之形状、降坡之大小、流量及流速之数量者至巨。若弃而不言，仅就加宽加深方面着力，则宽足以缓流，缓足以致淀，而深亦不能生其效。是只收加宽河身之害也，何利之有?故西汉之时，虽可以徙民为上策，及至今日，则不成其为策矣!历代反对此说者虽不乏其人，然终由“徙民”之议进而演为“不与水争地”之说，相沿千余年。迄明潘季驯始有攻水之论，卒以世人历史之观念过深，至今犹不克蠲除此见，殊可惜也。

又“防”非恶意，“防河”亦非下策，盖患生然后防之。若大河泛滥于渺无人烟之区，则不必防矣。所谓“易之以防，河始为患者”，实倒因为果耳。防为患而设，患为防之因，宁能以河之有患，而加罪于“防”乎?譬夫国家备兵所以御侮，若兵备而侮至，而曰侮因兵来，有是理乎?惟若纯赖堤防为治河之惟一方策，恐有不足耳，此乃二千年来争议之所由起。故于“堤防”之外，当另设他法以辅之，使相并而进，以策万全。若遽“废堤防”则断断乎不可也。

四、河漕淤垫可否以机械刷之

客曰：古人惧黄河淤塞，有用混江龙、铁扫帚之法者，至逊清两江总督陶澍始奏请裁撤。查混江龙、铁扫帚之用法，系拖于船后，……将河底污泥打起，与水混合，流入海中……又曰：制造挖泥船数只，从海口溯流而上，分段挖之。挖泥之时，宜循河道，避弯就直，可减冲溜刷堤之害，而增加水流之速度。每年挖泥时期，以三、四、五、六等月水溜浅时行之。挖出之泥沙，应载于堤岸低凹之处倾出，借以培修堤岸。或雇用人夫，或以工代赈。

答曰：黄河善淤，诚为大患，若有避免淤积之策，殊可采用，然前述二法不能为力也。盖以黄河之大及含沙之多，决非混江龙或挖泥船所能奏效者。若为局部之整理或海口之疏浚，尚可以挖泥船为之；如赖以解决全河淤淀之问题，实不可能也。

黄河下游，蜿延[1]千有余里，身宽千数百丈。若用混江龙为一处之鼓荡，其影响能有几何？势必冲于此岸者淤于彼岸，刷于上游者淀于下游。若于全河之中皆置混江龙，不特事实所不能，抑且经济所不许也。且黄河之淤乃在溜缓之地，其溜既缓，虽鼓之荡之必旋起旋灭，而收效亦殊微矣。

至于引用挖泥船之法，只可施之于局部，以谋通航之用耳。

[1] 延　当作“蜒”。

若欲借此将黄河之淤淀而尽挖出之，则似又未曾一考其事实也。查黄河之含沙量，沉淀于陕县、泺口之间者，每年约为二九四〇七四〇〇〇公吨（参考作者著《黄河之冲积》）。若尽量挖而出之，输至堤根，其费用当何如耶？

古之论疏浚者亦不乏人。如刘天和则反对宋人铁龙爪、明人滚江龙之法，而主用方舟以长柄铁爬齐浚之。而万恭则谓方舟之法亦不可用。其言曰："上疏则下积，此深而彼淤，奈何以人力胜黄河哉？虞城生员献策为余言，以人治河不若以河治河。夫河性急，借其性而役其力，则可浅可深，治在吾掌耳。"又曰："其法为如欲深北则南其堤，而北自深；如欲深南则北其堤，而南自深；如欲深中则南北堤两束之，衡中间焉，而中自深。此借其性而役其力也，当万倍之于人。"何其言之精辟也。

潘季驯亦谓挑不胜挑："沙[1]底深者六七丈，浅者三四丈，阔者一二里，隘者一百七八十丈。沙饱其中，不知其几千万斛，而[2]以十里计之，不知用夫若干万名，为工若干月日，所挑之沙，不知安顿何处……"万、潘二氏之言已明释此等见解之谬误矣，又何待诸深辩。

总之，黄河之冲积，实关系于治黄根本大计。如此问题不得解决，则其他工程碍难进行。是故上游必设法以减冲刷之势，下游必整理以避淤淀之害。而此等工作，则包括森林之培植，沟洫之恢复，谷闸之添设，滩岸之保护，河槽之整理，河身之修治。非仅以鼓荡挑挖而解决之也。

---

[1] 沙　当作"河"。据《河防一览·河议辩惑》校对，下同。

[2] 而　当作"即"。

五、周官沟洫之法

客曰：如君所云，河患如斯之剧，治河如斯之难，然则治河终无根本之法乎？

答曰：有，其惟恢复沟洫之制乎！

客曰：沟洫乃治田之法耳，何关河事？且废除已久，又何得而恢复之耶？

答曰：试为君言之。世之论治河者多矣，然绝少扼要之言。明潘季驯以水攻沙之议，颇近似之，惟尤不如清沈梦兰主复沟洫之说为切实也。盖以前者可以治下游之淤淀，而后者则能清泥沙之来源。若两者相辅而行，则达于尽善尽美之境矣。黄河历次之溢决迁徙，皆因淤积，而流水不畅为其主因。至暴雨山洪，乃其次焉。是故治黄河之所以异于他河者，在于他河所有一切情形之外，尚须先着力于泥沙之减少也。盖以泥沙问题若不解决，则于其他之治河方法进行，皆感困难。是欲治黄，应先对其流域及其本身之冲积具有自由管束之能力，方足以言一切计划方法之施行也，否则尽属空谈耳。

减少冲刷之方法不一：如培植森林、杂草以护地皮，建设谷坊以停积淤，皆是也。然可供造林之地究属有限，而谷坊经时不久即被淤平。其法均莫善于恢复沟洫之制。沈梦兰曰：“诚使五省举行沟洫，河之涨流有所容，淤泥复有所渫，而其入海也，又可任其所之，不择南、东、北三道，皆得畅流而无滞。如是而河犹为患，未之有也。”

《周礼》：“匠人为沟洫，耜广五寸，二耜为耦，一耦之代[1]，

[1] 代　应作“伐”。据《周礼·考工记》校对。

广尺深尺，谓之甽。田首倍之，广二尺深二尺，谓之遂。九夫为井，井间广四尺深四尺，谓之沟。方十里为成，成间广八尺深八尺，谓之洫。方百里为同，同间广二寻深二仞，谓之浍。（按：周尺等于营造尺六寸六分。）”按：沈氏《五省沟洫图说》之计算，以面积言，每亩只占地四十七方尺，尚不及千分之八也。其影响于农田之效能，当属极小。就沟洫之容量计，每亩为一百二十四立方尺，换言之即可容二分（即六公厘半）雨量。按径流为雨量三分之一计（此数因各种环境而不同，今以便于明了起见姑假定之），则二公分之暴雨，可无流入河中之水矣。其防洪能力亦不为小。此数概就古制而算，若沟洫增加，以占地亩之面积百分取二计之，则五公分之雨水，可以尽容纳于沟洫之中矣。

至对于渫淤之功用，施氏《近思录》[1] 言之颇详。摘录如下：“以堤束水，水无旁分，淤泥亦无旁散。冬春水消，淤留沙垫，河身日高，地势日下，加岸[2]之外，更无别法。筑垣居水，岂能久长？如使淤泥散入浍洫，每亩岁挑三十尺以粪田亩，则地方二十里，岁去淤土六百四十八万尺。余水注入中流，刷深河底。虽逢水消，仍得畅流。……夫以五省之地，容五省之水，则水无弗容。以五省之人，治五省之水，则水无弗治。此古法所宜亟复哉！”

沟洫之制为灌溉乎，抑为免患乎？沈氏之言又綦详：“职方豫、兖、幽、并四州，或宜五种，或宜四种，或宜三种。禾黍性喜高燥，能耐旱干，雨泽过多，反被淹损，故沟洫之开，所以除水害也。西北地多平原，霖潦无所容泄，大雨时行之候，

[1] 指明末清初人施璜的《五子近思录发明》。

[2] 岸　当作“堤”。据沈梦兰《五省沟洫图说》校对，下同。

一昼夜间平地水高数尺。而畿辅如桑干、滹沱，辄挟涞、易、濡、泡、沙、滋诸水，并流横溢。河间、文、霸一带，弥望汪洋，连年稽浸。昔人谓水聚之则害，散之则利；弃之则害，用之则利。所以东南多水而得水利，西北少水而反被水害也。沟洫一开，则水少而受之有所容，水多而分之有所渫。雨旸因天，蓄泄随地，水害除而水利在其中矣。如为灌溉而设，则沟洫之内，必如东南稻田，常常有水然后可。而绝潢断港，既无本源，土燥水浑，尤易涸渴[1]。孟子云：'七、八月之间雨集，沟浍皆盈，其涸也，可立而待也。'人见无裨灌溉，遂并沟洫废之，而水患亟矣。"是主沟洫之非灌溉者明矣。然既有存积，即可增加渗透以润禾稼，其效甚著。至若言沟洫以灌溉为惟一之目的，似有未审也。

近世之倡恢复沟洫之制者，则为李先生仪祉。然其论沟洫之体与用，又似由排水而转变为灌溉者。先生之言曰："孔子说'禹卑宫室而尽力乎沟洫'，想不过是一种治田的方法。小者为沟，大者为洫，而主要皆在排水。因[2]当时所苦的是洪水，并无灌溉。所以孟子曰'浚畎浍'都是一类的名辞。所以禹时的沟洫，不外乎排水沟渠[3]。"周代遂以至洫浍，"仍是治田之法。等[4]是田间水道，不过有大小之别。沟洫不过总提二字以概其余。他们的用处，据我推想，就不止是排水，而兼有蓄水的功能。为什么呢？周时重要的地方不出乎雍、梁、冀、兖，如今山、陕、豫、鲁一带。这些地方大半地土高厚，雨水缺乏，又

[1] 渴　当作"竭"。

[2] 此处脱漏"为"字。据李仪祉《沟洫》校对，下同。

[3] 渠　当作"洫"。

[4] 等　当作"同"。

何须乎费许多工夫去排水呢？要说[1]为溉灌呢，既未讲明水的来源，又偌大地面，又那能到处引水呢？所以我们可以断定，这些沟浍不止为排水，又不是为引水，而重要在蓄水。所蓄的水那儿来的？自然是雨雪了。这个就是周代沟洫的体与用。”然沟洫既在雨水缺乏之区，其蓄水之目的，固在于防洪者少，而在于润田者多。惟润田而外（以示与灌溉有别）仍兼收防洪之效也。

李先生并就各种不同之地形，作沟洫之计划（《华北水利月刊》第四卷第五期），实为施行此制之南针。今更于《陕西水利月刊》发表《蓄水》一文，参照耕种情形拟具计划，尤便施行。

是故沟洫可以澲淤，可以蓄水。澲淤即能减少泥沙，兼能粪田。蓄水即能防止洪患，兼能润地。减沙防洪所以除下游之水患，粪田润地所以利上游之农事也。若无利于上游之民，则必不肯牺牲其田以开沟洫，而下游即不得收减沙防洪之利矣。（此处所谓上游者，兼指各指支流而言，非专指大河本身之上游也。）

然沟洫之制已废二千年矣，而欲骤事恢复，决非短期所能为功，大河之患岂容待其恢复而治乎？曰：否。此乃根本大计，自必假以时日，方能奏效。况此外尚须造森林，建谷坊，筑水库，浚河槽以相辅而行乎。

六、水库及河槽

客续问曰：敢问筑水库及浚河槽之说。

---

[1] 此处脱漏“是”字。

答曰：水库乃防洪之一法，而特别适用于治黄者也。陆深《续停骖录》云："后[1]之明于河事者，亦有贾让三策、贾鲁三法[2]。若余阙所谓'中原之地，平旷夷衍，无洞庭、彭蠡以为之汇，故河常横溃为患'。斯言也，尤为切要，似非诸家所及。"其言良是。所惜者昔日建筑之术尚未昌明，而黄河又无天然之湖泊，故古今论及之者少。

美国密西西比河，自施行治理以来二百年间，率以堤防为惟一之方法，今已有采用蓄水库之倾向矣。然兹所以提倡之者，决非望美效颦，实以黄河河流之情形，以水库为防洪之具，乃最有效之方法也。兹略述陕县之流量变化以验之。

去岁造成数十年未曾有之水灾洪流。八月七日午间其在陕县流量仅二千五百秒公尺，八日午刻已达六千秒公尺（即过去数年每年洪流之普通数），当夜十时增至一万二千，十日晨二时达最高峰，为二万三千，十四日午时又降为六千之数矣。是其在六千秒公尺以上者仅六日耳。然是年之特大洪流，其为期不能过长，亦属意中事。盖历年洪流之来，莫不于短时期内即行降落，率如奇峰突崎，忽涨忽落，非若他河可绵延一月或二月之久也。民国八年最大流量为六千九百四十秒公尺，其在三千秒公尺以上者不及一月。自流量曲线图观之，即在此最大流量之月内，亦宛似工业区之烟囱，高低林立，非普遍之增高也。如七月二十六日之流量为三千六百秒公尺者，二十七日即增至六千四百余秒立尺，八月一日即降至二千四百秒公尺，四日又增至五千七百余秒公尺，六日又降为二千四百余秒公尺，可见其倏起倏落。若有蓄水库或拦洪水库以节其流，则于七月

[1] 此处脱漏"世"字。据陆深《续停骖录》校对，下同。
[2] 此句原为"亦有贾让之三策，亦有贾鲁之三法"。

二十七日至陕县之最大流量可延缓之，分为三五日流下，而洪流之高峰可减，下游水患可免矣。其他各年流量之情形亦大致类此。

再就水文论之，水库对于黄河之防洪关系至为切要。水库可分蓄水及拦洪二种，其目的略有不同。前者于蓄水而外常兼有他种用途，如给水或发水电等，故于水之放出，必按照预定之计划办理。后者乃专为防洪而用，其水门之设计以不使流量超过下游河身所能容者为限度，对于放水则无须加以限制。至于各水库之地点与设计，尤必于测勘及详细研究而后始能定之。

客曰：河流之冲刷既如是之甚，纵有水库，能无淤垫之虞乎？

答曰：诚如君言，此固一极重大之问题也。按永定河官厅拦洪水库之计划，预计三十年可减少其容量三分之一。黄河各支流如建水库，或亦似之。然国家如以恢复沟洫之制为治黄政策之一，积极提倡若公路然，五十年后必有可观。若斯，当水库失效之时，正沟洫致用之年。失彼补此，又何患焉？

至于下游河槽，紊乱极矣。其宽度之不适，路线之曲屈，溜势之日有变迁，河底之日见淤垫。既失整齐之功，遂无固定之形，此其致病之重大原因也。关于此点，中外专家极为重视，古之论者亦颇多其人，如前述“九河”及“废堤”等策皆是也。然无充分之测勘研究，治之之道，岂易言哉！现在下游工作，一面测量地形及河道切面，并观测水文，研究土质，一面又托德国恩格斯教授作模型试验，更在中国第一水功试验场试验研究。吾人惟望合理之结论早日实现，俾便参考研究也。

下游河槽之整理，其重要如是。至于各局部之河槽，有待随时之整理者，为治标计，亦不容稍缓也。

七、堵决宜用新法乎旧法乎

客曰：我国堵决旧法，乃根据大河之情势而演进者。料物人工，两称齐备，而必欲于流沙之底以打桩，其能不失败乎？且水吃软不吃劲，必欲易秸为石，亦必愈促其冲刷也。

答曰："新法""旧法"者，乃显然代表两派之名辞。自此名出，一切争点由斯而生。考黄河第一次试用新法，为民国十二年宫家坝之堵口。当时对于新法几经争执，终归采用。其后每次堵口皆有新旧法之争，恒致意见纷歧，不能合作。实则法无所谓新旧，乃人心各怀成见于中耳。

所谓旧法者，言堵口之时自两方进占，以至合龙。其料则秸、麻及土。所谓新法者，则先行下桩，继而填料，自底而上平铺出水。其料则用树枝、铁丝、砖石。然进占之法，欧西亦采行之。柳石等料吾国久已用之，是皆为堵决方法之一种，不得强以新旧名之也。至于二者究应采用何种为宜，又须以当时之情势与经济之状况以为断，不能预存成见而先定取舍也。交通困难之区，若必坚持以采用柳、石，固属不可，而在适宜环境之中必曰秸、土胜于柳、石，乌得谓宜？

若今年之长垣冯楼堵口，乃新旧方法合用者也。先自两方进占以至合龙，料物则用砖、石、柳枝，然亦告成功矣。若必谓此项更张有违向例，不愿相助，又或以为进占之法有背水力学理，不应采行，此皆有"新""旧"之见存于心也，有失工程之旨矣。要当以事论事，以求解决之法，而谋改进之道。不当固持成见，致有碍于工程之进行也。（前所举例仅欲说明此理，非谓其法即尽善尽美也。）

是故遇有堵决，应本旧有之经验，参以科学之方法，以为解决之原则。更斟酌环境之情势，与经济之能力，以为判断之根据。斯则“新”“旧”之争，庶乎可免。至云孰优孰劣，不能一概而论，何去何从，当以情形而殊也。

八、完成治导之时期

客曰：《黄河水利委员会工作纲要》述治河之工作，谓期以十年小成，三十年大成。吾人正感水患之亟，而盼其速成，如大旱之望云霓，须臾不容缓也。若必待夫三十年之后，吾其鱼矣，焉用治为？且黄河关乎华北之文化、财富，又安可不急急谋之，而必迟以三十年耶？

答曰：孟子曰，“七年之病，必求三年之艾。[1]”言病之深，其采用之药料，必经相当之岁月，始有医病之能力也，治河亦犹是也。自有史以来，黄河之患不绝于书，而历代治河名臣辈出，其经验之丰富、思想之周密、任事之勤慎，今读其书，令人犹赞叹不置。然虽则如是，而黄河之患终未治也。良以病在膏肓，方药难具，虽有名医，卒无长策，故仅能维持生命于不绝，而不克奏药到病除之效也。今日之治河，纵有科学之方法、新式之利器，如无科学之张本、长期之研究，而冒然设计，率尔从事，亦犹医者对于久病之人，尚未察其病源、检其身体，而遽欲施以医药，难乎其为治矣！故病之深者断难操切从事，况黄河为病之深，历时之久，又非此之所可比拟，其能舍斯理而不由乎？

即以古今治河之方策而论，何止千百？然考其究竟，其可

[1] 孟子原句为“犹七年之病求三年之艾也”。据《孟子·离娄章句上》校对。

行之而无弊者有几？若冒冒然择一家之说，奉而行之，又何异于孤注之一掷耶？不宁惟是，即欲用今日科学之方法治之，而无科学之张本以为之据，亦恐事实之所不许也。

且也世之论治河者，多言原则。纵其原则可行，距实行尚不知费若干手续也。例如“束水攻沙”之策，颇可采用。然欲解此问题，则流量、速率、冲积、糙率、地形、切面等等，无一不需长时期之研究。若仓卒就事，则难免遗误将来。再如上游之治理，亦不容忽。若培植森林、开挖沟洫、建筑水库、整理支流各节，莫不与下游之河道切面有关。倘不于设计之始统盘筹划，则恐治河之千万金钱终归虚掷，岂仅遗欲速不达之讥而已哉！

是故今日治河，虽环境顺利，人事无牵，犹恐三十年之期有不足也。责时间之过长者，殆未思此问题之内容与其繁难之程度耳。

然则大禹治水，千余年无患，而王景治河亦安然无事者数百年，今独不克得数十年之安定乎？噫！时代不同则治理之目标亦异，前曾言之矣。设在今日而欲效先贤治河之方法，必难满意。此非黄河之情形不同，实以人事生产日增，其需之保护日切，而保护之范围亦日广也。且鲧禹父子先后治河，费时已二十余年矣，亦非短日所可奏效也。

若然，则治理计划尚未完成之前，将令人民安坐以待鱼食乎？曰：是乌乎可！尚有防汛抢护之工作以辅之也。千余年来，中国治河即只此而已，皆未言及治导也。在治导计划未竣以前，犹可继此而行，以事救济，非谓治导即不顾防守，言本则不遑治标也。

要之，今日之问题，尚非治导完成之时期问题，乃研究如何以达治导之目的耳。故所应努力者，为搜集必要之张本，借供研究、试验、设计之用。而作成治导之具体方案，更当宽筹经费以利进行。舍此不务而徒斤斤于时日迟早之计较，似未当也。然如能上下协力，举国一致，俾治河大计，使其早日完成，实不佞所馨香祷祝者也。

二十三年六月于开封

三、论治黄

《大公报》二月二十四日载，华北水利委员会第九次委员大会中，有李仪祉先生提议《导治黄河宜注重上游》一案，次日又载李先生《治黄研究意见》一文，指破数千年治河之弱点，详示筹款之根本办法，意至善也，因有感焉。爰就鄙见所及，聊供治河者参考。

关于过去黄河之治理，仅能防患于一时，未能贯澈以永久，故昔日之河务局曾以“河防局”名之。近日则防不胜防，千疮百孔，顾此失彼。若不急以新法导治之，吾恐黄河之患更有甚于今日也。近世科学昌明，河工大进，不得不急谋救济之法。今者李先生所论“宜注重上游”实乃治河新法。若与昔日“专治下游”相对而言，殊能唤起民众之特别注意。然若就治黄全体而论，只注重上游，又似未尽治黄之事。盖以昔日虽注意于下游，实与未注意等耳。例如今年之为险工者，明年必仍为险工。今年之已决口者，明年仍有决口之望。（如李升屯、刘庄、黄庄、宫家坝等地是。）历年所谓“治河工程者”，勿宁名之曰“抢险工程”。故其不治，与上游等耳。尤有甚者，下游不畅，则上游必决，中外之论皆同。黄河携泥沙甚多，自黄河改道由利津入海以来七八十年间，淤出新地近三百万亩。山东前年曾有新设三县之议，其工作之巨，殊堪惊人。口门河道，几无一定之可言。一察黄河口门图，则其乱如网。上游洪水暴涨，因口门不畅，水不得下行，则河身必积水甚多。水位逼高，坡度以减，故出险时闻。是故黄河之根本问题虽在于沙，然现在下游不畅又为黄河致病之一点。决口即有改道之危险，历年以来，事实俱在。就现状言之，吾恐黄河之改道随时皆有实现之可能，岂不危哉？以上所云，不过略指下游之急待治理之一例而已，则其待治之急，更不减于上游也。黄河之不治，其原因甚多。工程知识未备固其最大者，然亦不能以今日之眼光责数十年前之河工人员也。惟社会之种种阻力，不可忽也，兹分述之。

（一）畛域之见。治河犹脉络也，一处不畅则全体停滞。应统筹全局，断不能节节为之。然黄河下流河南、河北、山东三省之河务局，分别成立，各不相谋。即以冀、鲁之交而论，出险之次数最多，而其最大原因，厥为口决河北，而患在山东。山东以职权所限，不克越界整理，河北以利害较轻，鲜能促起注意。虽两省人民互有水利协会之组织，然款则极难筹划，且人多有“各扫门前雪”之成见，只仅守本段，勿使出险而已。

（二）治河人员之成见太深。即以黄河改道北来以后，河工人员积此六十余年之经验，其心得当有相当价值，可断言也。然若自恃其长，不纳异己之见，则为阻止进行之魔障，虽有新知识之工程人员工作其间，亦不克展其所长。如黄河工程关于打桩一事。纯用旧法，若教以新式打法并予以新式机器，则群众皆不之理，甚或以停工制之。再则故意将机器破坏，而称不堪用，仍沿其数十年习用之法。又如“合龙”方法，对于旧法实有改良之必要。就山东黄河河务局潘万玉先生之经验言之，于彼所创之新法提出后，闻者无不骇然。其实乃根据科学原理，采取各国所通行者。于此法施行之日，职员工人相率不前，稍有失败，则群相诟病。若按旧法而失败，则相率跪于“大王爷”之前。以此之故，新法鲜敢试用。

（三）主管机关职权不定。近年以来多知治河之重要，机关林立，然职权不定，殊难进行。例如前年华北水利委员会测量河南黄河一部，将至山东境，其时适值黄河水利委员会成立，令其停止测量。华北水利委员会本负有华北水利设计之责，采取张本，固所应当。况华北水委会情愿于黄河水委会测量队成立后将所作成绩完全移交，终不之允，立即停止。然停止则停止矣，继测则未之有也。昨又见报载，华北水委会关于测量黄河上游事，与陕建厅商洽进行，甚愿其不再受干涉而能实现也。黄河事业重大，固当有最高之机关办理之，服众之人才领袖之。如一有政治意味，殊于建设前途不利，然而黄河水委会至今尚未成立也。

（四）职员之责任心轻。论者多谓河务为发财机关，不特不欲其工程之永久，且惟恐其来年之不再决也。此言似属过甚，有之亦或为过去之陈迹。今日之廉明时代，其不能发现可断言也。然过去数十年来办理河务者之责任心轻，不能不谓为治河之阻碍也。

（五）地方困穷，财政无着。财政困难，已成为全国皆然之现象。全赖政府，则拨款无期终必成灾。间或有倡义之区，联合附近各县，于危险之期，群相会议，共筹款项，以资防御。当时以生死关头，皆热心从事。某县应拨摊款若干也，某县应摊料若干也，悉无异词。又以情形紧急，则举领袖主办之、预垫之，迨危期已过，对于前者之恐惧已雨过天晴，不复记忆，再去筹款递补垫支，则无相应者。以致主办者自身负债，工人相随，料贩相伴，不得已则避之他乡。于是对于地方办公益事，多不敢前矣。是故仰诸政府，则库空如洗，自治合作，又结果如是，此河之所以屡决口而无法以防御之也。以上所云乃其荦荦大者。欲治黄河，则对诸阻力不可不有以去之也。

据李先生云："国府以治黄研究之责任，畀之建设委员会，并将拨英、俄庚款一部份以供其用。"如能实现，固属国家之幸。然回顾过去，瞻望将来，必一洗过去之积弊，开治河之新纪元，或能有效于万一也。然兹事体大，非短期间所可竣事，分步为之，年有进展，人民之愿已足矣。对于今后应注意之事项，鄙见如下。

（一）关于工程方面：（甲）黄河概略情形，虽有知之者，然对上游漠然。应派黄河察勘队，起自河口，上至星宿，测简单之河形，作详细之调查。一队人两年之时间，二十万元之费用，即已足用。论者或谓此乃大略，不足供工程设计之用。诚然，盖欲作详细之测量，决非最短期间所可完竣者，如能作此一次察勘，即可定治理大概方针也。（乙）继续华北水委会之测量。（丙）早日实现水工试验之设立。（丁）训练旧有员工。河工既必每年护养，治理为连续之工作，断不能弃旧法于不用，然须逐渐改进。对旧有员工若能加以训练，俾其明了，对新法之施行必获良好结果。（戊）新法之试办。堤防为治河之一法，我国行之已久。即有治本之法，此法亦不可废。故对于护岸工程之改良（今日所用者多为秸埽）、决口之防御、决口之堵塞以及其他之一切工程方法，尽可施用。若当局再能明了新法之当行，努力于改良，新旧兼采，则收效益宏。（己）聘请专家详研治本、治标之方案。

（二）关于行政者：（甲）宜即将各省黄河河务局等名称取

消，统成一局或委员会，以负护养之责。于会中设专门委员，专司改进设计之责。（乙）各段营防亦应改组，如铁道然，以工段分之。（丙）明定其与有关系各机关之权限。（丁）职员以能专心于职务而具有特种学识经验者为宜。

（三）关于经济者：（甲）如李先生所云能以实业之利息专款治河，实为善策。惟所宜注意者，基金之保管不可不筹有善法，以免野心家之操纵，与夫受时局之影响。（乙）昔日山东曾于丁槽[1]每两银收八角河工捐之法。然此不过征捐之一种名词而已，实未用作治河。于人民凋蔽之余，更不宜于施用此法。（丙）报载借款之消息甚盛，能否成为事实与其对于国家之关系，非本篇所论。若借款提其一部作建设之事业，既符原议，利且无疆，实首要之事也。

寓居荒岛，昔日搜集张本未在左右，故言之不免空洞，阅者谅之。

二十年二月二十七日葫芦岛

[1] 槽　应作“漕”。丁漕为按人口交纳的漕粮。

四、水灾与国难

一国之文化与财富，与河道之关系至为密切。例如我国之黄河、埃及之尼罗、印度之恒河，皆在历史上有重要之价值。上古之时，人民逐水草而居。及人口日繁，则思防害之策，兼施利用之术。故占一朝之盛衰，类可自水利、水患之情形卜之。又以其关系民生若是之重要也，故史册所载代不绝书。河为天然之赐予，欲兴利以除害，则端赖人为。是故昌明之世，国富民足，努力讲求，日有进步，则水利可兴，而祸患自除。多难之世，则必有河溢决漫之厄。盖以人事不和，则私欲横流，各利其私，互相争夺，民生凋敝，救死不暇。天灾之来，既未能防患于无形，更无力拯救于当时。及其溃决，只有听诸天命，任黄流之汹涌，扫田庐成丘墟，故曰天灾由于人祸。实以人能和，则天灾容或可免，否则必益逞其凶恶矣。

黄河为患，史不绝书。其最烈者，则为前后之六次改道。兹姑述其历史之背景，以实吾言，兼为殷鉴。

大禹治水之后，终夏后之世四百余载无水患。殷时河屡溃决，则迁都以避之。周代以沟洫浍川，起自田亩。畿疆封筑，取诸农隙。旱潦蓄泄，任之农功。卒然有急，移用其民以救之。其时事取力征，故土不堤而固，水不渠而洒，河由地中行，盖不劳而定也。及平王东迁（西历纪元前七七〇年），周室衰微，诸侯用兵，图霸逞强。其始也，齐桓争长；其继也，晋、楚起衅，秦、晋称兵。其间各国互争，大战连年，骚扰已极。当时诸侯各作堤防以自利，甚或以邻为壑，而河愈横溢，为害无穷。故至周定王五年（西元前六〇二），河决黎阳（今浚县）宿胥口，东行漯川，至长寿津（今滑州东北），始与漯别行。至大名，约与今卫河平行，至沧县与漳河合，至天津以入渤海，河乃东南徙。

汉朝河患始于文帝十二年（西元前一六八年）酸枣之决，武帝元光三年，濮阳瓠子口河决继之。其后百余年间，河患频仍。至成帝绥和二年（西元前七年），求能治河者，待诏贾让上言上中下三策。后又属征治河者，但崇空言，无补实际，以故河敝已极。迨至莽移汉祚，天下大乱，始建国三年（西元十一年），黄河二次改道，决魏郡，经清河以东，平原、济南数郡，北流至千乘（今利津县）入海。河更东南徙，大伾（今浚县境）以东，旧迹尽失。

东汉明帝永平十三年，王景治河，多开水门，复河、汴分流旧观，不至横决如前矣。及至宋朝真宗，国体衰弱。景德间（西元一〇〇四），辽大举攻澶州（今濮阳西），帝亲征，辽请盟。其后夏王赵元昊反，征讨数载，辽复求地，外患屡来。故于宋仁宗庆历八年（西元一〇四八）河决商胡（今濮阳县东北），而横陇（今濮阳东）之京东故道塞，北流合永济渠，注青县境，又东北径独流口，至天津入海。越十五年，河分于大名，遂分为二股河，此股经德平、乐陵、海丰入海。至哲宗元符二年，东流断绝。

辽代建国北方，于河无与。金克宋之初，两河悉畀刘豫。

豫亡，河遂尽入国境。宋庆历之决，河乃北徙，后又有东股，几复旧道。宋人恐河入契丹境，则南朝失险，故兴六塔河，主二股河，欲挽之使东，是直以河为天险，非治河矣。后宋南迁，奸相当国。金虽设官以置属，适值两国交兵，故于南宋光宗绍熙五年（即金章宗明昌五年，西元一一九四年）河决阳武故堤，历长垣、菏泽、濮县、范县诸县，至寿张注梁山泺，分为二派。北派由北清河入海，南派由南清河入海。距上徙只一四六年耳。

其时金人以邻为壑，故纵河南下，与北清河并行。是以河病敌，非治河也。至元世祖至元间，河决阳武，南徙益剧，又兼会通河成，北派愈微。明孝宗时，则主东西分治。后刘大夏主张治上游，浚贾鲁河，由曹出徐以杀水，浚孙家波，开新河七十余里导使南行。又经长垣、东明、曹、单诸县，下尽徐州作金堤，长三百六十里。北流遂绝，沿淤黄河自云梯关入海，时明孝宗弘治七年也（西元一四九四年）。此次迁徙始于元世祖至元中，迄明孝宗弘治七年，凡二百余年。元则利河南徙，明则以漕运之疏通为目标，治理不得其道，河槽紊乱已极。虽非尽由于国难之牵动，实以其非为治河而治河也。

清咸丰元年，洪秀全称太平天国，竭全国之力以事征讨。遂于咸丰五年（西元一八五五年）河决铜瓦厢，北流自大清河入海，即为今道。清初河患虽甚，然皆堵塞御防，惟于此次适值太平天国之兴，故一决而不可收拾也。

就以上之事实，吾人可简述如下：

河道初徙于西元前六〇二年，时在周室东迁之后，诸侯称强，作堤自利，以邻为壑。

河道二徙于西元一一年，时在王莽篡汉后三年，天下大乱。

河道三徙于西元一〇四八年，宋室衰微，外有契丹之侵，内有夏王之变。

河道四徙于西元一一九四年，金、宋利河以为险，互作攻守之具。

河道五徙于西元一四九四年，三百年间，治理不得其道，至刘大夏始筑大行堤[1]，使河南流。

河道六徙于西元一八五五年，适值洪杨之变。

由上观之，河道迁徙之变，几无不在国家多难之时也。水灾之原因固多，然人事不臧，必其大者。以上所述，略就历次大患言之耳。若细考每次之泛决，亦可得同样之结论。黄河下游豫、冀、鲁及苏之北部，莫非黄河淤积而成。换言之，即千万年前黄河曾漫流于此大平原者，不知其几千百次也。故地势平坦，一有冲决，任何处皆可作为河道。试一睹前六次之迁徙图，即可略窥一斑。西薄太行，南及徐、淮，莫非河道所经。可知大平原中任何处皆有为河道之可能也。

尝有以七次迁徙相询者，此诚不幸之预测，然事实如是，亦不必讳言也。以今日之河道状况及国家情形言之，任何时皆有改道之可能，任何地皆有河浸之危险。自六次改道至今，垂八十年。所幸下游新道（大清河故道）在昔水流尚畅，然以湾曲过多，且河底淤垫，连年决溢，几至不可收拾。论者多谓豫省自清光绪十三年后未常有患，河可安矣。殊不知此正新道流畅之暂时现象，为时一久，下游淤垫，水流壅阻，不得宣泄，其为患必矣。故吾不为今日之豫省喜，实怀前车之惧也。巩县而下，平均言之，低水位时河面已较平地高二公尺，大水之时则五六公尺不等，河行地上，全赖堤防。内战连年，大河南北久已凋敝。防护失时，堤薄厢败，溃决之患，在于目前，卵巢

[1] 一说“太行堤”。

幕燕，犹不自觉，不得不为国人再言之也。

今日国家诚多难矣。内忧外患，俱极险恶，较之辽、金、洪杨之时，已远过之，河之不迁幸也。但势属建瓴，南决则徐、淮、金陵为鱼，北决则燕、赵、天津为墟。丧乱连年，已不堪命，若再遇此巨灾，欲蒙独立国家之名，恐亦不可得也。言念及此，不寒而栗！

今日政府及社会，似已感觉河患之可畏及水利之重要，故亦提倡督促，然此不足以言治河也。东汉末年，求治甚力，诏访征求能治河者，然“崇空言，无施行”，为史家所病，故不数年而徙。甚愿今人能力矫此弊，不事空谈，埋头工作，不求口惠，但务实行，或可渡此难关。否则，不忍言矣。古语云“多难兴邦”，不禁馨香以祝之矣。

二十二年八月三日于天津

五、黄河改道之原因

前接国立北洋工学院院长李耕砚先生函嘱，为《大公报》撰《黄河改道之原因》一文，熟思至再，而无以应。盖若论孟津以下之黄河改道乎？则年代悠久，事实繁杂，原因众多，记载简略，断非仓卒所能究其真谛。若言今年利津以下之改道乎？考自铜瓦厢决口，迄今垂八十年，河口数改其道矣，是未始不可以利津作孟津观，以八十年作四千年观，以测历次改道之原因也。如此比拟，视之似较简单，而考其原因之复杂，殊不减于在豫、鲁、冀大平原上之改道耳。夫所谓改道者，乃河患之大者。故今之言治河者，皆以防洪为首要。然不明其因，无以拟方策；不察所患，无以施救济。谨以一得之愚，公之于世，以就正于有道焉。

欲明黄河在下游平原之所以为患，当先考此大平原之所由生成。按诸地质通论，河流冲积之工作，为地形变化主要原因之一。高原土壤，山岭岩石，被风化以后，经雨水之冲刷，奔注于河，顺流而下，迨至流速稍缓，遂以沉淀，逐年淤积，历时既久，而平原成矣。纵复遇有地球之巨大变动，而山陵崩坠，川泽填塞，高者陷，洼者起，地球之形态尽可改观，而河流之搬运工作如故，仍不失为造成平原之主要动力。此平原生成之普通情形，而黄河下游之平原，当亦不能例外。

试再考之地史，当沙漠时代（Steppe Period），我国北部及中亚细亚，尽属沙漠不毛之地，空气干燥，每值风作，尘沙蔽天，吹向东南，落而弥漫大地及山川沟壑，故谓此时为沙漠时代。迨经亿万年后，东南之山系陷落，海水乘机侵入，雨量渐增，而成今日之地形与气候。故又名此时为黄壤时代（Loess Period）。当沙漠时期，风携沙行，散布各处，风为改造地形之主力。及今黄壤时代，沙随河流，淤积下游，而黄河又有变化地形之权威矣。据地质调查所所长翁文灏氏之估计，黄河流域黄壤所占面积约十八万八千方公里，已当全流域面积四分之一，其数实堪惊人。且黄壤为风积，其质极细，能漏过二百号之筛子者，约占百分之八十，故易为河水冲刷。黄河既携此多量泥沙，东出峡谷，骤抵平原，流缓沙沉，逐渐淤淀，遂致海日益退，陆日益增，于是下游之大平原成焉。据黄河水利委员会之估计，此大平原为七千四百年所积成。在此以前，泰山不过为海中之一孤岛。然所估此数，或嫌太短。按翁文灏氏之估计，每二〇五年，河水可淤高一呎[1]，则一〇〇〇〇年后，可淤高五十呎。翁氏又云，二〇〇〇〇年后，上游之黄壤可尽被冲去。惟翁氏所假定之平均含沙量，较之在陕县所计算者为低，故以上所有之估数，不过供吾人以参考，尚未敢依为定论。然无论如何，而下游大平原之造成，乃黄河之功绩，殆无疑也。且在下游，凡有黄壤冲积之处，皆曾经黄流所波及，亦皆为黄河之领土。明乎此，则黄河之所以时有变迁者，其重要原因可得而知矣。

吾华民族，自西徂东，沿河而下。始来之际，乐水草之丰

[1] 呎　即英尺。

美，气候之适宜，既便牧畜，复利种植，初不知有河患也。及至帝尧，洪水突至，乃命鲧禹父子相继治之。鲧败而禹成，千余年后无河患。迨夫战国，堤防之制兴。惟堤防之原始，颇难稽考，论者谓大禹之陂障即堤防之意。是否如此，兹姑不论。但堤防之筑，必因人烟繁殖，借资保障，敢断言也。既有堤防，则不能无决，决而不归故流，则改道矣。

黄河难治之原因，各家论者多矣，吾人不便妄事批评。惟就实际情形考之，其改道原因之在河道本身者，约有二端：一为洪流之来去过骤，一为携带之泥沙过多，兹分述于次。

黄河流量最低之时，恒为十二月及一月，间或亦在五月。盖自一月以后为凌汛、桃汛。其间之水，遇汛则涨，汛过则落，至五月则降落几与冬月等。必至六月而后，始逐渐涨发，及八月而达于最高洪水峰。而黄河河槽恒淤刷不一。大汛之后水流渐缓，则逐渐淤垫。经冬而春，间或亦有刷深，惟不甚大。及至大汛，恒有刷深至六公尺者。河槽既深，则容量必增。设当洪水来时，其势稍缓，则河槽有刷深之时间，而防护工料复有预备，从容处理，自可减少危险。如其来势甚骤，河槽既无刷深之余暇，猝不及防，则难免于患矣。故黄河之大患，在洪水之来去甚骤。试就二十二年大水而论。八月八日，河水在陕县猛涨，一日之间流量自五千增至一万五千秒立方公尺。九日中夜，续涨至二万三千秒立方公尺。十日渐落，十一日落至一万，至十四日又落至五千秒立方公尺。以二日之间，自五千增至二万三千秒立方公尺，而又于四日之内，仍降至五千秒立方公尺。水势既如此其骤，河槽自无刷深之时间，故二十二年开口五十余处，多漫溢也。然洪水来后，河槽既已刷深，及其一去，水面骤降，而仍有冲决之患，是以有“危险在落水”之谚语。盖大水之时，洪流刷槽，兼淘坝根，未及抛石护之（护根石皆于大水时下抛，水小时抛之无用）。洪去水落，继以正溜顶冲，故其危险较大水之时为尤甚焉。洪流既去，河槽渐淤，淤而未刷，大水又来，年复一年，如斯循环，故河患终无已时。且其来去之骤，有莫可言喻者。试一阅黄河流量曲线图，则见如峰峦起伏，忽升忽降，非若他河之洪流，曲线平易可延至数月之久，易于施防，此其为害之大因也。

黄河含沙量之多，前已言之。按之纪录，其在陕县之最大者，以重量计，至百分之四十。以作者之估计，在该处全年平均为百分之二·〇二，在泺口者为百分之一·〇六，则此相差之数所代表之泥沙，非尽沉于二地之间乎？（其总数差以重量计，为二九四〇七四〇〇〇公吨，或为二〇二五五六〇〇〇立方公尺。）所谓沉于二地之间者，非尽在大堤以内，有时溃溢冲决，漫及沿河各处也。然其所以沉于此处者，以自孟津而东，坡度陡缓，河面展宽，水力既不克携之以去，故势必淀于此耳。如以人工导之入海，则河患固可免已，惜乎势有未许也。

由是观之，黄河洪水之骤既如彼，而所携泥沙之多又如此，其形成难治之特性，与夫易就改道之趋势，又何怪焉？

以上所论，乃其本身之主因，而此外关于人事者，仍复有之。其最著者，即黄河之安危与国家之治乱有直接关系也。作者曾于二十二年八月初旬拟《水灾与国难》一文，颇详言其故，今不复赘述，仅录其结语如次。

河道初徙于西元前六〇二年（周定王五年），时在周室东迁后，诸侯横争，作堤自利，以邻为壑。

河道再徙于西元一一年（王莽始建国三年），时在王莽篡汉后三年，天下大乱。

河道三徙于西元一〇四八年（宋仁宗庆历八年），时宋室衰微，外有契丹之患，内有夏王之变。

河道四徙于西元一一九四年（南宋光宗绍熙五年），时金宋相争，利河为险，互作攻守之具。

河道五徙于西元一四九四年（明孝宗弘治七年），三百年间，治理不得其道，至刘大夏始筑大行堤，使水南流。

河道六徙于西元一八五五年（清咸丰五年），适值洪杨之变。

河道六大变迁，而五次皆在国家多事之秋。去岁大水，几演改道之惨剧，吾人不禁感慨系之。

于此更略言今年利津以下之改道，黄河大堤至利津之宁海村，以下至海约六七十公里则无堤焉。宛似上古之时，黄河下游无堤，孟津以下之形势。自咸丰五年改道，尾闾经铁门故道入海。其后南移，改由毛丝坨入海。嗣又屡改其道，由鱼鳞嘴、老鸹嘴、大洋铺等处入海。今夏以前之河口，则在毛丝坨与鱼鳞嘴之间。今年变迁特多，夏初南徙，旋又北移，过旧河口而入海。现则已届严冬，河口又有南迁之消息。据山东下游分段段长季葆仁之报告，新河道出利津入广饶，绕刘屋子庄至南旺口入海，距小清河口之羊角沟仅十里。是利津以下，河道屡次变迁，其原因之在本身者，仍不出乎前所述二者之外。而人工之未施，亦有关焉。

考自黄河改道北行，二十年后，山东始修堤埝，借资防御。宁海村下虽亦有堤防，嗣以河口之三角洲尽属荒地，渺无人烟，防守不易，遂以弃之。山东河务局之职权，仅达宁海村，以下听其漫流而已。吾故曰河口之屡次改道，亦由人工未施也。第以前五次改道，河口一带，地荒人稀，虽有漫溢，未感其患，故不为人所重视。今则水利事业日有进展，每有变迁，则社会人士咸注意及之耳。

吾人一言河口，则有无限感慨随之以生，盖河口以下尚有三百七十万亩之肥滩无人过问焉。作者于此曾于去岁春间撰《黄河河口之整理及其在工程上经济上之重要》一文，以冀唤起政府人民之注意，从事垦殖，以裕国库，利民生而兼为治河筹基金也。惜乎政府地方俱感财竭，一时未能施行耳。

改道之原因，既略如上述，然则维持防护之法维何？曰：在上游则为洪水流量之节制，泥沙冲刷之减少；在下游则为河槽之固定，堤岸之防护耳。至其详，不属本篇范围，兹弗论及。惟此数事者，已于治本治标兼筹并顾。河患如此其剧，人民如此其痛，尚望国人急起直追，协力谋之，以早固国本，永奠民生焉。

民国二十三年十二月二十八日于开封

六、黄河之冲积

黄河难治之特性，即为所含泥沙过多。是故欲根本治黄，必先控制泥沙之冲积。查我国秦岭山脉，界分南北，因之江河流域之土质与气候，亦随之而异。黄河流域土质为黄壤，气候则干燥，而黄壤之组成，又为数千万年之风积所致。盖在黄河上游，秦岭以北，朔风频自沙漠而来，挟多量之细沙以南行，遇秦岭而速度忽减，其所挟之物亦同时堕落，年复一年，继续不断，遂堆积成为黄土。黄河则又经流其间，逐渐冲刷，携带下行，又复积垫，于是更成为冀、鲁、豫、苏之大平原。

据翁文灏约计黄河流域黄壤（Loess）区域如下（《中国地质学会志》第十卷二四七页）：

兰州以上之平原	六万方公里
兰州至宁夏	五万五千方公里
渭水流域	二万六千方公里
沁水流域	二千方公里
北洛水流域	一万六千方公里
汾水流域	一万一千方公里
西安至观音堂	一千方公里
洛水流域	二千方公里

其他　　　　　　　　　一万五千方公里

以上共十八万八千方公里，约当其流域面积四分之一。

按："河"本为其专门名词，凡载籍之言河者，概指黄河。以其流经黄壤，水含黄土而色黄，于是称之为黄河。故欲治河，必于"黄"字上着工夫也。

然欲研究黄河之冲积，自非有数十年之统计以资考证不可。今幸黄河水利委员会已着手工作，数年之后当更有较确切之资料以供吾人之探讨也。第为目前计，亦只有将过去残缺之资料加以整理，以作阴夜之磷火，聊示所至而已。

内政部所编《黄河河务会议汇编》中载华北水利委员会之测量结果如下。

地点	时间	流量（每秒立方公尺）			含沙（以重量百分计）	
		最大	最小	平均	最大	最小
陕县	民国八年	六七四〇	二八〇	一三八一		
	民国九年	四三二〇	二四〇	一一七七	七·〇八	〇·五七
	民国十年	六〇八〇	三九〇	一二二〇	一七·〇三	〇·六六
	民国十八年	五四四〇	二一〇	一一六七	二二·六二	〇·一五
开封	民国十八年	四六六〇	一八五	一〇〇〇	三·八二	〇·一三
泺口	民国八年	四五〇〇	二二五	九〇五	三·九四	〇·二一
	民国九年	五八七五	二四四	一八八〇	三·〇六	〇·二五
	民国十年	八〇五〇	一二五	一六四〇	一·五五	〇·三七
	民国十八年	四七〇〇	八〇		六·八一	〇·〇五

二十二年大水，陕县最大流量为每秒一四三四七立方公尺（八月十日），打破过去之纪录。惜其泥沙量未有记载。惟渭水之泥沙量则至百分之四十七。（二十二年最大流量估计为二万三

千秒立方公尺，详《黄河最大流量之试估》一文。一万四千余秒立方公尺者，实非最大流量。）

自上表吾人可见有许多特异之点，例如十八年之最大流量，开封泺口较陕县为小，其间且有汾水及伊、洛各河之流入。十八年之平均流量亦然，即泥沙量亦复如是。八年最大流量陕县亦较泺口为大，且亦无决口之事发生。于此可见河南一段河身之宽，已作蓄水及澄清池之用。其影响于治河者如何，是堪注意者也。

陕县四年之平均流量之平均数为每秒一二三六立方公尺，泺口三年之平均流量之平均数为每秒一四七五立方公尺。

关于含沙量，前表中只有最大与最小者，今自华北水利委员会之测量底稿中摘录表列之。其中次数一栏，为于该月中测量之次数，今只将各该次数之平均数列入（含沙量以重量百分数计）。

甲、陕县

		一月	二月	三月	四月	五月	六月	七月	八月	九月	十月	十一月	十二月
民国九年	含沙						1.99	2.39	4.36	3.17	2.83	1.39	0.75
	次数						4	6	7	8	9	6	5
民国十年	含沙			1.13	1.17	1.08	2.08	3.47	1.33				
	次数			7	7	7	10	20	6				
民国十八年	含沙	0.35	0.53	1.20	0.89	0.64			7.30	3.00	2.20		
	次数	3	5	16	15	6			8	12	7		
每月平均含沙		0.35	0.53	1.16	1.03	0.86	2.03	2.93	7.66	3.08	2.51	1.39	0.75

乙、泺口

		一月	二月	三月	四月	五月	六月	七月	八月	九月	十月	十一月	十二月
民国八年	含沙				0.39	0.29	0.40	0.58	3.56	1.05	0.57	0.50	0.33
	次数				5	5	1	4	4	3	5	6	3
民国九年	含沙			0.55	0.62	0.92	1.45	1.49	2.79	1.86	1.68	0.99	0.36
	次数			6	7	7	7	7	7	6	7	6	4
民国十年	含沙			0.44	0.61	0.97	0.75	1.23	1.55				
	次数			6	5	6	7	7	1				
民国十八年	含沙							4.24	4.45	3.04	2.29	1.27	0.31
	次数							11	26	25	27	26	16
每月平均含沙				0.49	0.54	0.73	0.87	1.89	3.09	1.98	1.51	0.92	0.33

由上表亦可见平均含沙量之百分数。于是吾人更可进而求其一年之平均数，以便计算一年中之冲积量。泺口缺少一及二月之统计。若假定一月为〇·一五，二月为〇·二〇（可参考前表之一切数目，此假设当有相当之根据），则陕县之含沙量全年之平均数为百分之二·〇二，而泺口者为一·〇六。（因参考材料不完善，且系概约计算，故平均时未将次数因素加入。）

于此可知经过陕县每秒之携沙量为：

1236×0.0202×1000＝24967.2Kg/Sec＝27.41T/Sec

是则每秒为二四九七公吨或为二七·四一吨[1]。则全年为七八七一三九〇〇〇公吨，或八六五七九〇〇〇吨。

---

[1] “公吨”实应为“公斤”。“吨”似应为美制短吨，1短吨＝907.18474公斤，下同。

其在泺口者，所得之平均含沙量为百分之一·〇六。自各表中比较之，较之在流量为一二三六公尺时者为小，以系自前表得来，不便更改。根据此数计算，携沙之经过泺口者每年为四九三〇六五〇〇〇公吨。如此则与陕县者之差为二九四〇七四〇〇〇公吨，此必皆沉淀于陕、泺间矣。

沙之体积约较其重小一·四五倍，则陕县之每年平均含沙量以体积计为百分之一·三九二，泺口者为〇·七三一。今再以体积估计每年之携沙量，经过陕县者为五四二五七七〇〇〇立方公尺，泺口者为三四〇〇二一〇〇〇立方公尺。试更举一比语，以申述此数目之伟大：若以经过陕县每年之携沙量筑成约高十三公尺半、宽一公尺之堤，可围地球赤道一周，亦即等于我国四万万人不论男女老少每人负二公吨重之土壤（约三千斤）自上游运至下游之量数也。

于此更虑及大平原之停积过多。河南、河北二省河道，自陕县以下共长约三百八十公里，平均水位时之宽约为三公里，则每年可填高二公寸。然事实上尚不至若是之巨，盖以短距离之冲积颇多。换言之，有随冲随积者，非尽皆自上游携至下游者。至于此数之大小，尚待研究。然所携之泥沙不淀于河身，必自决口处淤积于两岸，殊堪注意者也。

今更论及河口之推进。有史以来，黄河曾六移其道，纵横于河北、河南、山东、江苏四省。故成冲积层之大平原，其地日渐高，而海必亦日益退。按以上所论，经过泺口之携沙年可填高六公尺者，约六十公里见方。河道在山东境内又甚狭窄，除决口及洪水时漫溢于新滩者外，必归于海。然全年中含沙最多时期即为洪水数月中，必有一部份淀淤河身，成为新滩，惟亦常有随淀随冲者。冬日水小之时，所有泥沙大概可以全行入海口。以故流入海中与停淤于泺口以下河身之比例数，甚难确定。然以泺口以下速率较大，且距河口只四百余里，今姑定其沙之流入于海者为全数百分之七十五，则每年入海者约二五五〇〇〇〇〇〇立方公尺。

流入海中之泥沙，设其为潮溜之冲刷而漂流于沿岸各处者为百分之三十，则淤积于河口者，每年为一七八五〇〇〇〇〇立方公尺。若海岸之水平均深度为六公尺，黄河三角洲长为六十五公里，则海岸每年平均可前进四〇三公尺，即约二年又六个月可使长六十五公里之海岸进海中一公里。

然于海退之迅速中，吾人不能不有疑问焉。盖以独流、千乘等名词久已载诸典籍，天津、盐山、蒲台等地汉时已有之。若海岸之进展如前述之迅速，则又有似矛盾者。翁文灏则谓北部平原及渤海有逐渐陷落之现象（《中国地质学会志》第十卷）。其言曰："似乎有一东北及西南方向之区域，包括辽宁之辽河下游、渤河湾中部及中部冲积层皆有逐渐下陷之现象。此等陷落，则使一方面海河及他方面辽河三角洲之进展不能表现。此等陷落之现象已逐渐迟缓，或因此区域之界线部份，有不同方向之移动，以致今日利津河口淤积之现象特别显著也。"

黄河所携泥沙与黄壤之化学成分极为相近，其粒极细，约有百分之八十以上漏过二百号筛子。

至于河流速度与冲积之关系，亦为有待研究者。惟此等关系颇为复杂，例如流量大者其总量必多，速率大者其成分必巨，而河底之情形不同，即在同一切面上亦有冲积之不同。其冲刷之泥沙亦有两种性质：一则自上游携至下游，上游则为冲，下游则为积；一则为短距离之搬运，冲于弧之凹面者积其凸面，虽亦逐渐向下，然只受局部速率之影响。

关于各种物体，在速率如何大小之时方能起始携带，虽屡作试验，终以各河流之情况不同，结果亦无甚价值。例如小量水有某种速率不能携带者，大量水则能之，其一例也。是故各河道工程书籍中虽有冲积及速率关系之公式或图表，不过仅供吾人参考，未可冒然应用于各河流也。

由华北水利委员会陕县八年、九年、十年及十八年之水文记载中，求得最小之平均速率为每秒一·二〇公尺，最大者为二·七三公尺，盖以其尚在山峡中也。开封十八年半年之统计流速最小者为每秒〇·七二公尺，最大为二·一九公尺。（系春汛之速率，当伏汛时流量必大，然因河身太宽，流速大小如何实不敢定，此处参考材料缺乏，殊为可惜。）泺口最小之平均速率为〇·二八（其他三年统计最小者皆在〇·五以上）公尺，最大为二·七一八公尺。平均速率如是之大，则无怪其携沙之多也。

试就黄河之冲刷情形与世界著名各河比较之。各河所含之泥沙量以重量计，略举如下：

黄河百分之二·〇二（陕州，或为四十九分之一）及百分之一·〇六（泺口，或九十四分之一）；

可仑拉都❶（Colorado）河，一四二分之一；

米雪里❷（Missouri）河，二六五分之一；

绿各兰❸（Rio Grande）河，二九一分之一；

波（Po）河，九〇〇分之一；

密西西比（Mississippi）河，一五〇〇分之一；

❶ 可仑拉都　即“科罗拉多”。

❷ 米雪里　即“密苏里”。

❸ 绿各兰　即“里奥格兰德”。

罗因（Rhone[1]）河，一七七五分之一；

尼罗（Nile）河，一九〇〇分之一。

密西西比河每年之平均流量为每秒六二〇〇〇〇立方英尺（一七六〇〇立方公尺），以平均流量计虽较黄河大十二倍，然其含泥量则远不及之也。

据尼罗河之测验，速率若有每秒四至五英尺，即有冲刷之现象。以之论于黄河，则非敢下断语矣。盖以冲积之情形不仅受速率之影响，举凡流量、水深、河形、泥沙之性质、局部之情况，必皆加以考虑，方可有较切之结论。在学理方面，对于冲积之现象固可加以试验，然尤必须于黄河本身加以测勘研究。黄河泥沙既关系若是之重要，对于其冲积又必施以控制，是故在治本工作中，此项研究实为首图。记载务持以悠久，测验必尽其详密。因此，似可于河南及山东各选一段河身，于不同之水位流量中，与不同深度及不同位置之地点，详测各断面之含沙量，并考察其冲积之情形，再作一试验渠以为学理研究之辅助。如是，则泥沙冲积之情形可以明了，而控制设施之方策可以定矣。

民国二十三年一月摘录二十二年一月所作之
《黄河流域之土壤及其冲积》一文[2]

---

[1] Rhone　应为“Rhône”，“罗因”即“罗纳”。

[2] 此篇于该年一月单独发表。张含英：《黄河之冲积》，《黄河水利月刊》，1934年第1期，第25－33页。

七、黄河之糙率

古今之论治河者，对于适宜之河道横切面，莫不有充足之讨论。然究以资料之缺乏，结果多偏空洞，如“不与水争地”“束水以攻沙”等理论，各执一词，互相诟讼。即同主“束水攻沙”者，对于河道之宽应为若干尺亦莫衷一是。推其原因，皆由基本原素之不明，而有纷争之现象。按河道流速公式甚多，其最常用者则为哲塞（Chezy）一七七五年及满宁[1]（Manning）一八九〇年所定者。于一八六九年，葛泰（Ganguillet and Kutter）对于哲塞公式中之系数又拟定一推算之公式。

今设以：v＝水流之平均速率，以每秒公尺计；

a＝河道横切面，以平方公尺计；

$Q=av$＝河之流量，以每秒立方公尺计；

n＝葛泰及满宁公式中之糙率；

p＝河道横切面之湿界（Wettel[2] Perimeter），以公尺计；

$r=a/p$＝平均水径（Hydraulic Radius），以公尺计；

---

[1] 满宁　即“曼宁”，余同。

[2] Wettel　应为“Wetted”。

S＝水面之比降（Slope）[1]。

则哲塞公式为：

$$V=C\sqrt{rs}$$

葛泰公式为：

$$C=\frac{23+\frac{1}{n}+\frac{0.000155}{S}}{1+\left(23+\frac{0.000155}{S}\right)\frac{n}{\sqrt{r}}}$$ [2]

满宁公式为：

$$v=\frac{1}{n}r^{\frac{2}{3}}S^{\frac{1}{2}}$$

此公式中之糙率（n）必由测验得之，或由他河之结果，采其与问题中之河道环境相似之资料以为根据。然糙率因沿河土质（或砖石等，按河岸之情形而定），草木之生长，河道之状况而异，采取他河者不免有极大之错误（后详）。然欲有推算，必先知 v、r 及 S 之值。

连年建设之呼声虽高冲云霄，基本工作则迄未进行。好夸大而不顾事实，喜空谈而不务实际，使已有之建设逐渐破坏，良可慨也！黄河测量已有多年历史，民国七、八年间已着手进行，中间亦若断若续，至十八年间沿河已设水文站三处、水标站六处，并由华北水利委员会沿河测量，十九年即奉令停止。是故沿河水文测量资料最完备之年，即民国十八年也。兹就该会已有之张本研究之。

---

[1] 此部分保持了原书所用大小写，各式中 S 或 s 实同；C 为哲塞常数。1 公尺＝1 米。

[2] 0.000155 应为“0.00155”。参见张含英：《水力学》，上海：商务印书馆，1936 年，第 382 页。

陕县、开封及泺口为水文站，潼关、巩县、姚期营、兰封之东坝头、濮县之唐屯、寿张之十里铺为水标站。各站间之距离则系自陆军测量局十万分之一地图量得者，亦曾与其他地图相校对，相差无几。

民国十八年五月十五日及十一月五日之水位曲线，颇为平坦，并无流量增高或减少之现象；换言之，其时之流量为一定，而比降亦为一定也。八月十五日为在高水位时，其比降颇不如前二者之可靠，但为比较高水位时之比降起见，亦列入对照，如第一表。

第一表　黄河之比降

地名	水位及比降	日期			离前站之距离（公里）
		五月十五日	八月十五日	十一月五日	
潼关	水位（公尺）	三二〇·三〇	三二一·五一	三二一·一八	水位以大沽海面为标准
陕县	水位	二八九·六〇	二九三·四〇	二九〇·五二	七三·八
	水位差	三〇·七〇	二八·一一	三〇·六六	
	比降	〇·〇〇〇四一六	〇·〇〇〇三八一	〇·〇〇〇四一六	
巩县	水位	一〇六·〇〇	一〇六·四七	一〇六·三四	二三〇·〇
	水位差	一八三·六〇	一八六·九三	一八四·一八	
	比降	〇·〇〇〇八〇〇	〇·〇〇〇八一〇	〇·〇〇〇八〇〇	
姚期营	水位	九四·八四	九六·一五	九五·七二	四二·一
	水位差	一一·一六	一〇·三二	一〇·六二	
	比降	〇·〇〇〇二六五	〇·〇〇〇二四五	〇·〇〇〇二五二	
开封柳园口	水位	七七·二〇	七八·一〇	七七·五五	一〇九·四
	水位差	一七·六〇	一八·〇五	一八·一七	
	比降	〇·〇〇〇一六一	〇·〇〇〇一六五	〇·〇〇〇一六七	

续表

地名	水位及比降	日期			离前站之距离（公里）
		五月十五日	八月十五日	十一月五日	
兰封东坝头	水位	六九・〇五	六九・八四	六九・七二	三三・〇
	水位差	八・一五	八・二一	七・八三	
	比降	〇・〇〇〇二四六	〇・〇〇〇二四八	〇・〇〇〇二三六	
濮县唐屯	水位	五〇・二〇	五三・一一	五一・九七	一三六・二
	水位差	一八・八五	一六・七三	一七・七五	
	比降	〇・〇〇〇一三六	〇・〇〇〇一二三	〇・〇〇〇一三〇	
寿张十里铺	水位	三九・四六	四二・一八	四〇・四九	八〇・〇
	水位差	一〇・七四	一〇・九三	一一・四八	
	比降	〇・〇〇〇一三四	〇・〇〇〇一三七	〇・〇〇〇一四二	
泺口	水位	二四・九〇	二八・一〇	二六・一〇	一三二・八
	水位差	一四・五六	一四・〇八	一四・三九	
	比降	〇・〇〇〇一一〇	〇・〇〇〇一〇六	〇・〇〇〇一〇八	

又泺口至利津为一五五・四公里，利津至海为七七・〇公里，共为二三二・四公里。

对于上表之结果，似属满意。五月为低水，十一月为中水，八月为高水，然其结果则相差无几。即以十里铺至泺口论，对于五月十五日及十一月五日之数目，应较重视，前已言之，几为〇・〇〇〇一一。而利津以下因受潮水之影响，颇难估计，于二十一年十月视察时在济阳一带所得比降，亦约为万分之一。再就距离及水位估计之，则在泺口附近之比降定为〇・〇〇〇一一似无大谬。而兰封、开封间之比降似属较大，姚期营及巩县间者亦较大，或由于两站间距离稍近，偶有错差辄无法以补偿也。今以姚期营及濮县唐屯间计之，则所得之比降在五月十五日为

○·○○○一六○，八月十五日○·○○○一五四，十一月五日○·○○○一五七[1]。郑州而上，则南岸有邙山，更西至陕县则为山地，故比降应大。是故关于黄河比降可得以下之结论：

十里铺以下之比降为○·○○○一一○；

唐屯至十里铺之比降为○·○○○一三五；

姚期营至唐屯之比降为○·○○○一六○。

恩格尔（Engels）于《制驭黄河论》中，曾估算黄河之比降，在河南境内孟津以下为○·○○○二。至论及姜沟、魏家山等地费礼门（J. R. Freeman）之结果时，又称“此与前所推测之平均水坡○·○○○二相差甚微”。是恩氏对姜沟（十里铺下二五公里）之比降仍认为○·○○○二也。此数似属稍大。

费礼门之《中国水患论》（Flood Problem in China，Transactions of Am. Society of Civil Engineers Vol. LXXXV，1922）中有云：“黄河三角洲之半径约为四○○英里，其顶角约为九○度，其向海之比降极为均匀，以直线论，每英里降十英寸，沿河道每英里降八英寸。”换言之，即以直线论为○·○○○一五八，以河道论为○·○○○一二六也。此数之计算未详，似取此四○○英里之平均数者。是故较之上段则为小，比之十里铺之下则又较高也。

方修斯（Franzius）于其《黄河治导计划书》中有云：“初步总略计划中，则于运河口处取平均比降 0.00015＝1∶6666 为已足。”按，运河口即在姜沟（十里铺下），必在○·○○○一一及○·○○○一三五之间。方氏之数，亦似稍大。

于此所又应声明者，则恩、方两氏之结论，多以费氏报告

[1] 此数字在该文初刊时为“0.000160”。张含英：《黄河之糙率力》，《水利月刊》，1934 年第 34 期，第 126 页。

为根据，盖以费氏曾作视察测验之工作也。

自葛泰及满宁两公式所得之糙率（n）极为相近，兹选用满宁公式以推算糙率，即：

$$n=\frac{r^{\frac{2}{3}}S^{\frac{1}{2}}}{v}$$

兹自民国九、十及十八三年中任意摘录泺口水文之张本，以作糙率之计算。民国八年虽亦有记载，惜河道切面不全，未得列入。记录中之河道切面图，多为每月测验一次者，故水面之宽，即由各该图量得之。

第二表中之糙率，有者似较高，或过低，是或由于在水位增降之时所致。例如当水涨之时，则水面比降必大。按前计算之比降以求糙率，所得之数必较低，反之则高，是以糙率之值稍有变化。再则于流量低时，糙率亦增，例如流量为七三·六六秒公尺时，n 为〇·〇五八四，盖由于水面宽而浅所致。所采录之流量皆为河流在河槽之内者，因漫流淤滩时各部分之资料不足，故略之。

今将糙率分为两部，一为流量在一〇〇〇秒公尺以上者，一为小水时期，即在一〇〇〇秒公尺以下者。可见前者除有少数之特别情形外，尚称一律。后者之变化较大，实由于低水位时河道之变化影响较巨也。

其中最后之二数（即〇·〇五八四及〇·〇四三三）似不应与其他平均计算，因在每年中此等时期较短也。然以共有四十八个数目，影响其总平均当亦不大，惟影响于低水时之糙率较大耳。

开封柳园口之河道淤垫变化情形颇甚，而张本亦不充足，只有民国十七年十一月至十八年六月者，无高水位之记录。然为校对第二表之结果起见，亦列表以明之，如第三表。

第二表　黄河糙率之计算

年　月　日	水标位（以公尺计）	平均速率（以秒公尺计）	河流面积（以方公尺计）	流量（以秒立方公尺计）	水面宽（以公尺计）	平均深（以公尺计）	比降	糙率（满宁公式）		
									流量在一〇〇〇秒立方公尺以上者	流量在一〇〇〇秒立方公尺以下者
九一三一七	二四·三六	一·〇〇〇	四八五·三〇	四八五·二三	一四五	三·三五	〇·〇〇〇一一	〇·〇二三六		〇·〇二三六
四一五	二五·二九	一·三一〇	八〇一·八〇❶	一〇五〇·六八	二〇〇	四·〇〇		〇·〇一九一		〇·〇一九一
二八❷	二四·七一	一·二七〇	五五五·〇〇	七〇四·〇五	一七五	三·一七		〇·〇一七八		〇·〇一七八
五一一八	二五·一二	一·七七二	八八四·〇〇	一五六六·八六	二三〇	三·八四		〇·〇一四五		〇·〇一四五
二六	二五·七六	二·一一五	一五五五·一〇	三二八八·四一	二四〇	六·四六		〇·〇一七二	〇·〇一七二	
六一一〇	二五·六〇	二·〇六三	一二七九·一〇	二六四一·〇三	二三〇	五·五八		〇·〇一二四	〇·〇一二四	
七一七	二五·二〇	一·五五二	九五三·九〇	一四七九·〇九	二三〇	四·一五		〇·〇一七四		〇·〇一七四
一八	二五·五七	一·八三六	一二〇〇·一〇	二二〇二·七一	二三〇	五·二三		〇·〇一七二	〇·〇一七二	
二八	二六·一六	二·一一〇	一五〇六·六〇	三一七九·〇〇	二四〇	六·二八		〇·〇一六九	〇·〇一六九	
八一一〇	二六·八三	二·四〇五	二〇二五·四〇	四八七一·一四	二七〇	七·五三		〇·〇一六六	〇·〇一六六	
二二	二五·七一	一·八二八	一二六二·四〇	二三〇七·七九	二五〇	五·〇三		〇·〇一六八	〇·〇一六八	

❶ 此数初刊时作“800.80”。出处同前。

❷ 此数原作“26”。出处同前。

续表

年　月　日	水标位（以公尺计）	平均速率（以秒公尺计）	河流面积（以方公尺计）	流量（以秒立方公尺计）	水面宽（以公尺计）	平均深（以公尺计）	比降	糙率（满宁公式）		
									流量在一〇〇〇秒立方公尺以上者	流量在一〇〇〇秒立方公尺以下者
九一九	二五·五五	一·六〇四	一〇八九·〇〇	一七四七·〇三	二一五	五·〇八		〇·〇一九三	〇·〇一九三	
二三	二七·五二	二·六〇一	一八七一·一〇	四八六六·八五	二九〇	六·四八		〇·〇一四一	〇·〇一四一	
一〇一二	二七·三九	二·四三七	一八六七·八〇	四五五〇·七七	二九〇	六·四六		〇·〇一二二	〇·〇一二二	
一二	二七·八八	二·四五〇	二一八五·八〇	五五六〇·五六	三〇〇	七·三〇		〇·〇一二九	〇·〇一二九	
一一一一三	二六·〇九	一·四九七	一一四四·五〇	一七一三·二七	二四〇	四·七六		〇·〇一九七	〇·〇一九七	
二七	二五·八九	一·一七七	一一三六·八〇	一三三八·二七	二四〇	四·七六		〇·〇二五三	〇·〇二五三	
一二一一六	二五·五四	〇·九〇七	九三二·七〇	八四四·六六❶	一九〇	四·九〇		〇·〇三四四		〇·〇三四四
二一	二四·六五	〇·五四二	六六二·四〇	三五八·三五	一七〇	三·八九		〇·〇四七八		〇·〇四七八
一〇一四一七	二五·六五	一·三一〇	九七一·〇〇	一二六八·二〇	二五五	三·八〇		〇·〇一九六		〇·〇一九六
五一六	二五·四〇	一·三五〇	五八三·三〇	七八六·八七	二四〇	二·四〇		〇·〇一四〇		〇·〇一四〇
六一二四	二六·〇七	一·八八五	一〇〇二·八五	一八九〇·三七	三二五	三·〇八		〇·〇一一八		〇·〇一一八
二九	二六·六九	二·六三四	一三三五·八〇	三五一八·五〇	三四〇	三·九二		〇·〇〇九九	〇·〇〇九九	
七一一一	二六·七九	二·四三四	一二三五·七〇	三〇〇七·七〇	三四〇	三·六三		〇·〇一〇二	〇·〇一〇二	

❶ 此数原作“244.66”，更接近21日之流量。出处同前。

续表

年 月 日	水标位（以公尺计）	平均速率（以秒公尺计）	河流面积（以方公尺计）	流量（以秒立方公尺计）	水面宽（以公尺计）	平均深（以公尺计）	比降	糙率（满宁公式）		
									流量在一〇〇〇秒立方公尺以上者	流量在一〇〇〇秒立方公尺以下者
一五	二七·九五	二·六九五	一八八六·二〇	五〇八三·三〇	三五〇	五·三八		〇·〇一一九	〇·〇一一九	
一七	二八·六九	二·七一八	二二八九·六〇	六二二三·一〇	三六五	六·二七		〇·〇一三一	〇·〇一三一	
八一一五	二九·〇五	二·二一九	三一九五·四〇	七〇九〇·六〇	四二八	七·四五		〇·〇一八〇	〇·〇一八〇	
一七	二八·四七	二·三四九	二六二九·六〇	六一七六·九〇	三六五	七·二〇		〇·〇一二一	〇·〇一二一	
一八一七一一九	二五·四八	一·六〇	五〇八·九四	八一五·四	二九〇	一·七五		〇·〇〇九五		〇·〇〇九五
二四	二七·七五	二·三六	一二三八·二六	二九一九	三九〇	三·一八		〇·〇〇九六	〇·〇〇九六	
八一六	二七·六〇	二·三九	一四三二·八〇	三四二四	三七〇	三·九一		〇·〇一〇九	〇·〇一〇九	
一〇	二八·四九	二·六三	一七五四·二九❶	四六一四	三八〇	四·六〇		〇·〇一一〇	〇·〇一一〇	
一六	二八·二七	二·三七	一六七二·九六	三九六五	三六〇	四·六四		〇·〇一二三	〇·〇一二三	
一七	二八·三四	二·五八	一六九八·八二	四三八三	三七〇	四·五九		〇·〇一一二	〇·〇一一二	
二二	二六·七〇	二·一七	九八一·五三	二一二六	三六〇	二·七二		〇·〇〇九四	〇·〇〇九四	
九一四	二六·七一	二·四四	一一二一·二四	二七三七	三六〇	三·一二		〇·〇〇九二	〇·〇〇九二	

❶ 此数原作“154.29”，本书数据更接近同月各值，应以本书为准。

续表

年　月　日	水标位（以公尺计）	平均速率（以秒公尺计）	河流面积（以方公尺计）	流量（以秒立方公尺计）	水面宽（以公尺计）	平均深（以公尺计）	比降	糙率（满宁公式）		
									流量在一〇〇〇秒立方公尺以上者	流量在一〇〇〇秒立方公尺以下者
九	二六·一五	一·八七	七九六·六四	一四八九	三二〇	二·四九		〇·〇一〇三	〇·〇一〇三	
二二	二五·九五	一·六三	七四七·七七	一二二一	三一五	二·三七		〇·〇一一四	〇·〇一一四	
一〇一九	二六·三六	二·一二	九一一·一七	一九二七	三三五	二·七二		〇·〇〇九七	〇·〇〇九七	
二一	二六·一三	一·九六	八〇〇·一六	一五六五	三一五	二·五四		〇·〇一〇〇	〇·〇一〇〇	
三一	二五·九八	一·一一	七二八·六六	八一〇·二	三〇〇	二·四三		〇·〇一七一		〇·〇一七一
一一一五	二六·一〇	一·五七	七八六·一八	一二三二	二九五	二·六七		〇·〇一二八	〇·〇一二八	
二二	二六·一四	一·三三	八三四·四〇	一一一三	三一五	二·六五		〇·〇一五〇	〇·〇一五〇	
二九	二五·八〇	〇·九八	七一五·四六	七〇四	二六〇	二·七五		〇·〇二一〇		〇·〇二一〇
一一一四	二五·〇三	〇·七〇	四九九·八三	三四八·三	二四五	二·〇四		〇·二一四		〇·二一四
一二	二五·〇五	〇·七九	五二八·四六	四一六·九	二〇五	二·五八		〇·〇二五〇		〇·〇二五〇
二〇	二三·七二	〇·二八	二六三·〇〇	七三·六六	一三五	一·九五		〇·〇五八四		〇·〇五八四
二五	二四·五四	〇·四四	三四二·九五	一五〇·〇	一四〇	二·四五		〇·〇四三三		〇·〇四三三
							平均	〇·〇一七四	〇·〇一三五	〇·〇二四三

第三表　黄河糙率计算之校对

年　月　日	水标位（以公尺计）	平均速率（以秒公尺计）	河流面积（以方公尺计）	流量（以秒立方公尺计）	水面宽（以公尺计）	平均深（以公尺计）	比降	糙率（满宁公式）		
									流量在一〇〇〇秒立方公尺以上者	流量在一〇〇〇秒立方公尺以下者
一七一一一五	七七·三九	一·五一	七六四·二〇	一一五四·八八	三一〇	二·四六	〇·〇〇〇一六	〇·〇一五三	〇·〇一五三	
二〇	七七·四八	一·四一	七〇九·五五	一〇〇二·六五	三七〇	一·九二		〇·〇一三八	〇·〇一三八	
二九	七七·二八	一·一四	六五四·七一	七四九·四三	三四〇	一·九二		〇·〇一七一		〇·〇一七一
一二一七	七七·四三	一·一四	五六八·九〇	六四九·五四	三六〇	一·五八		〇·〇一五一		〇·〇一五一
一三	七七·一九	〇·六五	三六八·七五	二三九·六四	三五〇	一·〇二		〇·〇一九七		〇·〇一九七
二四	七七·〇五	〇·六一	三五八·一五	二一七·五七	三四〇	一·〇五		〇·〇二一四		〇·〇二一四
二九	七六·九六	〇·五四	二九三·〇六	一五六·八九	三四〇	〇·八六四		〇·〇二一二		〇·〇二一二
一八一一一七	七七·四四	〇·九一	六〇〇·五七	五四九·一六	三五〇	一·七二		〇·〇一五五		〇·〇一五五
六一一九	七七·五一	一·四四	六二一·三三	八九四·四二❶	三八〇	一·六四		〇·〇一二二		〇·〇一二二
二七	七七·四五	一·五八	七四七·九九	一一七九·六二	三八〇	一·九六		〇·〇一二五	〇·〇一二五	
							平均	〇·〇一六四	〇·〇一三八	〇·〇一七四

❶ 此数原作“899.42”。出处同前。

自第三表中，吾人益可信第二表结果之无误。所差者为低水位时之糙率，或由于第三表中无最小流量所致。故可得以下之结论：

流量在一〇〇〇秒公尺以上之糙率（n）为〇·〇一三五；

流量在一〇〇〇秒公尺以下之糙率（n）为〇·〇二二〇；

糙率（n）之总平均数为〇·〇一七五。

方修斯依据费礼门在姜沟及魏家山民国八年五月至八月测量之结果（姜沟七数，魏家山六数，最小流量为三七六秒公尺，最大者为七六四四秒公尺），以比降〇·〇〇〇一二六，按傅希亥满（Forchheimer）公式推算之结果如下：

糙率（n）之总平均数为〇·〇一九五；

高水位时（四〇〇〇秒公尺以上）之糙率（n）为〇·〇二一〇；

中水位时（一〇〇〇秒公尺以上）之糙率（n）为〇·〇一六五；

低水位时（一〇〇〇秒公尺以下）之糙率（n）为〇·〇一九三。

费礼门于其淮河报告中求得黄河糙率（n）为〇·〇一五。

方氏之总平均数与所推算者颇近。糙率与比降之平方根成比例，若方氏亦用〇·〇〇〇一一之比降，则其总平均数变为〇·〇一八二，更为相近。惟高水位与中水位之糙率相差实不若如是之巨。再按泺口与魏家山之切面相差无多，其上口较姜沟者稍狭，而底则稍宽耳。再其计算中高水位者六，中三，低四，数目太少，则受特情现象之影响自大。

费氏之数与第二表一〇〇〇秒公尺以上流量之糙率颇相近。

由费、方二氏之结果，益可证以上之推算大概无错。

糙率系数各河不同，采用他河者作本河之设计，易生谬误之结果。爰采 Schoder and Dawson's Hydraulics 第十二表及 King's Handbook of Hydraulics 第七十三表，在各种情形下之糙率（n）列为第四表。

第四表　葛泰及满宁公式之 n

粗糙之情形	糙率（n）				附　注
	最优	优等	中等	劣等	
洋灰敷面之河渠	○・○一二	○・○一四	○・○一六	○・○一八	为设计时常用者
洋灰碎石面	○・○一七	○・○二○	○・○二五	○・○三○	
碎石面	○・○二五	○・○三○	○・○三三	○・○三五	
细铺方石块面	○・○一三	○・○一四	○・○一五	○・○一七	
运河及渠道					
土质成直线且均匀者	○・○一七	○・○二○	○・○二二五	○・○二五	
凿石平滑且均匀者	○・○二五	○・○三○	○・○三三五	○・○三五	
凿石锯齿状且不规则者	○・○三五	○・○四○	○・○四五		
迂缓之运河	○・○二二五	○・○二五	○・○二七五	○・○三○	
浚挑之河道	○・○二五	○・○二七五	○・○三○	○・○三三	
运河之有石底而岸上生草者	○・○二五	○・○三○	○・○三五	○・○四○	
天然河道					
（一）整洁直岸河底深浅不大差者	○・○二五	○・○二七五	○・○三○	○・○三三	

续表

粗糙之情形	糙率（n）				附注
	最优	优等	中等	劣等	
（二）如（一）而有草石者	〇·〇三〇	〇·〇三三	〇·〇三五	〇·〇四〇	
（三）湾曲有深溜及滩但整洁者	〇·〇三三	〇·〇三五	〇·〇四〇	〇·〇四五	
（四）如（三）低水位之比降及切面不适宜者	〇·〇四〇	〇·〇四五	〇·〇五〇	〇·〇五五	
（五）如（三）有草石者	〇·〇三五	〇·〇四〇	〇·〇四五	〇·〇五〇	
（六）如（四）切面为石者	〇·〇四五	〇·〇五〇	〇·〇五五	〇·〇六〇	
（七）迂缓有草及深溜者	〇·〇五〇	〇·〇六〇	〇·〇七〇	〇·〇八〇	
（八）草甚多者	〇·〇七五	〇·一〇〇	〇·一二五	〇·一五〇	King 分 n 为四级
均匀切面之人造河道					Schoder 未分等级
底岸皆以平滑之木板装成者	〇·〇〇九				
以纯洋灰泥敷面者	〇·〇一〇				
以洋灰浆（1∶3 砂灰）敷面者	〇·〇一一				
平整粗木板装成者	〇·〇一二				

续表

粗糙之情形	糙率（n）				附　注
	最优	优等	中等	劣等	
方石工或上等砖工	○・○一三				
普通砖工	○・○一五				
上等碎石工或粗污木板	○・○一七				
切面不均匀之河道					
最整洁之运河，在坚硬之卵石地，切面较均匀而河岸整齐者	○・○二○				
普通土质运河或河道，情形尚好，无大石及茂草而河岸整齐者	○・○二五				
同上，间有草石者	○・○三○				
河道粗糙，或底不规则，或草石甚多，或碎石散布而岸不整齐者	○・○三五—○・○四○				
极曲折之河道，有更高之 n 值，但 r 之值常不一定，如山谷急流、森林或居住区之洪流等	○・○五○—○・○七○				

今设无以前之推算，自第四表中选用黄河之糙率，或较〇·〇一三五为大。盖以此数为切面均匀，而以方石或砖砌之河道者，再则洋灰敷面之河渠亦为此数。以普通知识测之，黄河糙率当较此数为高。即以总平均数而论，亦较第四表中黄河所应有者为小。今先述黄河沿岸之情形。

黄河平均水面之宽度（泺口）约为三百公尺（最高水位除外），于险工之处（顶溜之岸）有埽坝。而埽以秸料及土筑成，面亦平顺。坝则为碎石砌成，间亦有抛砖护岸者。普通地带，岸为沙壤，虽迂曲而整洁。底则为滚沙，故河道横切面之湿界甚平滑，此为糙率较小之一因。

水中含沙较多，为糙率较小之第二因。方氏有言曰："窃思含有黄壤之水，其性状与油相类，其摩擦系数较小于净水。"黄河含沙量最大，民国十八年陕县含沙最大记录以重量计，至百分之二二·六二，其影响于糙率当非浅鲜。

如是，则自以上所得之结论，作设计河道之张本，或可无大误也。

民国二十二年三月十五夜于天津

八、黄河最大流量之试估

二十二年黄河之大水，突破数十年之记录。于是黄河最大之可能流量，颇为关心河事者所乐研究之矣。盖我国对于黄河水位及流量向无确切之记载。自有科学记录以来十余年间，相率以八千秒立方公尺为依据。即外来客卿专家之著述，亦多根据此数，以故皆视此为黄河流量之最高峰矣。民国十九年作者研究各河之流量时，曾疑此数或犹过小。但尔时以黄河流域气候之干燥，与夫土质之松软，且乏研究之依据，虽心焉疑之，卒无得而反证之也。

去年大水之后，曾至汴视察，陕州最大流量（八月九日）突以一万四千余秒公尺闻，实已超出以前之记录百分之八十，足证作者曩日所疑之不误。此巨量之洪流固为当时沿河五十余处漫决之主因，然果可据为黄河流量最大之记录乎？殆犹未也。

近阅安立森君《平汉黄河铁桥与洪水之关系》一文（《黄河水利月刊》一卷三期），果知陕州二十二年最大之流量尚不止此数。盖以当时最高水位适在中夜，流量观测容有未周，故以水位高低估计之，去年最大之流量当为二万三千秒公尺耳。方今正谋治河之时，一切设计莫不依此为据，稍有错误，则挽救无及，故对于黄河最大流量之预测，不可不慎审研究。然恒以资料缺乏，所得结论，容或未尽合乎科学；要在根据事实，勿尚空言，则研究所得，或较切实。作者本诸斯旨，撰为此文，聊供探索者之参考，谓曰“试估”者，实有待正于他日也。

黄河流量记录之最久者，当推华北水利委员会。兹就各站之最高水位及最大流量分列如后：

一、陕州

年度	八年	九年	十年	十一年	十二年	十三年
最大流量（以秒公尺计）	6940	4320	6080			
最高水位（以公尺计）	269.0	294.05	294.95	294.04	295.18	292.72
年度	十四年	十五年	十六年	十七年	十八年	十九年
最大流量（以秒公尺计）					5940	
最高水位（以公尺计）	296.02	294.25	293.54	292.95	295.34	293.94

二、泺口

年度	八年	九年	十年	十一年	十二年	十三年
最大流量（以秒公尺计）	4500	5875	8005			
最高水位（以公尺计）	28.71	27.44	29.38	27.81	28.49	27.78

年度	十四年	十五年	十六年	十七年	十八年
最大流量（以秒公尺计）					4700
最高水位（以公尺计）	28.50	28.47	28.28	28.05	28.54

二十二年黄河洪水以陕州而论，始于八月八日之猛涨，一日之间，流量自五千增至一万五千秒公尺。九日续涨，至中夜已达二万三千秒公尺之数，水位已增至二九八·二三公尺矣。据安立森君之计算，九、十两日之水位及流量如下：

日时	九日二点	四点	六点	八点	十点	十二点
流量（以秒公尺计）	16000	16500	17000	17000	17000	17000
水位（以公尺计）	296.70	296.90	297.06	297.05	297.05	297.05
日时	十四点	十六点	十八点	二十点	二二点	二四点
流量（以秒公尺计）	17000	17500	18000	19000	21000	22000
水位（以公尺计）	297.07	297.10	297.15	297.33	297.80	298.12

日时	十日二点	四点	六点	八点	十点
流量（以秒公尺计）	23000	19000	17000	15000	14000
水位（以公尺计）	298.23	298.00	297.57	296.95	296.60

其各支流之流量，以十日晨二时估计之，则北洛河为三〇〇，泾河一二〇〇〇，渭河四〇〇〇，汾河一八〇〇，包头潼关间二三〇〇，包头以上二二〇〇秒公尺。

影响于流量大小之要素甚多，各水文书籍中类详论之。然欲作一合理之公式或推测之方法，殆不可能。近虽有以某次雨量之密度（Intensity）与洪流之关系而思得以解决问题者，亦卒无适当之效果。以之用于黄河，更不适宜，良以雨量记载尚不足应用也。雨量与流量之关系颇难确定，今以美国米亚米河为例以证之。该河在特顿（Dayton）城以上之流域为二五二五方英里，兹将其前后八次之暴雨及流量列表如后（Proceeding of Am. Soc. of C. E，May，1928）：

年　月　日	特顿城以上雨量之平均数以吋计	流量以吋计	流量当雨量之百分数
一九一三，三，二十三至二十七	九·六〇	八·一六	九一·〇
一九二四，三，二十八至二十九	二·〇六	一·一六	五六·〇
一九二四，六，八	二·二二	一·七三	七八·〇
一九二五，九，十二至十三	三·二〇	〇·〇四	一·二五
一九二五，十一，十二	一·四二	〇·六六	四七·〇
一九二五，十一，二十六至二十七	一·二九	〇·二〇	一五·六
一九二六，四，七至八	一·二三	〇·八四	六八·〇
一九二七，三，十至二十一	三·四四	二·三一	六七·〇

试观各百分数之变化，若斯之大，几令人不可信。惟同一河流尚且如是，更难推测他河之结果矣。

论者谓，黄河自铜瓦厢改道之后，垂八十年，兰封堤未曾漫决，而二十二年竟分流故道，可知其为八十年来之最大水矣。是犹有未可信者。不知此八十年中，兰封以上曾决口数次。如同治五年河溢胡家屯，七年又溢荥泽汛，复至光绪十三年河决郑县。如无上游数次之漫决，孰敢必兰封之水位不较今年加高耶？况兰封以下河槽淤高，水位难以确切表示流量耶？论者又谓，温县一带四十年来未曾上水之老滩，去年竟以漫及，此或可证明为四十年中之最大水矣。然是又有待于考察者。黄河水溜是否受平汉路桥之影响，殊为问题。当修桥之时，凡有水流之处，则加大桥孔，有滩之地，则用较小者。今则孔小之处反为水流横经之地，大桥孔间则变为滩地矣。再则黄河河底以夏日大水之冲刷，常较冬日低至二三公尺不等。若遇洪水骤至，不及刷深河槽，而致抬高水位亦或情事之可能。（二十二年大水甚骤。）如此等情形不能明晰，亦不敢断其为四十年来之最大水也。

是故吾人欲研究黄河最大之流量，似不必讨论二十二年大水在洪水记录中之地位，尤不能依此而推测任何结论。且连年天灾人祸纷至沓来，测量工作屡事中断。益以测量设备不完，人事容有未周。又当洪流时期，适值青纱帐起，土匪猖獗，各站标尺既非自记之仪器，所测最大流量殊难凭信。且黄河水位曲线之变化，宛如奇峰突峙，其来也为势甚突，其去也为时甚暂。一二日间或数小时之顷，其最大洪流期即或滑然而过，此又测量中之困难问题也。然二十二年陕州之最大流量尚可设法估计（二万三千秒公尺较该时之报告一万四千秒公尺者增加约十四分之九）。至若过去者，将更以何法而较其精确乎？

如是则估计之法将何由得？兹拟参照世界各河之流量及黄河之情形，比拟一数，以供参考。当民国十九年时，中国工程学会在沈阳举行十五次年会，作者曾提出“水道横切面大小之讨论”（《工程季刊》第六卷二号），搜集流量公式凡三十九，而研究之并参酌哲费斯（C. S. Jarvis）发表于《美国土木工程学会会刊》（Proceeding of Am. Soc. of C. E.，Dec. 1924）《洪流之特性》（Flood Flow Characteristics）一文中世界九百七十八河洪流之张本，比较而讨论之，因以拟定以下之三流量公式：

$$q=\frac{30600}{6.3+M^{\frac{2}{3}}}+6 \quad \cdots\cdots（一）$$

$$q=\frac{5450}{2.1+M^{\frac{2}{3}}}+2.5 \quad \cdots\cdots（二）$$

$$q=\frac{1555}{1.6+M^{\frac{2}{3}}}+0.5 \quad \cdots\cdots（三）$$

其中：q 为每平方英里之最大流量，以秒呎计；M 为流域之面积，以平方英里计；河流之洪水流量，为以上二数之积。第（一）公式应用于罕有之洪流量，第（二）公式应用最大之洪流量，第（三）公式应用于普通之洪水流量。迄今仍觉此三公式尚无可变更之处，惟第（一）式只可用于多雨地带耳。

今以黄河流域为二十八万方英里计（黄河水利委员会估计流域面积为七十二万六千方公里，后经修正为七十五万六千方公里），代入第（三）式，则 q 为〇·八六二秒呎，洪流为二十四万（二四〇〇〇〇）秒呎，亦即为六千八百（六八〇〇）公秒尺[1]也。若代入第（二）式则 q 为三·七七秒呎，洪流为一百零五万（一〇五〇〇〇〇）秒尺，亦即三万秒公尺（三〇〇〇〇）也。

试比较第（三）式之结果，与以前数年之每年洪水记录颇相近。第（二）式所得之三万秒公尺，即作者所估之最大流量也。今更就黄河及支流之流量与自（二）（三）两式之计算，表列于后，即可证明所推论之数相差不远也。

据安立森君之估计，二十二年之大水，主要者来自泾、渭二河。试就张光庭君所述各支流之流量，与自（二）式所得之数字相比较，颇为符合，惟泾水稍高耳。所尤应注意者，陕州水文站位于沁、洛诸水之上，是则郑州之流量当更较大也。惟以黄河流域之广，急风暴雨只能影响于一二支流之洪量。如二十二年之泾、渭，断难同时各支流尽受暴风雨之影响也。然试考安立森君之叙述，除泾、渭外，其他各河流量似皆小于普通洪流，故二十二年之大水不得认为黄河之最大流量也。是以拟定三万秒公尺，不无理由。

今更与世界各大河之洪流作一比较列下（节录哲费斯张本）：

[1] 公秒尺　应为“秒公尺”。1 公尺＝1 米＝3.281 英尺，不详作者采用了何种换算。下文与下表中的“秒尺”，实际为秒英尺。

黄河及各支流洪流比较表

名称	面积		第（三）式之洪流			第（二）式之洪流			廿二年洪流秒公尺	备考
	方公里	方英里	q	秒尺	秒公尺	q	秒尺	秒公尺		
黄河	七二六三八四	二八〇〇〇〇	〇·八六三	二四一五〇〇	六八〇〇	三·七七	一〇五五〇〇〇	三〇〇〇〇		*为安立森君估计括弧内者为张光庭君估计载《水利》第六卷四期
包头以上各流	三七七三六〇	一四五三〇〇	一·〇六二	一五四五〇〇	四三八〇	四·四七	六五〇〇〇〇	一八四〇〇	二二〇〇*	
山陕间各流	一三八二八八	五三二五〇	一·五九九	八五二〇〇	二四一〇	六·三五	三三八〇〇〇	九六〇〇	二三〇〇*	
汾	三八五六〇	一四八五〇	三·〇七	四五六〇〇	一二九〇	一一·五二	一七一〇〇〇	四八五〇	一八〇〇* （六〇〇〇）	黄河水利委员会第二次估计修正黄河流域面积为七五六六八四方公里，各支流面积亦与此表略异，附带注明
涑	二八七二	四五七〇	六·一〇	二七九〇〇	七九〇	二二·一〇	一〇一〇〇〇	二八六〇		
汜	一五五二	五九八	二一·九〇	一三一〇〇	三七〇	七七·一〇	四六二〇〇	一三一〇		

续表

名称	面积		第（三）式之洪流			第（二）式之洪流			廿二年洪流秒公尺	备考
	方公里	方英里	q	秒尺	秒公尺	q	秒尺	秒公尺		
洛	一二七六八	四九二〇	五·八四	二八七〇〇	八一〇	二一·一三	一〇四〇〇〇	二九五〇		
伊	六二四〇	二四〇五	九·一〇	二二〇〇〇	六二〇	三二·五〇	七八二〇〇	二二一〇		
瀍	九一二	三五二	三〇·八〇	一〇八四〇	三〇七	一〇七·五	三七八〇〇	一〇七〇		
	五一二〇	一九七〇	一〇·三〇	二〇四〇〇	五八〇	三六·八〇	七二五〇〇	二〇五〇		
沁	一二〇八〇	四六五〇	六·〇七	二八·二〇〇	八〇〇	二一·四四	一〇〇〇〇〇	二八〇〇		
渭	一二一六三二	四六八五〇	一·六九	七九三〇〇	二二四〇	六·六八	三一三〇〇〇	八六〇〇		
咸阳以西之渭	五二四一六	二〇二〇〇	二·六〇	五二五〇〇	一五〇〇	九·八五	一九九〇〇〇	五六五〇	四〇〇〇 （六〇〇〇）	
沮	六四三二	二四八〇	八·九〇	二二一〇〇	六二〇	三二·〇〇	七九三〇〇	二二四〇		
泾	三七八八八	一四六〇〇	三·一九	四六六〇〇	一三二〇	一一·五六	一六九〇〇〇	四七九〇	一二〇〇〇* （一一二五〇）	
北洛	二四八九六	九六〇〇	三·九五	三七九〇〇	一〇七〇	一四·五二	一三九五〇〇	三九五〇	三〇〇 （二三八五）	

河　名	流域（以方英里计）	流量（以每方英里秒呎计）	最大洪流之估计		备考
			常有者	罕有者	
塞因河❶ Seine R.（法国巴黎）	一六八五九	五·二四（一九〇年一月）			
浦河❷ Po R.（意国❸ Pontelagosinro）	二七〇二七	九·一〇			
淮河	五二〇〇〇	五·〇〇			按龟山以上之流域为一四六〇〇〇方公里，最大流量为一五〇〇〇秒公尺，则 q 合九·三秒呎
伊洛瓦底江 Irrawaddy R.（缅甸）	一四九八〇〇	一二·九			
米❹西西比河 Mississippi R.（美国 Grafton，Ill.）	一七一五七〇	二·一〇（一八八三）			

❶ 塞因　即“纳因”。
❷ 浦河　即“波河”。
❸ 意国　即“意大利国”。
❹ 米　今译作“密”。

续表

河　　名	流域（以方英里计）	流量（以每方英里秒呎计）	最大洪流之估计		备考
			常有者	罕有者	
可嵛拉都❶河 Colorado R.（美国 Gila Junclion，Ariz.）	二二五〇〇〇	一·〇五（一九一六年一月）	〇·五	一·五	
欧海欧❷河 Ohio R.（美国 Cairo，Ill.）	二三三〇〇〇	六·〇（一九一三年三月）	三·六	六·〇	
哥仑比亚河 Columbia R.（美国 Dalles,Ore.）	二三七〇〇〇	五·八七（一八九四年六月）	三	五·八	
那哥拉❸河 Niagara R.（美国 Niagara,N. Y.）	二六三四四〇	一·一三	〇·三	一·一	
圣老仑❹河 St. Lanrence（美国 Ogdensburg，N. Y.）	二九八〇八〇	一·〇七	〇·三	一·〇七	
黄河	三二三四六二	一·六四*（一八八一）			* 哲费斯所估之数

❶ 可嵛拉都　即“科罗拉多”。
❷ 欧海欧　即“俄亥俄”。
❸ 那哥拉　即“尼亚加拉”。
❹ 圣老仑　即“圣劳伦斯”。

续表

河　　名	流域（以方英里计）	流量（以每方英里秒呎计）	最大洪流之估计		备考
			常有者	罕有者	
米❶苏里河 Missouri R.（美国 Sioux City, Iosa）	三〇五〇〇〇	一·〇			
恒河 Ganges R.（印度）	三六七九七〇	四·九			
米❷苏里河 Missouri R.（美国 St. Charles，Mo.）	八三〇八〇	一·一三			
米❸西西比河 Mississippi R.（美国 St. Louis, Mo.）	七〇二三八〇	一·二八（一八八三）			
米❹西西比河 Mississippi R.（美国 Cairo，Ill.）	九〇二九〇〇	二·二三（一九一二）	一·三		
扬子江	一一〇〇〇〇〇	二·七三			按二十年大水亦适为二·七三
尼罗河 Nile（埃及 Assuan）	一三〇〇〇〇〇	〇·三五			
米❺西西比河 Misslssippi R.（美国 Carrollton, La）	一四〇〇〇〇〇	一·〇七（一九二九年五月）	〇·七		
黄河	二八〇〇〇〇		〇·八六二	三·七七	此数为作者估计数

❶❷❸❹❺ 米　多译作“密”。

各河流域之情形不同，即以面积在二十万及三十万平方英里间者论，q 之变化自一以至于六。估计之黄河数，亦适在其中。此固不足证明其数之确实，但可证其必合乎理也。

如是设于黄河各支流之适当地点建以谷闸，以延长洪流时间，复因黄河洪流为时甚暂，必可奏蓄水防洪之效。如此则下游之最大流量必可减低，但非可论于今日也。

由上所述，对于黄河流量之估计，可得结论如次：

一、最大洪流为三万秒公尺；

二、每年常有之洪流为六千八百秒公尺。

二十三年五月于南京

九、民国二十三年黄河水文之研究

吾人对于黄河求治之心甚切，故对于资料之搜集亦甚力。民国二十二年大水以前，黄河水文记载极为幼稚，仅陕县及泺口各设水文站一处，其记载亦且屡作屡辍，故对黄河之认识甚觉肤浅。作者虽亦曾于此等残缺张本加以整理，作为归纳，惟只示吾人知识之所至，以作治导之一助耳。民国二十二年秋，黄河水利委员会成立后，第一步之工作即致力于水文及河道之测量，于是次第成立水文站十有五处，水标站六处，上自兰州，下迄利津，分布亦颇适宜。二十四年又拟增设水文站八处，数年之后，治河之依据将由是而定矣。然记载贵持久，统计贵周详，今只有一年之成绩，自不足恃，惟此项测量之方法颇称精密，水文站之分布亦较普遍，以其所得校核以前研究之结果，尚不无微补也。爰将研究之所得分述于后。

一、流量

二十三年各处之水文站系陆续设立者，自一月至七月始筹设完备，故七月以后之记载颇为周密。本年洪水皆在八、九、十三个月中，如以防洪为目标，此三月中之记载已足供研究之用。

潼关于八月十日暴涨，而长垣一带决口，是以对于下游水文稍有影响。其后忽涨忽落，至十月中旬，又行暴涨。此八、九、十三个月之流量情形，今先就各月份之平均流量言之列表于下。

黄河八、九、十三个月平均流量记载表

站名	三个月平均流量（以秒立方公尺计）	较上站增减	附　注
兰州	三三二三·四		
包头	一八六三·二	减　一四六〇·二	
龙门	二六六五·七	增　八〇二·五	
潼关	三〇三八·〇	增　三七二·三	
陕县	三一七九·七	增　一四一·七	
秦厂	三六八六·三	增　五〇六·六	秦厂在平汉铁桥上游
高村	三二二〇·三	减　四六六·〇	决口适在高村之上游
陶城埠	三四三〇·七	增　二一〇·四	
泺口	四一七三·五	增　七四二·八	
利津	三六六〇·五	减　五一三·〇	利津十一及十二两月流量则较上游稍高

包头之平均流量所以低于兰州者，是盖由于宁夏、绥远灌溉用水之故，且地势平坦，或可平缓夏日之高水，以济冬日之低水也。但因缺乏全年总流量之记载，不克比较，则此项推测尚有待于研究。

仅就二十三年而论，包头龙门间之山陕支流，增加洪水量甚多。龙门至潼关，包含汾、泾、渭、北洛各流，所增之数，尚不及龙门以上者之半，洛、沁诸河则增加五百秒立方公尺。

利津之记载较泺口为低，似稍有可疑，在十一及十二月间之流量反较泺口者为高，亦无以为解，姑以存疑而已。

今更就全年总流量言之，在潼关者为四七〇〇九七二八〇〇〇，陕县者为四四三〇六七三八〇〇〇，秦厂者为五〇二七五四六四〇〇〇，泺口者为五六〇五〇五七六〇〇〇立方公尺。潼关所测之数虽稍高，然大体尚可。如此陕县全年平均流量为一四〇五秒立方公尺，泺口者为一七七七秒立方公尺。二十三年洪水虽不及二十二年，然已属可观，较作者以陕县四年之平均流量为一二三六秒立方公尺者及泺口三年之平均流量为一四七五秒立方公尺者，约增百分之十一至十二。

至于各站涨水其影响下游之情形，亦可以陕县为准而讨论之，陕县八月十日之涨水，决非因包头以上之来水使然，盖以包头水文站之流量记录，于八月十日起，始自约一千六百秒公尺逐渐增高也。龙门八月九日下午三时最大流量为九千四百秒立方公尺，潼关八月十日上午三时为一万四千六百秒立方公尺，陕县八月十日下午一时为一万一千三百六十秒立方公尺。可见此次大水其来源为山陕交界诸支流与泾、渭、北洛各水也。因此次洪水峰为期较短，故至陕州已有停蓄之余地，以是最大流量较潼关为准。其来自龙门者为百分之六三·四，来自龙门与潼关之间者为百分之三六·六。

试复就陕县言之，假定此处以下之河槽不使超过八千秒立方公尺之流量，以二十三年论，其上必有一八五〇〇〇〇〇〇立方公尺之蓄水能力始可。（二十三年陕县八月十日左右流量在八千秒立方公尺以上之总流量为此数。）又以二十二年大水论之，则其上必有一七一九〇〇〇〇〇〇立方公尺之蓄水能力始可。（八月八日至十二日在流量八千秒立方公尺以上之总流量。至八月十九及二十日间，水又突涨，其在流量八千秒立方公尺以上之总流量为七〇九〇〇〇〇〇立方公尺，不在此内。）

所不幸者，二十二及二十三两年迭次溃决，以致不能测得豫省宽堤距之拦洪量，殊为憾事。盖陕县以上既无蓄水之设备以资拦束暴洪，则惟有赖下游广阔之河身以为约制。平汉桥以下至冀省之高村间，长约一百七十公里，堤距平均以二十公里计，则其间之面积为二千零四十方公里，换言之即二〇四〇〇〇〇〇〇〇平方公尺。若能普通增高一公尺，则其容积已有可观（以堤顶有降坡，故为时极暂），是故如能将沿河堤高作有规律之增加，亦可为拦洪之用，其费用或较上游造蓄水库为省。然两岸之滩，经一次漫流必淤高一次，而堤顶亦必随之而增，似仍非根本之图。凡此种种，皆有待于资料之补充，方可作肯定之论也。

二、输沙量及含沙量

各水文站对于含沙量之测验，平均系每日一次。含沙量之单位以流量重量之百分数计，更以此百分数，按其相当比例变为输沙量，以每秒立方公尺计。（在不同之百分数，由重量变作体积之数字亦不同。）总计每月流经各站之泥沙数量列表如下。

民国二十三年黄河各水文站每月输沙量（立方公尺）统计表

水文站所在地	包头	龙门	潼关	陕县	秦厂
一月			四一〇五九八七	二二四一八二一	二三〇三四二四
二月			四三三〇三六八	三五一二六七八	三八二九五九四
三月			八八六五五〇四	九六六九〇二四	八四二〇八九〇
四月			六八六〇一六〇	一六八九九八四〇	一六〇一〇七四八
五月			一五四九〇六五六	一五九八〇五四四	一五七一三五六八❶
六月			二九三二八四八〇	二八六八四八〇〇	二三六六四九六〇
七月	一〇三三三四四〇	一一三三五六八〇〇	一八七三六〇〇〇〇	一三八九三一二〇〇	一一二三二〇〇〇〇
八月	四六九五八四〇〇	四八〇九〇二四〇〇	四五六八四〇〇〇〇	七一〇三八〇一六〇	六九五五二〇〇〇〇
九月	五〇二七六一六〇	一一四三九三六〇〇	一一一四五六〇〇〇	一六三四六八八〇〇	二一九〇二四〇〇〇
十月	四四六六八八〇〇	六三七六三二〇〇	九八四九六〇〇〇	二七七八六二四〇〇	二八二七〇〇八〇〇
十一月		二三一五五二〇〇	一九二七四一一二	六四六二七二〇〇	六三五九〇四〇〇
十二月		一九四一四〇〇	七一一四一七六	一九六八三六四八	一七五四三五二〇❷

❶ 原刊文内作“15,713,564”。张含英：《黄河二十三年水文记载之研究》，《黄河水利月刊》1935 年第 5 期，第 379 页。

❷ 原刊文作“17,543,620”。出处同前。

续表

水文站所在地	高村	陶城埠	泺口	利津
一月			一一三三五六八	
二月			八七一四三〇四	
三月			五一七四四九六	
四月			二〇〇四四八〇〇	
五月	一二〇五二八〇〇	一四九〇四〇〇〇	一三九九六八〇〇	
六月	二六七八四〇〇〇	一九六一二八〇〇	三二八三二〇〇〇	
七月	八三三三二八〇〇	九一六七〇四〇〇	八四四五六〇〇〇	六七一三二八〇〇
八月	三三八六八八〇〇〇	四一一二六四〇〇〇	四一三八五六〇〇〇	三七四四五七六〇〇
九月	一八二一七四四〇〇	七五一三二八〇〇	二五八七六八〇〇〇	一九七三三七六〇〇
十月	一七一五九〇四〇〇	一六三二〇五六〇〇	二〇五八〇四八〇〇	一八六九一二八〇〇
十一月	四六〇五一二〇〇	五四八四四〇〇〇	五五一二三二〇〇	六八八一七六〇〇
十二月	七〇四一六〇〇	七九四八八〇〇	一〇三四八三四四	一三二一九二〇〇

其有全年之纪录者，则为潼关、陕县、秦厂及泺口四处，余则七月以后始称完备。按在一、二、三、四、五、六、十一及十二等月，各站之轮沙量颇有规律。例如五月份潼关以下各站之输沙量在一千二百万及一千六百万立方公尺之间，六月份则在一千九百六十万及三千二百八十余万之间。换言之，每站之输沙量颇为平衡，而特别冲淀之情形较小也。然输沙之大部则在七月至十月间，今更列表详论之。

站名	包头	龙门	潼关	陕县	秦厂
全年输沙量（以立方公尺计）			949 581 443	1 451 942 115	1 460 641 904
七八九十四个月输沙量（以立方公尺计）	152 236 800	772 416 000	854 152 000	1 290 642 560	1 309 564 300
四个月间与上站输沙量之差数（以立方公尺计）		＋620 179 200	＋81 736 000	＋436 490 560	＋18 921 740

站名	高村	陶城埠	泺口	利津
全年输沙量以（立方公尺计）			1 110 252 312	
七八九十四个月输沙量（以立方公尺计）	775 785 600	841 276 800	962 884 800	825 840 800❶
四个月间与上站输沙量之差数（以立方公尺计）	－533 778 700	＋65 491 200❷	＋121 608 000	－137 044 000❸

❶ 原作为“825,831,800”。收入本书时改为此数，差值也随之修改。

❷ 原作为“66,491,200”。

❸ 原作为“－137,053,000”。

由上表言之，可知四月中之输沙总量约占全年百分之九十。惟潼关之纪载似稍有可疑之点，因陕县与秦厂颇可校对。龙门、潼关间有泾、渭及北洛之输入，其增加必不仅八千一百七十余万立方公尺，而潼关与陕县间亦或不至增加四万三千六百四十余万立方公尺。总之，潼关测验之数似嫌太低，此或由于该站河槽之不整所致也。

河流携带泥沙常有短距离与长距离之别：短距离者，其上段湾部之冲刷即沉淀于其下段也；长离距者，乃作长距离之运输。故泥沙之运输，恒随其所遇情形之不同而为冲刷与沉淀。输沙量只有表示经过该站之泥沙量，不能表现其冲淀之情形也。今举数点于后，吾人应注意之：

（一）包头以上之输沙量颇少，仅约及陕县者百分之十二；

（二）包头、龙门间有巨量之泥沙增加，约为陕县者百分之四十八；

（三）龙门、陕县间亦有巨量之泥沙增加，约为陕县者百分之四十；

（四）陕县及秦厂极平稳；

（五）秦厂及高村间之淤淀几减陕县全量百分之四十；

（六）高村、利津间之输沙量又稍增加，利津与陕县较，约当百之分六十四。

于此可见大部分之泥沙来自山西与陕西。至于上游之冲刷是否沉淀于宁夏、绥远之间，尚待考察。惟沙粒之粗细，各支流输沙量成分之多寡及与流量之关系，均有待于继续研究也。

二十三年最高之洪水虽远不如二十二年，然为期较长。往年九月底则水落，二十三年十月中旬，水又暴涨。故输沙之总量亦随之而增，是以较作者前所估计输沙总量（见黄河之冲积）

超出颇多。全年输沙总量在陕县者竟当所估者二・六八倍（五四二五七七〇〇〇与一四五一八五二一一五之比）。在泺口者当所估者三・二六倍（三四〇〇二一〇〇〇与一一一〇二五二三一二之比）。此点之差错颇大，兹申论之。

就二十三年论，陕县全年平均含沙量以重量计，为百分之二・八〇四，泺口全年为百分之一・八六四，以之较作者以前之估计，陕县为百分之二・〇二及泺口为百分之一・〇六者，则陕县约增百分之三十九，而泺口约增百分之七十六。陕县、泺口之全年平均流量仅增百分之十一至十二。合而计之，陕县二十三年之全年输沙总量似应超过以前估计者百分之五十四，泺口亦应超过百分之九十七，较之二・六八倍及三・二六倍相差甚远。其原因似亦有二点：（一）计算全年平均含沙量不应只求历次测验之平均数，兼必注意其每次测量之重要性，换言之，不应视每次测验数为等分量也；（二）泥沙重量及体积之比例数极难规定，据黄河水利委员会试验之结果，因含沙百分数而不同，故于由重量变体积时所用之换变数不同，而结果亦异。

三、糙率

河槽之冲刷无定，而水位之涨落不一，故河道横切面之变化亦逐日不同，如是则黄河之糙率（n）亦难得确切之数目。作者前曾得结论如次：

流量在一〇〇〇秒公尺以上之糙率（n）为〇・〇一三五；

流量在一〇〇〇秒公尺以下之糙率（n）为〇・〇二二〇；

糙率（n）之总平均数为〇・〇一七五。（见《黄河之糙率》）

今据二十二年测算之结果，亦极庞杂。以陕县论，糙率曲线则起伏于〇·〇一及〇·〇二之间，仅有数点在〇·〇二之上。而在秦厂之切面，不如在陕县者较为固定，故其变化亦大。五月以前，则升降于〇·〇一及〇·〇二之间，六、七、八三个月在〇·〇一及〇·〇三之间，九、十、十一、十二四个月则在〇·〇〇五及〇·〇二之间，极不一律。高村除冬季外亦在〇·〇一及〇·〇二之间。陶城埠五、六月时在〇·〇一及〇·〇二之间，七、八、九、十、十一等月则在〇·〇一上下，十二月突增至〇·〇二以上，此或由于冰凌所致。泺口除一、二及十二月较高，约在〇·〇三与〇·〇六之间外，余多在〇·〇二二上下。由此观之，黄河之糙率颇难一定。冬日受冰块之影响，姑勿论矣。而在其他时季之情况，简言之又归纳如次：（一）陕县之糙率在〇·〇一及〇·〇二之间；（二）高村亦如之；（三）陶城埠则较陕县者为低，除低水时在〇·〇一至〇·〇二之间外，余皆在〇·〇一上下；（四）泺口者则较高，皆在〇·〇二二左右。除此吾人实难得更精确之结论矣，然与以前所估计之总平均数为〇·〇一七五者颇合。要之欲作设计依据，必缜密考核，方可减少错误，切近事实也。

二十四年五月于开封

十、黄河河口之整理及其在工程上经济上之重要

黄河河口之重要，前屡著文论之。然时有以疑难相质者，故复申而论之，以竟吾辞。河口治理之方法，因其环境之不同，则所期得之效果亦异。又因时间空间之不同，断难以一言而律永久，更难凭臆测以作结论。故非详察该处形势，统筹全河利害不可。

古之论治黄河河口者，其主张亦多不一。例如明时（河自云梯关入海）郑岳则谓："今不务海口之沙，乃于沛、徐吕梁之地形高处，日筑堤岸，以防水势，桃源、宿迁而下听其所之，则水安得不大？而民之为鱼未有已时也。"万恭则谓"海淤之说不可信"。潘季驯则谓"海无可浚之理"，如"水以海为壑，向因海壅河高，以致决堤四溢"，谈河患者"咎海口，而以浚海为上策"，"窃谓海无可浚之理，惟当导河以归之海，则以水治水，即浚海之策也"。夫下游不畅，则上游易决，此不易之理也。无论海口之宜否疏浚，前人以之所以示我，为或可不必浚，然以水治水可也。

德水利专家方修斯之《黄河治导计画书》中有云："为将来航行起见，则黄河入海口之修治诚属重要，而但为治导下游排除洪水患害计，则非必要之事也。"方氏曾云："依理论而言，

海口当首先修治，盖凡河流治导必先自海口始，以渐次推展向上。”然又以法之塞因、英之克莱得两河为例，则谓治海口之于治河不尽有关也。又谓：“但以情势规度，若三角洲暂时不治，大抵须增高其现有之堤，因上段一加治导，此处之洪水位须增加也。”又云：“黄河入海之口当施一定之治导，无可疑问，但其目的则专在求水势之改良。候国库充裕，开封及海口间危险河段保安以后，再为之未晚也。”

方氏以时局之故，未能亲历黄河及睹三角洲之实状，故其言有未能适合者。利津宁海村以下百余里并无所谓堤防，即初步之治理尚未着手。吾之所谓整理河口，正所以裕国库、谋生产、筹基金、备专款，然后上游之治理方可进行，不至于中断也。

查自清咸丰五年，河决铜瓦厢，改由今口入海以来，垂八十年。淤出滩地每二年半约可增出一公里，按三角洲宽约六十五公里，合计约为三百七十万亩。（按：淤出之地尚无一定数目，有者称四百万亩，有者称二百万亩。上数系由估计而来，故暂以该数为准。）海滨一带因毫无整理，鱼盐之利已无昔日之富矣。

黄河至利津以东，则无正式河道，今年北流，明年则东南，纵横其间，如入无人之境。利津至海口尚有百二十里，河务局之职权及堤防只至利津东之宁海村，再东则无人知其情状者矣。后经遍访地方人士，始得一熟悉河道之船夫，问之，则云已有二年未至海口，大概河现行南道，即由宁海东南流也。该地情形之隔离于人世者如是。前拟乘船下行亲自视察，据称下行须二日，回程则恐非三四日不可，又以该地之治安不敢保险，以致未得深入，为可惜也。

今更略述新淤荒地之情形。土壤极为肥沃，其出产多为麦、豆及花生，每年种一次，实干并茂，惟以人烟稀少，故未能尽其利。已垦之田多在滨、蒲、利、沾等县之境界，亦有升科者，其东则多为未垦荒地。未升科者则由人民承租，证书有两种：一为承垦证书，定二年三年或五年为试期，每亩纳国币二角五分；二为所有证书，即承垦试期满后于特定期间内换此证书，以凭永久营业，并令每亩纳地价一元五角，垦丈费二角，证书二元等费以完手续。沾化之马场租地分为三等：一等每亩一元二角，二等一元，三等八角（前见报载山东省府决定改变马场租田方法，未见全文，姑用此数）。阅者必以为此等荒地已逐渐辟矣，而国家之收入亦必有可观也。孰知不然！山东省垦丈收入预算年止万余元（今年实收较此数为多，特注），以此三百余万亩之淤地，整理得法，即以每亩收租一元，计已有三百余万之数。若再设备适宜，生产可增，则每亩增至一元五角，则每年可有五百万之收入，较今日之预算，其差为何如耶？其有裨国计民生又何如耶？

论者谓：河口既有此宝藏，奈何人不注意，且在人烟稠密之山东，而至今尚未开发耶？曰：此正所以可惊也！人民甘愿走关东，以舍近就远。德、临一带之无恒产者，常于收获之季，荷锄耒而往，工毕仍返老家，一若有洪水猛兽之不可久居者，其焦点果安在乎？吾重思之，得其要点六。凡各问题皆非难解决者，要在政府稍为努力，人民即如平旦之望光明，皆趋附之，事半而功倍也。

一、治安之不能维持也。各地不安，已成我国普遍之现象，非独此三角洲为然。以其荒凉，不肖之徒作为逋逃薮，愈集愈多，已不堪问。要知人民稀少，与匪患乃互为因果，人民稀少则剿击亦难。例如鲁西一带，号称多匪，近数年已绝迹。固由于省府之督剿，亦借助人民之自卫。若人民自卫团体办理完善，则匪患可免，而生产亦日益兴。广东三角洲占全省富源四分之三，每年可出保安费七百万元。可知有匪患不能认为阻止垦殖之有力理由。

二、黄河之漫溢也。河口情形已如前述，洪水之时，三角洲上漫溢为灾，故人民耕种咸感不稳定。人或将谓此问题必为难解决者矣，盖以黄河号称难治，数千年来皆无适当办法，此漫溢祸患之免除，谈何易耶？不知此可论之全河，非可言于今日之河口也。盖自利津以下尚未实施治理，非不能也，即最小限度之堤防尚未修筑，而即以河口为难治，非滑稽乎？故为今日计，第一步，即为固定该段河槽，则漫溢之患可免，换言之，先修堤以防之耳。利津已有河尾堤工委员会之组织办理堤工事宜，惟经费不裕，是以尚无效果。政府若不注意，人民以利害关系，迟早必将使之实现。然河道方向之适宜否，河身宽度之合理否，应即日规画，免后日之纠葛。尤有进者，对于此事，政府决不可专靠人民之修筑，必自动进行，河口方有整理之希望也。

三、交通不便利也。海口一带平原，汽车路之建筑，自非难事，而长途电话，鲁省之成绩亦甚著，且所费至省。下洼（淤滩上之港口）距沾化十五里，距沧县一百五十里，至天津五百里耳。其他码头如埕子口、陡头崖等是。故此项工程费用不多。

四、无淡水供饮料也。关于此点因对土层尚无确切张本，不知有甜水层否，可先试钻探，即不可时，尚可引河水暂为应用也。

五、经营之不得法也。现在各机关多注重其收入，非独此淤地垦丈机关为然也。以年代已久，积习难除，多系不丈而放，故屡以舍瘠就肥、重复压盖、领少种多等争执相诉讼。而各地之四至不明，多寡之数目未悉，皆由未丈量之故也。

六、土豪之把持也。以前种种困难，皆由此而生，其罪恶实大。彼以经济势力，出少数金钱，领多数地亩，并提高租价，转租人民。凡有争执，彼必能以其独有之能力，得最后之胜利。彼等对于一切皆有优先权，久居地方，情形熟悉，而政府所派之经管职员则时常调换，诸事尚有须请教于彼等者，其气焰更烈。对外则作反宣传，谓土地之如何贫瘠也，河患之如何可畏也，生产之如何低劣也，土匪之如何横行也。若政府遣派委员调查时，彼等更利用此等手段包围。以致此大好富源，竟无人知之，其计已售，而可永保斯土。为害之烈，不更胜于洪水猛兽耶？

河口之大概情形已如上述，整理之法可分为政治的与工程的两种。其关于政治者，为改革管理组织与协同地方剿匪而已。其关于工程者，又可分为范围较大与较小者二种。然须工程与经济兼顾，则可先按小范围计画进行，迨至淤田之生产日增，即可逐渐发展也。

据河尾堤工委员会计算，堤工止需五万元，但太低薄。既立堤防，必须防其漫溢溃决，如此则非一百五十万元不可。至于其他设施，若道路、电话、临时码头、垦殖银行等，约需二百万元。（注意：银行之款并非开支，惟因其为开办费，故列入。）以三百五十万元之开办费，三五年后，每年即可有五百万元之收入。其生产日增，若能逐渐追及广东三角洲，有裨国计民生，不亦伟哉！谓余不信，河口非遥，派专家详加查勘，深入其境，所费又值几何？我国谋国库之增收者，多事加税，鲜及生产。即有言生产者，亦多喜谈空论，例如新疆如何富庶，西藏如何开发。诚然其必要矣，国人应知所努力矣。然目前之地，尚未能尽其利，短期内即可有成效者，辄弃之不顾，实属所不可解者。

若此工程完竣，在地方则可振兴实业，增加富源。然事关治河，似应统筹办理。一切开办费用，宜由中央治黄经费项下拨支，其后每年之收入，除一部分为发展地方者外，概作治河经费。若系治标计画，每年除各省仍按照原有河工经费开支外，增此数目，则决口漫溢之患必可免；若为治本之图，则以河口收入作抵，发公债或借款皆属易举。故吾谓治理河口，即所以筹治河之经费。谓河口治，全河得治亦无不可也。

至以黄河作航道，在海运未开以前多仰赖之，近数十年来虽帆船云集，已大非昔比，更无论于进展也。黄河善淤，故河槽之改亦速，于施行渠工之前自难望大轮之进口。然山东一段河道不宽，昔日曾有天来公司测探一次，直至冀境，并已呈准省府，后以故未果。后友人李君曾拟特造适于黄河之轮船，呈请未蒙采纳。然若河口稍加整理，使河槽固定，再修临时码头，则往来于天津、烟台之贸易，必有可观。然登高自卑，行远自迩，必先有此小规模之设备作为基础，而后方可逐渐扩展，作为发展黄河航运之基础也。

漫流则沙停，沙停则垫高。棘子刘之决口，即因尾间不畅，积水所致，一道淤高，则改行他道，其流之迂回，概可想也。若能筑堤以固河槽，则可收束水攻沙之效。虽河口逐年前进，费用亦加，然因新淤之开发，利余足以补之。如是则流畅，而漫溢溃决之患亦可减。

至于黄河海港之地点，河口附近，似亦非宜。应如何设置，容再研究。

论者或将谓此工程未免简陋、规模狭小也。然就此小小作起，已有如许好处，愈见此工程之必须与重要也。故吾谓无论就工程上或经济上着想，皆应提前整理黄河口也。

文中有述及数字之处，其计算概行从略，附白。

二十二年三月于津门

十一、杜串沟说

黄河在河北境内，南北两岸防守地段共长一百五十公里。二十年来，险工仅有二处，即南岸之刘庄、北岸之老大坝也。他处则河身距堤较远，无大溜顶冲之患。然近年冀省漫决频仍，险象丛生者，其故果安在乎？一考究竟，则知其结核之所在，又与豫、鲁二省不同也。豫省兰封而下，直至鲁省菏泽大堤之间，黄河歧为三股，状如“川”字。一为大河本身，蜿蜒于两堤之中，此正溜也。一为顺南堤之串沟，自阎潭以至霍寨始入正河，长凡三十余公里，其下又有串沟，忽断忽续，以至刘庄。一为顺北堤之串沟，上起大车集，下迄老大坝，长六十公里。此二串沟宛如泄水之副道，以补正河容量之不足者。正河与此顺堤串沟之间，则又有横列串沟以连通之，形如叶之网络。其大者，若北岸起自豫省封丘之贯台者，注于冀界之大车集。以次而下，若双王、若东沙窝、若吴寨、若大张寨、若郑寨、若五间屋等处莫不有串沟，直冲北大堤之东了墙、九股路、香里张、孟冈、石头庄、小苏庄各地。又若南岸起自兰通集者，注于阎潭下。此为其主要者，以次而下，则又有串沟直冲南大堤之小李庄、韩庄、樊庄、大庞庄、小庞庄等地。每遇洪涨，正河不能容纳，则由横串沟分泄而下，直注大堤，势如建瓴。凡

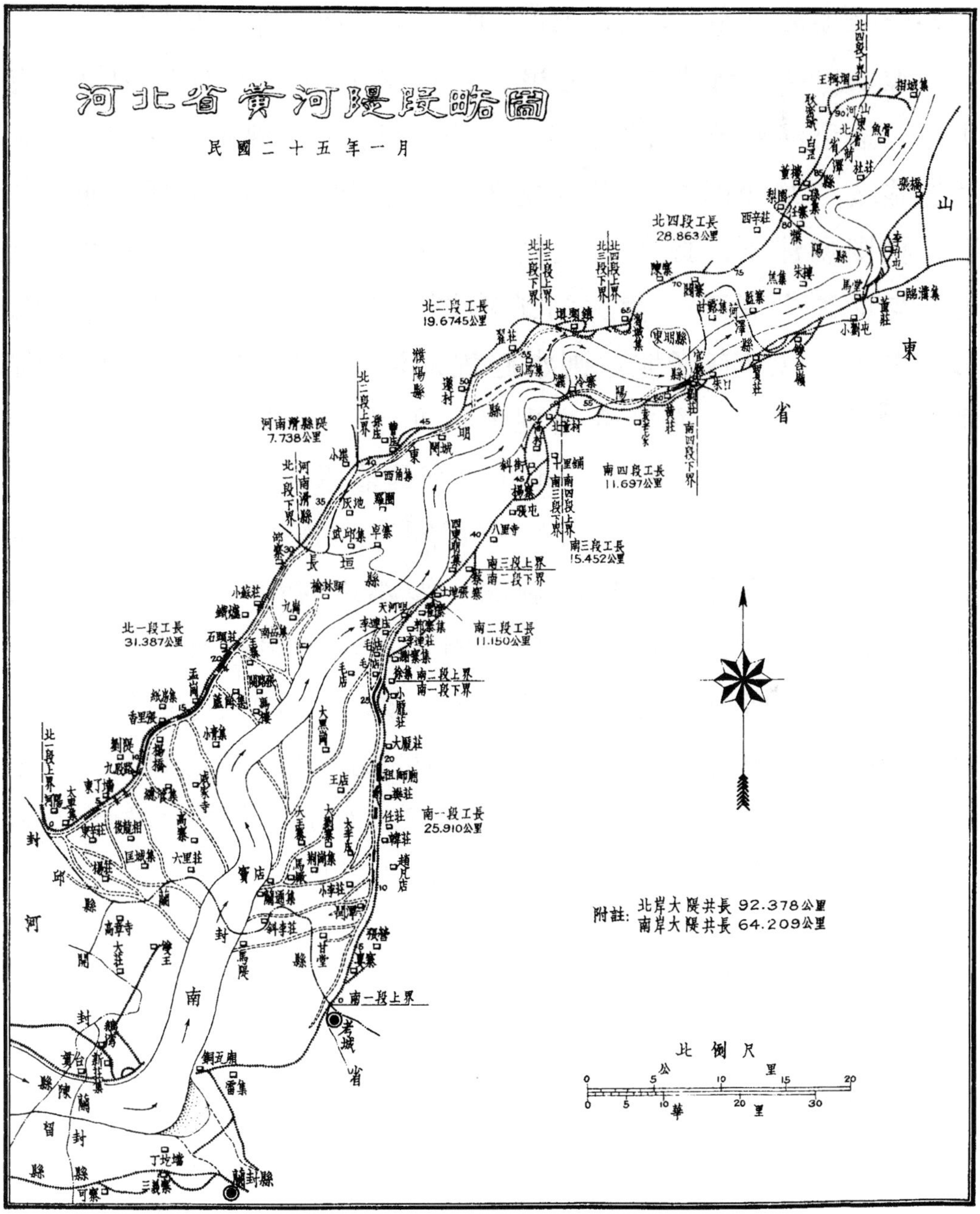
河北省黃河隄段略圖
民國二十五年一月
北一段工長
31.387公里
北二段工長
19.6745公里
北四段工長
28.863公里
河南滑縣隄
7.738公里
南一段工長
25.910公里
南二段工長
11.150公里
南三段工長
15.452公里
南四段工長
11.697公里
附註：北岸大隄共長 92.378公里
南岸大隄共長 64.209公里
比例尺
公里
華里

遭顶冲直射之处，辄成险工，每致成灾。近例若民国二十二年及二十三年之迭次决口，皆由此所致。是故两堤虽不临河，而处处皆受顶冲之患，必有护岸工作，大汛期间始免生险也。

豫、鲁两省皆无串沟之患，何以冀省独有？其原因亦殊堪研究。盖正河汛涨漫滩之时，辄先及近河之滩唇。水既漫滩，溜势骤缓，泥沙即淀。积时既久，滩唇垫高，渐外则渐低，及近堤脚则愈洼下。此黄河之特殊现象，他河所无也。故常有滩唇高与堤顶平者，一考黄河地形图，即不难证明。以此之故，每致漫滩，以滩有降坡，则水趋堤而流。水既成溜，则生冲刷，而串沟以成。此黄河之普遍现象，亦串沟造成之主要原因。而冀省串沟之成，亦多由是。此外尚有其他原因。

自咸丰五年（一八五五）铜瓦厢决口而后，兰封而下，河槽骤降。故豫省流畅，槽亦刷深，漫滩之时少。且两岸多有土坝甚长，虽有微溜，因土坝之间阻，不至为患。鲁省则民埝之间距离较近，横串沟既难冲溜成势，故为患亦轻。独兰封以下，地势平衍。改道之初，任水漫流，而无正轨。故自封丘、祥符漫注兰仪、考城、长垣等县，复分三股东流。如能及早施以引导，或着手堵塞，必不致河槽纵横如是紊乱。乃当时军事未定，南北之议相争，历二十年之久始决定使就北道。至光绪元年（一八七五）贾庄大工合龙之后，始引筑堤导溜，注大清河以入海。在此二十年间，贾庄（菏泽境）以上之河道必极紊乱，可敢断言。此为冀省串沟造成之又一因。

又考长垣、东明、濮阳、菏泽、濮县一带，故河之遗迹极多。若濮河之自封丘流径长垣县北，又东径东明县南，又东径濮阳县东南以入濮县界者，其一也。灉河自东明县南折而东北入菏泽界者，其二也。漆河在东明县北门外东合于濮水者，其三也。浮水故渎（一说即澶水）在观城县南，自濮阳流入者，其四也。古济水北支在东明、长垣二县，南流入菏泽，南支自仪封流入曹县、定陶者，其五也。瓠子故渎，自濮阳县南流入濮县南者，其六也。魏水自濮阳流入濮县南者，其七也。洪河自东明县流入濮县南者，其八也。小流河自菏泽县流入濮县东南者，其九也。赵王河自考城流径东明入菏泽者，其十也。此等河道，或塞或通，或湮或存，一遇大水必各尽其量之能容，分流下泄，而河槽益乱，串沟横流之势又以构成。

如人事方面能早设法补救，或不至贻患今日。乃冀省则以河在边陲，未能兼顾，初仅由人民修筑民埝，自行防守，至逊清光、宣间，乃以直隶大顺广兵备道兼管水利河道事宜。南岸于清末始设东河同知，驻东明之高村。民国二年改设工巡长一员。北岸则至民国七年始改归官民共守，设北岸河务局及河防营。民国八年始组织直隶黄河河务局，仍以大名道兼任局长，至是冀省河政乃告统一。嗣后又设局长专任其事，惟以经费支绌未能大事整理。故初则以组织不完，仅借民力防守，失之于前。继则以财力不充，未能充分治导，误之于后，遂贻有今日之祸。

串沟成因之复杂既如彼，而情势之严重又如此，施以治理堵截，诚为刻不容缓之举。堵治之法可分二种：一使顺堤之串沟远离堤身，免致堤身处处靠险；一则速堵横串沟，使正河之水勿再旁泄。

顺堤串沟多切靠堤脚，换言之即堤身处处靠水也。防护之法惟有使串沟远离堤脚，以滩为堤之前护，保障自固。临河方面之沿堤滩地可种植芦苇，借以挡溜固滩，兼可落淤。盖芦苇根深叶密，不畏水浸，如能于临河堤脚之外密密种植，溜来则被阻势减，而泥沙自停落。串沟之溜虽猛，比之大河则远逊，故芦苇护滩，足能抵御。冀省南岸第一段间有之，已著成效，大可推行。不仅费省，且可生利，发展自无困难。再则筑坝挑水。若能隔相当距离修筑土坝并加护沿，其长度视串沟之情形而定。若串沟紧靠堤身，则应筑坝及沟之半或三分之一。若全行横截，则恐阻水下流，必致壅遏，仍使旁泄，或将危及堤身，故可分期挑之。水遇坝而外移，逐移逐接。三四年后，则沟可出堤二百公尺，而滩固矣。此法豫省已采用之。滑县老安堤（在冀省北岸，豫省插入之地）曾修土坝六道，其长由八十四至二百五十公尺不等。甫及一年，已著相当效果。此外又可作透水柳坝，自堤脚伸出，亦以不阻全沟为度，既可透水，且可缓溜落淤，费用极省。其作法仅以柳桩两行，桩上则以柳把编成篱墙而已。冀省南岸第二段曾试行之，效果亦佳，其优点在费省而工易。堵截串沟，横筑透水坝以断之者，恒遭失败。盖以串沟之水势亦甚猛，其流量恒至数百或数千秒立方公尺。既成入袖走溜之势，只有善于导之。强行阻障，殊不易也。

堵截横串沟以免正河之水旁泄，当为根本之图。诚以日久，恐将沿此而走正河，则危险更甚。截塞之道，应于距正河身较近之处施工。先在滩唇选择适当地点，于春初桃汛以前拦沟截堵，并加护沿。若恐一道力量单薄，或遭失败，可继筑二三道，以为重障。于春日为之者，以工微费省，而时间从容。如大汛一到，则赶作不及矣。至其工作，务求稳固，应与堵口工程同其坚实，庶乎金钱不致虚掷也。

然横串沟既堵塞矣，滩唇淤高，难免不更自他处另生串沟，如是则堵不胜堵矣。是故根本之法仍应于两岸相度地势，对筑长五百或一千公尺之土坝（或曰翼堤），则溜不近堤，而患可减矣。

二十五年元月于开封平庐

十二、黄河凌汛之根本治法

黄河流域气候不同，其在潼关约为北纬三四・六度，东行，出河南境则转向东北，海口约为北纬三七・九度。故河中冰解之期，断难相同。河南冰解则顺流而下，将近海口则天气严寒，朔风紧吹，冰尚难溶，而所来之冰块势必壅积不下，且或重行冻结，因之阻止河流，水位逼高，时有泛溢之患。兹就本年二月十一日以后天津《大公报》连日登载济南电讯，节录之以明其形势之严重。

鲁黄河解冰，上游邵家集、孙家口，九日晨因下游冰块壅积，河水暴涨与民埝齐，势将溃溢。李升屯护埽凌排被冰块冲刷殆尽，黄花寺一带民埝多已坍倒，河水倒灌，势更危岌。

阳谷县长九日电：……由邵家集至孙家口计二十五里，因下游冰块拥积，水势暴涨，冰面与民埝相差尺余。

齐河刘玉和十日电：……河冰逐渐融解，……河水陡涨四公寸八分……

泺口十日午后亦解凌……

连日黄河冰解由上游而下，逐渐解通，乃十一晚解至下游唐家，因冷突又封结，冰块拥塞。梯子坝以上，水陡涨不已。

十三日下午二时河务局长张连甲由长福镇返济，向韩报告黄河冰解情况。据谈，此次沿黄河南岸赴下游视察，冰凌解至惠民唐家，突又封冻，梯子坝以上冰块拥挤，流阻水高，漫溢埽坝，擦毁甚巨。堤根见水者，长七八十里，自李家起，至梯子坝止，水漫两岸，石坝亦冲塌二三丈不等。滩中村房坍塌甚多，较前年凌汛，大为危急，损失情形为近年来所仅见，殊令人惊骇。

各段长电陈损失情形。李福昌报告：水共涨二公尺。利津周玉美报告：河冰坚厚，忽结忽停，……冯家冰块铲断大柳一株，……王旺庄由阳（七）日至元（十三）日早，共涨水一尺五寸（鲁省河局已用公尺，想系以此为单位）……

黄河冰凌无变化，下游唐家解至王枣家后仍封结。以下各段或解或结，情况颇活动。宫家至大田家一段冰解，至大马家又封结，各段水势均落。十五日虽稍寒，幸无大碍，现冰解地点距海口尚有四百余里，解通尚须时日。

王枣家十五日突出险工，发现漏洞，河水倒灌，势颇危急，现已堵塞转安。

焦作十二日通讯：春气渐暖，河冰顿开，昼消夜冻，顺流积垒，武陟县属东南数村邻近，黄河均于本月六日被流冰拥积，水道阻塞，遂由大堤漫溢数村，麦田尽成泽国，麦收已绝望，房舍人畜幸未受害云。

以上记载虽非工程性之报告，亦可见凌汛之重要。前述不过其一例耳，已往及将来或大于此，或小于此，总之此问题之急待解决则一也。据称泺口水位较去年最高水位低约一公尺余（去年最高约为三〇·一公尺）。自以上之记载，山东上游各地已至最高水位，而中下游则似增高二公尺也。

凌汛与伏汛时，河流之性质绝不相同。伏汛溜急，顶冲而来，易生溃决之患。凌汛则积冰阻水，流量甚小，其溜亦缓，虽冰块有时亦能冲坏埽坝，然其最险者为逼高水位，漫溢堤外。设堤不坚固，经此漫溢或即再生溃决之险。再则伏汛溜急，含沙量为全年中最大者。凌汛多在二月，其含沙量几为全年中最小者。伏汛之日期颇长，而凌汛之日期则短。自上项记载观之，武陟之漫溢为二月六日，泺口十五日后即无危险，十八日全河已告平安。似此潼关以下紧要时期，约止半月耳。

故就以上情形言之，凌汛之防守，实较伏汛为易。如不致漫溢，固可庆幸。然冬日地冻，土工不易，秸料亦不若秋日之完备，埽坝亦正需春镶之修理，一旦漫溢，则诚如“麦田尽成泽国，麦收已绝望”，而国家之损失不堪言矣。况吾人治河亦如治兵，不能只作被动之防御，必作积极之发展，方能指挥如意，运用灵活，不止防害，兼可生利。秋汛之问题甚多，容当另篇论之，今先述凌汛之治本方法。

山东西段之患，必较中、东两段为甚，自上项记载亦可见其一斑。惟西段无测量统计，不能依据，今就泺口八年至十八年之水文测量结果略为陈之。然泺口几居山东段河道之中部，且该地河槽亦颇固定，此应预为声明者也。兹据华北水利委员会泺口水文站之统计，节录其水位高低，以作参考。此项记录之采取系以每日最高水位为张本，每月只取二数，一为每月中每日最高水位之最高者（以甲表之），一为每月中每日最高之最低者（以乙表之），以大沽水平面为准，高度以公尺计。泺口、津浦铁桥附近，河道切面之情形亦齐整。低水河槽之顶宽约三百五十公尺，靠南岸。两堤间之距离约为一千零八十公尺。河水位至二九公尺即溢出低水河槽。南岸堤顶约高三一·五公尺，北岸三二·五公尺。铁桥底高三八公尺，两极端之墩相距约一二四〇公尺。

自下表可知，凌汛多在二月，而最低水位多在一月或十二月，间亦有在五月者。平均言之凌汛最高水位较低水时约高二公尺，较伏汛最高水位则低二公尺。今年亦在二月中旬，惟凌汛高至二九公尺，较去年最高水位止低一公尺耳余。

一、二月间因有冰，故未测得其流量及含沙量。据《内政部黄河河务会议汇刊》（二十一年九月）记载，泺口最小流量（亦系华北水利委员会报告者），八年为二二五秒立方公尺，九年二四四，十年一二五，十八年八〇。此最小之流量亦必在水位最低之时。则一月之流量必切近此数，二月间水位虽高，乃由于阻壅故，其流量亦当与此数相近（估计之数目详后）。换言之即因此流量之水不得尽泄，逐渐逼高，危险即因之而生也。若能将此量之一部引导他流，则凌汛之险可以安然渡过，亦至显然也。

论者必以引流之方法、地点及含沙诸问题相质。兹特分别述之。

今先论引流之量。查自前段记载，水位逼高之确切时间不可得。按民国十年一月七日泺口水位为二三·九五公尺，二十三日为二四·九七公尺，二十五日则为二六·四六公尺，二月四日则降为二四·九八公尺。如是则二十三至二十五两日之间，水位增高一·四九公尺。又水位二四·九四公尺时流量为四三八·五一秒立方公尺。今假设在一月二十三日至二月四日间之流量皆为四四〇秒立方公尺，则二昼夜之总流量当为七六〇三二〇〇〇立方公尺。

黄河泺口每月中每日最高水位表

年 \ 最大最小 \ 月		一	二	三	四	五	六	七
民国八年	甲			二五·五八*	二五·二六	二四·三五	二五·四八	二八·四六
	乙			二四·一七	二三·八四	二三·五一	二三·八一	二四·五九
民国九年	甲	二五·〇〇	二五·五九	二五·七六	二五·四二	二六·〇四	二六·四八	二六·五〇
	乙	二四·〇一	二四·八六	二四·三一	二四·六八	二四·七六	二五·四五	二五·二四
民国十年	甲	二六·四六	二五·六五	二五·六六	二六·三八	二六·五七	二六·八六	二九·〇一
	乙	二三·九五	二四·七一	二四·七〇	二五·一六	二五·〇四	二四·九二	二六·二五
民国十一年	甲	二四·六一	二六·六一	二五·一六	二五·七七	二五·五七	二五·一一	二七·八一
	乙	二三·六〇	二四·六一	二四·六四	二四·六二	二四·七五	二四·五二	二四·九五
民国十二年	甲			二五·二〇	二六·一五	二五·二〇	二四·九七	二七·五八
	乙			二四·四七	二四·七四	二四·七九	二四·五八	二四·七〇
民国十三年	甲	二五·一〇	二五·二九	二五·三〇	二五·七八	二五·七九	二六·四八	二六·八一
	乙	二三·七八	二四·三三	二四·六〇	二四·八〇	二四·七七	二四·八八	二五·一〇
民国十四年	甲	二六·〇四	二五·八九	二五·五〇	二五·八六	二四·六三	二四·七三	二八·五〇
	乙	二四·六九	二四·六一	二四·六一	二四·六〇	二四·〇〇	二四·六六	二六·三七
民国十五年	甲	二五·八七	二五·五九	二四·九一	二五·七七	二五·六一	二六·八四	二七·四六
	乙	二四·七〇	二四·一九	二四·〇二	二四·一七	二四·〇二	二四·七四	二四·九〇
民国十六年	甲	二六·九二	二六·四八	二七·二一	二八·二八	二六·六八	二六·二三	二七·六六
	乙	二五·〇八	二五·一六	二五·五二	二六·一三	二五·六五	二五·二三	二五·八二
民国十七年	甲	二五·六五	二六·三一	二五·八五	二六·三七	二五·三九*	二五·四六	二七·九五
	乙	二四·七七	二五·四四	二五·〇一	二五·一〇	二四·七九	二四·七一	二五·三三
民国十八年	甲	二六·〇六	二六·七五	二五·五六	二六·三〇	二五·三六	二五·八九	二七·五六
	乙	二四·七五	二五·二七	二四·七九	二五·一二	二四·七〇	二四·七一	二五·三六

续表

月 / 最大最小 / 年		八	九	十	十一	十二	凌汛最高日期
民国八年	甲	二八·六六	二六·五四	二五·五六	二五·二八	二四·八〇	
	乙	二四·九八	二四·九九	二五·〇七	二四·四七	二三·七六	
民国九年	甲	二六·八九	二七·九四	二七·九四	二六·二一	二五·八二	二月二十九日
	乙	二五·五八*	二五·四六	二六·〇四	二五·七五	二四·三〇	
民国十年	甲	二九·三八	二八·二六	二六·二四	二五·五七	二五·一四	一月二十五日
	乙	二七·二七	二六·二六	二五·五八	二五·一八	二四·三七	
民国十一年	甲	二六·九一	二六·九九	二五·九一	二五·八二	二五·五〇*	二月十日
	乙	二六·二七	二五·七一	二五·三九	二五·一九	二四·七二	
民国十二年	甲	二八·四九	二六·九七	二七·三九	二六·二四	二五·八九	
	乙	二六·六〇	二五·七〇	二五·八一	二五·六〇	二四·一三	
民国十三年	甲	二七·五八	二七·七七	二七·七一	二六·三七	二五·七一	二月二日
	乙	二五·四一	二五·一〇	二五·五六	二五·八四	二四·七〇	
民国十四年	甲	二八·四八	二八·四八	二六·二二	二五·八八	二五·八九	二月一
	乙	二七·〇〇	二五·九六	二五·二七	二四·八七	二四·一一	
民国十五年	甲	二八·四七	二六·八九	二六·四六	二七·三三	二六·四六	二月一日
	乙	二六·一三	二五·四七	二五·〇二	二五·二七	二四·八三	
民国十六年	甲	二七·八一	二七·三九	二六·六七	二五·九九	二五·七〇	二月十二日
	乙	二六·〇一	二六·〇一	二五·九六	二五·七三	二四·七四	
民国十七年	甲	二七·九九	二六·七九	二六·二七	二六·四三	二〇·六六	二月九日
	乙	二六·三七	二五·二〇	二五·五八	二五·三五	二四·七一	
民国十八年	甲	二八·四四	二六·九四	二六·三九	二六·三四	二五·五八	二月十八日
	乙	二六·三九	二五·九六	二六·〇一	二五·八四	二二·七四	

* 为该月之记录不完备者。

今再计算逼高水位一·四九公尺所积储之水量。设以泺口为起点，其上坡度为万分之一（实际坡度或较小于此数，今姑按此数计算，其错误与其他之数字必相调和也），则泺口以上受逼增高水位之距离为一四九〇〇公尺，设河宽三五〇公尺，则逼水之总量约为三八八五一七五立方公尺。换言之，被阻者才百分之五耳（亦可谓流量减少其应有者百分之五）。

据民国八年至十八年间之统计，以十年一月二十三至二十五日之水位逼高为最骤且大。又如十八年一月二十七日至三十一日四日间增高〇·六四公尺，同年二月七日至十八日共十一日增高一·二四公尺。冰凌阻止之水量当为更小。今年虽较昔日为高，然日期亦较久，无充足张本，故不敢论其情形。

以上之结论所根据之假设为：以泺口为起点，以上之河身亦相似，且无积冰。然则其下所逼积之水为若干？是则于泺口水位增至最高之时，其下是否水位尚有增高者，则积蓄水量之多寡，将毫无推测之根据矣。然此日既在泺口为最高，则壅冰必距泺口不远。再就以上记载观之，阳谷之电为九日，齐河为十日（泺口同），唐家则为十一日，亦可见此高水位之峰顶逐日下移。又因愈积愈多，故水位之增高常骤，而降落则常较缓也。故吾人不敢断言八年一月二十五日泺口以下积水之多寡，然决非只因此二日之积蓄，故此数之估计更属困难。如此则可假定应引出之流量为三十秒立方公尺（约为百分之七）当为一极合理之结论数也。

其可作引河者，厥为徒骇河。徒骇河纳十五县之坡水，自朝城、莘县、阳谷等县至沾化入海。于二十年疏浚之后，其上游穿运之处可容流量一三〇秒立方公尺，下游最窄处亦可容流量三五〇秒立方公尺。若能于寿张境挑引河约十五公里，引黄水以入古赵王河（徒骇河之上游南支），则容三十秒立方公尺之水自属易事（按：徒骇河几与黄河平行，入海处亦在黄河三角洲上）。

至于引黄河水之方法，颇费研究。开堤设闸，并添修遥堤、格堤以资保护，如陶城埠引黄济运之设备，实属可行。然人民畏黄心盛，有谈开闸者莫不群相惊骇，而阻挠之。例如齐河附近之胡庄有减水闸，传为前山东巡抚张曜所修，用以减洪水之一部，经赵牛河而入徒骇河者。人民誓死反对，于闸成之日，皆卧于闸口，倡言与其开闸后受黄患而死，不如即时葬鱼腹也，只得作罢，留此石闸作纪念而已。故为顺从民情计，亦可应用虹吸之原理，将管一端置河中，他端在堤外，因河中水面高于田地，则河水自可外流，既无开堤之险，且收分水之效，亦属得计。开封及济南低水位皆较田地为高，沿河他处亦然。今假定水头为二公尺（以六英尺计算，以下之数目皆须于测量后方能确实，今不过就他处情形作一估计，以作概算耳），则约需直径一公尺之铁管六，其费用概算如下：

虹吸管工料十万元；

护岸工料五万元；

引河购地六万元；

引河土工八万元（或用兵工征夫等，则此费可省）；

房屋及其他一万元；

共三十万元。

论者或将谓用费过巨也。吾人且不论其减少水患之价值，兹就可溉之田言之。开封、东阿间极为寒苦，雨量既缺乏，土壤又含碱质，盖以黄河之变迁多由是也。故沿黄各地，亟待灌溉。能利用此引水设备以灌寿张田亩，其量可灌田三千顷，收获之大，岂不可惊？

一、二月间之含沙量甚少，因有冰冻，故无测量结果，以重量估计之，约为百分之〇·二（估计法从略），当无淤淀引河之害。灌溉时期泥沙之救济法，请参考拙著《黄河灌溉泥沙之减除》，并可作滤清池救济之（详拙著《河水含沙与灌溉之关系》一文，载《华北水利月刊》第六卷七八期合刊）。

古今反对挑引河者其理由有二：一为田利而河病，二为引河受其害。前者之代表为胡渭，其言曰："自沟洫之制废而灌溉之事兴，利于田而河则病矣。……盖河必多泥[1]，急则通利，缓则淤淀……"后者之代表为潘季驯，有人主张引沁入卫者，则谓："黄可杀也，卫不可益。移此于彼，不可也。卫、漳暴涨，元、魏二县田地每被淹浸，民已不堪，况可益以沁乎？且卫水固浊，而沁水尤甚，以浊益浊，临、德一带必至湮塞，不可也。"

今所论之引河，皆不背此原则。盖以河水流量小时，其含沙量亦甚少，不致因引水而增淤。百分数最大者，当在夏秋之交，其时流量在五千秒立方公尺之上，则减去三十秒立方公尺，实系九牛之一毛，亦决不至增其淤淀。况雨水盛行之夏秋，当不需水灌溉乎？至于后者，引水以免凌汛，乃在冬春之交，徒骇河已竭，故不至暴涨。在他季虽有灌溉剩余之水排入徒骇，然为量甚微，益之山东北部雨水大时（即徒骇河流量大时），即不需灌溉，更不至有所增加。故反对引河之理由皆不适用于此也。

二十二年三月于津门

---

[1] 原文作"盖河水多泥"。据胡渭《禹贡锥指》校对。

十三、五十年黄河话沧桑

黄河自铜瓦厢改道，垂八十年，东北沿大清河入海。二十年后，山东始筑堤防。盖以其时朝议有南北两路之争，经久未决，又值太平天国之役，无暇顾及，遂漫然置之，后由人民自修堤埝，借以自卫，故山东堤防乃近五十年中之所修也。现在服务豫、冀、鲁三省河工满五十年者凡三人，马君清林、周君玉美、朱君长安是也。三人者皆已七十余岁。现马君任山东下游汛长，周君任山东下游段长，皆系光绪十一年到工。余于前年视察下游工程，曾于宫家坝晤之，并略记其谈话于拙著《视察黄河杂记》中，惜当时行色匆匆，未得详谈也。朱君现任河北省黄河北岸第三段段长，今夏黄河水利委员会拟制造堵口工程模型，特调其来监理此事，每于公暇，辄趋与话黄河故事。朱君久于河干，熟于河事，参加合龙者前后二十余次，靡险不历，无工不谙，可谓丰于经验者矣。年已古稀而精神矍铄，尤健于谈，爰将其语拉杂记之，以觇五十年间黄河之沧桑云。

朱君为山东东阿人，自言于光绪九年（时二十六岁）投王镇起部入伍，时王为镇军，统兵十三营，驻防胶东。是年中日适有战争，王曾率兵抗敌。次年媾和，调其军五营赴黄河中游，任防守之责，朱君与焉。自是服务山东河工。迨民国三年堵筑濮阳工时，始调往河北。山东中下之堤防，筑于光绪九年，时抚东使者，陈公世杰也。

最初河防营之编制，每营五百人，又分前、后、右、左、中五哨，外有夫子二百名，防段平均六十七里。时为营官者，声势烜赫，习气甚深，出必乘舆，扈从蜂拥，行李车、膳夫车随焉。入则高坐，侍者雁列两翼，屏息而立，一呼百诺，皇皇乎俨若大官也。其养廉每月库银一百两，公费二十两。然平时兵夫名额止有八成，冬日尤少，仅六成而已，故营官之收入颇丰。惟以朱君所交识之营官，前后不下百余人，竟无一善其后者。子孙类多流为乞丐，现在济南市中犹时时见之。盖其席履丰厚，娇惯成性，幼既不学，长为下流，势所必尔！且营官多出身武弁，不识诗书，对于教育一途，尤所轻视。朱君谓有某营官，其幕僚一日劝其延师教子，伊詈之云："汝辈搁笔穷，止依人为生耳。乃翁何曾学问，而至今日？小儿辈任之可也，焉用读为?"搁笔穷者，所以嘲书生者也，谓其赖笔墨为生，一置笔则穷至焉。观此可知其余，其子孙乌得不沦为乞丐耶?

朱君目击于斯，力矫其失，有子四人，皆令之读。长子已学成，服务于北宁铁路；次子毕业北平大学，现长鲁省滕县县立中学；三子初亦任职河工，今佐其兄于滕县；四子今在北平某大学习法律，皆铮铮有起色，异乎前人矣。

河防营之兵弁，最初亦尚可用。春、夏、秋三季防河，冬则从事训练，兼为附近村落剿匪，保障一方。甲午之役，曾选调数营，开赴前方御敌。后乃以久处河干，训练日弛，器械日窳，遂只供防河，不足言战矣。迨至宣统年间，人数大减，每营仅二百四十人，今则益少，每段（为营所改）尚不及百人焉。

前清河督裁撤之后，下游各省河防之责，悉以委诸巡抚或沿河道府。尔时抚道之中，对于河务能赤心任事，为国宣劳者，颇不乏人。在山东如张勤果（讳曜）、李秉衡、袁世凯诸人，皆卓卓有声。泺口石坝即张勤果之所筑也（光绪十八年）。自是而后，山东河患频仍，而泺口一隅独告无患者，张公之所赐也。张公不惟防河有功，即其他德政亦深入民间，故至今鲁人称之不衰。

光绪二十二年，利津西韩家决口，久未堵塞，次年口门水深七八丈。时李秉衡为山东巡抚，亲赴河干，督饬工事。忽传栗大王至（即栗恭勤公，殁后封为大王，沿河居民深信仰之，故如是云云）。李命携之前来，厉声叱之曰："我乃朝廷命官，来兹督工，为国纾忧，为民除患，汝亦应尔，何乃背此？"遂命以黄楮为枷，加其顶上。当时坝坍三丈，群情惶惶，李公不为之动，其不惑俗见，有如是云。

袁世凯之来抚山东也，适为光绪二十七年。当时河决屡屡，为患无已，袁深忧之，即通饬沿河，凡决口出自某段者，则某段营官即应就地正法，于是全河震栗，无所容措。乃群请山东藩司，向袁陈情，谓营官素皆忠于所职，且报酬甚薄，如因失事即行斩首，则无人敢膺斯职矣。由是改为如有决口，营官革职，永不叙用，并枷号河干，带罪效用，俟堵口工竣，始行开释。故每有决口，而荷枷带锁、伛偻蹀躞于众工之间者，必有其人。遇袁巡河，则屈膝迎送，间有向之泣诉者，则曰："此王法，无如何也。"噫！当时不第山东如是，即他省亦然，不第营官如是，即督抚亦有所不免。惟法是遵，国家常典，以今视之，不禁为之怆然！

然玩法舞弊，由来已渐，光绪末年，已浸生弊端。朱君言：光绪二十九年，山东巡抚周某以下游多事，特调永定河督办郭旭充任下游总办，期收驾轻就熟之效。郭某又自永定河调来人员多名，惟以不谙黄河情形，所作之工，悉无成就。如埽前打桩，旋打旋冲，又其所指示之方法，亦缓不应事，结果所来人员皆被痛责遣散，然所费公帑已不赀矣，时抢险费开支五十万两。比近安澜之际，利津宁海又决口二百五十丈。周某查河至此，勃然震怒，责郭曰："余自永定河调尔前来，畀以治河专责，本期安澜无事，乃开支五十万两，今又告决，吾实不能与尔分过，请自筹款堵塞可也。"郭某闻之，出涕而言曰："大帅如不能施恩成全，则总办只有投河而已。"周亦无奈，二人相与踌躇，欲蹈河以殉。适有臬司某在侧，因献计云："事不必急，所有费用，堵口时自可弥补。"后即由该臬司督办其事，至十二月合龙，报销一百五十万两云。

光绪年间，山东决口之惨，无如二十三年利津王家庄之决口。正月初三，凌汛骤至，村民猝不及避，死者二百余人。事后尚掘出女尸抱儿，作哺乳状。

光绪九、十两年所修之堤，高一丈二尺，底宽九丈，顶阔三丈，至十三年始植树护堤。其时工新土浮，护岸不固，故决口之事，几于无岁无之。而保护之法，又全用秸料，亦收效甚微。十七年，始试用石料护岸，并采取挂柳抢险之法。

山东调用民夫抢险，成绩优著。当光绪十七年历城及十八年济阳之抢险也，各有民夫二千人。时张勤果公巡抚山东，又派兵一营以助之。人民服务河干，皆自裹糇粮，国家无分毫之资助，然皆踊跃将事，毫无怠意，伐木运土之苦工悉以任之。不第此也，尔时树株底径满一尺以上者，价约京钱十余千，而公家仅发制钱五十文，小于是者发二十五文，而人民不争焉。其意盖以若不决口，则受益至宏，不必较此锱铢，其风俗之醇与明识大体如是。

民夫对于河工既无训练，且乏经验，故堵口不能用之，亦不能用卯工（短工），以其工作少而耗费多也。以前堵口，如人不敷用，尚可临时招募，以官长率之，每工发一号衣，以资区别，并分棚分哨，借便指挥，非若卯工每日计人付资之烦矣。

伊时沿河县官，对于河务责任重大，故堤岸防守亦慎。以滨、蒲、利等县言之，每届废历端阳节时，县官即督饬民夫上堤，昼夜防巡。每二里设一屋，堤根不见水时，每屋二人，见水则增至十人，至霜降后止，岁以为常。上堤民夫按里摊派，由各村首事（村、里长等）管理之。惟县官以责任之重也，故其对于河防营之不敢轻视，而极力交欢营官，待如上宾，乃时移势易，今则已矣。

清时黄河决口，按例则有七人负责，即承防、分防、营官、哨官、提调、会办、总办是也。决口之后，各摘去顶戴，另由上宪委人代其原职，而各该员等仍须留河助工，借赎前愆。凡督官员所住之屋，皆系草舍，简陋不堪，盖一以自罚，一以示与民同甘苦也。总办之屋，仅秸墙茅顶，天寒之时，重障一席足矣。至营哨等官之所居，则只有窝铺而已。

七人之中，提调之职最觉清闲，仅司上下巡查之责，有如今之视察员，多以同知充之，间亦有以知府充之者，惟甚少。以其清闲，故当时歌以嘲之云："提调提调，胡闹胡闹。大汛一来，不照不照。见了委员，照料照料。见了哨官，做埽做埽。看工完了，三声大炮。"不照者，不妙之意也。按提调之设，原甚重要，《河上语》云："提调总两坝事，与总办同，尤以能任劳怨为要。"此殆专指其堵口时之任务而言，然于斯见其重要矣。盖以后日之历任斯职者，多泄沓从事，不肯负责。故久而为人所轻，歌谣因之以起。

除提调视察之外，每届春日，又派委员沿河检查水沟浪窝、鼠穴獾洞及堤上土牛等。皆一一勘视，不敢稍忽，亦要举也。

黄河工程今已逐渐进步，如以合龙言，最初用外边坝（临河），后改为里边坝，继又改为单坝，即独龙过江，由后戗坐根作边坝，较前远胜，然亦按实际之需要而定其宜也。曩时合龙多在冬春两季，一则因决口后稍加筹备，已至冬日，再则届时水退，工作亦易耳。

朱君任职河务五十年间，参加合龙二十余次，而所辖段内一未出险，虽云天幸，亦由其任事勤敏，防护周密所致也。兹将其参加堵筑之决口胪述于下：

光绪十年，齐河北岸李家岸决口，十一年二月初合龙。

光绪十一年，齐河北岸邱家岸桃汛决口，五月底合龙。是年秋，历城、章丘交界南岸之埽沟决口，十二年正月合龙。

光绪十二年，章丘、济阳交界南岸之汆心庄凌汛决口，三月底合龙。是年秋，济阳北岸葛家店、历城南岸河套圈决口，至冬季合龙。

光绪十三年，济阳北岸王家圈伏汛决口，口门宽二百余丈，后以河南郑州决，水自涸，始得堵合。

光绪十四年，济阳南岸大寨及南岸四王庄二处决口，次年合龙。

光绪十七年，历城师家坞决口。此次抢险叙功，朱君升为队长，统率百人。当时抢险工料极感缺乏，至拆庙宇取材，仍感不给，乃采用挂柳之法，颇为著效，山东之用此法自此始。

光绪十八年秋，章丘南岸扈家岸，济阳北岸三里庄，惠民北岸桑家渡、南北王皆告决，朱君所参加者南北王一处也。

光绪二十二年，利津北岸台家洼、赵家菜园，南岸西韩家告决。是年，朱君升哨官。

光绪二十三年，历城南岸小沙滩、胡家岸凌汛决口。是年冬，利津北岸扈家滩决口。

光绪二十五年，历城北岸王家梨行凌汛决口。

光绪二十七年，惠民北岸五杨家、济阳（?）南岸陈家窑决口，朱君参加五杨家合龙。

光绪二十八年，惠民北岸唐家、利津南岸冯家决口。朱君参加唐家合龙。

光绪二十九年九月初间（庆安澜时），利津南岸宁海决口二百余丈，十二月二十八日合龙。

光绪三十年正月初三日，利津北岸王家庄凌汛决口，次年春合龙。叙功，朱君加副参将衔。是年秋，利津海口以上北岸薄家庄决口，因距海近，未抢堵。

宣统元年，濮州北岸马刘家开口，虽在直隶（河北）而水灌山东，直隶不堵，山东堵之。因上游河务人员无堵口经验，特自下游调员抢堵，朱君与焉。

宣统二年，直隶孟店决口，为堵口事，特自山海关调沙明亮为开州解台，因沙任山东河防营官多年，素有经验也。于是沙乃由山东河防营调官长五人、河兵五十人前往供役，朱君随往，公[1]毕回任。民国二年，升下游北四营营长，住利津王家庄。

民国二年，直隶濮阳决口，次年朱君被调往协助堵口，自是遂供职河北矣。

---

[1] 公 应作“工”。

以上所述，间有为书报杂志记载所未详者，计决口二十六处，而朱君参加者二十二处。兹更参考他书，补充于下，以见清末以来下游决口之繁。惟以同一处所，村落栉比，此记甲村，彼记乙村，故不免有重复之处，又因参考资料缺乏，亦或有遗漏之点。

咸丰五年六月，铜瓦厢决口，自是改道北自大清河入海。

同治二年，曹州漫溢。

同治五年，河南胡家屯溢。

同治七年，河涨，冲决山东赵王河之红川口，河南之荥泽汛亦溢。

同治十年，河溢郓城。

同治十二年，东明石庄户决口，又老王户邓楼漫溢。

光绪元年，菏泽贾庄大工合龙（按：即石庄户决口）。

光绪四年，东明高村口漫溢。

光绪八年，历城桃园决口，北岸到处漫溢。

光绪九年，齐河顾家沟，历城鲁家庄、刘七沟、徐家庄，齐东船家道口等处，先后于伏秋漫决。济阳曹家庄，齐东坝河西岸马家庄，蒲台四图赵庄、许家沟等处皆于霜降后漫决。

光绪十二年桃汛，章丘南岸吴家寨，济阳十里堡、安家大庙皆漫溢。

光绪十三年，河决郑州。

光绪十五年三月，利津南北岭下游韩家垣漫口，齐河张村，历城西纸房、章丘大寨均先后合龙。

光绪二十一年正月，济阳北岸高家漫溢。六月，利津尾闾北岸吕家洼、齐东南岸北赵家，寿张南岸高家大庙等处先后漫溢。

光绪二十六年，滨州张肖堂堵口，三月合龙。

民国二年废历六月，濮阳北岸决口，至四年五月合龙。

民国六年废历六月，长垣南岸范庄决口，九月合龙。

民国十年废历七月，长垣南岸皇姑庙决口，至十月合龙。又利津宫家坝决口。

民国十三年废历七月，长垣南岸郭家庄漫口，至十月合龙。

民国十四年废历六月，鄄城南岸李升屯决口，十五年三月合龙。

民国十五年废历七月，东明南岸刘庄决口，八月合龙。

民国十七年二月，利津棘子刘决口。

民国十八年正月，利津扈家滩决口，又七月，南岸黄庄漫口。

民国二十二年国历八月十二日，温县北岸，兰封南岸三义寨，考城南岸四明堂，长垣南岸二分庄、北岸石头庄等五处，共决五十口。

民国二十三年国历八月十二日，长垣九股路一带溃决。

光绪九年以前，山东中下游既无堤防，故无所谓冲决，只有漫流而已。其记载之少，固不待言。即以上所述，八十年间，决口七十余处，平均言之，几至每年一次矣。当黄河之初次改道东流也，下游既未设防，宜其漫溢之多。夫如是则上游之患自少。故河南虽在清代河患最烈，然自北徙而后，除民国二十二年外，仅有三次。嗣以山东之堤防渐固，而决口之次数递少。民国而后，渐移至冀、鲁之交矣。今则又上而移于冀、豫之交，不数年后，或更进而完全至于豫省，亦未可知。故河南之隐忧，正未已也。实因流水不畅，河槽淤垫，有以致之。然若三省同增堤防，仅于顾标，而黄河全身不汲汲施以根本治导之策，堤防虽固，淤垫不止，不决则已，决则改道之患恐不免矣。此非危言耸听，亦非杞人忧天，盖征诸已往之历史，验之河身之变化，而势有必然者也。

民国二十三年九月于开封

十四、李升屯黄河决口调查记

十四年夏，山东黄河上游临濮集附近李升屯民埝决口，致水流逼近大堤，故寿张境官堤黄花寺等十余处之险接踵而起，惊波骇浪，汹涌数百里，生命财产损失无算。河务局数派职员调查估工，以备修筑，英以局外之人，曾被邀请参与其事，乃略记之。

第一圖

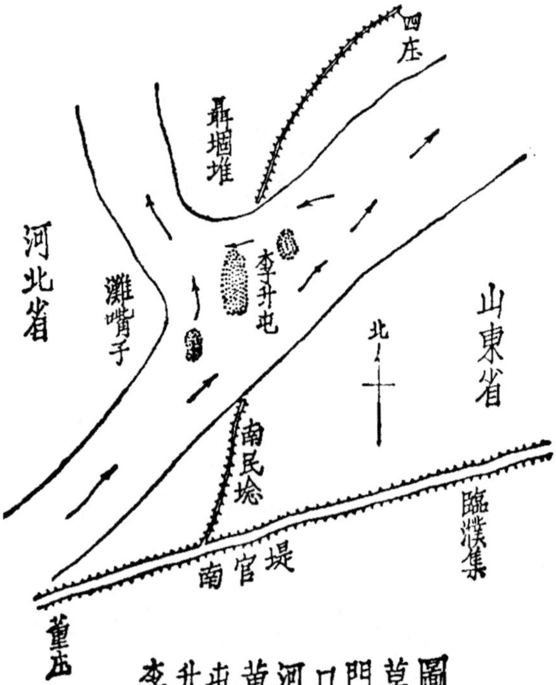

李升屯黄河口門草圖

时余居曹州，距黄河仅五十余里。十月十七日，适下游局长率领各股长过曹赴李升屯调查，准备估工，邀余同往，欣然诺焉。

此行也颇怀戒心。出发之前一夜，曹州城内突被抢掠。以多数军队驻防之地，尚复盗贼横行，曷胜浩叹！及离城二十五里至小留集，又闻昨夜该集内抢去钱店三家、烟店一家，并架去肉票若干人，为之悚然。至临濮，又知集外游人亦时被架，益为惴惴。幸匪亦有道，对河工人员尚留余地，前曾有王技师者，被掳旋即释放，此一证也。

黄河之堤，分官、民两种。官堤归政府修理，以保堤外之财产。其建筑护养，均归政府。官堤相距甚远，自十数里至百里不等，其间亦多肥壤。故人民又筑民埝于大堤之内，以御河水，而便种植。官堤、民埝之间，宽自数里至四五十里不等。其间住户极形稠密，乡村集镇一如他处。李升屯之决口，乃开自民埝，水流泛滥，灾及濮、郓、范、东诸县，其惨苦之状，有不忍言者。

出临濮寨门，稍北行，即黄河大堤。高约二十尺，顶宽二十五尺，坡度约一比二。余辈极目所至，仅见半枯垂柳，他无所睹。据云灾民均已奔散，住户大减。但送料（高粱秸）之马车络绎不绝于途。

登堤北望，则飞沙茫茫，白色映空，残木枯树，渺无人影。大堤附近之水虽已退去，而淀沙之多，实出意料。柳树干部尽皆没入泥中，只余柳条一二现出地面。高粱则全身陷入，间有穗头露出而已。昔日村庄，今成沙土，泽国之惨，良可悲矣。

过大堤而北行，约三里，至李升屯口门。昔日之李升屯者，

第二圖

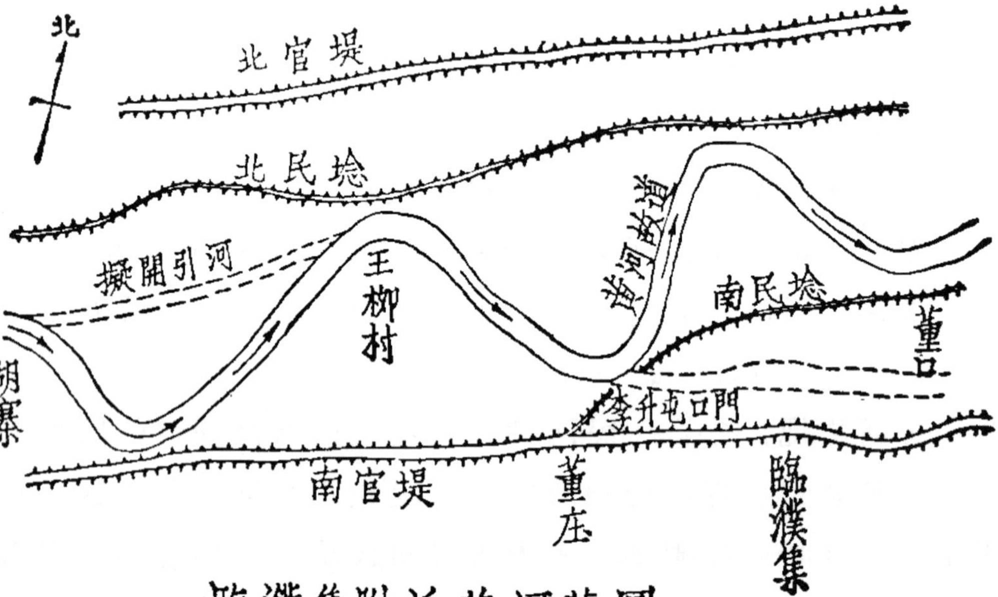

臨濮集附近黄河草圖

今其地适当急流之冲，民埝开后，水滔滔自西南来，直下东北。民埝决处，宽约三四里，最深之处有达十五尺者，平均约在六七尺。水流分二，一经故道，一则直流东北。但前者较小，大部分则由新道而流矣。

下游情形更险。距李升屯约二百余里处，河决于黄花寺大堤者五处，决于黄花寺民埝者四处，危及黄河南岸，更无庸言。黄花寺诸处决口，实李升屯口门有以致之。

历勘李升屯口门数日，同人等均以引河、截流坝、挑水坝等等诸策皆可用以救急。兹就初勘商讨之可能修筑办法及其利弊，略述如后。

一、修引河于董口

水之故道，自董庄向北流，渐近北民埝，折东南行，而至董口，乃折而渐近南民埝。自李升屯决口后，东流则沙淤水浅，河面极广，如能于董口穿过民埝，修一引河连络李升屯新道及董口以下故道，以顺水势，颇为得力。惟董口附近民埝、官堤之间水势甚大。设堤防水，工程浩大，且长约二十里，取土无由，殊多困难。

二、自胡寨掘直河道至王柳村

改直河道，水势可顺，使水流直下东北，再东继续开道，其法亦甚可采。但三十里之引河，数十里之民埝，恐未易言之。

三、设截水坝于四庄附近并设挑水坝于河之东南岸

南坝以上，溜势侧注，至四庄有回溜，渐归故道，惟水流大部仍趋东北。若设坝截四庄大溜，则聂堌堆之东、四庄之南成为静水，逐渐淤淀，水流势必趋向旧道。若再由南坝以上修挑坝数道，逼水趋向故道，并使剥蚀对岸滩嘴，河流之弧度亦可减少。惟截水坝须横截水流，工程不易，稍有意外，便成险工，加之聂堌堆适当水流之冲，亦有冲刷之险。至于旱堤之修筑，以地多新淤，沙土根基，难期稳固，此吾人所急应注意者也。

四、退修截坝于四庄之北而掘引河于聂堌堆及四庄一带

聂堌堆一带地势甚高，引河有四五里之遥，既有第三法之害，复有第二法之短，殊无足取。

五、接修原有民埝兼筑挑水坝于河之上游

若将决口民埝合堵连接，再以挑水坝逼河流回故道。以截坝较斜，工程较第三法或属易举，坝虽较长，但无旱堤之修筑。再用挑坝，水流亦可逐渐冲刷新滩，借复原状。此法所用截水坝较长，时日必久，材料亦多，亦应考虑。

六、挖引河于滩嘴子加设截水坝

自小刘屯一带修挖引河，河长四五里，挖掘尚易，惟地属河北，间有庄村，交涉困难，当可想见。

上述各法利害参半，最后决定，尚待来日。盖以在工程上、经济上、人事上必皆经详加勘估、计算，方可言定，非匆匆二三日所可断定也。然黄河为患无岁无之，我国治河之法有防无导，似非善策。加之治水省自为政，各不相谋，欲加通盘筹算，事有未能。且一切水文记载及测量详图均感缺乏，亦憾事也。

民国十四年十一月于曹州

按：黄河于民国十四年决口于李升屯，次年堵合。二十四年又决于董庄，先冲民埝，次决大堤，大溜转趋苏省。李升屯之堵口计画即与本篇第五法大体相似，即接修上游原有民埝并于上游南岸筑抛水坝是也。董庄之决，即在李升屯合龙处之南。今日论董庄堵合计画者，亦谓不外上述各策。然黄河之患已促起国人之注意，政治设施又较前大为进步，材料之运输益形敏捷，水文之资料愈以丰富，则昔日所感之困难日渐减少，而方法之选用自易着手矣。

民国二十五年元月识

十五、视察黄河杂记

二十一年十月，国民政府特派王应榆先生为黄河水利视察专员。王先生邀余陪同视察利津至孟津一段，于十月十六日起，十一月二日止，凡十八日。爰就沿途所见，拉杂述之，以供参考。至视察报告及工程计画，当另文为之，兹仅述此段黄河之概状及杂感而已。

十月十六日早六时，自济南寓所至胶济饭店，会同视察专员王应榆先生及其随行秘书王柏臣、山东河务局工程科长潘万玉，分乘汽车两辆，于七点钟奔赴泺口东之葛家沟，于该处登船。船身颇宽大，有房间二，一宽三公尺半，长五公尺，其他则半于此，均高约二公尺半，两旁镶以玻璃。后有厨房，前有下房，下有船舱，盖山东河务局第二号船也。据称为前山东巡抚张曜所造之红船，专供视察河道用者，已近五十年矣，实为黄河最安适之旅船。船上有船工十五人，临时派厨夫二人。

登船后以厨夫购菜尚未返，又回岸视察葛家沟险工。石坝甚固，现在水位为二九・二公尺，今年最大时为三〇・一公尺。黄河之所谓险工者，即在河身弧形之凸方，正溜走于斯，直顶河岸，易生溃决，负河防之责者，所必须严防之处。西望则津浦铁桥横跨黄流，白帆映日，鹊山遥峙，风景绝佳。

自葛家沟下行，则河道北曲成一大弧，然距北堤岸尚远。北岸地面淤滩，约较现在水面高二·五公尺（其时水面较本年最高差〇·九公尺）。岸上之树，似为三十年所长成，则其时之最高水位追为此矣。此段南岸多石坝而北岸甚少，一则河身多趋南岸，再则距济南愈近，而保护之亦愈切也。因此念及黄河之治理历代重视，今则江、淮年有大工修治，而黄河则仅有尚未成立之委员会总理之，亦或因国都南迁之故欤？然黄河不治，淮河必受其害，治黄尤重于治淮也。

河溜两弧之间较直部份，常有滏如海浪，成波动前进形状，或由于此部河底之高低不平所致。自河中取水于玻璃瓶中使之沉淀，所含泥沙以体积论约为百分之五。然此不过约略言之，就华北水利委员会之测验，民国十年陕县最大含沙量为百分之一七·〇七（以重量计），最小为〇·六六；泺口最大为一·五五，最小为〇·三七。民国十八年陕县最大含沙量为百分之二二·六二及最小为〇·一五；滦口最大为六·八一，最小为〇·〇五。俗传“一石水，八斗泥”者，或系于决口处水过一丈，可淤八尺之谓，亦或极言其多，未必即为事实。

船抵济阳，登岸视察。此地因河溜常变，而护岸工程亦随之变更。今年之为险工者，虽抛石抢护，费尽心力，期其常久，孰知异日河身变动，而前功尽弃，不得不另谋新工。如是则固定河槽诚为治河之要图也。

沿河两岸多为碱地，面积不等，狭者百余尺，宽者三五里，至王枣家亦如是，惟多生苇草。此等地带，宜于放淤，一则可以肥田，一则可以减洪。放淤求其安全，莫若用虹吸管，既可防黄水之冲决，且工费有限，管理便利。惟人民难与图始，而政府又无暇顾及，致有利之事业不克进展，良可惜也。碱地虽亦征粮纳税，而每亩地价不过三五元。若施以三年之淤，变为肥壤，则增价十倍。兼之逐渐淤高，巩固堤防，一举两得，宜早图之。

王枣家是日之水量，据报为二〇·三四公尺，济阳为二四·八二，相距约五十公里，则河面坡约九千分之一。下午四点到清河，登岸下行，忽狂风大作，被迫回船。是日因风向顺利，故行二百七十里，船中饮食起居均极安适。

山东段现下河身之宽约为二百公尺，虽极大水位亦不过二三公里。

十七日早七点，自清河起程，九点半至蝎子湾，风甚大，船不能行。下午三点半始东去，六点半至王旺庄。沿河工程，皆甚整齐。当晚宿于王旺庄，凡行约一百里。

护岸工程已渐改用石料，良以所用秸埽（即以高粮[1]秸用绳捆之逐渐下水用以护岸之物）多不耐久，且松动易于冲走。据云昔日曾有提议采用石料者，因河工人员皆忌用之，故未实现，盖以用石料则不易出险，不出险则无发财之机会也。此言虽近于虐，然亦不无原因。

人多迷信，例如对于某山，因风水关系，石不可采。自肥城运石至泺口，每方（松方[2]，以下皆同）十元，内石工三元，运费七元。若用泺口附近之石，虽人工较昂，五元当已足用。然以迷信之故，多不能开，而消费亦增。

于王旺庄遇老河工现任汛长吕振东者，年六十一岁，于光绪十八年到工。此外尚有周玉美及马清林者，皆系光绪十一年到工，为服务河工最久者。今就吕振东之谈话略志如左：

---

❶ 高粮　应作“高粱”。

❷ 松方　即体积。计量时计入空隙和孔隙，以 m^3 计。

“于光绪十八年当兵，至民国元年升官。光绪二十一年在蝎子湾抢险，时无石坝，均系秸埽，无石则易于走埽，今则石先护基，而全埽甚固矣。光绪二十二年大工为西韩家，二十六年马张家，二十七年王杨家及陈家窑，二十八年刘王庄等二处，其时约每年一次险工。每营三百工，又有二百夫（夫系短工），今则不及五分之一（按：营已改为分段）。顺镶（言埽）则只顾眼前，顶镶则仰脸及栽头（皆埽之不得法者）。必按症下药，相机而动，以平为准。做埽无善法，全凭土压。埽如船，土少则不稳，太重则不浮，埽之桩如骨，绳如筋，料（即秸）如肉也。”

以秸埽作护岸之用，传自河南，其劣点甚多，据潘科长所称有六：（一）每年必加镶，太不经济；（二）秸埽比重太小，易于浮动；（三）若埽上加土太多，虽可免上项劣点，但埽身临水一面不能做成收分，河流易成回溜而刷深埽基；（四）镶埽之处多系被溜淘刷塌坍之坡，则埽之重心必在上部而不稳定；（五）所用之绳为以作依靠及连络秸料之用，若埽被土压，秸紧而绳失连络之效，故易走失；（六）以土压埽，水来则易冲去，其效失。故秸埽实有改良之必要。然亦有其利益，山东、河南一带产高粱甚多，价廉而易取，若于大险之时以之抢险，实较其他方法经济，而效率且大。余意埽之用途，不过如是耳。

十八日早七点，自王旺庄开行，其南岸埽工甚佳，河身愈下愈窄。至宫家坝，为民国十四年决口处，此工于民国十四年十一月由亚洲建筑公司承修开工，十五年七月竣工，共用银一百五十万元，较之我国估计四百万者，所差甚巨。昔日估工，窃意其不甚合理，多凭主观，缺乏根据，惟定于河务当局之一言。此工之足可述者，为西法堵口第一次应用于黄河也。我国旧法堵口，则自决口两端（即新决河道两岸）将料石自两端下水，逐渐向中间进行，名曰进占。如是愈进则口门愈窄，水流愈急，河槽刷深亦愈烈，则其工作亦愈难，故常至两端逐渐接近时被水冲去，前功尽弃，因此料之走失者不可数计。如能两端相接则谓之“合龙”。此等作法，似与水力学原理不合。宫家坝口之作法，则系先横过此新决之河道打木桩，上铺轻便铁道，所有石料则由轨道下倒，平均自河底逐渐填高，先成一水面下之拦河坝，此时之溜必较小，以后渐填渐高，而“龙”易合矣。然当新用此法之时，河工人员皆反对，并多料其不能成，守旧之心，亦太甚矣。

视察宫家坝工程及旧河道，有分段长周玉美及汛长马清林同行。马年七十五岁，在河工已五十余年。于九点三刻离宫家坝，马君在船上之谈话如次：

“原在河南工上，光绪十一年山东调河南标（标系河兵组织，与河防营之意同，惟其大小组织略异），教授山东兵勇。至十三年，河南标在山东即不甚得意。同年曾赴河南堵郑州决口，该次决口经老黄河南，东南行入运河，此为河南最后一次决口。河南省两堤甚宽，暂时不至决口，然易淤，一决即不可救矣。当初来山东时，河工无石料，年三四决。光绪十七、八年有用石料者，惟甚少。再则因大清河身不顺，屈曲太甚，亦易生危险。光绪二十七年，石料、砖窑及沿河电报均被先后采用。二十九年，利津以下工防始退至宁海（利津东三十余里）。以前其下尚有二十余里，设有营副，后则因其人性少野，河决亦无防事，处理又不易，故放弃之。河口一带曩时产盐，今因淤高已无。此段以下至海口似应添设工段，以资防守，如能屯田更好。”

闻此老者之言，甚有感焉。河南一段河身甚宽（其时为五六里，大水时为十五至二十里），河挟泥沙而至，必淤淀于斯，河流必极散漫，洪水一来，则生危险。故黄河六大变迁决口之处皆在河南东部，此应注意者一也。宁海以下近百里无人治理，河口情形无人知晓，即河工人员亦罕至此，故河水漫流于三角洲，非不能治也，特不治耳，此应注意者二也。

于十一点至大马庄，距利津八里，利津各界皆来欢迎。本拟直赴海口视察，以河道情形无人熟悉，较大船只不能进行，回程又甚迟缓，计非三日不可，且土匪甚多，地方人竭力劝止。不得已，乃觅熟习河口之船家一人，名刘昭德者，询问之。据谈：

“已有二年多未至海口，距宁海尚有一百一十里地。现河走南道，即自宁海东南去也。大水时河身水深十二尺，小水时四五尺。水面现在地下三尺，潮水影响利津约一尺余。陡崖头在毛丝坨潮水界，可作码头之用，浅水四五尺。滔滔河水，深可行船，平时八尺。河上游距徒骇河四十里，下洼码头距沾化城东十五里，有轮船名小白皮者赴天津。下洼至沧州一百五十里，其西北四十里为埕子口，亦一码头也。海滩靠海岸附近（潮界一带约二十里）长芦苇、荆条。南至新河，北至下洼，长二百余里，宽三十里。潮界之内产豆，每年一季，茂甚。按小亩计，每年一亩可收三元余（注意此乃未垦之地也）。渔船最大者为四十石，约千只，每船三人，每船每年收入自数十元至千元不等。船至天津、大连。鱼以梭鱼及虾为大宗。除受潮水影响者，海滩约四百万亩，宁海以下如修堤防，则荒地可无泛滥之患，而河口亦固定矣。”

关于海滩新淤之四百万亩荒地，昔日亦曾研究之，今由垦丈局总务股长史泉如，中国红十字会利津分会理事长王如汉，河尾堤工委员会主任委员岳光鼐及其他职员之报告与探访之情形，则知此海滩实一富源也。然山东人民多渡渤海走关东，何以弃此地而不开放？发其原因甚多，而大者约有数端：（一）治安不能维持也。各地不安已成普遍之现象，非独此三角洲为然。惟以其荒凉，不肖之徒尤多聚于斯，愈集愈多，遂为逋逃薮。现有联庄会办理剿匪事宜，亦驻有军队及民团，惟人民稀少与匪患乃互为因果，故剿匪亦难。曹州一带号称多匪，数年来已绝迹。此无他，人民能自卫耳。若人民自卫团体办理完善，则匪患可免，而生产亦日兴盛。广东三角洲占全省富源四分之三，每年可出保安费七百万元，可知匪患不能认为阻止殖民之有力理由。又渔业素盛，今亦因此而衰落矣。（二）黄河之漫溢也。河口情形已如前述。尾闾不畅，不特影响上游之水不得宣泄，而三角洲上亦恒漫溢为灾，故人民耕种咸感不便。然施以治理亦甚易易，特人民自忽之耳。若能固定河槽，则自无水患。地方已有河尾堤工委员会之组织办理堤工事宜，惟经费不裕，是以迟缓，容另论之。（三）无淡水供饮料也。地面之水多咸苦，故影响居民之密度。至于地下层如何，尚未钻探。（四）交通不便利也。此系附带要素，无甚大关系。而最重要者则为。（五）管理垦殖之不得法也。政府有垦丈局之设立，已成收租机关。至于放地方法则甚不完善，而弊端百出，试举其一二。当地富豪往往用经济势力，出少数金钱，领多数之地，提高租价，转租小民。四至不明，常有一地而放给数主，争执迭起。有权势者避瘠就肥，将自己劣地不种，强占他人肥壤。而当局又不丈量，于桌面上放收，此种强豪把持之黑暗，实为殖民之最大阻力。

淤田有已升科者，有已承租者，后者又分试垦及承垦两种。以马厂之地论，凡九百九十九顷，其租分三种，每年每亩一元二角、一元及八角不等。平均言之以一元计，已约有十万之数矣。全淤四百万亩，稍加整理，姑就四分之一言之，亦必有百万之收入，为初步计划之工程费及治安费，绰有余裕。故吾谓河口之整理，一则关系工程，一则关乎经济。此部若能解决，不只尾闾有治，且可以此款为基金作治河之用（垦丈局每年收入只列万余元，与开支适相抵。今年收入似增，其实只有九万余元之数）。

人民之赴荒耕种，亦颇特别。于种收之期，农夫始荷锄耒而往，事毕即返故里。农工甚有自德县、临清一带前往工作者。作工一季，足敷一年之用。盖以当收获之时，人少工多，每人每日工资多至一元或二元，故收入甚丰。豆苗深及腰际，往往取其实而焚其茎，以人烟稠密之山东而有此迹近边漠之景象，亦云奇矣。深愿社会人士注意及之，而尤有望于山东父老者。近来关外之路已被阻塞，昔日之赴关东谋生者可以转其方向而至河口，一以救济失业，一以开发富源，计甚当也。

夜宿利津之阎家船上，有兵士保护。

十九日早六点起床，自阎家乘自雇小汽车沿堤西行。堤顶平整，垂柳夹道，风景绝佳。正值秋收之时，人民颇具殷实之象。下午四点到济南。

二十一日早七点，乘小汽车两辆自济南出发，经泺口渡河，二十分钟即登北岸。乘车沿堤西行，同行者除吾四人外，又有山东建设厅测量班长李君润之及测夫一人。至胡庄有减水闸，传为山东巡抚张曜所修，用以减洪水之一部。水经此闸北流，入赵牛河转于徒骇河入海。人民誓死反对，于闸成之日皆卧于闸口，扬言与其开闸后受黄患而死，不如即时死于此也。虽以巡抚之威权，亦莫可如之何，只得作罢，留此遗物纪念而已。

减水亦为治河之一策，人民畏之，终不能成。若初步用虹吸管，不开堤而水可外流无阻，人民必皆欢迎，敢断言也。

再西为红庙，有一百方里之咸地，稼禾不生，村庄稀少，正放淤之优良地点，山东建设厅已有计划，或借此为湖泊，以减洪水而资放淤（地面较低水面为低）。

经齐河（距济四十里）而至官庄（又七十里），已十一点一刻，进午餐。自泺口以上，南岸皆无堤防，直至十里堡皆系山岭。北岸防工则甚坚固。自官庄，经香山，至陶城堡，凡六十里。此为运河穿黄处，尚有陶城堡闸，北去已无河形，近闸处，两堤之间约六十公尺，再远则堤形亦无。据六十岁老人谈，伊十三四岁时，尚见放船，每年两次开闸，重船（即载粮者）在六月间，空船约在九月间，此地距临清一百八十里。老闸在张秋镇，老闸不用后，改用此闸，昔为繁盛之区，今则已矣。

临清以北运河，有卫水入之，四季行船。此段则借黄灌运，每借黄一次，则运即淤塞一次，来年开运之前又挑挖一次。闸宽六公尺余，只一空，以石作成，有铁锔子，甚坚固。此闸距黄河尚有五里，其间堤埝纵横，不辨方向，似为于引水渠两岸多设月堤、护堤之类，以防黄河大溜之冲决者。

运河身中已种田，为官府所售出，且已升科纳粮。土地之任意放领，殊不得法，将来修治运河，又多一纠纷也。

此处渡河较泺口为难，约需时四十分，船两只，用资八元，亦云贵矣。渡河行一里余，达十里堡，北门亦有一闸，为昔日南运入河之处，修于光绪元年（其时黄河来鲁已近二十年）。以前运高于黄，后则黄高于运，恐其倒灌，故设闸以制之。今日运河入黄之处在距此六十里以东之姜沟，原为坡水洼，与汶水不通（南运北部之水由汶而来，于分水龙王庙汶河分南北流，北来者约三分之一），后以十里堡为黄河淤闭，水始自姜沟入河。数年前华洋义振[1]会曾挖姜沟以疏东平之水。每岁六月间黄水高时倒漾入运，平时姜沟约宽十五公尺。

东平地势洼下，故汶河之水流入成湖，每年自六月至来年二月八个月中，全被水淹，是则与其名为洼地，无宁湖之为愈也。是故人民屡兴涸复之策，拟筑圈堤，则河水不得流入，当以经费浩大未成，十九年虽筑之，亦无益。就涸复利益观之，一年麦收足抵工程费而有余，然迭经荒乱，自救不暇，又焉能垫支堤费，政府则亦无款补助。以其关系重大，或有工程上之利用，故决定明日前往视察。

至十里堡已四点半，住河务局上游总段。房舍甚宽广，系前临清道行署，以其时上游局长为道尹兼任也，局中人员招待极周。

二十二日早七点，携同本地老人谌芝蓉，同乘汽车赴大金山视察东平洼地。出十里堡寨门，沿运堤南行，尚有堤形及河身，河底较地稍高，已种麦，由县政府租于人民，每年每亩租一元。经戴家庙，七点三十分至大金山，因路途崎岖而窄，甚不易走。至东平洼地之堤，东望则一片汪洋，宛似一大湖泊，湖中有岛，庄村在焉。洼地有主，业已免粮。洼地东西皆山，南则不见边际。据称南北长有八十里，东西平均十五里，有人口五千，每亩地价约十元或三元不等，可种春麦一季。在堤五六里以外之地，每亩价可三十元，十年中约有三年被淹。

堤以石护根，以大金山附近论，其时湖中之水较堤外之地尚高一公尺。堤顶宽二公尺，高出水面三公尺，为二十年前人民修筑，现在每亩摊兵料钱约四角。灾地人民宁愿饿死亦不愿

---

[1] 振　应作“赈”。

外出殖民，一则安土重迁，经济困难，再则无识之民地域观念太深故也。

运河工程局拟涸复一半，他半仍以为湖。究竟应当如何处理，尚待研究。

回十里堡时已十点，即起行西去。经黄花寺，尚见民埝决口，淹没房舍殊为可怜。此后即沿官堤西去，距河道渐远。

自十里堡之上，堤有官堤与民埝之分。民埝者沿河筑堤，为民修民守，两堤相距约数里或十里不等。民埝之内尚有小堤，错乱颇甚。其外则为官堤，南岸至董庄上与民埝合，北岸入河北省界，南官堤距南埝最远处有四十里。民埝居近临河，官堤居后，为第二防线。民埝一失，水势建瓴，直冲官堤，每连带出险。民国十四年濮阳境之李升屯、寿张境之黄花寺，皆其例也。实以民埝有时民力不继，往往出险，故改为官守，甚属必要。

沿堤西行，愈形荒凉，郓城、鄄城、菏泽一带，较之利津、滨县等地，远不及之，沙碱干枯，非兴水利不可。下午二点至董庄，进餐，遇巩县之运石者。据云巩县石每方四元，运费三十元，合计三十四元，运一次需时二十天。

下午四点至刘庄，已入河北省界，然其上则犬牙相错，省界互交。刘庄为第一险工，水自西北来，至刘庄陡折北流，约只七十五度，故南岸险甚。地在河北，决口则则[1]尽淹山东，故山东人民极注视之，以地域关系莫可如何。近数年来，刘庄、李升屯、濮阳等工莫不如是。冀省则以利害之较小也，关系又不若是之切，鲁省府既不能修冀省之堤，于是曹属八县堤工联合会因之以兴。因地方之利害关系，各县摊款修筑此堤，现所

[1] “则”字似衍。

修之石坝即为其一例。刘庄之外，又修一圈堤，而各县摊款动辄十余万，因生死关头，不得不如是也。以河道之不统一，人民出此额外之捐，亦云苦矣。各县摊款，心又不齐，往往于紧急之时满口承应，时过境迁，靳而不予，以致当事人受料贩工人之追索，苦不堪言，良可慨也。

自刘庄之西渡河，时已五点半，因河面颇宽且须选择登岸渡口，于暮色苍茫中至北岸，乘车行，七点一刻抵濮阳之河北河务局，局长为孙庆泽氏，山东河务局工程科潘科长即留于此，改由孙局长招待矣。

山东于前清咸丰五年，河南铜瓦厢决口，夺大清河至利津入海，长凡八百余里。初时两岸仅有民埝，并未设局管理。迄光绪初年，山东巡抚丁宝桢奏准黄河统归山东巡抚管理，分上、下两游，上游为兖沂曹济道辖境，下游为济东泰武临道辖境，即由该道总司其事。至光绪一十年后，始分上、中、下三游，每段设总办一员，会办二员，均以候补道充之；提调二员以知县，直隶州同知、通判充之；文案收支则以州县班充之；而于省城另设河防总局一所，以现任司道为督办，专司支发款项，稽核报销等事。民国元年裁撤河防总局，三游督办改称局长，会办、提调均裁，每游设分局长二员，旋改为一员，文案改为第一科，收支改为第二科，各设科长、科员。然名称虽更，而权限依旧，不过款项日缩，规模渐狭而已。民国六年，山东省议会提出议案，始将河防局完全改组，废去局长，设一总办，成立三游河务总局于泺口，统辖其事，上、下两游仍各设分局长一人，中游事务统归总局兼办。从此一省之内，事权统一，无此疆彼界之分。民国七年，内政部改三游河防总局为山东河务局，总办改称局长，办事处移济南。其内部之组织，则分总务科、计核科及工程科，各游分局则按地段共分为十六营，专司河防之责。民国十八年，改上、中、下三游分局为三总段，沿河工兵十八营改为十分段。现任山东河务局长为张连甲氏。

山东省内南岸官堤，自菏泽朱口起，至寿张十里堡止，又自长清宋家桥起，至利津宁海止，共长五百四十里九分（自十里堡至宋家桥一段二百里，因河滨多山未设堤防）。北岸自濮县高堤口起，至利津盐窝止，计长六百八十九里一分。两岸共长一千二百三十四里，均由河务局随时修理，负责防守。间有民埝工程，由河务局酌量情形发给津贴，由民众自行修守。

山东黄河修守经费，清末每年额定银六十万元，民国十二年减为五十四万元，十八年为四十八万元，其中二十四万为河务局段俸薪饷项各费，二十四万为全河修守工料防汛各费，由本省财政厅支领。遇有特别工程，则另行呈请。

二十三日早七点，沿河视察，先至一拟放淤之区域，又至濮阳特工处，有徐世光勒石，濮阳决口凡用银五百万元。河北河务局现有房舍，即系特工余款所修。论者多言所费总数太大，然时过境迁，亦无法考究。

北岸习城集南小堤决口，已渡过危险期，正用抛砖抢护。下砖之法亦与埽有相似处，即先以铁丝编一纲，一边以铁丝绳系于岸之木橛上，他边续编成网，随抛随下，砖在网内不致走散。他法则系以铁丝编成宽三公寸半，高四公寸，长五公寸之长立方笼，盛砖八十个，以代石料，每笼共需工料二角五分。据山东河工人员之经验，五十斤之石即不易为水冲走。

继至第七号横坝，为河北河务局以束水计划而试筑者，于水高时下秸加土，现水已退，坝基即高出地面，长约二里，顶宽八尺，拟筑高八公寸，坡护以石。此等计划似宜两岸同时并作，否则恐呈挑溜之现象。

正午，渡河，河身宽一千公尺。遂沿堤西行，至东明县境之十三坝，为民国十九年之险工，亦拟于此处修坝，长四里，尚未动工。

黄河经过河北，亦系咸丰五年事，经濮阳、长垣、东明三县。南岸长一百里，北岸百余里。南岸河堤建于光绪元年，调大名漳河同知为东明河防同知，并以直隶大顺广兵备道兼管水利河道事宜，复调保定练营前军司黄河工作。民国二年改设东明河务局及河防营长，仍隶于冀南观察使。北岸河堤本系民埝，民力不逮，漫决时闻。民国七年为改官民共守，设北岸河务局及河防营。八年七月设直隶黄河河务局，仍以大名道尹兼之，改两岸河务局为分局。民国十八年改为河北省黄河河务局，并裁两岸分局，改设南岸办事处及八工巡段。十八年，常年经费七万五千三百三十六元，南岸办事处全年度六千九百四十八元，春工费九万元，防汛抢险费六万七千三百九十一元三角八分四厘，凌汛凌牌费二千九百七十八元七角，冬季临时费、煤炭费三百元，以上各项均由省库开支。如发生临时险工时则随时呈请增拨。

本拟沿堤西至开封，经河北、河南两局之报告，谓地面极不平静，且有一段沙地，车难通行，故不得已改由东明、考城之路。惟此路既非汽车常行之路，又不熟悉路线，甚为费事。十余里抵东明，再五十里，于下午三点半至考城。沿途极为荒凉，流沙遍地，草木不生，宛如沙漠，皆黄河之赐也。沿途虽有军用地图可供参考，路径究不熟悉。每经一村则乡人环围汽车参观，视为新奇。询及道路，则十余里外之庄名途径多不能答，大有日出而作，日入而息，老死不相往来之势。惟地方甚乱，若行至一寨，有时询其寨名，则仓慌而走，曰："我非本地人，不知村庄名。"一若恐匪徒之按门抢掠者，故行经此段颇感困难。抵考城，则居民稀少，冷落万分，至一小饭馆进餐，未辨精粗，仅就其能供应之蔬菜，择而食之，竟索洋四元，诚彼千载不遇之发财机会也。

日已西坠，距开封尚有一百四十里，故急急前进。经黄河故道，铜瓦厢在其北，因土沙梗阻且天色已晚，未能前往，殊为憾事。而堤形纵横，沟壑罗列，忽高忽低，已不辨奚为河身，奚为决口处矣。登顶一望，沧桑之感，油然而生。时已薄暮冥冥，幸已入汴曹汽车路，途间无何困难。进开封时，已夜色沉沉矣。寓河南大旅社，河南河务局长陈汝珍氏来访，谈及已迎数次，并候于城门者甚久，并邀赴大金台旅社所预订之房舍居住，然以已安定，不便再迁矣。

二十四日上午，赴河务局搜集材料，交换意见。十点半钟乘汽车视察贾鲁河，经朱仙镇至歇马营，约七十里，沿途亦多沙地。贾鲁河发源荥泽县东，经中牟、尉氏等县，由周家口入沙河，再入淮河，为民国十六年利用民力挑挖者。共开支一万元，如实按民夫估计，则须九十万元也，于此可见民力之伟大。山东于十八年秋，即提倡利用农暇，作挖河之工作，数载酝酿，二十年春徒骇河工竣，以土方计之，可值二百万元。现在洙水、万福两河亦相继竣工，以土方计之，可值四百万元，悉以民力为之。当兹财政贫乏之时，若能善用民力，兴作有利事业，非不可能，无奈民力多消耗于逃难避灾之中矣。

贾鲁河以前泛滥为灾，十六年疏浚后，两堤植树成荫，低水时可行船至吕潭，高水时至白潭。约于下午一点半返朱仙镇进午餐。朱仙镇为四大镇之一，昔为交通要道，商业繁盛，数十年间一变而为萧条之区，仅有餐馆三五家及售卖供应神祇之香楮商店数家而已。（门神、纸马于旧历年前始有交易，今则代售杂货。）饭后至岳王庙。朱仙镇又为历史胜地，岳武穆大破金人于此，建有关岳合庙，极为辉煌，现为军队之残废院所据。东院之牌坊，雕镂亦极精致。三点半返寓，检阅各种材料，中有《河大王将军纪略》，颇有趣，略为述之。

神道设教，历代行之，尤于人力所不及时更显权威，操纵命运。大禹治水以其工程浩大，疑有神助，乃尊为神禹。现科学昌明，揭破宇宙之秘密，神之势力，早已不存。然在黄河，尚未能破除净尽。盖黄水滔天，来势汹涌，所过之处，房屋邱墟，生命财产，尽付东流，人民惧黄之心，胜于一切。因惧生疑，因疑求解，解而不得其当，乃以为冥冥之中，有神灵为之主宰，于是大王、将军出焉。在上者亦利用此等心理催眠民众，往往辄奏奇效。例如凡大王出现，则不至决口，决口后出现，则必能堵合，实为催眠之良剂。每当险象丛生之时，洪水汹汹，危在须臾，民夫抢护，如不见效果，则心怀惴惴，以为定劫难逃，便意志颓丧，勇气消失，如忽有大王出现，则为迷信驱使，精神奋发，工作倍增，而险可守矣。故迷信在沿河民众中，尚有相当力量。实则人力可以胜天，非神力也。

《河大王将军纪略》书中述大王六，将军六十四。金龙四大王姓谢名绪，宋会稽人，因慨宋室之亡，昼夜泣，语其徒曰："吾将以死报国。"其徒泣曰："先生之志果难挽乎？殁而不泯，得伸素志，将何以为验？"曰："异日黄河北流，是予伸志之日也。"遂赴水死。后明清数次加封而为王。黄大王名守才，清河南府人，颇多神异之行。朱大王名之锡，清浙江义乌县人，顺治三年进士，历官兵部尚书、都察院右副都御史，晋阶太子少保，任河道总督，康熙五年殁于位，乾隆封之。栗大王名毓美，山西浑源州人，嘉庆六年以拔贡生官河南知县，道光十五年授东河总督，力倡秸埽不固，石料较远，宜用砖护堤之议，二十年殁于位。宋大王名礼，河南永宁人，洪武中以国子生擢山西按察司佥事，数迁至工部尚书。永乐九年，开会通河及治理黄河，清光绪间始封为王。白大王名英，山东汶上县人，明永乐年间，宋尚书用其策，开运河有功，清代雍正、同治、光绪皆有封号。至六十四将军，皆受封者，其事迹有可考者，有不可考者。六大王之化身为蛇，其色形各异，将军之化身，则为蛙、龟之类。河神不仅黄河居民信之，其他各河流域亦多信之。据土人所谈神话尤多，办理河务者亦多存怀疑态度，盖以民众力量不可侮也。余以在河之日浅，未得一考究，竟实为憾事。

二十五日，出开封北行，赴十八里处之柳园渡口。开封城之周围皆沙，正与昨日所见者同，禾苗全无，只有柳树。开封乃宋都所在，当时决不能沦于沙荒。数百年间而乃如是，黄河之工作大矣哉！

陈桥在河北岸，居柳园口之东北约二十里。现在河面宽约五里，大水时可至十余里，河中多现沙洲，此与山东状况不同之点也。南大堤以内之地，高出现在水面约六公尺有余，即所谓老滩，亦或昔日大水位所淤积者，相传系铜瓦厢决口前所淤。大堤之外地更低洼。自柳园口渡至陈桥约二小时，据称此系顺风，否则须半日。及抵北岸，于陈桥东四里处登大堤，见一洼地，南北五里，东西二十余里。其约略高度如下：堤外背河之地距北大堤顶约十六公尺，堤顶距堤里临河之滩地面高四公尺，滩地面距现在水面高六公尺，如此则水面较堤外背河地面高六公尺。洼地碱甚，草不生长，大可放淤，河南河务局正在计划中。参观此处后，即赴陈桥午餐，已下午二时矣。陈桥镇内有东岳庙，内有宋太祖黄袍加身处碑及系马槐。庙东有古陈桥（桥则系新建），镇内有居民五百家，河务分局即设于昔日总督行辕内。

三时三刻，回至渡口，于渡船中则见岸壁耸立，约六公尺有奇。其切面现有层次，想系多次淤淀者。其最上层约厚七公寸，系黏土，次为厚四公寸之沙，又次为二公寸之黏土，又次为二公寸之沙，又次为一公尺之黏土，又次为二公尺之沙，又次为三公寸之土，至水面，可见每次淤积之状况矣。

于船渡南岸，再上行方至柳园口。河中多沙，故船夫六七，皆赤身下水，或推或挽，至南岸则拉牵而进，五时半登岸。同行者有河务局陈局长汝珍，建设厅宋科长海涵，王专员、王秘书及余，以外尚有河务局数人。李班长润之因病携测夫返济。

在开封视察完毕，关于调查材料未预备完竣者，后由河务局补寄。乃拟于二十六日早八点西上。陈局长以在汴尚未参观风景，恳切挽留，遂于是日上午先至古吹台，一名禹王台，今为建设厅之园艺场，正值菊花展览会，台上有一取水器，内格作螺旋形，乃一螺旋吸水机也，台旁为繁塔。旋至龙亭，宋朝之宫殿也，巍峨高耸。东有潘湖，西有杨湖，乃开封之第一胜地，内有侯嬴井、九龙墩等古迹。又至博物馆，为前法政学堂故址。内容极丰富，未及全览，只商代文化遗迹、殷墟甲骨文字及新郑出土铜器已足观矣。复经铁塔，至孟子游梁祠。匆匆之间，一览无余，遂于十点离汴城矣。

先至柳园口后沿大堤西行，堤顶汽车路极为平坦，两傍造林成绩亦佳。柳园口西，河南建设厅计画由此引黄入惠济河，六公寸之虹吸管已运至堤，滤水池为旧柳园口决口洼地。自河堤至开封干渠，宽八十英尺，于西郊分为二：一向南至西南城角折而东，经建设厅苗圃入惠济河；一向南经朱仙镇至歇马营，入贾鲁河，为支河，宽五十英尺。闸口之进水量为每秒二千立方英尺，供灌溉及航行之用。

经东漳、杨桥至来同寨，已十二点（距开封一百三十里），上游南岸分局设于斯。凡河局房屋，建筑较佳。进餐后更西进，沿途河面宽广，最窄处亦有至五百公尺者，尽为石护岸，南岸碱地甚多，险工为黑冈口、杨桥等处。

下午一点十分，至郑县北石桥（下三堡），西即为光绪十三年黄河决口处，所谓郑州大工者是也，祸及中牟、开封一带。相传此工用款千余万两，言之者尚多表示不满。有李鸿藻、李鹤年、觉罗成孚、倪文蔚、吴大澂等勒石。此工始于十三年十二月二十日，至十四年十二月十八日竣工。

河南省自郑州决口，四十余年来无水患，石料护岸之力也。虽近无水患，河南黄河问题尚未完全解决。前曾言之，六大变迁皆自河南。今实察河形，沙洲纵横，水流迟缓，再证诸华北水利委员会十八年最大含沙量之测验，陕县最大为百分之二二·六二，同年开封为百分之三·八二。其差如是，则大部之沙必尽淤淀河南。而河道又宽，水漫流沙洲间，日积月累，洪水突至，河身与平地难分，又必冲决，而第七次改道之患恐亦必因此而生。故今日之无水患，吾不为河南喜，若一发决，即为害江北，敢断言也。为今之计，河南速定适当河槽以治水，实乃根本之图。

郑县、荥泽界有虹吸管，径约十五公分，引黄灌田，已试用之，成绩甚佳，淤塞情形亦轻。现人民自动又加一管，可见人民难于创始，乐于守成，奈何山东尚未兴办耶？

三点，至保和庄，堤为沙筑，车不能行，改由堤下行，甚困难，于四点抵平汉路黄河南岸站。以无火车，与车站交涉，借用轧车两辆。自开封所借之汽车，即止于此。黄河南岸大堤亦于此为终点。渡黄河铁桥约十七分钟，桥一百孔，每孔一百尺，共计一万尺（约三·一公里），过桥后至北岸车站，有备好之长途汽车一辆。沿沁河堤西行，又北行。堤之切面就车中估计，约略为：堤顶宽六公尺余，堤外背河地面较堤顶低十公尺，堤里临河地较堤顶低三公尺，水面较堤顶低六公尺余，如是水面尚高地面三公尺余也。约四十余里，抵木栾店寨，为昔日之交通要道。渡沁河至西岸，为武陟县。冬日河上有木桩覆以秫秸之桥，大水时则被冲断。

六点，至武陟，寓河务上北分局，沁河河务局亦在是。沁水源出山西沁源县北之绵山，支流甚多，共长五百余里，其流域南北二百余里，东西五百里，屡次为灾。二十年九月测量一次，流量为每秒三百四十立方公尺，其含沙量似亦甚大，但不知确数。曾受黄河倒漾影响。沁水上游灌溉利用甚广，因水面较地面为高，故利于灌溉。每闸可灌田二三十顷，或百余顷，冬春用水，夏日停止，故灌田与最大流量无关，皆系人民自己管理之。引沁之闸多在河之凹边（即缓溜），恐正溜冲入闸门也。灌溉后可增收三分之一，地价增一倍。

沁河防止泛滥之法，则用土石秸埽。沁河每年泛溢大小不等，但皆非冲决，故加高堤顶实为要图。沁河工程前为每年二万五千元，今已无定额。堤为民堤官守，分两局四汛，共有九十六工兵，局长为郑有氏，属河南河务局。

二十七日早八点，赴距武陟五里之朱原村参观灌溉闸。引水渠自河水至围堤（为引水建筑用以保护大堤者）长短不等，穿围堤时，有闸门，过涵洞，出围堤约有二公尺，为露天渠，继为涵洞，其上可种地，至大堤时又为露天渠，有闸门在露天渠之两端，再穿大堤而入灌溉渠。参观后又回武陟西行。

此古怀州地，时值秋末，白菊遍野，亦美景也。怀菊入药，而产量亦丰。据云菊花、山药、牛七、地黄为此地药品特产。经小司马，于五堡上堤，沿途极不易行。

该处漭河，水流甚急，原只有十公尺，今年为一百公尺，黄河一部之水流入，夏季黄漭不分，一片汪洋，合而为一，堤多石护。

孟县与武陟交界处，有先贤卜夫子故里碑（其墓则在山东菏泽）。十二点三刻至温县东门，折南行，至古柏嘴渡口视察，二点始到。该处为河南境内河道最窄者，宽约五里。现在河之正溜近南岸，中有沙洲，北岸有河沟一道，宽约十公尺。南岸为邙山，北岸地势亦颇高（地与水面平），有小堤高一公尺三寸，顶宽二公尺。对岸滩上南部多树，地价每亩四五元，北岸十余元。水受山势阻挠，折向东北流。

四点，到大王庙进午餐，下午六点住孟县城南五里之防汛办公处（北开义村）。此处距武陟只一百二十里，虽稍南经古柏嘴渡口，但如此短程，行走一天，足见大汽车行动之迟缓。沿途尚无险工。孟县为韩愈故里，南门内有碑，其后人尚有在者。

二十八日早六点半，出发，经孟县城西去，直赴白坡渡口。路更难行，计至八点一刻，始至落驾头（距孟县十五里）。后来之轿车都已追上，盖以车身伟大，而道路窄狭，路基又较地面约低五公尺至八公尺，如行壁中，地复不平，是以困难万分。至落驾头渐近河滩，有小桥一架，车不敢行，改雇马车三辆，九点出发，至十一点半，约行二十里至孟津渡口。本拟于此处雇船下行至洛河口，然船极稀少，不得已，渡河。沙洲甚多，船不能近岸，由船夫背负涉水登舟，约半点钟至南岸。距铁谢二里，汉陵在焉。因有赴洛阳之营业汽车急待出发，故未往瞻仰。

据传孟津古城，在今城北二十五里，今城距河南岸约五里，黄河身逐渐南滚，故于嘉靖三年避河迁此，证诸汉陵亦属可信。陵今已临水，最为危险，断非建陵初意所能料及。地方人为保护古迹计，拟修石坝，实一举两得也。

乘车经龙马负图处，内有伏羲殿及龙马像，像为龙首马身，背有花纹。伏羲氏获之于此，画八卦，则文化之始。有历代帝王碑记。又经孟津县西门，四十五里至洛阳，寓同春大旅社，同行者为河南河务局郝西庚君。

二十九日，整理各种材料，并讨论治河方法，休息沐浴。

三十日早六点二十五分，自洛阳乘火车赴巩县，八点到，先至县政府，由建设局长陪赴洛河口视察。洛河穿流巩县境，地土肥腴，每亩地价百元至三百元不等。乘舢板顺洛河下行，约八九里，山水明秀，风景甚佳，颇似江南。不图干燥之中原，尚有此等地方。大水时，洛河受黄河倒漾至黑石关，约五十里。远望洛、黄交会之处，水色界划分明。至邙山头大王庙下船，河溜正刷邙山东行，邙山系黄壤土质，高约四十公尺，一月中坍塌数次。据云邙山之北曾有村庄，今已随波湮没。此上二十里处有石护岸，颇有效力。上游之铁谢，下游之古柏嘴渡口及洛口，河溜皆在南岸。又据称最高水位较现在约高一公尺六寸，最低亦不过低四公寸，如是则水位差只二公尺。视察后乘船渡至洛河东岸，步行而返，因船行不易，且费时也。

沿河石料多自巩县采运，青石出孙家湾，距河口约四十里，每方约七千斤（十六两秤）。开采工每方约三元至三元五角，运至开封工料共需十八元，兰封二十一元，菏泽三十四元，方船可运五方，两头尖船可运两方。十二点乘车，一点半回洛阳。

洛水发源于陕西之冢岭，当少华山之南、蓝关之东，经雒南及河南之卢氏、洛宁、宜阳、洛阳、偃师、巩县等县，长七百余里。其支流为涧水、缠[1]水及伊水。伊水源出卢氏县之闷损岭，东流经嵩县、洛阳之龙门，会入洛河，伊水亦长六百余里。

洛水在洛阳以上利多害少，洛阳城南亦甚得灌溉之益。南关新修护岸堤已有损坏。

河南省河务局管理区域，南岸自孟津铁谢镇起，至铜瓦厢入河北东明境，共长四百三十余里。北岸自孟县白坡起，至铜瓦厢入河北长垣境，共长四百十五里。两岸共八百四十余里，沁河两岸，亦各一百六十里有奇。

河南之治河历史最久。清代由河东道总督专管，复分其权于开归、河北两道。南北两岸设同通都守八厅、八营及兰封、荥泽、孟县黄河官工三局，河内、武陟沁河民工两局。嗣后河督缺裁，归河南巡抚兼理。民国二年，改设河防局，旧日河工同通八厅及五工局，均改为河防分支局长，都守改为营，二年复裁并，设十局十营，又改为九分局、两工程队、七支队。八年改河务局各支队长一律称为工巡队长。沁河亦改归官办，分为东、西沁两分局，直属河务局。民国十七年预算经费二十五万九千零三十八元，工款二十三万七千二百二十七元，共合四十九万六千二百六十五元，由省库支付。然以财政困难，实支不及总数之半。

三十一日，王专员等赴龙门。余以前次赴西安时参观一次，

---

[1] 缠　应作“瀍”。

故未同往，因整理所搜材料。此行时日虽短，然沿途利用时间则甚经济，故一日有二日之功。

晚六点，王专员等乘车西去，赴潼关更继续视察。余则于十一月一日早六点二十五分乘车东返，晚八点到徐州，即晚九点半乘车北来，二日上午九点至济南。

此行所得各种资料，多为河务人员及地方人士所赠，既予以视察之方便，不明之处又承代为解释，特附志感谢。

二十一年十二月五日记于津门

整理人：牛震宇，河南省孟州市人，厦门大学历史系博士研究生。曾发表论文《明代会试分区配额制考察》等，参与编撰《福建海上丝绸之路·厦门卷》等。

成甫隆 著

武明军 整理

黄河治本论初稿

整理说明

《黄河治本论初稿》，成甫隆著。

成甫隆（1907—1989），山西省临县人，农机工程师。成甫隆自幼生长在黄河流域的黄土丘陵地区，对家乡干旱异常、大雨时水土流失严重的自然环境及对家乡百姓造成的苦难深有感触，幼年便有蓄水治水的理想。及年事渐长，对治河产生浓厚兴趣。成甫隆根据自己长期在山区工作和生活的体会，结合当时社会的主要治河理论学说，认为“河患之成因，由于上游坡岭之水土不能保持，故河患之根本治理亦当求之于上游之水土保持”。提出了“山沟筑坝淤田”理论，他认为这是最理想而最易实行的治河良策。

全书共分四章：第一章主要论述了黄河上中下游自然地貌的客观存在，包括西北黄土层的生成、黄河的生成、黄土高原的破坏、下游平原的生成等；第二章从下游冲积平原、上游坡岭及黄河河道本身几方面论述了黄河流域的现状，并对未来发展作了预测；第三章对当时社会的主流治河理论进行了评价；第四章讲述了自己的治河方略——山沟筑坝淤田，对该方略的步骤、优劣得失加以详细论述，同时与当时的治河观点进行详细的对比；书后附有后记，对王廷翰的批评作了申辩，同时进一步阐明了自己的观点：黄河治本之惟一良法——山沟筑坝淤田。

由于当时的社会原因及客观条件，成甫隆的“山沟筑坝淤田”学说在当时并未得到社会的认同，但其治河理论和实践都有一定的参考价值。若有不当之处，敬请批评指正。

整理者

目 录

序

我对于治河，既未受过学校教育，亦未参与实地工作，此书之作乃是为了下述的缘由。

我生长在山西临县的一个山村里，这里是黄河流域的黄土层丘陵地，因地势坡陡的原故，下在地面的雨水大部流走了；又因黄土为质疏松，流走了的这些雨水必饱含泥土以去。所以这地方不但是干旱异常，用水缺乏，而且凡是黄土构成的田地、道路、宅基等，都是永被冲蚀坏着。

我的家庭自祖父、父亲以来，都是小本经商——不，简直是无本拖债的挣扎，正因为是挣扎，所以在我未成年的时代，以及成年后出外归里休省的时候，担水与上地是不能免掉的工作，因此我对这里取水的困难情形，不但是目睹，而且是亲尝；对黄土被冲蚀的状况，不是走马看花的勘察，而是有悠久[1]深切的体验。

我们的村庄在一个三面临沟的土山上，村西的深沟里有一个水井（距村约三里，临到井旁的几十步稍平坦，余则均为壁立的陡坡，人工凿成“之”形路爬登），但是泉源不旺，要是去的时候不凑巧，往往要守候几个钟头，才能待足一担浑浊的泥

[1] 悠久　底本为“攸久”。余同。

糊水，回到家里沉淀的使用，因此村人们就有守水、抢水的事情发生：当家中杂务业忙的时候，为了待足一担水，在深沟井旁无聊无赖的守候着；当严冬天未亮的早晨，为了待足一担水，在寒冷而昏黑的深沟井旁守候着；当炎夏烈日当空，人们应当歇午觉的中午，当一天工作已完，身体已经疲倦的黄昏，为了趁空担一回现成水，再身负水担爬登那个壁立的陡坡。一担水来的这样不容易，所以使用起来也实在要尽了俭约的能事。比如刷锅水要沉淀后再用，洗脸水要几个人合用一点，然不遇走亲戚、庆吊大典等事故，平常是轻易不洗的。我们的村庄算比较的好点，因为村东北沟里，有一点轻易不至干涸的涓涓细流，不过比村西沟里的那个井较远些。在我村东南一带的村庄，不下雨时，都是些滴水没有的干沟，沟中向地下刨深数丈亦无泉源。或有亦是流量微弱。倘久旱不雨便完全干涸了。那些地方，人畜饮用，全赖人工蓄水窖。要是蓄水用完，便得跑上几十里路担水。居民大部的劳力都为吃水而消耗了。

上面所说我们那里人民取水的困难情形与用水的俭约状况，那都是天旱时候的事情。要是一遇大雨，却又是另一番情景了：山坡上遍地流水，田畔成了瀑布，沟中兴起大浪，平素那样难得而珍惜的东西——水，现在又是这样的狼籍了。我对此情景，在幼小的时候，就造成一种怨尤造物，不仁不巧的心情与蓄水治水的幻想。

黄土是易被冲蚀的，大雨时山坡上遍地流水，雨过后便是遍地沟渠。田畔成了瀑布，瀑布的上面便是一个大渠，瀑布的下面便是一个深坑。各段田地里的水齐集沟中，沟中便兴起大浪，于是力量更凶猛了，冲蚀的更厉害了，沟坪里的田地可以整段的没有了，临沟的黄土崖可以整批的崩坍。在我儿童时代的记忆中，我们的家门前是两丈多宽的空地，空地的下面有各具四五丈宽的两层阶形地，阶形地的下面才是流水的深沟（但是大雨时才有水流，平时是干涸的）。到了现在，两层阶形地都已跟着沟水跑掉，再要倾圮就挨上门前的那块空地和住宅了。于是我心里时常默想，雨水在黄土地面上具有如此的冲蚀力，以简短的十数年工夫，冲蚀的地形上就有这样的变化，那么向上追溯到远古，这地方应当是怎样的一种地形呢？向下推想未来，这地方又将要成了如何的一种情况？假若是从前的那些黄土不要走，今日的这些沟渠坑谷不要有，则我们今日耕种的也不是坡地，行走的也不是山路，我们的生活是如何的轻松愉快呢！然而这是一个已逝的幻境、脑子里的空想。摆在眼前的事实则是坡地被冲蚀而日趋陡峭，山路被冲蚀而日益毁坏，以有限的土层（我们这地方，凡冲蚀的厉害处，现在已经是数十丈高的石山顶上戴些瘦峭狭长的土丘、土股，冲蚀的轻微处沟底亦已露石）加以无穷岁月的冲蚀，这地方势要尽成了些无用的石山、石沟，岂止贫瘠已哉！人没有百年的寿命，而有千年的心肠，况我生长斯土，日常生活上的艰辛几全受赐于恶劣的自然环境，诅❶咒现实之余，不禁欣慕往古而悲悯将来。

祸福问题，人所关切；好奇心情，亦人所共有。我除感觉我们山坡被冲蚀的威胁外，亦常想到：这地方流走了那样多的水，带走了那样多的土，这些东西究竟到了什么地方去了？幼小的时候尝听年长的人们说："水流千里归大海。"及年事渐长，知识渐增，才知道这些水与泥土并不是乖乖巧巧的流到海里，它们在中途——豫、鲁平原尝闹大祸。于是，我感到❷问题愈复

❶ 诅　底本为"阻"。
❷ 到　底本为"的"。

杂了，关心之程度更深切了。因为水与土壤本来是人类赖以生存的必备资源，上游坡岭地区的居民拦不住它们的走，将要剥夺他们的生存；下游平原居民挡不住它们的来，经常摧残他们的生命。上下游数百万方里土地的存废问题，依此数百万方里土地上居住的数千万人民的生活问题全系于此了。我为了祸福观念所驱策、好奇心情所引诱，遂对水功、地质、治河等问题发生兴趣了。然我的命运未予我以专攻此种问题的机会，却决定了我提供另一种治河方策的动机。缘我自十七岁高小毕业后，即投身社会谋生，对素所关心的水功、地质等问题，不过偶然遇到片断的记叙时看看，由这些片断的阅读，得知我从前脑子里所憧憬的我们那里的远古地形，果然是无沟渠的风成黄土高原，从前所担心的坡岭土层终归没落那件事，却是学术界一致承认不可避免的天演公例。我心上既确定了上述的观念，遂对下游堤防呀、疏浚呀等等治河方策发生了瞧不起的感想，因为上游坡岭地区的这些黄土，既注定了迟早都要被水搬运到下游的河床与海口，那么以伟大而无止期的自然力量搬运坡岭无数的黄壤，陆续垫高河床、海口以制造泛滥，我们便要以人力不断的增高两岸的堤防以防止泛滥，推演下去，河床要高到什么地步？堤工要困难到什么程度？若说到挖浚海口，恐怕困难要比此更甚了。纵使一般人理想中的裁湾取直、束水攻沙可以成功，然只治下游泛滥，不顾上游的冲蚀，于坡岭居民的痛苦毫无解除，故我对之兴趣不大。至于上游普遍造林方策，首先要停止我们那里的耕种，简直是要牺牲坡岭居民的吃饭以解救平原居民的水灾，故我对之怀着一种激烈的反感。记得大约在民国二十五、六年的时候，在报纸上——《天津大公报》看见当时黄河水利委员会委员长李仪祉先生的《西北各省应励行沟洫之制》一文，这是一篇发抒他的治理黄河的新见解与新办法的文章（原文当时剪下保存的，后经兵乱遗失了）。此方策，不但治下游之水灾，且治上游之旱灾，原则上我极端赞同，惟所用的方法，是要在山坡、田地里普遍挖开“沟洫”，使山坡的雨水能够渗入地中滋润禾苗，而不使它流去，致为害下游。我生长坡岭，自幼耕种田地，觉得李先生治河所用的“沟洫”实与我们坡岭农田所用的挖窖蓄水方法相同，此法在坡岭实地沿用已不知有若干年代了，然因违犯自然条件，其效益实在是聊胜于无（第二章有详细的评述）。李先生欲以此治河，恐难达到目的，惟坡岭农民另外有个因地制宜的截堵山洪方法，只因人事上的制度把它限制成几无仅有的事了。李先生是由理论上想出来的办法，我则尚有点实地生活的体验，研究别的学说，我常叹自己境遇之恶劣，惟对于坡岭农田应付雨水走泄的这一点见识上，却又得着环境上的方便了。

坡岭地方的居民，生活的各方面，终身累世受着雨水冲蚀的严重摧残，所以他们精力的一部常和冲蚀这恶魔相搏斗，他们抵御冲蚀的方法，有水道、水窖、水簸箕、地塄等种种措施，其中有所所谓筑坝淤田一法，不但是消极的抵御冲蚀，而是积极的利用冲蚀了。这个法子就是在山沟里横筑坝堰一道，把山坡流来的山洪积于内，利用山洪里所挟的大量泥土，能把土层冲蚀已尽的荒沟废谷淤垫而为冲积平地（俗称坝地，下用此名）。此种坝地，因湿润肥腴之故（山坡的水分、土壤、肥料都收集于内），收获量数倍于山坡地。我幼时虽然没有意识到用此方法治平原之水、救坡岭之穷，但个人致富之术确也曾经寄托于此，只因政治条件的障碍，决非私人能力所可解除，所以只不过是一时的妄想而已。比如要在一个山沟里筑坝淤田，必须这个山沟里的土地成为一主，而实际的情形，因兄弟析产、互相买卖等原因，把地权分散的极其零碎，一个小沟里可有数十主，一个大沟里可有数百数千主，倘有一个地主计划筑坝淤田，则其他地主均以为奇货可居，信口开河的索高价，甚有妒嫉成性，宁可牺牲厚价，亦不愿使他人成功，所以间有些富农企图淤成一段规模稍大的坝地，虽积累世之筹划，亦不易成功，因为倘有一百个地主的一道沟，九十九个地主的土地都被你收买全了，内中只要有一个地主的土地收买不过来，那你的事业也就无法举办。盖山沟筑坝淤田和修筑铁路一样，有一千公里的一条铁路，内中只要有一公里、半公里的地基不能由铁路公司处理，那你的整个事业就无法进行。明乎此，就可知道个人企图淤田事业成功之不易了。因此丘陵地遍地皆沟而坝地极少，偶于极小的山沟里看到三五亩、十数亩的一小块，那实在是很偶然的幸运事。倘我们大家能把观点放在坡岭冲蚀与平原水灾上面着想，而以国家的权力把今日山沟里分散的地权统一起来，则所有的山沟里都可以普遍筑坝淤田，所有的山洪都在上游山沟里利用尽净了，坡岭的沟渠坑谷都可以变为冲积平地，平原的水灾也自然就不治而治了。读者诸君是否相信如此，可看本书第四章的详细讨论，或尚有待于今后更深密的研究。我则自读了李先生的那篇文章以后，把脑子里早已死僵的一点妄想，马上就苏生过来，而且涉想的范围比从前更扩大了，它以前不过是个人的一点温饱企图，这一来就升华成一个富国大计、济世宏愿了。自然起先不过是脑子里的一个模糊憧憬，但很快的就具体化、表面化，于是心里想着，口里说着。但我们山僻地方，那里会有一个水利专家与之商讨，只不过遇些知书识字的人随便与之谈谈，人家听的高兴了，或者不免恭维一句："你的那个计划成功了，比禹的功绩要伟大啊！”这在人家有可能是讥讽，然在我自己，企禹的功绩固尚遥远渺茫，然我是生长在贫苦山村贫苦家庭里的一个人，幸[1]蒙叔父的怜爱，总算能于高小毕业了一下，后在山村教书、军营当兵，以及现在业医糊口，精神生活无非想法子弄些柴米油盐，物质生活不外消耗弄到的那些柴米油盐，而且内心对我们坡岭居民的命运是抱着如何的悲观绝望态度，以我这样身世的一个人，一旦乃有这样灿烂伟大的前途发现，怎能不使我轻视其他一切而向着这一个目标迈进呢？实在说，我兴奋的血管里的血液也不知道是怎样流动了，脑壳里的神经细胞也不知道在怎样跳跃了！

此后我懒得看医书了，不屑做买卖了，就一心一意的在治水上找出路。适逢那年我晋省当局要实行土地村公有，这又是一个意外的惊喜。我便上条陈发表意见，要求当局将山沟里筑坝用得着的土地收归村公有后，不可再一块一块的分给农民，可以趁此组织合作农场，以便造产救国。但所得到的回答是“所陈不无见地，来件存以资参考”这么两句话。于是我想向全国各方面活动，但是我向各方面的人谈论我的这个计划，有些生长在平原地方的人，虽经我说来说去，他们总是不大明了筑坝淤田究竟是怎么一回事，由于了解的不澈底，兴趣也就不浓厚，所以我节衣缩食买了个小照像机，把这地方的地形、冲刷情况以及防御冲刷的种种设施，尤其是已经淤成的坝地等尽量拍照，打算著文附影，以说各方。但事初着手，跟着就是七七事变，举国骚乱，治河大计是无人谈论了。所幸者，我的那个计划，其规模可大可小，办一县有一县的利益，办一村有一村的利益，因为它本来是一个改良山坡农田的方法，对于治河不

[1] 幸　底本为“辛”，根据上下文改。

过是他的副作用。又遇我们那里新来的是十八集团军，他们号召全国的政治口号有“治水防旱，改善民生”这么一条，有一层，打破零碎分割耕种的小农制度，新建集体大农场，这是他们土地革命的中心目标。我以为我的计划实施的机会来到了，于是又向延安方面上条陈。满以为这一下是要被采纳的，谁知道结果是待了一个多月，由邮局送来了我自己破烂不堪的原件封皮，只是上面加盖了一个模糊不清的边区政府收发处戳记，此外什么消息也没有了。

我感到想借官厅的力量举办规模稍大点的事业是无望了，于是改变方针，打算从民间活动。看见当时各种合作之风盛行，我也便乘机组织农业生产合作社。但是人家的合作社都是由公家发动，公家可以强制人民入股，或直接拿出一部本钱来经营，而且所办的又多系兴废俱易的商店或小手工业，而我是要以一个平民独力来号召，而且所办的又是可兴而不容废的淤田事业。组织的简章，要利用一个民运机关的油印机印刷，便遭冷淡的推延，后转投门路方办到；请求立案的呈文上求一个地方长官列名赞成，亦被婉词拒绝。然当时我被这个事业热中了，虽然明知暗礁重重，然我抱定那儿行不通那儿停止的主义，遂锐意进行，招股勘地，不遗余力。奔走的结果，认股已达到五六千元，得到全数地主同意的也有三四里长的两道沟。这么一点事业，在治河方面，实在是沧海一粟，微不足道，但说在我们那里的筑坝田方面，那已经是轰动村里听闻的破天荒大事业了。且在我的心里认为，这种事业是坡岭地方唯一可能利益无穷的农业改进方法，又系天安地排的治河良法，只要一有创举，社会观听一变，那时民间的风从、官厅的赞助是不难邀得的。所以虽这么一点小事业，我谨慎的态度、愉快的心情，是无词可形容的了，那是民国二十八年冬天的事。满以为次年开春就要兴工着手的了，然又遇我们那里的一个小小政变，事件结束后，由于当地执政者献金献粮，运动过于激烈，富有者弃其固有的田地逃亡他乡，贫穷者乐有不出钱的现成田地可以耕种，谁再肯耗财劳力、又要费时的在山沟里筑坝淤田呢？旧的生产体制被摧毁，新的生产组织未建立，我的这个事业也就无形搁置。

我要实行这个计划的企图是到处碰壁了，但我对这个计划的信念毫不动摇；然也觉悟到以我道听途说的这么一点水利知识，高小毕业的国文程度，而欲于治河学说上另树一帜，基本知识——如水功、地质、河工等学的充实，作文技术的锻炼均须达到一个相当的水准。然以我一个人养大小八九口，实地考察及入研究机关，那是绝谈不到的事，故所谓充实基本知识也无非买几本书看看。但在这一切服务于战争的年头，书籍缺乏，又加以我住地偏僻，文化闭塞，知道的书名就不多，就知道的书也有好些是买不起，而买到的一点，科学名词、算术方式无人讲解，了解的也难求澈底。自民国三十年后，我算是有意的积极充实自己的水利知识了——以前是偶然遇到片断的记述时看看，实在没有买过一本专门的书——但为环境限制，进益实在微少。至于作文技术的锻炼，也只是买了本胡云翼、谢秋萍合著的文章作法，略看了一下。原先想练习一点作图技术，但亦因生活匆忙，很少动笔，故本书所附的数图亦丑拙不堪，盖以我一个人既开药房又应诊，出门买货、下乡讨账、施手术、调剂、管账等事集于一身，又兼余妻身弱多病，四个不满十岁的孩子都得我帮着照料；而更坏的，是我住的地方数十里内就有不同的三个政治体系存在，各方面不必要的误会、便衣密探等的无端敲诈，使我精神上、金钱上都受到很大的损失。然这几年来，外表上整日尽[1]是接触的别的事物，而内心则愈益念兹在兹，寤寐难忘我的那个治水计划。孔老夫子说：他尝终日不食，终夜不寝，以思无益，不如学也。我这几年来，本打算是要致力于“学”的，但为环境所使，大部的精力仍然是用于“思”了。然而我“思”了这几年，是有所收获的，比如以前我想到的治河方策，它实在是坡岭原有的筑坝淤田办法的单纯的普遍化，所以它的结果也只是上游山沟里淤出和以前一样性质的坝地来，只是数量比较多些；下游泥沙淤塞河床、海口之患虽然没有了，而水量暴涨暴落之弊仍不能完全免除，只不过涨落之差比从前小些而已。这几年又“思”出来泥水另蓄与各山沟坝地连络贯通的两个办法。由前一办法的设施，不但下游泥沙淤塞河床、海口之弊都可以完全免除了，且黄河及其大小支流都可以达到流量由人意操纵的渠化境地，而上游山沟里淤成的坝地也可以得着灌溉（以前淤成的坝地虽肥沃，但不能灌溉）。由后一办法的设施，不但各山沟坝地灌溉之水可以有无互相调剂，交通上得到很大的便利，而且可以由人意改造一些地形。地势被冲蚀没落的黄土丘陵地，我们将要利用冲蚀，使它转向另一个地形艺术化的世界渐进，今日凶暴的河流也将随之而变为驯顺的渠道。

著者觉得，本书所提供的方策，它是最理想而最易实行的唯一治河良策；惟著作内容确有不少的劣点与缺点存在，书末后记里有约略的指陈。今后倘有增进学识的机会，想要充实改善的，这也就是本书名《黄河治本论》之下，复缀以“初稿”二字的原因所在。

或有人要问：未成熟的初稿为什么就要急着发表呢？我的

---

[1] 尽　底本为“家”，根据上下文改。

回答是：因为黄河的需要治理太迫切了，文章欠成熟最坏也不过我自己丢丑，好方法藏在肚里不露，那是要耽搁着听任数不清的同胞受难的。不管客观上是怎样，我的主观上的确是如此，出于良心的裁判，所以就决计问世了。书内第一章至第三章因参考材料的缺乏和自己学识的浅陋，就是担心要丢丑的地方，敬希博雅指教；第四章就是我认为义不容秘的那个好方法，然又因希人了解之切，望人接受之殷，言词或不免有冗复之处，希爱简之士勿以词厌意好了。

中华民国三十三年十二月十五日

第一章　对于黄河治本施策应具的基本概念

第一节　原始西北黄土层的生成

据地质学家的推测，中国西北部的黄土层是由风造成的。风怎样就能造成中国西北部的黄土层呢？在今日的中国地形、气候条件之下，这是不可能的事，但是地球是由炽热的流质渐变为固体的，在这冷却凝固的过程中，地表上是经过了好多次的起伏变化才成就了今日的这个现象的。在这好多次的地壳起伏变化中，有一次的变化是这样的：南起舟山群岛，经过山东省的东部，直达辽东半岛，曾有过一条很长很高的山脉，这条山脉的南端接着东西横亘的秦岭山脉，这样就把中国西北部的东南两面围绕起来了，遂使东南温暖湿润的海风吹不进来，于是这个区域里就成了雨泽格外稀少、气候极端干燥，差不多整年价刮着冷冽的西北风的现象。中国西北部的西北，正是漫无边际的沙漠地带，那些沙漠里的沙尘受着风力的吹刮，就地推滚，空中飞扬，陆续不断的向着东南方——中国的西北部移动。这种情形不知经过了多少年代，这无数量的沙尘愈运愈远，愈积愈厚，便把中国的西北部造成了另一种现象：沟壑全被填满了（在沙漠时代以前，中国的西北部原来就是山岭重叠，沟壑密布，其地形正如吾人假定把现在的黄土层完全除去了所见）。巨大的河川湖泊，或者略显点低洼的痕迹，山岭全被掩埋了，最高的或者外露一部峰尖。这个区域内到处铺着黄白色软棉棉的沙尘，充分表现着沙漠的现象。天空既不落雨，地面上当然也没有河流；没有河流，地面的沟渠坑谷也无从产生。所以我们试闭目一想，原始的西北黄土区是如何的一种地形呢？

第二节　黄河的生成

当沙漠时代的末期——地史上称中国西北黄土区生成的那一段年代为沙漠时代。这个沙漠区东边的那一列山脉又因地壳凝固的变化陷下去了，秦岭山脉的东端也随着下陷，中国西北部沙漠区的东南屏障解除了，于是又有温暖湿润的海风吹进来，天空也就有雨降落，整年价刮的西北风也成了季节的显现了，西北风既少而且力量也不像从前的猛烈，又加以地面不时雨洒之故，尘沙不易飞扬，黄土层的制造就这样停止了。天上有雨降落，地面也有水流，按普通情形讲，沙漠对于雨水的渗透力极强，以华北的通常雨量，很不容易使沙漠里有水溢流。但是这里是风刮来的极微细的沙尘，经过若干次的雨洒之后，地面上就相当的紧硬了，又因气候温暖、雨量充足的条件下苔藓杂草也就繁殖起来，因此就对雨的渗透力大大的减损了。有一层重大的原因，就是中国的西北部原来就是个山岭重叠、河川密布的地方，虽经过亿万年若干厚的沙尘掩覆，然原来地形上的坡度是不能完全泯灭的，有相当硬度的黄土坡，遇着急雨就能有水溢流，有水溢流就一定要冲开沟渠，这些沟渠里起先是每逢下雨的时候才有水流，再经过悠久岁月，把这种沟渠底子上的土层冲刷净尽之后，才能有经常不涸的涓涓细流。因为据我们今日的经验，在黄土层上凿井，若达不到其他地层，是不能有泉涌流的。这是因为黄土层渗透力极强，有水要一直渗到底，若不遇其他致密坚硬的地层，是不能停止的。这种经久不涸的涓涓细流，再经过扩大繁衍合并的过程，源流相当长，水量相当大了，便叫做河流，黄河的生成便是这样的。

我们今日所见的黄河特性：一是含泥量特多，二是涨落之差过巨。若究明它的生成条件，便可知道它的此种特性之有自来矣。

第三节　西北原始黄土高原的破坏

黄土高原的水流汇集而成黄河，又因土质松脆，有流必冲的原理，而黄河又成了黄土高原的破坏者。故西北黄土高原只有在黄河尚未诞生的时期完整过。黄河略具雏形，黄土高原就被冲蚀的有了缺陷；待黄河成长，黄土高原就大非原貌了。我们今日所见的黄土丘陵已是黄土高原的残余了。总之，黄河年龄的增长，便是黄土高原躯体的破损消瘦。二者之关系，有如烛体之与烛光，所不同者，只是烛体化为光与热而消灭了，黄土高原是被水分解后搬运到别的地方去了。

第四节　黄河下游平原的生成

上节已说过，黄河是上游黄土高原的破坏者、搬运者，它把上游黄土高原破坏分解后，搬运到下游而造成平原。当沙漠时代，今日的黄河下游也是沙漠，也是陆地，但比较黄河上游的高原地方要低的多。后来，由舟山群岛直达辽东半岛的那一列山脉及秦岭山脉东端的下陷，这地方也随之下陷而有海水侵入，于是就变而为海了。据地质学上的推测，那时候太行山的东麓是海岸，山东的泰山是峙立海中的孤岛。但是黄河下游陆变为海的时候，正是上游黄土高原上黄河诞生的时候。此后掌握黄土区地形的权威者，由风变而为水了。这个新任的自然大力士——黄河，由高地挟持着大量的泥土，倾注于新成的浅海里，这样时张—暴雨时—时弛—平时—的工作着，慢慢地就把风成的平坦高原，挖开无数的沟渠坑谷，及今成为破损不堪的丘陵了；把新成的浅海逐渐淤垫为陆地，及今成为一望无际的下游平原了。这个西起怀庆府，东南伸至淮安府，东北伸至永平府，面积约二十万平方公里的大三角洲，便是这个自然大力士——黄河数千年来移山填海的伟绩。

第五节　上下游将来的自然归趋

物理上的定则是永恒不变的，故吾人对于宇宙间的现象可以鉴往而知来。原始的黄土高原，今日已冲蚀成破损不堪的丘陵地，此种丘陵上又因冲蚀之故，沟渠日益加多，坡度日益加大，故冲蚀之事，不但要继续下去，而且是要渐趋严重。所以今日的黄土丘陵，势必以较已往更快的速度趋于消灭，不用说那里的居民也要生活渐趋艰苦，终至完全淘汰，此上游丘陵地之自然归宿也。下游原始的海，今日已填成二十万平方公里的平原，但上游的黄土多着呢，这些黄土早晚都要被水运送到下游。但是我们平常所说的黄河移山填海，它是机械的、有条件的，比如说海岸线在太行山麓的时候，黄河一出山峡就入海，它所挟持的泥土也大部抛在海里了。但今日黄河出山峡的地方与入海的口岸之间，隔着千余里的平原，地面坡度愈大，水之流速愈快，水之荷负力是与流速作正比例的，所以黄河到了坡度小、流速慢的平原上，它的荷负力就大大地减弱了，把它所挟持的泥沙随处抛弃，它在平原上走的途程愈远，带到海里的泥沙也愈少。所以今日上游所存的土层，虽然将来都要被水搬运到下游，但不一定是都要到海里，而大部要散布在今日已成的平原上。我们试想，今日上游所有的土层，大部散布于今日已成的平原时，各地要压覆多少厚的冲积土呢？前数千年下游平原上的文物，今日要由地下发掘得之；今日下游平原的文物，若干年之后，恐怕也要由地下发掘得之，此下游平原之自然归宿也。虽然上面所说，那是上下游听其自然的归宿，人类是要征服自然的，吾人的一切治河对策，就是要征服自然而挽救上下游的那个悲惨归宿。

第二章　黄河流域的现状

上章所述黄土区的生成呀，黄河的生成呀等等，那都是地质史上的事，地质史上的每一阶段，往少说也在万年以上，一个人的寿命多不过百年，中国的历史也只有四千多年，平常人对于生前死后的事就不管了，所以地质演变的事，一般人多抱着无关痛痒、不怎么注意的态度。其实人不能一刻离开地面，地面上的一刹那极微细的变化，也与人类的生活息息相关，一个人、一个民族固不能尽历地质演变的一全段，但也不能不经历其中的一小段。兹章各节，就是讨论黄河流域居民实际生活上所受于地质演变的影响。

第一节　下游冲积平原

凡河流造成的冲积平原，因农耕适宜、交通便利之故，很快很早的就有居民繁殖起来。我汉民族最初的历史，都在黄河及其支流汾渭平原上，但正因为地面上的变化与居民的生活息息相关，所以自有历史的记载以来，就有居民闹水灾呀、治水患呀等事绩。这就是因为黄河固然造下肥沃的平原供我民族的发祥，但它的造陆运动是机械的，在人口已经繁庶了的平原上仍要继续此种工作，就成了摧残居民生活、毁灭地面文物的暴行了。盖河流平坦地面之上，流速必然迟缓，流量必然散漫，则水里所挟持之泥沙不及到海便随处沉淀，这一处垫高了，再走那一处，那一处垫高了，又走另一处。人烟稠密的平原上，河流如此游走泛滥，居民为避免祸患计，于河之两侧修筑堤防以约束。但在平坦的地面上，以人力用沙土修筑成的堤防，其高其坚极其有限，以我国第二大川的黄河，每秒涨至一万立方公尺以上，那是常见的事，最高流量每秒可涨至三万立方公尺，要使如此的河流尽归于平地建造的人工河槽[1]，且要使槽历久而不坏，其困难情形可想而知，故虽尽力修堵而溃决时闻。且黄河是世界上含沙量最大的河流，每年在洪水时，水中含沙量可达到百分之三十以上，其在自然游走散漫于各地时，其所挟持的大量泥沙也就散沉于各地了。但在修筑堤防之后，对从前游走散漫的河流，固可得到相当约束的效果，然其弊也，从前散淤于广泛地区的泥沙，今将要悉数淤积于狭窄的河槽之内，河底愈积愈高，致两岸修筑堤防的工作愈加紧要，而且愈趋困难，终至尽最大努力亦不能维持时，于是整个河流大徙道矣。我国开创于黄河流域，所以各朝代都把治河视为国家要政，竭尽才智之士的计虑，耗尽国库的钱粮，征尽地方的民力以从事于治河，然而黄河决口之事不可以数计，而河道大徙亦已有七次了。人烟稠密的平原上，河流决口改道时居民将受到怎么的一种影响呢？频遭泛滥之害的下游居民均有惨痛的经验，但终身居住上游坡岭的人，自不免对之漠然。兹将朱延平氏《冀豫两省黄河决口之回顾与前瞻》（原文载《水利》第四卷第五期）节录一段，即可概见一般。

---

[1] 槽　底本为“漕”，以下皆同。

民国十九年，本人承乏河北省河务局局长，甫于七、八两月将东明高村十三坝险工费尽心力抢住，北一段以河水漫由串沟，巨量的流至堤脚，顺堤东下状至危险见告，本人急往视察，已出有漏子数个，幸均抢住。至石头庄以上[1]香里一带，见水面距于堤顶才约尺许，由其处乘船至河岸视察，漫地而过，经过十数村庄，低处之房毁者甚多，高处之房距水面亦不过尺许，其有圩堤之村，由外观之一如锅底，行十余里至河岸，则村庄已为水冲去三个，由此串沟而下之水，顺堤行百余里，至老大坝以上，始归入正流，沿堤视之，极目之所至无非是水，所有村庄均在水中，本人谓从人，此不能复谓之黄河，如谓之黄海，岂不名符其实！

上面所说，不过是随便节录的一个地方一个小决口的极不完全的描写，数千年来各地不计其数的大小决口，及七次的整个河流大徙道，一次一次的都要把人烟稠密的平原，范围或大或小的变作黄海，居民所受的灾害之深可以想见了。

有一层，就是河里所挟持的泥沙，颗粒愈大者愈先沉，颗粒愈小者愈后沉，所以凡遭洪水之区，若其地之水为停蓄不动，或流动亦甚缓慢，则水里所挟持的泥沙，粗大者先沉于下，微小者后覆于上，故其地虽遭一时之淹没，然水涸后仍不失为可耕之田地。若流动相当急速之处，沙粒之粗大者沉淀于其地，微小者则随水漂流于远海或他处，故水过后那地方就变为不能耕种的沙漠了。又下游流道沙漠化与上游地面有密切的关系，盖风成之黄壤其颗粒极小，粗大之沙粒系来至石山石沟（沙漠亦非供给之主要地区，可参阅第四章戊项），所以若上游地面悉系黄壤盖覆时，则下游地面自无沙漠化之情形发生。但今日上

[1] 以上　底本为“逸上”，以下皆同。

游地面之黄壤经悠久岁月之雨水冲蚀，已有极大之面积呈露石质与沙层，故下游地面就有沙漠化之情形发生。今日黄河下游冀、鲁、豫平原，已有极大之面积禾稼不茂，村舍零落，呈现着类沙漠的情况。兹把张含英氏《视察黄河杂记》（《水利》第三卷，第五六期）里描述此种情况的文字节录数段如次：

> 沿堤西行，愈为荒凉，郓城、鄄城、菏泽一带较之利津滨海等地远不及之，沙碱干枯非兴水利不可。
>
> 再五十里于下午三点半至考城，沿途极为荒凉，飞沙遍地，草木不生，殆如沙漠，皆黄河之赐。
>
> 经黄河故道，铜瓦厢在其北，因沙不能行，且天晚未赴铜瓦厢，而堤形纵横，忽高如丘岭，或一道深沟，已不辨何为河身，何为决口处矣。登顶一望，不禁桑田沧海之感。
>
> 二十五日出开封北行，赴十八里处之柳园渡口，开封城之周围皆系沙，正与昨日所见者同，禾苗全无，只有柳树。开封乃旧京都，想当时决不能如是之沙荒，黄河之工作亦大矣。

上面所说乃不过由济南到开封沿途所遇者，并非专门调查沙漠化了的地区。在冀、鲁、豫及苏、皖，凡是黄水曾经游走过的地方，到处都有它造成的具体而微的沙漠存在。将来上游黄壤面积日蹙，石质沙层之范围日伸，下游地面沙漠化之情形，自然要随之渐趋严重，土地之肥沃性渐减，则居民之生活必然渐苦。

第二节 上游坡岭

上游坡岭因地质瘠薄、交通阻塞之故，在古代人口稀少的时候，是无人居住的，后来因为生齿日繁，平原土地不敷分配，于是就挤逼的把坡岭地面也开垦种植起来。据传说，我们临县在金初建国时，全县人口不满千户（现在全县人口二十万，已有人满之患，居民四出求生），如方山、永和、石楼等县居民十分之七八系晚近百年内才由外边迁来的，至今尚有未开垦的少数山地存在，尚可容纳一部分人口。所以风成的原始黄土高原，人类实在没有赶得上享受，赶到享受时已成了高原的残余——丘陵了。从来社会一般人士均谓上游无河利，亦无河患，这实在是一个大差误，因为我们日常所说河患实在就是山洪为患。山洪是什么东西？它是从什么地方来的？谁都知道它是水里边搅混些泥土，是从上游坡岭地面流来的。水与泥土是培艺百谷、人类赖以生存的必备资源，上游坡岭地方每年流走了巨量的水与泥土，此种冲蚀走失永无已时，则今日破损不堪的丘陵地，亦终有冲蚀尽净的一日，河患之严重，岂有胜于此者？故窃以为，下游河患可比如人身暴饮暴食的急病，而上游冲蚀之患简直是耗损体质的痼疾。我国江河下游的东南平原，常遭泛滥之患而不失为富庶之区，反之江河上游的西北坡岭，从无河道决口之事，而素称地瘠民贫，这是世所周知的事实。下游泛滥之患，是间歇显现，稀疏散在，而上游冲蚀之事，则是普遍存在，无岁可以或免。据近年各方实测的结果，由黄河每年流走了的水约为五百亿立方公尺，带走了的泥土约为十五亿立方公尺。流走了水，便是促成旱灾，带走了泥土便是减损地力。这是单纯的说法，而实际上的损失并不是这样简单。比如说，每年由黄河带走了十五亿立方公尺的泥土，这是单指溶解于水内由黄河带走了的而言，那些并未带走，但因冲蚀之故，倾圮移动的土质，要超过此千百倍。这些土质的每一移动，那怕它是少量的近距离的移动，都要有一定的损害发生，比如说由上段田地里倾圮到下段田地里一批土（因今日的坡岭田地多已整治的略具阶梯形，故能有此种倾圮发生），上段田地里的禾苗由土带走，下段田地里的禾苗必然要被土压覆。上段田地里开了一个壑，下段田地里凭添一堆土，上下段田地里不但都有禾苗的损失，而且都要增加耕作上的困难，因为这填壑平土堆，都是要耗费人力的。至于水的流走，也并不单纯的流走了水，坡岭农民翻山越岭，以人力担送到田地里的一点肥料，经过三五次大雨便洗刷个干净。至于田禾的冲倒，那更是无地莫有、无年莫有的事，因为坡地上是有水必流，有流必冲，那怕它是极微小的一个沟渠，亦足以妨害禾苗而减损收成。比如说，只是冲开深广一寸的一个小沟吧，假如是在刚入种籽的时候，此一处连土带种籽冲走了以致无苗，彼一处又因新增泥土将种籽沉压之故亦是无苗。在禾苗出土以后，虽一寸的一个沟，亦足以将稚苗连根拔走了。禾苗壮大后，一寸之类的小沟固不能连根拔除，但因冲走泥土之故，暴露根部，吸收营养料少，生长不好；阳光直射易枯干，风来了易摇折，等等弊害，俱不能免。在平地里种一亩谷，一切耕耘等劳作约需五日，收获可以得到一石。但要是坡地，除正规的耕耘等工作外，又要多加整修地畔、填壑、挖水道等坡地里应有的特别工作；且地中往来也是钻沟爬山，在在要多耗时间，所以劳作就不保要增加到七八日以上。但是收获方面，因坡地雨水冲蚀损伤禾苗，水分肥料不易保蓄致庄稼长不好等原因，说不定就要减少到五六斗以下。所以坡岭地方确是劳作特别艰苦，而收获格外微少。其他如交通，坡岭上本没有天然道路，以人工费尽千辛万苦，在山崖上凿成的崎岖险道，经一次大雨就必然有冲坏处，须得补修。至于住宅，也是因地势坡陡之故，前临深沟，后靠高山，修筑时平整困难，居住时常虞崩坍。总之，人们生活在险峻的坡岭里，实在是行险侥幸，有因砍一回柴[1]而落崖殒命者，有因刨一回地而陷坑残废者，这些都是雨水冲蚀，自然破坏地层之赏赐。

丘陵地每下一次大雨，就要遍地创造大小不等的沟渠一次，凡创造沟渠就是土层的损失，沟渠创造复创造，土层损失复损失。今日已有好些地方已是百数十丈高的山头上，顶着有限的一些土层，山腰以下至沟底，土层丧失已尽，成了石质或不能耕种的其他地层。但因居民生活无出路，把那些山头上的土层用锹镢刨的往下滚，因为那些山坡的坡度很大，所以山头上刨起的松土就可以随滚随铺的到沟底，濯濯的石坡上用人工带物理的方法，铺上三五寸厚的一层土，便勉强的耕种起来。我们大家可以明白，此种人造田地，其土层更易被冲去，水分、肥料更不易保蓄，而且山头上的土层也是有限的。所以我们对那些人的生活状况与前途，也就不必往下细说了。我们初读社会进化史，每要惊讶我们的祖宗——太古人类谋生的艰苦与生命的无保障，而今日的坡岭却有其生活类乎太古人类的同胞存在。太古人类的生活艰苦，是因为人智未启，资源未辟，而今日坡岭同胞的苦难，却是因为人智已衰（因一切条件恶劣，教育无法发展），资源已竭。我们能认为地质的演变是与现代人现实生活无关痛痒的事吗？

第三节 流道本身

黄河的集水区，面积约为六十万方公里，流长约四千公里，

---

[1] 柴 底本为“材”。

仅次于长江，故为我国第二大川，然因地质地形的关系，灌溉及航运之利不及长江远甚。兹将其大略情形作一个简要的叙述。

通常把黄河由青海发源处起，经甘肃、宁夏、绥远，至山西河曲以北之长城止，称为上游。此段地势适宜灌溉，渠道极多，故有“黄河千里，惟富宁夏”“黄河百害，惟富一套”等谚语。甘、青两省内灌溉事业亦比较发达，故上游实是黄河流域得着灌溉利益的地方。航运方面，由兰州至包头一千公里可通民船，曾经试行小轮数次，因水浅沙阻，尚须设法改善。据李仪祉先生估计，此段流量只占黄河总流量的百分之十五，含沙量亦比中下游轻微的多，据华洋义赈会与黄河水利会实测所得结果，鲜有超过百分之二者。故将来施治的方策，亦在于扩张灌溉面积与整理航道，并不像下游似的，要把大量的经费都耗费在不生产的防患工作上面。自长城至孟津是为中游，黄河在此段行于山陕交界之谷道内，灌溉事业除其支流汾、渭等河各有若干面积外，干流上几无灌溉之利可言。不但是田在高山，水在深谷，而且高山上的田地亦是既坡陡而且破碎，普通开渠方式，在此等地方决不能适用，即一般人所期望的阶田办法，亦因地形过陡而极其破碎之故，恐难于普及。航运方面，只禹门口至陕州二百公里可通二百担以下之民船，禹门口、包头间六百公里，因有龙门、龙王潭等险要，几不通航。黄河在此一段内支流极多，所收集之水约占其全流量百分之八十。其各支流均来自黄土丘陵地，曾经测量过之泾、洛、渭等河，洪水期含泥量有高至百分之五十以上的时候，其他未经测量的小支流，因集水区地陡土松之故，含泥量亦决不在洛、渭以下，故这一段实是黄河的患源所在，我们谈黄河治本的人亟应把眼光由下游转移上来。自孟津至海口是为下游，黄河在此一段内，除首部有伊、洛、沁、济——此四支流之水约占黄河总流量的百分之五等支流外，武陟以下再无一支流加入，河流行于平原上，且有许多地方水高于田，似宜灌溉之利特盛，然实际上近年内才有虹吸管吸水灌田之事发明。在从前因恐惧溃决之祸，几无人敢利用黄河之水灌田。航运方面，在黄河由山东利津入海的时候，七百公里间可通千担以下之帆船，自从民国二十七年改由贾鲁河入淮后，原来的旧河道水涸之后，又要多添一道狭长的沙漠，而淮河淤垫泛滥之害，又必代黄而兴，已定的导淮计划，已成的导淮工程，亦要因之另事更张了。

第四节　黄河不治对国家民族的影响

黄河流域，其上游集水区常苦旱灾，且有土壤破坏之患。其下游泄水区常闹水灾，且有田舍沉没之虞。而流道本身又是灌溉航运之利甚微，溃决改道之患几无法救治，所谓锦绣山河，实是一个旱潦频仍的灾区，神明贵胄，乃成了饥寒煎迫的一群灾黎。徐世大先生所撰的一篇《潦与旱》里曾说："天灾之流行，于国富民力之损失，犹有所限，其重大者酿成普遍之骚乱，文化之摧残，国力之损失，外力乘虚，侵凌压迫，而致于亡国者有之。汉末黄巾之乱，开五胡乱华之始；唐末黄巢之祸，奠辽、金侵略之基；明末闯、献之浩劫，实满洲入关之先锋；清季洪、杨之革命，成天津条约之耻辱。而民国二十年之大水，促成东北四省之沦陷，尤吾人所刻心镂骨，永矢不忘者也。"

国运一时之盛衰，在人类历史中不过一小小起伏，当无关于一民族之永久生命也。惟文化之摧残，民智之低下，民德之堕落，使一民族呈衰老之象，训致不能维持其生命，斯可悲耳。

灾害过频实能促进民族之衰老，不特一时之扰乱，毁灭文物，使吾人所遗留者，不能发扬而光大之；且自优生学言之，灾害所摧残者，尤汰善良而留劣弱之民众，使一切进步为之阻碍。中华民族美德之一在俭约自持，能菲衣恶食，而最大之恶根性，则在嫉功忌能，缺乏同情性。此种风气之养成，持优生说者，谓渊源于饥馑之过频，殆非虚语。盖例以适者生存之说，惟能俭约积蓄者能免饥馑之恐慌，亦惟自私自利者能苟延残喘于饥馑之世。卖儿鬻女以饥馑之处为多，而惟自私自利之人能忍骨肉分离之痛，故凡见义勇[1]为，富于同情心之徒，多不免于饥馑之世，而饥馑所遗留者，乃传此自私自利之根性于后世而日益深固。此中华民族之绝大损失，实大受饥馑之赐也。

普遍的水旱灾馑，已数数见，而局部的水旱现象，则尤更仆难数。即在平时，有沉沦于水底者，有赤地千里者，其地居民终年菜色，救死不赡[2]，言力既不如人，言智更为低劣，如此民众何以立国？古人有言，“衣食足而后知礼义”，无衣无食而欲求其身心之健全，以迎受近世之文明，真如背道而驰，终不得达。

黄河流域之现状及其对国家民族之影响，已如上述。故黄河治本，直视为拯救国家健全民族的一个重大问题可也。

---

[1] 勇　底本为“男”。

[2] 赡　底本为“瞻”。

第三章　对于各种治河方策的评论

第一节　上游坡岭普遍造林说

上游坡岭普遍造林，以之治水防旱，差不多已成了一般人的口头禅。然此法虽言者最多，却也最无道理。第一，此法实行起来，要把广大的耕种面积改造为森林，在经济条件上已有不可解决的困难存在，且在学理上亦系毫无根据之谬说。兹将李仪祉先生的《森林与水功之关系》（原文载《水利》第二卷，第五六期）一文录之于下，以破除一般人之迷信。

今也某地某河泛滥，决堤溃梁，田庐淹没，人民为鱼，外邦游客借箸而筹，罔不曰：中国之洪水，由于原岸山原之无森林。欲根本去水患，必自培植森林始。吾国士大夫亦从而和之曰：森林为治水之唯一要道，森林植则水患从此息矣。今也某地久旸无雨，禾苗尽枯，岁乃洊饥，人民流徙。外邦游客又拍案而呼曰：中国之旱荒，由于缺乏森林也。使森林充足，则雨旸不至失时，而永无饥馑之患矣。吾国士大夫亦随而和之曰：森林为防旱之唯一要策，欲免旱荒，则莫急于培植森林矣。著者窃有所询焉者：

（一）森林必占流域面积百分之若干，则河流始不至于泛滥？

（二）森林必如何分布于一地，则该地始免于旱荒？

（三）森林所以能防水患，备荒旱者，其理由安在？

有曾一深思而熟考之者否？不思其故，但外人云云，则吾亦云云，于是则惟见森林之提倡者，而河之治，旱之弭，尚不知在于何时也。

雨之降于地面也，其归途凡三：曰径流，直接入河流；曰蒸发，化气入太空；曰渗漉，入地为地下水，发为泉源入于河。今咎洪水之灾者，必曰径流过多，故水量骤增，河身弗能容也。径流过多，必其蒸发渗漉少也。谓森林可以防洪，必其功可以增蒸发、渗漉之量而减径流之势也，然考之事实则殊不然。按奈司劳威耳亥姆、布来吞克纳、寿马亥、爱倍买耶、里格劳诸家实验，凡地面为死质所掩覆者，足以减蒸发之量，而为活质所掩覆者，则足以增之。在德国布里门召土试验所所得结果，由五月十五至六月十五所降之雨在沼面上蒸发百分之五十，而在厚十公分沙层掩覆之地面上则仅百分之九・五；由六月十五至九月十五，与上相当之数，为百分之八十与百分之十，其他实验结果，多有与是相类者。爱瑟尔实验得沙层厚一公分，已足减蒸发量三分之一，而地面覆以他物者，其结果如下表。

	死物掩覆			活物掩覆					
	每一千平方公分地面蒸发	未覆之地面	覆以石者一公分厚	蒿槁其厚为		树松桧针薪	马尾松	槲叶	草莠麦
				〇・五公分	二・五公分				
自一八八一之七月十二日至八月十日	五九三九公分重量	一八六二	二三七二	一〇四〇	五七	六二一	八七七	六三〇	一八九〇二公分
	或百分之百	三三	四二	一八	一〇	一一	一五	一一	二四三

由是可见，活物掩覆之地面，其蒸发固大于死物掩覆者矣。但森林掩覆之地面，其蒸发量则远不及草卉五谷所覆之地面也。

黎司来实验得每日蒸发及损失之量：于草地为三·一至七·三公厘，于苜蓿为三·四至七·〇公厘，于麦为二·七至二·八公厘，于小麦为二·二六公厘，于山芋为〇·七四公厘至一·四公厘，而于枞树则为〇·五至一·一公厘，于山檞则为〇·五至一·〇公厘。一公亩森林中，其蒸发量固多于不毛之田中，然较之草谷所覆之田中，则几减三倍。

树木之为物，其本身能蓄水甚富。据爱倍买耶之实验，八十五年之鱼鳞松，其枝干针叶中，合计可蓄水一千公斤，发育之期，则日放水焉。

哈尔底希计算，每四分之一公亩，千株之林，六个月中（一百八十日发育日期）平均蒸发一〇三公厘，分别计之，则阔叶树林蒸发一三五公厘，而林外则为四九七公厘，林中有枯叶覆蔽者，其蒸发更减。缪特利搜集爱倍尔林十三测站经五年（一八七五至一八七九）之结果，得一平均数，在林中蒸发为一二五公厘，在林外蒸发为三〇三公厘。由此推之，林中蒸发不过林外蒸发百分之四十一。但以各站之蒸发器设于林外，非直接当太阳光下，故敢断其比例数当更较小。爱倍买耶由一八六九至一八七〇实验，得林中蒸发为林外百分之三十六。韩倍克在其所著书中所举结果相类。格拉维留本韩倍克之观察平均得下数：

在林中蒸发于阳历	为林外蒸发百分之	在林中蒸发于阳历	为林外蒸发百分之
六月	三五	九月	四〇
七月	三二	平均共计	三六
八月	三五		

由以上实验各家证明，蒸发一项，林内少于林外草谷之田者远矣。

兹再论渗漉，凡地面覆以死物者，其渗漉多；覆以生物者，其渗漏减。兹举窝尔尼实验列表如下：

一八七五年	雨量以立方公分计	渗漉量					
		沙		泥		土	
		不毛	草覆	不毛	草覆	不毛	草覆
五月	九三八六	三九〇九	四	〇	〇	一四八六	〇
六月	一〇八六六	八一〇四	九二一	三七三一	〇	五〇〇九	一三〇
七月	一〇〇七七	五八三八	〇	二四六二	〇	三四二二	一三〇
八月	七五二六	四五〇六	〇	一八六三	〇	二三九八	二〇七
九月	五四九一	二九二〇	〇	四七五	〇	一六一五	〇
十月	一三三六七	一一四八八	七一〇〇	一〇〇四七	七一八	一〇九四六	四五五二
共计	五九七一二	三六七八〇	八〇三〇	一八五七六	七一八	二四八七六	四九二一
以百分计	一〇〇	六四	一四	三三	一三	四四	八、七

渗漏量以立方公分计，实验面积为一千平方公分厚半公尺。

至若以森林所覆之地与草所覆之地相比较，则据窝尔尼有如下表：

历年	一八八七至一八九三	春	夏	秋	冬
雨量	以公升计	三七〇・三	八〇五・〇	五四〇・九	二三四・四
	以百分计	一〇〇	一〇〇	一〇〇	一〇〇
桧林	无叶林　公升	一〇一・〇	二三・〇	四六・一	七九・三
	掩覆　百分	三五・四	二・九	八・五	三一・二
同上	有叶林　公升	九二・一	一七・七	四〇・〇	六六・二
	掩覆　百分	二四・九	二・二	七・四	二二・一
鱼鳞松	公升	一五六・〇	三〇・一	一三三・三	一三〇・八
	百分	四二・一	三・八	二四・六	五一・四
草	公升	一九七・〇	四四・五	一二八・五	一四八・九
	百分	五三・二	五・五	二三・八	五八・五
不毛	公升	二〇〇・一	二八八・九	二三四・四	二〇二・八
	百分	五九・五	三五・九	五二・六	七九・七

又劳比氏由一八九〇年十一月一日至一八九三年十月三十一日实验得结果如下表，其实验面积为二平方公尺。

历年	雨量		渗漉量以百分计							
一八九〇年至一八九三年	公升	百分	沙质				石灰质			
			榆	桧	草	不毛	榆	桧	草	不毛
冬一八九一至一八九二年	八二七·六	一〇〇	一〇八	九九	九二	一〇九	八九	八〇	九九	一〇一
夏一八九二至一八九二年	一四〇九·六	一〇〇	四七	七七	五五	五八	五二	五二	六五	三
冬一八九二至一八九三年	三七九·二	一〇〇	九六	九六	七七	九二	七六	六六	七九	八一
夏一八九二年	一一五一·〇	一〇〇	一五	五八	三五	二六	二〇	三七	一二	五四

历年	渗漉量以百分计							
一八九〇年至一八九三年	黏土质				腐质土			
	榆	桧	草	不毛	榆	桧	草	不毛
冬一八九一至一八九二年	八七	五八	九六	一〇一	八二	六九	八〇	八九
夏一八九二至一八九二年	二九	二九	八八	七七	一〇	一二二	二四	七二
冬一八九二至一八九三年	六四	四六	六八	七五	七四	四五	二〇	八四
夏一八九二年	八	六	一	四七	一二	一	一九	四七

由上二表观之，可见不毛之土渗漉最多，而森林掩覆实足以大减渗漉之量也。

雨之归途止于三，今森林之设，既不足以增蒸发、渗漏之量，而反足以减损之，则雨之量非大半趋于径流之途乎？岂非森林不足以减洪水之量，而反足以增之乎？著者以为，树木蓄水容量甚富，故雨之不能损失于蒸发渗漏者，枝干针叶皆欲蓄而有之；然使大雨如注，枝叶不足以盛之，吸挹之不暇，则舍径流无途焉。洪水多发于久雨或暴雨之期，然则森林是否可以减少久雨或暴雨之径流，则诚不敢恃矣。惟寻常徐降之雨，大半由枝叶缘树干而达于地面，为根土所吸收，不易径流；又寒冬之际，树林地面不至冻冱，不如林外冻冱地面易于流速也。

径流之行于地面也，常削刷地面上之土质，或山谷石砾，挈之入河，以成流水之荷重，沉淀下流，以至河道之纷乱。森林或足以掩护地面，以减少河流之荷重。然按之实际，森林掩护地面之功，远不如草。惟于峻峙之坡面，则灌木丛树较为有功，然坡太陡，则树根亦易圮[1]裂崖土，增益风化之力；若更加以坡面倾注之急流，石裂崖崩，树木亦倾，与砾石相杂，随流而下，则更足以为害河中。京汉铁路恒岁为大水冲断，究其致祸之由，大抵皆山洪所带树木触损路身，以至断圮，则森林之于河道固利害兼之，未可偏于一见也。森林之足以增加雨量，则诚有之。初者，英人布兰佛于印度实验之，该处六一〇〇〇方英里之地，森林已斩尽矣，一八七五年乃重加树艺焉。据十四雨量站之报告，一八七五年至一八八五年十年间之雨量，较之一八六七至一八七五年未恢复森林时之雨量，盖岁增一七三公厘焉。米德里希于德国之实验，亦足以证之。罕脑勿省有三

---

[1] 圮　底本为“屺”。

五〇〇公亩无林之田，于一八七七年乃植林焉，一八八二年该地雨量仅为其邻地百分之九六·三；后林日增，至一八八七年，则其雨量超出邻地为百分之一〇六·八焉。

佛特拉由各处察验，推得阔叶林中之雨量大于无林之地者百分之四·二，针叶林中之雨量大于无林之地者百分之九·四。

森林区中所以能增雨量者，由其有低落天气温度之功，保持太空湿润之效，故湿气得易凝结为雨也。但此种功效惟于山林之地易得，至低原则其效甚微。且需雨者乃农田也，吾见欧洲植林之处，农田甚稀，即有之夹杂林，所多得之雨，亦大半为吸水最力之树木所夺，田禾所得之益庸有几耶?

要之，森林之于治河，之于防旱，容有其益，然勿视为甚可恃。吾非反对森林，吾乃主张积极培置森林者。吾国工业将日见发皇，所需木材岂可常恃舶来品?吾国内地山谷之间，不适于农田之旷地甚多，不植林，焉用之?故为国家生计计，非大植森林不可。森林足以治河，足以防旱等语，任人言之，以作森林之鼓吹可也，惟不应出诸水利专家之口。今也某地某河为灾，人民有其鱼之危，询之外客之为我工程顾问者，曰：治本之法无他，培植森林而已。森林之效何时可收，曰：待十余年后。十余年间之水灾，则仍无术可救也。今也某地屡旱，人民转徙沟壑，询之外客为我水利顾问者，曰：防旱之法无他，培植森林而已。森林之效又须于十年后收之。则十余年间旱荒，仍无法可防也。

治河者当使洪水不为灾，在治导之得术，不当祈灵于森林也。防旱者宜尽心力以谋灌溉之普遍，亦不当祈灵于森林也。森林足以治河防旱，森林家言之可也，政治家言之可也，一般无水利责任者言之可也，水利专家言之耻也。

第二节　李仪祉先生的沟洫主义

著者本是个业医糊口的人，所以十余年来厌弃本职，而从事于治河问题之探讨，实在是受了李仪祉先生的《西北各省应行沟洫之制》一文的启发与鼓舞。所以，我是李先生的沟洫主义的信徒；但我对于李先生的方法，并不是完全赞同，所以我又是李先生的沟洫主义改良者。李先生对于平地的沟洫计划，我并异[1]议，李先生对于谷壑的沟洫计划，我要发扬光大，而且也是本书的重心所在；李先生对山坡的沟洫计划，我认为困难甚多，恐难于成功，以下就讨论这一点。

据李先生估计，“西北普通大雨量，一日一夜计是四十个公厘，厚约一寸半。一亩面积六十方丈，共受水九百立方尺，开沟宽二尺，深二尺，长二十二丈五尺可以容纳”云云（《陕西省水利概况》，四八八页）。按著者家乡一般情形，因坡地歉收之故，一个农夫要耕种五十亩以上，才能赡养四五口的家庭。今按一个农夫耕种五十亩计算吧，共要挖成土方四百五十个（宽长各一丈，深一尺为一个土方），以一个人一日可挖成土方三个计，共需一百五十日。要容纳一日一夜的雨量就要把一个农夫整整半年的工夫都用在挖沟洫上面，这事能行得通吗？有一层重大的原因，就是耕松的黄土坡地的山水要高出于世界任何河流的含泥量（实测过的泾、洛等河，其含泥量有高至百分之五十以上的时候），它实在是在坡面上仅能流动的泥浆糊。今按水一半泥一半计吧，挖好的沟洫只要收满过两次雨水，就被沉淀的淤泥完全填平了而得重挖。所以每一段田地里的沟洫，差不

[1] 异　底本缺漏，根据上下文增加。

多一年得重新挖一次，或者一年就得挖数次，并不是挖成之后可以保持若干年。倘若一个农夫一年内抽不出那么多的日子以挖沟洫，可以分作数年来完成。李先生在他的《西北各省应励行沟洫之制》一文内有谓："要容纳四千兆公方的水，用一千万壮丁去做，每人每年劳动服务十五日，作土方五十公方，八年可以竣工；劳动日数加倍，则四年可以竣工。"这种说法，他是把田地里的山水里边是含有大量泥土的这个事实忘记了。按上面这样计算，是一种纯理想的说法，要是实际施行起来，自然与人事各方面，是都有牵制，在在足以阻碍沟洫的普及。比如耕种的丘陵地，大体都已整治成不规则的阶梯形了（如第一图），而每一阶层大概是些狭长的陡坡，并不是平地，而我们此刻所讨论的对象就是坡地，在狭长的阶形坡地上挖沟洫。你要是挖在坡之底边（如第一图子处），因蓄水浸润之故，田畔有倾圮崩坍之虞；挖在坡顶高处（如第一图丑处）则又收集不进水去。著者家乡所见情形，坡地里的水窖，多系挖在坡顶（如第一图寅处），以收集上一阶层流下之水，但这里边就引出人事上的纠纷来了。在现在零碎分割耕种制度之下，上一阶层属甲，下一阶层属乙，乙在其自己田地的坡顶挖水窖以收集上一阶层甲田内之水，倘甲也是个尽力于沟洫的人，治理的他田里的水一点也不使走泄，那么下一阶层乙田坡顶之水窖，水无来源，等于虚设。反之，倘甲是个对沟洫毫无不经意的人，把他田里的水随便放走了，事实上便是以邻为壑，下阶层乙之水窖易被冲毁；且乙田之坡顶，就是甲田之脚根，乙在甲田之脚根部挖窖蓄水，当然有使甲之田畔受浸润而倾圮崩坍之虞。双方利害冲突，自私嫉妒之人甚有故意互相牵制破坏，遂使地邻不睦，甚有起诉讼及械斗等事者。所以在阶形坡地里挖窖，或沟洫以

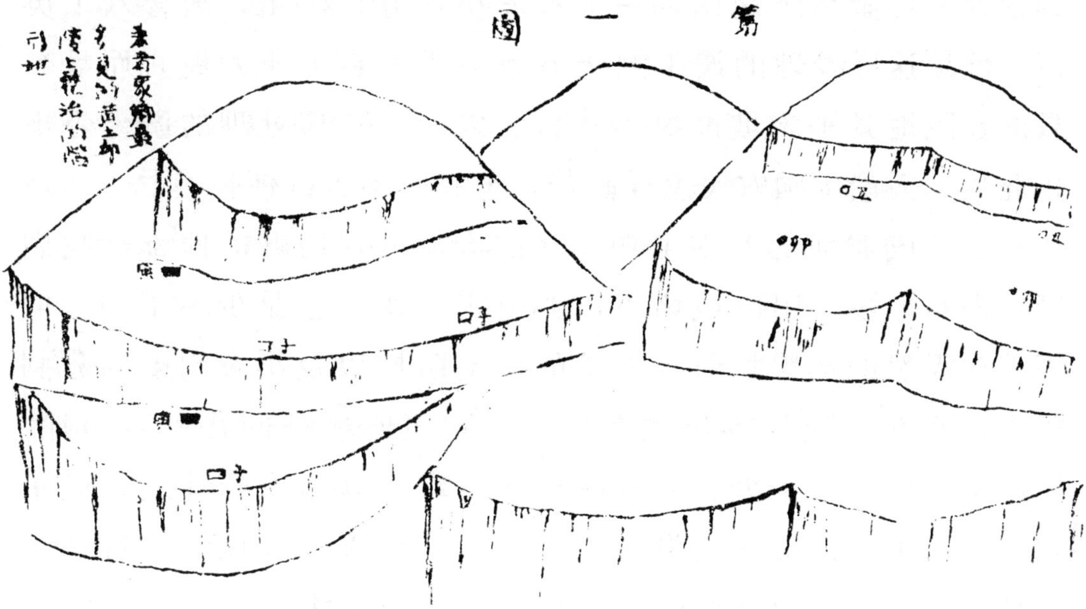

蓄水，挖在坡田之底边，则有使自己的田畔受浸润而崩坍之虞，挖在坡田之高顶，则有使上一阶层之田畔受浸润而倾圮崩坍之害，且有水源不能由己操纵之弊，故只好挖于中坡（如第一图卯处）。但中坡之水窖或沟洫，低于水窖地面之水，当然就收集不进去了。且凡一切坡地，都是坡度渐渐在增加着，盖因凡坡地愈近巅顶，冲蚀之机会愈少故也。今于冲蚀机会较少的坡顶或中坡挖窖以蓄水，那么由窖里频频挖出来的淤土聚积于窖之周围，岂不是坡地里坡度渐渐增加的自然趋势更加以人工的促进么？当然，把由窖内挖出来的淤土平均撒布于地面，这个毛病就没有了。但是据专家的试验，百分之二的斜坡地面（耕松的）在六个月内降雨七二·四二英寸，每英亩损失土壤八万一千四百二十二磅（美国 Spurtex，一九二六），这些土在田里不挖沟洫的时候，当然是随水流走了。但在田地既挖沟洫以后，这都是沟洫里的淤土，得每六个月一次的往出挖，而且倘要避免人工促进地面坡度增加之弊，挖出来之后，得一担一担的送到远处平均撒布于地面。一个农夫耕种五十华亩，约合八个英亩，计须这样处理的淤土六十五万一千三百七十六磅。而且今日的丘陵地其平均坡度决不止百分之二，所应处理的淤土恐不止此数。无论中国农民怎样勤苦，奈时间不容许何！

要完成坡地的蓄水事功，除挖沟洫外，田畔的地埝（我们家乡俗叫地堎，用以截堵由田畔流走之水）也是少不了的。但因坡地天然的沟渠坑谷，人工的整治阶层以及小农制度的分割等事，使地段极其零星散在，一个农夫所耕种的几十亩田地，说不定分散在若干处，又分隔成多少块，其边缘合计起来说不定够好几里长，实在也没有工夫，每一个农夫在他们的每一块田地的边缘上都做起地埝来；就是有工夫的时候做个一段两段，也因坡地的边缘湾湾凹凹之故，地埝决不能平衡，高者等于虚设，低处就要溢水。李仪祉先生教导农民蓄水，有谓“遇见山水一发，立刻扛上镢锄，往田中去做拦水工作，不能顾惜衣服淋湿”等语，然此种办法是平地的事，坡地根本行不通。第一，坡岭农民的田地不在高山，就在深沟，往地里走多是坡路，大雨来了坡路上滑的不能行走；第二，一个人耕种的田地，有的在南山，有的在北山，极其分散，一个人只能去一处关照；第三，一处的田地也分为数阶层，一阶层的地埝也很长而湾湾凹凹，一个人只能看守一点；且大雨之际在松软泥滑的田畔上拦水，极易滑下崖去，尚有生命之虞。所以坡地里的拦水工作极端艰苦，而功效是聊胜于无。

现在一般人对于坡地的经营法，多主张把坡地以人工修治成平整的阶形地。李先生也颇属意于此。兹讲一段我的邻居将坡地修治阶形平地的故事，即可见到实现此种企图之困难情形。

在我们那里，以人工积极的把坡地改造为平地，除宅基的平整外，对一般的耕种田地用那种做法是极罕见的事。惟我的邻居某甲因环境与个性的巧合，遂使他做出那么一段稀罕的事来。他原有坡地五十余亩，生性勤苦而略有点野心，每种过几年地来，就不安分的想发点旺财。于是将田地托人耕种，自己则赶毛驴呀，摆小摊呀，甚至赌博等，经营些发快财的勾当。不知道是他的运气不好，还是不善治事，每经营一次发旺财的勾当，总是连本赔光，卖地开债之后，回头来仍耕种自己的田地，且劳动的更加勤苦以补前愆。语云：江山易改，本性难移。他一次一次的赔本，一次一次的卖地，赶到他四十岁的那年，五十多亩地卖的只剩二亩了。他生性勤苦，天生一身好气力，又加以经营失败之后耕田更加勤奋的那个怪脾气，这个天凑地合的劳动英雄的用武之地，只有集中于此最后的二亩了。此二亩地原是一个沟坡，坡度约在百分之二十以上，当中略有点曾分阶层的痕迹。他把这块坡地二分为四，把每一阶层坡顶的土，一土车一土车的运到田畔，黄壤也善于直立，虽是运来的松土，只用石杵一层一层的打筑起来，就能造成直立的田畔。此种工作只能于未种之前及收割之后行之，故虽早出晚归——有月亮的时候，晚上要工作一个时候。三年之后，才把那二亩沟坡地修治成二亩阶形平地了（但有百分之二三的坡度，并非成了绝对的平地）。但因地畔未经夯打之故（四个人扛着打，石杵一个人提着打），每经久潦之后，那些运到地畔上的松土就要整批的崩坠。迄今某甲死过十余年了，他三年的辛苦成绩，也被自然把十分之五六摧毁了。大概是原生黄土层上凿成的平面虽不免冲开些坑渠，然大体上仍可保持其平面，原来坚实的坡面上浮搁的松土，很快的一批一批的溜向沟中去了。

坡地造阶形平地有下述二法：（一）速成法——即用上述某

甲所用之方法完全用人力造成。只是原坡面上运来之松土，必须用夯一层一层的打筑起来，稍有含糊，一经久雨，因松土吃水多而压力重，且底面系坚滑坡面之故，极易整批的滑溜而走。因其如此费工，所以向来坡岭只有极少数的宅基用此法平整，万难普及于一般的耕种田地。或者有人要坚持此项意见的话，请核算一下，有百分之十的坡度的一亩田地，要把它整治成平地，须削平而运送，而夯打的土方有多少？再实地看一下今日丘陵地的坡度，已成了什么样子，一个农夫须耕种多少田地才能养活四五口的家庭的这些情形以后，再坚持这个意见好了。

（二）慢成法——以人工于田畔上修筑地埝，将坡水冲来之泥土拦住，愈垫愈高渐达于平。但坡地边缘上筑埝拦水之困难已如前述。

总之，黄土是松脆的，水性是就下的，在黄土坡面上蓄水拦水是违犯自然趋势，必然劳作艰辛而获效微少。沟洫制度之产生，原是为了救治坡岭之旱与平原之潦，这两件事实是一个原因——即坡地泄水，故倘对于坡地之蓄水不成功，则沟洫制度对于治河之效益几希矣。

第三节　黄河各大支流建筑大蓄水库计划

黄河中盛涨之水起源于坡地，由坡地流入沟涧，由沟涧汇入小支流，由小支流合并为大支流。故于各大支流上，择谷口狭隘、岸石坚整之处筑坝蓄水，实是简要之良法。惟此法之致命打击，就是各大支流含泥量甚多（据实测过的泾、洛等河，洪水期含泥量有高至百分之五十以上的时候），致水库有迅速淤废之患。比如说，水库内所收集之山洪含泥量为百分之五十，则花上千百万修好的一个水库，收满过两次水，就被沉淀之淤泥完全填平了。对于防止这一个毛病，据黄河水利委员会所发表的计划，谓："似宜于上游培植草木，以坚实土面，使不易受风雨水洗刷，并多挖沟洫，俾一部分雨量渗入沟内而减少入河洪水量，然后于各支流建设棚栏以截堵泥沙入水库，如此则水库可维持久远也。"（见《陕西省水利概况》四三五页。）

又据李仪祉先生与德国水利专家恩格思氏去函商榷谓："计划谷堰拟多留泻水底洞，以排泄洪水，例如二十小时之洪水峰，分为二旬至三旬排泄之，每年于洪水将来之前，即将库内放空，及洪水期过后，再将多数洞关闭，以蓄较清之水，其含泥量不过百分之一至五，以济航运及农田之需。不知用此法可以解救水库之淤废否?"（恩格思《治导黄河试验报告汇编》二一八页。）

著者的意见，对于上游坡岭造林之效益及坡地沟洫制度之困难，上面都已述及。各支流建设棚栏以堵截泥沙侵入水库一事，于第四章第三节已项有所说明，兹不另赘。至李仪祉与恩格思的商榷，适遇我买的书恩氏复函的那一段系缺页，故不知恩氏如何解答。然据我的见解：二十四小时之洪水峰分为二旬至三旬排泻之，下游一时盛涨之势，固可因以缓和，然河患之症结所在，系河床逐渐淤高之故，由水库底洞泻出之泥沙仍要沉积于下游河床，是河床逐渐淤高之患毫无所减也。

第四节　费礼门的裁湾取直、束水攻沙方策与恩格思的固定中水位河床方策

费礼门的原计划案著者未见，惟散见于各种文献中，可约略如下：黄河之所以难治，是因为其含沙量太多，而下游平原

河道之坡度不足，流力低弱，泥沙随处沉淀，致河床逐渐增高之故。河道湾曲可以减少坡度，所以他主张把湾湾曲曲的河道改为直线，以增加坡度。又凡流水深则冲刷之力强，浅则冲刷之力弱，以同等的水量，放在宽河槽里必浅，放在窄河槽里必深。但向来各地筑堤防的人都惴惴于堤窄不能容洪水，于是争筑宽堤以防漫溢，谁知道这样却把河水冲刷泥沙的力量大大减弱了。于是他又主张，洪水河槽上部之宽度拟定为三分之一哩，两堤之距离约为半哩弱，用以代替四哩至八哩之河面。据他估计，这样修治之后，不但将河水里所挟的泥沙都要带到海里而无中途沉淤之患，且今日的河底要渐渐刷深，足以容纳洪水而无满溢之患。

恩格思在他的《制驭黄河论》中说："窃按黄河之病，不在堤距之过宽，在缺乏固定之中水位河槽，故河流于内堤之间可任意屈曲，迁徙莫定，害乃生焉。河流迁移无常即易荒废，故押转力弱，沙粒淤积，河床垫高，或河湾屈曲愈锐，日近堤防，冲刷堤基，洪水一至而崩溃堪虞矣。治理之道，宜于内堤之间，固定中水位河槽之岸，河湾过曲，则裁之使直；河流分歧，则塞支强干。其利有二：一为中水位河槽之'溪线'（或名谷道）可固定不移；一为河流之力可刷深河床，不致展之于宽，而河床之垫高固可免也，河湾亦不至近堤矣。"

费、恩二氏，都是要以水攻沙，但所用之方法互异，究竟用何法可以达到目的，虽经大模型试验尚无定论，且此二方策皆需款过巨，以我国之财力恐不易实现。兹引各专家之评论如下。

A 评论费氏方策者

恩格思云："按费氏之计划果能实施，则黄河河床之垫高与堤防之崩溃必可避免，惟计划宜如何实施，似宜审慎耳。按诸治河通例，中水位之流槽不可不固定，而流槽之形态恒为之字形，费氏之洪水槽其直如矢，殊不适于中水河槽，违犯天然，窃恐难以求功；且费氏改狭之新河床，宽度仅当现今八分之一至廿分之一，则新河床未经刷深之际，洪水面必致壅积涨高，其何以障之勿使泛滥？或以为筑堤束水可以自孟津始，该处山坡夹流为天然夹流之段，新堤之上水面壅积，有山坡障护无外溢之虞。然新堤之建筑段节相续，进行甚速，河床之刷深非朝夕之功，故孟津以下之新堤及丁坝之高度均须超过此最高之壅积洪水面。而洪水之壅积，预计有数公尺之高，若为此暂时之洪水壅积，使堤身加高数公尺，则日后河床刷深，堤高远超过寻常洪水位之需要。损失之资应为几何？况筑堤之时水面壅积，其下游未筑堤防之处，水势将益为猖狂，旧堤之抵抗力素弱，恐决口之警，较未治之前益频矣。"（《制驭黄河论》。）又恩氏发表其于一九三二年奥贝那赫水功试验所试验之结果，谓宽堤河槽刷沙之深度远大于窄堤河槽云。

朱延平云："美国水利专家费礼门先生之计划，将河线定为直线，束水刷沙，将河面限为若干尺宽，河底限为若干尺宽，坡岸以混凝土筑盖之。此种办法，不但中国前此所无，即美国现在亦属少有。"（《水利》五卷四期一二页。）

B 评论恩氏方策者

李仪祉云："固定中水位河床，固为治河之妙法，惟应用何法何料以固定之，颇费研究。盖黄河除洪水外，多为低水时期，中水位时甚短。中水位之护岸物若为石料，则沿河六百余华里产石之地甚少，所费不赀；如用梢薪，则底水面上易有腐烂，且难免不再为河水所冲决，致前功尽弃。盖黄河滩岸或为淤或为沙，俱轻细易为水侵削，若专固定中水位河床洪水大溜或超出中水河床之外，而于滩上另辟一槽，亦非不可能之事。”（恩格思《治导黄河试验报告汇编附录讨论集》。）

沈怡云：“就余感觉，事实上颇有许多困难之点，或谓此种问题即采用何种建筑方法，以固定中水河槽之问题，应视当地所采之材料而后加以决定，此言诚是。但据本年四月七日李协先生致先生之信，我人已知沿河石料甚少，甚至良好之真土亦不易得。观于大多数之河堤均用沙土筑成，即可证明。二年前及本年试验中之河槽系一混凝土槽，其为十分固定，殊无待言。且因固定之故，一切结果均如我人之所预期。至于如何方能在中水河床，在实际同样固定，有如此模型试验中之混凝土槽，此则余甚愿就教于先生者也。”（同上。）

朱延平云：“德国水利专家方修斯和恩[1]格思两先生之计划，先筑成与河流方向适合而稍带湾曲之窄堤，宽度约在五六百公尺，近堤之处植以丛木，以保护堤身，设计河体横断面，只使其能容每年之普通大水，利用此每年大水以冲刷河底，并于新堤上设溢水段，使特别大水溢入新旧二堤之间。此种办法暗合中国旧日所谓之缕堤、遥堤，惟以经费关系，中国前此未能全河施行。其施行之处，如山东之上游，于大堤之内又有临河之民埝，特此两岸之民埝，不合方、恩两氏之规定宽度，而于其上又无溢水段之设备。又方、恩两氏所谓之旧堤，亦应新筑。盖现在黄河之旧堤在长垣、考城两县开口处，其宽已有三四十里，而犹不能容纳黄河异涨之水，似乎得移宽或加高，要是不然，将水由溢水段溢入新旧二堤之间，致使旧堤漫口，而依旧淹没沿河之人民，那算得什么根本治理呢？”（《水利》五卷四期

[1] 恩　底本为“思”。

一二页。)

著者以自己对于河堤工事之无知，故引各专家之言论于此。可见费、恩二氏之方策不但困于我国财政不克实施，且实施后能否得到预期之效果尚有疑问在。著者之见解，认为河患可比如人体之疮疡，上游雨水土壤之走泄，可比如疮腔内血肉之溃烂；下游之决口泛滥，可比之由疮腔内溢流而出之排泄物。专在下游治河，无论堤坝若何巧妙巩固，收效怎样美满十足，终不过如治疮疡之医师，对于血肉溃烂、亏耗体质的疮腔内不加治疗，而只从事于溢出排泄物之处理，如此而谓之根治可乎？

第四章　黄河治本之唯一良法——山沟筑坝淤田

第一节　概论

吾人之治河目的，从消极方面言是要除河患，从积极方面言是要兴河利，故除患尽而兴利溥者即谓之良法。我国治河数千年，自鲧之堙，禹之疏，贾让三策，潘、靳治绩，皆防患之不暇，遑问兴利。近代国外专家如费礼门、恩格思等人所提供之各种方策，仍不外刷沙防泛等消极的防患工作，对积极的兴利事业，亦未见有若何之擘划也。抑有进者，黄河之患非偏于下游一地之泛滥，而上游冲蚀之患更烈，且为患源之所在。黄河之利，亦非尽于航运、灌溉二事，其搬运泥土造陆之功更伟，而治河者不思控制利用，只在下游从事于堤防疏浚等消极的防患措置，何古今圣哲睿智之见不及此乎？余尝思之，实时代、地理等背景使然也。夫河患为山洪，河利亦为山洪，山洪发源于山坡，而治理之窍要地点则在山沟。上古之世，人口尚稀，土地劣瘠之山坡山沟，人迹罕至，彼时下游居民之视上游坡岭，几同今日吾人之视南北极。迄后之治河者，对中游以上之干流状况毫未加以注意，遑论支流山沟。近世学说昌明，治河者之眼光亦已放大，除注意中上游水文流道情况外，于干流之两旁由飞机上亦屡有视察。然我国俗谚谓走马观花，盖犹嫌行之速、视之暂，恐对花之形色失之模糊；由飞行而视察山坡山沟，其对山坡山沟所得之了解程度亦有限矣。故今日水利界，实已均知河患之病源在上游坡岭，而实际上之治河工作仍置重于下游；于诸种治河方策中，非不知有水土保持之一法，然未被视为治河之中心工作，此由于对黄河之特殊性了解不足也。于水土保持上，则大言阶田也、沟洫也，对筑坝淤田则少有人提倡，此由于对山坡山沟之自然因素、农耕状况更加隔膜也。夫治河犹治病，不明病原固难以为治，然徒知病灶之所在尚未足为治也，更须明了菌毒之性质，细胞之活力，而所用之药品，又须对菌毒有消防力，对细胞少副作用，而对贫困之家又须药价大众化，必备诸条件而后治效可收。故吾人选择治河方策，目的上固求其除患尽而兴利溥，而方法上又必顺应乎自然状况，经费上又必顾虑到国家之经济条件。诸条件有一欠妥，治效难期。此著者所以对黄河治本，置重于水土保持法，而于诸水土保持法中，又特属意于筑坝淤田也。盖集众支流之水而成黄河，集众沟涧之水而成支流，倘能于各沟涧中即将山洪设法处理，实正本清源之治河方法也。

在将要正式提出山沟筑坝淤田这件事之前，一般读者，尤其是生长于平原的读者，对于黄土丘陵地的状况最少也要有个抽象的理解。不然，他们对于这件事将如我们今日住在地球上而谈火星上的人类行动一般，毫无实际的理解，自不会发生积极的兴趣。著者提倡山沟筑坝淤田已十余年，有些生长于平地的人对我的这个说法，虽不至说我是编纂《封神演义》《西游记》，由我信口雌黄，然多谓：那地方我们没去过，那事情我们没见过，所以对阁下之大计我们也无从置其可否。只这一个态度，便可关闭了他们的接受之门，堵塞了我的宣传之口；有一种人则说：我们也生长在山沟，但我们那里轻易不至有山洪，遇有的时候，也都被农人分抢的拦入田中灌溉，且灌溉之后也不见得有大量泥土沉淀，似乎既无剩余之山洪可潴积于沟中，又乏泥土可资淤垫，你的淤田说法真也有些莫明其妙。后经我考询，他们那里固然也有山有沟，但下雨时可能起水之处只是一部面积狭小的石山尖，自山颈山腰以至山脚均系一层一层的黄土阶田。其平坦之度，虽在降雨之际不但本身不能有水溢流，而且可再容拦入外来之山洪灌溉。于是我便晓以：使天下尽如君所生长之山沟，则世界上连河流也没有了，闹什么泛滥？今每逢大雨，各河流均有盛涨之水，水中均含有大量之泥土，是表明各河流上游均有不同于君所生长之山沟甚多也。至生长于平地的人，诸君只要明了一切平原均系冲积地，此处有大量之泥土冲积，彼处必有大量之泥土损失。我们能见到平原土地供养繁庶人口的生产力之伟大，便可由此想到上游坡岭土地生产力损失之严重；地力严重之损失，便是居民生活上惨痛之创伤；居民生活上之惨痛创伤，便是将来筑坝淤田之强大潜在力。一件事有其正面，亦有其反面，倘能正确的由反面理解，实较不健全的正面观察可免除偏狭蒙混之弊也。所以我也无法使生长于平地的人都到丘陵地去视察，即使有去过的，也恐怕视的范围狭窄，察的情况肤浅，对于问题的了解反生出一种差觉来。宇宙万物，无非一个理字，不必事事物物均经目睹后方能了解也。故天下之人苟研讨真理，追求真理，则虽毫无前例可循，天地可以改造；苟放弃理智不用，而必自局于目之所见，则一部二十四史可言其为捏造，世界五大洲可以言其不存在。“理”是人类进化之途程的明灯，燃着它便可烛照四方，循之前进；熄灭它则咫尺不辨，或要陷入黑暗的深渊。天下本无火车、飞机也，然而物理上有此可能，制造者具此信心，火车、飞机乃由此可以服役于人类。十八世纪以前，全世界本为封建专制之黑暗世界也，然而人心均企求光明，革命者把握此心理，而能有今日之民主文明世界实现。君子之对于世界也，岂待自私自利、攘夺群众福利，方认为系罪恶，即使安于故常，对显明之科学真理亦不作积极之追求，即是对社会进化之消极，人群福利之漠视，良心上便负有莫大之深疚，此著者所以对淤田事业虽屡遭挫折，而犹哓哓不休，殷切期望社会人士由了解而接受也。现在浮言少叙，再转入正题好了。

吾人分析河患之起因，系水性就下，土质易冲的物理上必然现象。因于物理上的此种现象，地面上遂有沃壤荒谷、沧海桑田的演变。以地质学的眼光观之，上游的黄土丘陵，终必归于淘汰，而下游的堤防疏浚等事，又显得对抗自然力量渺小。惟证之人类进化史，吾人对自然界的力量，遏抑固无其术，而利用却大有可能也。河流本系移山填海的自然力量，但今日海岸线已远了，它似乎有些力不胜任，将所挟持之泥土沿途抛弃，于是有河患之事发生。但[1]今日海岸之社会情形也变了，人们对它填海变陆的功绩并不怎么重视，而对它的淤塞港口工作，倒成了莫大的苦恼事。总之，今日之下游无论在海在陆俱已不欢迎它再运送的泥土去了。惟另一方面，上游原始的黄土高原，千万年来它已掘开无数的沟渠坑谷，毁坏了沃壤，障碍了交通，这个填海已显得无力，而且也已成为无用。为祸却无法控制的

[1] 但　底本为“旦”。

自然大力士——黄河，我们可把它运送泥土的途程缩短，使它移山填谷以补前愆。盖下游平原的河流宜导不宜塞，而山沟里的山洪则塞之既易，且塞后可将荒谷淤为田地，盖地形迥乎不同，措置自宜有异；且坡岭已有实例可证（著者家乡称此种田地为坝地），无庸试验，更无容疑虑。惜以种种关系使良法美制未能发扬光大，仅具雏形而止，诚大憾事也。

自然界的一切力量，都是机械的，而同时也都是伟大的。倘任其肆虐，几可以毁灭人类；倘能设法控制利用，又可为人类开辟一个新天地。黄河上游地区，原是个风成的黄土高原，但经千万年来之冲蚀，已成了满眼坑谷沟渠密布的丘陵地；高亢处坡陡难耕，低下处土质早已无存；愈冲蚀而愈坡陡，愈坡陡而愈冲蚀；上游冲蚀之患愈演愈烈，下游泛滥之害益趋于频繁而不可救治；上游坡岭居民欲抱残守缺亦不可能，下游平原居民欲苟安现状亦苦于无法维持。而向未为人所注意的山沟筑坝淤田法，系截拦为害下游之山洪而将坡岭之荒谷淤为田地，倘能设法使其普及，再于方法上加以改进，确可把残破的丘陵地整治的逐渐水田化。凶暴的河流改造为渠化的航道，详情以下各节内将分别叙述，兹先作一个大概的说明。

一、每一个山沟里都实施筑坝淤田，将两岭流下之山洪潴积于内，待几日山洪里的泥土沉淀后（黄土丘陵地的山洪含泥量在百分之五十以上），将上层的清水放走，荒沟废谷便成了淤积田地。

二、以前农人只顾淤田，不顾蓄水，其实也是规模局促使然。他们把淤田沉淀过的清水就那样放走了，所以淤成的田地虽然肥沃，但并不能灌溉。今后我们要淤田与蓄水兼施并顾，即将每一个沟涧的尾闾部空出一节，不淤田而蓄水，不但要收集淤田沉淀过的清水，而且要是沟中地层构造有可能的话，要截留地下水，使它成为这一个沟的总水库，库内之水一面灌溉淤成之坝地，一面调节河中流量。这种水库异于寻常水库之点，就是容量小，故易于筑成，且收集的是淤田沉淀过的清水，故无淤废之弊。

三、各山沟蓄水坝、淤田坝完成之后，各大小河流即实现了渠化，今日旱则滴水没有，潦则冲田禾淹村镇的河流，都可以成了流量由人意操纵的航道。今日洪水期所占的滩岸，都可放淤改造为田地。

四、凡所有的山沟内都实施筑坝淤田，山坡往低冲，沟底往高垫，今日坡岭的交通将有澈底的改进。整个的黄土丘陵地由听任自然淘汰的旧局势，而变为由人工利用自然力量改造其恶劣地形的新气象。

上面所述，是著者对于黄河治本的方法与期待，在自然因素及原则上，大概是没有什么谬误的吧？兹再略一讨论它成功的可能性。

山沟筑坝拦洪，是以天下之人治天下之水的一种治水方法(实际上是要坡岭的人担当极大的任务)。要以天下之人治天下之水，必须有水需治之处，大体上都有居民分布以资治理，不然要是真正的荒山废谷，千里无人烟，而要派遣的人去那里治理，那样它虽有成功的可能，却多着一层极大的困难了。又要使黄河上游坡岭的人担当着治理黄河的极大任务，必须坡岭当地之利益，即足以激励他们自动治理。不然要是只因了怜悯下游的泛滥，或是迫于官厅的命令而治理，它是很少成功的希望的。所以黄河上游坡岭必须居民相当普遍，与山沟筑坝拦洪之利益足以激励居民的积极经营，这是著者黄河治本方策成功的必备条件。换句话说，倘这两个条件充实，就是本方策可以成功的保证。

上游坡岭居民心理上存蓄着一股筑坝淤田的强大潜在力，读者已由反面的理解知道了。现在把这股力量再作一个正面的巡礼：据李仪祉先生在他所著的《沟洫》一文里讲述："在北方耕种黄壤土地，山坡上无论多高，就高到海面上八千尺以上，虽然天气寒冷，是有成效的。"他又说："假如将农业地图和地质地图互相比照，就可见农业展布的面积，和黄壤是一致的，黄壤到什么地方，人民也就住到什么地方。"据著者所见的情形，大概是因黄壤适宜于种植之故，虽高亢坡陡的丘陵地也到处都有人耕种，但也非常歉收。故丘陵地也满布着居民，但生活确是非常艰苦。近年来一般的调查，北方黄土丘陵地人口密度，大约在每方公里五十人至一百人之间，按地土生产力而言，丘陵地的人口实已繁殖到饱和点了。马尔塞斯的《人口论》，谓土地是有限的，而人口的繁殖则是按几何级数式的在增加，于是社会上有人口过多的问题发生。丘陵地因雨水冲刷，破坏土壤之故，土地生产力是逐渐在减损，而人口的繁殖却也是按照几何级数式的在增加。这种盲目的人口繁殖，乃被严酷的自然所解决，此种解决的方式，可分经常的与非常的两种：经常的解决，就是因土地劣瘠之故，日常谋生艰难，一切享受低劣，而死亡率特高，即所谓生的多死的快是也；非常的解决，就是若干年一次的大饥馑。著者的村庄在光绪三年大饥馑以前，原有二百户人家，经该次饥馑后，只剩三十余户，其余一百六十余户，大部饿毙，少数逃亡，但现在全村人口又已达到一百六十余户，可见繁殖之迅速，然而土地的面积与生产力则均在逐渐减损中。

丘陵地人口已感严重的过剩，人口严重过剩就是大批劳力无出路。故我国今日流行一种我国农业不宜机械化的谬论，冀图缓和劳动力无出路的危机，其实在农业上极端浪费劳力的丘陵地（参阅第二章第二节）正存在着一种严重的人口过剩问题而遭自然的无情解决。且今日之世界实是一个产业竞赛的世界，经济战亦如兵刃战，我不机械化决不能禁止人家机械化，接触之下决无幸免之理。所以我国今日的农业命运，面前摆着生与死的两条路，生的那条路自然需要我们努力爬上去，但死的那条路不须我们自趋死地，只要立着不动自有死神来临，这种情势丘陵地尤其是如此。

黄河盛涨之水及水中所挟持之大量泥土大部来自黄土区丘陵地，而黄土区丘陵地之人口问题如此，山沟筑坝拦洪对于丘陵地之利益又如彼（参阅本章第二节），所以关于本方策成功的两个条件——即黄河集水区人口分布问题与山沟筑坝拦洪的当地利益问题，或不免有少数的特殊与例外，须吾人设法补救。然在大体上说，本方策确是坡岭自然环境与现实社会迫切的要求。这是说了积极方面的条件了，至于消极方面，吾人筑坝拦洪要在山沟举行，而山沟里因地形锐窄、土层丧失之故，住宅与田地都很稀少，故筑起坝来，与既成利益之抵触也是极其轻微。

今日下游治河之二大难事：一为泥沙源源而来无法处置；二为治河成了纯消费的事，毫无直接的生产，筹款不易。而上游山沟里拦洪治河，筑坝愈普遍，淤田之面积愈广阔，水中泥沙愈多、淤田成功愈迅速，只要初期筹得些资本，以后便可以坝养坝，所以山沟筑坝淤田确是黄河治本的唯一良策。

第二节　山沟筑坝淤田的由来及现状

世界上的一切生物均具有一种适应环境的性能，不过低等动物只能作机械的反应，而高尚的人类则发达为有意识的行动了。黄土丘陵地是一个被雨水冲蚀毁坏的世界，所以那里的居民也就适应那种环境，过着一种与蚀冲斗争的生活。此种斗争的具体方法，在坡地的田畔上有地塄，低洼处有水簸箕，导水有水道，蓄水有水窖等种种防御冲蚀的工作。但黄土是疏松的，泡浸水分的黄土崖更易促其倾圮；且山坡田地是异常歉收的，比如一个农人要赡养四五口的家庭，非耕种几十亩田地不可，兼以地形地政的关系，这几十亩田地又不定要分成多少块，以一个人的工夫，要在耕耘等正规工作外，更在每块田地里做那些足够抵御冲蚀的工作，那实在是势有所不能。然而人类是高尚的动物，他们适应环境的方法也是变化无穷，他们在山坡上防御冲蚀的工作受到地形不利与人工浪费的限制而难达其目的，遂又在山沟里利用地形，利用山洪而发明出人工省而收效大的筑坝淤田方法来。比如流域面积有五方公里的一道沟，在山坡上每块山地做那种防御冲蚀的工作，那些水道水窖（即李仪祉先生所说的沟洫）等不打账，只地塄——就是田畔的地埝一项，就得修六百里长。（五方公里合七千华亩，山坡田地都作阶梯形，每块阶田平均以五亩计算，则五方公里内共有一千五百块阶田，每块阶田的宽平均以五丈计算，则每块阶田之底边为一百二十步长，合一千五百块阶田。其底边共长为十八万步，计为六百华里。这是以假想说的，其实世界上那有这样整齐的阶田；实际上的阶田，都是以自然地形稍加人工修成的，其边缘树窦极不整齐，它是曲线的而不是直线的。自然，这是按照易起坡水，黄患之源所在的陡峭的丘陵地情况而言，若那些山势缓平，不起坡水的地方，其情形自异于是。然那些地方既不是我们将来整治的目标，所以自然也不是我们此刻所谈的对象，希读者勿误会。）是收不到百分之百的功效（参看第三章第二节）。若在这五方公里流域的山沟里（再大些也是如此）筑坝淤田，就能把六百里长的地塄缩短为百八十步的坝堰，只要你把坝堰筑的结实高厚些，真可以使得滴水不泄，撮土不失，把原来荒废的山沟，改造为肥沃的平地。从前的山坡田地怕的是冲蚀，怕的是倾圮，但是山沟筑坝淤田的时候，又是希望的冲蚀倾圮，因为冲蚀倾圮的快了，则荒沟变肥田也就来的快些。这个方法是谁发明的呢？这是无数的坡岭农民与自然长期斗争经验的结晶，这是坡岭人口日繁而地力反日趋减损，自然摧残人类，而人类又用之以征服自然，役使自然的一件法宝。

山沟筑坝淤田既然是那样的好法子，那么所有的山沟里应该早已普遍的筑坝淤田了，而事实上却是大大不然，这又是个什么道理呢？因为人类固有进化的优点，但也有自私的劣点，各个人内在的劣点就演为社会上的共同损失。本书序言里已说过现在山沟里的情形，一个小沟内可有数十主，一个大沟内说不定有数百数千主，地权不统一，协调动作难实现，所以丘陵地随处皆沟而坝地极少，偶一有之，亦不过三五亩、十数亩的小块而已。著者的村庄是个筑坝极发达的地方，全村共有地二千多亩，现在共有淤成的坝地十余块，面积约共有七八十亩。但这些坝地都已不能再行扩展了，因为这些坝的能够筑成，原来就是很幸运的把沟中一小段合成一主——多是富农们积多年谋略，不惜重价把沟中一小段购并过来，他们才能在这一小段内做起坝堰来。现在淤成的田地都已经扩展到坝地之左右前后一部或全部，接触着别人的田地境界了，那些接触着的地主们，就认为自己的田地是奇货可居，信口开河的索高价，甚有妒嫉成性之人宁可牺牲厚价，既不愿出卖亦不愿合作，专以妨碍他人成功为快事。这件事可比如修筑铁路公路，倘在自由讨价之下购买地基，铁路公路有兴修的希望吗？这是说明了兴修时的困难了，其实情形之糟糕不止此，尚有因兄弟析产，相持不下，把一块坝地分为数块，致将已成之坝地因而破坏者。总之，趋利是出于人性，但共趋极易演为互争，互争甚而可流为互掯互毁。我们遍观人类进化的事业，凡系个人操作的事，均有长足的进步，凡须团结共营的事，却都是吵吵闹闹，古今差不了多少，最低也可以言人类道德的进化赶不上技术进化的需要。然而我们也不必过于悲观，这件事——筑坝淤田，决不像国际纠纷那样难于解决。因为国际间为人类谋幸福的事，有根本见解不同的两种方式，这件事毫无此弊，世界上有好些事，实在是利了你就不能利我，这件事是完全基于共利。国与国间都挟有武力，世界上找不到个和平裁判者，这件事一个地方政权就能作有效的政治处理，所以我们也不要对这件事过于悲观畏难止步。

上面是把山沟筑坝淤田的由来及社会关系说过了，现在应该把山沟筑坝淤田的技术方式及种植状况也说说：现在的山沟筑坝淤田，因为上述的那些障碍，大规模的是没有，只有在极小沟的末梢部修筑一点。在我们那里的地层构成，沟之末梢部（即沟之起源处）尚在黄土层，即使露石亦只限于沟底之一部，两壁是黄土或红胶土，所以修筑坝堰多是用黄土，石质的未见过。筑堰时在原则上当然是选沟之最狭处，但事实上却受到限制了，因为所有的坝地原来就是沟之末梢部很小的一段（多系数十步长），你要往前进，则伸入了他人的境界，往后退又超越过自己的境界，所以这一层是极受限制而不容选择的。坝址既定后，先将地面上的浮土挖出，然后用夯一层一层的打筑起来，堰的外面由底至顶是直立的，堰之内面（即着水之面）是逐渐收缩，底宽顶窄而作坡形（如第二图）。堰须多少厚呢？这要视集水区的面积广狭而定。堰须多少高呢？也要视集水区的暴雨量而定。这些事老农们由经验有一种适合的决定。且用夯打起来的堰是很坚实的，有时候也难免出于意料之外，山洪过多冲过堰顶，但也不过冲刷很薄的一层，连根基整个冲去是很少见的。由黄土坡地流来的山洪含泥量是很大的，待几日泥土沉淀后，将上层的清水放走，底面就完全成了淤泥。堰内已被山洪挟持的泥土填平时，则继续加堰，多半是一年加一次，但遇着山洪过多的年头，也有一年加几次的。至于坝地内的种植情形，李仪祉先生谓："土地湿润，经营果园最宜。"然这是不可一概而论的，假如是已经停淤了的坝地，则因肥沃之故，不止果园，而是百谷咸宜的。要是在继续加淤的坝地，经营果园是极不相宜的。因在继续加淤的时候，坝地里说不定一年就要增加几尺厚的沉淀土层，在果树小的时候，一年过来，就可以连树顶埋没在沉淀的淤土中，就是果树大了的时候，寿命短促的果树也要活十几年，赶到十几年淤垫过来，把果树的枝干可以完全埋没在土中。总之，坝地是一年一年的因沉淀淤土而增高的，果树之根部都是永久不动的，岂有不被淤土淤没之理？在著者家乡所见的情形，是已经停淤了的坝地，真是百谷咸宜，无物不种；要是在年年继续加淤中的坝地，多是种植小麦，因为小麦深秋下种，初夏即行收割，暴雨季节正是坝地里空白的时候，坝地之淤高，坝堰之加修，天工、人事于禾苗一无所损。但也有暮春初夏即降暴雨的时候，不过第一这一种年头很少，第二坝地里有一种防御山洪的设施。

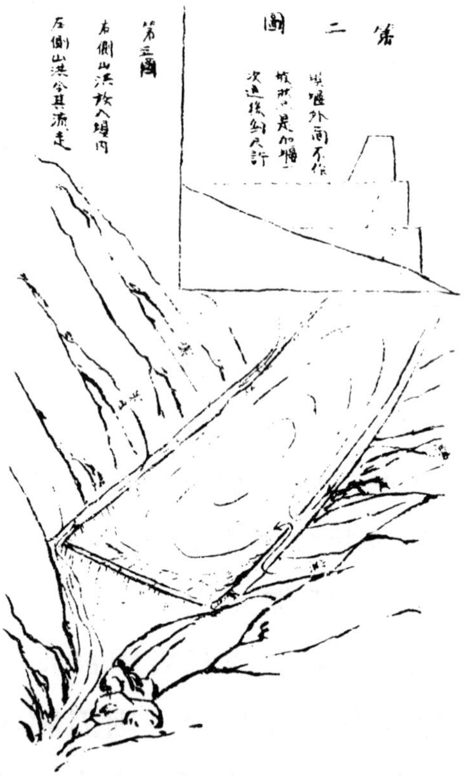

在一般没有实地见识的人，一定要以为在继续加淤中的坝地里种植小麦，固然深秋下种，初夏即行收割，但在已经淤成的坝地里种植其他谷类，暴雨时候低矮脆弱的禾本植物岂有不被山洪冲折淹没的道理？且在坝地继续加淤的时候，固然把山洪潴积于坝内，但是倘若停止了加淤，而山坡上的山洪仍是要流来的（因为现在所说的停淤，是因了人事上的障碍而停淤，并不是达到沟满山平，已经无山洪可以收集的境地而停淤的）。那么岂但坝地里种植的谷类要被冲折淹没，就是已经淤成的坝地也不是仍要被山洪冲毁溜走么？这种顾虑完全是对的，因为事实上确实是如此，所以筑坝淤田的人又想出一种控制山洪入坝的方法来。这种方法就是于坝地之两侧挖开纵走的水道，假如坝地内不需要山洪的时候，就把两侧山坡上流来的山洪放入纵走的水道内，使它不入坝内顺着水道流走了；如果需要一半，则一侧的令它流走，另一侧的把它放入坝地内（如第三图）[1]。总之，这是可以由人意调节的，想把山洪之全部放入坝内也可，想收入一部也可，完全不要也可。前面所说种植小麦避山洪云云，是恐怕耽误了淤田，并不是没办法只好如此。李仪祉先生是挽近我国水利界的权威者，他曾身任黄河水利委员会委员长，对黄河的治本问题，他很想在中上游寻求一个解决的方法，然他所拟的山坡沟洫制度，是那样的不切于实际（参阅第三章第二节），在他心目中的山沟筑坝淤田，又谓“经营果园最宜”，可见他对实际上的山坡山沟隔膜之深了。著者所述之山沟状况，是自己目之所见的报道；所拟之筑坝淤田方法，是本于所见状况而作的建议。国内水利界欲以本书的报道作为上游的全貌，或不免有以偏概全之弊，然以本书的建议付诸实施，必有适切的场所存在。读者保持着这一个态度，庶可不受本书的约束，亦可毋负于著者的愚忱了。

第三节　我所计划改进的山沟筑坝淤田法

甲、先去政治上的桎梏

山沟筑坝淤田是改造山沟瘠薄田地的唯一良法，是改善丘陵地居民艰苦生活的不二法门。丘陵地的山沟里处处皆

---

[1] 底本缺第三图。

宜，丘陵地的居民们人人想做，然而我们一考实地情形，却是地形宜淤田而一任山洪破坏原田，人心想筑坝而却表演为互相牵制筑坝。这个阻碍良法普施，播弄人心逆行的大恶魔，便是零碎分割的耕种制度。所以我们要想得丘陵地，地兴其应兴之筑坝淤田大利益，人做其能做之征服自然大事业，则首先应把零碎分割耕种的制度取消了。我们用什么方法取消此种制度呢？我以纯水利家的态度，以不忤逆当时当地国家所行的地政为原则，于民国二十八年组织农业生产合作社时，曾拟定如下的方法。

一、总则。本社专营山沟筑坝淤田事业，但现在的山沟地权极其分散，耕作行动各自为政，以致此种事业无法举办。兹以地权处置不悖国家行政为原则，而耕作行动却要使它成为一个统一的机构为目标进行一切事宜。

二、股本。本社股本分为三种：

甲、田股。各地主之田地（但只限于筑坝用得着的田地），由评价委员会依地力之肥瘠，按当地时价估定公平之价格，地主等即以地价作股，以每十元作一股，每一元作一厘，此等地价只许作股，不得向社内索现金。但股票得由所有者自由买卖。

乙、财股。修筑坝堰所需之资本，以各地主按其田股之多寡分担为原则，但地主中有无力，或不愿担任此种资本时，则任何人可以投资，亦以每十元作一股，每一元作一厘，此种股本一经投入，即与田股同享有永久之权利，地主等不得随意辞退，但股票亦得由所有者自由买卖。

丙、力股。即以本社职员所积之工资作股（但须出于自愿），其不同于财股之点，即以月薪二十元以上者股金实收九成，十元以上者股金实收八成，十元以下者股金实收七成，但此种优待办法只限于由社内所得之薪金部分。

三、组织。组织方面之大概情形如下：

- 全体股员大会
  - 监察委员会
  - 执行委员会
    - 总务股
    - 工务股

上面所说，便是我于民国二十八年组织农业生产合作社时，用以消灭零碎分割耕种制度的具体方法。但那时我是以平民召集合作社，非征得地主的同意不可，但有些地主甚是固执，确也费了许多说辞，用尽一切周折，才算是勉强同意了。假若我们想要把这种事业很快的使它发展起来，用上述的那种办法是万万不行的，因为世界上真有拔一毛而利天下不为的人，不，就是不拔一毛，就能于己于人有莫大的利益，可是那种事业的进行，要破坏他的传统的习性，他就要反对，对于那些人的那种固执，你也要尊重他为神圣不可侵犯时，天下真没有可为之事了。因为我们的筑坝淤田事业，一道沟内有一千个地主，九百九十九个都愿意了，只要有一个不愿意，也就可以阻挠整个事业无法举办。所以倘若以政府的力量督办此种事业时，可有如下的措置。

一、限令各山沟内一律筑坝淤田。

二、地主等无力举办时，不得拒绝他人投资举办，所有各地主之田地依公平时价作股（但只限于筑坝必须之田地）。

三、一切已失耕种能力之荒坡废沟概不作价。

四、地主等既不举办，亦无投资承乏之山沟，责成地方政府设法诱导。诱导之方法，一是贬低地价，使投资者有利，二是由公家银行低息贷金。

五、山沟筑坝淤田，是认它为一种土地营利事业，公家奖励之程度，亦只限于低息贷款或无息贷款，倘必须公家津贴方能举办时，则是该地已无筑坝淤田之效用。对该种地方山洪之处理，另有专文讨论（详另一个补救办法）。

乙、技术上再加以改进

兹所说的技术上的改进，严格的说，是属于“技略”（此名词由我杜撰，是根据于军事学上战略与战术二义之不同而仿造的）上的改进。而不是技术上的改进，什么是技略上的改进呢？比方说：一、从前筑坝所淤成的田地，虽然比较山地湿润，然而是不能灌溉，现在是要把它造成能灌溉的水田。二、从前筑坝虽然说因为地势局促的关系都是小块，但也有本来可以把几块并为一块的，然因人民无远大的企图，老是任它几块分隔着成了山沟里的阶田。现在我们要尽可能的把许多小块合并成一大块，消极方面说，可以节省不必要的坝堰的耗费；积极方面说，是要创造大规模的灌溉网，与奠定机械耕作的基础，而且要注意于交通改良。三、从前筑坝，是除淤田而外并不计及其他的，我们现在要兼顾到下游河道的情形。这就是所谓技略上的改进。至于技术上的改进是如何呢？比如说，从前修筑坝堰是用人力搬运土壤修筑，将来或者可以用机械的力量搬运，而所用的材料说不定改为钢筋水泥，但这些现在是不谈的，所以兹所说的技术上的改进，严格的说，是属于“技略”的，而不是属于技术的。

A　初步的办法

在一道沟内开始筑坝的时候，可视沟内坡度之大小以决定所筑堰数之多寡，大概是沟之坡度愈大，则应筑之堰数亦愈多。这个道理是因为我们的主要目的是在于山沟淤田，截留山洪以防河患是副目的。因此倘若沟之坡度甚大而只筑一堰，则所有山洪全集于沟之最低处尾间部一点，远不若沟内节节筑坝，使山洪得以均匀的分布于全沟广大面积，可期早日有多量之淤成坝地出现也（如第四图）。至于修筑坝堰所需之材料，土石材薪等物均可，总以何物便当便使用何物为宜。坝堰之高低宽窄，当然视集水区面积广狭而定。惟向来山沟所筑之坝堰，里面作坦坡，外面则为直立，今后应里外俱筑为坦坡以期稳固。筑之之方法，因所用之材料而异，且有些地方的农人都有很久的经验，兹从略。

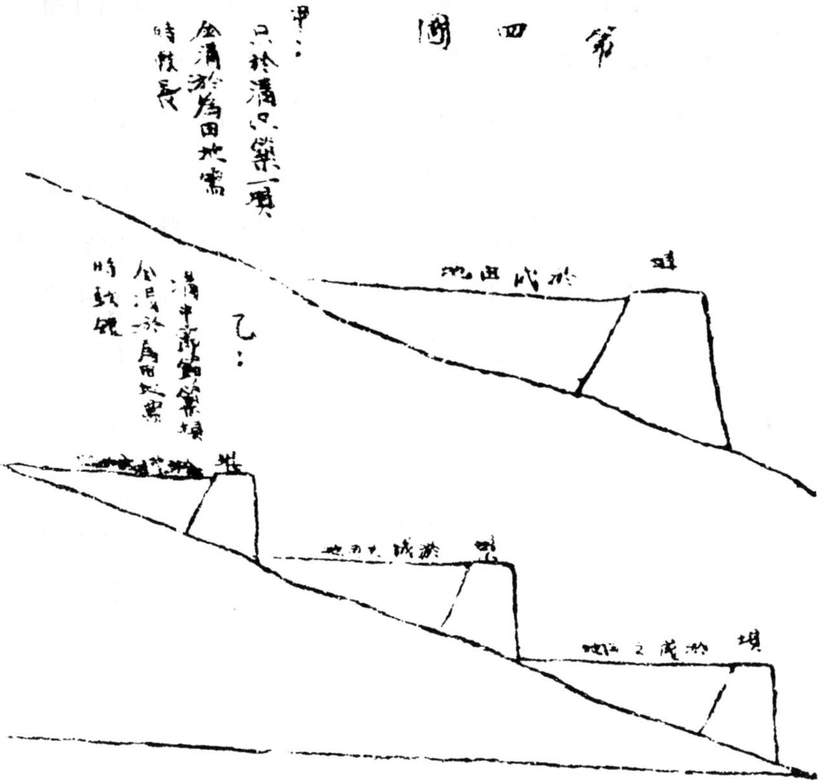

再应注意之事，就是从前筑坝是只顾淤田，不顾蓄水，流入坝内之山洪，待泥土沉淀后，就把清水放走了，所以淤成之坝地虽比较山坡地湿润些，然而终是旱田并不能灌溉。现在我们并不以淤成旱田为满足，而是要使得淤成的坝地能够灌溉，所以就要进一步的研究一种蓄水的方法了。蓄水方法的第一种，就是在坝地内圈井，井壁当然要用砖或石砌成，而井缘之高，经常要令它稍稍高过坝堰之顶（如第五图），以防未经沉淀之山洪流入井内致生淤淀。盖虽然留井，是预备有地下水及坝内沉淀过的山洪成了清水之后，然后才把它放入的，并不是山洪一来不经沉淀，就把它夹泥带水就放进去的。只在坝内留井，是尽不了蓄水的最大效用（然而我们所以要留它的原故，是顾虑到附近住户的饮用，因为下面所说的水库，是要设在沟之尾闾部，有些住户距离相当远，汲取不便）。第一，因为井壁周围要用石砌，因经济关系容积不能很大，放不下所有的全水量。第二，不论地面水、地下水，其性都是就下的，而所有的山沟都是愈近尾闾愈低下，坝内的那些地下水既可以由周围渗入井内，当然也可以由井内向周围渗出，未及使用便顺着地下坡面潜走了，岂不是很不惬意的一件事么？有一层，我们蓄水的用意不是只顾灌溉，而且要兼顾到调节河里的流量，而且所谓调节河里流量，也不是只要把河流里洪水泛滥之害免除了便算了事，而实是要做到河流里的流量可由人意操纵其涨落的程度，因为不能由人意操纵流量涨落的河流就不能算是渠化。我们为了发展灌溉事业与达到河流渠化的目的，所以要在各沟的尾闾部都建筑一个总蓄水库。这个水库，一面要贮蓄淤田沉淀过的清水，

第五圖

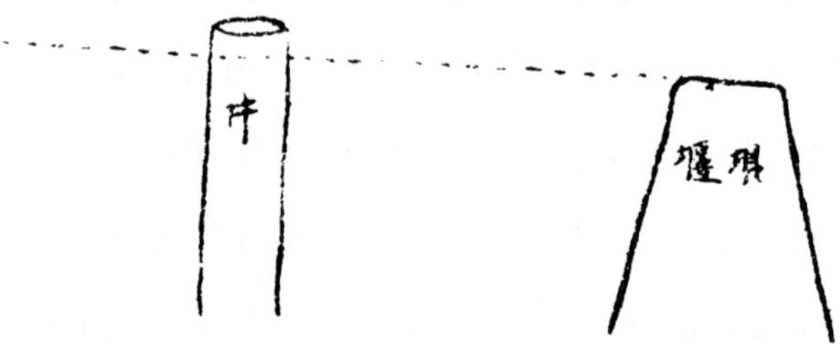

一面要截留沟中地下水。建筑的时候，先把基址上浮搁的石渣泥沙等物尽可能的挖清以达于总石盘，如该处地层构造不易挖达石底时，最低限度也要使水库基底上有一处低于河床二三尺，以使将来库水与河水得以互相调剂（如第六图），而不至成了只有库水可以放入河里的一面调剂现象。这是为将来灌溉打算，要是库内无水的时候，可以把河流里的水随意放进库内，以供将来灌溉坝地之用。水库的后壁自然就是淤田坝的外壁，水库的侧壁就是沟口两侧的自然山脚。倘那山脚是石质时，那便很省事了；倘是土壁而且相当直立时，可帮做一层砖或石的保护物，以防久受库水浸润之故而崩坍，但倘要是经费困难时，不做砖石的保护物也未尝不可，即是任其土壁自然崩坍，待坍崩到有充足的坡度时，崩坍之事便自然而然的停止住了。因为既是很厚的山脚，自无因崩坍而库水溃决之事发生，且库水是静止不流的，崩坍下来的泥土也冲走不了而壅积于库边，所以就能自然造成适合需要的坡度而停止其崩坍。水库的前壁那是必须新行建造，所用的材料有砖石时自以砖石为上，倘砖石格外

第六圖

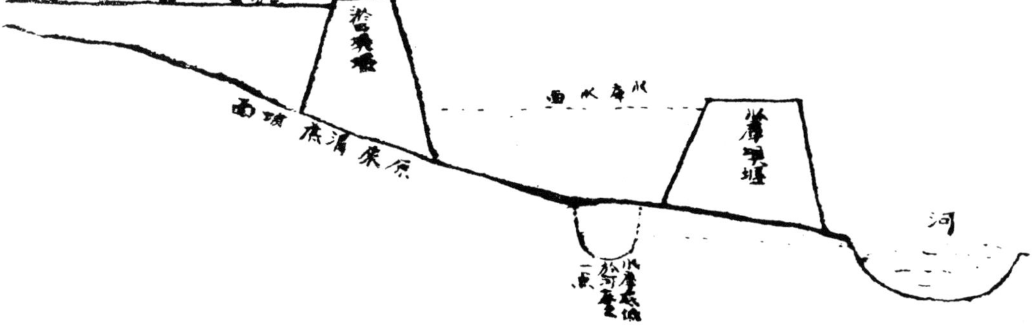

缺乏，土也未尝不可，惟用土做的水库坝堰，自然要比淤田坝堰宽厚的多。然亦可利用山洪搬运泥土的自然力量筑成随意宽厚决无溃决之虞的土坝堰，并不是完全要用人力的（如第七图）。择适当处留一个可以自由起闭的通河涵洞，除此涵洞外，别的地方务要使它不能漏水。欲达到此目的，可在坝墙心夹一层红胶泥与石灰的混合物便行；若无红胶泥处，石灰与黄土混合起来也可，但功效比较稍逊些。

第七圖

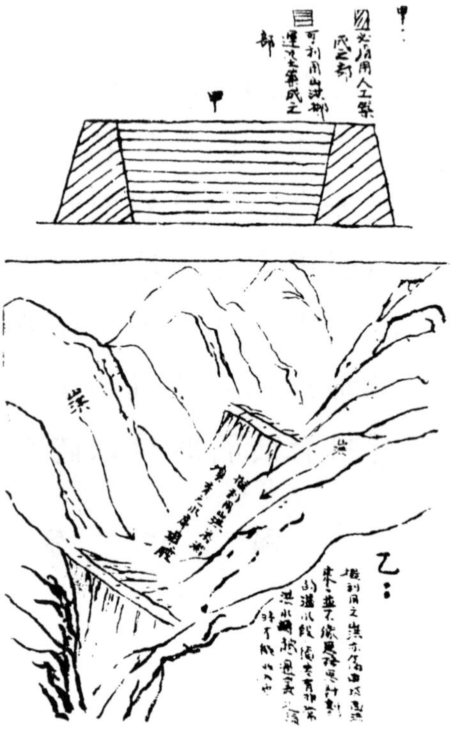

我们的这种事业是一种投资营利事业，在坡岭贫苦的农村募集的一点可怜的资本，要希望它速速生利，所以对于建筑水库也不得不作这种因陋就简的想头。铁筋水泥的现代建筑，只有那些经济上有特殊办法的少数地方可做到一点，大多数的地方都是要用这种省钱的土法建造的。但虽这种土法建造的水库，我对它的成功是有高度的信心的，这也并不单是我主观上的希望，在客观上实有易于成功的条件在。第一，它集水区面积非常狭小，一个沟涧内的山洪先流至坝地内，待泥土沉淀后成了清水，这个沉淀期间也得三五日；这三五日工夫，在面积宽大的坝地内蒸发渗漏先减些水量，是要尽先往坝内各井里放，井里盛不下的余水，才把它放进水库里，所以虽名之为水库，但所蓄之水却并不多。有不同一般水库之点，就是山洪之来，并不是一来就直奔水库，而是要先行淤田。那么放进水库的水便成了缓缓的清流。因此，容量小，且不受猛力的冲击，又不患泥沙的淤淀，且可利用山洪搬运泥土的自然力量，造成任意宽厚的水库坝堰，这就是我信它可以成功的充分理由。

本办法无须模型试验及详密勘察的必要，且用土法土料即可从事，所以只要政府锐意执行，这个初步计划三五年内即有完全实现的可能。实现之后，只要发过一两次山洪，山沟内就有淤成之坝地出现可以耕种，盖虽系土层冲蚀尽净的石沟，只要淤垫的铺上五寸厚的一层土，禾本植物便可种植也。惟在初期因沟底狭窄、淤土浅薄之故，对于山洪之来，不能有如本章第二节所说在淤成坝地之左右两侧设置控制山洪的纵行水道，故在起初淤成之土层浅薄、面积狭窄的坝地内，只好种植小麦，冀在生长期内不发足以冲折禾苗的山洪。所以，这个初步计划完成后，淤田之利实尚微少，大概在最初三年内，淤成坝地内所种田禾之收获足敷修筑坝堰之开支就算是好的，所以这种事业必须有资本。惟坝地是一年比一年广阔，因为凡山沟都是沟底锐窄愈上愈开扩，而修筑坝堰之工程反是一年比一年简易，因为同一的水量放在坡陡而狭窄的元始自然沟里，水量深而冲力猛，堰须高厚；放在平坦宽阔的坝地内，则水量浅而冲力弱，堰较单薄低矮些就行。所以淤田之利益是一年比一年增进，关于这一层以后要详加说明。现在把初步计划完成后马上即可实现的另一种大利益，作一个大概的叙述。

各山沟淤田坝、蓄水坝完成之后，山洪里所挟持的泥土沉淀于淤田坝之内，变成了田地。淤田沉淀过的清水存蓄于蓄水库之内，而蓄水库的通河涵洞是由人司其启闭的，所以从此河床逐渐淤高及流量突涨之弊是根本不会发生的了。今日各河流洪水期所漫溢之滩岸均可放淤改造为田地。将来黄河系各河流流量的决定，是本于下述的法则：黄河总局斟酌情况，决定于若干期间内向某支流索水若干，某支流承受黄河总局的此项命令后，亦斟酌情况，决定于其所属之全水库或若干水库于若干期间内放出若干水量，将来的黄河及其大小支流都可成了由人意决定流量涨落的渠化状态。达到此种境地后，不论他是大小河流或水库，都可以通舟，但舟之大小当然不等；对于水库之用水，注意勿使其干涸，则各水库内均可繁殖水产动植物，各河流内无混浊及流量突变之事故，亦可繁殖鱼类。上面所说就是著者理想中的治河目的，这个目的三五年内就有实现的可能。

B　进一步的办法

在最初开始筑坝的时候，我们为了早日有大量的淤成坝地耕种，遂在那些坡度大的山沟里筑起许多坝堰，淤成高低不一的许多坝地。我们渡过了辟草昧、创业维艰的阶段后，从此便踏上了坦途佳境，进而谋业务上的改善，要把初步淤成的小块阶形坝地，把阶级泯灭了，使他们合成一块，以利灌溉，利耕种，且减少许多非必须的坝堰之浪费。我们用什么方法以达到此目的呢？就是对于高处的各级坝地不加堰、不增淤，使停止其增高。把全沟的山洪悉流注于最低的那一级坝内，如此一级一级的递次减少坝堰，合并坝田，总以一个沟内的许多堰，只留沟之尾闾部的最末一堰（即水库的后壁），各块高低不一的许多坝地合并为无阶级的一整片为目标（如第八图）。这里所说的一个沟，是上起其流域之分水线，下迄达河之尾闾部，所以虽说是一道沟，当然也是有分歧的，所说的河也并不是专指黄河，凡不准备淤为田地的各支河都是举个具体的例子，如我们临县的湫河就是不准备淤为田地的河，所以临县湫川各沟坝地的永久堰都在湫河两侧的各沟口，每一个沟内的其他坝堰，迟早都要裁并，但水库坝堰当然要保留，每一个沟内的各块坝地，终久都要合并成一整片。至于临县的湫河为什么不准备淤于田地，以及其他各地繁多的大小各支流，何者准备淤为田地，何者不准备淤为田地，以什么为原则呢？这是要权衡既成利益与未来利益之间孰轻孰重而定取舍的。（本节已项“与河北河流治本计划的比较”就是讨论这个问题。）

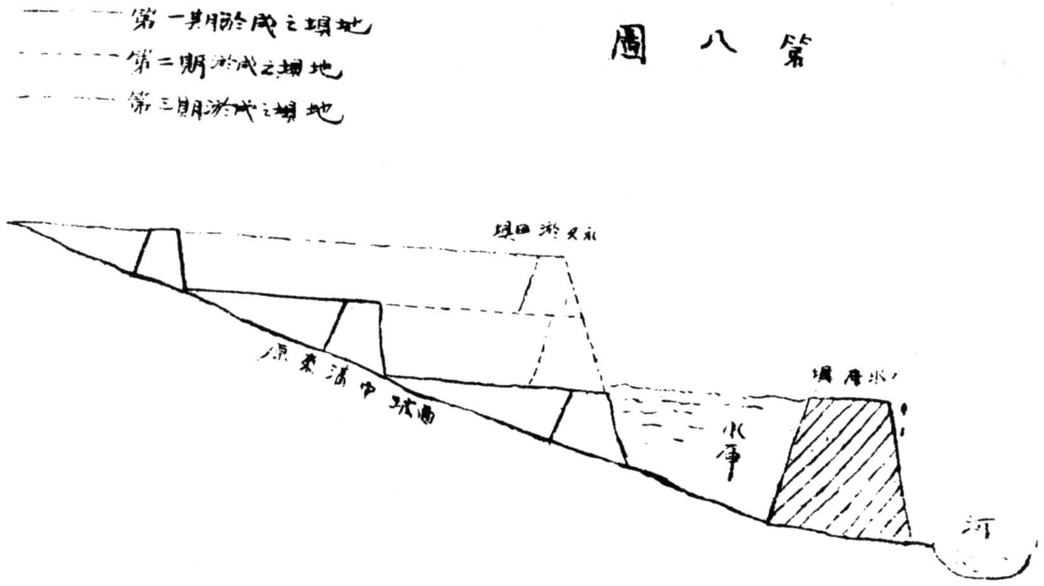

这个第二步计划完成之后，坝地内便可开始机械耕作，至于山洪损害坝地内田禾之事在本期内很不容易发生。第一，坝

地淤得土层深厚、面积宽阔之后，两侧控制山洪的纵行水道可以设置；第二，坝地开扩后，可以分散水势而减少水深，沟面平坦可以减低流速、缓和冲激。比如说，在五尺宽的窄沟内有二尺深的山洪，但到了十丈宽的坝地内水深就成了一寸了；又二尺深的沟涧湍流，其力足以裂土搬石，但在平坦的坝地内淤成的坝地，地面概作水平，冲激力就大大缓和了，漫说因坝地开扩之故水深只成了一寸，就是再加十倍的水量成为一尺，而平地里一尺深的水连禾苗也不至于冲折，所以筑坝淤田这件事，是愈往后而利愈大，而害愈微。又到了这个时候，山沟里的交通也有显著的改进，盖坝地淤高即是沟之深度减浅，此山与彼山横的交通，可以渐减其起伏之度。天然沟涧为丘陵地纵行的交通孔道，然狭隘突兀，在那里行走实在如同探险。经初步淤田之后，就能造成一级一级的开扩平路，经第二步各级坝地合并后，全沟就成了无阶级而更开扩的平坦大道。惟山河川入沟处，须爬一段人造坡路，盖因各沟口都有修筑的坝堰故也且坝地内放入山洪之后，沟中纵的交通也须停止几日，暂由山顶及山腰之路行走，这都是免不了的现象。

C　第三步的办法

第三步的办法，是各沟坝地的连络贯通。盖按上面所说第二步的办法，虽把一个沟内的坝地合成一片，但是这一个沟的坝地和另一个沟的坝地仍是隔绝的，但这个隔绝物——沟与沟的分水岭，并不是处处都是高厚的山脉，有些地方是很薄很低的土股，甚至已经成了陷下的缺口，黄土丘陵地尤其是如此。这些陷下的缺口，因各沟坝地逐渐淤垫增高之故，说不定到某一个时期，便自然彼此贯通了，但一般的情形，分水线上的缺口虽然陷的很低，但距沟底之坝地面究竟尚有相当距离，因为坝地之淤高，是缓慢的，不是像说话般的容易，所以多数的场合，我们是待不到它们的自然连络贯通，而要选择各沟之分水线上最低最薄处凿开涵洞，以人工使各沟坝地连络贯通的。由甲沟通乙沟，由乙沟通丙沟（如第九图），如此把一侧河流的各沟的坝地连络起来，扩而广之，我们要尽可能的把彼此水系不同的坝地也连络起来。我们所以要如此扩大连络的用意，第一是要利灌溉。盖坝地灌溉用水之供给唯一仰赖于储蓄暴雨时之山洪，而暴雨时之降落量，常是各地极不均匀，我们常见有距离很近的两道沟，此一道沟内则是满沟山洪，彼一道沟内则是滴水没有，如彼此连络贯通之后，就可以此沟之有余补彼沟之不足。且坝地广多了的时候，我们决不能把所有的坝地都种同一的作物，因各坝内所种作物之不同，便有在同一个时期上需要灌溉与不需要灌溉之别，倘若没有个互相调剂之方法，用水上便成了一件不经济的病象。关于灌溉上有一层，此刻环境上需要改良，而此刻条件也可能改良的事：就是当各沟坝地没有连络贯通的时候，必须每沟皆有一个水库，以蓄各该沟淤田沉淀过的清水，而再以库内所蓄之水遇旱时灌溉各该沟之坝地。但是各沟的坝地是逐年淤高不已的，而各个水库则不能随坝地而同与之增高。这是因为：第一，雨量并不是与年俱增，水库坝堰加高也成为无用。第二，各沟尾闾部未必都具有建筑高堰水库的优良地形。因此就年代愈久，坝地地面与水库水面的距离愈高，而灌溉时的升水工作也愈趋困难。但所幸到了各沟坝地连络贯通之后，甲沟、乙沟、丙沟的山洪都可以到了丁沟，而丁沟水库所蓄之水也可以灌溉甲乙丙等沟的坝地。于是在这时候择地形优良的水库——假定为丁沟加高其蓄水坝，把甲、乙、丙等沟淤田沉淀过的清水也收入其一部或全部，这样丁沟水库水面升高之后，灌溉各沟坝地的任务悉归之于此一水库，其他水库或存或废，视其他情形而定。第三是改良交通。山沟筑坝淤田，是改良丘陵地交通的基本措置。经初步及第二步计划完成后，山沟交通就有显著的改进，再经第三步各沟连络贯通后，凡可取径于此等连络点的往来，就连山也无须翻了。第四是便利机械耕作。第一二期淤成之坝地已可开始机械耕作，再经第三步计划完成各沟坝地连络贯通后，机械耕作之使用愈形便利，机械耕作之范围愈益扩大。

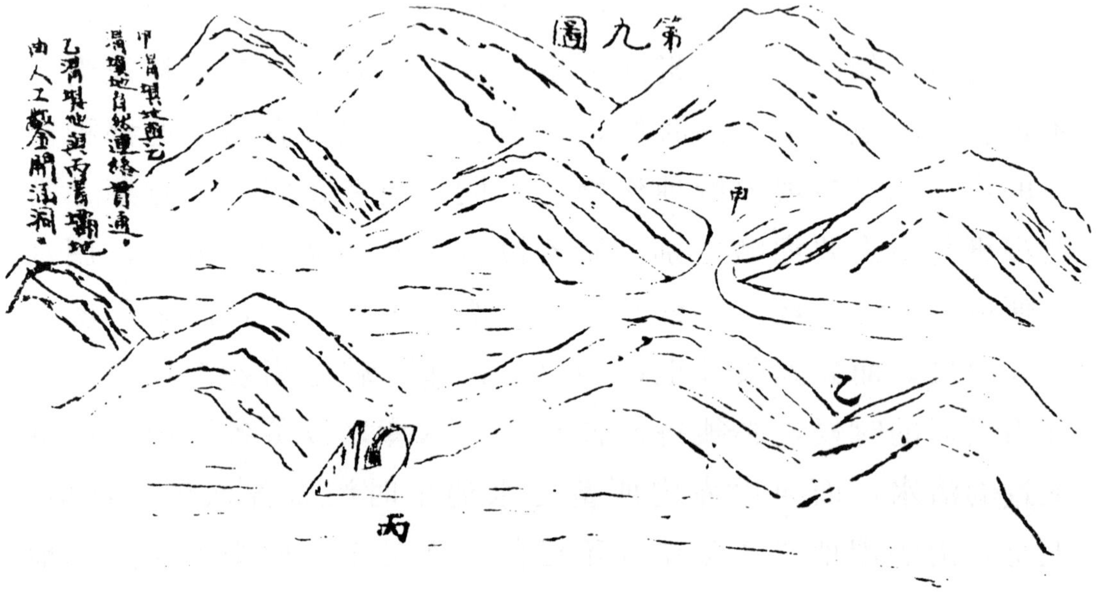

命运注定了要被自然冲蚀淘汰消灭的黄土丘陵地，我们用筑坝淤田法，可以改造为耕作则机械往来，交通则舟车衔接的新世界……治河是它的副作用——所以我们对于筑坝淤田这件事，要无限制的扩张，无止期的继续，直要做到所有的丘陵地都变为平地；但那些森林与住宅区，我们愿意让它们永久高出于一般的耕种田地，这是为了居住的舒适与风景的点缀。现在居住在平地的人，不是都觉的平淡无奇，有时候想游山舒怀，甚至要山居颐性，找不着山时便在花园里做一个人工假山聊以

慰无吗？所以我们的这个改造黄土丘陵地的大设计，要依自然地形之便利，造成一个有山有川、居住适宜、耕作便利的理想之乡。

如上所述，那便是华北黄土丘陵地地形艺术化的完全实现。这种事业自然需要悠久的岁月，但我们的子子孙孙继续不辍，终有达到如此境地的一日。我国古人说的好：千里之程，始于跬步。这是说目的地虽远走的慢，然慢走总比不走好，因为走一步便距目的近一步也。而我们的筑坝淤田事业和这个比喻有不同之点，就是我们的事业是走一步便可达一步的目的，走两步便可达两步的目的，非走尽千里方有目的可达也。且近世科学昌明，服役于人类的机械日新月异，层出不穷，百余年前的交通，陆地总得用动物的腿走，日行百里，载重千斤，交通之能事尽矣，我们看看今日的交通情况如何？百余年前的手摇纺纱车，一人一机一下只能出一股线，得缓缓的往出抽，我们再看看今日的最新纺纱机其工作情形又如何，效率之增进，岂止万倍？其他如军火上之发明，今日视为新奇者，说不定明日就要嫌它陈腐，进步之速又远超过其他日常用具之上。盖机械之创出，由于需要，而创出后之进化，则视才智之士对之关心之程度而定。黄土丘陵地的改造事业，在一般人的不思索的认为不可能之下，不知耽误了有多少年代了。所以漫说改造的利器，实在连笨器也没有创造出一点来。倘我们由今日起，大家以全副的精神经营此事，则志之所在，金石为开，何况我们攻治的对象是松脆的黄土，何况我们攻治的手段是要利用自然搬运泥的伟力。据我国水利专家张含英先生多年研究之结果，黄河每年携沙量为七八七 一九三 〇〇〇公吨（五四二 五七七 〇〇〇立方公尺），约与我国四万万人不论老幼男女每人自上游至下游负二公吨（约三千斤）之重量工作相当。但现在这个工作大部是为害下游了，倘我们的山沟筑坝淤田事业实现以后，我们便可把这个巨人工作转变为自然替我们搬运泥土填充沟渠坑谷而变为良田的有利事业。而且这个数目是在河南陕县测得的，其实在黄土地区的山沟里，整批崩坍而不为水所带走的土壤实要超过此数目，在我们的淤田事业实现后，这都是自然赋与我们的协助。在今日这个科学昌明机械发达的世界里，才智之士对此事稍一关心，则发明些比普通农具——锹镢之类好的工具必非难事。如此我们一面利用冲刷的自然伟力，一面再加以高效率的人工促进，则说不定几千年被冲蚀毁坏了的黄土高原，我们能于短时间内把它整治成另一番新气象。

D　另一个补救办法

筑坝淤田所必备的自然条件：第一，是要有沟渠；第二，是要有山洪，尤其紧要的是山洪里边必须含有泥土，而且是山洪里边所含的泥土之量愈多，则淤田成功愈迅速。但那些土层早已冲刷净尽成了澈头澈尾的石山石沟的地方，沟渠虽具山洪虽有，但那些地方山坡山沟无土可冲，所以山洪里边所含的泥土当然极其轻微，几近于清水。你要把那些不含泥土的山洪筑坝潴积起来，根本没有泥土可沉，怎么能够淤出田地来呢？所以我们要达到河流渠化的目的，对这种地方的山洪就不能不另想一种处理的方法，不然河流里没有泥土沉垫之患，然尚有流量突涨之弊，不能由人意操纵流量的河流就不能算是渠化。所以我们对于那些由石山石沟流来的山洪决不能任其直入河流，也要筑坝储蓄起来，待需要之时才由人意放进河流里去。但本书所说的治河方策，关于经费方面，原则上是认它为一种营利事业，在可以淤成田地的地方，修筑坝堰所需之经费，要仰赖民间投资，但在这种淤不出田地的地方，修筑坝堰所需之经费，就不能希望民间投资，而要仰赖国家设法了。在我的意见，修筑此种坝堰所需之经费，可由下述三项筹之：

一、历年下游因防洪修筑堤防的经费可以移作此用。

二、因如此整理后，可以得着灌溉的地亩费。

三、因如此整理后，发达航运所征之税厘。

上述三项，除第一项系国家历年经常费用，可以移拨现支外，后二项均系事成之后方能见到的利益，决不能用此种收入以修筑水库坝堰。所以第一项经费不足修筑那些坝堰时，必须国家另行筹款。然据我想，此种淤不成坝地的石沟虽散在各地，为数不少，但因石质上冲蚀不易，所以所有的石沟都是非常狭隘，不像土沟那样开扩，所以修筑坝堰也格外省事；且既系石沟，筑堰时所需的石料举手可得，俯拾即是，是堰既短而料易得，修筑起来决不是什么困难事。且所收集者既系清水，故水库无淤废之患。且既系久存而不淤废的水库，大可兴殖水产动植物之利，原来毫无使用的石沟，倘能产出些坡岭居民视为珍贵食物“海味”，则他们——坡岭居民一生不得见的佳肴，或可因我们的治理，使他们一生中能够吃着几顿，亦算是人间大功德事。希望水产动植物专家对此问题深加一番研究功夫，倘我们的理想能够实现，则整理河道又成了一种附带的利益了。

丙、人事上的组织

筑坝淤田这件事，它是要把许多人的田地、许多人的资本，和许多人的劳力，合在一块来经营农业，和以前个人单独耕种的小农制度迥然不同。小农制度固有它的劣点，但也有他的优点。它的劣点是因地域零星分划与资本分散薄弱，因而阻碍了水利事业的进行与机械耕作的使用。它封闭了农业进化之门，使永远停滞于原始的耕作状态；而且在丘陵地，因此种制度之存在，有使地力日趋瘠薄以至于土层沦亡之势。所以我们要破除一切障碍，不惜把此种制度打消。但它的优点是一个人自耕自食，责无旁贷，利无旁溢，不须有督责之事，便均能努力耕作，人人尽忠于职务，系事业成功的保证。所以我们要想尽一切方法，保持此种人人均能忠于职务的良好现象。我们用什么方法可以使得农耕方式变成了有组织的机构，而尚能保持人人均能努力耕作的良好现象呢？从积极方面说，人类是高尚的动物，本来都具有高尚的意志与纯洁的情感，我们要由各方面启发人类的这些美德。从消极方面说，人性至为不齐，我们鉴于历来公营事业之败坏，不得不制定一种严密的法规，以防范奸惰份子的狡怠行为。筑坝淤田事业上第一件容易起纠纷的事，就是地价之评定。关于评价委员会之组织，我们当然要尽可能的推举熟谙地性与行为公道的人；然徒有善人不算，我们要制定一种善法，使有所遵从。如我们那里，坡岭田地的好坏是判于下述的这些条件：第一，是土质的好坏；第二，是土层的厚薄；第三，是坡度的大小；第四，是地内沟渠多寡；第五，是地力危害性之严重与否（如临沟田地易被山洪冲刷倾圮及地内有难于肃清之杂草害虫等）。比如一等田地的最高分数为一百分，这五个条件每一项的足分为二十分。如某块田地土质为毫无掺杂之纯黄土，此一项应打二十分；土层亦相当厚，短期内决无冲蚀没落之虞，此一项亦应打二十分；但坡度甚大，几近于壁立，人畜仅能爬登，此一项应打五分；且地内沟渠甚多，既损种植面积，且妨碍耕作行动，此一项亦应打五分；关于第五项地力之危害性，中等应得十分。则此一块田地之总分为六十分。此等法规愈详尽愈好，务使评价者不得任意解释，地主等亦不得无理取闹。

关于投资方面，是入一元作一元的股本，入十元作十元的股本，此一层无纠纷可起，可以不谈。现在把收获物的分配方法略述于下。

关于收获物的分配，可分两层来说：第一层是地主（此处所说的地主系团体地主，即所有地价与投资额之总和）与职员之间的分配，可遵守当时当地国家所行的政令。职员与职员之间分配的基本原则是按劳力分配，就是各尽所能，各取所值。我于民国二十八年组织农业生产合作社时曾有如下的规定：

……将田中各项工作，按普通一个人一日所能做之数目定为一个日工，如犁地三亩为一个日工，某人某日犁地四亩半，则为一个半日工；如锄苗一亩为一个日工，某人某日锄苗半亩，则为半个日工。其有一个人不能单独工作，必须几个人合力而为者，则规定为各种小组日工，如修筑坝堰每组至少必须五人，田内下种每组至少必须三人；如筑坝十立方尺为一个筑坝日工，某组某日筑坝十五立方尺，则为一个半筑坝日工；如种麦十亩为一个种麦日工，某组某日种了五亩，则为半个种麦日工。将来即以日工之总积除收获物之总和。有应注意之点，就是我们为要使职员对业务起恒久的爱护之心，必须有一种进级与养老的制度。这里所说的进级，并不是说一定要升官，如规定五年进一级，则即使两个人做同一的职务，但因两人所属级数之不同，所得工资上也应有些分别。

上述估定地价与分配收获物的办法，是我拟举的两个大概例子，内中自有需要补充与修正之处，且因各地自然条件之不同与人情习俗之有异，所用办法自然须要变通。我们的目的，是要使组织内各个分子都成了劳动勇士，不但小农制度之下各个均能努力耕作的现象可以保存，而且因团结互助之故，使工作的兴趣扩大，工作的效能增进。此种成果，世界上已不乏成功之例，偏见之士不必斤斤过虑也。盖人性实为宇宙间变化可能性极大之物，是在吾人制造一种环境有以诱导鼓铸之耳。吾人不观历史上带有宗教色彩的大骗子，抱有政治企图的大奸雄，他们虚拟些荒谬的神话，创造些歪曲的理论，便能使信从者迷于渺无踪影的仙境，度其违犯人性的枯寂生活，为了毫无实益的虚荣，做出捐弃躯体的悲剧。在我们计划中的团体劳动生活，它能把从前无可如何的自然界旱、潦、冲蚀等现象逐渐征服了，而成为供人役使的驯仆；能把从前效能低微的体力劳动逐渐进化为效能宏伟的机械耕作；它能把从前劳动者迫于饥寒，互争互窃，仅仅为食而生的低劣生活，逐渐改变为丰衣足食、互助互爱、美满超逸的文化生活。这是万物之灵的人类理智发展的必经之路，情感充实的必至之境。吾人努力一分就有一分的成果可享，较之以荒诞的神话、歪曲的理论以迷愚世人者不可同日语。故我对之有坚强的信念与无限的期待，希世之同具此感者，我们共作征服自然的勇士，改造社会的先驱。

丁、政府应有的措置

政府方面应有的措置约有下列数项。

（1）地权的开放。要实行我的这个计划，凡山沟里筑坝用得着的土地，其地权必须开放，至用何种方式开放，于“甲、先去政治上的桎梏”一项已有论述，兹不再赘。

（2）资本的扶植。筑坝淤田，在黄土丘陵地抵御冲刷事业上是节约人力、简省资本的一个妙法（著者附近八九个村庄的沟水汇合流入湫河的一道沟，长约二十里，土层早已冲刷的没有了，而是一道没有耕种效用的石沟。但因土地饥荒的原故，勤苦的农人于沟水冲击缓弱的角落，修筑坚固的半月形石堤，以求得三五方丈以至一二亩的石渣地，散在此沟内的此种石渣地总数不及百亩，保护此种田地修筑的石堤，共长可达十里以上。倘此沟内合而为一，筑坝淤田，十年内有淤成一千亩坝地的希望，而所筑坝堰即每二里筑一堰，共计十堰，每堰狭窄处不过三五丈，宽阔处亦鲜有超过三十丈者，总计十道一堰，全长亦超不过三里）。虽经济枯竭的农村，在原则上资本是不成问题的。但一种事业的创举，尤其是大规模的公共事业的创举，多数人则囿于风习的锢陋不敢尝试，少数人则因与个人私利冲突多方阻挠，著者对此是多少有点经验的。我于民国二十八年组织农业生产合作社时，资本的大部分是友好们拘于情面而承诺的，把它正经视为一种营利事业而入股者则为数很少，这就是多数人囿于习见不敢尝试。有两个人，一个是他自己把一段大部系荒沟，少部系仅可耕作的硗瘠沟坡地，于五六年内淤成十几亩肥腴坝地，此人可谓得着筑坝淤田的优厚利益了，然他对我的计划虽不便公开反对，却是作消极的破坏。窥他的心情，一则是恐怕我的计划成功了，他的那块“爱田”要与大家混淆；二是他已经有钱了，心上蓄着一种谋略，想把附近的田地收买过来，扩张那块“爱田”，他一个人独享大利。另一个人，是他在我计划合作淤田的那一道沟内，有他费了千辛万苦用半月形石堤在该沟圈成四五亩石渣地，此四五亩石渣地他经营果园，他一家五六口人每年生活费用的大部，确赖此果园维持。倘我的计划实现了，数年之后，他园内的果树，都要被淤土埋没了。虽经我许他的果园准作优厚的价格，且在必要时社方可以补助现款，然这件事终是要破坏他的生活常态，他先是乞饶，后是恫吓。这就是与少数人的私利冲突多方阻挠。我们不观火车的发明行驶对于社会的进化，人类福利的增加是有多大的影响呢？但在开始应用的时候，以举世钦仰大名打败拿破伦、身任不列颠帝国首相的威灵顿先生，竟以火车的吼声刺耳作为他反对的理由，无知的山坡乡农因犯及私利而阻挠尚足怪哉！所以这种筑坝淤田事，地权的开放固然是第一关键。但地权开放之后，一开始就要完全仰赖民间的投资，于事业进行上一定要有迟缓的情形。我们为要期望此种事业的迅速普遍发展，须由政府筹一部资本，于民资不足举办的场合由政府补助投资，以使业务得以迅速进行。此种政府投资的来源，一部分可由上游当地政府劝募，一部分可将下游修筑堤防的经费移拨。或谓下游修筑堤防的经费系保障若干生命财产的费用，倘或上游截堵无效，下游却陷于防汛无款，事情岂不糟了吗？其实下游泛滥的河水系由上游山沟里流来，这是无可怀疑之事，问题只在上游山沟里筑坝淤田事业普遍的程度如何耳。因此我们为慎重起见，移拨数目之多少可视所能截堵山洪面积之广狭而定，这种款项，或作为政府的投资，或作为低息或无息的借贷，总之最低限度成本是将来可以收回的，决不像下游修筑堤防，款项是花的永远没有个止境，而问题是永远解决不了。有一层，现在的社会潮流对大地主是要限制的，但在我们的经费无适当解决的情况下，则不可限制个人多投资，因为这种事业是创举，而且是向自然求利益，并非人对人的榨取。这种事业投资的涩滞情形，一定是初创之时有之，待利益渐见，风气开通之后，不但农村资本即都市资本亦要涌向于此部门，那时我们于河流上建堤建闸及改造初创时土法建造的蓄水库等事，均可顺利举办矣。

（3）管理权的操持。大规模的水利事业必须有统一的计划、统一的行动。山沟筑坝淤田在开始的时候，虽然就把每一个山沟里的地主合并起来，但是无数的山沟里各个分头进行，这些无数山沟里分头进行的淤田事业，待淤至某种程度，为了耕作的便利，灌溉的发展，某处须停淤，某处须增淤，务须遵守政府的最高计划来行动，以实现一种由人意决定的地形。再如河流渠化的建筑工程，如拦水的闸门、束水的堤防等，必须由国家经理，即素常由水库放水等事，亦必须服从统一的指挥，这在“A 初步的办法”篇内，已有具体的说明了。

（4）直接经营模范农场。丘陵地地势广大，沟渠繁夥，所以大多数的筑坝淤田事业是要依赖人民经营的，这些民营的农场，或因于经营者知识的贫弱，或因于所筹资本的不足，以致业务经营上难达应有的美好程度，所以政府应选择适宜的地址，委任得力的人材，再予以充裕的经费，务要造成一个尽美尽善的事业，作为民营事业的楷模。且此种政府直接经营的模范事业应遍设各地，以便人民就近参观有所借镜。

（5）农民的普遍训练。山沟筑坝淤田这件事，有些地方的农民固已熟为，但有些地方的农民或不免生疏，或根本未见过。且我们要实现的新事业计划远大，现代的工程技术亦较土法为优，我们必须向农民灌输些现代工程知识，而且使之了解我们的远大计划。所以要于农暇之时，对一般农民作普遍的训练。

（6）设立专门学校。筑坝淤田事业与一般的水利事业有点不同，而且事业庞大，需年久远，必须培植多量干部人材以供给各地指导之用。

戊、对李赋都先生怀疑的解答

李赋都先生的怀疑，原系对李仪祉先生的沟洫主义而发，而我的筑坝淤田计划，也正是一种沟洫主义，故李先生质疑之点完全适中于我的计划，故特撰此篇为之解答。

李赋都先生在他的《论黄河问题》（原文载《恩格思治导黄河试验汇编》）一文中对黄河中上游的治导诸法批评中有云："余在德与治河及农田水利家谈论我国之沟洫主义，颇得一般专家之赞美，利用沟洫之制，不独能减洪水量，且可减河内含泥量，于治黄及农田均有利益。然余对沟洫主义终有疑问在：沟洫主义，首在能普及；若不能普及，即裨益仍浅。令使其能普及，则黄河之招灾洪水固有所减，然河内黄土来源多端，或不能使其近于零点。河内泥量之百分数，或因水量之减少，而不能至相当程度也。"归纳李先生之意见，可有下列二点：

一、恐沟洫制度难达于普及。

二、纵令沟洫制度能够普及，然河内黄土来源多端，或终不能使河水含泥量近于零点。

对于李仪祉先生的沟洫主义，我也怀疑其难达于普及，于第三章第二节已有所评论。我的这个改良了的沟洫主义，我认为是能够普及的，然或者是我的主观见解过于浓厚，因而蒙蔽了一切，所以希望关心此项问题的人士尽量提出困难之点，我们大家讨论。虽然，我也自知就是我的这个改良了的沟洫主义要达到百分之百的普及，固需要吾人的相当努力，然较之其他治河方法，或努力而无良好的结果可期，或因种种困难根本无从实施之诸方策，优长甚多。

关于李先生的第二项疑问，"河内黄土来源多端"一语，大有研究的必要，然我对于黄河含泥量问题并没有做过实地的研究，故所谓研究云云，无非是根据他人的研究，而加以常识的推断，倘有疏漏误谬之处，至希读者教正。

黄河内之黄土，必自有黄土之地面而来，且黄土不能自到河里，必须借流水之推动才能到了河里，这是无须研究的事。黄土对水的渗透力极强，只要地面平坦，即使是急雨久雨，水也都能渗入地中，很不容易泄入河流，尤其是耕松的田地更是如此。我们常见同一的雨量，同一的黄壤，山坡上遍地泄水，冲开沟渠，而平坦田地不但不泄水，反把山坡流来的山洪亦引入田中灌溉，这是凡山川接壤处毫无二例的普遍情形，黄河自荥泽以下虽有偌大的黄土平原，但无一支流加入黄河，就是这个道理。吾人普遍把河流盛涨之水，称之为山水，这实在是名实相符的一句话。又黄土虽疏松，但只有坡地的湍急流水方能冲蚀土层，平地的缓流是无此力量的，试观黄河到了下游平原，以偌大的流量，不但无力冲蚀，而反把从上游带来的泥土亦沉淀于河底，这是有力的明证。所以黄河盛涨之水实来自坡岭，其中所挟的大量泥土当然是来自有黄土的坡岭——即黄土丘陵地，所以只要黄土丘陵地区的筑坝淤田事业普遍了之后，黄河里的泥土来源也就杜绝了。我们再看具体的事实，黄河含泥量，在洪水期要涨至百分之三十四之多（民国二十三年七月于龙门测得为百分之三四·五），在平时可缩至百分之〇·五左近，至百分之〇·〇二之微少。施测过的泾、洛等河，其含泥量洪水期能涨至百分之六十以上，在平时则常在〇·〇一左近，这是表明黄河里的黄土实来自山洪，而且是黄土丘陵地的山洪。倘我们能把黄土丘陵地的山洪，而且是所有的一切山洪用筑坝淤田方法沉淀过再放入河里，则黄河内含泥量虽不能减至零，一定也能近于零。或有人问：黄河在一、二、十一、十二等月绝对无山洪流入的时候，也有百分之〇·五左近的泥土存在，那是什么原故？据我的臆测，这是因为黄河在每年八、九月洪水时期，曾经有过大量的泥土，这些大量的泥土并不能于洪水期当时就能百分之百的完全流的走了，其中也有一小部随处沉着，在一、二、十一、十二等月虽无山洪流入，外边的泥土来源虽然杜绝了，然洪水期沉着于河床的少量剩余泥土一定要被洗刷起来的。比如我们吃饭用的锅碗等家俱，虽然饭全吃完了，然粘着于锅碗等家俱上的微量米粒、米糊是不能没有的，粘着于锅碗等家俱上的米粒、米糊经一两次的洗刷就可以干净了；杜绝了来源的河内微量剩余泥土，经相当时期的洗刷后也可以没有了。或有人要说，河床沉着的剩余泥土经过相当时期的洗刷后，当然可以完全没有了，但是实际上的黄河中上游河槽[1]并非完全是石槽，部分的也有些土槽，那些土槽部分，岂有不被冲蚀之理，那不是黄河里黄土的另一来源么？答：若黄河的中上游完全是土槽，那真是要无底止的冲蚀，而且早已冲蚀的上中下游河床之高低相差无几，决不能有今日河床在上游皋兰附近为海拔一千五百米，在下游开封以下则在百米以下的高低悬殊现象。黄河上下游河床之所以能够保持今日的这个高低悬殊现象，是因为上中游河槽虽不完全是石槽，但也有些部分是石槽，而且实际上大部分系石槽，土槽只占极少部分。凡河槽的构成，只要下段系石槽，其上段即使完全是土槽，但冲蚀到与其下段石槽等高程度时，冲蚀即行停止，决不能无底止的冲蚀，使其上段之土槽部分反低于其下段之石槽部分。今日黄河中上游虽有部分的土槽，但各该土槽部分之下段皆有等高之石槽衔接以保障，决不会有因土质疏松而冲蚀的单独下陷的情形发生的。这是说了，上游河槽之底虽有黄土构成的部分，但也不能加入河水为害了。但是河槽并不是只有底面，而尚有其左右两侧，

[1] 槽　底本为“漕”，余同。

那些黄土的侧壁，在一般人的理想中，一定要以为那可要整批整块的向河中崩坠了，但事实上也不尽然。因为黄土的侧壁与下部石壁衔接处并非与之同取伸出直立的同一姿态，必定要因河水浸润之故，倾圮后退的成了坦坡，而且因为黄土疏松之故，成为后退的坦坡的这种变化来的很快，所以只有新创的河槽才能见有直立的黄土槽壁，凡经过相当岁月的河槽，其左右侧壁的黄土部分早已成为后退的坦坡了。据张含英先生的估计，黄河的最大流量为每秒为三万立方公尺，黄河的生成不知有若干年代了，此种最大流量总有过几次，凡属黄土槽壁已被冲刷的非常后退，所以在今日慢说低水时期，即普通洪水也够不着再扩张其槽壁而有真正的冲蚀。今日所见崖岸微量泥土的剥落，那也是洪水期剩余泥土的洗刷，不能视为真正的冲蚀。真正的冲蚀是不是能够发生呢?能是能的，但要有空前的洪水时方能，比如说黄河曾经有过每秒三万立方公尺的洪水量，今后倘能再有超过此数目的洪水量时，方能使今日已经后退的黄土槽壁再行后退。但是黄河经我们的治理之后，即使是不完全的低度的治理，也很不容易再有空前的洪水可见了，所以也再不虞有黄土槽壁被侵蚀，那些剩余泥土来源杜绝，很快的就能把它洗掉了。

河水侵蚀黄土槽壁之事也不是绝对没有的，在那些河槽之一侧有天然埽坝，或河床倾斜使流水倒向一侧，而倒向的这一侧恰恰是土质槽壁，那就是要发生真正的侵蚀的，我所承认的黄河里黄土的另一个来源只有这一点。不过这也是理想上的事，实际的黄河上此种地方究竟多少，且其在为害下游的河水含泥全量中约占百分之若干，这是需要作一个实地研究的。

有人怀疑黄河经过后套沙漠地方，恐其挟有大量泥沙俱来。然据民国二十二年黄河大水时期测得河水含沙量，在河南陕县为百分之三十九，在绥远民生渠口不过百分之三耳。又据黄河水利委员会估计，黄河由河套南下之水量只占其全流量百分之十五，于此我们可见，河套沙漠地带对于黄河供沙量之不足重视矣。且我的臆断，黄河由河套南下之少量泥沙恐系由该处黄土高原地之支流而来，其真正供给者并非沙漠。因为据我们所知，沙漠对水之渗透力较黄土尤强，沙漠中根本无水流入黄河，沙也当然无从输入河里。至于黄河干流经过沙漠之一段，或不免有人要怀疑到沙床疏松，易于冲刮。我于上段已讲过，凡河床构成，只要其下段有坚硬之构造，即可保护其上段疏松部分，而不至于无底止的冲刮；要是下段没有坚硬构造的保护物，则上段可能冲刮者早已冲刮的没有了，决不能待至今日才冲刮。

“有许多著作家在河工学上坚决主张，凡含沙量甚大之河，其大部分泥沙居于河底，造成一种流动沙层。”关于此问题，兹引费礼门《黄河含沙之研究》一段，以作解释。费氏云：“昔督办运河总局于洛口设站，测量黄河流量，因水流急速，测量深度颇感困难，据观测者之揣想，于用量深器下沉时，似觉河底之上有二三英尺之流动沙层。然以后证明，上述揣想为一差误，盖前述感觉由流水推动麻绳所发生之现象，易以铁丝即将差误发现矣。美国加利福尼亚大学关于地质研究作种种试验，对沉测之运转亦特别重视，其结论为：河中泥沙常沿河床进行，绝不上升。据有声望之学者坚决称述，据洞悉密西西比河各种情形者用潜水器（Divingbell）在该河数处之河底经多次考测之结果，并无上述情形之发现。关于测量河槽精确深度及研究洪水期冲刷力之大小与速度、减低、重行淤尺等问题，余于河床上作数次之实地试验，且均甚谨慎，试验各部分之含沙变化，余于距河底半英尺、一英尺、二英尺、三英尺及水面下一英尺诸部分采取试样，试验其含沙量。至于采取法，系用铁筒之装置，前已述及，兹不复赘矣。试样于不同之处采取之（采取于近岸处），其中有二试样采取于河之中流，其水最深，流速最大之处；另一试样采于近岸处。据上试验之结果，沿河底并无流动沙层或滞，且近河底部分之含沙量增大若干，亦非较意料者。”

据此，我的结论是：黄河里的黄土系来自其流域内的黄土丘陵地，其输送者系山洪，所以只要我们把黄土丘陵地筑坝淤田事业普遍了，黄河里的黄土问题便能解决百分之九十九以上。至于所说干河沿岸一侧有天然埽坝或河床倾斜，以致河水倾倒一侧，而倾倒的这一侧恰恰系土质槽壁的那些地方，当然也有土质加入河中，但其量在偌大黄河携沙全量中，其所占数字实在是微不足道。

己、与河北河流治本计划比较

河北各河流在古代曾有很长的时候与黄河合并过，所以今日一般的地理书是把它划为黄河流域，在今日它们虽然已经和黄河分离了，但上游都是起源于华北黄土地区，性质既与黄河相同（永定河有小黄河之称），治理之法也有互相参考的必要，兹将两种方策同异得失之处历述于下。

（1）选策之见地。孙绍宗先生在他的《河北河流治本刍议》一文内云：“……关于治河根本计划，中外水利专家著述甚多，或以植林，或以造蓄水池，或以疏浚河道，宗皆以为未可，已于前章分述之矣。夫下游之水灾，人皆知为山水之故，今将为患之山水存蓄于山谷之内，一坝工竣，即减少一坝之水，为灾之程度即减去若干，如此解释，岂不甚为浅显。……是以数年来，即主张于山沟之内择适当之地点，段段建坝以蓄水，设置闸门以节制泻量，而调和下游之水势。简括言之，蓄涝时之雨水以减少下游之水灾，所蓄之雨水供旱时之灌溉而兴水利，此诚治河之根本计划也。各河上游尽系童山，沟涧纵横如蛛网，平时干涸，降雨则纳两岭间之雨水建瓴下注，曲直回环达于下游，终年有水之山沟，固为人民集居之所，然为数极少。干沟荒山决无住户，故无迁移村庄之纷扰。沟涧之长度，由数公里乃至数十公里，甚至长有数百公里者，两峰之距离由数百公尺以至数公里。于每沟之下端择其最狭之处，筑一横坝，则此山沟内之雨水全为坝所蓄。倘因地势合宜，数沟或数十沟之雨水由一坝以蓄之，则为费更省，而收效更巨矣。山内尽系荒山，狭口之坝基亦多，故建筑蓄洪坝极为容易，非比大水库地址不易寻得也。各省河流发源于山中者皆可以此法根本治理之，即为吾国巨患之黄河，将其支渠循序修治之，不但永无水患，且为中国大利之所在也。筑坝蓄水之工既竣，则各河之水患免除，但此不过为治水根本之最初步，只可减少人民之一部分之痛苦，然后再以所蓄之雨水供旱时之灌溉，水患既除，水利亦兴，河流根本之治理，底于完成矣。”孙先生对于河流之治本方策，亦属意于上游山沟筑坝蓄洪，这一点与著者之见解相同；惟孙先生有一个大漏洞，就是山洪里边是含有大量泥沙的。民国二十二年于官厅测得永定河挟沙量，按重量计为百分之三六·五五。蓄积山洪时必然要把泥土也蓄集起来，而且水是随蓄随去的，泥沙是永留不去的，这陆续蓄积起来的泥沙，孙先生却没有指出一个归趋来。有一个应注意的问题，就是孙先生认为人民是逐水而居，遂说：“终年有水之山沟，固为人民集居之所，干沟荒山决无住户。”其实据著者目睹的情形，并不是有水的地方就有人居，无水的地方就无人居。而是有土的地方就有人居，无土的地方就无人居。总之，人民是逐土而居，而不是逐水而居。或有人问：没水的地方，居民怎么生活呢？答：地表无水则向地下掘水；地下亦无水，则挖窖蓄涝时之水以供旱时之用，这是华北黄土丘陵地居民生活的一般情形，并不是什么奇特的事。河北各河流上游的情形我也没有实地调查过，为土层所掩覆者占有多少面积，然据推想，山洪里所挟泥沙既那样多，恐不能尽是些人烟绝少的荒废童山吧，这是需要作一个大概的调查以决定治理的方策的。

（2）实施之方式。治理河北河流，孙绍宗先生主张于上游山沟里蓄积山洪，华北水利委员会拟定之永定河治本计划，亦拟定于上游建筑许多拦沙坝。虽孙先生未明言要淤田，拦沙坝坝蓄甚巨，然蓄洪必然要蓄沙，拦沙亦必然要拦洪，洪去沙留，必然要涸为田地，所以性质上与著者之筑坝淤田一样。此种事业必须零星分散，其不得不零星分散之理由详下段。零星分散的事业，倘要由官厅一手办理，必然要感到极大的困难。好在凡黄土丘陵地山沟之蓄洪坝，因不断收集大量泥土之故，将来必然要淤为田地，其利足以引起人民之投资经营，所以官厅只居于督导地位，让人民投资经营之。其土层早已失尽，成了真正的荒山废谷的地方，山洪比较清澈，坝内可以长久保持一种人工湖泊状态，但只一部分水产之利，是否足以引起人民的投资经营，尚待实地的研究。此等地方的建造蓄洪坝，当然是坝堰愈少愈好，坝蓄愈巨愈好。于前“D另一个补救办法”已论之矣。

（3）探讨后果。孙绍宗先生之坝蓄计划，为：“如地势合宜，则数沟或数十沟之雨水由一坝以蓄之，……顾五大河之上游面积为十四万八千六百方公里（第一节坝基之调查）……坝蓄之面积无定，小者只蓄数方公里之水，大者能蓄数百方公里以至数千方公里之雨水，平均计之，以每坝蓄二千方公里之水，即整理上游流域之半数，亦须三百余坝（第四节坝与闸门之调查）。”永定河治本计划则决定在该河上游四万七千方公里之面积内，于洋河建造五坝，于桑干河建造七坝（此二河合并后名永定河）。该拟案之计划说明，著者愧未能见，而只见到图案，然以常理推之，河流上建筑拦沙坝后，因泥沙不断沉积之故，河床必然渐渐增高增宽，河床增高增宽不已，而沿河两岸之村庄田地，能无淹没淤沉之患吗？所以蓄洪坝、拦沙坝只好在没有居民的山沟里建筑，人烟稠密的干流上是决不相宜的。或有人问：阁下于前节内说过，人民是逐土而居，能淤成田地的地方必然有土；而且在阁下之意见，此种淤田事业要仰赖人民投资经营，那么凡是能举办投资筑坝淤田的地方，不但有居民，而且居民要相当稠密，因为要是地旷人稀的话，人们都有现成的田地耕种，谁花上钱在山沟里筑坝而向水里捞田呢？答：关于黄土丘陵地的人口问题，及坝地比一般山地肥沃足以刺激人民经营，前面已经说过了（本章第一、二节），现在只把黄土丘陵地虽有居民，但大都住在山梁与山腰，而不住在我们要拦洪淤田的沟底，及干河沿岸居民所以稠密的道理讲一讲，不过这也是一般的大概情形，少数的奇特地方当然也是免不了的。

山沟地形大概皆作V形，而雨水冲刷的程度是愈高愈轻微，愈低愈严重，所以土层是愈近山巅愈厚，到了沟之底部，已成为两面坡水汇集的流槽，土层早已冲尽；且因地形锐窄，沟水冲击之故，居民的住宅大都在山腰与山梁，所以山沟绝宜于筑坝淤田。至于干河，地势大概皆作㇄形，底部已比山沟平坦宽阔；其底部所以能平坦宽阔之故，是因为山洪之量及冲蚀之机会比较多，凡河床冲至石底时，即不能像土层似的容易冲蚀下陷，而两旁土山之脚，则侵蚀较易，于是就形成宽阔平坦的底部，而不能保持尖锐的样子了。山沟地 V 形，干河地形 ⌴ 比较平坦宽阔的干河槽，因其槽底倾斜及槽边天然埽坝等之阻逼，故流水皆作弯曲形：

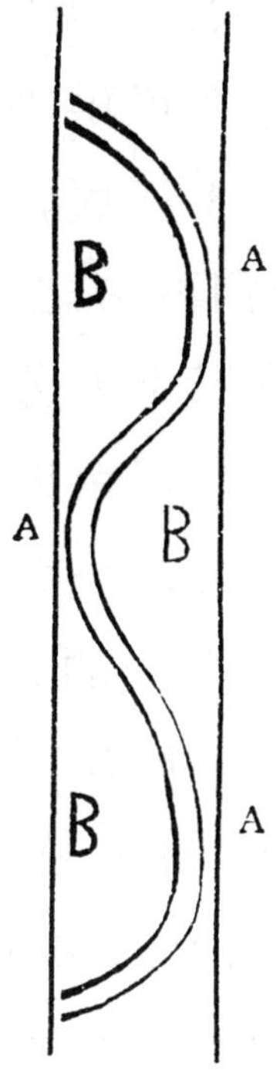

流水之突出面（A 处）则渐在侵蚀山崖，做其继续扩张河槽之工作；其湾曲部（B 处）则因洪水时泥沙之沉淀，及所靠山崖之倾圮多已成了冲积地，且因易于引水及凿井灌田之故，土地肥沃，人民集居，故干河川面多系富庶之区。

我们临县的湫河（有些地理书上称为湫水），由上游各山沟的分水线起至黄河入口处止，全流域面积约为三千方公里（全流域无分上下游，均在万山中，但均系黄土丘陵）。在我的计划，要在河之两岸各山沟口建筑总坝堰百余个，而且因求淤田之效速显起见，各沟内尚须节节筑坝。此河在黄河入口处，两岸都是百余丈高的石山，而两山之距离也不过百余丈，若在此处筑一坝堰，便可把三千方公里面积的山洪完全截留住，若只对于治河而言，诚是简捷了当的办法。但是这个湫河川内，有一万左近人口的市镇三个，数百以至千余人口的村庄百余个，全县仅有的水田约一万亩左近，及算是本地特产的上等棉田约十余万亩，都在这个川内。总之，湫川是临县的精华所在之地，倘若要在这个干流上建筑什么拦洪坝、拦沙坝，一定要把这些市镇、村庄、田园等都沉没于河底，利未见而祸先临，未见其可也。倘依我的计划，在干河两旁之各山沟口内筑坝淤田的话，其成果又是如何呢？全流域三千方公里为一百个沟，每一个沟内平均面积为三十方公里，合华亩四万八千七百五十亩，以十年内淤平面积占全面积三十分之一计，则每一道沟十年内可淤成坝地一千六百二十六亩，合一百道沟为十六万二千六百亩，这十六万二千六百亩能灌溉，能用机械耕作，不施肥料亦极端肥沃的坝地（因山坡地所施的肥料都要被雨水冲集于坝地之内），是以前废弃的石沟及硗瘠的沟坡地变成的。这是说了各山沟里的利益了，对于湫河干川的利益是如何呢？湫川全长约为一百公里，平均宽约一公里半，川内约有五百公尺宽，为每年普通洪水流冲之故，全为块石滩，余则为冲积地，面积约十五六万亩，内约有十分之一为水田，余则为市镇、村落及旱平地——即上说之上等棉田。（按：山坡地亦种植棉花，但产量不及滩岸冲积地远甚，故有此称。）倘遇非常洪水，这些田园、市镇、村落得有一部受损害，这是湫河干川的现在状况。要是干河两旁各山沟都实行筑坝淤出之后，首先，非常洪水时一部分市镇、村落、田园的水灾是没有了，但这是消极的利益；积极的利益，因各山沟内皆有蓄水库，河内流量可以任意调节，因此河槽可以大量缩窄，大概河面有十公尺宽，河底有五公尺宽已足。因此可腾出原来普通洪水流冲之块石河滩六万五千亩，此六万五千亩块石河滩放淤数次便可成了田地，且因靠水最近之故，灌溉极便，此六万五千亩水田完全系块石河滩所改造。又因各沟水库内经常蓄水之故，从前沿河两岸十五六万亩冲积地，水田只占一成，今后可得着库水灌溉，悉数变为水田。（因以前各山沟及干河均是暴雨时浊浪滔滔，田园被灾，久旱则滴水没有，人畜饮用亦感缺乏，那能谈到灌溉？）此十余万亩得着灌溉的水田为从前易受水旱灾害的滩岸地所改造，这是说了河川农田方面的利益了。河流本身的利益——即交通方面的利益，又是如何呢？现在湫河的流量，每年由九月至十月底一个月，每秒约有五立方公尺，由十一月起至次年二月底止，四个月为结冰期，冰下流量约每秒二立方公尺，三月为解冰期，流量较大，每秒约有十五立方公尺，由四月起至八月底止，五个月内，暴雨时每秒可涨至一千立方公尺以上（此是普通洪水，非常洪水看所遗痕迹流量在三千公尺以上），但要半个月不雨，就成了滴水没有的干河，久旱不雨，下游沿河村庄，人畜饮用，也要闹水荒。总之，现在的湫河除灌溉上游一万亩左近田地外别无他益，对于交通完全成了大害，由三交至碛口一段五十华里，要涉水十三次才能达到。所以河内有洪水时，交通就完全断绝了（每次洪水时，正在河滩行走的人畜因躲避不及被洪水冲走乃常有之事）；洪水过后，道路亦是破壤泥泞，石块拦阻，行走十分困难。上述系湫河的现状。我们于各山沟建筑好蓄水库，流量可由人意操纵的时候，又是怎样的一种情况呢？今假定全年雨量为四公寸，按各专家的研究，暴雨时的最大径流量占降雨量的百分之四十，湫河全流域都是峻峭的黄土丘陵，除河滩外，你要再找一方公里的整块平地，可以说绝对没有，所以暴雨时的径流量，恐怕就要达到百分之四十。虽然一年所有的雨，当然不能都成了暴雨，但在各山沟口建筑蓄水库后，沟涧的泉流及地下水也要截留一部，所以归入水库的水量可按降雨量的百分之四十计算，则全流域面积三千方公里，所有水库内要收入 $300000000\times\frac{4}{10}\times\frac{4}{10}=48000000$ 立方公尺的水。这些水除灌溉四十万亩田地需水 98400000 立方公尺外（以每年灌溉五次每次以八十公厘计），尚余水 440800000 立方公尺，以此水量除全年四个月结冰期外之八个月平均宜泄之 8（月）×30（日）×24（时）×3600（秒）440800000＝21.3 立方公尺，此二十一又十分之三立方公尺之水为计算中每秒所有之水量，实际上再除过蒸发渗漏二又十分之三秒粎，每秒尚有十八公尺的流量，放在底宽五公尺面宽十公尺的河槽里，平均流速以每秒一公尺计，水深约为三公尺半，万斤以下的船可以通航，较之现在人担毛驴驮的交通方式强的多了。若将来各沟坝地大量扩张，灌溉需水大量增加，河内流量大量减少的时候，到那时我们的富力也大大的增加了，于河上分节建筑闸门，流走之水可以任意减少，河内之水深可以任意增加，只要交通有需要，再大的船也可以设法通航。河内为航路，河堤为公路，水陆交通可达于极便。于此，或有人不免要怀疑，以一百公里长现在漫无约束的河流，要把他逼窄为河面十公尺，河底宽五公尺，河底距堤顶三公尺高的河槽，以一个县的力量来修筑，也算得一个艰巨的工程了。其实这件事的实现比山沟筑坝淤田要容易，我们可看现在的沿河居民，为求得尺寸的滩岸地，不避艰劳，以巨石在河滩圈成围田，洪水小的年头，可以侥幸得收成，洪水稍大的年头只把禾苗冲毁，洪水极大的年头，说不定要把艰劳的工程也冲个净光，但因土地饥荒之故，他们是毁而复筑。这类田地沿河两岸到处可见，所以只要各山沟里水库完成，河中流量有定的时候，要是没有公家的规定，沿河居民为求得土地之故，恐怕要把河槽逼得更窄些，所以修筑束水的堤也是一件很容易的事。我的意见：要是土层早已失尽，没有居民的荒山废沟，筑坝蓄洪事业当然要由公家办理，而且是坝蓄愈大愈好，坝堰愈少愈好。但黄土丘陵地的筑坝淤田事业，公家可居于督导地位，让人民经营之。各干河的拦洪坝、蓄水库等，倘无特别处理泥沙的方法，倘无适宜的无人场所，则为决不可为之事。（本文所说湫河流域的面积、川宽、流量等，都是大概的估计，非实地测得之数目。）

庚、结论

黄河不治，实为我国之大患，上游则雨水走泄，土壤破毁，致居民生活日趋于艰苦，势必演至田地尽变为荒谷；下游则溃决泛滥，无数的田园庐舍，顷刻间可沦为汪洋一片，洪水过后沙粒沉垫，可将繁庶的平原逐渐变为不毛的沙漠；且此河不治，运河之淤塞无论矣，南溃则累及江、淮，北溃则累及河北诸河流，其关系如此重大，故举国上下无不亟求一根本治理之策。惟河患原系自然界改造地形的一种伟大动力，特以今日之下游情况已不容许地形再行改造，故吾人宜控制利用此伟大动力，使其在地形需要改造之上游运动，其将来对人类之贡献或不亚于已往下游造陆之丰功伟绩也。盖人类应付自然界之方式，逆其性而防范抵御，则事倍功半；顺其性而控制利用，则事半功倍。下游修筑堤防及疏浚河身、海口等事，防范自然、抵御自然之事也，故工程繁而收效微；上游山沟筑坝淤田，控制自然、利用自然之事也，故工程易而获利巨。兹将本方策所以优于其他方策之处列举于下，作为本书之结论。

1. 工程简易，用土法、土料即可完成。现在规模稍为巨大，工程相当复杂的水利事业，对于水泥呀、钢筋呀等等现代材料，几是不能离开的东西，运用现代材料，当然要有现代技能的工程师，所以今日各地方具备兴办水利之自然条件，但困于物料、人材之无法解决而不克举办者比比皆是。我们在山沟里筑坝，倘能用现代的材料技术筑成新式坝堰，那当然是最好的事，但倘若我们无力及此时，即纯用土料、土法也可以完成。因为坝既零星分散，则一个坝内所蓄的山洪当然有限，而且坝的功用也非常单纯，只要坚实高厚，可以挡住山洪不至流走就行。所以有石处就做石坝，有土处就做土坝，这种坝堰普通农人、工人就可以建造。但我们为万全计，可由专家编辑一种筑坝须知之类的书，指明山地面积的粗浅估计法及各地的最大雨量、最大径流量等，规定有若干的集水面积，做石坝须具如何的尺寸，做土坝须具如何的尺寸，责成责任者务须遵守不逾。只要做到这一点，我们的事业就不至于失败。

2. 需款不拘定额，现在之国力即可举办！吾人治河，原不患无术，而所患者是该种方策能否实现的问题；而所谓能否实现的问题，就是要实施该种方策所需的经费是否为现在之国力所能负担。费礼门的裁湾取直、束水攻沙方策，余未见过其具体计划案，不知究竟需款多少，但散见于各种文献中，均谓工程浩大，需款过巨，以现下之中国财力决难举办。恩格思的固定中水位河床方策，据其致李仪祉函中（一九三二·一一·二四）附陈特莱斯教授虎格好夫所拟：“……测量黄河下游，外勤及内勤约需三年，黄河水文测量亦须同时举行，黄河下游全部治导计划至早须在测量工作起首以后三年始能为之，又一年以后，始能着手治导之预备。”又说：“根本治导工程约需三十年。全部工程费用约需三万万马克，每年须一千万马克，起首四年内，测量及计划费用约需五十万马克，但应置飞机一架之费在外。”（恩格思《治导黄河试验报告汇编》。）

我们的山沟筑坝淤田事业，不需要长期的预备工夫，只要方策决定了，随时可以进行。至于财政上当然也需要政府的补助，但数目不拘，且是一种投资或借贷，并非开支，国家财政充裕时多补助些，进行可以顺利；国家财政困难时少补助些，进行相当艰涩。但这是把这种事业当做一种营利事业，让人民自动投资经营的一种做法。倘国家决意要马上实施此计划，但财力格外艰困，而人民又观望不前时，可命令各地遵令完成。于此我们试一言人民要完成此项命令所受的影响如何？今假定有集水面积三十方公里的一道沟，以每方公里居民七十人计算，则共有居民二千一百人，此二千一百人中除妇女老幼能工作者以十分之三计，则共为六百三十人，以每人每日筑成坝堰一土方（长、宽各一丈，高一尺为一土方），计一个月内可筑成高三丈、宽三丈之土坝堰二百一十丈长。我们固不能凭空一概而论的拟定要蓄三十方公里的山洪，其坝堰长须若干，高、厚须若干，然以大概情形言，各山沟地形多甚狭窄，华北雨量稀少，筑坝拦洪实非难事。今假定此沟平均宽为三十丈，六百三十人一个月内便能在此沟内筑成高三丈、宽三丈之坝堰七道。一个沟内有一道足挡山洪之坝堰，淤田之利即可收，泛滥之害亦可免。再筑堰一道，水库即完成，灌溉之利亦可兴，河流渠化之目的亦实现。此种事业利益极端优厚，然创办伊始，人民或不免囿于成见而观望时，政府不妨以命令方式为之，强民以利，较之强民以别的事顺利的多了。

3. 功效确实而伟大，非其他方策所可比拟。费礼门、恩格思等所建议的方策用款那么多，需时那么长，然治理之后，上游坡岭冲蚀之患如故也，各支流及中上游舟楫之不通如故也，所可期望之功效只在下游一段，而且只在河床免于淤塞之一点，河水暴涨暴落之弊仍如故也；而只此河床免于淤塞之一点功效，亦尚在证实讨论中，非毫无疑问之事也（参看第三章第四节）。而本方策对于下游泛滥之免除，有如孙绍宗先生所云：“夫下游之水灾，人皆知为山水之故，今将为患之山洪存蓄于山谷之内，一坝工竣即减少一部之水，为灾之程度即减去若干，如此解释岂不甚为浅显？”我现在要补充数语：下游河道淤塞，系由上游坡岭冲刷土壤而来，今将为患之泥土在山沟内筑坝淤为田地，岂非转祸为福？河中流量暴涨暴落为航运及灌溉之大不利，今于河水来源之山沟内筑库以蓄之，闸门可由人意随时启闭，不但黄河可以达到渠化之境地，而且可以造出许多渠化的支流来。然这些尚系一种附带的利益，正利益尚非此也。上游坡岭地瘠民贫，在普通情况之下简直是个无法救治的绝症。盖以言兴水利，则田在高山，水在深沟；而且高山上是些陡坡，降落的雨水流走了，即使有水，怎好灌溉？何况深沟里也不是经常有水。以言耕作技术的改进，则满眼坑谷的陡坡，有许多地方今日已是连善于爬坡的牛也到不了，只好用人力拿锹镢往松刨，机械耕作的那回事只好脑子里做梦；而面临的事实则是这些残破的陡坡也渐被雨水冲蚀毁坏消灭着。以言改良施肥，则以人力翻山越岭担送的一点人畜粪尿，也是一经大雨就洗刷个干净，当然连刨松的土也要冲走了。以言交通，山坡、山沟本没有天然道路，用人力费了千辛万苦凿成的崎岖小道，下一次大雨就要冲坏一次；现代的交通工具，或可由天空看到飞机一架，其他舟车则连此眼福也没有了。坡岭地如此现状，如此前途，这岂不是个百药妄效，病势日笃的必死绝症吗？但山沟筑坝淤田，对坡岭是个起死人而肉白骨的仙方。以湫川流域言，只要各山沟坝堰完成之日，就能把今日旱则滴水没有，潦则浊浪滔滔的湫河，改造为流量有恒，可以灌溉，可以通航的一渠清流；能把几万亩块石河滩放淤改造为水田；能把十几万亩常困于旱而又易罹水灾的滩岸冲积地，使其免于水灾而能施灌溉。然这些尚是干川之利益，三二年内即可实现之事也。各山沟内的前半部为水库，既可通舟（按：各山沟地势狭隘，水库必有相当长度），又可繁殖鱼类。各山沟的后半部则淤为田地，能灌溉、能用机械耕作，不施肥亦极端肥沃，此农田之利也。对于交通，则坝地淤高即是沟之深度减浅，此山与彼山横的交通可以渐减其起伏之度，深而坎坷不平的沟谷，钻行如同探险，坝地淤的宽平之后，便是一段车道；相靠的两个水系的坝地，淤垫的高了之后，间隔两个水系的土股就低而薄了，那时以人力把两个隔离的坝地沟通，既便灌溉，又利交通（参阅第九图）。总之，我们用山沟筑坝淤田法，可以把渐渐被淘汰的沟坡地，甚至已经无用的荒沟废谷，治理的耕作则机械往来，交通则舟车衔接，地下则水陆杂陈，人不感单调，天空则气候湿润，雨量或可有增。这不是医治坡岭贫瘠的仙方妙术吗？上述湫河流域实施筑坝淤田之后，期成的利益及所需时日固是一个大概的预计，然湫河流域适宜于筑坝淤田，且实施之后，上述诸目的早晚都可以实现，则是我的确信。湫河是黄河的一个无名支流，其流域面积约占黄河集水全面积的二百分之一，纵黄河其他各支流地形未必尽如此河流域地形之适宜，实施之后，利益自有等差，然山沟筑坝淤田为救济坡岭贫瘠之不二法门，为治理黄河泛滥之唯一良策，似不容疑。鄙见如此，希水利学术界、水利责任者详加研讨，倘能证实其不是我愚昧的空想而付诸实施，则河流渠化，华北地形艺术化的诸成果，均可次第实现，岂非国家民族之大幸事？

后记

著者本是个不学无术的人，只因生长坡岭，对雨水冲蚀土地及居民应付此种自然界的威胁情形有点实地的见识，就对治河大业敢于哓舌，至对于各种治河学说及计划，实系片断的摭拾，且因所处的环境关系，所摭拾的材料既微少，而且又都是过了多少年的旧物，因此本书实有许多缺点是需要以后补充纠正的。

一、黄河与黄土有极端密切的关系，我们治河，须置重点于治“黄”；欲治“黄”而必须对“黄”有相当的了解，那是自不待言的事。所以如原始华北黄土区的地形如何？其后经过若干年代才冲蚀成今日破损不堪的丘陵地，今日的这些丘陵地其分布情形如何？且因被冲蚀之故，地力逐年低下的成数如何？且再经若干年代之后，耕作的效能将要完全丧失？这些都是与治河有关的问题。我本打算对这些问题都有个相当详细的叙述，但因得不到材料，故问题之有关于时间者，只好约略抽象言之；问题之关于空间者，只好就个人所见之局部情形言之。这是很不惬意的地方。

二、黄河之所以难治，并不是因为它水量大，而是因为它水里边所含的泥沙多。所以究明黄河里的泥沙是从什么地方来的，那是治河施策的诊断病源工作。我们考查黄河之所以成为世界上含泥沙最多的河流，其最明显的原因是它流域内领有世界最大的黄土区，但黄土为质疏松渗透力极强，平坦地面几不泄水，泥沙也当然到不了河里。所以我的意见认为黄河里的泥沙实来自黄土丘陵陆地，为得到充足的证据，最好是将各河流的含沙量与其集水区内的地表构成状态罗列对比，就能对黄河病因得到一个明确的结论，亦因材料缺如，未克如愿。

三、在黄河流域的黄土丘陵地各山沟里普遍实施筑坝淤田后，逐年大约能淤成多少坝地？且各山沟坝地淤垫至何种程度，各地之水就可以互相调剂？且其调剂之范围又如何？要对这些问题作一个近于正确的估计，非对黄河流域沟渠坑谷所占的面积及附近山头土层的厚薄、雨量情形及将来所施的人工促进程度等等有个详密的统计不可。对于使得黄河渠化，关于如何处理泥沙，如何调节水量，本书内是有所说明的。至于黄河上何处建闸，如何筑堤，则以著者河工知识的缺如，实对此不敢道一语。

四、自著者心里发生了治河动机，以迄于此书的写作完成，均在偏僻小地住着，攻斯道者周围再无一人，故切磋讨论之益毫未得着，甚至如水利文献中常见的渠道、河床等坡度千分之几这么一句普通语，亦因无人讲解，我实不明原义。在北平买了本《中国河工辞源》，但只解释中国旧日的河工术语，对现代科学名词毫未收入，故本书内所有说到的坡度千分之若干，乃是按己意猜测杜撰的，如言某河流坡度千分之一，就是说那道河流长一千里，其起点高于终点一里，如此解释不知是否与原意相符。至于算术，著者只在小学校里学过一点，书内的几个算题都是照着所见水利书籍内的算式，由自己模仿而算的，实在未蒙师训，所以其正确性恐怕更成问题。总之，本书在未写之前及写成之后，均未受过方家的教诲，它的付刊是名实相符问世，至祈爱我者批评指正。

五、本书写作时，手头只有一本恩格思《治导黄河试验报告汇编》，一本《陕西省水利概况》和四五本《水利月刊》可供参考，《黄河志》水文篇和地质篇等书本也都买下的，但在相隔百里的另一个政治体系的地区内放着，用了二年功夫，费了许多周折，未能到手，所以有好些应列的河床高度及含泥量等，只得约略言之，对详确的数目字只好割爱。

六、各家的学说计划，我见到的既片断而且陈旧，自不免有以偏概全、执旧衡生的毛病，至希鉴谅。

七、我于事变前，即将丘陵地的地形、冲蚀的痕迹及居民应付冲蚀的种种设施，尤其是已经淤成的坝地等摄有照片二十余幅，亦因事变兵乱，连底片及照像器材也都失掉了。图画方面也因自己绘画拙劣之故，省略了应附之图不少。

以上所述，是我自己认为本书内容的大缺点，此外我想不到的地方当然有，至希博雅指教。抑有进者，我希望本计划之早日见诸实施，较希望本书内容之充实更为迫切，全黄河流域之普遍实施，固是我的最大希望，一地方的局部举办，亦可藉慰多年的渴愿。同情者的协赞自然感激万分；另具见解的异议，亦所欢迎，希关心国计民生的人士们，咸来讨论此大问题，咸来协赞此大事业。恩格思先生有言：“按中国水利问题，实为全世界之最繁难而浩大者，即如黄河之治理，必得数千万人之经营，始克奏效，未来之空前文化事业其在斯邦乎！”愿大家都以坦白的爱国热忱与纯洁的科学态度参与此盛举。

本计划施行上之优越条件，是在于黄土丘陵地人口日繁而土地生产力毫不增加、反日趋减损，因此造成人民珍爱土地的一种心理。可希望他们投资经营，阻拦它成功的障碍物，则系政治上零星分割耕种的小农制度，此在本书内已言过了。惟自近年来国家遭遇非常，人民负担奇重，乃造成一种人民轻视土地，甚至放弃土地的反常现象，故本计划施行上之优越条件，在目前实受到了政治的严重摧残，然它在治河方策上的优越性依然存在。故希望水利界的人士们，我们尽可能先筹划一个实验区，一俟政治复常，人民的投资经营仍然可以争取到的。因为我总不相信，食粮被人重视，而生产食粮的土地反遭人厌弃，“生之者日寡，食之者日众”的这个局面会长久推下去而不变，所以本计划施行上的优良条件，将来也一定要来到的。

对王廷翰先生对本书批评的申辩

此书写作时，著者居离石东关自己所开设之药肆内，所谓“偏僻小地，攻斯道者周围再无一人，切磋讨论之益毫未得着”。不学无术的我，而且是一个处女作，在将要问世之前，心上实在感着高度的惶恐，盖深恐自己所说的话太无常识，太外行，致贻笑方家也。所以稿竣将及二年，一直把它在箱子里边搁着，好容易挨到一个来平经商的机[1]机会了，乃设法鬼混到两张“通行证”（因我所住的是“解放区”，出彼区入此区均须得到官家的许可，领有“通行证”后方可通行也），不远千里来此，原想将敝稿就一个水利专家阅改后再行发表，但来此数月，自己写信，托商界中朋友介绍，多方钻营，然心愿终未达到。是文化城虽大，文化人虽多，然以身分交游关系，实无缘接触也。所以就不顾将来之讥笑指责，决计将此一手完成之草稿，即行付印问世，冀由此造出与水利界接触之机会。然天下事，多半是走的曲线，我的主意已经这样决定了，进行誊清之际，忽于无意中又露出一个与水利界接触的机会来了。

临汾张公兰亭，我晋教育界名宿也。一日偶访余友，适见余稿，甫读序文数页，即以诧异之目光视余，盖当时余为一朴

---

[1] 机　衍字。

陋之外县小商人装束，绝不类斯文界中人，及询以所受教育程度，乃益表嘉许。此后每隔一二日即将余誊清之稿取回，勘误后再行送来，并谓王君廷翰现任水利委员会视察工程师驻平，且曾在治河事业上服务多年（后叙王君之批评信中谓民国十八年伊即任技正之职管理黄河工程），一俟抄竣后，可由伊请王君转呈薛委员长与我作一篇序文，则此书之身价可由此抬高，而且或者再予我一个小规模试办的机会，岂不更好？张公如此盛情帮忙，而且门路又是这样的好，求教无门的我，岂肯失此良机。待月余抄竣后，我即以此事相请，张公谓伊已与王君面会函商过数次，王君答以“治河载籍古今中外夥矣，然皆陈陈相因，此抄彼袭，而确实可用之方策，现尚未有，成君之稿如欲转呈，须先经伊审阅，如果有转呈之价值，自可照办也”。于是我当即将敝稿托张公转递，经王君数日之审阅后，将敝稿原璧缴，并附伊审阅之意见信一封，谓：“成君黄河初稿，浏览一次……惟黄河治理，自有史以来，悬讼未结，各有见地，如宋之欧阳修与王安石，贾昌朝与李仲昌等，对于治河所见相反，激辩甚烈，要在争一个‘是’字，未见其不可也。黄河蜿蜒太长，流域面积太广，若云治理，必须窥其全貌，标本兼施，方可为功；若以局部规划，近于补偏救弊，此一隅之说也。成君坡岭防洪、山沟沃田，果能实施，乃补充沟洫制度最良之法，亦不过慢性治河之一途耳……”据此，我的书是没有转呈的价值了。

转呈的事原属人情，我实无话可说。惟对著作之看法，则系为学说争是非，对国家尽忠忱，王君之批评如此，我之申辩亦如此，希世之水利家亦莫不如此。“愿大家都以坦白的爱国热忱与纯洁的科学态度”来讨论这个治河大计，“是”者崇之，

“非”者黜之，这无论对个人、对国家都是有益的事。

（甲）我们先讨论本书所提供之方法，其适用之范围如何？它究竟是否一隅之说？黄河需治之病象有二：一为它的流量暴涨暴落；二为它水里边所含之泥沙太多。此刻我们也不必管它干流如何长，支流如何多，流域面积又如何大。紧要的是我们要先究明造成这两个病象的原因何在。本书在第四章第三节戊项“对李赋都先生疑虑的解答”内，对于造成这两个病象的原因，已有详细的分析，现在可总括一句说，黄河之病象有二，而原因则为一个，即“山坡泄水”。（不论是沙或土，凡平地俱不泄水，石质的平地可能泄水。但石质的平地世上没有，对此问题可参阅对李君的解答。）凡有山坡，必有沟涧，一切沟涧内俱可用筑坝方法处理其为害河流之山洪与泥沙。非但黄河，世界上那一个河流的病因与治法不适于这个逻辑？岂得谓之一隅之说？本书提供之山沟筑坝，其方式有二：（1）淤田坝；（2）非淤田坝。

（1）淤田坝施行范围之大小，视已行农耕的坡地面积之广狭而定。盖已行农耕之坡岭必覆有土层，耕松之土层上雨水冲刷较易，冲刷易则山洪里所含泥土之量必多，含有大量泥土之山洪则可利用之，在沟谷内淤为田地，此自然之理，亦筑坝淤田所需之自然条件也。虽然自然条件具备，又须有相当稠密之居民，倘居民稀少，人人有足够之现成田地耕种，淤田之事必鲜有人经营矣（参阅本书概论）。本书原系一个理论上的建议，它并非计划案，所以关于筑坝之规划，只举我县之湫水流域为例，所言人口日繁，因土地不足而形成之山沟筑坝运动，由字句间可以看出来，那是著者亲身直接体会到的少数村庄情形。著者原以本书的性质关系，本举一反三之义，只举例说明，而有些人或不免以为只是敝县如此，敝村如此。总之，恐怕它的范围不够广，情形或有异——即别处居民或不够稠密，而是一个无足重视的局部规划，一隅之说。

西北之面积，按之葛德石（G. B. Cressey）之黄土高阜地五二四六五四平方公里，按之黄河水利委员会所计算黄河流域面积（平汉黄河铁桥以上）七六五 六八四平方公里。在此面积中之地形，可分三类：曰冲积湿地，曰山岭，曰黄土原地。末者以为水冲蚀，多现沟壑之状。

黄土为西北区域，亦即为黄河流域之主要土质，为风所携带而散布者。亦有逐于水者淀于湖者，然其面积甚小。黄土之面积按之葛德石为一一九〇九〇平方英里，或三〇四 八七〇平方公里。按之翁文灏兰州高原以上六〇 〇〇〇方公里，兰州至宁夏一段五五〇〇〇方公里，渭河流域二六 〇〇〇方公里，洛河流域一六 〇〇〇方公里，汾河流域一一 〇〇〇方公里，豫西三 〇〇〇方公里，共计一七一 〇〇〇方公里。山岭所占在本区内不及四分之一，冲积湿地期限于沿诸河流一带之宽，按之华格纳（W. Wagner）不过全域面积百分之二。黄土层积之厚，按之薛美克纳（Sclhmitthenner）六〇至八〇公尺，葛德石谓鲜有过一〇〇公尺者。

又按葛德石根据一九二六年邮务局调查计算，黄土高阜地全域居民数为四千三百九十二万三千一百零四人，每平方公里有八十三人，农作之地共一三五 八三三 四〇二亩，为全域面积百分之十七，每一居民平均分配三·一亩。若但就农作之面积计算人口密度，则每平方公里有四百七十九人。

周昌芸根据史替曼教授（H. Strmme）计算，但泽（Danxig）上等地五公顷（合八十一亩四分每亩产小麦二百零六公斤），次等地一七·五公顷（合二百八十四亩八分），平均为一一·二五公顷（合一百八十三华亩一分五厘），方敷中小农家一家耕种及生活之需。今西北号称地旷人稀，每户以八口计，亦不过有地二四·八亩，与史替曼教授所提标准相差七至八倍，人民生活程度之相悬若此（以我国西北土地生产力之低微，人民生活程度之相悬实不止此）。（上节录李仪祉著《西北水利问题》。）

上面所说是黄河流域黄土高阜地的面积分布及该区域内土地不敷分配的情形。在晋东北、冀西、察南等地，我亲自看见到有许多黄土丘陵地就不在上述的范围之内。大体上说，华北是个黄土区，除去平地，就是山地，何止我见到的一点。我们再进一步言，有山的地方也不止华北，别的土壤上也何常无冲蚀之情形发生？葛德石区分中国地理，除黄土高阜地外（即上述之黄河流域），尚有山东、辽东及热河岭地、东满岭地、兴安岭地、中央岭地、江南丘地、两广丘地等，难道这些岭地丘地，就没有些覆有土层已行农耕的面积吗？要是有的话，那些地方虽非黄土，也一定有冲蚀之情形发生。记得在事变前，于《新中华》杂志上，曾载有一篇题名为《资源保存与民族复兴》（十余年前读过，原题名是否这样记不很确。）的一篇论文内说：在长江上游的四川山里，因人口日繁，居民砍伐森林，易为农耕，但因雨水冲蚀之故，耕不了几年，土层就被雨水完全冲去（大概因为那里的土层没有我们华北黄土层那样厚，所以耕不了几年就被雨水冲光了），变成濯濯的石田。以后森林也培植不起来了，居民生活也失其凭借，而冲走了的那些土壤当然也是沉积于长江的下游制造洪滥。那位作者对于这种情形的处理方法是主张把那里的居民迁移到别处。（然而那里有空地可迁呢?）他又说中国要成为富强之国家，不一定要四万万人民，有一万万、二万万也行，因为山里的那些人民为了他们的生存破坏了上游的资源，制造成下游的祸害，连累的整个国家不能富强，民族不能复兴，而他们的生活是愈益陷于绝境。（大意是如此，原文记不清了。我在本书序文里所说，我对于山坡普遍地造林治河怀有激烈的反感，这个反感就是读此文后所生的。）这个迁民减民的方法，与著者之山沟筑坝淤田方法，在执行上何难何易?在保护资源及防止泛滥的效益上又何大何小?读者不难互相比较，山沟筑坝淤田又岂止适宜于黄河流域哉!

我国号称以农立国，而土地不敷分配若此，乃年有大量之食粮输入。去年美国农业技术团来华考察，其归国后之结论，亦只叹我国人口太多，而救济之道未见下文（新闻纸上报道如此），诚以解决土地饥荒，增加食粮生产，实在不是一件容易事。著者所拟之山沟筑坝淤田，对于改良土地、增加生产固然来的缓慢，然其“轻而易举，成效可期”（此二语为军事委员对拙作《抗战建国中之治水防旱问题》一文之批语，当时曾将拙作送交山西省政府采用，后因政治起变化，敝县已非山西省政府之政令所能及，故我以平民资格组织农业生产合作社，本书内屡有所言即属此事）。即舍其治河方面之价值不谈，只对于农业方面言，它可把渐趋绝境的坡岭农业，使得另转向一个光明的前途渐进。我认为它是现实社会的迫切需要，王先生却把它与可有可无的古代文人笔墨之争等量齐观。世之对我国食粮问题，尤其是坡岭的农业前途，不感危机者无论矣，关心国计民生之士倘对这些问题寻求一个解决之途径，著者之此书或不无一加参考之价值也。

（2）非淤田坝。即本书第四章第三节所说的“D另一个补救办法”，即处理不具备淤田条件的荒山废谷的山洪之方法也。黄河所收集之山洪虽多，然均系来自坡岭，黄河流域之坡岭虽多，然不外农耕的与非农耕的两种。农耕地区的山洪，我们淤了田，非农耕地区地山洪，用这个补救办法把它存蓄于山谷之内，在逻辑上说，实在均有归宿无所遗漏了。现在我们是要讨论这个补救办法在实施上的经济义意如何，要是经济义意欠合理，碍难施行，事实上是等于说空话。

现在我们所用的治河方法，是下游沿河两岸筑堤防，然而随筑随坏，既无永久之价值，亦难达完全之目的。我们考查致此之由，实因下游平地束水困难而石料又感缺乏，不易修筑大可容纳最高流量，坚可支持历久难毁的堤防之故，所以每年要花巨额的治河经费，而每年所受水患之损失是难以数计。我们在上游山谷内筑堰蓄洪，情形就完全反是，因谷口狭隘而蓄水易，石料易得，可筑成坚实之谷堰。又这些非农耕区的山洪里含泥量少，堰内不虑淤废，真是可以一劳永逸收效十足。我们修筑这些上游谷堰，也许用不了下游二十年、三十年的治河经费，而可以得到七十年、八十年不发生泛滥的效果，治河的事半功倍之诀或许在此。又迄现在止，各方所提供之治河方法，无非是“以水攻沙”这种方法，即使显现了十足的功效，亦不过免除泛滥而已，可以造益于人生的水是令它白白的流走了。倘我们在上游山谷内蓄积起来，可以灌溉农田，增加生产，可以调济河中流量，便利航运，而且堰内蓄积的水里边可以讲求繁殖水产动植物之道，不使真成了无用的荒沟废谷。现在一般人都在勘察、试验、筹财政以全力图谋这个“以水攻沙”的理想实现，何不试一着实研究，费上同样大的经营，能否将上游的谷堰建筑起来而收到更伟大的效益。农耕区的淤田坝是要利用当地人民的力量修筑，而非农耕区谷口内固荒废无人，而谷口外则多系繁庶的滩岸或平原，农耕区的淤田坝是要在沟内节节修筑，非农耕区的蓄水坝只要在谷口部修筑一堰就行，谷口部修筑坝堰之处距谷口外之居民必不远，修筑好谷堰蓄积起水来，将来可以灌溉他们的田地，对他们将有莫大的利益产生。比方说要灌溉五万亩田地，以每孔井灌溉五亩计，则共须有井一万孔，我们固不能一概而论，但多数的场合，筑一个可灌溉五万亩田地的小谷堰要比凿一万孔井省事的多；而且井水灌田，升水工作是绝对少不了的，而世界上无论那一个谷的底部总要比它谷外的田地为高，谷内所蓄之水可自流田中，一年中不知要省却农人的多少升水工作；且因设有谷堰之故，可使谷水由高泻下，可利用此力量于附近兴建水磨或小型发电，这都是有此可能而并不与农田灌溉冲突的事。且过去田中之井水来源，无非潜存的一点地下水，故多患水源不足，每遇天旱，田内需水甚急，而井水反干了，有井亦等于无。我们修筑好蓄水的谷堰之后，所有雨量除蒸发而外，可全用于田中，此又系凿井所不可及之优点也。基于这些道理，修筑非农耕区的蓄水坝亦有发动民力之可能，非必尽赖公家力量也，不过要公家研究一个发动的技术与准备帮助的力量。这个办法，在经济义意亦具有如许的优良条件，所以我对于它，也和农耕区的淤田坝一样，认它具有光明的前途，对它感有浓厚的兴趣。

（乙）我们再讨论山沟筑坝淤田，究竟是一个快速的治河方法呢？抑真如王君所说，“亦不过慢性治河之一途耳”。制造下游泛滥之洪水，系由上游无数的山沟汇集而来，所以只要上游每一个山沟里的坝堰都完成了，下游泛滥之害也就没有了，这该是一个合乎逻辑的说法吧。上游山沟筑坝，是要以天下之人治天下之水，即是各地之居民分头于各地之山沟内建修筑坝堰。我在本书结论第二段内曾说：今假定有集水面积三十方公里的一道沟，以每方公里居民七十人计算，除去妇女老幼，能工作者以十分之三计，则共为六百三十人，以每人每日筑成坝堰一土方（长、宽各一丈，高一尺），计一个月内可筑成高三丈、宽三丈之土坝堰二百一十丈长。又假定此沟平均宽为三十丈，六百三十人一个月内便能在此沟内筑成高三丈、宽三丈的坝堰七道。一个沟内有一道足挡山洪之坝堰，淤田之利即可收，下游泛滥之害亦可免。然我不能据此即下结论，说用我的办法可以像民间所传说秦始皇走马筑长城似的，各地雷厉风行，一个月之内就要把天下之水患治清；甚而至于像构筑战地紧急工事一般，动员所有老幼男女，把日期可以非常缩短。我认为这是一个庞大的和平建设事业，政治上的准备、社会方面的宣传以及执行起来有些地方或发生特殊事故的障碍，在在足以稽延它的普遍完成，所以我在本书第四章第三节乙项 A 款内说：“这个目的三五年内就有实现的可能。”这对于工程需要日期外多估了多少准备日期。有一层，我写此稿时，没有见到李仪祉先生所著的《西北水利问题》，对于黄土丘陵地人口密度问题，按自己亲眼所见到的情形，人口实在也相当稠密，然这是一个准备治理整个黄河的书，何敢将自己所见到的一点局部情形即作为根据？于是只好翻自己所有的地理书，那些书上有的说每平方公里有一百人，有的说每平方公里有五十人，于是我就折中为每平方公里七十人，好在书内也是个就事假设，并不是自己负责告诉人家实地情形。及此次来平见到李仪祉先生的著作，谓在西北农作之地面平均每方公里有四百七十九人（大概我所翻的地理书，他们是以所有的一切土地平均计算），比我结论中的假设人口多了六倍强，这当然是对我的理论的成立又多加了一个有利的发现，但书内我也就不改正了，因为人家所拟的下游治道工程—即实现“以水刷沙”的目的，说是三十年后方能竣工（参阅本书结论二段），我的这个治本方法只需三五年已是多估，何必将多余之理由用尽。盖在我之意，以为需时三五年而能将黄河治好，也尽够采择的价值了，不料经王君一看，嫌这个法子来的慢，连转呈当局一顾的价值也没有。现在我也不是要负气反问快的法子在那里，而是现在上游枯干荒旱，下游尽成泽国，搁着现成的“慢”法子不用，而一定要于渺茫中研究一个“快”法子，这种作风，贻误国家非浅。

还有些闹政治的人则说现在政治不统一，我的这个法子难执行，因此也就把它认为一个无补于时，可以不谈的慢法子。我认为这种说法也不对。因为倘据此而论，则现在河南花园口的一个堵口工程，也因政治不统一而难执行，难道我们可以把现在的水利工程的研究工作也放弃了吗？而且我的这个法子“办一村有一村的利益，办一县有一县的利益”，双方果然为国为民打算，尽可在各自范围内单独举行，而受不到对方的牵制，谓政治不统一而不能执行者，推辞也。

山沟筑坝淤田，对于我所说的改造坡岭地形，改善山沟交通等事，它实在是一个慢法子；对于治河，在目前所有的办法中，他是最快的一个。

（丙）王君又说："若云治理，必须窥其全貌，标本兼施，方可为功，若以局部规划，近于补偏救弊。"王君所说的"标"，大概是指下游的堤防等事吧。从著作的范围上说，本书说的是治本，即不谈治标也未为不可。从事实的需要上说，在不能治本时，才要治标；若能治本，何须治标？或者王君见本书内对于黄河两岸的堤防工事没有个具体的规划，就以为无论如何，将来的黄河上能没有堤防吗？其实著者认为，渠化了的河流也是要有堤防的，然而书内为什么不写呢？理由是：本书是一个理论上的建议，凡理论上的建议只要举例说明就行。本书在"己、与河北河流治本计划比较"内，著者对于将来的湫河是如何规划，读者可以参阅。湫河是那样作法，其他支流及黄河干流无不可以类推，若一一依样葫芦的规划起来，那简直是文章上的笑话。至于王君说我的办法近于"补偏救弊"，我认为"补偏救弊"也是值得提倡的好事呀。

（丁）我在本书第三章第一节引用李仪祉先生所著《森林与水功之关系》一文，以申论造林在治河效益上之不足重视，王君亦加以反驳，谓："造林之主要目的，原在节制泥沙，其重心不在径流不径流耳。"现在我们专讨论造林一事对于节制为害黄河的泥沙，其功效将能发挥至何种程度。

（A）先假设造林可以保护地面，节制泥沙——本书是讨论治理黄河的书，所以我们先研究造林一事对于节制为害黄河的泥沙，其效益将能发挥至何种程度。黄河里的泥沙系由山洪带来，山洪发生于山岭。黄河流域的山岭虽多，要不外下列三种：（一）石山；（二）未开垦的土山；（三）已开垦的土山。

（一）石山上并无土层掩覆，实地上既造不起林来，且由治河观点上说，既无土层存在，也不须节制，所以那种地方可以不谈。（二）未开垦的土山上，不是林便是草，林可以节制泥沙，王君已经承认了，繁殖杂草苔藓的地面，据一般治河文献的报道，谓其对于防卫冲蚀、节制泥的功效较之树木尤为确实伟大，是则未开垦的土山也非供给为害黄河泥沙的源地了。（三）已开垦的土山，既无草木之掩护，又加以农人耕耘之故，一年刨松数次，无论从逻辑上说，从事实上看，它实在是供给为害黄河泥沙的唯一来源。然我们能为节制泥沙之故，实行移民减民，把那些田地放弃农耕而改施造林植草吗？虽三尺童子知其不能。然则纵使造林可以节制泥沙，其对于治理黄河将如何发挥其效益乎？每见一般人所拟之筑水库及疏浚流道等治河方策，一触及将来的河水中泥沙问题，将要推翻他们的计划，几成为无义意时，则来一个“注意上游培植草木，以节制泥沙来源”以自圆其说，须知上游的荒山，纵无木也有草，根本不须你注意去培植。而农耕的田地又不能弃种五谷，改植草木，则这个“注意培植”对象何指？若云天然草木不茂，须人工加以培植，则吾不知对此等野生植物将加以肥料乎？抑施以耕耘乎？愿持“培植草木……”之说者加以检讨。著者之意，认为凡河堤渠堰、灌溉之渠堰固当讲究培植草木以坚实土面，若基于节制河中泥沙而言，上游坡岭造林其义意实甚空洞。

（B）造林对节制泥沙之效益究竟如何？繁殖草木之地面对于节制泥沙确是有效的，但它不能包括了一切。比方说，天雨降落山头，在未经形成汇集之前，若地面覆有草木，确足以保护土层不致冲蚀。但一切的山坡俱非绝对平面，多有洼陷之处，这些洼陷之处，坡水便要汇集；一经汇集，冲蚀之力便强，非草木可以抵御，而要冲刷成细小的沟渠；细小的沟渠延伸至山崖地畔，水由高处下跌，直同瀑布，我们不观檐溜细滴之下可穿阶土成穴，此种由山崖田畔奔泻而下的瀑布之下，必然要冲开一个深坑；坑内之水必找出路，水由坑底窜走，则攒为潜沟，水由坑口溢流，则刷为深渠，总之它非溃烂土地不可。由各山头奔泻而下之水，汇集沟中，水量愈多，冲力愈猛，沟底势必无底止的刷深无论矣。而且因沟底倾斜之故，流水左冲右突，当其冲者之山脚部被攻悬空，山崖焉有不整批崩坠之理？本书序文中所说著者门前空地之下的那两个阶形地，就是这样跟着沟中跑掉的。且在今日，我们也不难找到几块尚未开垦的黄土山地看看，它能保持原始风成的原貌么？所以坡岭造林之对于节制泥沙，在天雨降落之“面”上确有此功效，由“面”汇集而流经之“线”上，则决无此功能。然我们已知道此种“面”上若为农田，则不容造林；若为荒地，则又不须造林。是则我们若基于节制为害河流之泥沙而造林时，其经营之对象又非汇集坡水流经之“线”上乎？我们又见实地情形，凡汇集坡水流经之“线”上——即沟渠中，纵使千年古树，凡当其冲者无不被挽拔，所谓“石裂崖崩，树木亦倾”。若云新植，直成呓语。不但此也，即一般人严加谴责之坡岭樵夫野人之砍伐森林一事，若对于为社会储备木材言，诚属至当；若对于节制河中泥沙言，则义意亦属空洞。盖樵夫野人所砍伐者为树木，而杂草苔藓仍然存在也，吾见农田之中，若怠于锄耘，杂草即肆行繁殖，又见野外之山崖田，住宅之瓦缝砖棱，稍有微土存在，杂草苔藓即行繁殖，即濯濯无尘的砖石之上，凡为雨水所到之处，无不生有褐绿色之苔属一层，故吾谓自然界对于保护地面，防御冲蚀之能事，至矣尽矣，决非人工培植所可及其万一。然而世界上仍有冲刷之事存在者，其原因：一为人类谋生活动之结果，如垦荒农耕；一为其自身“能度”有限，如上述坡水汇集后流经之“线”上。世之属意于培植草木，以节制河中泥沙来源者，对这两个形成冲刷事实之基本原因问题等❶，有解决补救之道乎？

整理人：武明军，河南省辉县人。历史学博士，讲师。现为宿州学院教师。主要从事明清史研究，侧重于区域文化、政治制度史研究。发表学术论文多篇。

❶ 等　底本为“筹”。

《中国黄河文化大典》编辑出版人员

总　编　辑　涂曙明

总责任编辑　营幼峰

总执行编辑　马爱梅　宋建娜

黄河治理（近代部分）三

责 任 编 辑　宋建娜

审 稿 编 辑　戴甫青　王　勤　宋建娜　张　洁

装 帧 设 计　芦　博　李　菲

责 任 排 版　吴建军　郭会东　孙　静

责 任 校 对　梁晓静　黄　梅

责 任 印 制　崔志强　焦　岩　冯　强